KB091654

빅데이터 분석을 위한
스칼라와 스파크

빅데이터 분석을 위한 스칼라와 스파크

대용량 빅데이터 분석과
머신 러닝까지 활용하는

레자울 카림 · 스리다 알라 지음

김용환 옮김

Packt>

| 지은이 소개 |

레자울 카림^{Rezaul Karim}

독일 프라운호퍼^{Fraunhofer} FIT의 연구 과학자다. 독일 아헨^{Aachen}의 RWTH 아헨대학교 ^{RWTH Aachen University}에서 박사 학위를 받았다. 컴퓨터 과학 학사, 석사 학위도 취득했다. 프라운호퍼 FIT에 입사하기 전에 아일랜드의 Insight Center(아일랜드 최대 규모의 데이터 분석 센터이자 세계 최대의 시맨틱 웹 연구소)의 연구원으로 일하면서 데이터 분석 업무를 맡았다. 그 전에는 한국, 인도, 베트남, 터키, 방글라데시에 위치한 삼성전자의 R&D 센터에서 리드 엔지니어^{Lead Engineer}, 한국의 경희대학교 데이터베이스 연구소에서 연구 조교로 일했다. 또한 방글라데시 다카의 i2SoftTechnology에서 소프트웨어 엔지니어, 비엠테크21 월드와이드^{BMTech21Worldwide}에서 R&D 엔지니어로도 근무했다.

빅데이터 기술(스파크, 카프카, DC/OS, 도커, 메소스^{Mesos}, 제플린^{Zeppelin}, 하둡, 맵리듀스 ^{MapReduce})과 딥러닝(텐서플로, DeepLearning4j, H2O-Sparking Water) 중심의 C/C++, 자바, 스칼라, R, 파이썬 알고리즘과 데이터 구조에 대한 확실한 지식을 바탕으로 연구 개발 분야에서 8년 이상의 경력을 쌓았다. 연구 관심사는 머신 러닝, 딥러닝, 시맨틱 웹, 링크 데이터, 빅데이터, 바이오 인포믹스 등이다. 팩트출판사에서 출간한 『대용량 머신 러닝과 스파크』(에이콘, 2018)와 『텐서플로로 구현하는 딥러닝과 강화학습』(에이콘, 2017)의 저자다.

항상 지식을 추구하게 격려해 준 부모님께 매우 감사하다. 또한 이 책을 쓸 때까지 나의 혼잣말을 들어주며 항상 격려한 아내 사로아(Saroar), 아들 사드만(Shadman), 형(Mamtaz),

누나 조스나(Josna), 친구들에게 감사하다. 오픈소스 커뮤니티의 놀라운 노력과 아파치 스파크 및 스칼라와 관련된 많은 프로젝트의 훌륭한 문서화 때문에 이 책을 쓰는 것이 무척 쉬웠다.

게다가 팩트출판사(이 책이 출간될 수 있게 참여해 주신 직원들)의 인수, 컨텐트 개발, 기술 편집자에게 성실히 협력하고 조정해 준 것에 감사드린다. 또한 출판사, 강의, 소스코드에 대한 전문 지식을 공유해 준 많은 연구자와 데이터 분석 실무자가 없었다면 이 책을 출간할 수 없었을 것이다.

스리다 알라^{Sridhar Alla}

중소기업과 대기업이 데이터웨어 하우징, 거버넌스, 보안, 실시간 처리, 초단타 매매, 대규모 데이터 과학 프랙티스 구축 같은 복잡한 문제를 해결할 수 있도록 지원하는 빅데이터 전문가다. 애자일 전문가이자 인증된 애자일 데브옵스 실행가다. 써니밸^{Sunnyvale}의 Network Appliance에서 스토리지 소프트웨어 엔지니어로 경력을 쌓은 후 사이버 보안 회사인 보스턴의 eIQNetworks에서 최고 기술 책임자^{CIO}로 근무했다. 미국 필라델피아에 위치한 컴캐스트^{Comcast}에서 데이터 과학 및 공학 담당 이사로 재직했다. 스트라타^{Strata}, 하둡 월드^{Hadoop World}, 스파크 서밋^{Spark Summit}, 기타 콘퍼런스에서 열정을 갖고 있는 발표자다. 또한 현장과 온라인에서 여러 기술에 대한 교육을 한다. 대규모 컴퓨팅 및 분산 시스템과 관련된 US PTO에 여러 특허를 출원했다. 인도 하이데라바드 JNTU에서 컴퓨터 과학 학사 학위를 받았으며, 현재 뉴저지에서 아내와 함께 살고 있다.

18년 동안 스칼라^{Scala}, 자바^{Java}, C/C++, 파이썬^{Python}, R, Go에서 코드 작성 경험을 쌓았다. 또한 스파크^{Spark}, 하둡^{Hadoop}, 카산드라^{Cassandra}, HBase, 몽고DB^{MongoDB}, 리악^{Riak}, 레

6

디스^{Redis}, 제플린, 메소스, 도커^{Docker}, 카프카^{Kafka}, 일래스틱서치^{ElasticSearch}, 솔라^{Solr}, H2O, 머신 러닝, 텍스트 분석, 분산 컴퓨팅, 고성능 컴퓨팅에 대한 폭 넓은 지식을 보유하고 있다.

이 책을 쓰면서 수많은 편집 작업을 검토하는 여러 달 동안 많은 사랑과 인내심을 전해준 나의 멋진 아내, 로지 사카리아(Rosie Sarkaria)에게 감사한다. 또한 나의 부모님 라비(Ravi)와 락 쉬미 알라(Lakshmi Alla)께서 제게 항상 지지와 격려를 해주신 데 대해 감사드린다. 아이디어를 얻고 다양한 주제에 대한 명확성을 얻게 도와준 많은 친구, 특히 아바 하쉬미(Abrar Hashmi), 크리스티앙 루드빅(Christian Ludwig)에게 감사한다. 스파크를 강력하고 우아하게 만든 환상적인 아파치 커뮤니티와 데이터 브릭(Databricks) 개발자가 없었더라면 이 책을 쓸 수 없었을 것이다. 또한 팩트출판사에서 이 책을 출판하기로 결정하고, 콘텐츠를 개발한 것에 감사드린다. 팩트 출판사의 테크니컬 편집자뿐 아니라 책 제목에 참여해 주신 분들에게 성실히 협력해 줘서 감사드린다.

| 기술 감수자 소개 |

안드레 바이아노브^{Andre Baianov}

데이터 과학에 관심이 많은 경제학자이자 소프트웨어 개발자다. 학사 학위 논문은 데이터 마이닝에 대해 썼고, 석사 학위 논문은 비즈니스 인텔리전스에 대해 썼다. 2015년에 스칼라와 아파치 스파크를 이용해 일하기 시작했다. 현재 국내외 고객을 대상으로 컨설턴트로 일하면서 리액티브^{reactive} 아키텍처, 머신 러닝 프레임워크, 함수형 프로그래밍 백엔드를 구축하는 일을 돕고 있다.

내 아내에게,
우리는 표면적인 차이점이 있지만, 우리는 같은 영혼을 공유한다오.

수밋 팔^{Sumit Pal}

Apress 출판사에서 출간된 『SQL on Big Data』(2016)의 저자다. 스타트업 기업에서 대기업에 이르기까지 소프트웨어 분야에서 22년 동안 다양한 역할을 담당하며 경력을 쌓았다.

빅데이터, 데이터 시각화, 데이터 과학을 다루는 독립적인 컨설턴트이자 종단 간 데이터 중심 분석 시스템을 구축 중인 소프트웨어 아키텍트다.

마이크로소프트(SQL 서버 개발 팀), 오라클(OLAP 개발 팀), 버라이즌(빅데이터 분석 팀)에서 22년간 경력을 쌓았다.

현재 많은 고객에게 데이터 아키텍처와 빅데이터 솔루션에 대한 자문을 제공하고 있으며, 스파크, 스칼라, 자바, 파이썬을 사용해 직접 개발하고 있다.

다음 빅데이터 콘퍼런스에서 발표한 적이 있다.

- Data Summit, 뉴욕, 2017년 5월
- Big Data Symposium, 보스턴, 2017년 5월
- Apache Linux Foundation, 캐나다 밴쿠버, 2016년 5월
- Data Center World, 라스베가스, 2016년 3월

| 옮긴이 소개 |

김용환(knight76@gmail.com)

알티캐스트, 네이버, 라인, SK Planet을 거쳐, 현재 카카오에서 개발자로 일하고 있다. 이제 마흔 네 살의 평범한 개발자로 다양한 도전에서 에너지를 얻으며, 개발과 실무 경험을 블로그(http://knight76.tistory.com)에 기록하고 있다.

정보통신산업진흥원^{NIPA} 산하의 소프트웨어공학포털에 개발 관련 내용을 공유했고, 여러 콘퍼런스/세미나에서 그동안 쌓은 개발 지식을 발표하고 있다. 나 자신은 물론, 누군가에게 도움이 될 수 있다는 생각으로 번역을 시작했는데, 어느덧 13번째 책이다.

이 책은 많이 두껍습니다. 학교에서 공부하던 전공서의 두께와 비슷한데, 이 책을 번역하면서 많은 학교 친구가 떠올랐습니다. 혼자 공부했다면 절대 이 책을 끝까지 번역하지 못했을 것 같습니다. 친구들아 고마워!

그리고 스칼라와 스파크 개발에 큰 영감을 준 카카오의 멀린, 주엔, 에메쓰, 아쓰에게 고맙다는 말을 하고 싶습니다. 조직장으로 바쁜 상황에서도 스칼라 책을 공부했던 카카오 CTO 메이딘에게 고맙다는 말을 전하고 싶습니다.

또한 이 책을 번역하기 위해서 쉬지 않고 꼼꼼하게 봐주시고 도와주신 편집자 박창기 이사님, 늘 도와주시는 에이콘 출판사의 관계자분께 고맙습니다.

이사를 가면서 더 이상 경기 5번 버스를 타고 다니지 않지만, 이 책은 5번 버스를 타고 다니며 번역했던 마지막 책입니다. 시끄럽게 노트북 타자치는 소리를 잘 이해해주셨던 승객들과 운전사 아저씨, 고맙습니다. 마지막으로 가족에게 늘 고맙습니다. 가족은 저의 영감이자 희망, 미래입니다.

| 옮긴이의 말 |

하둡 맵리듀스^{Hadoop MapReduce} 프로그래밍은 최근 몇 년 동안 잘 사용되고 있습니다. 또한 데이터가 저장된 하둡 분산 파일 시스템을 기반으로 하는 분석, 추천 프로그래밍은 하둡 내부에서만 가능했기에 개발자들이 하둡 인터페이스를 사용해 개발해야 했습니다. 그러나 일반 개발자가 이해하기 어려운 개념과 인터페이스가 있어 하둡과 하둡 맵리듀스를 잘 이해하는 개발자가 전문적으로 개발하곤 했습니다. 일반 개발자들이 쉽게 분석할 수 있도록 아파치 하이브^{Hive} 등 다양한 하둡 관련 프레임워크가 사용되기 시작했습니다. 그러나 여전히 유연하지 않을 뿐더러 하둡 맵리듀스 개발은 변화되지 않았고, 테스트 코드 개발 역시 쉽지 않았습니다. 하둡 프로그래밍의 약점은 대용량 데이터에 대한 실시간 처리입니다. 따라서 하둡 대신 실시간 데이터를 처리하는 메시징 큐(예, 카프카)를 사용하고 있습니다. 그러다 보니 스트리밍 처리를 처리하기 위해 아파치 스톰^{Apache Storm}, 스파크 스트리밍^{Spark Streaming}, 아파치 플링크^{Apache Flink} 등 많은 오픈소스가 쓰이고 있습니다.

저는 현업 개발자이지만 다양한 NoSQL, 대용량, 비즈니스에 관심이 많습니다. 스칼라/스파크를 사용해 애플리케이션을 개발했고, 메소스/마라톤 및 쿠버네티스에서 애플리케이션에서도 애플리케이션을 개발했습니다. 따라서 하둡 맵 리듀스 프로그래밍은 스파크로 대체될 것이라는 굳은 믿음이 있습니다. 누구나 스칼라를 제대로 알 수 있다면 하둡 맵리듀스 프로그래밍을 스칼라 기반의 스파크 프로그래밍으로 대체 및 보완할 수 있을 것이라 확신합니다.

저뿐 아니라 많은 개발자가 하둡 맵리듀스 프로그래밍, 기존 파이프라인 프로그래밍 및 머신 러닝 프로그래밍을 점차 스파크 프로그래밍으로 대체되고 보완하고 있습니다. 스트리밍 처리, 대용량 분석 처리, 추천 시스템 개발, 인메모리 병렬 처리, 머신 러닝까지 여러 분야의 애플리케이션을 스파크 하나만 알면 어느 정도 진행할 수 있습니다. 따라서 람다 아키텍처를 스파크로 쉽게 처리할 수 있습니다. 스파크는 CNN과 같은 딥러닝을 지원하지 않지만 텐서플로^{Tensorflow}와 쉽게 연동할 수 있습니다. 그리고 스파크는 자바, 스칼라, 파이썬, R 언어를 지원하기 때문에 언어에 대한 부담이 가장 덜합니다.

특히 스칼라의 함수형 언어의 특징과 데이터 프레임을 추상화한 스칼라 기반의 스파크를 활용함으로써 빅데이터를 논리적인 프로그래밍으로 쉽게 처리할 수 있습니다. 많은 개발자가 스스로 공부하며 빅데이터, 머신 러닝의 영역으로 진입하고 있는데, 그에 함께 가고 싶습니다.

이 책은 전반적으로 설명이 많고 그림이 풍부합니다. 특히 집계 부분은 중요한 내용을 잘 설명하고 있습니다. 저는 이전부터 통계와 머신 러닝을 공부하고 있었는데, 실제 스파크 애플리케이션에서 어떻게 연동되는지는 이 책을 통해 잘 이해하게 됐습니다. 머신 러닝을 처음 도전하는 경우에는 이 책이 좀 어렵다고 느낄 수 있겠지만 많은 도움이 될 것입니다. 빅데이터 분석과 머신 러닝에 대한 많은 내용을 포함한 '전과' 같은 이 책이 여러분에게도 현업에서 큰 도움이 되면 좋겠습니다.

이 책은 원서와 달리 최신 2.3.2 버전으로 작성됐습니다. 기존 원서에서 제공하는 코드의 오타와 호환성을 수정해 옮긴이의 깃허브 저장소(https://github.com/knight76/Scala-and-Spark-for-Big-Data-Analytics)를 제공하고 있으니, 참고하시기 바랍니다.

| 차례 |

16장   스파크 튜닝   807

데이터가 지속적으로 증가하면서 데이터를 기반으로 점점 더 복잡한 결정을 내릴 필요성이 생겼다. 또한 빅데이터는 큰 장애물을 생성하고, 기업은 기존 분석 방법을 사용해 적시에 통찰력을 얻지 못하고 있다. 빅데이터 영역은 분석 프레임워크와 많은 관련이 있고, 분석 프레임워크의 범위는 해당 프레임워크가 처리할 수 있는 것에 따라 정의된다. 수백만 방문자의 클릭 스트림에서 온라인 광고 게재 위치를 최적화하기 위해 면밀히 조사하거나, 사기 신호를 식별하기 위해 수십억 건의 거래를 분석하거나, 머신 러닝과 그래프 처리 같은 고급 분석의 필요가 있든지 간에 엄청난 데이터 용량으로부터 자동으로 통찰력을 얻는 방법이 더 분명해지고 있다.

모든 학계와 산업 분야에서 빅데이터 처리, 분석, 데이터 과학 분야의 사실상 표준인 아파치 스파크는 머신 러닝과 그래프 처리 라이브러리를 제공하고 있고, 기업에서 확장성이 뛰어난 클러스터링 컴퓨터 파워로 복잡한 문제를 쉽게 해결할 수 있다. 스파크는 스칼라를 사용해 분산된 프로그램을 작성하는 것을 스파크를 사용한 일반 프로그램을 작성하는 것처럼 느껴지게 한다. 스파크는 ETL 파이프라인에 성능을 크게 향상시키고 맵리듀스 프로그래머가 매일 하둡 프로그래밍을 하다 직면하는 어려움을 경감시킨다.

이 책에서는 스파크와 스칼라를 사용해 머신 러닝, 그래프 처리, 스트리밍, SQL을 스파크에 전달하는 기능을 사용해 최첨단 고급 데이터 분석을 수행하고 MLlib, ML, SQL, GraphX, 기타 라이브러리를 사용한다.

먼저 스칼라로 시작한 후 스파크를 살펴본다. 마지막으로 스파크와 스칼라로 빅데이터 분석하는 고급 주제를 다룬다. 부록에서는 SparkR, PySpark, 아파치 제플린^{Apache}

^{Zeppelin}, 인메모리 Alluxio에 대한 스칼라 지식을 확장하는 방법을 설명한다. 이 책은 처음부터 끝까지 읽을 필요가 없다. 얻고 싶은 지식이나 관심이 있는 장으로 건너뛰면 된다.

즐겁게 책을 읽기 바란다!

▌ 이 책의 내용

1장, 스칼라 소개에서는 스파크의 스칼라 기반 API를 사용해 빅데이터를 분석한다. 시작점으로 스파크 내부가 스칼라로 작성됐음을 설명하고 자연스럽게 스칼라의 역사, 목적, 윈도우/리눅스/맥 OS에 스칼라를 설치하는 방법과 같은 기본 내용 등 스칼라에 대해 간단히 설명한다. 그리고 스칼라 웹 프레임워크에 대해 간략히 설명한다. 그다음 자바와 스칼라를 비교 분석한다. 마지막에 스칼라를 시작하기 위해 스칼라 프로그래밍을 살펴본다.

2장, 객체지향 언어, 스칼라에서는 객체지향 프로그래밍^{OOP} 패러다임이 완전히 새로운 추상화 계층을 제공한다고 설명한다. 간단히 말해 OOP 언어의 가장 큰 장점인 탐색 가능성, 모듈성, 확장성을 설명한다. 특히 스칼라에서 변수를 처리하는 방법을 살펴본다. 스칼라에서 변수, 메소드, 클래스, 객체뿐 아니라 패키지, 패키지 객체, 트레이트, 트레이트 선형화, 자바와의 상호 호환성 등을 다룬다.

3장, 함수형 프로그래밍 개념에서는 스칼라의 함수형 프로그래밍 개념을 소개한다. 스칼라가 데이터 과학자에게 무기가 되는 이유, 스파크 패러다임/순수 함수/고차 함수를 배우는 것이 중요한 이유와 같은 몇 가지 주제를 다룬다. 고차 함수를 사용하는 실제 사용 사례도 함께 소개한다. 그다음 스칼라 표준 라이브러리를 사용해 컬렉션 외부의 고차 함수에서 예외를 처리하는 방법을 살펴본다. 마지막으로 함수형 스칼라가 객체의 가변성에 어떤 영향을 주는지 살펴본다.

4장, 컬렉션 API에서는 스칼라 사용자가 가장 큰 흥미를 얻는 기능 중 하나인 컬렉션 API를 소개한다. 스칼라 컬렉션 API는 매우 강력하고 유연하며 결합된 많은 연산을 갖고 있다. 그리고 스칼라 컬렉션 API의 기능을 소개할 뿐 아니라 다양한 타입의 데이터를 수용하고 다양한 문제를 해결할 때 컬렉션 API의 사용 방법을 소개한다. 마지막으로 스칼라 컬렉션 API, 타입과 계층 구조, 성능 특성, 자바 상호운용성, 스칼라 암시를 설명한다.

5장, 스파크로 빅데이터 다루기에서는 데이터 분석과 빅데이터에 대해 설명한다. 빅데이터에서 제기되는 도전 과제, 분산 컴퓨팅 처리 방법, 함수형 프로그래밍 접근 방식을 살펴본다. 구글의 맵리듀스^{MapReduce}, 아파치 하둡$^{Apache Hadoop}$, 아파치 스파크$^{Apache Spark}$를 소개하고, 해당 오픈소스의 접근 방법과 기술의 사용 방법을 살펴본다. 아파치 스파크가 처음 만들어졌던 이유와 빅데이터 분석 및 처리 시 부딪혔던 도전 과제 등 아파치 스파크의 진화 과정을 살펴본다.

6장, 스파크로 REPL과 RDD로 작업에서는 스파크 작동 방법을 다룬다. 그다음 아파치 스파크의 기본 추상화인 RDD를 소개하고 단순히 스칼라와 유사한 API를 제공하는 분산 컬렉션인지 확인한다. 아파치 스파크의 배포 옵션을 살펴보고 스파크 셸을 사용해 로컬에서 실행한다. 아파치 스파크의 내부 구조, RDD의 개념, DAG, RDD 계보, 트랜스포메이션, 액션을 다룬다.

7장, 특수 RDD 연산에서는 다양한 요구 사항을 RDD가 어떻게 충족시키는지, 어떻게 RDD가 새로운 기능(위험성도 갖고 있다)을 제공하는지에 대해 중점적으로 다룬다. 또한 브로드캐스트 변수와 스파크에서 제공하는 누산기와 같은 유용한 객체를 살펴본다. 마지막으로 셔플링과 집계를 다룬다.

8장, 스파크 SQL에서는 RDD의 하이레벨 추상화인 스파크 SQL로 구조화된 데이터를 분석하는 방법과 스파크 SQL API로 구조화된 데이터를 간단하면서도 견고하게 쿼리하는 방법을 소개한다. 또한 데이터셋을 소개하고 데이터셋, 데이터 프레임, RDD 간의 차이점을 살펴본다. 마지막으로 데이터 프레임 API를 사용해 복잡한 데이터 분석을 수행할 수 있는 조인 연산과 윈도우 함수를 살펴본다.

9장, 스파크 스트리밍에서는 스파크 스트리밍을 소개하고, 스파크 API를 사용해 데이터 스트림을 스파크 스트리밍으로 처리하는 방법을 설명한다. 또한 트위터에 글을 트윗하고 처리하는 실제 사례를 사용해서 실시간 데이터 스트림을 처리하는 다양한 방법을 다룬다. 실시간 처리를 위해 아파치 카프카와 통합하는 방법도 살펴본다. 마지막으로 애플리케이션에서 실시간 쿼리를 제공할 수 있는 구조화 스트리밍을 살펴본다.

10장, GraphX에서는 그래프를 사용해 얼마나 많은 실제 문제를 모델링하고 해결할 수 있는지 살펴본다. 페이스북을 예로 들어 그래프 이론, 스파크의 그래프 처리 라이브러리 GraphX, VertexRDD와 EdgeRDD, 그래프 연산자, `aggregateMessages`, `triangleCount`, Pregel API, 페이지랭크 알고리즘과 같은 사용 사례를 살펴본다.

11장, 머신 러닝 학습: 스파크 MLlib과 ML에서는 통계 머신 러닝에 대한 개념적인 소개를 제공한다. 스파크의 머신 러닝 API인 스파크 MLlib과 스파크 ML을 집중적으로 다룬다. 결정 트리^{decision tree}와 랜덤 포레스트 알고리즘^{random forest algorithm}을 이용한 분류 작업을 해결하는 방법과 선형 회귀 알고리즘을 이용한 회귀 문제를 해결한다. 또한 분류 모델을 훈련하기 전에 피처 추출에서 원핫^{one-hot} 인코딩과 차원 축소 알고리즘을 사용함으로써 얻을 수 있는 이점을 보여준다. 그다음에는 협업 필터링 기반 영화 추천 시스템을 개발하는 단계별 예제를 보여준다.

12장, 고급 러닝 머신 모범 사례에서는 스파크를 사용한 머신 러닝 고급 주제에 대한 이론과 실용적인 측면을 살펴본다. 그리드 검색, 교차 검증, 하이퍼파라미터 튜닝을 사용해 성능을 최적화하는 머신 러닝 모델 튜닝 방법을 배운다. 그리고 모델 기반의 추천 알고리즘 중인 하나인 ALS를 사용해 확장 가능한 추천 시스템 개발 방법을 다룬다. 마지막으로 주제 모델링 애플리케이션은 텍스트 클러스터링 기법을 활용한다.

13장, 나이브 베이즈에서는 빅데이터 분야의 머신 러닝이 학계와 산업계 모두의 연구 분야에 큰 영향을 미친 급진적인 결합이라고 말한다. 빅데이터는 실제 가치를 찾기 위해 ML, 데이터 분석 툴, 알고리즘에 어려운 과제를 부과한다. 그러나 거대한 데이터 셋을 기반으로 미래를 예측하는 것은 결코 쉬운 일이 아니다. 미래 예측과 관련해 ML을 자세히 살펴보고, 간단하지만 강력한 방법으로 다항 분류, 베이지안 추론, 나이브 베이즈, 디시전 트리, 나이브 베이즈와 디시전 트리의 비교 분석 등 확장 가능한 분류 모델과 개념을 구축하는 방법을 알아본다.

14장, 스파크 MLlib으로 데이터 클러스터링에서는 스파크의 기본 아키텍처 기반으로 스파크가 클러스터 모드에서 어떻게 동작하는지 설명한다. 이전 여러 장에서 다양한 스파크 API를 사용해 실제 애플리케이션의 개발 방법을 살펴봤다면 14장에서는 클러스터에 전체 스파크 애플리케이션을 배포하는 방법뿐 아니라 기존 하둡을 설치했는지 또는 설치하지 않았는지 확인한다.

15장, 스파크 ML을 이용한 텍스트 분석에서는 스파크 ML을 사용해 텍스트 분석을 설명한다. 텍스트 분석은 머신 러닝의 넓은 분야며, 정서 분석, 채팅 봇, 이메일 스팸 탐지, 자연어 처리 등과 같은 많은 사용 사례에서 유용하다. 10,000개의 트위터 샘플 데이터셋을 텍스트 분류 사용 사례에 중점을 둔 텍스트 분석에 스파크를 사용하는 방법을 살펴본다. 또한 실제 텍스트를 잘 모르는 상태에서 문서에서 주제를 생성하는 인기 있는 기술인 LDA를 살펴보고, LDA가 잘 동작하는지 트위터 데이터를 기반으로 텍스트 분류를 구현한다.

16장, 스파크 튜닝에서는 스파크 내부를 깊이있게 살펴본다. 그리고 스파크를 사용하는 것이 스칼라 컬렉션을 사용하는 것처럼 느껴지지만 실제 스파크가 분산 시스템에서 실행된다는 것을 잊지 말아야 한다. 또한 스파크 잡 모니터링, 스파크 설정, 스파크 애플리케이션 개발 시 발생하는 일반적인 실수, 최적화 기술에 대해 설명한다.

17장, 클러스터에 스파크 배포에서는 스파크가 기본 아키텍처를 기반으로 클러스터 모드에서 어떻게 동작하는지 살펴본다. 클러스터에서 스파크 아키텍처, 스파크 생태계, 클러스터 관리를 살펴보고 독립형, 메소스^{Mesos}, 얀^{Yarn}, 쿠버네티스^{kubernetes}에 스파크 애플리케이션을 배포하는 방법을 살펴본다. 마지막으로 클라우드 기반 AWS 클러스터에 스파크 애플리케이션을 배포하는 방법도 살펴본다.

18장, 스파크 테스팅과 디버깅에서는 분산 배포된 애플리케이션의 테스팅에 대한 어려움을 설명하고, 테스팅을 해결할 방법을 살펴본다. 분산 환경에서 테스팅을 수행하는 방법과 스파크 애플리케이션을 테스팅하고 디버깅하는 방법을 다룬다.

19장, PySpark과 SparkR에서는 파이썬과 R을 사용해 스파크 코드를 작성하는 데 사용되는 두 API, 즉 PySpark와 SparkR을 설명한다. 먼저 PySpark를 시작하는 방법을 설명한 후 PySpark로 데이터 프레임 API와 UDF에 상호작용하는 방법을 설명한다. 그리고 PySpark를 사용해 데이터 분석을 수행한다. 그다음에 SparkR을 시작하는 방법을 설명한다. 또한 데이터 처리과 조작 방법, SparkR을 사용한 RDD와 데이터 프레임을 사용하는 방법, 마지막으로 SparkR을 사용하는 일부 데이터 시각화 방법을 살펴본다.

부록 A. Alluxio로 스파크의 처리 성능 높이기에서는 Alluxio를 스파크와 함께 사용해 처리 속도를 향상시키는 방법을 보여준다. Alluxio는 스파크를 포함한 여러 플랫폼에서 많은 애플리케이션의 속도를 높여주는 오픈소스 분산 메모리 저장 시스템이다. Alluxio의 가능성을 살펴보고 Alluxio을 스파크와 통합해 스파크 잡을 실행할 때마다 메모리에 데이터를 캐시할 필요 없이 더 좋은 성능을 보여주는 부분을 보여준다.

부록 B. 아파치 제플린에서 대화형 데이터 분석에서는 데이터 과학 관점에서 데이터 분석의 대화형, 시각적 효과가 중요함을 설명한다. 제플린은 여러 백엔드와 인터프리터가 있는 대화형, 대규모 데이터 분석을 위한 웹 기반 노트북이다. 그리고 백엔드에서 인터프리터로 스파크를 사용해 대규모 데이터를 분석할 수 있게 아파치 제플린을 사용하는 방법을 설명한다.

▍준비 사항

모든 예는 우분투 리눅스 64비트에서 텐서플로^{TensorFlow} 라이브러리의 1.0.1 버전과 파이썬 2.7 및 3.5 버전을 사용해 구현됐다. 그러나 이 책에서는 파이썬 2.7과 호환되는 소스코드만을 다뤘다. 파이썬 3.5 이상과 호환되는 소스코드는 팩트출판사의 깃허브 저장소에서 다운로드할 수 있다. 또한 다음 파이썬 모듈(최신 버전을 사용하는 것이 좋다)이 필요하다.

- 스파크 2.0.0(또는 그 이상 버전)
- 하둡 2.7(또는 그 이상 버전)
- 자바(JDK와 JRE) 1.7+/1.8+
- 스칼라 2.11.x(또는 그 이상 버전)
- 파이썬 2.7+ 및 3.4+
- R 3.1+와 RStudio 1.0.143(또는 그 이상 버전)
- 이클립스 Mars, Oxygen, Luna(최신)
- 메이븐 이클립스 플러그인(2.9 또는 그 이상 버전)
- 이클립스용 메이븐 컴파일러 플러그인(2.3.2 또는 그 이상 버전)
- 이클립스용 메이븐 어셈블리 플러그인(2.4.1 또는 그 이상 버전)
- IntelliJ 최신(Scala, SBT 플러그인 포함)

운영체제: 데비안^{Debian}, 우분투^{Ubuntu}, 페도라^{Fedora}, RHEL과 센트OS를 포함한 리눅스 배포판을 사용하길 바란다. Ubuntu를 사용한다면 전체 14.04(LTS) 64비트(또는 그 이후)를 설치해야 하며, VMWare 플레이어 12 또는 Virtual Box를 사용하길 바란다. 윈도우(XP/7/8/10) 또는 맥OS X(10.4.7 이상)에서 스파크 작업을 실행할 수 있다.

하드웨어 구성: 코어 i3, 코어 i5(권장), 코어 i7(최상의 결과)을 사용할 수 있다. 그러나 멀티코어 처리는 빠른 데이터 처리와 확장성을 제공한다. 독립형 모드의 경우 최소 8~16GB RAM(권장)이 필요하고, 단일 VM의 경우 최소 32GB RAM이 필요하며, 클러

스터의 경우 32GB의 높은 RAM이 필요하다. 또한 무거운 잡(처리할 데이터셋 크기에 따라 다르다)을 실행할 수 있는 충분한 저장소가 필요하며, 최소 50GB의 여유 디스크 저장소(독립형 모드와 SQL 웨어하우스의 경우)가 필요하다.

▌ 이 책의 대상 독자

스파크를 이용해 데이터 분석 방법을 배우려는 사람에게 매우 유용한 책이다. 스파크나 스칼라에 대한 지식은 없더라도 이전 프로그래밍 경험(특히 다른 JVM 언어)이 있다면 스파크나 스칼라에 대한 개념을 이해하는 데 매우 유용하다.

스칼라는 지난 몇 년 동안 특히 데이터 과학과 분석 분야에서 꾸준히 증가하고 있다. 스파크는 스칼라로 작성됐고 분석 분야에서 널리 사용되고 있다. 이 책은 빅데이터를 잘 다룰 수 있는 스파크를 설명한다.

▌ 편집 규약

이 책에서는 독자의 이해를 돕고자 다루는 정보에 따라 글꼴 스타일을 다르게 적용했다. 이러한 스타일의 예제와 의미는 다음과 같다.

텍스트에서 코드 단어와 데이터베이스 테이블 이름, 폴더 이름, 파일 이름, 파일 확장자, 경로, 더미 URL, 사용자 입력, 트위터 핸들은 다음과 같이 표시한다.

"다음 코드 라인은 링크를 읽고 BeautifulSoup 함수에 해당 링크를 할당한다."

코드 블록은 다음과 같이 표시한다.

```
package chapter11
import org.apache.spark.mllib.feature.StandardScalerModel
import org.apache.spark.mllib.linalg.{ Vector, Vectors }
import org.apache.spark.sql.{ DataFrame }
import org.apache.spark.sql.SparkSession
```

코드 블록의 특정 부분을 강조하는 경우에 해당 줄이나 항목은 굵게 표시한다.

```
val spark = SparkSession
            .builder
            .master("local[*]")
            .config("spark.kryoserializer.buffer.max", "1024m")
            .appName("OneVsRestExample")
            .getOrCreate( )
```

커맨드라인 입력이나 출력은 다음과 같이 표시한다.

```
$./bin/spark-submit --class chapter11.KMeansDemo \
--master spark://ip-172-31-21-153.us-west-2.compute:7077 \
--executor-memory 2G \
--total-executor-cores 2 \
file:///home/KMeans-0.0.1-SNAPSHOT.jar \
file:///home/mnist.bz2
```

새로운 용어와 중요한 키워드는 고딕체로 표시한다. 애플리케이션의 메뉴나 대화상자에 나오는 텍스트는 다음과 같이 표시한다.

"Next 버튼을 클릭하면 다음 화면으로 이동한다."

경고나 중요한 내용은 이와 같이 나타낸다.

 팁이나 요령은 이와 같이 나타낸다.

▌ 독자 의견

독자로부터의 피드백은 항상 환영한다. 이 책에 대해 무엇이 좋았는지 또는 좋지 않았는지 소감을 알려주길 바란다. 독자 피드백은 앞으로 더 좋은 책을 발행하는 데 매우 중요하다.

일반적인 피드백을 우리에게 보낼 때는 간단하게 feedback@packtpub.com으로 이메일을 보내면 되고, 메시지의 제목에 책 이름을 적으면 된다.

여러분이 전문 지식을 가진 주제가 있고, 책을 내거나 책을 만드는 데 기여하고 싶다면 www.packtpub.com/authors에서 저자 가이드를 참고하길 바란다.

▌ 고객 지원

팩트 출판사의 구매자가 된 독자에게 도움이 되는 몇 가지를 제공하고자 한다.

예제 코드 다운로드

이 책에 사용된 예제 코드는 http://www.packtpub.com의 계정을 통해 다운로드할 수 있다. 다른 곳에서 구매한 경우에는 http://www.packtpub.com/support를 방문해 등록하면 파일을 이메일로 직접 받을 수 있다.

코드를 다운로드하려면 다음과 같이 한다.

1. 팩트출판사 웹 사이트(http://www.packtpub.com)에서 이메일 주소와 암호를 이용해 로그인하거나 계정을 등록한다.
2. 맨 위에 있는 SUPPORT 탭으로 마우스 포인터를 이동한다.
3. Code Downloads & Errata 항목을 클릭한다.
4. Search 입력란에 책 이름을 입력한다.
5. 코드 파일을 다운로드하려는 책을 선택한다.
6. 드롭다운 메뉴에서 이 책을 구매한 위치를 선택한다.
7. Code Download 항목을 클릭한다.

파일을 다운로드한 후에는 다음과 같은 압축 프로그램의 최신 버전을 이용해 파일의 압축을 해제한다.

- **윈도우** WinRAR, 7-Zip
- **맥** Zipeg, iZip, UnRarX
- **리눅스** 7-Zip, PeaZip

코드는 https://github.com/PacktPublishing/Scala-and-Spark-for-Big-Data-Analytics 또는 옮긴이가 IntelliJ에서 실행 가능하게 재구성한 깃허브 https://github.com/knight76/Scala-and-Spark-for-Big-Data-Analytics에서 다운로드할 수 있다. 이는 원서와 달리 최신 2.3.2 버전으로 작성됐다.

다음 주소에서 팩트출판사의 다른 책과 동영상 강좌의 코드도 다운로드할 수 있다.

https://github.com/PacktPublishing/

또한 에이콘출판사의 도서정보 페이지인 http://www.acornpub.co.kr/book/scala-spark-big-data에서도 예제 코드를 다운로드할 수 있다.

컬러 이미지 다운로드

책에서 사용한 스크린샷/다이어그램의 컬러 이미지를 담고 있는 PDF 파일을 제공한다. 컬러 이미지를 보면 출력 결과의 변화를 더 쉽게 이해할 수 있다. https://www.packtpub.com/sites/default/files/downloads/ScalaandSparkforBigDataAnalytics_ColorImages.pdf에서 파일을 다운로드할 수 있다.

에이콘출판사의 도서정보 페이지 http://www.acornpub.co.kr/book/scala-spark-big-data에서도 컬러 이미지를 다운로드할 수 있다.

정오표

내용을 정확하게 전달하기 위해 최선을 다했지만, 실수가 있을 수 있다. 팩트출판사의 도서에서 문장이든 코드든 간에 문제를 발견해서 알려준다면 매우 감사하게 생각할 것이다. 그런 참여를 통해 그 밖의 독자에게 도움을 주고, 다음 버전의 도서를 더 완성도 높게 만들 수 있다. 오탈자를 발견한다면 http://www.packtpub.com/submiterrata를 방문해 책을 선택하고, 구체적인 내용을 입력해주길 바란다. 보내준 오류 내용이 확인되면 웹사이트에 그 내용이 올라가거나 해당 서적의 정오표 부분에 그 내용이 추가될 것이다. http://www.packtpub.com/support에서 해당 도서명을 선택하면 기존 정오표를 확인할 수 있다.

한국어판은 에이콘출판사의 도서정보 페이지 http://www.acornpub.co.kr/book/scala-spark-big-data에서 찾아볼 수 있다.

저작권 침해

인터넷에서의 저작권 침해는 모든 매체에서 벌어지고 있는 심각한 문제다. 팩트출판 사에서는 저작권과 사용권 문제를 매우 심각하게 인식한다. 어떤 형태로든 팩트출판 사 서적의 불법 복제물을 인터넷에서 발견한다면 적절한 조치를 취할 수 있도록 해당 주소나 사이트명을 알려주길 부탁한다.

의심되는 불법 복제물의 링크는 copyright@packtpub.com으로 보내주길 바란다. 저자 와 더 좋은 책을 위한 팩트출판사의 노력을 배려하는 마음에 깊은 감사의 뜻을 전한다.

질문

이 책과 관련해 질문이 있다면 questions@packtpub.com으로 문의하길 바란다. 최선 을 다해 질문에 답하겠다. 한국어판에 관한 질문은 이 책의 옮긴이나 에이콘 출판사 편집 팀(editor@acornpub.co.kr)으로 문의해주길 바란다.

01

스칼라 소개

스칼라(Scala)가 다음과 같이 말한다.

"안녕하세요. 저는 스칼라입니다. 저는 확장 가능한 함수형 프로그래밍 언어이자 객체지향 프로그래밍 언어입니다. 대화형 셸에 표현식을 입력하자마자 결과를 즉시 확인할 수 있고, 여러분과 함께 성장할 수도 있고, 함께 놀이를 진행할 수도 있습니다."

지난 몇 년 동안 개발자, 실무자, 특히 데이터 과학과 데이터 분석 분야에서 스칼라의 사용이 꾸준한 증가하고 있으며, 폭넓게 채택되고 있다. 한편 스칼라로 작성된 아파치 스파크^Apache Spark^는 대규모 데이터 처리를 위한 빠르고 일반적인 엔진이다. 스파크가 성공한 이유는 사용하기 쉬운 API, 깔끔한 프로그래밍 모델, 성능 등 많은 요인 때문이다. 따라서 자연스럽게 스파크는 스칼라를 더 많이 지원한다. 따라서 스칼라 API는 파이썬^Python^이나 자바^Java^ API와 비교해 더 많이 사용된다. 또한 자바, 파이썬, R API보다 새로운 스칼라 API를 먼저 사용할 수 있다.

스파크와 스칼라(2부)를 사용해 데이터 분석 프로그램을 작성하기 전에 먼저 스칼라의 함수형 프로그래밍 개념, 객체지향 기능, 스칼라 컬렉션 API에 대해 자세히 살펴볼 것이다(1부). 1장에서는 1부의 출발점으로 스칼라를 간략히 소개한다. 스칼라의 역사와 목적을 비롯해 스칼라의 기본적인 측면을 다룬다. 그런 다음 윈도우, 리눅스, 맥 OS와 같은 다양한 플랫폼에 스칼라를 설치하는 방법을 살펴보고, 선호하는 편집기와 IDE를 이용해 데이터 분석 프로그램을 작성한다. 1장의 뒷부분에서는 자바와 스칼라 간의 비교 분석을 제공한다. 마지막으로 스칼라 프로그래밍에 대해 몇 가지 예를 들어 설명한다.

1장에서 다루는 내용은 다음과 같다.

- 스칼라의 역사와 목적
- 플랫폼과 편집기
- 스칼라 설치와 설정
- 스칼라: 확장 가능한 언어
- 자바 프로그래머를 위한 스칼라
- 초보자를 위한 스칼라
- 요약

▌ 스칼라의 역사와 목적

스칼라는 함수형 프로그래밍$^{functional\ programming}$과 강력한 정적 타입$^{static\ type}$ 시스템을 지원하는 범용 프로그래밍 언어다. 스칼라의 소스코드는 자바 바이트 코드로 컴파일될 수 있고, 결과 실행 코드는 JVM$^{Java\ Virtual\ Machine}$에서 실행될 수 있다.

마틴 오더스키^{Martin Odersky}는 2001년 EPFL^{École Polytechnique Fédérale de Lausanne}에서 스칼라 언어를 디자인하기 시작했다. 스칼라는 함수형 프로그래밍과 페트리 넷^{Petri net}을 사용하는 프로그래밍 언어인 퓨넬^{Funnel}을 기반으로 확장한 언어다. 스칼라의 첫 공개 버전은 2004년에 발표됐지만 자바 플랫폼만 지원한다. 나중에 2004년 6월, .NET 프레임워크를 지원하게 됐다.

스칼라는 객체지향 프로그래밍^{Object Oriented Programming} 패러다임뿐 아니라 함수형 프로그래밍^{Functional Programming} 개념을 지원하기 때문에 점차 매우 널리 사용되고 있다. 또한 스칼라의 심볼링 연산자는 자바와 비교해 읽기 쉽지 않지만, 대부분의 스칼라 코드는 비교적 간결하고 읽기 쉬운 반면 자바의 경우는 많이 장황하다.

스칼라는 다른 프로그래밍 언어와 같이 특정 목적을 위해 제안되고 개발됐다. 이제 질문은 "스칼라가 왜 만들어졌고 무슨 문제가 해결하는가?"이다. 마틴 오더스키는 해당 질문에 대답하기 위해 자신의 블로그에서 다음과 같이 설명했다.

> "스칼라는 컴포넌트 소프트웨어에 대한 언어 지원을 향상시킬 수 있는지 관련된 연구 노력에서 비롯된 것이다. 스칼라를 실험하면서 검증하고자 했던 두 가지 가설이 있다. 첫째, 컴포넌트 소프트웨어의 프로그래밍 언어는 동일한 개념이 큰 부분뿐 아니라 작은 부분을 설명할 수 있다는 점에서 확장 가능해야 한다고 가정한다. 따라서 컴포넌트가 어느 정도 규모의 레벨에서 유용할 수 있는 많은 기본 요소(primitive)를 추가하기보다 추상화(abstraction), 합성(composition), 분해(decomposition) 메커니즘에 집중한다. 둘째, 객체지향 프로그래밍과 함수형 프로그래밍을 통합하고 일반화한 프로그래밍 언어가 컴포넌트를 확장할 수 있는 기능을 제공할 수 있다고 가정한다. 정적 타입 언어(스칼라도 포함)에서 이 두 패러다임이 지금까지 크게 분리돼 있었다."

그럼에도 불구하고 패턴 매칭^{pattern matching}과 고차 함수^{higher order function} 등은 FP와 OOP 사이의 간격을 채우기보다는 함수형 프로그래밍의 전형적인 특징이었다. 따라서 스칼라에서 해당 기능이 채택됐다. 스칼라에 액터^{actor} 기반 동시성 프레임워크인 매우 강력한 패턴 매칭 기능이 있다. 게다가 스칼라는 1급 함수와 고차 함수를 지원한다. 요약하면 '스칼라'라는 이름은 사용자의 요구에 따라 확장될 수 있게 설계된, 확장 가능하고 FP와 OOP가 혼합된 언어다.

▍ 플랫폼과 편집기

스칼라는 자바 가상 머신^{JVM, Java Virtual Machine}에서 실행된다. 따라서 스칼라는 자바 프로그래머에게 좋은 선택이다. 자바 프로그래머는 자바 코드에 함수형 프로그래밍을 하고 싶어 한다. 편집기를 선택할 때 많은 선택 사항이 있다. IDE를 사용하는 것은 성공적인 프로그래밍 경험의 핵심 요소 중 하나이기 때문에 사용할 수 있는 편집기를 비교하는 데 시간을 투자하는 것이 좋다. 선택할 수 있는 옵션은 다음과 같다.

- Scala IDE
- 이클립스^{Eclipse}의 스칼라 플러그인
- IntelliJ IDEA
- Emacs
- VIM

이클립스^{Eclipse}는 스칼라를 지원하는 수많은 베타 플러그인을 사용할 수 있다는 장점을 갖는다. 이클립스는 로컬^{local}, 리모트^{remote}, 높은 레벨의 디버깅^{debugging} 기능(예, 스칼라의 구문 강조, 코드 완성)과 같은 흥미로운 기능을 제공한다. 이클립스는 자바는 물론 스칼라 애플리케이션 개발을 쉽게 진행할 수 있다. 그러나 Scala IDE(http://scala-ide.org/)는 이클립스 기반의 본격적인 스칼라 편집기로서 흥미로운 기능(예, Scala 워크시트, ScalaTest 지원, 스칼라 리팩토링 등)을 사용자 정의할 수 있다.

필자의 생각에 두 번째로 좋은 옵션은 IntelliJ IDEA다. IntelliJ IDEA의 첫 번째 릴리스는 고급 코드 탐색과 리팩토링 기능이 통합된 최초의 자바 IDE로서 2001년에 출시됐다. InfoWorld 보고서(http://www.infoworld.com/article/2683534/development-environments/infoworld-review--top-java-programming-tools.html)에 따르면 상위 4개의 자바 프로

그래밍 IDE(즉, 이클립스, IntelliJ IDEA, NetBeans, JDeveloper) 중 IntelliJ가 10점 중 8.5점으로 가장 높은 테스트 점수를 받았다.

관련 점수는 다음 그림과 같다.

InfoWorld Scorecard	Documentation and help system (15.0%)	Ease of use (30.0%)	Plug-in ecosystem (25.0%)	Java features (30.0%)	Overall Score (100%)
Eclipse 3.6	8.0	6.0	10.0	8.0	7.9 ★★★★☆
JetBrains IntelliJ IDEA 9.0.3	7.0	9.0	8.0	9.0	8.5 ★★★★☆
NetBeans 6.9	8.0	8.0	8.0	8.0	8.0 ★★★★★
Oracle JDeveloper Studio 11g (11.1.1.3.0)	9.0	8.0	5.0	8.0	7.4 ★★★★☆

그림 1 스칼라/자바 개발자를 위한 최상의 IDE

그림에서 NetBeans와 JDeveloper 같은 IDE를 사용하는 데 관심이 있을 수 있다. 사실 개발자 간에 IDE 논쟁은 끝이 없는 논쟁이기 때문에 최종 선택은 여러분에게 달려있음을 의미한다.

▌ 스칼라 설치와 설정

이전에 언급한 것처럼 스칼라는 JVM을 사용하므로 장비에 자바가 설치돼 있는지 확인한다. 자바가 설치돼 있지 않다면 우분투^{Ubuntu}에 자바 설치 방법을 설명하는 다음 절을 참조한다. 해당 절에서는 먼저 우분투에 자바 8을 설치하는 방법을 설명한다. 그리고 윈도우, 맥 OS, 리눅스에 스칼라를 설치하는 방법을 살펴본다.

자바 설치

우분투 14.04 및 16.04 LTS 64비트 시스템에 자바 8을 설치하는 방법을 간단히 소개한다. 그러나 윈도우와 맥 OS에 자바 8을 설치할 경우 구글 검색을 통해 설치 방법을 파악하는 것이 좋다. 윈도우 사용자를 위한 최소한의 단서는 https://java.com/en/download/help/windows_manual_download.xml을 참고한다.

이제 단계별 커맨드와 지침을 따라 우분투에 자바 8을 설치하는 방법을 살펴보자. 우선 자바가 이미 설치돼 있는지 확인한다.

```
$ java -version
```

이 커맨드를 실행할 때 The program java cannot be found in the following packages라는 문구가 나타나면 자바가 아직 설치돼 있지 않았음을 의미한다. 다음 커맨드를 실행해 에러가 나지 않게 한다.

```
$ sudo apt-get install default-jre
```

이 커맨드를 실행해 JRE^{Java Runtime Environment}가 설치될 것이다. 그러나 아파치 앤트^{Ant}, 아파치 메이븐^{Maven}, 이클립스, IntelliJ IDEA에서 자바 애플리케이션을 컴파일할 때 JDK^{Java Development Kit}가 필요할 수도 있다.

오라클 JDK는 공식 JDK지만 우분투에서 자바를 기본 설치할 때는 오라클 JDK를 더 이상 제공하지 않는다. 하지만 apt-get을 사용해 오라클 JDK를 설치할 수 있다. 모든 버전을 설치하려면 먼저 다음 커맨드를 실행한다.

```
$ sudo apt-get install python-software-properties
$ sudo apt-get update
$ sudo add-apt-repository ppa:webupd8team/java
$ sudo apt-get update
```

그런 다음 설치하고 싶은 버전에 따라 다음 커맨드 중 하나를 실행한다.

```
$ sudo apt-get install oracle-java8-installer
```

설치 후 JAVA_HOME 환경 변수를 설정하는 것을 잊지 않길 바란다. 다음 커맨드를 실행하면 된다(편의상 자바가 /usr/lib/jvm/java-8-oracle에 설치돼 있다고 가정한다).

```
$ echo "export JAVA_HOME=/usr/lib/jvm/java-8-oracle" >> ~/.bashrc
$ echo "export PATH=$PATH:$JAVA_HOME/bin" >> ~/.bashrc
$ source ~/.bashrc
```

이제 JAVA_HOME을 살펴보자.

```
$ echo $JAVA_HOME
```

터미널에 다음 결과가 나타난다.

```
/usr/lib/jvm/java-8-oracle
```

이제 다음 커맨드를 실행해 자바가 성공적으로 설치됐는지 확인한다(최신 버전이 표시될 수 있다).

```
$ java -version
```

다음과 같은 결과가 나온다.

```
java version "1.8.0_121"
Java(TM) SE Runtime Environment (build 1.8.0_121-b13)
Java HotSpot(TM) 64-Bit Server VM (build 25.121-b13, mixed mode)
```

훌륭하다. 이제 자바가 컴퓨터에 설치됐기 때문에 스칼라 코드를 실행할 준비가 됐다. 다음 절에서 스칼라 코드를 실행해보자.

윈도우

이 절에서는 윈도우 7이 설치된 PC에 스칼라를 설치하는 방법을 집중적으로 다룬다. 하지만 윈도우의 어떤 버전에 스칼라를 설치하더라도 문제가 발생하지는 않을 것이다.

1. 첫 번째 단계는 스칼라 공식 사이트에서 압축 파일을 다운로드하는 것이다. https://www.Scala-lang.org/download/all.html에서 해당 압축 파일을 찾을 수 있다. 이 페이지의 다른 리소스 섹션에는 스칼라를 설치할 수 있는 아카이브 파일 목록이 있다. 다음과 같은 화면에서 스칼라 2.11.8 버전(최신 2.11.12도 사용 가능하다)의 압축 파일을 다운로드한다.

Archive	System	Size
scala-2.11.8.tgz	Mac OS X, Unix, Cygwin	27.35M
scala-2.11.8.msi	Windows (msi installer)	109.35M
scala-2.11.8.zip	Windows	27.40M
scala-2.11.8.deb	Debian	76.02M
scala-2.11.8.rpm	RPM package	108.16M
scala-docs-2.11.8.txz	API docs	46.00M
scala-docs-2.11.8.zip	API docs	84.21M
scala-sources-2.11.8.tar.gz	Sources	

그림 2 윈도우용 스칼라 설치 프로그램

2. 다운로드를 완료한 후 압축 파일의 압축을 풀고 즐겨 찾기 폴더에 해당 파일들을 위치시킨다. 탐색 유연성을 위해 스칼라 파일의 이름을 바꿀 수도 있다. 마지막으로 스칼라가 운영체제 전역에서 실행되도록 PATH 변수를 생성해야 한다. 다음 그림과 같이 Computer ➤ Properties로 접근한다.

그림 3 윈도우의 환경 변수 탭

3. 환경 변수 탭에서 Environment Variables를 선택하고 스칼라의 bin 폴더 위치를 얻는다. 그다음 PATH 환경 변수에 해당 폴더 위치를 추가한다. 다음 화면과 같이 변경 사항을 적용한 다음 OK를 누른다.

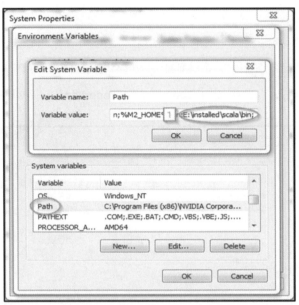

그림 4 스칼라에 환경 변수 추가하기

4. 이제 윈도우에 스칼라를 설치할 준비가 됐다. CMD를 열고 scala라고 입력하자. 설치 과정이 성공적이었다면 다음 화면과 유사하게 출력된다.

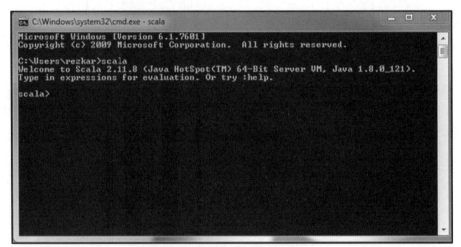

그림 5 '스칼라 셸'로 스칼라에 접근하기

58

맥 OS

이제 맥에 스칼라를 설치한다. 맥에 스칼라를 설치할 수 있는 방법은 많지만, 여기에서는 두 가지 방법을 살펴본다.

Homebrew 인스톨러 사용

1. 먼저 Xcode가 설치돼 있는지 확인한다. 애플 앱 스토어^{Apple App Store}에서 Xcode를 무료로 설치할 수 있다.
2. 그리고 터미널에서 다음 커맨드를 실행해 Homebrew를 설치해야 한다.

```
$ /usr/bin/ruby -e "$(curl -fsSL
https://raw.githubusercontent.com/Homebrew/install/master/install)"
```

 이전 커맨드는 Homebrew 개발자에 의해 언제든지 변경될 수 있다. 커맨드가 동작하지 않으면 Homebrew 웹 사이트의 최신 문서(http://brew.sh/)를 확인하길 바란다.

3. 이제 터미널에서 brew install scala 커맨드를 입력해 스칼라를 설치할 준비가 됐다.
4. 마지막으로 터미널에 scala를 입력하면(2번째 라인) 터미널에서 다음과 같이 동작되는 것을 볼 수 있다.

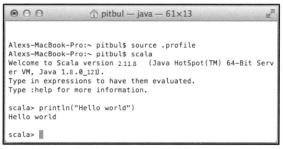

그림 6 맥 OS의 스칼라 셸

수동 설치

스칼라를 수동으로 설치하기 전에 희망하는 버전의 스칼라를 선택하고 http://www.
Scala-lang.org/download/에서 버전에 맞도록 Scala-verion.tgz 형태의 tgz 파일을
다운로드한다. 선호하는 스파크 스칼라 버전을 다운로드한 후 다음과 같이 추출한다
(스파크 2.x에서는 스칼라 2.12를 아직 지원하지 않기 때문에 2.11을 설치하길 바란다).

```
$ tar xvf scala-2.11.8.tgz
```

그리고 다음과 같이 추출한 디렉토리를 /usr/local/share으로 옮긴다.

```
$ sudo mv scala-2.11.8 /usr/local/share
```

이제 설치한 내용을 영구적으로 적용하려면 다음 커맨드를 실행한다.

```
$ echo "export SCALA_HOME=/usr/local/share/scala-2.11.8" >> ~/.bash_profile
$ echo "export PATH=$PATH: $SCALA_HOME/bin" >> ~/.bash_profile
```

지금까지 작업한 것이 수동 설치의 전부다. 이제 다음 절에서는 우분투와 같은 리눅스
배포판에서 어떻게 할 수 있는지 살펴보자.

리눅스

이 절에서는 우분투 리눅스 배포판에 스칼라를 설치하는 과정을 보여준다. 시작하기
전에 스칼라가 제대로 설치됐는지 확인한다. 다음과 같은 간단한 커맨드를 사용해
스칼라가 설치돼 있는지 확인할 수 있다.

```
$ scala -version
```

스칼라가 이미 시스템에 설치돼 있다면 터미널에 다음과 같은 메시지가 나타난다.

```
Scala code runner version 2.11.8 -- Copyright 2002-2016, LAMP/EPFL
```

이 책에서는 설치할 때 최신 버전의 스칼라, 즉 2.11.8을 사용했다. 스칼라가 시스템에 설치돼 있지 않으면 다음 단계로 진행하기 전에 스칼라를 설치해야 한다. 스칼라웹 사이트(http://www.scala-lang.org/download/)에서 최신 버전의 스칼라를 다운로드할 수 있다(내용을 더 확인하고 싶다면 그림 2를 참조한다). 이제 스칼라 2.11.8을 다음과 같이 쉽게 다운로드할 수 있다.

```
$ cd Downloads/
$ wget https://downloads.lightbend.com/scala/2.11.8/scala-2.11.8.tgz
```

다운로드를 종료한 후 다운로드 폴더에서 스칼라 tar 파일을 찾아야 한다.

 사용자는 먼저 $ cd /Downloads/ 커맨드를 사용해 다운로드 디렉토리로 이동해야 한다. 다운로드 폴더의 이름은 시스템에서 선택한 환경에 따라 달라질 수 있다.

해당 위치에서 스칼라 tar 파일을 추출하려면 다음 커맨드를 입력한다. 다음 커맨드를 사용해 터미널에서 스칼라 tar 파일을 추출할 수 있다.

```
$ tar -xvzf scala-2.11.8.tgz
```

이제 다음 커맨드를 입력해 스칼라 설치 파일을 사용자 디렉토리(예, /usr/local/ share scala/)로 이동시킨다.

```
$ sudo mv scala-2.11.8 /usr/local/share/
```

다음 커맨드를 사용해 사용자 홈 디렉토리로 이동한다.

```
$ cd ~
```

그런 후 다음 커맨드를 사용해 SCALA_HOME을 설정한다.

```
$ echo "export SCALA_HOME=/usr/local/share/scala-2.11.8" >> ~/.bashrc
$ echo "export PATH=$PATH:$SCALA_HOME/bin" >> ~/.bashrc
```

다음 커맨드를 사용해 셸 세션에서 SCALA_HOME을 영구적으로 적용한다.

```
$ source ~/.bashrc
```

설치가 종료된 후 다음 커맨드를 사용해 제대로 설치됐는지 확인하는 것이 좋다.

```
$ scala -version
```

스칼라를 시스템에 성공적으로 설정했다면 터미널에서 다음과 같은 메시지를 볼 수 있다.

```
Scala code runner version 2.11.8 -- Copyright 2002-2016, LAMP/EPFL
```

잘 진행했다. 이제 다음 그림처럼 터미널에서 scala 커맨드를 입력하면 스칼라 셸로 진입한다.

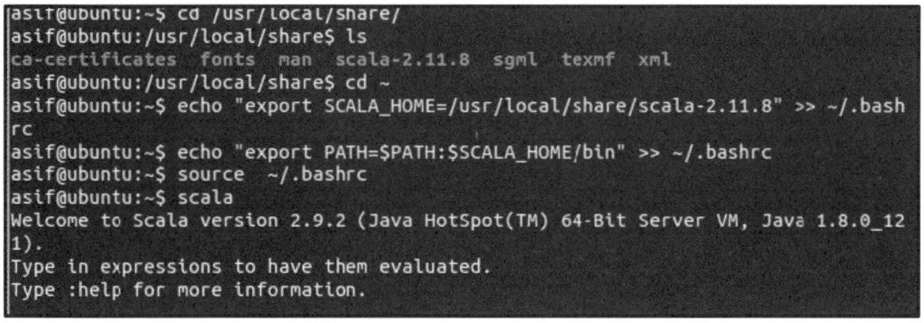

그림 7 리눅스의 스칼라 셸(우분투 배포판)

마지막으로 다음과 같이 apt-get 커맨드를 사용해 스칼라를 설치할 수도 있다.

```
$ sudo apt-get install scala
```

이 커맨드는 최신 버전의 스칼라(즉, 2.12.x)를 다운로드한다(그러나 어느 시점부터는 2.13.x가 설치될 수 있다). 그러나 1장을 작성할 당시에 스파크Spark는 스칼라 2.12를 아직 지원하지 않는다. 따라서 이전에 설명한 수동 설치를 권장한다.

▌ 스칼라: 확장 가능한 언어

'스칼라'라는 이름은 '확장 가능한scalable 언어'에서 유래했다. 스칼라의 개념은 대규모 프로그램에 잘맞기 때문이다. 다른 언어의 일부 프로그램은 코딩할 때 수십 라인이 있어야 하지만 스칼라에서는 프로그래밍의 일반적인 패턴과 개념을 간결하고 효과적으로 표현할 수 있는 능력이 있다. 이 절에서는 마틴 오더스키가 만든 흥미로운 스칼라 기능을 설명한다.

스칼라는 객체지향

스칼라는 객체지향 언어의 좋은 예다. 객체의 타입이나 동작을 정의하기 위해 나중에 2장에서 설명할 클래스^{class}와 트레이트^{trait} 개념을 사용해야 한다. 스칼라는 직접적인 다중 상속을 지원하지 않지만 다중 상속 구조를 달성하기 위해 스칼라의 서브클래싱 subclassing과 믹싱 기반의 컴포지션^{mixing-based composition}을 사용해야 한다. 관련 내용은 2장에서 설명한다.

스칼라는 함수형

함수형 프로그래밍은 일등 시민^{first-class citizens}과 같은 함수를 취급한다. 스칼라에서 해당 기능을 쉽게 사용할 수 있는 문법^{syntactic sugar}과 트레이트를 확장하는 객체(예, Function2)를 사용해 달성할 수 있다. 바로 이것이 스칼라에서는 함수형 프로그래밍을 달성하는 방법이다. 또한 스칼라는 익명 함수(이름 없는 함수)를 정의하는 간단하고 쉬운 방법을 정의한다. 또한 고차 함수를 지원하고 중첩 함수를 허용한다. 해당 개념의 구문은 2장에서 자세히 설명한다.

또한 불변 방식은 코드를 작성하는 데 도움을 주고, 불변 방식을 사용해 동기화와 동시성으로 쉽게 병렬 처리할 수 있다.

스칼라는 정적 타입 지원

파스칼^{Pascal}, 러스트^{Rust} 등과 같은 다른 정적 타입 언어와 달리 스칼라는 중복 타입 정보를 제공할 것을 기대하지 않는다. 대부분의 경우 타입을 지정할 필요가 없다. 가장 중요한 것은 다시 반복할 필요조차 없다.

프로그래밍 언어는 컴파일 시간에 변수의 타입을 알게 되면 정적 타입 언어라 한다. 이는 프로그래머가 각 변수의 타입을 반드시 지정해야 한다는 것을 의미한다. 예를 들어 스칼라, 자바, C, 오카멜(OCaml), 하스켈(Haskell), C++ 등이 있다. 반면 펄 (Perl), 루비(Ruby), 파이썬(Python) 등은 타입이 변수 또는 필드와 연결되지 않고 런타임 값과 연관된 동적 타입 언어다.

스칼라의 정적 타입 특성은 컴파일러가 모든 종류의 검사를 수행하도록 보장한다. 스칼라의 매우 강력한 기능은 코드가 실행되기 전에 초기 단계에서 가장 사소한 버그와 에러를 찾거나 해결할 수 있다.

스칼라는 JVM에서 동작

자바와 마찬가지로 스칼라도 JVM에서 쉽게 실행할 수 있는 바이트 코드로 컴파일된다. 즉, 스칼라와 자바의 런타임 플랫폼은 모두 컴파일 결과로 바이트 코드를 생성하기 때문에 런타임은 결과적으로 동일하다. 따라서 자바에서 스칼라로 쉽게 전환할 수 있고, 둘 다 쉽게 통합하거나 안드로이드^{Android} 애플리케이션에서 스칼라를 사용해 함수형으로 작성할 수도 있다.

 스칼라 프로그램에서 자바 코드를 사용하는 것은 매우 쉽지만, 그 반대는 매우 어렵다. 이는 스칼라만의 쉬운 구문(syntactic sugar) 때문이다.

또한 자바 코드를 바이트 코드로 컴파일하는 javac 커맨드처럼 스칼라에는 스칼라 코드를 바이트 코드로 컴파일하는 scalac 커맨드가 있다.

스칼라는 자바 코드를 실행 가능

이전에 언급한 것처럼 스칼라는 자바 코드를 실행할 때 사용될 수도 있다. 자바 코드를 설치하는 것뿐만 아니라 스칼라 환경에서도 바로 자바 SDK에서 사용 가능한 모든 클래스를 사용할 수 있고, 사전에 정의된 클래스, 프로젝트, 패키지까지 사용할 수 있다.

스칼라는 동시 및 동기화 처리 수행 가능

다른 언어로 프로그램을 코딩할 때 수십 라인이 필요하지만, 스칼라로 코딩할 때는 프로그래밍의 일반적인 패턴과 개념을 간결하고 효과적으로 표현할 수 있는 능력을 얻을 수 있다. 그리고 불변^{immutable} 방식으로 코드를 작성할 때 도움을 얻고, 이를 통해 동기화 및 동시성 병렬 처리 코드를 쉽게 작성할 수 있다.

▌ 자바 프로그래머를 위한 스칼라

스칼라는 자바와 완전히 다른 기능을 갖고 있다. 이 절에서는 해당 기능 중 일부를 설명한다. 이 절은 기존에 자바를 개발했거나 최소한 기본 자바 구문과 의미에 익숙한 사용자에게 도움이 될 것이다.

모든 타입은 객체

앞에서 언급한 대로 스칼라의 모든 값이 객체처럼 보일 것이다. 스칼라 구문에서는 모든 것을 객체로 보지만 실제로 일부는 객체가 아니다. 다음 장들에서 관련 내용을 설명할 것이다(예, 스칼라에 참조^{reference} 타입과 원시^{primitive} 타입의 차이는 여전히 존재하지만 대부분 해당 타입을 숨긴다). 예를 들어 스칼라에서는 문자열^{string}이 암시적으로 문자^{character} 컬렉션으로 변환되지만 자바에서는 변환되지 않는다.

타입 추론

타입 추론^{type inference}이라는 용어에 익숙하지 않을 수 있다. 타입 추론은 그저 컴파일 타임에 타입을 추론하는 것일 뿐이다. 잠깐 타입 추론이 동적 타입^{dynamic type}을 의미하는 것은 아닌가? 아니다. 타입을 추론하는 것이라 말했다. 타입 추론은 동적 타입 언어가 수행하는 것과 크게 다르다. 또한 컴파일 타임에 실행되며 런타임에는 수행되지 않는다. 많은 언어가 타입 추론을 내장하고 있지만 구현은 언어마다 다르다. 처음에는 혼란스러울 수 있지만 코드 예를 살펴보면 더 명확해질 것이다. 스칼라 REPL에서 실험해보자.

스칼라 REPL

스칼라 REPL은 스칼라 셸에 스칼라 코드를 좀 더 쉽고 간결하게 작성할 수 있게 하는 강력한 기능이다. REPL은 대화식 인터프리터라 부르는 Read-Eval-Print-Loop의 약자다. 즉, REPL은 다음을 위한 프로그램이다.

1. 입력한 표현식을 읽는다.
2. 스칼라 컴파일러를 사용해 1단계에서의 표현식을 평가한다.
3. 2단계에서의 평가 결과를 출력한다.
4. 추가 표현식을 입력할 때까지 기다린다.

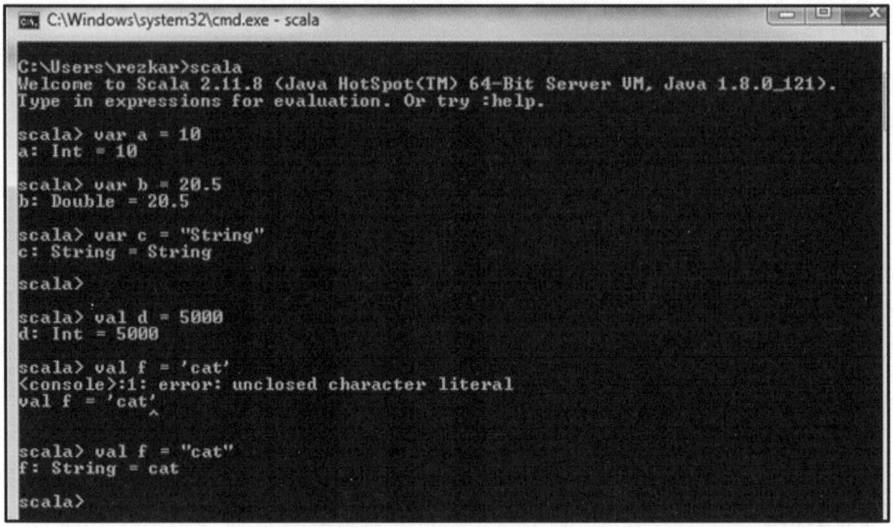

그림 8 스칼라 REPL의 예 1

그림 8을 보면 어떠한 마술도 없다. 컴파일 타임에 특정 타입이 가장 적합한 타입으로 자동 추론된다. 주의 깊게 살펴보면 다음처럼 선언했다.

```
i:Int = "hello"
```

스칼라 셸에서 변수를 선언하면 다음과 같은 에러가 발생한다.

```
<console>:11: error: type mismatch
    found   : String("hello")
    required: Int
        val i:Int = "hello"
                ^
```

오더스키에 따르면 스칼라 REPL에서 다음 코드를 실행할 때 스칼라는 특정 문자를 리치스트링^{RichString}으로 문자 맵^{character map}에 매핑했다면 리치스트링을 다시 리턴해야 한다.

68

```
scala> "abc" map (x => (x + 1).toChar)
res0: String = bcd
```

그러나 누군가 Char에서 Int를 바꾸는 메소드에 String을 전달하면 어떻게 될까? 이 경우 불변의 정수 벡터는 스칼라 컬렉션의 특징이기 때문에 스칼라는 해당 정수 벡터를 변환한다(그림 9 참조). 스칼라 컬렉션 API에 대한 자세한 내용은 4장을 참조한다.

```
"abc" map (x => (x + 1))
res1: scala.collection.immutable.IndexedSeq[Int] = Vector(98, 99, 100)
```

객체의 정적 메소드와 인스턴스 메소드를 모두 사용할 수 있다. 예를 들어 x를 hello 문자열로 선언한다면 객체 x에 정적 메소드와 인스턴스 메소드 모두 접근할 수 있다. 스칼라 셸에서 x를 먼저 입력하고 탭^{tab} 키를 누르면 사용 가능한 메소드를 찾을 수 있다.

```
scala> val x = "hello"
x: java.lang.String = hello
scala> x.re<tab>
reduce            reduceRight       replaceAll          reverse
reduceLeft        reduceRightOption replaceAllLiterally reverseIterator
reduceLeftOption  regionMatches     replaceFirst        reverseMap
reduceOption      replace           repr
scala>
```

메소드를 찾을 때 리플렉션을 통해 바로 수행되기 때문에 방금 정의한 익명 클래스 anonymous class도 동등하게 접근할 수 있다.

```
scala> val x = new AnyRef{def helloWord = "Hello, world!"}
x: AnyRef{def helloWord: String} = $anon$1@58065f0c
```

```
scala> x.helloWord
   def helloWord: String
scala> x.helloWord
warning: there was one feature warning re-run with -feature for details
res0: String = Hello, world!
```

앞의 두 예를 다음처럼 스칼라 셸에 표시할 수 있다.

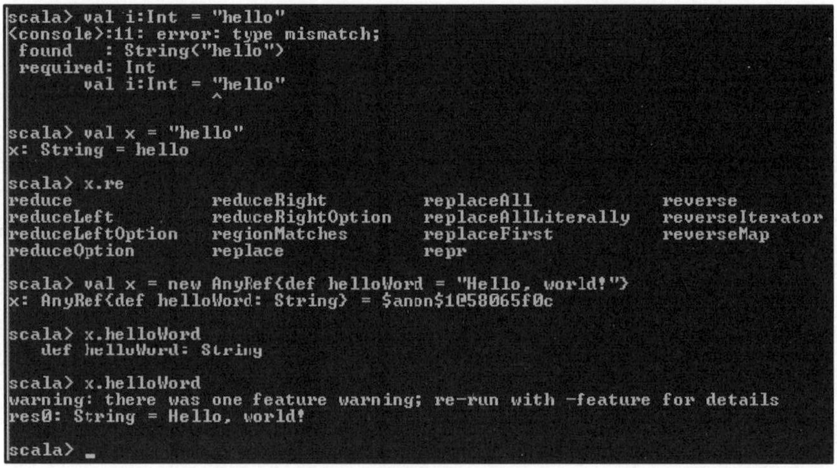

그림 9 스칼라 REPL의 예 2

"따라서 맵은 전달된 함수 파라미터의 결과 타입이 무엇인지에 따라 다른 타입을 생성한다
는 것을 알 수 있다."

– 오더스키

중첩 함수

프로그래밍 언어에서 중첩^{nested} 함수가 왜 필요한가? 대부분의 경우 메소드를 몇 라인
으로 유지하고 지나치게 큰 함수를 사용하지 않기를 원할 것이다. 이를 위한 자바의
일반적인 솔루션은 해당 작은 함수를 클래스 레벨에서 정의하는 것이다. 그러나 헬퍼
메소드임에도 불구하고 기타 모든 메소드를 쉽게 참조하고 접근할 수 있게 한다. 스칼

라에서는 자바와 다르게 내부에서 함수를 정의할 수 있고, 해당 함수에 대한 외부 접근이 금지된다.

```scala
def sum(vector: List[Int]): Int = {
    // 중첩 헬퍼 메소드(이 함수 외부에서 접근할 수 없다)
    def helper(acc: Int, remaining: List[Int]): Int = remaining match {
        case Nil  => acc
        case _    => helper(acc + remaining.head, remaining.tail)
    }
    // 중첩 메소드를 호출한다.
    helper(0, vector)
}
```

스칼라와 자바의 차이점을 보여주는 코드다. 지금은 해당 코드를 완벽히 이해할 필요는 없다.

import문

자바에서는 코드 파일 상단에 package문 바로 뒤에 import 패키지를 사용할 수 있다. 스칼라는 자바의 경우와 동일하지 않다. 소스 파일의 거의 모든 곳에서 import문을 작성할 수 있다(예를 들어 클래스 또는 메소드 내부에 import문을 작성할 수도 있다). 메소드 안의 클래스 또는 로컬 변수의 멤버 범위를 상속하기 때문에 import문의 범위에 주의해야 한다. 스칼라의 _(밑줄underscore)는 자바에서 사용하는 *(별표asterisk)와 비슷하게 와일드카드로 import문에 사용된다.

```scala
// math 패키지의 모든 것을 임포트한다.
import math._
```

또한 {}를 사용해 한 라인의 코드에서 동일한 상위 패키지의 import문을 나타낼 수 있다. 자바에서는 다음처럼 여러 코드 라인을 사용한다.

```
// math.sin과 math.cos를 임포트한다.
import math.{sin, cos}
```

자바와 달리 스칼라에는 정적 임포트에 대한 개념이 없다. 즉, 스칼라에서는 정적이라는 개념이 존재하지 않는다. 그러나 개발자는 분명히 일반적인 import문을 사용해 하나의 객체 멤버를 가져올 수 있다. 이전 예의 경우 math라는 패키지 오브젝트의 sin 메소드와 cos 메소드를 임포트한다. 예를 들어 이전 코드는 자바 프로그래머 관점에서 다음과 같이 정의할 수 있다.

```
import static java.lang.Math.sin
import static java.lang.Math.cos
```

스칼라의 또 다른 장점은 스칼라에서 임포트한 패키지의 이름을 변경할 수 있다는 점이다. 또는 임포트한 패키지의 이름을 변경해 유사한 멤버를 갖은 패키지와 타입이 서로 충돌하지 않게 변경할 수 있다. 다음 구문은 스칼라에서 유효하다.

```
// scala.collection.mutable.Map을 MutableMap으로 임포트한다.
import scala.collection.mutable.{Map => MutableMap}
```

마지막으로 패키지 간에 충돌이 발생하거나 다른 목적이 발생하면 패키지 멤버를 제외할 수 있다. 이럴 때 와일드카드를 사용한다.

```
// math에서 모든 멤버를 임포트하지만 cos는 안 보이게 한다.
import math.{cos => _, _}
```

연산자를 메소드로 사용

스칼라에서 연산자 오버로딩을 지원하지 않는다. 스칼라에는 연산자가 전혀 없다고 생각할 수도 있을 것이다.

단일 파라미터를 받는 메소드 호출에 대한 대체 구문은 중위infix 구문을 사용하는 것이다. 중위 구문은 C++처럼 연산자 오버로딩을 적용하는 것과 같다.

```
val x = 45
val y = 75
```

다음의 경우 +는 Int 클래스의 메소드를 의미한다. 다음 코드는 일반적이지 않은 메소드 호출 구문이다.

```
val add1 = x.+(y)
```

코드를 더 구문적으로 표현하면 다음과 같은 중위 구문으로 동일하게 수행할 수 있다.

```
val add2 = x + y
```

게다가 중위 구문을 활용할 수도 있다. 그러나 다음 contains 메소드는 다음과 같이 단일 파라미터만 갖는다.

```
val my_result = List(3, 6, 15, 34, 76) contains 5
```

중위 구문을 사용할 때 특별한 한 가지 경우가 있다. 즉, 메소드 이름이 :(콜론)으로 끝나면 호출은 오른쪽 결합associative이 된다. 결합은 메소드가 반대 방향으로 호출하지 않고 표현식의 왼쪽 파라미터가 오른쪽 파라미터에서 호출되는 것을 의미한다. 예를 들어 다음 구문은 스칼라에서 유효하다.

```
val my_list = List(3, 6, 15, 34, 76)
```

엘리먼트를 리스트에 추가하려면 my_list.+:(5)가 아니라 5.+:(my_list)를 사용하는 것이 문법에 더 맞다.

```
val my_result = 5 +: my_list
```

이제 스칼라 REPL에서 다음 예를 실행해보자.

```
scala> val my_list = 5 +: List(3, 6, 15, 34, 76)
   my_list: List[Int] = List(5, 3, 6, 15, 34, 76)
scala> val my_result2 = 5 +: my_list
   my_result2: List[Int] = List(5, 5, 3, 6, 15, 34, 76)
scala> println(my_result2)
   List(5, 5, 3, 6, 15, 34, 76)
scala>
```

연산자는 단순히 메소드일 뿐이기 때문에 다른 메소드와 마찬가지로 연산자를 간단히 재정의할 수 있다.

메소드와 파라미터 목록

스칼라 메소드는 여러 파라미터 목록을 가질 수 있거나 전혀 갖지 않을 수도 있다. 한편 자바 메소드는 항상 0개 이상의 파라미터를 갖는 하나의 파라미터 목록을 갖는다. 예를 들어 스칼라 메소드는 2개의 파라미터 목록을 갖는 유효한 메소드 정의(커링 currying 표기법으로 작성)는 다음과 같다.

74

```
def sum(x: Int)(y: Int) = x + y
```

이 메소드는 다음과 같이 작성할 수 없다.

```
def sum(x: Int, y: Int) = x + y
```

예를 들면 sum2라는 특정 메소드는 다음처럼 파라미터 목록을 전혀 갖고 있지 않는 것처럼 작성할 수 있다.

```
def sum2 = sum(2) _
```

이제 하나의 파라미터를 받는 함수를 리턴하는 sum2 메소드를 호출할 수 있다. 그리고 다음과 같이 인수 5를 받는 sum2 함수를 호출한다.

```
val result = sum2(5)
```

메소드 안의 메소드

때로는 너무 길고 복잡한 메소드 대신 코드를 작은 모듈로 나눠 애플리케이션을 개발 하고 싶을 수 있다. 스칼라는 너무 큰 메소드를 여러 개의 작은 메소드로 나눌 수 있는 기능을 제공한다.

반면에 자바는 클래스 레벨에서 정의된 메소드만 가질 수 있다. 예를 들어 다음처럼 스칼라 메소드를 정의한 코드가 있다고 가정하자(아직 유효하지 않다).

```
def main_method(xs: List[Int]): Int = {
    // 다음은 중첩 헬퍼/보조 메소드다.
```

```
    def auxiliary_method(accu: Int, rest: List[Int]): Int = rest match {
        case Nil => accu
        case _  => auxiliary_method(accu + rest.head, rest.tail)
    }
}
```

이제 다음처럼 중첩 헬퍼/보조 메소드를 호출할 수 있다.

```
auxiliary_method(0, xs)
```

앞 내용을 고려해볼 때 유효한 코드는 다음과 같다.

```
def main_method(xs: List[Int]): Int = {
  // 다음은 중첩 헬퍼/보조 메소드다.
  def auxiliary_method(accu: Int, rest: List[Int]): Int = rest match {
      case Nil => accu
      case _  => auxiliary_method(accu + rest.head, rest.tail)
  }
  auxiliary_method(0, xs)
}
```

스칼라 생성자

스칼라의 놀라운 점 중 하나는 스칼라 클래스의 본문 자체가 생성자라는 점이다. 그러나 사실 스칼라는 좀 더 명확한 방법으로 생성자를 생성한다. 그 후에 해당 클래스의 새로운 인스턴스가 생성되고 실행된다. 게다가 클래스 선언 라인에 생성자의 파라미터를 지정할 수 있다.

따라서 생성자 파라미터는 해당 클래스에 정의된 모든 메소드에서 접근할 수 있다. 예를 들어 스칼라에서 다음 클래스와 생성자 정의는 유효하다.

```scala
class Hello(name: String) {
    // 문장은 생성자의 일부로 생성된다.
    println("New instance with name: " + name)
    // 생성자 파라미터에 접근하는 메소드
    def sayHello = println("Hello, " + name + "!")
}
```

이 스칼라 클래스와 동등한 자바 클래스는 다음과 같다.

```java
public class Hello {
    private final String name;
    public Hello(String name) {
        System.out.println("New instance with name: " + name)
        this.name = name
    }
    public void sayHello() {
        System.out.println("Hello, " + name + "!")
    }
}
```

정적 메소드 대신 오브젝트

앞에서 언급한 대로 스칼라에는 정적^{static}이라는 개념이 존재하지 않는다. 정적 임포트 $^{static\ import}$를 사용할 수 없을 뿐 아니라 클래스에 정적 메소드를 추가할 수도 없다. 스칼라에서는 클래스와 동일한 이름을 가진 오브젝트^{object}를 동일한 소스 파일에서 정의하면 해당 오브젝트를 클래스의 컴패니언^{companion}이라 한다. 클래스의 컴패니언 오브젝트에서 정의한 함수는 자바 클래스의 정적 메소드와 동일하다.

```scala
class HelloCity(CityName: String) {
```

```
    def sayHelloToCity = println("Hello, " + CityName + "!")
}
```

다음은 hello 클래스에 대한 컴패니언 오브젝트를 정의하는 방법이다.

```
object HelloCity {
    // 팩토리 메소드
    def apply(CityName: String) = new Hello(CityName)
}
```

스칼라의 컴패니언 오브젝트와 동등한 자바 클래스는 다음과 같다.

```
public class HelloCity {
    private final String CityName
    public HelloCity(String CityName) {
        this.CityName = CityName
    }
    public void sayHello() {
        System.out.println("Hello, " + CityName + "!")
    }
    public static HelloCity apply(String CityName) {
        return new Hello(CityName)
    }
}
```

자바 클래스를 보면 많이 장황하지 않은가? 스칼라의 apply 메소드는 다른 방식으로 처리되기 때문에 apply 메소드를 호출하기 위해 특별히 짧은 구문을 사용할 수 있다. 다음은 apply 메소드를 호출하는 익숙한 방식이다.

```
val hello1 = HelloCity.apply("Dublin")
```

다음은 앞 구문과 동일한 짧은 구문이다.

```
val hello2 = HelloCity("Dublin")
```

스칼라가 apply 메소드를 다른 방식으로 다루기 때문에 이 코드에서 apply 메소드를
사용할 때만 동작한다는 점을 주목하길 바란다.

트레이트

스칼라는 클래스의 동작을 확장하고 풍부하게 하는 트레이트^{trait}를 제공한다. 트레이
트는 함수의 프로토타입 또는 시그니처를 정의하는 인터페이스^{interface}와 유사하다. 따
라서 트레이트로 다양한 특성의 믹스인$^{mix-in}$을 생성할 수 있고, 클래스의 동작을 향상
시킬 수 있다. 그렇다면 스칼라 트레이트의 장점이 무엇일까? 빌딩 블록과 같은 트레
이트를 사용해 클래스의 컴포지션^{composition}을 구성한다. 언제나 그렇듯 예를 들어보
자. 자바에서 일반적인 로깅 루틴이 설정되는 방법은 다음과 같다.

원하는 수많은 트레이트를 믹스인할 수 있다. 게다가 스칼라는 자바처럼 다중 상속을
지원하지 않는다. 그러나 자바와 스칼라의 서브클래스는 단 하나의 슈퍼클래스만 확
장할 수 있다. 자바에서 예는 다음과 같다.

```
class SomeClass {
    // 먼저 클래스에서 로깅하려면 로깅 관련 클래스를 초기화해야 한다.
    final static Logger log = LoggerFactory.getLogger(this.getClass())
    ...
    // 효율적으로 로깅하기 위해 현재 메시지의 로깅 레벨을 설정한다면 항상 확인해야 한다.
    // 로깅 레벨이 error, fatal 등이라면 실행 시간이 낭비될 것이기 때문에 다음 코드는 나쁘다.
    log.debug("Some debug message")
    ...
    // 다음 코드는 더 유용하기 때문에 실행 시간이 낭비될 것이다. 좋은 코드다.
```

```
    if (log.isDebugEnabled()) { log.debug("Some debug message") }
    // 그러나 투박하게 보인다. 로깅하고 싶을 때마다 매번 이런 코드를 작성하는 것은 귀찮은 일이다.
}
```

이 부분에 대한 자세한 내용은 https://stackoverflow.com/questions/963492/in-log4j-does-checking-isdebugenabled-before-logging-improve-performance/963681#963681(또는 https://goo.gl/kGyirp)을 참고한다.

그러나 이 부분은 트레이트와 다르다. 항상 로그 레벨이 활성화돼 있는지 확인하는 것은 매우 귀찮다. 로깅 루틴을 한 번 작성하고 어느 클래스에서 즉시 재사용할 수 있다면 좋을 것이다. 스칼라의 트레이트는 이 모든 것을 가능하게 한다. 예는 다음과 같다.

```
trait Logging {
    lazy val log = LoggerFactory.getLogger(this.getClass.getName)
    // info 레벨로 시작한다.
    ...
    //debug 레벨로 시작한다.
    def debug() {
        if (log.isDebugEnabled) log.info(s"${msg}")
    }
    def debug(msg: => Any, throwable: => Throwable) {
        if (log.isDebugEnabled) log.info(s"${msg}", throwable)
    }
    ...
    // 원하는 모든 레벨에 대한 코드를 반복한다.
}
```

이전 코드를 보면 s로 시작하는 문자열을 사용하는 예를 보게 될 것이다. 이런 방식으로 스칼라는 데이터에서 문자열을 만드는 메커니즘, 문자열 채우기 기능^{String Interpolation}을 제공한다.

문자열 채우기는 처리될 문자열 리터럴에 변수 참조를 직접 포함시킬 수 있다. 예는 다음과 같다.

```
scala> val name = "John Breslin"
scala> println(s"Hello, $name") // Hello, John Breslin.
```

이제 더 전통적인 스타일로 재사용 가능한 블록으로 효율적인 로깅 루틴을 얻을 수 있다. 모든 클래스에 로깅을 사용하려면 **Logging** 트레이트를 믹스인하면 된다. 환상적이다. 다음은 클래스에 로깅 기능을 추가하는 예다.

```scala
class SomeClass extends Logging {
   ...
   // 로깅 트레이트를 사용해 모든 클래스에 로거를 선언할 필요가 없고,
   // 로깅 루틴은 효율적이고 더 이상 코드가 지저분하지 않다.

   log.debug("Some debug message")
   ...
}
```

여러 트레이트를 믹스인할 수도 있다. 예를 들어 이전 트레이트(즉, 로깅)에 대해서는 다음과 같이 계속 확장할 수 있다.

```scala
trait Logging {
   override def toString = "Logging "
}
class A extends Logging {
   override def toString = "A->" + super.toString
}
trait B extends Logging {
   override def toString = "B->" + super.toString
}
trait C extends Logging {
```

```
    override def toString = "C->" + super.toString
}
class D extends A with B with C {
    override def toString = "D->" + super.toString
}
```

그러나 스칼라 클래스는 한 번에 여러 트레이트를 확장할 수 있지만 자바 클래스는 하나의 상위 클래스만 확장할 수 있다.

이전 트레이트와 클래스를 호출하려면 다음처럼 스칼라 REPL에서 new D( )를 사용한다.

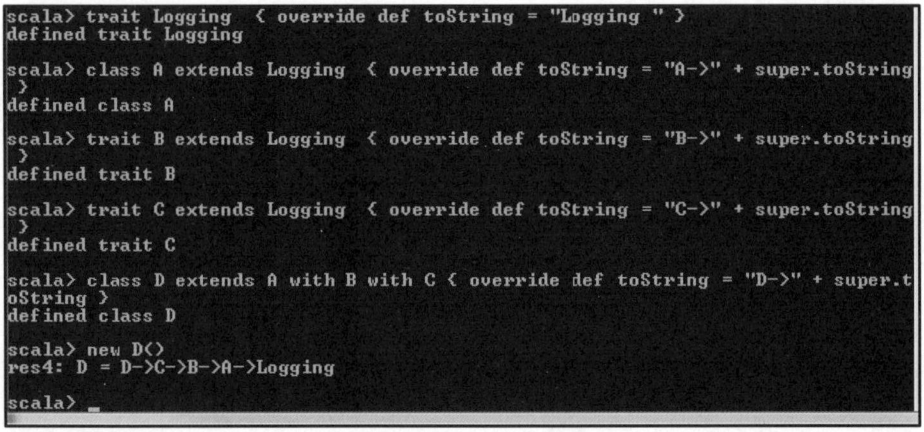

그림 10 여러 믹싱 트레이트

지금까지 1장의 모든 내용을 매끄럽게 살펴봤다. 이제 스칼라 프로그래밍의 영역으로 들어가고자 원하는 초보자를 위한 새로운 절로 넘어가자.

▌ 초보자를 위한 스칼라

이 절에서는 프로그래밍 언어에 대한 기본적인 지식을 알고 있다고 가정한다. 여러분이 스칼라가 처음 접하는 프로그래밍 언어라면 스칼라 초보자를 위한 많은 자료와 과정을 온라인에서 찾을 수 있다. 앞에서 언급한 대로 많은 튜토리얼, 비디오, 과정을 온라인에서 확인할 수 있다.

 코세라(Coursera)에는 스칼라 과정을 포함한 전문화 과정이 있다(https://www.coursera.org/specializations/scala). 스칼라의 창시자, 마틴 오더스키가 가르쳐 주는 온라인 수업은 함수형 프로그래밍의 기초를 가르칠 때 다소 학문적인 접근 방식을 취한다. 스칼라 프로그래밍 과제를 해결함으로써 스칼라에 대해 많은 것을 배울 수 있다. 또한 스칼라 전문화 과정에 아파치 스파크 과정을 포함한다. 또한 Kojo (http://www.kogics.net/kojo)는 스칼라 프로그래밍을 이용해 수학, 미술, 음악, 애니메이션, 게임으로 탐험하고 놀 수 있는 양방향 학습 환경이다.

처음 작성하는 스칼라 코드

첫 번째 예로 스칼라와 스칼라 툴에 대해 잘 알지 못하는 개발자를 위해 아주 일반적인 Hello, world! 프로그램을 사용해 스칼라와 툴을 사용하는 방법을 보여줄 것이다. 선호하는 편집기를 연다(예는 윈도우 7에서 실행되지만 우분투 또는 맥 OS에서도 비슷하게 실행될 수 있다). 예를 들어 Notepad++를 실행하고 다음 코드 라인을 입력한다.

```scala
object HelloWorld {
  def main(args: Array[String]){
      println("Hello, world!")
  }
}
```

이제 다음 그림처럼 해당 코드를 HelloWorld.scala로 저장한다.

```
HelloWorld.scala ✕
object HelloWorld{
        def main(args:Array[String]){
        println("Hello, world!")
    }
}
```

그림 11 Notepad++를 사용해 첫 번째 스칼라 소스코드를 저장

다음과 같이 소스 파일을 컴파일한다.

```
C:\>scalac HelloWorld.scala
C:\>scala HelloWorld
Hello, world!
C:\>
```

나는 hello world 프로그램이고 나를 잘 설명한다!

위 프로그램은 프로그래밍 경험이 있는 사람이라면 누구나 익숙할 것이다. 이 프로그램에는 문자열 Hello, world!를 출력하는 main 메소드를 갖고 있다. 다음으로 main 함수를 정의한 부분을 보면 def main( )이라는 이상한 구문으로 정의했다. def는 하나의 메소드를 선언/정의하는 스칼라 키워드이고, 2장에서 메소드와 메소드 작성 방법을 자세히 설명한다. 그리고 main 메소드의 파라미터로 Array[String]이 있다. 해당 배열은 프로그램의 초기 설정에 사용할 수 있는 문자열 배열이며, 해당 배열을 생략하면 프로그램이 동작하지 않는다. 그다음 하나의 문자열(또는 형식을 지정한 문자열)을 받는 일반적인 println 메소드를 사용하고 해당 문자열을 출력한다. 단순한 hello world 프로그램은 특히 다음 3가지 주제를 소개했다.

- 메소드(2장에서 다룬다)
- 클래스와 오브젝트(2장에서 다룬다)
- 타입 추론type inference: (스칼라가 정적 타입 언어인 이유) 앞에서 설명

대화형으로 스칼라 실행

스칼라 커맨드는 대화형 셸을 시작한다. 대화형 셸은 대화하듯이 스칼라 표현식을 해석할 수 있다.

```
> scala
Welcome to Scala 2.11.8 (Java HotSpot(TM) 64-Bit Server VM, Java 1.8.0_121).
Type in expressions for evaluation. Or try :help.
scala>
scala> object HelloWorld {
     |       def main(args: Array[String]){
     |       println("Hello, world!")
     |    }
     | }
defined object HelloWorld
scala> HelloWorld.main(Array())
Hello, world!
scala>
```

 단축키 :q는 스칼라 인터프리터를 종료하는 내부 셸 커맨드인 :quit를 나타낸다.

컴파일

javac 커맨드와 유사한 scalac 커맨드는 하나 이상의 스칼라 소스 파일을 컴파일하고
JVM에서 실행할 수 있는 바이트 코드를 출력한다. hello world 오브젝트를 컴파일하
려면 다음을 사용한다.

```
> scalac HelloWorld.scala
```

기본적으로 scalac는 클래스 파일을 현재 작업 디렉토리에 생성한다. -d 옵션을 사용
해 다른 출력 디렉토리를 지정할 수 있다.

```
> scalac -d classes HelloWorld.scala
```

그러나 scalac 커맨드를 실행하기 전에 classes라는 디렉토리를 미리 생성해야 한다는 점에 유의한다.

scala 커맨드 실행

scala 커맨드는 스칼라 인터프리터에 의해 생성된 바이트 코드를 실행한다.

```
$ scala HelloWorld
```

스칼라는 자바의 -classpath(-cp와 동일) 옵션과 같은 커맨드 옵션을 지정할 수 있다.

```
$ scala -cp classes HelloWorld
```

scala 커맨드를 사용해 소스 파일을 실행하기 전에 애플리케이션의 진입점 역할을 하는 메인 메소드를 생성해야 한다. 그렇지 않으면 Scala.App 트레이트를 상속한 오브젝트가 존재해야 한다. scala 커맨드는 오브젝트의 모든 코드를 실행한다. 다음은 Scala.App 트레이트를 사용한 동일한 Hello, world!의 예다.

```
#!/usr/bin/env Scala
object HelloWorld extends App {
    println("Hello, world!")
}
HelloWorld.main(args)
```

이 코드를 script.sh에 저장한 후 커맨드 셸에서 직접 실행할 수 있다.

```
./script.sh
```

참고: script.sh 파일에 실행 권한이 있다고 가정한다.

```
$ sudo chmod +x script.sh
```

그다음 scala 커맨드를 실행할 수 있게 $PATH 환경 변수에 scala 커맨드 경로를 지정한다.

▌ 요약

1장에서는 스칼라 프로그래밍 언어의 기초, 기능, 사용 가능한 편집기에 대해 다뤘다. 또한 스칼라와 스칼라 문법을 간단히 살펴봤다. 스칼라 프로그래밍을 처음 접하는 초보자를 위해 스칼라 설치 및 설정 방법도 소개했다. 1장의 뒷부분에서는 스칼라 예시 코드를 작성, 컴파일, 실행하는 방법을 다뤘다. 게다가 자바 배경을 가진 사람들에게 도움이 되도록 스칼라와 자바를 비교한 내용을 설명했다.

다음은 스칼라와 파이썬을 간단히 비교한 내용이다.

스칼라는 정적 타입 언어지만 파이썬은 동적 타입 언어다. 스칼라는 (대부분) 함수형 프로그래밍 패러다임을 채택한 반면, 파이썬은 그렇지 않다. 파이썬에는 괄호가 거의 없는 고유한 구문을 갖고 있지만, 스칼라에서는 (거의) 항상 필요하다. 스칼라에서는 거의 모든 것이 표현식이다. 파이썬에서는 그렇지 않다. 그러나 겉으로 보기에는 난해한 부분이 있다. 타입 복잡성은 대부분 선택 사항이다. 둘째, https://stackoverflow.com/questions/1065720/what-is-the-purpose-of-scala-programming-language/5828684#5828684(또는 https://goo.gl/QS26H7) 문서에 따르면 스칼라 컴파일러는 순환 복잡도^{cyclomatic complexity}와 코드 라인이 증가할지라도 자유로운 테스팅과 문서화처럼 보인다고 한다. 또한 스칼라를 적절하게 잘 구현됐다면 일관성 있고 응집성 있는 API 뒤의 불가능해 보이는 작업을 수행할 수 있다고 한다.

2장에서는 스칼라에 대한 경험을 쌓을 수 있도록 소프트웨어 모듈 시스템을 구축할 수 있는 객체지향 패러다임을 스칼라로 어떻게 구현할지 살펴본다.

02

객체지향 언어, 스칼라

"객체지향 모델은 점진적으로 프로그램을 쉽게 작성할 수 있게 해준다. 실제로 객체지향 모델은 복잡한 코드를 작성할 수 있는 구조화된 방법을 제공한다는 것을 의미한다."

–폴 그래험(Paul Graham)

1장에서는 스칼라를 이용해 프로그래밍을 시작하는 방법을 살펴봤다. 1장에서 설명한 절차적인 프로그램을 작성한다면 프로시저 또는 함수를 생성해 코드 재사용성을 강화할 수 있다. 그러나 코드를 작성하다 보면 점차 프로그램이 길고 커지면서 더욱 복잡해질 수 있다. 특정 시점, 예를 들어 상용 환경에 배포하기 전에 전체 코드를 한 번에 정리할 수 있는 간단한 방법은 아마도 없을 것이다.

반대로 객체지향 프로그래밍^{OOP} 패러다임은 완전히 새로운 추상화 레이어를 제공한다. 그리고 클래스(클래스와 관련된 속성과 메소드를 포함한다)와 같은 OOP 엔티티^{entity}를 정의해 코드를 모듈화할 수 있다. 상속^{inheritance} 또는 인터페이스^{interface}를 사용해 해당 엔티티 간의 관계를 정의할 수도 있다. 비슷한 기능을 가진 유사한 클래스를 헬퍼 클래스처럼 그룹핑할 수도 있다. 따라서 프로젝트를 더 넓게 확장할 수 있다. 즉, OOP 언어의 가장 큰 장점은 발견 가능성, 모듈성, 확장성이다.

2장에서는 OOP 언어의 이전 기능을 생각해보며 스칼라의 기본 객체지향 기능을 설명한다. 2장에서 다루는 내용은 다음과 같다.

- 스칼라 변수
- 스칼라의 메소드, 클래스, 오브젝트
- 패키지와 패키지 오브젝트
- 트레이트와 트레이트 선형화^{linearization}
- 자바 상호운용성

그다음에 함수형 프로그래밍 개념의 특징인 패턴 매칭^{pattern matching}을 설명한다. 또한 암시적^{implicit}, 제네릭^{generic} 같은 스칼라의 일부 내장 개념을 설명한다. 마지막으로 스칼라 애플리케이션을 jar 파일로 생성하는 데 필요한 빌드 툴을 다룬다.

▌스칼라 변수

OOP 기능을 깊이 살펴보기 전에 먼저 스칼라의 데이터 타입과 다양한 타입의 변수에 대한 세부 정보를 알아야 한다. 스칼라에서 변수를 선언하려면 var 또는 val 키워드를 사용해야 한다. 스칼라에서 변수를 선언하는 정식 구문은 다음과 같다.

```
val 또는 var 변수_이름 : 데이터_타입 = 초깃값
```

예를 들어 명시적으로 타입을 지정한 두 개의 변수를 선언해보자.

```
var myVar : Int = 50
val myVal : String = "Hello World! I've started learning Scala."
```

데이터 타입을 지정하지 않고 변수만 선언할 수도 있다. 예를 들어 다음과 같이 val이나 var를 사용해 변수를 선언하는 메소드를 살펴보자.

```
var myVar = 50
val myVal = "Hello World! I've started learning Scala."
```

스칼라에는 다음과 같이 정의할 수 있는 2가지 타입의 변수인 가변[mutable] 변수와 불변[immutable] 변수가 있다.

- **가변[mutable] 변수**: 값을 언제든지 변경할 수 있는 값
- **불변[immutable] 변수**: 값을 설정하면 변경할 수 없는 값

일반적으로 가변 변수를 선언하려면 **var** 키워드를 사용한다. 반면 불변 변수를 지정하려면 **val** 키워드를 사용한다. 가변 변수와 불변 변수를 사용하는 예로 다음 코드를 살펴보자.

```
package com.chapter3.OOP
object VariablesDemo {
   def main(args: Array[String]) {
      var myVar : Int = 50
      val myVal : String = "Hello World! I've started learning Scala."
      myVar = 90
      myVal = "Hello world!"
      println(myVar)
      println(myVal)
   }
}
```

이 코드에서 myVar는 가변 변수이기 때문에 myVar = 90이 될 때까지 제대로 동작한다. 그러나 이전과 같이 불변 변수(즉, myVal)의 값을 변경하려 하면 IDE에서는 reassignment to val이라는 컴파일 에러를 다음과 같이 표시한다.

```
[S] HamOrSpamDemo.scala      [M] DeepLearningwithH2O/po...      [S] AirlinesWithWeatherDem...      [S]
 1  package com.chapter3.OOP
 2
 3⊖ object VariablesDemo {
 4    def main(args: Array[String]) {
 5      var myVar : Int = 50;
 6      val myVal : String = "Hello World! I've started learning Scala.";
 7
 8      myVar = 90;
 9    ┌─────────────────────────────────────────────┐
10    │ Multiple markers at this line:              │
11    │                                             │
12    │    ▪ reassignment to val                    │
13    │    ▪ reassignment to val                    │
14    └─────────────────────────────────────────────┘
15  }
```

그림 1 스칼라에서 불변 변수의 재할당은 허용되지 않는다.

이전 코드의 객체와 메소드를 살펴보는 것을 걱정할 필요 없다. 2장의 후반부에서 클래스, 메소드, 객체를 다룬 후에는 더 명확히 이해할 것이다.

스칼라 변수는 선언한 위치에 따라 다음과 같은 세 가지 범위^{scope}를 가진다.

- **필드**^{field}: 스칼라 코드의 클래스 인스턴스에 속한 변수다. 따라서 필드는 객체의 모든 메소드 내부에서 접근할 수 있다. 그러나 접근 한정자에 따라 필드는 다른 클래스의 인스턴스에서 필드에 접근될 수 있다.

 앞에서 설명한 대로 객체 필드는 가변 또는 불변일 수 있다(var 또는 val을 사용하는 선언 타입을 기반으로 한다). 그러나 동시에 가변 또는 불변 변수일 수 없다.

- **메소드 파라미터**^{method argument}: 메소드 파라미터는 변수에 포함되며, 메소드가 호출될 때 메소드 내부에 값을 전달하기 위해 사용될 수 있다. 메소드 파라미

터는 메소드 내부에서만 접근할 수 있다. 그러나 전달되는 객체는 외부에서 접근할 수 있다.

 키워드가 무엇인지 상관없이 메소드 파라미터는 항상 불변이라는 점에 유의해야 한다.

- **지역 변수**^{local variable}: 지역 변수는 메소드 내부에서 선언되며, 메소드 내부에서 접근할 수 있다. 그러나 호출하는 코드는 리턴된 값을 통해 접근할 수 있다.

참조와 값 불변성

앞 절에 따르면 val은 불변 변수를 선언하는 데 사용되므로 불변 변수의 값을 변경할 수 있는가? 불변 변수는 자바의 최종 키워드와 동일한가? 불변 변수에 대해 더 자세히 이해하기 위해 다음 코드를 확인한다.

```
scala> var testVar = 10
testVar: Int = 10

scala> testVar = testVar + 10
testVar: Int = 20

scala> val testVal = 6
testVal: Int = 6

scala> testVal = testVal + 10
<console>:12: error: reassignment to val
       testVal = testVal + 10
               ^

scala>
```

이 코드를 실행하면 컴파일할 때 val 변수에 값을 재할당하려 한다는 에러가 발생한다. 일반적으로 가변 변수는 성능상 이점이 있다. 불변 값을 도입한다는 것은 특정 인스턴스가 변경(아무리 작아도)돼야 할 때마다 컴퓨터에서 완전히 새로운 객체 인스턴스를 생성하게 강제하기 때문에 컴퓨터가 동작하는 방식에 더 가깝다.

스칼라의 데이터 타입

앞서 언급한 대로 스칼라는 JVM 언어이기 때문에 자바와 공통점을 공유한다. 자바와의 공통점 중 하나는 데이터 타입이다. 스칼라는 자바와 동일한 데이터 타입을 공유한다. 즉, 스칼라는 자바와 동일한 데이터 타입을 갖고 있으며, 메모리 구조와 정밀도가 동일하다. 1장에서 언급한 대로 객체는 스칼라의 거의 대부분에 존재하고 스칼라의 모든 데이터 타입은 객체이므로 다음과 같이 메소드를 호출할 수 있다.

표 1 스칼라 데이터 타입, 설명, 범위

일련 번호	데이터 타입과 설명
1	Byte: 8비트 부호 있는 값. 범위는 −128부터 127까지다.
2	Short: 16비트 부호 있는 값. 범위는 −32768부터 32767이다.
3	Int: 32비트 부호 있는 값. 범위는 −2147483648부터 2147483647이다.
4	Long: 64비트 부호 있는 값. 범위는 −9223372036854775808부터 9223372036854775807이다.
5	Float: 32비트 IEEE 754의 단정밀도(single-precision) 부동소수점
6	Double: 64비트 IEEE 754의 배정밀도(double-precision) 부동소수점
7	Char: 16비트 부호 없는 유니코드 글자. 범위는 U+0000부터 U+FFFF다.
8	String: Chars의 시퀀스다.
9	Boolean: 리터럴 true 또는 false다.
10	Unit: 값이 없음을 의미한다.

(이어짐)

일련 번호	데이터 타입과 설명
11	Null: 널 또는 비어 있음을 의미한다.
12	Nothing: 모든 타입의 하위 타입이고 값이 없음을 포함한다.
13	Any: 모든 타입의 상위 타입이고 모든 타입은 Any 타입이다.
14	AnyRef: 모든 참조 타입의 상위 타입이다.

표에 나열된 모든 데이터 타입은 객체다. 그러나 자바처럼 기본 타입$^{primitive\ type}$이 없다는 점에 유의한다. 즉, Int, Long 등을 파라미터로 사용하는 메소드를 호출할 수 있다는 것을 의미한다.

```
val myVal = 20
// println 메소드를 사용해 콘솔에 출력한다. Int로 추론되는 경우에도 알 수 있을 것이다.
println(myVal + 10)
val myVal = 40
// 다음 라인을 실행하면 컴파일 오류가 발생할 것이다.
// println(myVal * "test")
```

이제 해당 변수들을 사용해 볼 수 있다. 변수를 초기화하고 타입 어노테이션^{type} ^{annotation} 작업에 대한 아이디어를 얻어 보자.

변수 초기화

스칼라에서 선언된 변수는 초기화하는 것이 좋다. 그러나 초기화되지 않은 변수는 꼭 null이 아니며(Int, Long, Double, Char 등의 타입을 고려해야 한다), 초기화된 변수가 꼭 null이 아니어야 할 필요는 없다(예, val s: String = null). 실제 이유는 다음과 같다.

스칼라 타입은 할당된 값으로부터 추론된다. 이는 컴파일러가 타입을 추론할 수 있게 값을 할당해야 함을 의미한다(컴파일러는 해당 코드, val a에서 어떻게 코드를 추론할 수 있을까? 값을 지정하지 않았기 때문에 컴파일러에서 타입을 추론할 수 없다. 타입을 추론할 수 없기 때문에 해당 변수를 초기화할 수 없다).

스칼라에서는 대부분 val을 사용한다. val은 불변이므로 선언 이후에 초기화할 수 없다.

스칼라에서는 인스턴스 변수를 사용하기 전에 인스턴스 변수를 초기화해야 하지만 스칼라에서는 해당 변수에 기본 값을 제공하지 않는다. 대신 다음과 같이 기본 값과 같은 역할을 하는 와일드카드인 언더스코어(_)를 사용해 수동으로 값을 설정해야 한다.

```
var name:String = _
```

val1, val2 등과 같이 이름을 사용하는 대신 임의의 이름을 정의할 수 있다.

```
scala> val result = 6 * 5 + 8
result: Int = 38
```

다음과 같은 표현식에서 result 변수를 사용할 수 있다.

```
scala> 0.5 * result
res0: Double = 19.0
```

타입 어노테이션

val 또는 var 키워드를 사용해 변수를 선언하면 해당 변수에 지정한 값을 기반으로 데이터 타입이 자동으로 추론된다. 또한 변수를 선언할 때 변수의 데이터 타입을 명시적으로 명세할 수 있다.

```
val myVal : Integer = 10
```

이제 스칼라에서 변수와 데이터 타입을 사용할 때 필요한 여러 측면을 살펴보자. 타입 어스크립션과 느긋한[lazy] 변수를 다루는 메소드를 살펴볼 것이다.

타입 어스크립션

타입 어스크립션[type ascription]은 유효한 모든 타입에서 표현식에 예상되는 타입을 컴파일러에 알리기 위해 사용된다. 따라서 타입 어스크립션이 변성[variance]과 타입 선언 같은 기존 제약 조건을 준수하면 타입은 유효하다. 타입 어스크립션은 'is a' 관계에 적용되는 타입 중 하나이거나 범위에 적용되는 변환이다. 따라서 java.lang.String은 내부적으로 java.lang.Object를 확장하기 때문에 모든 문자열도 Object다. 예를 들면 다음과 같다.

```
scala> val s = "Ahmed Shadman"
s: String = Ahmed Shadman

scala> val p = s:Object
p: Object = Ahmed Shadman

scala>
```

느긋한 val

느긋한[lazy] val의 주요 특징은 바인딩된 표현식이 즉시 계산되지 않고 처음 접근할 때 한 번에 계산된다는 것이다. 이 점이 val과 느긋한 val 사이의 주요 차이점이다. 처음 접근할 때 표현식이 계산되고 표현식의 결과는 식별자인 lazy val에 바인딩된다. 다음에 접근할 때는 추가로 계산되지 않고 대신 저장된 결과가 즉시 리턴된다. 재미있는 예를 살펴보자.

```
scala> lazy val num = 1 / 0
num: Int = <lazy>
```

스칼라 REPL에서 이 코드를 실행하면 정수를 0으로 나누더라도 에러를 던지지 않고 코드가 잘 실행된다는 것을 알 수 있다. 더 좋은 예를 살펴보자.

```
scala> val x = {println("x"); 20}
x
x: Int = 20

scala> x
res1: Int = 20
scala>
```

이 코드는 잘 동작한다. 추후 필요할 때 변수 x의 값에 접근할 수 있다. 지금까지 느긋한 val 개념을 사용한 몇 가지 예를 소개했다. 느긋한 val에 대해 관심이 있다면 https://blog.codecentric.de/en/2016/02/lazy-vals-scala-look-hood/를 참조하길 바란다.

▌ 스칼라의 메소드, 클래스, 오브젝트

앞 절에서 스칼라 변수, 다양한 데이터 타입, 가변성과 불변성, 사용 범위 관점으로 메소드를 살펴봤다. 이 절에서는 OOP 개념을 제대로 알기 위해 메소드, 클래스, 오브젝트를 다룬다. 스칼라의 세 가지 기능은 스칼라의 객체지향 특성과 기능을 이해하는 데 도움이 될 것이다.

스칼라의 메소드

이 절에서는 스칼라 메소드를 설명한다. 스칼라를 살펴보면 스칼라 메소드를 정의하는 방법이 많다는 사실을 알게 될 것이다. 다음 예를 통해 스칼라 메소드를 설명할 것이다.

```
def min(x1:Int, x2:Int) : Int = {
    if (x1 < x2) x1 else x2
}
```

이 메소드의 선언을 살펴보면 2개의 변수 중 가장 작은 값을 리턴한다. 스칼라의 모든 메소드는 def 키워드로 시작해야 하고, 그다음에 메소드의 이름이 온다. 선택적으로 메소드에 파라미터를 전달하지 않거나 아무것도 리턴하지 않을 수 있다. 이 예의 경우 메소드가 가장 작은 값을 어떻게 리턴하는지 궁금하겠지만 나중에 설명하겠다. 또한 스칼라에서는 중괄호를 사용하지 않고 메소드를 정의할 수 있다.

```
def min(x1:Int, x2:Int):Int= if (x1 < x2) x1 else x2
```

메소드에 코드의 양이 작다면 이 메소드처럼 선언할 수 있을 것이다. 그렇지 않으면 혼란을 피하기 위해 중괄호를 사용하는 것이 좋다. 앞에서 언급한 대로 필요하면 파라미터를 메소드에 전달하지 않을 수 있다.

```
def getPiValue( ): Double = 3.14159
```

괄호가 있거나 없는 메소드는 부수 효과^{side effect}의 유무를 의미한다. 게다가 그것은 균일한 접근 원리와 깊은 관련성이 있다. 따라서 다음처럼 중괄호를 사용하지 않을 수도 있다.

```
def getValueOfPi : Double = 3.14159
```

또한 다음처럼 파라미터의 타입을 명시적으로 언급해 값을 리턴하는 메소드가 있다.

```
def sayHello(person :String) = "Hello " + person + "!"
```

값, 변수와 마찬가지로 리턴 타입을 추론할 수 있는 스칼라 컴파일러 덕분에 이 코드는 동작한다.

이 코드는 Hello에 전달된 사람 이름이 합쳐진 문자열을 리턴한다. 예를 들면 다음과 같다.

```
scala> def sayHello(person :String) = "Hello " + person + "!"
sayHello: (person: String)String

scala> sayHello("Asif")
res2: String = Hello Asif!

scala>
```

스칼라의 리턴

값을 리턴하는 스칼라 메소드를 살펴보기 전에 스칼라 메소드의 구조를 살펴보자.

```
def functionName ([파라미터 목록]) : [리턴 타입] = {
    함수 본체
    리턴 값
}
```

이 구문의 경우 리턴 타입은 유효한 스칼라 데이터 타입이 될 수 있고,파라미터 목록은 쉼표와 파라미터 목록으로 구분된 변수 목록이 될 수 있으며,리턴 타입은 선택사항이다. 이제 2개의 양의 정수를 더하고 정수 값인 결과를 리턴하는 메소드를 정의하자.

```scala
scala> def addInt( x:Int, y:Int ) : Int = {
     |        var sum:Int = 0
     |        sum = x + y
     |        sum
     |   }
addInt: (x: Int, y: Int)Int

scala> addInt(20, 34)
res3: Int = 54

scala>
```

main 메소드에서 addInt(10, 30)처럼 실제 값을 사용해 addInt 메소드를 호출하면 해당 메소드는 40이라는 정수 값의 합을 리턴한다. return 키워드는 선택적이기 때문에 스칼라 컴파일러는 return 키워드가 없으면 마지막 할당 값을 리턴하게 설계됐다. 이 예의 경우는 큰 값을 리턴할 것이다.

```scala
scala> def max(x1 : Int , x2: Int) = {
     |        if (x1>x2) x1 else x2
     |   }
max: (x1: Int, x2: Int)Int

scala> max(12, 27)
res4: Int = 27

scala>
```

잘 했다. 지금까지 스칼라 REPL에서 변수를 사용하는 방법과 메소드를 선언하는 방법을 살펴봤다. 이제 스칼라 메소드와 클래스 안에서 캡슐화하는 방법을 살펴보자. 다음 절에서는 스칼라 오브젝트에 대해 설명한다.

스칼라의 클래스

스칼라의 클래스는 설계도로 간주되며, 실제로 메모리에 표현될 무언가를 생성하기 위해 해당 클래스를 인스턴스화한다. 클래스에 전체적으로 멤버라 불리는 메소드, 값, 변수, 타입, 오브젝트, 트레이트, 클래스를 포함할 수 있다. 다음 예를 사용해 클래스를 설명한다.

```scala
class Animal {
    var animalName = null
    var animalAge = -1
    def setAnimalName (animalName:String) {
        this.animalName = animalName
    }
    def setAnaimalAge (animalAge:Int) {
        this.animalAge = animalAge
    }
    def getAnimalName() : String = {
        animalName
    }
    def getAnimalAge() : Int = {
        animalAge
    }
}
```

이 코드는 세터^{setter}와 게터^{getter}라는 두 변수 `animalName`과 `animalAge`를 갖고 있다. 이제 어떤 목적을 달성하기 위해 세터와 게터를 사용하는가? 스칼라 오브젝트의 사용법을 살펴보자. 스칼라 오브젝트에 대해 다룬 후 다시 돌아와 세터와 게터를 다룰 것이다.

스칼라의 객체

스칼라의 객체는 기존 OOP 객체와 약간 다른 의미를 가진다. 특히 OOP에서 객체는 클래스의 인스턴스지만 스칼라에서 객체로 선언된 모든 것은 인스턴스화할 수 없다. 스칼라의 객체는 오브젝트^{object}가 키워드다. 스칼라에서 객체를 선언하는 기본 구문은 다음과 같다.

```
object <식별자> [extends <식별자>] [{ 필드, 메소드, 클래스 }]
```

이 구문을 이해하기 위해 hello world 프로그램을 다시 살펴보자.

```
object HelloWorld {
    def main(args : Array[String]){
        println("Hello world!")
    }
}
```

hello world의 예는 자바 인스턴스와 매우 비슷하다. 유일하게 큰 차이점은 main 메소드가 클래스 내부가 아니라 오브젝트 내부에 있다는 점이다. 스칼라에서 키워드 **object**는 다음과 같은 두 가지를 의미한다.

- OOP처럼 오브젝트는 클래스의 인스턴스를 나타낼 수 있다.
- 싱글턴^{Singleton}이라는 매우 다른 타입의 인스턴스 객체를 나타내는 키워드다.

싱글턴과 컴패니언 오브젝트

이번 절에서는 스칼라와 자바의 싱글턴 객체를 비교 분석할 것이다. 싱글턴 패턴의 아이디어는 클래스의 단일 인스턴스만 존재할 수 있게 구현하는 것이다. 다음은 자바에서 싱글턴 패턴의 예다.

```java
public class DBConnection {
    private static DBConnection dbInstance;
    private DBConnection() {
    }
    public static DBConnection getInstance() {
        if (dbInstance == null) {
            dbInstance = new DBConnection();
        }
        return dbInstance;
    }
}
```

스칼라 오브젝트는 이 예와 비슷하며, 스칼라 컴파일러에 의해 잘 처리된다. 스칼라 오브젝트는 단 하나의 인스턴스만 있기 때문에 인스턴스를 새롭게 생성할 방법이 없다.

```
scala> object test { def printSomething() = {println("Inside an object")} }
defined object test

scala> test.printSomething
Inside an object

scala> val x = new test()
<console>:11: error: not found: type test
        val x = new test()
                    ^
```

그림 2 스칼라의 객체 생성 방법

컴패니언 오브젝트

싱글턴 객체singleton object는 컴패니언 오브젝트라 불리는 클래스와 동일하다. 컴패니언 오브젝트는 클래스와 동일한 소스 파일 내에 정의돼야 한다. 예를 통해 알아보자.

```scala
class Animal {
    var animalName:String = "notset"
    def setAnimalName(name: String) {
        animalName = name
    }
```

```
    def getAnimalName: String = {
        animalName
    }
    def isAnimalNameSet: Boolean = {
        if (getAnimalName == "notset") false else true
    }
}
```

다음은 컴패니언 오브젝트를 통해 메소드를 호출하는 메소드다(가급적이면 동일한 이름, 즉 Animal을 사용한다).

```
object Animal{
    def main(args: Array[String]): Unit= {
        val obj: Animal = new Animal
        var flag:Boolean = false
        obj.setAnimalName("dog")
        flag = obj.isAnimalNameSet
        println(flag) // true를 출력한다.
        obj.setAnimalName("notset")
        flag = obj.isAnimalNameSet
        println(flag) // false를 출력한다.
    }
}
```

이 스칼라 코드와 매우 유사한 자바 클래스는 다음과 같다.

```
public class Animal {
    public String animalName = "null";
    public void setAnimalName(String animalName) {
        this.animalName = animalName;
    }

    public String getAnimalName() {
```

```
        return animalName;
    }

    public boolean isAnimalNameSet() {
        if (getAnimalName() == "notset") {
            return false;
        } else {
            return true;
        }
    }

    public static void main(String[] args) {
        Animal obj = new Animal();
        boolean flag = false;
        obj.setAnimalName("dog");
        flag = obj.isAnimalNameSet();
        System.out.println(flag);
        obj.setAnimalName("notset");
        flag = obj.isAnimalNameSet();
        System.out.println(flag);
    }
}
```

지금까지 스칼라 오브젝트와 클래스를 이용한 방법을 살펴봤다. 그러나 구현할 메소드로 작업하는 것과 데이터 분석 문제를 해결하는 것이 훨씬 더 중요하다. 이제 스칼라 메소드로 간단히 작업하는 방법을 살펴본다.

```
object RunAnimalExample {
    val animalObj = new Animal
    println(animalObj.getAnimalName) //초기화된 이름을 출력한다.
    println(animalObj.getAnimalAge)   // 초기화된 나이를 출력한다.
    // 이제 동물 이름과 나이를 다음과 같이 설정한다.
    animalObj.setAnimalName("dog")     //동물 이름을 설정한다.
    animalObj.setAnaimalAge(10)        //동물 나이를 설정한다.
```

```
    println(animalObj.getAnimalName) //동물의 새로운 이름을 출력한다.
    println(animalObj.getAnimalAge)  //동물의 새로운 나이를 출력한다.
}
```

결과는 다음과 같다.

```
notset
-1
dog
10
```

이제 다음 절에서 스칼라 클래스의 접근성과 가시성에 대해 간단히 살펴보자.

비교와 대비: val과 final

자바와 마찬가지로 스칼라에도 val 키워드와 유사하게 동작하는 final 키워드가 있다. 스칼라에서 val 키워드와 final 키워드를 구별하기 위해 다음과 같이 간단한 동물 클래스를 선언한다.

```
class Animal {
    val age = 2
}
```

1장에서의 스칼라 기능을 나열해보면 스칼라에는 자바에 없는 변수 오버라이드[override] 기능을 갖고 있다.

```
class Cat extends Animal{
    override val age = 3
    def printAge ={
        println(age)
```

```
        }
    }
```

더 자세히 살펴보기 전에 extends 키워드에 대해 간단한 설명이 필요하다. 자세한 내용은 다음을 참조한다.

 스칼라에서는 클래스를 확장할 수 있다. extends 키워드를 사용하는 하위 클래스 메커니즘을 사용하면 주어진 슈퍼클래스(superclass)의 모든 멤버를 상속하고 추가 클래스 멤버를 정의해 해당 클래스를 특수화(specialize)할 수 있다. 다음과 같은 예를 살펴보자.

```scala
class Coordinate(xc: Int, yc: Int) {
    val x: Int = xc
    val y: Int = yc
    def move(dx: Int, dy: Int): Coordinate = new Coordinate(x + dx, y + dy)
}
class ColorCoordinate(u: Int, v: Int, c: String) extends Coordinate(u, v) {
    val color: String = c
    def compareWith(pt: ColorCoordinate): Boolean = (pt.x == x) && (pt.y == y)
                    && (pt.color == color)
    override def move(dx: Int, dy: Int): ColorCoordinate = new ColorCoordinate(x
        + dy, y + dy, color)
}
```

그러나 Animal 클래스에서 age 변수를 final로 선언하면 Cat 클래스에서 age 변수를 오버라이드할 수 없기 때문에 다음과 같은 에러가 발생한다. Animal 예에서 final 키워드를 사용해야 할지 알아야 한다. 다음 예를 살펴보자.

```scala
scala> class Animal {
    |       final val age = 3
    |  }
defined class Animal
```

```
scala> class Cat extends Animal {
    |     override val age = 5
    | }
<console>:13: error: overriding value age in class Animal of type Int(3);
value age cannot override final member
       override val age = 5
                        ^
scala>
```

잘 했다. '정보 숨기기^{information hiding}'라고 불리는 캡슐화^{encapsulation}를 완벽히 달성하려면 최소한의 가시성을 가진 메소드를 선언해야 한다. 다음 절에서 클래스, 컴패니언 오브젝트, 패키지, 하위 클래스, 프로젝트의 접근과 가시성의 동작 방법을 다룬다.

접근성과 가시성

이 절에서는 스칼라 변수와 OOP 패러다임의 여러 데이터 타입에 대한 접근성과 가시성을 살펴본다. 스칼라의 접근 한정자^{access modifier}를 살펴보자. OOP와 스칼라는 비슷하다.

접근자	클래스	컴패니언 오브젝트	패키지	하위 클래스	프로젝트
디폴트/한정자 없음	예	예	예	예	예
protected	예	예	예	아니오	아니오
private	예	예	아니오	아니오	아니오

public 멤버: private 멤버와 protected 멤버와 달리 public 멤버에 public 키워드를 지정할 필요가 없다. public 멤버에 대한 명시적인 한정자가 없다. public 멤버는 어디서나 접근할 수 있다. 예를 들면 다음과 같다.

```
class OuterClass { //외부 클래스
    class InnerClass {
        def printName() { println("My name is Asif Karim!") }
        class InnerMost { //내부 클래스
            printName()  // 동작
        }
    }
    (new InnerClass).printName() // printName이 public이기 때문에 문제없다.
}
```

private 멤버: private 멤버는 멤버 정의가 포함된 클래스 또는 객체 내부에서만 보인다. 다음과 같은 예를 살펴보자.

```
package MyPackage {
    class SuperClass {
        private def printName() {
            println("Hello world, my name is Asif Karim!")
        }
    }
    class SubClass extends SuperClass {
        printName() //에러
    }
    class SubsubClass {
        (new SuperClass).printName() // 에러: printName에 접근할 수 없다.
    }
}
```

protected 멤버: protected 멤버는 protected 멤버가 정의된 클래스의 하위 클래스에서만 접근할 수 있다. 다음과 같은 예를 살펴보자.

```
package MyPackage {
    class SuperClass {
```

```
        protected def printName() {
            println("Hello world, my name is Asif Karim!")
        }
    }
    class SubClass extends SuperClass {
        printName() // 동작
    }
    class SubsubClass {
        (new SuperClass).printName() // 에러: printName에 접근할 수 없다.
    }
}
```

스칼라의 접근 한정자는 수식자^{qualifier}를 사용해 확장될 수 있다. private[X] 또는 protected[X] 형태의 한정자는 각각 접근이 X까지 private 또는 protected임을 의미한다. 여기서 X는 패키지, 클래스, 싱글턴 객체를 나타낸다. 다음 예를 살펴보자.

```
package Country {
    package Professional {
        class Executive {
            private[Professional] var jobTitle = "Big Data Engineer"
            private[Country] var friend = "Saroar Zahan"
            protected[this] var secret = "Age"

            def getInfo(another : Executive) {
                println(another.jobTitle)
                println(another.friend)
                println(another.secret) //에러
                println(this.secret) // 동작
            }
        }
    }
}
```

다음은 이 코드에 대한 간단한 참고 내용이다.

- jobTitle 변수는 Professional 패키지 내의 모든 클래스에서 접근할 수 있다.
- friend 변수는 Country 패키지내의 모든 클래스에서 접근할 수 있다.
- secret 변수는 인스턴스 메소드(this)의 암시^{implicit} 객체에만 접근할 수 있다.

이 예를 살펴보면 package 키워드를 사용했다. 그러나 지금까지 package 키워드를 다루지 않았다. 그러나 걱정하지 않아도 된다. 2장의 후반부에 package 키워드를 설명하는 전용 절이 따로 있다. 생성자는 모든 객체지향 프로그래밍 언어의 강력한 기능이며, 스칼라도 예외는 아니다. 이제 생성자를 간단히 살펴보자.

생성자

스칼라에서 생성자의 개념과 사용법은 C# 또는 자바와 약간 다르다. 스칼라에는 두 가지 타입의 생성자, 즉 기본 생성자와 보조 생성자가 있다. 기본 생성자는 클래스의 몸체이며, 클래스 이름 바로 뒤에 파라미터 목록이 나타난다.

예를 들어 다음 코드 조각은 스칼라에서 기본 생성자를 사용하는 메소드를 설명한다.

```
class Animal (animalName:String, animalAge:Int) {
    def getAnimalName () : String = {
        animalName
    }
    def getAnimalAge () : Int = {
        animalAge
    }
}
```

Animal 클래스 구현은 앞의 클래스에서 세터와 게터가 없다는 점을 제외하면 비슷하다. 이제 생성자를 사용해보자. 다음과 같이 동물의 이름과 나이를 얻을 수 있다.

```
object RunAnimalExample extends App{
    val animalObj = new animal("Cat",-1)
    println(animalObj.getAnimalName)
    println(animalObj.getAnimalAge)
}
```

생성자를 표현하기 위해 클래스 정의 시간에 파라미터가 주어진다. 생성자를 선언할 때 생성자에 지정된 파라미터의 기본 값을 제공하지 않고서는 클래스를 생성할 수 없다. 게다가 스칼라는 생성자에 필요한 파라미터를 제공하지 않은 채 객체를 인스턴스로 생성할 수 있다. 이는 모든 생성자 파라미터에 기본 값이 정의돼 있을 때 일어난다.

보조 생성자를 사용할 때 제약이 있지만 원하는 만큼 보조 생성자를 추가할 수 있다. 보조 생성자는 몸체의 첫 번째 라인에서 이전에 선언된 다른 보조 생성자 또는 기본 생성자를 호출해야 한다. 이 규칙을 따르기 위해 각 보조 생성자는 직접 또는 간접적으로 기본 생성자를 호출해야 한다.

예를 들어 다음 코드는 스칼라에서 보조 생성자를 사용하는 방법을 보여준다.

```
class Hello(primaryMessage: String, secondaryMessage: String) {
    // 보조 생성자
    def this(primaryMessage: String) = this(primaryMessage, "")
    def sayHello() = println(primaryMessage + secondaryMessage)
}
object Constructors {
    def main(args: Array[String]): Unit = {
        val hello = new Hello("Hello world!", " I'm in a trouble,
                please help me out.")
        hello.sayHello()
    }
}
```

이 코드를 보면 기본 생성자에 보조 생성자(즉, 2 번째) 메시지가 포함됐다. 기본 생성자는 새로운 Hello 객체를 인스턴스화한다. sayHello 메소드는 연결된 메시지를 출력한다.

 보조 생성자: 스칼라에서는 스칼라 클래스에서 하나 이상의 보조 생성자를 정의하면 클래스 소비자는 여러 방법으로 객체 인스턴스를 생성할 수 있다. this라는 클래스 메소드로 보조 생성자를 정의할 수 있다. 여러 보조 생성자를 정의할 수 있지만, 다른 시그니처(파라미터 목록)가 있어야 한다. 또한 각 생성자는 이전에 정의된 생성자 중 하나를 호출해야 한다.

스칼라에서 중요하지만 비교적 새로운 개념인 '트레이트^{trait}'를 살펴보자. 다음 절에서 트레이트를 다룬다.

스칼라의 트레이트

스칼라의 새로운 기능 중 하나는 트레이트다. 트레이트는 자바의 인터페이스 개념과 매우 흡사하다. 단, 실체 메소드^{concrete method}를 포함할 수 있다. 자바 8의 인터페이스에서는 구체적인 메소드를 지원한다. 한편 트레이트는 스칼라의 새로운 개념 중 하나다. 그러나 트레이트는 이미 OOP에 있다. 따라서 생성자가 없다는 점을 제외하면 추상 클래스처럼 보인다.

트레이트 문법

트레이트를 선언하려면 trait 키워드를 사용해야 하고, 트레이트 이름 다음에는 본문이 뒤에 와야 한다.

```
trait Animal {
   val age : Int
   val gender : String
```

```
    val origin : String
}
```

트레이트 확장

트레이트나 클래스를 확장하려면 extend 키워드를 사용해야 한다. 트레이트는 구현하지 않은 메소드를 포함하기 때문에 인스턴스화할 수 없다. 따라서 트레이트에 추상^{abstract} 멤버를 구현할 필요가 있다.

```
trait Cat extends Animal{ }
```

Value 클래스는 트레이트를 확장할 수 없다. Value 클래스에서 트레이트를 확장할 수 있는 것을 보여주기 위해 Any를 상속한 Universal 트레이트를 소개할 것이다. 예를 들어 다음과 같은 트레이트를 정의했다고 가정하자.

```
trait EqualityChecking {
    def isEqual(x: Any): Boolean
    def isNotEqual(x: Any): Boolean = !isEqual(x)
}
```

이제 이 트레이트를 확장하기 위해 다음과 같이 Universal 트레이트를 사용하자.

```
trait EqualityPrinter extends Any {
    def print(): Unit = println(this)
}
```

그렇다면 스칼라의 추상 클래스^{abstract class}와 트레이트의 차이점은 무엇인가? 보다시피 추상 클래스는 생성자 파라미터, 타입 파라미터, 여러 파라미터를 가질 수 있다. 그러나 스칼라의 트레이트에는 타입 파라미터만 가질 수 있다.

트레이트에 대한 다른 사용 사례도 있을 수 있다. 예를 들어 추상 클래스는 트레이트를 확장할 수 있다. 필요하면 일반 클래스(케이스 클래스 포함)는 기존 트레이트를 확장할 수 있다. 예를 들어 추상 클래스는 트레이트를 확장할 수도 있다.

```
abstract class Cat extends Animal { }
```

마지막으로 일반 스칼라 클래스도 스칼라 트레이트를 확장할 수 있다. 클래스가 실체가 있어서(즉, 인스턴스를 생성할 수 있다) 트레이트의 추상 멤버를 구현해야 한다. 다음 절에서는 스칼라 코드의 자바 상호운용성에 대해 설명한다. 이제 모든 OOP에서 추상 클래스라고 하는 또 다른 중요한 개념을 살펴보자. 다음 절에서 추상 클래스를 다룬다.

추상 클래스

스칼라의 추상 클래스는 타입 파라미터뿐만 아니라 생성자 파라미터를 가질 수 있다. 스칼라의 추상 클래스는 자바와 완벽하게 상호운용된다. 즉, 중간에 래퍼^{wrapper}를 두지 않고 자바 코드를 호출할 수 있다.

그렇다면 스칼라의 추상 클래스와 트레이트의 차이점은 무엇인가? 이미 살펴본 것처럼 추상 클래스는 생성자 파라미터, 타입 파라미터, 여러 파라미터를 가질 수 있다. 그러나 스칼라의 트레이트에는 파라미터만 입력할 수 있다. 다음은 추상 클래스의 간단한 예다.

```
abstract class Animal(animalName:String = "notset") {
    //메소드 정의와 리턴 타입이 없는 메소드
    def getAnimalAge
    //String 리턴 타입이 있지만 메소드 정의가 없는 메소드
    def getAnimalGender : String
    // 구현이 없음을 명시적으로 알리는 방법
    def getAnimalOrigin() : String {}
    // 메소드의 기능이 구현된 메소드
    // 하위 클래스에서 구현할 필요가 없다. 필요하다면 하위 클래스에서 오버라이드할 수 있다.
    def getAnimalName : String = {
        animalName
    }
}
```

이 클래스를 다른 클래스로 확장하려면 구현되지 않은 getAnimalAge, getAnimalGender, getAnimalOrigin 메소드를 구현해야 한다. getAnimalName의 구현이 이미 있기 때문에 getAnimalName을 재정의할 수 있다.

추상 클래스와 override 키워드

슈퍼클래스에서 실체 메소드를 재정의하려면 override 한정자를 추가해야 한다. 그러나 추상 메소드를 구현하는 경우 override 한정자를 추가할 필요는 없다. 스칼라는 override 키워드를 사용해 부모 클래스의 메소드를 재정의한다. 예를 들어 다음과 같은 추상 클래스의 printContents 메소드가 콘솔에 메시지를 출력한다고 가정해보자.

```
abstract class MyWriter {
    var message: String = "null"
    def setMessage(message: String):Unit
    def printMessage():Unit
}
```

이제 MyWriter 추상 클래스에 대한 실제 구현 클래스를 추가한다. 해당 구현 클래스는 다음처럼 콘솔에 내용을 출력한다.

```
class ConsolePrinter extends MyWriter {
    def setMessage(contents: String):Unit= {
        this.message = contents
    }

    def printMessage():Unit= {
        println(message)
    }
}
```

다음으로 이 실체 클래스의 동작을 수정할 수 있는 트레이트를 생성한다.

```
trait lowerCase extends MyWriter {
    abstract override def setMessage(contents: String) = printMessage()
}
```

이 코드를 주의 깊게 살펴보면 2개의 한정자(즉, abstract와 override)를 확인할 수 있다. 이제 ConsolePrinter 클래스를 사용해보자.

```
val printer:ConsolePrinter = new ConsolePrinter()
printer.setMessage("Hello! world!")
printer.printMessage()
```

요약하면 예상대로 동작되게 setMessage 메소드 앞에 override 키워드를 추가할 수 있다.

스칼라의 케이스 클래스

케이스 클래스^{case class}는 자동으로 생성되는 메소드를 포함한 인스턴스를 생성할 수 있는 클래스다. 또한 케이스 클래스는 자동으로 생성되는 컴패니언 오브젝트도 포함한다(컴패니언 오브젝트 내에서 자동으로 생성되는 메소드도 포함한다). 스칼라에서 케이스 클래스의 기본 구문은 다음과 같다.

```
case class <식별자> ([var] <식별자>: <타입>[, ... ])[extends <식별자>(<입력
파라미터>)] [{ 필드와 메소드 }]
```

케이스 클래스는 패턴 매칭이 가능하고 **hashCode**(위치/범위는 클래스), **apply**(위치/범위는 오브젝트), **copy**(위치/범위는 클래스), **equals**(위치/범위는 클래스), **toString**(위치/범위는 클래스), **unapply**(위치/범위는 오브젝트) 메소드가 내부에 이미 구현돼 있다.

일반 클래스와 마찬가지로 케이스 클래스는 생성자 파라미터에 대해 자동으로 게터 메소드를 정의한다. 이전의 기능이나 케이스 클래스에 대한 실제 통찰을 얻으려면 다음 코드를 살펴보자.

```scala
package com.chapter3.OOP
object CaseClass {
  def main(args: Array[String]) {
    case class Character(name: String, isHacker: Boolean) // 특정인이 컴퓨터
                                      해커라면 클래스를 정의한다.

    // Nail은 해커다.
    val nail = Character("Nail", true)

    // 이제 변경 요청 사항이 있는 인스턴스의 복사본을 리턴한다.
    val joyce = nail.copy(name = "Joyce")

    // Nail과 Joyce가 해커인지 확인한다.
    println(nail == joyce)
```

```
    // Nail과 Joyce가 동일한지 확인한다.
    println(nail.equals(joyce))

    // Nail과 Nail이 동일한지 확인한다.
    println(nail.equals(nail))

    // Nail의 해싱 코드를 확인한다.
    println(nail.hashCode())

    // Nail의 해싱 코드를 확인한다.
    println(nail)

    joyce match {
        case Character(x, true) =>s"$x is a hacker"
        case Character(x, false) =>s"$x is not a hacker"
    }
  }
}
```

이 코드는 다음과 같은 결과를 출력한다.

```
false
false
true
-112671915
Character(Nail,true)
```

이 코드(Object와 main 메소드 제외)의 정규 표현식 매칭을 REPL에서 실행하면 다음과 같은 대화형 출력을 볼 수 있다.

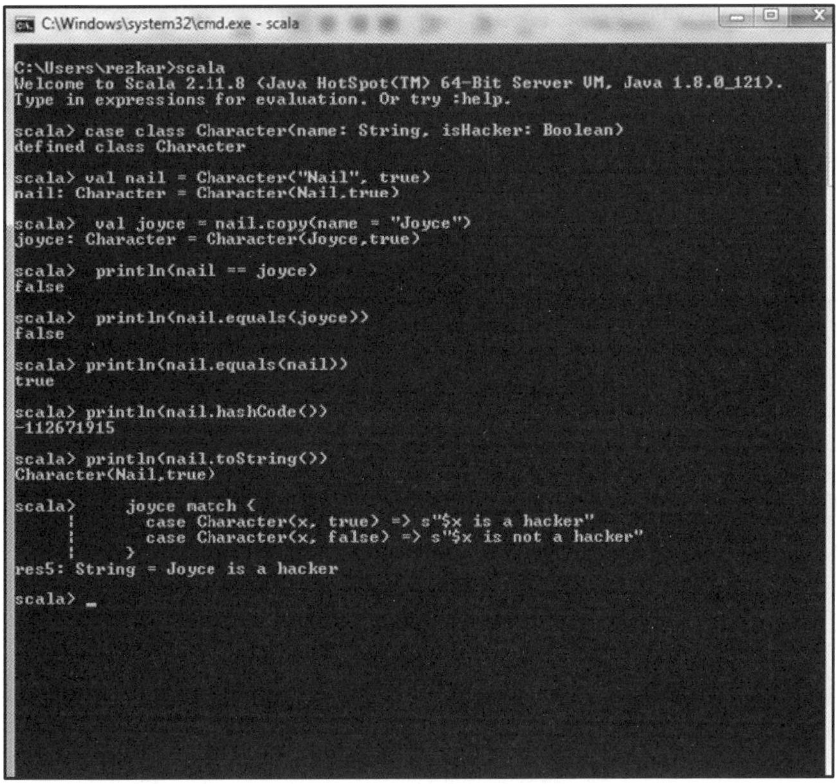

그림 3 스칼라 REPL의 케이스 클래스

▌ 패키지와 패키지 오브젝트

자바처럼 스칼라 패키지는 여러 오브젝트, 클래스, 패키지를 포함/정의하는 특수한 컨테이너 또는 객체다. 모든 스칼라 파일은 다음을 자동으로 임포트한다.

- `java.lang._`
- `scala._`
- `scala.Predef._`

다음은 기본으로 임포트하는 패키지의 예다.

```
// 패키지에서 특정 멤버만 임포트한다.
import java.io.File
// 특정 패키지의 모든 멤버를 임포트한다.
import java.io._
// 단일 임포트 문에서 많은 멤버를 임포트한다.
import java.io.{File, IOException, FileNotFoundException}
// 여러 임포트 문의 많은 멤버를 임포트한다.
import java.io.File
import java.io.FileNotFoundException
import java.io.IOException
```

임포트할 때 클래스 멤버의 이름을 변경할 수도 있다. 이는 동일한 멤버 이름을 가진 패키지에서 충돌을 피하기 위함이다. 해당 메소드는 앨리어스^{alias} 클래스라 한다.

```
import java.util.{List => UtilList}
import java.awt.{List => AwtList}
// 코드에서 생성한 앨리어스를 사용할 수 있다.
val list = new AwtList
```

1장에서 언급했듯이 패키지의 모든 멤버를 임포트할 수도 있지만 일부 멤버는 멤버 숨기기^{member hiding}로 안 보이게 할 수 있다.

```
import java.io.{File => _, _}
```

REPL에서 이 코드를 실행했다면 컴파일러에게 정의된 클래스 또는 오브젝트의 정식^{canonical} 이름을 알려준다.

```
package fo.ba
class Fo {
    override def toString = "I'm fo.ba.Fo"
}
```

중괄호를 사용해 패키지 정의 양식을 사용할 수도 있다. 특정 패키지와 패키지 내에서 패키지를 의미하는 중첩 패키지를 포함할 수 있다. 예를 들어 다음 코드는 Test라는 단일 클래스로 구성된 singlePackage라는 단일 패키지를 정의한다. Test 클래스는 toString이라는 단일 메소드로 구성된다.

```
package singlePack {
    class Test { override def toString = "I am SinglePack.Test" }
}
```

이제 패키지를 중첩할 수 있다. 즉, 중첩 방식을 사용해 2개 이상의 패키지를 가질 수 있다. 예를 들어 다음 예의 경우 2개의 패키지, 즉 nestParentPack과 nestChildPack이 있다. 각 패키지에는 자체 클래스가 포함된다.

```
package nestParentPack {
    class Test { override def toString = "I am NestParentPack.Test" }

    package nestChildPack {
        class TestChild { override def toString = "I am
                nestParentPack.nestChildPack.TestChild" }
    }
}
```

새로운 오브젝트를 생성하자. 새로운 오브젝트의 이름을 MainProgram으로 하자. 해당 오브젝트에는 정의했던 메소드와 클래스를 실행한다.

```
object MainProgram {
    def main(args: Array[String]): Unit = {
        println(new nestParentPack.Test())
        println(new nestParentPack.nestChildPack.TestChild())
    }
}
```

인터넷에서 패키지와 패키지 오브젝트에 대한 세련된 사용 사례를 설명하는 예를 찾을 수 있다. 다음 절에서는 스칼라 코드의 자바 상호운용성에 대해 설명한다.

■ 자바 상호운용성

자바는 가장 보편적인 언어 중 하나며, 많은 프로그래머는 프로그래밍 세계에 처음 진입할 때 자바 언어를 배운다. 자바의 인기는 1995년 초기 릴리스 이후로 올라간다. 자바는 많은 이유로 인기를 얻었다. 그중 하나는 자바 코드가 바이트 코드로 컴파일되고 JVM에서 실행되는 플랫폼 설계 방식이었다. 자바의 이런 대단한 특징으로 한 번 작성된 자바 언어는 어디서나 실행된다. 따라서 자바는 크로스플랫폼^{cross-platform} 언어다.

또한 자바는 커뮤니티에서 많은 지원을 받으며 아이디어를 구현하는 데 도움을 주고 실행할 수 있는 많은 패키지의 도움을 받는다. 그다음에 자바에서는 부족했던 타입 추론, 스칼라 핵심에 내장된 불변 컬렉션과 같은 기능과 많은 기능(1장에서 소개됐다)을 가진 스칼라가 나타났다. 또한 스칼라는 JVM에서 자바처럼 실행된다.

 스칼라의 세미콜론(;): 스칼라에서 세미콜론은 선택 사항이며, 한 라인에 더 많은 코드 라인을 작성해야 할 때 필요하다. 세미콜론을 라인의 끝 부분에 넣어도 컴파일러가 에러로 처리하지 않는다. 세미콜론은 코드의 일부로 간주되며, 동시에 빈 라인이 있는 코드로 간주된다.

스칼라와 자바가 JVM에서 실행되기 때문에 스칼라 컴파일러의 불평 없이 동일한 프로그램에서 동시에 사용할 수 있다. 다음의 예를 들어보자. 다음 자바 코드를 살펴보자.

```java
ArrayList<String> animals = new ArrayList<String>();
animals.add("cat");
animals.add("dog");
animals.add("rabbit");
for (String animal : animals) {
    System.out.println(animal);
}
```

스칼라에서 이와 동일한 코드를 작성하려면 자바 패키지를 사용할 수 있다. ArrayList와 같은 자바 컬렉션을 사용해 스칼라로 앞 예를 옮겨보면 다음과 같다.

```scala
import java.util.ArrayList
val animals = new ArrayList[String]
animals.add("cat")
animals.add("dog")
animals.add("rabbit")
for (animal <- animals) {
    println(animal)
}
```

이 혼합 코드는 표준 자바 패키지에 적용한 것이지만, 자바 표준 라이브러리와 함께 패키징되지 않는 라이브러리를 사용하고 싶거나 자체 클래스를 사용하고 싶을 수도 있다. 그렇다면 클래스 패스classpath에 해당 라이브러리나 자체 클래스를 위치시켜야 한다.

▌ 패턴 매칭

스칼라에서 널리 사용되는 기능 중 하나는 패턴 매칭^{pattern matching}이다. 각 패턴 매칭에는 일련의 대안이 있고, 각각은 case 키워드로 시작한다. 각 대안은 패턴이 일치하고 평가되는 패턴과 표현식을 갖는다. 또한 화살표 심볼 =>은 표현식에서 패턴을 분리한다. 다음은 특정 정수에 일치하는 확인하는 방법을 소개하는 예다.

```scala
object PatternMatchingDemo1 {
    def main(args: Array[String]) {
        println(matchInteger(3))
    }
    def matchInteger(x: Int): String = x match {
        case 1 => "one"
        case 2 => "two"
        case _ => "greater than two"
    }
}
```

이 프로그램을 PatternMatchingDemo1.scala이라는 파일에 저장한 후 다음 커맨드를 사용해 실행할 수 있다. 다음 커맨드를 사용한다.

```
>scalac Test.scala
>scala Test
```

다음과 같은 결과를 얻는다.

```
Greater than two
```

case문은 정수를 문자열에 매핑하는 함수로 사용된다. 다음은 여러 타입에 일치하는지 확인하는 예다.

126

```
object PatternMatchingDemo2 {
    def main(args: Array[String]): Unit = {
        println(comparison("two"))
        println(comparison("test"))
        println(comparison(1))
    }
    def comparison(x: Any): Any = x match {
        case 1 => "one"
        case "five" => 5
        case _ => "nothing else"
    }
}
```

앞의 예와 동일한 방식으로 실행하면 다음과 같은 결과를 얻는다.

nothing else
nothing else
one

 패턴 매칭(pattern matching)은 특정 값을 특정 패턴과 비교하는 메커니즘이다. 성공
적으로 값과 패턴이 일치하면 값을 여러 구성 요소로 분해할 수 있다. 이것은 자바의
switch문을 좀 더 강력하게 표현한 것으로, 일련의 if/else문 대신 사용할 수 있다. 스칼
라의 공식 문서(http://www.scala-lang.org/files/archive/spec/2.11/08-pattern-
matching.html)를 참조하면 패턴 매칭에 대한 자세한 내용을 볼 수 있다.

다음 절에서는 스칼라에서 중요한 기능으로서 자동으로 전달될 수 있는 값, 다시 말하
자면 특정 타입이 다른 타입으로 자동으로 변환되는 것에 대해 살펴본다.

▌ 스칼라의 암시

암시^{implicit}는 스칼라에서 소개된 흥미롭고 강력한 기능이다. 암시는 다음과 같은 3가지를 참조할 수 있다.

- 자동으로 전달될 수 있는 값
- 한 타입에서 다른 타입으로 자동 변환
- 클래스의 기능을 확장하는 데 사용

실제 자동 변환은 다음 예와 같이 implicit def로 수행할 수 있다(스칼라 REPL을 사용한다고 가정한다).

```
scala> implicit def stringToInt(s: String) = s.toInt
stringToInt: (s: String)Int
```

이제 이 코드가 사용할 수 있는 범위 안에 있기 때문에 다음 코드를 실행할 수 있다.

```
scala> def add(x:Int, y:Int) = x + y
add: (x: Int, y: Int)Int

scala> add(1, "2")
res5: Int = 3
scala>
```

add에 전달된 파라미터 중 하나가 String 타입이고 add가 2개의 정수를 제공해야 하는 경우에 범위에서 암시적 변환을 수행하면 컴파일러에서 String 타입을 Int 타입으로 자동 변환할 수 있다. 분명 해당 기능은 매우 위험할 수 있다. 코드가 읽기 쉽지 않기 때문이다. 또한 암시적 변환을 정의하면 컴파일러에게 사용 시기와 사용을 피하는 시기를 쉽게 알기 어렵다.

암시의 첫 번째 타입은 암시적 파라미터를 자동으로 전달할 수 있는 값이다. 해당 파라미터는 일반적인 파라미터와 같이 메소드를 호출하는 동안 전달되지만 스칼라 컴파일러는 자동으로 파라미터를 채운다. 스칼라 컴파일러는 암시적 파라미터를 자동으로 채우지 못한다면 불평할 것이다. 다음은 암시의 첫 번째 타입을 보여주는 예다.

```scala
def add(implicit num: Int) = 2 + num
```

메소드를 호출할 때 암시적 파라미터인 num을 제공하지 않으면 num에 대한 암묵적인 값을 찾을 수 있게 컴파일러에 요청한다. 다음과 같이 컴파일러에 암시적 값을 정의할 수 있다.

```scala
implicit val adder = 2
```

그다음 이 함수를 다음과 같이 간단하게 호출할 수 있다.

```scala
add
```

여기서 파라미터는 전달되지 않았고 스칼라의 컴파일러는 암시적 값인 2를 찾고 메소드 호출의 결과로 4를 리턴한다. 다음 스칼라 REPL을 통해 암시를 알아보자.

- 메소드에 명시적 파라미터와 암시적 파라미터를 모두 포함할 수 있다. 다음 스칼라 REPL 예를 살펴보자.

```scala
scala> def helloWorld(implicit a: Int, b: String) = println(a, b)
helloWorld: (implicit a: Int, implicit b: String)Unit

scala> val i = 2
i: Int = 2

scala> implicit val b = ""
```

```
b: String = ""

scala> helloWorld(2, implicitly)
(2,)

scala> helloWorld(2, implicitly[String])
(2,)
```

- implicitly는 스칼라 2.8 버전부터 사용할 수 있는 함수로서 타입 T의 암시 값이 존재하는지 확인하고 해당 값을 리턴하는 데 사용된다.

  그러나 스칼라 컴파일러는 helloWorld 메소드의 두 번째 파라미터(이전에 사용했던 implicitly)가 사용되기 전에 먼저 암시가 선언된 변수가 없으면 에러를 발생시킨다. 다음 스칼라 REPL 예를 살펴보자.

```
scala> def helloWorld(implicit a : Int, b: String) = println(a, b)
helloWorld: (implicit a: Int, implicit b: String)Unit

scala> val i = 2
i: Int = 2

scala> helloWorld(i, implicitly)
<console>:14: error: ambiguous implicit values:
both value StringCanBuildFrom in object Predef of type =>
scala.collection.generic.CanBuildFrom[String,Char,String]
and method $conforms in object Predef of type [A]=> <:<[A,A]
match expected type T
        helloWorld(i, implicitly)
```

- helloWorld 함수의 매개변수로 일반 상수 값을 사용하면 잘 동작한다. 다음 스칼라 REPL 예를 살펴보자.

```
scala> def helloWorld(implicit a : Int, b: String) = println(a, b)
```

```
helloWorld: (implicit a: Int, implicit b: String)Unit

scala> helloWorld(20, "Hello world!")
(20,Hello world!)
```

더 많은 암시가 같은 범위에 포함돼 있으면 무슨 일이 발생하고 암시를 어떻게 해결하는가? 암시가 어떻게 해결되는지에 대한 순서가 있는가? 이 두 가지 질문에 대한 답변을 얻으려면 http://stackoverflow.com/questions/9530893/good-example-of-implicit-parameter-in-scala를 참조한다.

다음 절에서 스칼라의 제네릭과 관련 예를 설명한다.

스칼라의 제네릭

제네릭^{generic} 클래스는 타입을 파라미터로 사용하는 클래스다. 특히 제네릭 클래스는 컬렉션 클래스에 유용하다. 제네릭 클래스는 스택^{stack}, 큐^{queue}, 링크드 리스트^{linked list} 등과 같은 일상적인 데이터 구조 구현에 사용될 수 있다. 일부 예를 살펴보자.

제네릭 클래스의 정의

제네릭 클래스는 대괄호 [ ]에 파라미터로 타입을 사용한다. 한 가지 규칙은 타입 파라미터 식별자로 문자 A를 사용하는 것이지만 모든 파라미터 이름이 사용될 수 있다. 스칼라 REPL에서 다음 예를 실행해보자.

```
scala> class Stack[A] {
     |     private var elements: List[A] = Nil
     |     def push(x: A) { elements = x :: elements }
     |     def peek: A = elements.head
```

```
|       def pop( ): A = {
|           val currentTop = peek
|           elements = elements.tail
|           currentTop
|       }
|   }
defined class Stack
scala>
```

이 Stack 클래스 구현에서는 모든 타입 A를 파라미터로 사용한다. 이는 기본 리스트
인 var elements: List[A] = Nil을 의미한다. 해당 리스트는 A 타입의 엘리먼트만
저장할 수 있음을 의미한다. def push 메소드는 A 타입만 받는다(elements = x ::
elements는 현재 엘리먼트에 x를 앞에 붙인 새로운 리스트를 재할당하라는 의미를 갖는다).
이 Stack 클래스를 사용해 스택을 구현하는 다음 예를 살펴보자.

```
object ScalaGenericsForStack {
    def main(args: Array[String]) {
        val stack = new Stack[Int]
        stack.push(1)
        stack.push(2)
        stack.push(3)
        stack.push(4)
        println(stack.pop) // 4를 출력한다.
        println(stack.pop) // 3을 출력한다.
        println(stack.pop) // 2를 출력한다.
        println(stack.pop) // 1을 출력한다.
    }
}
```

이 코드의 결과는 다음과 같다.

```
4
3
2
1
```

두 번째 사용 사례로 링크드 리스트를 구현할 수 있을 것이다. 예를 들면 스칼라에
링크드 리스트 클래스가 없어서 직접 링크드 리스트를 작성하고 싶다면 다음과 같은
링크드 리스트의 기본 기능을 작성할 수 있다.

```
class UsingGenericsForLinkedList[X] { // 다른 값을 출력할 수 있게 사용자별 링크드
                                      // 리스트를 생성한다.
    private class Node[X](elem: X) {
        var next: Node[X] = _
        override def toString = elem.toString
    }

    private var head: Node[X] = _

    def add(elem: X) { // 링크드 리스트에 엘리먼트를 추가한다.
        val value = new Node(elem)
        value.next = head
        head = value
    }

    private def printNodes(value: Node[X]) { // 노드의 값을 출력한다.
        if (value != null) {
            println(value)
            printNodes(value.next)
        }
    }
    def printAll() { printNodes(head) } // 한 번에 모든 노드의 값을 출력한다.
}
```

이제 이 링크드 리스트 구현을 어떻게 사용할 수 있는지 살펴보자.

```
object UsingGenericsForLinkedList {
    def main(args: Array[String]) {
        // 정수형 리스트를 갖는 UsingGenericsForLinkedList 클래스를 생성하기 위해
        // 먼저 타입을 Int로 갖는 UsingGenericsForLinkedList 인스턴스를 생성한다.
        val ints = new UsingGenericsForLinkedList[Int]()
        // 그다음 정수 값을 추가한다.
        ints.add(1)
        ints.add(2)
        ints.add(3)
        ints.printAll()

        // 클래스는 제네릭 타입을 사용하기 때문에 String 타입의 링크드 리스트를 생성할 수도 있다.
        val strings = new UsingGenericsForLinkedList[String]()
        strings.add("Salman Khan")
        strings.add("Xamir Khan")
        strings.add("Shah Rukh Khan")
        strings.printAll()

        // 또는 Double 타입과 같은 다른 타입의 링크드 리스트를 생성할 수도 있다.
        val doubles = new UsingGenericsForLinkedList[Double]()
        doubles.add(10.50)
        doubles.add(25.75)
        doubles.add(12.90)
        doubles.printAll()
    }
}
```

결과는 다음과 같다.

```
3
2
1
Shah Rukh Khan
Aamir Khan
Salman Khan
```

```
12.9
25.75
10.5
```

요약하면 스칼라로 제네릭 클래스를 생성하는 코드는 대괄호를 제외하고 자바로 제네릭 클래스를 생성하는 코드와 동일하다. 지금까지 객체지향 프로그래밍 언어인 스칼라를 시작하기 위한 일부 필수 기능을 다뤘다.

그러나 다른 측면을 다루지는 않았지만 계속해서 진행할 수 있을 것이다. 1장에서 스칼라가 사용할 수 있는 편집기에 대해 다뤘다. 다음 절에서는 빌드 환경을 설정하는 방법을 살펴본다. 더 구체적으로는 메이븐^{Maven}, SBT, 그래들^{Gradle}과 같은 세 가지 빌드 시스템을 살펴본다.

▌ SBT와 기타 빌드 시스템

엔터프라이즈 소프트웨어 프로젝트에 맞는 빌드 툴을 사용해야 한다. 메이븐, 그래들, 앤트, SBT 같은 빌드 툴이 많다. 빌드 툴을 잘 선택하면 컴파일을 복잡하지 않게 하고, 코딩에 집중할 수 있게 해준다.

SBT로 빌드

이 절에서는 SBT에 대해 간략히 소개한다. 더 진행하기 전에 공식 설치 문서(http://www.scala-sbt.org/release/docs/Setup.html)에서 시스템에 맞는 설치 방법을 사용해 SBT를 설치해야 한다.

터미널에서 SBT의 사용을 설명하기 위해 SBT부터 시작하자. SBT 빌드 툴 문서에는 소스코드 파일이 디렉토리에 있다고 가정한다. 다음을 수행한다.

1. 터미널을 열고 cd를 사용해 코드가 있는 디렉토리로 경로로 변경한다.

2. build.sbt라는 빌드 파일을 생성한다.

3. 그다음 빌드 파일을 다음 라인으로 추가한다.

```
name := "projectname-sbt"
organization :="org.example"
scalaVersion :="2.11.8"
version := "0.0.1-SNAPSHOT"
```

각 라인의 의미를 살펴보자.

- name은 프로젝트의 이름을 정의한다. 이름은 생성될 jar 파일에서 사용된다.
- organization은 비슷한 이름을 가진 프로젝트 간의 충돌을 방지하기 위해 사용되는 네임스페이스다.
- scalaVersion은 빌드하려는 스칼라 버전을 설정한다.
- Version은 프로젝트의 현재 빌드 버전을 지정하며, 아직 릴리스되지 않은 버전은 -SNAPSHOT을 사용할 수 있다.

빌드 파일을 생성한 후 터미널에서 sbt 커맨드를 실행하면 >로 시작하는 프롬프트가 열린다. 해당 프롬프트에서 코드의 스칼라 또는 자바 소스 파일을 컴파일할 수 있는 compile을 입력할 수 있다. 또한 프로그램이 실행 가능하면 SBT 프롬프트에서 커맨드를 입력해 프로그램을 실행할 수 있다. 또한 SBT 프롬프트에서 package 커맨드를 사용해 target이라는 하위 디렉토리 밑에 존재하는 .jar 파일을 생성할 수 있다. SBT와 SBT에 대한 더 복잡한 예를 더 알고 싶다면 SBT 공식 사이트를 참조한다.

이클립스에 메이븐 사용

메이븐을 빌드 툴로 스칼라(이클립스) IDE에서 사용하는 것은 매우 쉽고 간단하다.

이 절에서는 이클립스와 메이븐에서 스칼라를 사용하는 방법을 화면으로 보여준다. 이클립스에서 메이븐을 사용하려면 메이븐 플러그인을 설치해야 한다. 메이븐 플러그인은 이클립스 버전마다 다를 수 있다. 메이븐 플러그인을 설치한 후에 메이븐 플러그인이 스칼라를 직접적으로 지원하지 않는다는 것을 알게 될 것이다. 메이븐 플러그인이 스칼라 프로젝트를 지원하게 하려면 m2eclipse-scala라는 커넥터를 설치해야 한다.

이클립스에 새 소프트웨어를 추가하려 할 때 http://alchim31.free.fr/m2e-scala/update-site URL을 붙여 넣으면 이클립스는 해당 URL을 이해하고 추가될 플러그인을 제안한다.

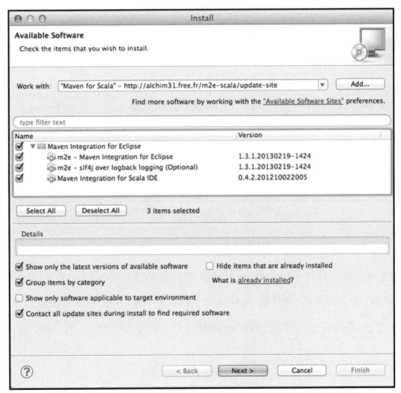

그림 4 메이븐 빌드가 가능한 이클립스에 메이븐 플러그인 설치 화면

메이븐과 스칼라를 지원하는 커넥터를 설치한 후 새로운 스칼라 메이븐 프로젝트를 생성한다. 새로운 스칼라 메이븐 프로젝트를 생성하려면 New ❯ Project ❯ Other로 이동한 후 Maven Project를 선택한다. 그다음 Group Id로 net.alchim31.maven인 옵션을 선택한다.

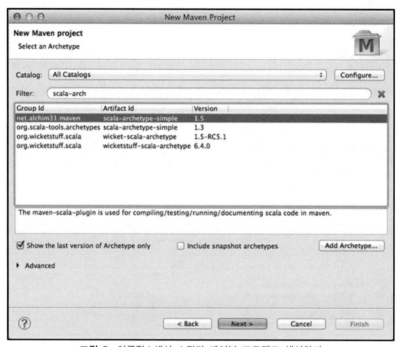

그림 5 이클립스에서 스칼라 메이븐 프로젝트 생성하기

net.alchim31.maven 옵션을 선택한 후 마법사를 따라 Group ID 등과 같은 필수 값을 입력해야 한다. 그다음 Finish를 클릭하면 워크스페이스에서 메이븐을 지원하는 첫 번째 스칼라 프로젝트를 생성할 것이다. 스칼라 메이븐 프로젝트 구조에서 의존성과 기타 사항을 추가할 수 있는 pom.xml이라는 이름을 발견하게 될 것이다.

TIP 프로젝트에 의존성 라이브러리를 추가하는 방법을 더 자세히 알고 싶다면 http://docs.scala- lang.org/tutorials/scala-with-maven.html을 참조한다.

이 절의 내용을 이어서 3장에서 스칼라로 작성된 스파크 애플리케이션을 빌드하는 방법을 보여준다.

이클립스에서 그래들 사용

그래들 사Gradle Inc.는 이클립스 IDE용 그래들 툴과 플러그인을 제공한다. 그래들 툴을 사용하면 이클립스 IDE에서 그래들로 사용 가능한 프로젝트를 생성하거나 임포트할 수 있다. 또한 그래들 태스크를 실행하고 태스크 실행을 모니터링할 수 있다.

 이클립스 프로젝트 자체를 빌드십(Buildship)이라고 한다. 해당 프로젝트의 소스코드는 깃허브(https:/github.com/eclipse/Buildship)에서 사용 가능하다.

이클립스에 그래들 플러그인을 설치할 수 있는 2가지 방법은 다음과 같다.

- Eclipse Marketplace
- Eclipse Update Manager

먼저 마켓 플레이스(Eclipse ❯ Help ❯ Eclipse Marketplace)를 사용해 이클립스에서 그래들 빌드용 빌드십Buildship 플러그인을 설치하는 방법을 살펴보자.

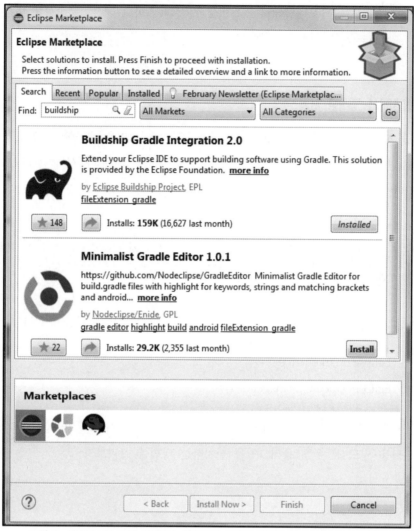

그림 6 이클립스의 마켓 플레이스 화면에서 그래들 빌드용 빌드십 플러그인 설치

이클립스에 그래들 플러그인을 설치하기 위한 두 번째 옵션은 Help > Install New Software 메뉴를 선택한 후 다음 그림처럼 그래들 툴을 설치하는 것이다.

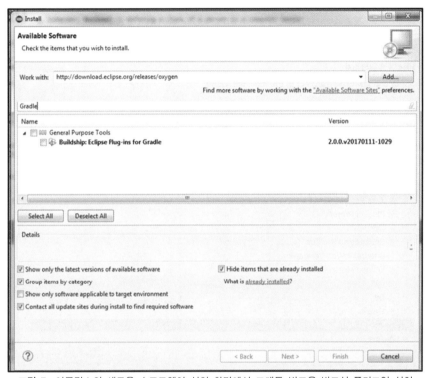

그림 7 이클립스의 새로운 소프트웨어 설치 화면에서 그래들 빌드용 빌드십 플러그인 설치

 예를 들어 http://download.eclipse.org/releases/neon URL은 이클립스 4.6(Neon) 릴리스에 사용될 수 있다.

앞에서 설명한 방법 중 하나를 선택해 그래들 플러그인을 설치하면 이클립스 그래들을 사용해 그래들 프로젝트 기반의 스칼라 프로젝트를 설정할 수 있다(File ❯ New ❯ Project ❯ Select a wizard ❯ Gradle ❯ Gradle Project 메뉴를 클릭한다).

그림 8 이클립스에서 그래들 프로젝트를 생성하기

이제 Next > 버튼을 누르면 다음과 같은 마법사를 통해 목적에 맞는 프로젝트 이름을
지정할 수 있다.

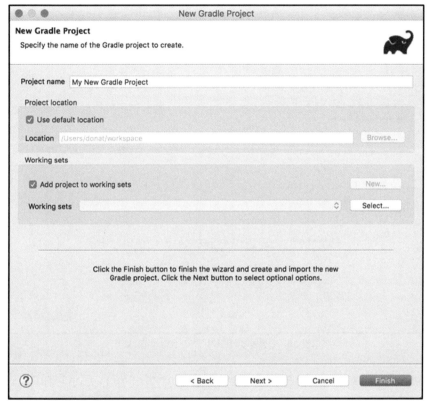

그림 9 프로젝트 이름을 지정하는 이클립스에서 그래들 프로젝트 생성하기

마지막으로 Finish 버튼을 눌러 프로젝트를 생성한다. Finish 버튼을 누르면 그래들의
`init --type java-library` 커맨드가 실행되고 프로젝트를 임포트한다. 그러나 그래
들 프로젝트가 생성되기 전에 설정을 미리 보고 싶다면 Next > 버튼을 클릭해 다음
마법사를 얻는다.

그림 10 설정을 생성하기 전의 설정 미리 보기

마지막으로 이클립스에서 다음 프로젝트 구조를 보게 될 것이다. 그러나 메이븐, SBT, 그래들을 사용한 스파크 애플리케이션의 빌드 방법은 나중에 설명할 것이다. 프로젝트를 시작하기 전에 스칼라와 스파크를 잘 알아두는 것이 더 중요하기 때문이다.

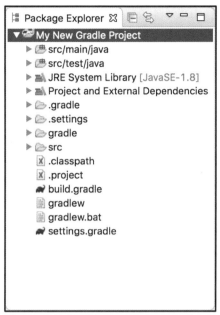

그림 11 그래들을 사용하는 이클립스 프로젝트 구조

이 절에서는 SBT, 메이븐, 그래들을 포함한 3개의 빌드 시스템을 살펴봤다. 그러나 3장 전반에 걸쳐 단순함과 좋은 코드 호환성을 이유로 메이븐을 주로 사용하려 한다. 그러나 이후로는 스파크 애플리케이션에서 JARS를 생성하는 SBT를 사용할 것이다.

▌ 요약

정상적인 방법으로 클래스와 트레이트를 사용해 코드를 구조화한다는 것은 제네릭을 사용해 코드의 재사용 가능성을 높인다는 것이고, 표준 툴과 널리 사용되는 툴을 사용해 프로젝트를 생성하는 것을 의미한다. 스칼라에서 모듈 소프트웨어 시스템을 구축할 수 있는 OOP 패러다임의 구현 방법에 대한 기본 지식을 늘렸다. 2장에서는 클래스와 오브젝트, 패키지와 패키지 오브젝트, 트레이트와 트레이트 선형화, 자바 상호운용성, 패턴 매칭, 암시, 제네릭과 같은 스칼라의 기초 객체지향 기능을 설명했다. 마지막에는 이클립스 또는 다른 IDE에서 스파크 애플리케이션을 빌드할 때 필요한 SBT와 기타 빌드 시스템에 대해 설명했다.

3장에서는 함수형 프로그래밍이 무엇인지, 스칼라가 함수형 프로그래밍을 어떻게 지원하는지 살펴본다. 왜 함수형 프로그래밍이 중요한지, 함수형 개념을 사용함으로써 얻을 수 있는 장점도 다룬다. 계속해서 순수 함수, 고차 함수, 스칼라 기본 컬렉션(map, flatMap, filter), for 컴프리헨션comprehensions, 모나드 처리, 스칼라 표준 라이브러리를 사용해 컬렉션 외부의 고차 함수를 확장하는 방법을 살펴본다.

03

함수형 프로그래밍 개념

객체지향 프로그래밍은 동작 부분을 캡슐화함으로써 코드를 이해할 수 있게 한다. 함수형
프로그래밍은 동작 부분을 최소화함으로써 코드를 이해할 수 있게 한다.

– 마이클 피더즈(Michael Feathers)

스칼라와 스파크의 사용은 빅데이터 분석을 배우기 위한 아주 좋은 조합이다. 그러나
결국은 데이터를 분석하는 스파크 애플리케이션을 작성하려면 OOP 패러다임과 함께
함수형 개념이 왜 중요한지 알아야 한다. 2장에서 살펴봤듯이 스칼라는 객체지향 프
로그래밍 패러다임과 함수형 프로그래밍 개념의 두 가지 프로그래밍 패러다임을 지원
한다. 2장에서 계획으로부터 현실 세계의 객체를 표현하는 방법(클래스)을 통해 OOP
패러다임을 살펴봤고, 현실 세계의 객체를 실제 메모리로 표현하는 방법을 통해 인스
턴스화할 수 있었다.

3장에서는 두 번째 패러다임(즉, 함수형 프로그래밍)에 집중한다. 함수형 프로그래밍이 무엇인지, 스칼라가 함수형 프로그래밍을 어떻게 지원하는지, 왜 중요한지, 그리고 함수형 프로그래밍 개념을 사용하면서 얻는 장점을 알아본다. 더 구체적으로 말하자면 스칼라가 데이터 과학자에게 왜 유용한 무기가 되는지, 스파크 패러다임 및 순수 함수 및 고차 함수HOF, higher-order function을 배우는 것이 왜 중요한지 등과 같은 여러 주제를 다룬다. 고차 함수를 사용하는 실제 사용 사례도 3장에서 소개한다. 그다음 스칼라 표준 라이브러리를 사용해 컬렉션 외부의 고차 함수에서 발생하는 예외를 처리하는 방법을 살펴본다. 마지막으로 스칼라가 객체의 가변성에 어떤 영향을 주는지 다룬다.

3장에서 다루는 내용은 다음과 같다.

- 함수형 프로그래밍 소개
- 데이터 과학자를 위한 함수형 스칼라
- 왜 함수형 프로그래밍은 무엇이고 스파크를 배우는데 스칼라가 왜 중요한가?
- 순수 함수와 고차 함수
- 고차 함수 사용: 실제 사용 사례
- 함수형 스칼라의 에러 처리
- 함수형 프로그래밍과 데이터 가변성

▌ 함수형 프로그래밍 소개

컴퓨터 과학에서 함수형 프로그래밍FP, functional programming은 프로그래밍 패러다임이고 컴퓨터 프로그램의 구조와 엘리먼트를 구축한 독창적인 스타일이다. 이 독창성은 계산을 수학 함수의 평가로 간주하고 상태 변경과 가변 데이터를 방지한다. 따라서 FP 개념을 사용해 데이터의 불변성을 보장하는 사용자 정의 스타일로 코드를 작성하는 방법을 배울 수 있다. 즉, FP는 가능한 한 숨겨진 입력과 출력(이를 부수 효과side effect라고도 부르기도 한다 – 옮긴이)을 제거하는 순수 함수^{pure function}을 작성하는 것이기 때문에 코드의 대부분은 가능한 한 입력과 출력 간의 관계를 설명한다.

FP는 새로운 개념은 아니지만 FP의 기초를 제공하는 람다 미적분^{Lambda Calculus}은 1930년대에 처음 소개됐다. 그러나 프로그래밍 언어의 영역에서 함수형 프로그래밍이라는 용어는 선언적 프로그래밍 패러다임의 새로운 스타일을 의미한다. 선언적 프로그래밍은 C와 같은 오래된 프로그래밍 언어에서 일반적으로 사용된 고전적인 구문 대신 제어, 선언, 표현식을 사용해 프로그래밍을 수행할 수 있다는 것을 의미한다.

함수형 프로그래밍의 장점

FP 패러다임에는 비함수형 코드를 작성하지 않게 컴포지션^{composition}, 파이프라이닝^{pipelining}, 고차 함수^{higher order function}와 같은 흥미롭고 멋진 기능이 있다. 적어도 나중에는 비함수형 프로그램을 명령형^{imperative} 프로그램으로 변환할 때 도움이 된다. 마지막으로 이제는 컴퓨터 과학 관점에서 함수형 프로그래밍이라는 용어를 어떻게 정의할 수 있는지 살펴볼 것이다. 함수형 프로그래밍은 일반적인 컴퓨터 과학 개념으로서 불변 데이터를 지원하고 상태 변경을 피하는 수학 함수를 계산하는 것처럼 계산과 프로그램의 구조를 다루는 개념이다. 함수형 프로그래밍에서 각 함수는 동일한 매핑 또는 입력 파라미터 값에 대한 출력을 갖는다.

복잡한 소프트웨어에서 필요한 것은 코드 작성과 디버깅하기 어렵지 않은 좋은 구조의 프로그램과 소프트웨어다. 또한 향후 프로그래밍 비용을 절감하고 코드를 쉽게 작성하고 디버깅할 수 있는 확장 가능한 코드를 작성해야 한다. 게다가 모듈 소프트웨어는 확장하기 쉽고 프로그래밍 수고가 덜 필요하게 된다. 함수형 프로그래밍에는 대부분의 코드에서 부수 효과 없이(또는 최소한 아주 적게) 함수라 불리는 기본 구조 블록이 있다.

부수 효과가 없다면 계산 순서는 실제로 중요치 않다. 프로그래밍 언어 관점에서 보면 특정 순서를 강제하는 메소드가 있다. 일부 FP 언어(예, 스킴^{Scheme}과 같은 조급한^{eager} 언어)에서는 파라미터에 대한 계산 순서가 없기 때문에 다음과 같이 자체 람다 형식으로 표현식을 중첩시킬 수 있다.

```
((lambda (val1)
  ((lambda (val2)
    ((lambda (val3) (/ (* val1 val2) val3))
        expression3))   ; 3번째로 계산된다.
        expression2))   ; 2번째로 계산된다.
        expression1)    ; 1번째로 계산된다.
```

함수형 프로그래밍에서 실행 순서가 중요치 않은 수학 함수를 작성하면 코드를 더 쉽게 읽을 수 있다. 때때로 부수 효과를 가진 함수도 필요하다고 주장할 수도 있을 것이다. 사실 이는 I/O를 필요로 하지 않는 함수를 작성하기가 일반적으로 어렵기 때문에 대부분 함수형 프로그래밍 언어의 주요 단점 중 하나다. 반면에 함수형 프로그래밍에서 I/O를 필요로 하는 함수를 구현하기 어렵다. 그림 1에서 볼 수 있듯이 스칼라는 자바와 같은 명령형 언어와 리스프^{Lisp} 같은 함수형 언어의 기능이 모두 적용된 진화된 하이브리드 언어라 할 수 있다.

그러나 다행히 스칼라는 객체지향 패러다임과 함수형 프로그래밍 패러다임이 허용되는 혼합 언어이기 때문에 I/O가 필요한 함수를 작성하는 것은 매우 쉽다. 또한 함수형 프로그래밍은 컴프리헨션과 캐싱과 같은 기본 프로그래밍의 개념보다 중요한 장점을 갖고 있다.

함수형 프로그래밍을 사용하면 더 간결하고 간결한 코드를 작성할 수 있기 때문에 함수형 프로그래밍의 주요 장점 중 하나는 간결성이다. 또한 동시성은 함수형 프로그래밍에서보다 쉽게 수행되는 주요 장점 중 하나로 간주된다. 따라서 스칼라와 같은 함수형 언어는 개발자가 전체적인 패러다임을 좀 더 수학적 사고방식으로 전환하게 유도하는 여러 기능과 툴을 제공한다.

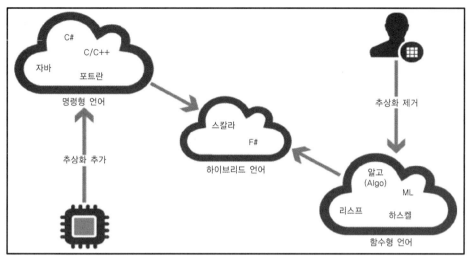

그림 1 함수형 프로그래밍 개념을 사용한 개념 뷰

FP 개념은 함수, 함수 컴포지션^{function composition}, 추상 대수^{abstract algebra}와 같은 조합할 수 있는 추상화 개념 중 소수의 개념만 집중한다. 따라서 다른 패러다임에 비교해 다음과 같은 장점을 갖는다.

- **수학적 사고에 밀접하다:** 반복적인 프로그램보다는 수학적 정의에 가까운 형식으로 아이디어를 설명할 수 있다.
- **어떠한(또는 적어도 최소한의) 부수 효과가 없다:** 사용할 함수는 동시성, 병렬성, 디버깅 관련 코드를 사용하더라도 다른 함수에 영향을 미치지 않는다.
- **개념 선명도가 희생되지 않는 적은 수의 코드 라인:** 리스프^{Lisp}는 비함수형 언어보다 더 강력한 언어다. 코드 작성보다 프로젝트 사고를 더 많이 해야 한다는 것은 사실이지만 결국에 생산성은 더 좋아질 것이다

이런 흥미로운 기능을 통해 함수형 프로그래밍은 상당한 표현력을 얻을 수 있다. 예를 들어 머신 러닝 알고리즘을 구현하기 위해 수백 라인의 명령형 코드를 작성할 수 있지만, 단 몇 개의 방정식만으로도 정의할 수 있다.

▎데이터 과학자를 위한 함수형 스칼라

많은 데이터 과학자들은 대화형 데이터 정리, 처리, 중복 제거, 분석을 수행하기 위한 툴로 R이나 파이썬을 가장 선호한다. 그러나 파이썬이나 R처럼 가장 선호하는 툴에 매우 매료된 데이터 과학자들은 R과 파이썬을 사용해 모든 데이터 분석 문제 또는 작업을 해결하려 한다. 따라서 새로운 툴을 데이터 과학자에게 소개하는 것은 새로운 툴을 배우기에 많은 구문과 배워야 할 패턴 집합이 있기 때문에 대부분의 환경에서는 배우기 매우 어려울 수 있다.

스파크에는 파이썬이나 R로 작성된 스파크의 다른 API인 PySpark과 SparkR이 있다. 각각 PySpark과 SparkR에서 스파크를 사용할 수 있다. 그러나 대부분 스파크 관련 책과 온라인 예는 스칼라로 작성됐다. 확실히 데이터 과학자 입장에서 스파크 코드를 작성한 언어인 스칼라를 사용해 스파크로 작업하는 방법을 배우는 것이 자바, 파이썬, R에 비해 더 많은 장점을 제공할 것이다.

- 성능 향상과 데이터 처리 오버헤드를 제거한다.
- 스파크의 최신 기능과 최고 기능을 제공한다.
- 스파크 철학을 투명하게 이해할 수 있게 도와준다.

데이터 분석은 스파크와 API(즉, SparkR, SparkSQL, 스파크 스트리밍, 스파크 MLlib, 스파크 GraphX)를 사용해 클러스터에서 데이터를 검색하는 스칼라 코드를 작성한다는 것을 의미한다. 또는 컴퓨터에서 스칼라로 스파크 애플리케이션을 개발해 로컬에서 데이터를 조작할 수 있다. 두 경우 모두 스칼라는 독자의 진정한 친구가 될 것이며, 많은 도움이 될 것이다.

▌ 스파크를 공부하는 데 FP와 스칼라를 설명하는 이유

이 절에서는 데이터 분석 문제를 해결하기 위해 왜 스파크를 배워야 하는지 설명한다. 그리고 데이터 과학자가 데이터를 쉽게 분석할 때 스칼라의 함수형 프로그래밍 개념이 왜 중요한지 다룬다. 스파크 프로그래밍 모델과 스파크 생태계를 더 명확하게 설명할 것이다.

스파크인 이유

스파크는 무척 빠른 클러스터 컴퓨팅 프레임워크며, 주로 빠른 계산을 위해 설계됐다. 스파크는 하둡 맵리듀스Hadoop MapReduce 모델을 기반으로 하고, 대화형 쿼리와 스트림 처리 같은 계산의 여러 형태와 타입에서 맵리듀스를 사용한다. 스파크의 주요 기능 중 하나는 애플리케이션의 성능과 처리 속도를 향상시켜주는 인메모리in-memory 처리 방식이다. 스파크는 다음과 같은 다양한 애플리케이션과 작업 부하를 지원한다.

- 배치 기반 애플리케이션
- 이전에 빠르게 실행할 수 없었던 반복 알고리즘
- 대화식 쿼리와 스트리밍

또한 동시성과 분산 시스템의 내부 세부 사항을 이해할 필요 없이 스파크를 배우고 애플리케이션에 구현하는 데 많은 시간을 필요로 하지 않는다. 스파크는 UC 버클리Berkeley의 AMPLab에서 2009년에 구현됐다. 2010년, UC 버클리에서 오픈소스로 내놓기로 결정했다. 그다음 2013년에 스파크는 아파치로 릴리스됐고 이후 스파크는 아파치 프로젝트 중에서 가장 많이 유명하고 가장 많이 사용된 소프트웨어로 알려져 있다. 아파치 스파크는 다음과 같은 특징 때문에 매우 유명해졌다.

- **빠른 계산:** 스파크를 사용하면 하둡보다 빠른 애플리케이션을 실행할 수 있다.

- **다중 프로그래밍 언어 지원:** 스파크는 스칼라, 자바, 파이썬, R과 같은 여러 언어 기반의 래퍼wrapper API 및 내장 API를 제공한다.

- **고급 분석:** 앞에서 설명한 대로 스파크는 맵리듀스 작업을 지원하며, 머신 러닝(MLlib), 데이터 스트리밍, 그래프 처리 알고리즘과 같은 고급 분석을 지원한다.

앞에 설명한 대로 스파크는 하둡 소프트웨어를 기반으로 구축됐고 스파크를 다양한 방식으로 배포할 수 있다.

- **독립형stand alone 클러스터:** 독립형 클러스터에서는 스파크가 하둡 분산 파일 시스템HDFS, Hadoop Distributed File System에서 실행되고, 실제로 저장 공간이 HDFS에 할당되는 것을 의미한다. 모든 스파크 잡을 처리하기 위해 함께 스파크와 맵리듀스가 실행된다.

- **하둡 얀YARN 클러스터:** 하둡 얀 클러스터는 스파크가 단순히 루트root 권한이나 사전 설치 없이 얀에서 실행됨을 의미한다.

- **메소스Mesos 클러스터:** 드라이버 프로그램이 스파크 잡을 생성하고 스케줄하기 위해 스파크 잡을 할당하려 할 때 메소스는 어느 컴퓨팅 노드가 어떤 스파크 잡을 처리할지 결정한다. 이미 컴퓨터에 메소스를 구성하고 설치했다고 가정한다.

- **상용 클라우드 클러스터에 배포:** AWS EC2Amazon Elastic Compute Cloud에서 실제 클러스터 모드로 스파크 잡을 배포할 수 있다. 애플리케이션을 스파크 클러스터 모드로 실행하고 확장성을 높이려면 EC2 서비스를 IaaSInfrastructure as a Service 또는 PaaSPlatform as a Service로 생각할 수 있다.

> 실제 클러스터에서 스칼라와 스파크를 사용해 데이터 분석 애플리케이션을 배포하는 방법은 16장과 17장을 참조한다.

스칼라와 스파크 프로그래밍 모델

스파크 프로그래밍은 일반적으로 HDFS와 같은 분산 저장소와 영구 저장소에서 일부 포맷으로 저장되는 데이터셋 또는 일부 데이터로부터 시작한다. 스파크가 제공하는 일반적인 RDD 프로그래밍 모델을 다음처럼 설명할 수 있다.

- 환경 변수에서 스파크 컨텍스트^{Spark Context}(스파크 셸은 스파크 컨텍스트를 제공하거나 직접 생성할 수 있다. 3장의 뒷부분에서 관련 내용을 설명한다)는 초기 데이터 참조 RDD 객체를 생성한다.
- 초기 RDD를 변환해 함수형 프로그래밍 스타일(나중에 설명한다)에 따르는 많은 RDD 객체를 생성한다.
- 드라이버 프로그램의 코드, 알고리즘, 애플리케이션을 클러스터 관리자 노드로 보낸다. 그다음 클러스터 관리자는 각 컴퓨팅 노드에 복사본을 전달한다.
- 컴퓨팅 노드는 컴퓨팅 노드의 파티션에 있는 RDD에 대한 참조를 갖고 있다(즉 드라이버 프로그램도 데이터 참조를 갖고 있다). 그러나 컴퓨팅 노드에 클러스터 관리자가 제공한 입력 데이터셋을 갖고 있을 수도 있다.
- 트랜스포메이션^{transformation} 후 (좁은^{narrow} 변환 또는 넓은^{wide} 변환을 통해) 생성된 결과는 원래의 RDD가 불변이기 때문에 완전히 새로운 RDD다.
- 마지막으로 RDD 객체(특히 데이터 참조)는 RDD를 저장소로 덤프하는 작업을 통해 실체화된다.
- 드라이버 프로그램은 컴퓨팅 노드에 프로그램의 분석 또는 시각화를 위해 결과 데이터를 요청할 수 있다.

잠깐, 지금까지 편하게 살펴봤다. 클러스터의 컴퓨팅 노드에 애플리케이션 코드를 배포한다고 가정했다. 하지만 여러 컴퓨팅 노드에 분산할 수 있게 입력 데이터셋을 클러스터에 업로드하거나 전송해야 한다. 벌크^{bulk} 업로드를 수행할 때는 네트워크로 데이터를 전송해야 한다. 또한 애플리케이션 코드의 크기와 결과의 크기가 무시할 만하거나 사소하다고 가정한다. 또 다른 장애물은 확장하는 계산을 수행할 때 스파크로 데이터를 처리하길 원한다면 먼저 데이터 객체를 여러 파티션에서 병합해야 할 수도 있다. 즉 partition, intersection, join 트랜스포메이션 연산을 이용해 일반적으로 수행되는 워커^{worker}/컴퓨팅 노드 간에 데이터를 셔플^{shuffle}해야 함을 의미한다.

스칼라와 스파크 생태계

개선된 기능과 추가적인 빅데이터 처리 기능을 제공하기 위해 스파크는 기존 하둡 기반 클러스터에서 구성되거나 실행될 수 있다. 반면에 스파크의 핵심 API는 자바, 스칼라, 파이썬, R로 작성됐다. 맵리듀스와 비교해 스칼라는 스파크 생태계의 일부인 라이브러리를 제공한다. 또한 스칼라는 추가적인 기능으로 스파크 생태계의 일부인 여러 라이브러리, 일반적인 목적의 데이터 프로세싱과 분석, 그래프 프로세싱, 대규모 구조화 SQL, 머신 러닝^{ML} 영역에 대한 기능을 제공한다.

스파크 생태계는 다음과 같은 컴포넌트로 구성된다(자세한 내용은 16장을 참조한다).

- **아파치 스파크 코어^{core}**: 아파치 스파크 코어는 기타 모든 기능이 구현된 스파크 플랫폼의 기본 엔진이다. 또한 인메모리 처리 기능을 제공한다.
- **스파크 SQL**: 이미 설명한 스파크 코어는 기본 엔진이고 기타 모든 컴포넌트 또는 기능은 스파크 코어 기반 위에 구축돼 있다. 스파크 SQL은 다양한 데이터 구조(구조화된 데이터와 반구조화된 데이터)를 지원하는 스파크 컴포넌트다.
- **스파크 스트리밍^{Spark streaming}**: 스파크 스트리밍 컴포넌트는 스트리밍 데이터를 분석하며, 향후 분석을 위해 사용될 수 있는 작은 배치로 변환한다.
- **MLlib^{Machine Learning Library}**: MLlib는 많은 ML 알고리즘을 분산시킬 수 있는 머신 러닝 프레임워크다.
- **GraphX**: 사용자 정의 그래프 컴포넌트를 병렬로 스파크 위에 구축된 분산 그래프 프레임워크다.

앞에서 설명한 대로 사용자가 대부분의 함수형 프로그래밍 언어를 사용하면 괜찮고 모듈화된 확장 가능한 코드를 작성할 수 있다. 또한 함수형 프로그래밍은 수학 함수처럼 보이는 프로그래밍 함수를 작성함으로써 안전한 프로그래밍 방법을 장려한다. 모든 API를 단일 단위에서 동작할 수 있는 스파크를 어떻게 만들었을까? 하드웨어의 발전과 함수형 프로그래밍 개념 덕분에 가능했다. 스칼라에 람다^{lambda} 표현을 쉽게 사용하기 위해 사용하기 쉬운 문법을 추가하는 것이 함수형 언어로 만들기에 충분치 않았다. 이는 시작에 불과하다.

스파크의 RDD 개념은 상당히 잘 동작하지만 불변성 때문에 약간 복잡한 경우를 많이 만날 수 있다. 평균을 계산하는 일반적인 사례의 경우에도 스파크 소스코드를 견고하게 하고 읽기 쉽게 작성해야 한다. 물론 전체 비용을 줄이기 위해 데이터가 주 메모리에 캐시된 경우라 할지라도 합계를 계산하고 전체 개수를 구하지 않을 수 있다.

```
val data: RDD[People] = ...

data.map(person => (person.name, (person.age, 1)))
    .reduceByKey(_ |+| _)
    .mapValues { case (total, count) => total.toDouble / count }
    .collect()
```

데이터 프레임^{DataFrame} API(자세한 내용은 이후 여러 장에서 설명한다)는 간결하고 읽기 쉬운 코드를 생성한다. 또한 함수형 API는 대부분의 사용 사례에 적합하고 맵리듀스 단계를 최소화한다. 비용이 많이 드는 셔플이 많이 존재할 수 있고, 주요 원인은 다음과 같다.

- 대용량 코드 기반은 age 대신 aeg와 같은 사소한 실수를 제거하기 위해 정적 타이핑$^{static\ typing}$이 필요하다.
- 복잡한 코드는 설계를 명확하게 보여주는 투명한 API가 필요하다.
- 스파크 내부의 변환으로 데이터 프레임 API의 속도를 2배로 올린 것은 OOP를 통해 상태를 캡슐화하고 mapPartitions과 combineByKey를 사용하면 동

일하게 달성할 수 있다.

- 기능을 신속하게 구축하려면 유연성과 스칼라 기능이 필요하다.

OOP와 FP를 스파크에서 결합할 수 있다면 예전에 발생한 바클리즈^{Barclays}의 어려운 문제를 아주 쉽게 해결할 수 있다(http://blog.cloudera.com/blog/2015/08/how-apache-spark-scala-and-functional-programming-made-hard-problems-easy-at-barclays/ - 옮긴이). 바클리즈에서 Insights Engine이라는 애플리케이션은 임의의 SQL에서 임의의 수 N을 실행(쿼리와 비슷)할 수 있게 개발됐다. Insights Engine 애플리케이션은 N을 증가시키는 확장 방식을 사용해 어려운 문제를 해결할 수 있었다.

이제 순수 함수, 고차 함수, 익명 함수에 대해 알아보자. 해당 함수는 함수형 프로그래밍의 중요한 개념을 각기 갖고 있다.

▌ 순수 함수와 고차 함수

컴퓨터 과학 관점에서 함수는 1차 함수, 고차 함수, 순수 함수와 같은 다양한 형태를 가질 수 있다. 이것은 수학의 관점에서도 마찬가지다. 고차 함수를 사용하면 다음 중 하나를 수행할 수 있다.

- 하나 이상의 함수를 파라미터로 사용해 일부 연산을 수행한다.
- 함수에서 함수를 결과로 리턴한다.

고차 함수^{higher-order function}을 제외한 다른 모든 함수는 1차 함수^{first-order function}다. 그러나 수학 관점에서 고차 함수는 연산자 또는 함수라 불린다. 반면에 함수의 리턴 값이 입력에 의해서만 결정되고 부수 효과가 없으며 관찰 가능한 함수를 순수 함수^{pure function}라고 한다.

이 절에서는 스칼라에서 다양한 함수 패러다임을 사용하는 이유와 방법을 간략히 설

158

명한다. 특히 순수 함수와 고차 함수를 다룬다. 이 절의 마지막 부분에서는 스칼라를 사용해 스파크 애플리케이션을 개발할 때 익명 함수를 자주 사용하는데, 익명 함수 사용에 대해 간략히 소개한다.

순수 함수

함수형 프로그래밍의 가장 중요한 원칙 중 하나는 순수 함수다. 그렇다면 순수 함수는 무엇이고 왜 순수 함수를 사용하는가? 이 절에서는 함수형 프로그래밍의 중요한 기능을 살펴본다. 함수형 프로그래밍의 훌륭한 사례 중 하나는 프로그램/애플리케이션의 코어를 순수 함수로 만들고 네트워크 오버헤드와 예외 같은 모든 I/O 기능이나 부수 효과를 외부 레이어로 노출하는 것이다.

그렇다면 순수 함수의 장점은 무엇일까? 순수 함수는 일반적으로 일반 함수보다 작지만(프로그래밍 언어와 같이 다른 요소에 따라 다르지만) 수학 함수처럼 보이기 때문에 인간의 두뇌를 더 쉽게 해석하고 이해할 수 있다.

그러나 대부분의 개발자는 여전히 명령형 프로그래밍을 잘 이해하기 때문에 순수 함수를 반대할 수도 있다. 순수 함수는 구현 및 테스트가 훨씬 쉽다. 예를 들어 알아보자. 다음과 같은 2가지 기능이 있다고 가정해보자.

```
def pureFunc(cityName: String) = s"I live in $cityName"
def notpureFunc(cityName: String) = println(s"I live in $cityName")
```

이 두 예를 보면 pureFunc 순수 함수를 테스트하려면 다음처럼 assert에 순수 함수의 리턴 값과 입력을 기반으로 예상하는 값을 지정한다.

```
assert(pureFunc("Dublin") == "I live in Dublin")
```

하지만 다른 측면에서 보면 notpureFunc와 같은 불순수 함수를 테스트하려면 표준 출력을 리디렉션한 후 assert를 적용해야 한다. 다른 실용적인 팁은 함수형 프로그래밍이 프로그래머의 생산성을 높여준다는 점이다. 앞에서 살펴본 것처럼 순수 함수는 작고 작성하기 쉬우며, 함께 순수 함수를 쉽게 작성할 수 있기 때문이다. 또한 코드 복제를 최소화해 코드를 쉽게 재사용할 수 있다. 이제 더 나은 예를 들어 순수 함수의 장점을 설명할 것이다. 다음 두 가지 기능을 생각해보자.

```scala
scala> def pureMul(x: Int, y: Int) = x * y
pureMul: (x: Int, y: Int)Int

scala> def notpureMul(x: Int, y: Int) = println(x * y)
notpureMul: (x: Int, y: Int)Unit
```

그러나 가변성으로 인해 부수 효과가 발생할 수 있다. 순수 함수를 사용하면(즉, 가변성이 없다면) 테스트 코드를 추론하는 데 도움이 된다.

```scala
def pureIncrease(x: Int) = x + 1
```

이 순수 함수는 장점이 있고 해석하기 쉬우며 사용하기 쉽다. 그러나 다른 예를 들어보자.

```scala
varinc = 0
def impureIncrease() = {
   inc += 1
   inc
}
```

이제 이 impureIncrease 함수 예는 혼란스러울 수 있다. 다중 스레드 환경에서 출력은 어떻게 될까? 보다시피 notpureMul 불순한 함수와 다르게 어떤 숫자 시퀀스를 곱할 수 있는 순수 함수 pureMul을 쉽게 사용할 수 있다. 다음 예를 살펴보자.

```scala
scala> Seq.range(1,10).reduce(pureMul)
res0: Int = 362880
```

전체 코드는 다음과 같다(메소드는 실제 값을 사용해 호출됐다).

```scala
package chapter3

object PureAndNonPureFunction {
    def pureFunc(cityName: String) = s"I live in $cityName"
    def notpureFunc(cityName: String) = println(s"I live in $cityName")
    def pureMul(x: Int, y: Int) = x * y
    def notpureMul(x: Int, y: Int) = println(x * y)

    def main(args: Array[String]) {
        // 이제 모든 메소드에 실제 값을 전달한다.
        pureFunc("Galway") // 아무것도 출력하지 않는다.
        notpureFunc("Dublin") // I live in Dublin을 출력한다.
        pureMul(10, 25) // 아무것도 출력하지 않는다.
        notpureMul(10, 25) // 곱 결과(250)를 출력한다.

        //이제 pureMul 메소드에 다른 방식으로 호출한다.
        val data = Seq.range(1,10).reduce(pureMul)
        println(s"My sequence is: " + data)
    }
}
```

이 코드의 출력은 다음과 같다.

```
I live in Dublin 250
My sequence is: 362880
```

앞에서 설명한 것처럼 순수 함수는 함수형 프로그래밍의 가장 중요한 기능 중 하나로서 모범 사례가 될 수 있다. 순수 함수를 사용해 애플리케이션의 중요 부분을 구축해야 한다.

함수와 메소드

프로그래밍 영역에서 함수는 이름으로 불리는 코드 조각이다. 데이터(파라미터)를 함수에 전달할 수 있고, 해당 함수는 데이터를 선택적으로 리턴할 수 있다. 함수로 전달된 모든 데이터는 명시적으로 전달된다. 반면에 메소드는 이름으로 불리는 코드 조각이기도 하다. 그러나 특정 메소드는 항상 특정 객체와 연결된다. 비슷하게 들리는가? 대부분의 경우 메소드는 다음과 같은 2가지 주요 차이점을 제외하고는 함수와 동일하다.

1. 메소드는 호출된 객체에 암시적으로 전달된다.
2. 메소드는 클래스에 포함된 데이터를 조작할 수 있다.

2장에서 객체가 클래스의 인스턴스, 즉 클래스는 정의이고 객체는 클래스 데이터의 인스턴스라는 것을 이미 설명했다.

이제 고차 함수를 배울 차례다. 그러나 그 전에 함수형 스칼라에서 더 중요한 개념인 익명 함수를 알아야 한다. 익명 함수로 함수형 스칼라에서 람다 표현식을 사용하는 방법을 다룰 것이다.

익명 함수

때로는 코드에서 사용하기 전에 함수를 정의하고 싶지 않을 수도 있다. 한 곳에서 사용할 것이기 때문이다. 함수형 프로그래밍에는 이 상황에 매우 적합한 함수 타입이 있다. 이를 익명 함수^{anonymous function}라 한다. 돈을 이체하는 이전 예를 사용해 익명 함수의 사용법을 소개한다.

```
def TransferMoney(money: Double, bankFee: Double => Double): Double = {
    money + bankFee(money)
}
```

이제 다음처럼 TransferMoney 메소드에 실제 값을 호출하자.

```
TransferMoney(100, (amount: Double) => amount * 0.05)
```

람다(lambda) 표현식

이미 살펴본 대로 스칼라는 1급 함수를 지원한다. 1급 함수는 함수-리터럴 구문으로 표현될 수 있다. 함수는 함수 값(function value)이라고 하는 객체로 표현할 수 있다. 다음 표현식을 사용하면 표현식은 정수에 대한 후속자 함수(successor function)를 생성한다.

```
scala> var apply = (x:Int) => x+1
apply: Int => Int = <function1>
```

이제 apply 변수는 다음처럼 일반적인 방법으로 사용할 수 있는 함수가 됐다.

```
scala> var x = apply(7)
x: Int = 8
```

여기에서 작성한 것은 단순히 함수의 중요 부분을 사용하는 것이다. 파라미터 목록 뒤에 함수 화살표와 함수 본문이 따라온다. 이는 블랙 마술이 아니라 완전한 함수며, 이름이 갖고 있지 않다. 즉 익명 함수다. 이 방식으로 함수를 정의하면 나중에 해당 함수를 참조할 방법이 없다. 따라서 이름이 없는 익명 함수이기 때문에 나중에 함수를 호출할 수 없다. 또한 소위 **람다 표현식**을 갖고 있다. 이는 단지 함수에 대한 순수 함수의 정의이자 익명 함수에 대한 정의일 뿐이다.

이 코드의 출력은 다음과 같다.

105.0

따라서 이 예에서 별도의 콜백^{callback} 함수를 선언하는 대신 익명의 함수를 직접 전달했고 bankFee 함수와 같이 동일한 작업을 수행했다. 익명 함수에서 타입을 생략할 수도 있고 타입은 다음과 같이 전달된 파라미터를 기반으로 직접 유추된다.

```
TransferMoney(100, amount => amount * 0.05)
```

이 코드의 출력은 다음과 같다.

```
105.0
```

스칼라 셸에서 이전 예를 실행한 화면은 다음과 같다.

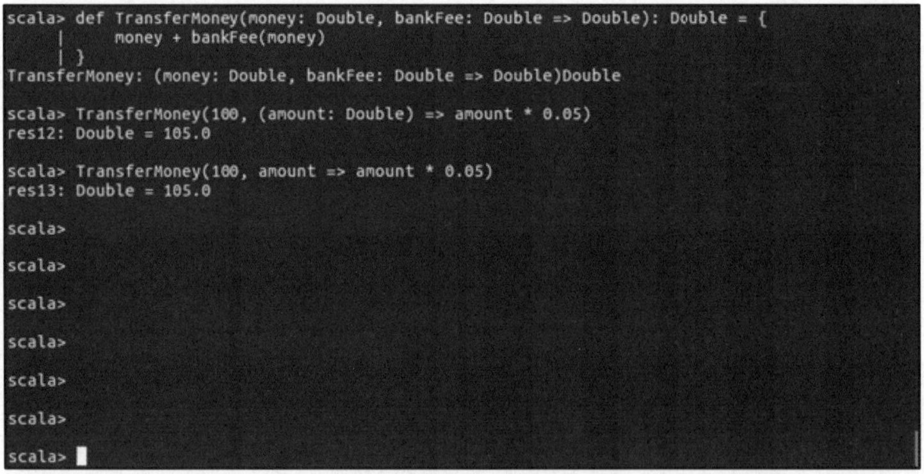

```
scala> def TransferMoney(money: Double, bankFee: Double => Double): Double = {
     |      money + bankFee(money)
     | }
TransferMoney: (money: Double, bankFee: Double => Double)Double

scala> TransferMoney(100, (amount: Double) => amount * 0.05)
res12: Double = 105.0

scala> TransferMoney(100, amount => amount * 0.05)
res13: Double = 105.0

scala>

scala>

scala>

scala>

scala>

scala>
```

그림 2 스칼라에서 익명 함수의 사용

함수 기능을 갖는 일부 프로그래밍 언어는 익명 함수 대신 람다 함수라는 이름을 사용한다.

164

고차 함수

스칼라의 함수형 프로그래밍에서는 함수를 파라미터로 전달할 수 있고, 함수의 결과로 함수를 리턴할 수도 있다. 이는 고차 함수^{higher-order function}라 정의한다.

예를 통해 고차 함수를 설명한다. 다른 함수 func를 받고 func에서 두 번째 파라미터 값을 받는 testHOF 함수를 살펴보자.

```scala
object Test {
    def main(args: Array[String]) {
        println( testHOF( paramFunc, 10) )
    }
    def testHOF(func: Int => String, value: Int) = func(value)
    def paramFunc[A](x: A) = "[" + x.toString() + "]"
}
```

스칼라의 함수형 프로그래밍의 기초를 살펴본 후 이제 더 복잡한 함수형 프로그래밍을 다룰 준비가 됐다. 앞에서 살펴본 대로 고차 함수는 파라미터로 다른 함수를 받아들이고 결과로 리턴하는 함수로 정의할 수 있다. 객체지향 프로그래밍의 배경에서 벗어난다면 다른 접근법을 발견할 것이다. 계속 진행하면서 해당 접근법을 이해하기 쉬워질 것이다.

간단한 함수를 정의하자.

```scala
def quarterMaker(value: Int): Double = value.toDouble/4
```

이 함수는 매우 단순한 함수다. 해당 함수는 Int 값을 받아들이고 이 값의 1/4을 Double 타입으로 리턴한다. 다른 간단한 함수를 정의하자.

```scala
def addTwo(value: Int): Int = value + 2
```

두 번째 함수인 addTwo는 첫 번째 함수보다 더 간단하다. 해당 함수는 Int 값을 받아들이고 2를 더한다. 보다시피 두 함수는 공통점이 있다. 두 함수 모두 Int를 받고 AnyVal을 호출할 수 있는 처리된 다른 값을 리턴한다. 이제 파라미터 중에서 다른 함수를 받아들이는 고차 함수를 정의하자.

```scala
def applyFuncOnRange(begin: Int, end: Int, func: Int => AnyVal): Unit = {
    for (i <- begin to end)
        println(func(i))
}
```

보다시피 이 함수 applyFuncOnRange는 이전에 정의한 함수, 시퀀스의 시작과 끝에서 동작하는 두 개의 Int 값(quarterMakder와 addTwo)을 받는 것처럼 Int=>AnyVal 시그니처를 가진 함수를 받는다. 이제 2개의 함수 중 하나를 3번째 파라미터로 전달하는 고차 함수를 소개한다(사용자 정의 함수를 전달하길 원한다면 사용자 정의 함수는 Int => AnyVal과 같은 시그니처를 가져야 한다).

범위를 갖는 루프의 스칼라 구문

스칼라에서 for 루프에 범위를 사용한 가장 간단한 구문은 다음과 같다.

```scala
for( var x <- range ){
statement(s)
}
```

여기에서 range는 숫자의 범위가 될 수 있으며, i에서 j로(to) 표시되거나 때때로 i에서 i까지(until) 같이 표시될 수 있다. 왼쪽 화살표 ← 연산자는 범위에서 개별 값을 생성하기 때문에 생성자(generator)라 한다. 해당 연산자의 구체적인 예를 살펴보자.

```scala
object UsingRangeWithForLoop {
    def main(args: Array[String]):Unit= {
        var i = 0;
        // 범위를 가진 for 루프 실행
        for( i <- 1 to 10){
```

166

```
        println( "Value of i: " + i )
      }
    }
  }
```

이 코드의 출력은 다음과 같다.

```
Value of i: 1
Value of i: 2
Value of i: 3
Value of i: 4
Value of i: 5
Value of i: 6
Value of i: 7
Value of i: 8
Value of i: 9
Value of i: 10
```

해당 함수를 사용하기 전에 다음 화면처럼 함수를 먼저 정의하자.

```
scala> def quarterMaker(value: Int): Double = value.toDouble/4
quarterMaker: (value: Int)Double

scala> def addTwo(value: Int): Int = value + 2
addTwo: (value: Int)Int

scala> def applyFuncOnRange(begin: Int, end: Int, func: Int => AnyVal): Unit = {
     |     for (i <- begin to end)
     |         println(func(i))
     | }
applyFuncOnRange: (begin: Int, end: Int, func: Int => AnyVal)Unit

scala>

scala>

scala>

scala>

scala>

scala>
```

그림 3 스칼라의 고차 함수를 정의하는 예

이제 고차 함수 applyFuncOnRange를 호출하고 quarterMaker 함수를 세 번째 파라미터로 전달해보자.

```
scala> applyFuncOnRange(1,10,quarterMaker)
0.25
0.5
0.75
1.0
1.25
1.5
1.75
2.0
2.25
2.5

scala>

scala>

scala>

scala>

scala>
```

그림 4 고차 함수 호출

다음 화면과 같이 시그니처를 갖고 있기 때문에 다른 함수 addTwo를 적용할 수도 있다.

```
scala> applyFuncOnRange(1,10,addTwo)
3
4
5
6
7
8
9
10
11
12

scala>

scala>

scala>

scala>

scala>
```

그림 5 고차 함수를 호출하는 다른 방법

168

더 많은 예를 보기 전에 콜백 함수를 정의하자. 콜백 함수는 어떤 함수에 파라미터로 전달될 수 있는 함수다. 어떤 함수란 단순한 일반 함수다. 다른 콜백 함수를 사용하는 예를 더 설명한다. 계정에서 특정 금액을 이체하는 다음 고차 함수를 생각해보자.

```
def TransferMoney(money: Double, bankFee: Double => Double): Double = {
    money + bankFee(money)
}
def bankFee(amount: Double) = amount * 0.05
```

TransferMoney 함수에 100을 호출한다.

```
TransferMoney(100, bankFee)
```

이 코드의 출력은 다음과 같다.

```
105.0
```

함수형 프로그래밍 관점에서 보면 이 코드는 은행 시스템에 통합할 준비가 아직 되지 않았다. money 파라미터에 여러 유효성 검사(예, money 파라미터는 양수이어야 하고 은행이 지정한 특정 금액보다 커야 한다)를 적용해야 하기 때문이다. 그러나 여기서 고차 함수와 콜백 함수를 사용하는 방법을 소개한다.

따라서 앞의 예는 다음과 같이 동작한다. 특정 금액을 다른 은행 계좌 또는 금융 회사로 이체하려 한다. 은행은 이체할 금액에 따라 적용되는 특정 수수료를 갖고 있고 여기에 콜백 기능이 있다. 이체할 금액이 있어야 하고 은행 송금 수수료를 적용해서 총금액을 계산해야 한다.

TransferMoney 함수는 2개의 파라미터를 얻는다. 첫 번째 파라미터는 이체할 금액이고, 두 번째 파라미터는 Double => Double 시그니처가 있는 콜백 함수이고 해당 파라미터는 이체한 금액에 대한 은행 수수료를 결정하기 위해 money 파라미터에 적용된다.

```
scala> def bankFee(amount: Double) = amount * 0.05
bankFee: (amount: Double)Double

scala> def TransferMoney(money: Double, bankFee: Double => Double): Double = {
     |      money + bankFee(money)
     | }
TransferMoney: (money: Double, bankFee: Double => Double)Double

scala> TransferMoney(100, bankFee)
res2: Double = 105.0

scala>

scala>

scala>

scala>

scala>

scala>

scala>
```

그림 6 고차 함수 호출과 추가 기능 제공

이 예에 대한 완전한 소스코드는 다음과 같이 볼 수 있다(메소드에 실제 값을 사용한 후 호출했다).

```scala
package chapter3
object HigherOrderFunction {
    def quarterMaker(value: Int): Double = value.toDouble / 4
    def testHOF(func: Int => String, value: Int) = func(value)
    def paramFunc[A](x: A) = "[" + x.toString() + "]"
    def addTwo(value: Int): Int = value + 2
    def applyFuncOnRange(begin: Int, end: Int, func: Int => AnyVal): Unit = {
        for (i <- begin to end)
            println(func(i))
    }
    def transferMoney(money: Double, bankFee: Double => Double): Double = {
        money + bankFee(money)
    }
    def bankFee(amount: Double) = amount * 0.05
```

170

```
def main(args: Array[String]) {
    //이제 모든 메소드에 실제 값을 적용한다.
    println(testHOF(paramFunc, 10)) // [10]을 출력한다.
    println(quarterMaker(20)) // 5.0을 출력한다.
    println(paramFunc(100)) // [100]을 출력한다.
    println(addTwo(90)) // 92을 출력한다.
    println(applyFuncOnRange(1, 20, addTwo)) // 3부터 22까지 ( )을 출력한다.
    println(transferMoney(105.0, bankFee)) // 110.25을 출력한다.
  }
}
```

이 코드의 출력은 다음과 같다.

```
[10]
5.0
[100]
92
3 4 5 6 7 8 9 10 11 12 13 14 15 16 1718 19 20 21 22 ( )
110.25
```

콜백 함수를 사용해 고차 함수에 추가적인 능력을 보탤 수 있다. 따라서 콜백 함수는 프로그램을 더 우아하고 유연하며 효율적으로 만들어주는 매우 강력한 메커니즘이다.

함수를 리턴 값으로 사용

앞에서 살펴본 대로 고차 함수는 함수를 결과로 리턴할 수 있다. 예를 들어 알아보자.

```
def TransferMoney(money: Double) = {
  if (money > 1000)
    (money: Double) => "Dear customer we are going to add the following
                        amount as Fee: "+money * 0.05
```

```
    else
        (money: Double) => "Dear customer we are going to add the following
                           amount as Fee: "+money * 0.1
}
val returnedFunction = TransferMoney(1500)
returnedFunction(1500)
```

이 코드는 다음과 같이 출력한다.

Dear customer, we are going to add the following amount as Fee: 75.0

다음 화면처럼 이 예를 실행해보자. 다음 화면은 함수를 리턴 값으로 사용하는 방법을 보여준다.

```
scala> def TransferMoney(money: Double) = {
     |     if (money > 1000)
     |        (money: Double) => "Dear customer we are going to add the following amount as Fee
: "+money * 0.05
     |     else
     |        (money: Double) => "Dear customer we are going to add the following amount as Fee
: "+money * 0.1
     | }
TransferMoney: (money: Double)Double => String

scala> val returnedFunction = TransferMoney(1500)
returnedFunction: Double => String = <function1>

scala>
     | returnedFunction(1500)
res17: String = Dear customer we are going to add the following amount as Fee: 75.0

scala>

scala>

scala>

scala>
```

그림 7 함수를 리턴 값으로 사용

이 예의 전체 코드는 다음과 같다.

```
package chapter3
object FunctionAsReturnValue {
```

```
def transferMoney(money: Double) = {
    if (money > 1000)
        (money: Double) => "Dear customer, we are going to add following
                            amount as Fee: " + money * 0.05
    else
        (money: Double) => "Dear customer, we are going to add following
                            amount as Fee: " + money * 0.1
}
def main(args: Array[String]) {
    val returnedFunction = transferMoney(1500.0)
        println(returnedFunction(1500)) // "Dear customer, we are going to
                            add the following amount as Fee: 75.0"을 출력한다.
    }
}
```

이 코드의 출력은 다음과 같다.

Dear customer, we are going to add following amount as Fee: 75.0

이제 고차 함수에 대한 내용을 정리하기 전에 고차 함수를 사용한 실제 예를 살펴보자.

▌ 고차 함수 사용

식당에서 주방장으로 일하고 있고 동료 중 한 명이 독자에게 질문을 한다고 가정해보자. 커링[currying]을 수행하는 고차 함수를 구현하자. 단서가 있는가?

고차 함수에 다음처럼 두 가지 시그니처가 있다고 가정하자.

```
def curry[X,Y,Z](f:(X,Y) => Z) : X => Y => Z
```

마찬가지로 다음과 같이 언커링^{uncurrying}을 수행하는 함수를 구현한다.

```
def uncurry[X,Y,Z](f:X => Y => Z): (X,Y) => Z
```

이제 커링 작업을 수행하려면 고차 함수를 어떻게 사용할 수 있을까? 다음과 같이 두 개의 고차 함수(즉, curry와 uncurry 함수)의 시그니처를 캡슐화하는 트레이트를 생성할 수 있다.

```
trait Curry {
    def curry[A, B, C](f: (A, B) => C): A => B => C
    def uncurry[A, B, C](f: A => B => C): (A, B) => C
}
```

이제 Curry 트레이트를 다음과 같이 오브젝트로 구현하고 확장할 수 있다.

```
object CurryImplement extends Curry {
    def uncurry[X, Y, Z](f: X => Y => Z): (X, Y) => Z = {
        (a: X, b: Y) => f(a)(b) }
    def curry[X, Y, Z](f: (X, Y) => Z): X => Y => Z = { (a: X) => {
        (b: Y) => f(a, b) } }
}
```

여기서는 uncury 함수의 구현이 더 쉽기 때문에 uncurry 함수를 먼저 구현했다. 등호 다음에 있는 2개의 중괄호는 2개의 파라미터(즉, 타입 X의 a, 타입 Y의 b)를 받는 익명의 함수 리터럴이다. 그리고 2개의 파라미터는 함수를 리턴하는 함수에서도 사용될 수 있다. 그다음 2번째 파라미터를 리턴될 함수에 전달하고, 마지막으로 두 번째 함수의 값을 리턴한다. 두 번째 함수 리터럴, 즉 curry 함수는 하나의 파라미터를 받고 새로운 함수를 리턴한다. 마지막으로 curry 함수는 호출될 때 다른 함수를 리턴하는 함수를 리턴한다.

이제 실제 구현에서 기본 트레이트를 확장한 CurryImplement 오브젝트를 사용한다.

```scala
object CurryingHigherOrderFunction {
    def main(args: Array[String]): Unit = {
        def add(x: Int, y: Long): Double = x.toDouble + y
        val addSpicy = CurryImplement.curry(add)
        println(addSpicy(3)(1L)) // "4.0"을 출력한다.
        val increment = addSpicy(2)
        println(increment(1L)) // "3.0"을 출력한다.
        val unspicedAdd = CurryImplement.uncurry(addSpicy)
        println(unspicedAdd(1, 6L)) // "7.0"을 출력한다.
    }
}
```

이 오브젝트와 main 메소드 내부는 다음과 같다.

- addSpicy는 long 타입을 받는 함수를 갖고 있고, 1을 더한 다음 4.0을 출력하는 함수를 갖는다.

- increment는 long 타입의 2를 더하며, 마지막으로 3.0을 출력하는 함수를 갖는다.

- unspicedAdd는 1을 더하고 long 타입을 받는 함수를 가지며, 마지막으로 7.0을 출력한다.

이 코드의 출력은 다음과 같다.

```
4.0
3.0
7.0
```

수학과 컴퓨터 과학에서 커링(currying)은 여러 파라미터를 받는 함수를 계산하는 방식을 단일 파라미터를 갖는 일련의 함수로 계산하는 방식으로 변환하는 기술이다. 커링은 부분 적용(partial application)과 관련이 있지만 동일하지 않다.

커링(currying): 커링은 실용적 및 이론적인 환경에서 유용하다. 함수형 프로그래밍 언어와 여러 프로그래밍 언어에서 커링은 파라미터를 함수와 예외로 전달되는 방식을 자동으로 관리하는 방법을 제공한다. 컴퓨터 과학 이론에서의 커링은 다중 파라미터를 갖는 함수를 단일 파라미터를 갖는 일련의 함수로 바꾸는 것을 말한다.

언커링(uncurrying): 언커링은 커링에 대한 역트랜스포메이션(dual transformation)으로서 역함수화(defunctionalization)의 한 형태로 볼 수 있다. 언커링은 함수 f를 취하면 함수 g를 리턴 값으로 받고 함수 f와 g 모두에 파라미터를 받는 새로운 함수 f'를 생성한다. 그리고 결과로 해당 파라미터에 대해 f 애플리케이션과 차례로 g 애플리케이션을 리턴한다. 해당 프로세스는 반복될 수 있다.

지금까지 스칼라의 순수 함수, 고차 함수, 익명 함수의 처리 방식을 살펴봤다. 이제 다음 절에서 Throw, Try, Either, Future를 사용해 고차 함수를 확장하는 방법을 간략히 살펴본다.

▌ 함수형 스칼라의 에러 핸들링

지금까지 스칼라 함수의 본체가 무엇을 의도하는지, 에러 또는 예외를 발생하지 않게 하는 데 초점을 맞췄다. 이제 프로그래밍을 잘 수행해 에러가 발생하기 쉬운 코드를 작성하지 않으려면 스칼라로 예외를 잡고 에러를 처리하는 방법을 알아야 한다. Try, Either, Future와 같은 스칼라의 특별한 기능을 사용해 컬렉션 외부의 고차 함수를 확장하는 방법을 살펴본다.

스칼라의 실패와 예외

우선 일반적인 '실패'의 의미를 정의하자(출처: https://tersesystems.com/2012/12/27/error-handling-in-scala/).

- **예기치 않은 내부 에러:** 널 포인터[null pointer] 참조, 어서트[assert] 실패, 간단한 나쁜 상태와 같이 갑작스러운 값으로 작업이 실패한다.
- **예상되는 내부 에러:** 블랙리스트 또는 회로 차단기와 같이 내부 상태의 결과에 따라 의도적으로 작업이 실패한다.
- **예상되는 외부 에러:** 원본 입력을 처리할 수 없다면 일부 원본 입력을 처리하라는 메시지가 표시되고 작업이 실패한다.
- **예기치 않은 외부 에러:** 파일 핸들이 부족하고 데이터베이스 연결이 실패하거나 네트워크가 다운되는 것처럼 시스템이 의존하는 자원이 없으면 작업이 실패한다.

불행히도 실패가 관리할 수 있는 예외[manageable exception]가 아니라면 실패를 막을 방법이 사실상 없다. 반면에 스칼라는 예외를 처리돼야 할 예외[checked exception]와 처리되지 않아도 되는 예외[unchecked exceptions]처럼 매우 단순히 생성한다. 즉, 스칼라에서는 처리돼야 할 예외가 없다. 스칼라의 모든 예외는 처리되지 않아도 되는 예외다. 심지어 `SQLException`, `IOException` 등도 처리되지 않아도 되는 예외다. 이제 최소한 해당 예외를 처리하는 방법을 살펴보자.

예외 던지기

스칼라 메소드는 예기치 않은 작업 순서로 인해 예외를 던질 수 있다. 예외 객체를 생성한 다음 `throw` 키워드를 사용해 예외 객체를 다음처럼 던진다.

```
//코드
throw new IllegalArgumentException("arg 2 was wrong...");
//여기서부터 어떤 코드도 실행되지 않는다.
```

예외 처리를 사용하는 주요 목표는 친숙한 메시지를 생성하는 것이 아니라 스칼라 프로그램의 정상적인 흐름을 종료하는 것이다.

try와 catch를 사용한 예외 처리

스칼라에서는 단일 블록에서 예외에 try/catch를 사용할 수 있고 case 블록을 사용해 예외를 패턴 매칭시킬 수 있다. 스칼라에서 try/catch를 사용하는 기본 구문은 다음과 같다.

```
try {
  // 스칼라 코드는 여기에 작성해야 한다.
} catch {
  case foo: FooException => handleFooException(foo)
  case bar: BarException => handleBarException(bar)
  case _: Throwable => println("Got some other kind of exception")
} finally {
  // 데이터베이스 커넥션을 종료하는 것과 같은 스칼라 코드는 여기에 작성해야 한다.
}
```

따라서 예외가 발생할 때 애플리케이션이 비정상 종료되지 않고 내부의 예외 메시지를 포함하려면 try/catch 블록을 사용해야 한다.

```
package chapter3
import java.io.IOException
import java.io.FileReader
import java.io.FileNotFoundException
```

```
object TryCatch {
    def main(args: Array[String]) {
        try {
            val f = new FileReader("data/data.txt")
        } catch {
            case ex: FileNotFoundException => println("File not found
                    exception")
            case ex: IOException => println("IO Exception")
        }
    }
}
```

프로젝트 트리의 경로에 data.txt라는 파일이 존재하지 않으면 다음과 같이 FileNotFoundException이 발생할 것이다.

이 코드의 출력은 다음과 같다.

```
File not found exception
```

이제 스칼라에서 finally절을 사용해 try/catch 블록을 완료하는 간단한 예를 작성해보자.

finally

발생한 예외와 상관없이 코드를 실행하려 한다면 finally절을 사용해야 한다. 다음과 같이 try 블록 안에 finally를 넣을 수 있다.

```
try {
    val f = new FileReader("data/data.txt")
} catch {
```

```
    case ex: FileNotFoundException => println("File not found exception")
} finally {
    println("Dude! this code always executes")
}
```

이제 try/catch/finally를 사용하는 전체 예를 살펴보자.

```
package chapter3
import java.io.IOException
import java.io.FileReader
import java.io.FileNotFoundException

object TryCatch {
    def main(args: Array[String]) {
        try {
            val f = new FileReader("data/data.txt")
        } catch {
            case ex: FileNotFoundException => println("File not found
                    exception")
            case ex: IOException => println("IO Exception")
        } finally {
            println("Finally block always executes!")
        }
    }
}
```

이 코드의 출력은 다음과 같다.

```
File not found exception
Finally block always executes!
```

다음에 스칼라에서 Either라는 또 다른 강력한 기능에 대해 살펴볼 것이다.

Either 생성

Either[X, Y]는 X 인스턴스 또는 Y 인스턴스 중 하나를 포함하지만, 둘 다를 포함하지는 않는 인스턴스다. 해당 하위 타입을 Either의 Left 또는 Right라고 부른다. Either를 생성하는 것은 쉽다. 그러나 Either를 때때로 프로그램에서 사용하다면 매우 강력하다.

```scala
package chapter3
import java.net.URL
import scala.io.Source
object Either {
  def getData(dataURL: URL): Either[String, Source] =
    if (dataURL.getHost.contains("xxx"))
      Left("Requested URL is blocked or prohibited!")
    else
      Right(Source.fromURL(dataURL))
  def main(args: Array[String]) {
    val either1 = getData(new URL("http://www.xxx.com"))
    println(either1)
    val either2 = getData(new URL("http://www.google.com"))
    println(either2)
  }
}
```

이제 xxx를 포함하지 않는 임의의 URL을 전달하면 Right 하위 타입으로 래핑된 Scala.io.Source 인스턴스가 생성된다. URL에 xxx가 포함돼 있으면 Left 하위 타입으로 래핑된 String을 얻을 것이다. 이 문장을 더 명확하게 하기 위해 코드의 출력을 살펴보자.

Left(Requested URL is blocked or prohibited!) Right(non-empty iterator)

다음에 넌블로킹^{non-blocking} 방식으로 태스크^{task}를 실행하는 데 사용되는 Future라는 흥미로운 기능을 살펴본다. Future는 태스크가 종료할 때 태스크 결과를 처리하는 좋은 방법이다.

Future

스칼라에서는 단순히 넌블로킹 방식으로 태스크를 실행하고 싶고 태스크가 종료하면 태스크 결과를 처리할 방법이 필요하다면 Future를 제공한다. 예를 들어 병렬로 여러 웹 서비스를 호출하고 웹 서비스 호출 이후의 결과를 작업하고 싶을 수 있다. 다음 절에서 Future를 사용하는 예가 제공된다.

하나의 태스크를 실행하고 대기

다음 예는 Future를 작성한 다음 Future의 결과를 기다리기 위해 실행 순서를 차단하는 방법을 보여준다. Future 만들기는 쉽다. 원하는 코드만 Future 안에 전달하면 된다. 다음 예는 Future에서 2+2를 수행한 후 해당 결과를 리턴한다.

```scala
package chapter3
import scala.concurrent.ExecutionContext.Implicits.global
import scala.concurrent.duration._
import scala.concurrent.{Await, Future}

object RunOneTaskbutBlock {
  def main(args: Array[String]) {
    // 현재 시간을 밀리초로 얻는다.
    implicit val baseTime = System.currentTimeMillis
    // Future를 생성한다.
    val testFuture = Future {
      Thread.sleep(300)
      2 + 2
```

```
        }
        // 다음은 블로킹 코드다.
        val finalOutput = Await.result(testFuture, 2 second)
        println(finalOutput)
    }
}
```

Await.result 메소드는 Future가 결과를 리턴할 때까지 최대 2초 동안 대기한다. 2초 이내에 결과를 리턴하지 않으면 처리할 수 있는 예외를 던진다.

```
java.util.concurrent.TimeoutException
```

3장을 마무리 지을 시간이다. 그러나 스칼라의 함수형 프로그래밍과 객체 가변성에 대한 중요한 관점을 다룰 것이다.

▍함수형 프로그래밍과 데이터 가변성

순수 함수형 프로그래밍은 함수형 프로그래밍의 모범 사례 중 하나며 반드시 사용해야 한다. 순수 함수를 작성하면 프로그래밍을 쉽게 할 수 있고 유지 보수 및 확장이 쉬운 코드를 작성할 수 있다. 또한 코드를 병렬화하려면 순수 함수를 작성하는 것이 훨씬 쉽다.

여러분이 FP의 순수 개발자라면 스칼라에서 함수형 프로그래밍을 사용하는 한 가지 단점은 스칼라가 OOP와 FP를 모두 지원하기 때문에(그림 1 참조) 두 코드 스타일을 동일한 코드상에서 혼합할 수 있다는 점이다. 3장에서는 순수 함수를 작성하는 것이 쉽다는 것을 보여주는 몇 가지 예를 살펴봤다. 그러나 완벽한 애플리케이션으로 결합하는 것은 어렵다. 모나드[monad]와 같은 고급 주제가 FP에 역효과를 줄 수 있음을 동의할 수 있을 것이다.

필자는 많은 사람과 이야기하면서 재귀가 합리적으로 자연스럽지 않다고 생각하고 있음을 알았다. 불변 객체를 사용할 때 해당 객체를 다른 값으로 변경할 수 없다. 불변 객체는 변경을 허락하지 않는다. 바로 그것이 불변 객체의 중요한 점이다. 때때로 필자가 경험한 것은 순수 함수와 데이터 입력 또는 출력이 실제로 섞여 있다는 점이다. 그러나 객체를 변경해야 할 때 변경 필드를 포함한 객체의 복사본을 생성할 수 있다. 따라서 이론적으로는 OOP와 FP를 혼합해서 사용할 필요가 없다. 마지막으로 불변 값과 재귀만 사용하면 잠재적으로 CPU 사용량과 RAM 측면에서 성능 문제가 발생할 수 있다.

▌ 요약

3장에서 스칼라의 함수형 프로그래밍 개념을 살펴봤다. 함수형 프로그래밍이 무엇인지, 스칼라가 함수형 프로그래밍을 어떻게 지원하는지, 왜 중요한지, 함수형 개념을 사용하는 장점을 살펴봤다. 또한 스파크 패러다임을 배우는 과정에서 FP 개념을 배우는 것이 중요한 이유를 다뤘다. 적절한 예로 순수 함수, 익명 함수, 고차 함수를 다뤘다. 3장의 후반부에서는 스칼라 표준 라이브러리를 사용해 컬렉션 외부의 고차 함수의 예외를 처리하는 방법을 살펴봤다. 마지막으로 스칼라가 객체 가변성을 어떻게 미치는지 다뤘다.

4장에서는 표준 라이브러리에서 가장 유명한 기능 중 하나인 컬렉션 API에 대해 자세히 분석한다.

컬렉션 API

우리가 어떤 사람이 될지는 모든 교수님과의 만남이 끝난 후에 우리가 무엇을 읽느냐에 달려있다. 가장 위대한 대학에는 많은 책이 수집돼 있다.

― 토마스 칼라일(Thomas Carlyle)

많은 스칼라 사용자의 흥미를 끄는 기능 중 하나는 매우 강력하고 유연하며 많은 연산이 결합된 컬렉션^{Collection} API다. 컬렉션 API의 다양한 연산을 통해 모든 종류의 데이터를 쉽게 처리할 수 있다. 4장에서는 서로 다른 타입의 데이터를 수용하고 다양한 문제를 해결하기 위해 서로 다른 타입과 계층 구조를 포함한 스칼라 컬렉션 API를 소개한다. 4장에서 다루는 내용은 다음과 같다.

- 스칼라 컬렉션 API
- 타입과 계층 구조

- 성능 특징
- 자바 상호운용성
- 스칼라 암시^{implicit} 사용

▌ 스칼라 컬렉션 API

스칼라 컬렉션은 쉽게 이해될 수 있고 불변 컬렉션과 가변 컬렉션 간에 구별될 수 있는 프로그래밍 추상화로 자주 사용된다. 가변 변수처럼 필요하다면 가변^{mutable} 컬렉션은 변경, 확장될 수 있다. 그러나 불변^{immutable} 컬렉션은 불변 변수처럼 변경될 수 없다. 불변 및 가변 컬렉션을 사용하는 대부분의 컬렉션 클래스는 각각 scala.collection, scala.collection.immutable, scala.collection.mutable 패키지에 각각 위치한다.

스칼라의 가장 강력한 기능인 컬렉션은 데이터를 사용하고 처리하기 위해 다음 기능을 제공한다.

- **사용 편의성:** 예를 들어 스칼라 컬렉션은 순회자^{iterator}와 컬렉션의 변경 사이 간섭을 제거하는 데 유용하다. 결과적으로 20~50개의 메소드로 구성된 작은 개별 컬렉션은 데이터 분석 솔루션에서 대부분의 컬렉션 문제를 해결하는 데 충분할 것이다.
- **간결성:** 함수형 연산을 가벼운 구문으로 사용할 수 있고 여러 연산을 결합할 수 있으며, 결국에는 사용자 정의 대수를 사용하는 것처럼 느낄 것이다.
- **안전:** 코딩할 때 대부분의 에러를 처리할 수 있다.
- **빠름:** 대부분의 컬렉션 객체는 제대로 작성됐고 최적화돼 있다. 또한 데이터를 빨리 계산할 수 있다.

- **범용성:** 컬렉션을 사용하면 어디서나 모든 타입에서 동일한 연산을 사용하고 수행할 수 있다.

다음 절에서는 스칼라 컬렉션 API의 타입과 관련 계층 구조에 대해 살펴본다. 컬렉션 API의 대부분 기능을 사용하는 몇 가지 예를 살펴본다.

▌ 타입과 계층

스칼라 컬렉션은 쉽게 이해될 수 있고 가변 컬렉션과 불변 컬렉션 간에 구별될 수 있는 프로그래밍 추상화로 자주 사용된다. 가변 변수처럼 가변 컬렉션은 필요하면 변경, 확장될 수 있다. 그러나 불변 컬렉션은 불변 변수처럼 변경될 수 없다. 불변 및 가변 컬렉션을 사용하는 대부분의 컬렉션 클래스는 각각 scala.collection, scala.collection.immutable, scala.collection.mutable 패키지에 각각 위치한다.

다음의 계층 다이어그램(그림 1)은 스칼라의 공식 문서에 따른 스칼라 컬렉션 API 계층 구조를 보여준다. 컬렉션 API 계층 구조는 모두 하이레벨 추상 클래스 또는 트레이트 다. 다음 컬렉션은 불변 구현뿐만 아니라 가변 구현을 포함한다.

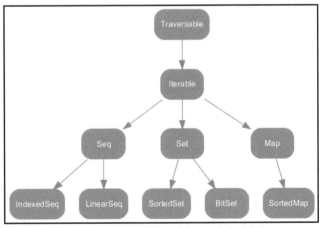

그림 1 scala.collection 패키지 하위의 컬렉션

Traversable

Traversable은 컬렉션의 계층 구조에서 최상위에 있다. Traversable에는 스칼라 컬렉션 API가 제공하는 다양한 연산에 대한 정의를 갖고 있다. Traversable에 abstract 메소드가 단 하나 있으며, 그 메소드는 foreach 메소드다.

```
def foreach[U](f: Elem => U): Unit
```

foreach 메소드는 Traversable이 포함된 모든 연산에서 필수적이다. 데이터 구조를 공부했다면 데이터 구조의 엘리먼트를 순회하고 각 엘리먼트에 함수를 실행하는 데 익숙할 것이다. foreach 메소드는 컬렉션에서 엘리먼트를 탐색하고 각 엘리먼트에서 정확히 함수 f를 실행하도록 수행한다. 앞에서 살펴본 대로 foreach는 추상 메소드고, 각 컬렉션에 대해 매우 최적화된 코드를 보장하기 위해 해당 컬렉션에 따라 다른 정의를 갖도록 설계됐다.

Iterable

Iterable은 스칼라 컬렉션 API의 계층 구조 다이어그램에서 두 번째에 위치한다. Iterable은 모든 다른 하위 컬렉션에서 구현 및 정의해야 하는 iterator 추상 메소드를 갖고 있다. 또한 Iterable은 컬렉션의 첫 번째에 위치한 Traversable의 foreach 메소드를 구현한다. 그러나 이전에 살펴본 대로 모든 하위 컬렉션에서는 자신의 컬렉션을 잘 최적화할 수 있도록 Traversable의 foreach 메소드 구현을 재정의해야 한다.

Seq, LinearSeq, IndexedSeq

시퀀스는 일반 Iterable과 약간의 차이가 있는데, 길이와 순서를 정의하고 있다. Seq는 LinearSeq와 IndexedSeq 같은 2개의 하위 트레이트가 있다. 해당 트레이트를 간략히 알아보자.

LinearSeq는 선형 시퀀스 중 기본 트레이트다. 선형 시퀀스에는 비교적 효율적인 head, tail, isEmpty 메소드가 있다. 해당 메소드는 컬렉션을 가장 빨리 탐색할 수 있는 방법을 제공하면 LinearSeq 트레이트를 확장한 컬렉션 Coll도 LinearSeqOptimized[A, Coll[A]]를 확장해야 한다. LinearSeq에는 3개의 구체 메소드가 있다.

- **isEmpty:** 리스트가 비어 있는지 확인한다.
- **head:** 리스트/시퀀스의 첫 번째 엘리먼트를 리턴한다.
- **tail:** 리스트의 첫 번째 엘리먼트를 제외하고 모든 엘리먼트를 리턴한다. LinearSeq를 상속받은 각각의 하위 컬렉션은 좋은 성능을 내기 위해 자체 메소드를 구현할 것이다. LinearSeq을 상속/확장하는 두 컬렉션은 스트림과 리스트다.

 LinearSeq에 대한 자세한 내용은 http://www.scala-lang.org/api/current/scala/collection/LinearSeq.html을 참고한다.

마지막으로 IndexedSeq에는 다음과 같은 2개의 메소드가 있다.

- **apply:** 인덱스를 기준으로 엘리먼트를 찾는다.
- **length:** 시퀀스의 길이를 리턴한다. 인덱스를 사용해 엘리먼트를 찾는 것은 하위 컬렉션의 구현을 실행한다는 의미다. IndexedSeq의 하위 컬렉션은 Vector와 ArrayBuffer다.

가변과 불변

스칼라의 경우 가변 컬렉션과 불변 컬렉션을 찾을 수 있다. 특정 컬렉션은 가변 구현과 불변 구현을 가질 수 있다. 자바의 List는 LinkedList와 ArrayList 둘 다일 수 없지만, 스칼라의 List는 LinkedList 구현과 ArrayList 구현을 갖고 있다. 다음 그림은 scala.collection.immutable 패키지의 모든 컬렉션을 보여준다.

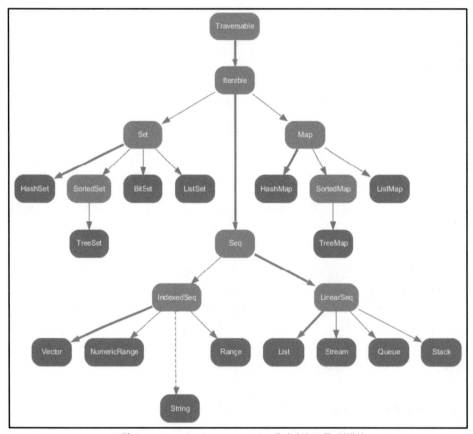

그림 2 scala.collection.immutable 패키지의 모든 컬렉션

스칼라는 불변 컬렉션이 기본적으로 임포트돼 있지만 가변 컬렉션을 사용해야 한다면 직접 임포트해야 한다. 이제 scala.collection.mutable 패키지의 모든 컬렉션에 대한 간단한 개요를 보려면 다음 다이어그램을 참조한다.

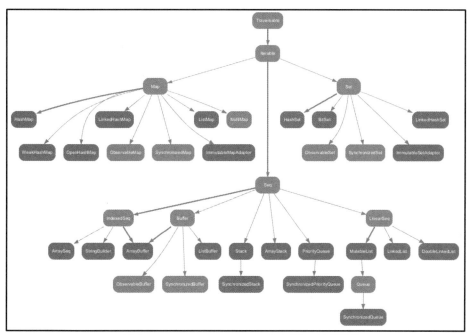

그림 3 scala.collection.mutable 패키지의 모든 컬렉션

모든 OOP와 FP에서 배열은 데이터 객체를 저장할 때 도움이 되는 중요한 컬렉션 패키지다. 나중에 데이터 객체에 쉽게 접근할 수 있다. 다음 절에서는 배열에 대해 몇 가지 예를 소개하며, 배열을 자세히 살펴본다.

배열

배열^{array}은 가변 컬렉션이다. 배열에서는 엘리먼트의 순서가 유지되고 복제된 엘리먼트는 유지된다. 배열은 변경될 수 있고 배열의 인덱스 번호로 접근해 엘리먼트의 값을 변경할 수 있다. 일부 예를 들어 배열을 설명한다. 간단한 배열을 선언하기 위해 다음 코드를 사용한다.

```
val numbers: Array[Int] = Array[Int](1, 2, 3, 4, 5, 1, 2, 3, 3, 4, 5) // 간단한 배열
```

이제 배열의 모든 엘리먼트를 출력한다.

```
println("The full array is: ")
for (i <- numbers) {
    print(" " + i)
}
```

이제 특정 엘리먼트를 출력한다(예, 3번째 엘리먼트).

```
println(numbers(2))
```

모든 엘리먼트의 값을 더하고 합계를 출력한다.

```
var total = 0;
for (i <- 0 to (numbers.length - 1)) {
    total = total + numbers(i)
}
println("Sum: = " + total)
```

가장 작은 엘리먼트를 찾는다.

```
var min = numbers(0)
for (i <- 1 to (numbers.length - 1)) {
    if (numbers(i) < min) min = numbers(i)
}
println("Min is: " + min)
```

가장 큰 엘리먼트를 찾는다.

```
var max = numbers(0);
```

```
  for (i <- 1 to (numbers.length - 1)) {
    if (numbers(i) > max) max = numbers(i)
  }
  println("Max is: " + max)
```

배열을 생성하고 정의하는 또 다른 방법은 다음처럼 range 메소드를 사용하는 것이다.

```
// range 메소드를 사용해 배열을 생성한다.
var myArray1 = Array.range(5, 20, 2)
var myArray2 = Array.range(5, 20)
```

이 코드 라인을 살펴보면 첫 번째 라인은 5와 20 사이의 값으로서 숫자 간격이 2인 엘리먼트로 갖는 배열을 생성하고, 두 번째 라인은 5와 20 사이의 값을 엘리먼트로 갖는 배열을 생성한다는 것을 의미한다. 두 번째 라인에서 range 메소드의 3번째 파라미터를 지정하지 않으면 스칼라는 다음과 같다고 가정한다.

```
//범위 차이를 주지 않은 Array.range 메소드와 동일한 메소드다.
Array.range(5, 20, 1)
```

이제 다음처럼 엘리먼트에 접근하는 방법을 살펴보자.

```
// 모든 엘리먼트를 출력한다.
for (x <- myArray1) {
    print(" " + x)
}
println()
for (x <- myArray2) {
    print(" " + x)
}
```

다음처럼 concat 메소드를 사용해 두 배열을 하나의 배열로 합칠 수 있다.

```
//배열 합치기
var myArray3 = Array.concat( myArray1, myArray2)
// Print all the array elements
for ( x <- myArray3 ) {
   print(" "+ x)
}
```

range 메소드와 concat 메소드를 바로 사용하려면 다음처럼 스칼라 Array 패키지를 임포트해야 한다.

```
import Array._
```

마지막으로 다음처럼 다차원 배열을 정의하고 사용할 수도 있다.

```
var myMatrix = ofDim[Int](4,4)
```

이제 이전 배열을 사용해 행렬을 다음처럼 생성한다.

```
var myMatrix = ofDim[Int](4, 4)
// 행렬을 생성한다.
for (i <- 0 to 3) {
   for (j <- 0 to 3) {
      myMatrix(i)(j) = j
   }
}
println( )
```

다음처럼 이전 행렬을 출력한다.

```
// 2차원 배열을 출력한다.
for (i <- 0 to 3) {
   for (j <- 0 to 3) {
       print(" " + myMatrix(i)(j))
   }
   println( )
}
```

이 예에 대한 전체 소스코드는 다음과 같다.

```
package chapter4
import Array._
object ArrayExample {
   def main(args: Array[String]) {
       val numbers: Array[Int] = Array[Int](1, 2, 3, 4, 5, 1, 2, 3, 3, 4, 5)
       // 간단한 배열
       // 배열의 모든 엘리먼트를 출력한다.
       println("The full array is: ")
       for (i <- numbers) {
           print(" " + i)
       }
       // 예를 들어 3번째 엘리먼트를 출력한다.
       println(numbers(2))
       // 모든 엘리먼트의 합계를 구한다.
       var total = 0
       for (i <- 0 to (numbers.length - 1)) {
           total = total + numbers(i)
       }
       println("Sum: = " + total)
       // 가장 작은 엘리먼트를 찾는다.
       var min = numbers(0)
       for (i <- 1 to (numbers.length - 1)) {
           if (numbers(i) < min) min = numbers(i)
       }
```

```scala
println("Min is: " + min)
// 가장 큰 엘리먼트를 찾는다.
var max = numbers(0)
for (i <- 1 to (numbers.length - 1)) {
    if (numbers(i) > max) max = numbers(i)
}
println("Max is: " + max)
//range 메소드를 사용해 배열을 생성한다.
var myArray1 = range(5, 20, 2)
var myArray2 = range(5, 20)
// 모든 배열 엘리먼트를 출력한다.
for (x <- myArray1) {
    print(" " + x)
}
println()
for (x <- myArray2) {
    print(" " + x)
}
//배열을 합친다.
var myArray3 = concat(myArray1, myArray2)
// 모든 배열 엘리먼트를 출력한다.
for (x <- myArray3) {
    print(" " + x)
}
//2차원 배열을 출력한다.
var myMatrix = ofDim[Int](4, 4)
// 2차원 배열을 생성한다.
for (i <- 0 to 3) {
    for (j <- 0 to 3) {
        myMatrix(i)(j) = j
    }
}
println()
// 2차원 배열을 출력한다.
for (i <- 0 to 3) {
```

```
        for (j <- 0 to 3) {
            print(" " + myMatrix(i)(j))
        }
        println()
    }
  }
}
```

다음과 같은 결과를 출력한다.

```
The full array is: 1 2 3 4 5 1 2 3 3 4 53
Sum: = 33
Min is: 1
Max is: 5
5 7 9 11 13 15 17 19 5 6 7 8 9 10 11 12 13 14 15 16 17 18 19 5 7 9 11 13 15 17 19 5
6 7 8 9 10 11 12 13 14 15 16 17 18 19
0 1 2 3
0 1 2 3
0 1 2 3
0 1 2 3
```

스칼라의 리스트는 순서를 유지하고 중복된 엘리먼트를 유지하며 불변이다. 이제 다음 절에서 스칼라 리스트를 사용하는 예를 살펴보자.

리스트

앞에서 설명한 것처럼 스칼라는 가변 컬렉션과 불변 컬렉션을 제공한다. 스칼라는 불변 컬렉션을 기본적으로 임포트하고, 가변 컬렉션을 사용해야 하는 경우 직접 임포트해야 한다. 리스트^{list}는 불변 컬렉션이고 엘리먼트 사이에 순서가 유지되고 중복이 허용될 때 사용된다. 리스트가 어떻게 순서를 유지하는 방법, 중복 엘리먼트를 어떻게 허용하는지 여부, 리스트의 불변성을 확인하는 방법을 살펴보자.

```
scala> val numbers = List(1, 2, 3, 4, 5, 1, 2, 3, 4, 5)
numbers: List[Int] = List(1, 2, 3, 4, 5, 1, 2, 3, 4, 5)
scala> numbers(3) = 10
<console>:12: error: value update is not a member of List[Int]
numbers(3) = 10 ^
```

2개의 빌딩 블록을 사용해 리스트를 정의할 수 있다. Nil은 List의 꼬리를 나타내며, 빈 List를 나타낸다. 따라서 이 예는 다음처럼 작성될 수 있다.

```
scala> val numbers = 1 :: 2 :: 3 :: 4 :: 5 :: 1 :: 2 :: 3:: 4:: 5 :: Nil
numbers: List[Int] = List(1, 2, 3, 4, 5, 1, 2, 3,4, 5
```

다음 예에서 리스트를 확인하자.

```scala
package chapter4

object ListExample {
    def main(args: Array[String]) {
        // cities 리스트
        val cities = "Dublin" :: "London" :: "NY" :: Nil

        // 짝수로 구성된 nums 리스트
        val nums = 2 :: 4 :: 6 :: 8 :: Nil

        // empty 리스트
        val empty = Nil

        // 2차원 리스트
        val dim = 1 :: 2 :: 3 :: Nil ::
                    4 :: 5 :: 6 :: Nil ::
                    7 :: 8 :: 9 :: Nil :: Nil
        val temp = Nil

        // 리스트의 첫 번째 엘리먼트를 얻는다.
```

```scala
    println( "Head of cities : " + cities.head )

    // 리스트의 마지막 엘리먼트를 얻는다.
    println( "Tail of cities : " + cities.tail )

    //cities 및 temp 리스트가 비어 있는지 확인한다.
    println( "Check if cities is empty : " + cities.isEmpty )
    println( "Check if temp is empty : " + temp.isEmpty )

    val citiesEurope = "Dublin" :: "London" :: "Berlin" :: Nil
    val citiesTurkey = "Istanbul" :: "Ankara" :: Nil

    //:::를 사용해 2개 이상의 리스트를 합친다.
    var citiesConcatenated = citiesEurope ::: citiesTurkey
    println( "citiesEurope ::: citiesTurkey : "+citiesConcatenated )

    // concat 메소드를 사용한다.
    citiesConcatenated = List.concat(citiesEurope, citiesTurkey)
    println( "List.concat(citiesEurope, citiesTurkey) : " +
        citiesConcatenated )
  }
}
```

다음과 같은 결과를 얻는다.

```
Head of cities : Dublin
Tail of cities : List(London, NY)
Check if cities is empty : false
Check if temp is empty : true
citiesEurope ::: citiesTurkey : List(Dublin, London, Berlin, Istanbul, Ankara)
List.concat(citiesEurope, citiesTurkey) : List(Dublin, London, Berlin,
Istanbul, Ankara)
```

이제 다음 절에서 스칼라 애플리케이션에서 셋을 사용하는 방법을 살펴보자.

셋

셋^{set}은 가장 널리 사용되는 컬렉션 중 하나다. 셋은 순서를 유지하지 않고 중복 엘리먼트를 허용하지 않는다. 셋을 집합에 대한 수학 표기법이라고 생각할 수 있다. 셋이 순서를 유지하지 않고 중복을 허용하지 않는 특성을 예를 통해 소개한다.

```scala
scala> val numbers = Set( 1, 2, 3, 4, 5, 1, 2, 3, 4, 5)
numbers: scala.collection.immutable.Set[Int] = Set(5, 1, 2, 3, 4)
```

다음 소스코드는 스칼라 프로그램에서 셋의 다른 용도를 보여준다.

```scala
package chapter4
object SetExample {
    def main(args: Array[String]) {
        // 정수 타입의 빈 셋
        var sInteger : Set[Int] = Set( )
        // 짝수 숫자의 셋
        var sEven : Set[Int] = Set(2,4,8,10)
        // 아니면 다음 구문을 사용할 수 있다.
        var sEven2 = Set(2,4,8,10)
        val cities = Set("Dublin", "London", "NY")
        val tempNums: Set[Int] = Set( )
        // head, tail를 찾고 셋이 비어 있다면 확인한다.
        println( "Head of cities : " + cities.head )
        println( "Tail of cities : " + cities.tail )
        println( "Check if cities is empty : " + cities.isEmpty )
        println( "Check if tempNums is empty : " + tempNums.isEmpty )
        val citiesEurope = Set("Dublin", "London", "NY")
        val citiesTurkey = Set("Istanbul", "Ankara")
        // ++ 연산자를 사용해 셋을 하나로 합친다.
        var citiesConcatenated = citiesEurope ++ citiesTurkey
        println( "citiesEurope ++ citiesTurkey : " + citiesConcatenated )
        // 또한 메소드로 ++를 사용할 수 있다.
```

```
        citiesConcatenated = citiesEurope.++(citiesTurkey)
        println( "citiesEurope.++(citiesTurkey) : " + citiesConcatenated )
        //셋의 최대 및 최소 엘리먼트를 찾는다.
        val evenNumbers = Set(2,4,6,8)
        // min과 max 메소드를 사용한다.
        println( "Minimum element in Set(2,4,6,8) : " + evenNumbers.min )
        println( "Maximum element in Set(2,4,6,8) : " + evenNumbers.max )
    }
}
```

다음과 같은 출력을 얻는다.

```
Head of cities : Dublin
Tail of cities : Set(London, NY)
Check if cities is empty : false
Check if tempNums is empty : true
citiesEurope ++ citiesTurkey : Set(London, Dublin, Ankara, Istanbul, NY)
citiesEurope.++(citiesTurkey) : Set(London, Dublin, Ankara, Istanbul, NY)
Minimum element in Set(2,4,6,8) : 2
Maximum element in Set(2,4,6,8) : 8
```

필자의 개인적인 경험으로 자바 또는 스칼라를 사용해 스파크 애플리케이션을 개발할 때 엘리먼트 컬렉션을 그룹핑하는 경우에 명시적 클래스를 특별히 사용하지 않고 자주 튜플을 사용한다. 다음 절에서는 스칼라에서 튜플을 시작하는 방법을 살펴본다.

튜플

스칼라 튜플^{tuple}은 고정된 개수의 엘리먼트를 함께 결합하기 위해 사용된다. 튜플의 궁극적인 목표는 익명 함수를 도와 익명 함수에 튜플을 전부 전달할 수 있게 하는 것이다. 배열이나 리스트와의 실제 차이점은, 튜플은 각 엘리먼트의 타입 정보를 유지하면서 다른 타입의 객체를 갖을 수 있다는 점이다. 반면 컬렉션은 타입으로 공통

스칼라 튜플tuple은 고정된 개수의...

타입을 사용하지 않는다는 점이다(예를 들어 앞 예의 셋 타입은 Set[Any]이었다).

스칼라 언어 관점에서 보면 스칼라 튜플은 불변이다. 즉, 튜플은 엘리먼트를 저장하기 위해 여러 클래스를 사용한다(예. Tuple2, Tuple3, Tuple22 등).

다음은 정수, 문자열, 콘솔을 포함하는 튜플의 예다.

```
val tuple_1 = (20, "Hello", Console)
```

간단한 구문은 다음과 같다.

```
val t = new Tuple3(20, "Hello", Console)
```

다른 예는 다음과 같다.

```
scala> val cityPop = ("Dublin", 2)
cityPop: (String, Int) = (Dublin,2)
```

튜플 데이터에 접근하려면 이름 접근자 대신 위치를 기반으로 접근할 수 있다. 위치를 기반으로 접근할 때 위치 접근자는 0이 아닌 1 기반이다.

```
scala> val cityPop = ("Dublin", 2)
cityPop: (String, Int) = (Dublin,2)

scala> cityPop._1
res3: String = Dublin

scala> cityPop._2
res4: Int = 2
```

게다가 튜플은 다음처럼 패턴 매칭에 완벽히 어울린다.

```
cityPop match {
    case ("Dublin", population) => ...
    case ("NY", population) => ...
}
```

2개의 값으로 구성된 튜플에 대한 간단한 구문을 작성하기 위해 특수 연산자인 ->를
사용할 수도 있다. 예는 다음과 같다.

```
scala> "Dublin" -> 2
res0: (String, Int) = (Dublin,2)
```

다음은 튜플 기능을 보여주는 더 자세한 예다.

```
package chapter4
object TupleExample {
    def main(args: Array[String]) {
        val evenTuple = (2,4,6,8)
        val sumTupleElements =evenTuple._1 + evenTuple._2 + evenTuple._3 +
            evenTuple._4
        println( "Sum of Tuple Elements: " + sumTupleElements )
        // foreach 메소드를 사용해 튜플을 순회하고 튜플의 엘리먼트를 출력할 수 있다.
        evenTuple.productIterator.foreach{ evenTuple =>println("Value = " +
            evenTuple )}
    }
}
```

다음과 같은 결과를 출력한다.

```
Sum of Tuple Elements: 20
Value = 2
Value = 4
```

```
Value = 6
Value = 8
```

이제 스칼라의 맵을 살펴보자. 기본 데이터 타입을 저장하기 위해 맵을 많이 사용한다.

맵

맵map은 키와 값의 쌍(이를 매핑 또는 연관이라고 한다)으로 구성된 Iterable이다. 맵은 기본 데이터 타입을 유지하기 위해 사용될 수 있으므로 가장 널리 사용되는 커넥션 중 하나다. 예를 들면 다음과 같다.

```
scala> Map(1 -> 2)
res7: scala.collection.immutable.Map[Int,Int] = Map(1 -> 2)

scala> Map("X" -> "Y")
res8: scala.collection.immutable.Map[String,String] = Map(X -> Y)
```

스칼라의 Predef 객체는 pair (key, value)에 대한 대체 구문으로 key -> value를 쓸 수 있는 암시적 변환을 제공한다. 예를 들어 Map("a" -> 10, "b" -> 15, "c" -> 16)은 Map(("a", 10), ("b", 15), ("c", 16))과 동일하지만 전자가 훨씬 잘 읽힌다.

게다가 Map은 단순히 Tuple2s의 컬렉션으로 생각해도 된다.

```
Map(2 -> "two", 4 -> "four")
```

이 코드는 다음과 동일하다.

```
Map((2, "two"), (4, "four"))
```

이 예에서 Map을 사용해 함수가 저장될 수 있음을 알 수 있다. 바로 이것이 함수형 프로그래밍 언어에서 함수의 중요한 점이다. 스칼라 함수는 1급 시민[first-class citizen]이고 어디에서나 사용될 수 있다.

다음처럼 배열에서 가장 큰 엘리먼트를 찾는 메소드가 있다고 가정하자.

```scala
import Array._
var myArray = range(5, 20, 2)
def getMax(): Int = {
    // 가장 큰 엘리먼트를 찾는다.
    var max = myArray(0)
    for (i <- 1 to (myArray.length - 1)) {
        if (myArray(i) > max)
            max = myArray(i)
    }
    max
}
```

이제 맵을 사용해 메소드를 저장할 수 있게 매핑해보자.

```scala
scala> val myMax = Map("getMax" -> getMax())
myMax: scala.collection.immutable.Map[String,Int] = Map(getMax -> 19)

scala> println("My max is: " + myMax)
My max is: Map(getMax -> 19)
```

다음처럼 다른 맵을 사용하자.

```scala
scala> Map( 2 -> "two", 4 -> "four")
res9: scala.collection.immutable.Map[Int,String] = Map(2 -> two, 4 -> four)

scala> Map( 1 -> Map("X"-> "Y"))
res10:
```

```
scala.collection.immutable.Map[Int,scala.collection.immutable.Map[String,
String]] = Map(1 -> Map(X -> Y))
```

다음은 맵 기능을 설명하는 자세한 예다.

```
package chapter4
import Array._

object MapExample {
    var myArray = range(5, 20, 2)

    def getMax(): Int = {
        // 가장 큰 엘리먼트를 찾는다.
        var max = myArray(0)
        for (i <- 1 to (myArray.length - 1)) {
            if (myArray(i) > max)
                max = myArray(i)
        }
        max
    }

    def main(args: Array[String]) {
        val capitals = Map("Ireland" -> "Dublin", "Britain" -> "London",
                "Germany" -> "Berlin")

        val temp: Map[Int, Int] = Map()
        val myMax = Map("getMax" -> getMax())
        println("My max is: " + myMax )

        println("Keys in capitals : " + capitals.keys)
        println("Values in capitals : " + capitals.values)
        println("Check if capitals is empty : " + capitals.isEmpty)
        println("Check if temp is empty : " + temp.isEmpty)

        val capitals1 = Map("Ireland" -> "Dublin", "Turkey" -> "Ankara", "Egypt"
                -> "Cairo")
```

```
        val capitals2 = Map("Germany" -> "Berlin", "Saudi Arabia" -> "Riyadh")

        // ++ 연산자를 사용해 2개의 맵을 하나로 합친다.
        var capitalsConcatenated = capitals1 ++ capitals2
        println("capitals1 ++ capitals2 : " + capitalsConcatenated)

        // ++ 연산자를 메소드로 사용해 2개의 맵을 하나로 합친다.
        capitalsConcatenated = capitals1.++(capitals2)
        println("capitals1.++(capitals2)) : " + capitalsConcatenated)
    }
}
```

다음 결과를 출력할 것이다.

```
My max is: Map(getMax -> 19)
Keys in capitals : Set(Ireland, Britain, Germany)
Values in capitals : MapLike(Dublin, London, Berlin)
Check if capitals is empty : false
Check if temp is empty : true
capitals1 ++ capitals2 : Map(Saudi Arabia -> Riyadh, Egypt -> Cairo,
Ireland -> Dublin, Turkey -> Ankara, Germany -> Berlin)
capitals1.++(capitals2)) : Map(Saudi Arabia -> Riyadh, Egypt -> Cairo,
Ireland -> Dublin, Turkey -> Ankara, Germany -> Berlin)
```

이제 스칼라의 옵션 사용에 대해 간단히 살펴보자. 옵션은 기본적으로 데이터를 저장할 수 있는 데이터 컨테이너다.

Option

Option 타입은 스칼라 프로그램에서 자주 사용된다. 스칼라의 Option 타입은 자바에서 값이 없음을 나타내는 null 값으로 가능한 형태와 비교될 수 있다. 스칼라 Option[T]는 주어진 타입에 대해 0개 이상의 엘리먼트를 담는 컨테이너다. Option[T]

는 Some[T] 또는 누락된 값을 나타내는 None 객체가 될 수 있다. 예를 들어 스칼라 Map의 get 메소드는 Map에 주어진 키에 해당하는 값이 있으면 Some(value)을 생성하고, 그렇지 않고 Map에 해당 키가 정의돼 있지 않으면 None을 생성한다.

Option의 기본 트레이트는 다음과 같다.

```
trait Option[T] {
    def get: A // 옵션의 값을 리턴한다.
    def isEmpty: Boolean // 옵션의 값이 None이면 true를 리턴하고, None이 아니면 false를
                            리턴한다.
    def productArity: Int // 곱(product)의 크기다. A(x_1, ..., x_k) 곱은 k를 리턴한다.
    def productElement(n: Int): Any //0 위치 기반으로 곱의 n번째 엘리먼트를 리턴한다.
    def exists(p: (A) => Boolean): Boolean // 옵션의 값이 비어 있지 않으면 true를 리턴한다.
    def filter(p: (A) => Boolean): Option[A] // 조건이 참이고 옵션의 값이 비어 있지 않으면
                            옵션을 리턴한다. 그렇지 않으면 None을 리턴한다.
    def filterNot(p: (A) => Boolean): Option[A] // 조건이 거짓이고 옵션의 값이 비어 있지
                            않으면 옵션을 리턴한다. 그렇지 않으면 None을 리턴한다.
    def flatMap[B](f: (A) => Option[B]): Option[B] // f를 옵션의 값에 적용한 결과를
                            리턴한다.
    def foreach[U](f: (A) => U): Unit // 옵션의 값이 비어 있지 않으면 주어진 함수 f를 옵션의
                            값에 적용한다.
    def getOrElse[B >: A](default: => B): B // 옵션의 값이 비어 있지 않으면 옵션의 값을
                            리턴한다.
    def isDefined: Boolean // 옵션의 값이 Some 인스턴스이면 true를 리턴하고 그렇지 않으면
                            false를 리턴한다.
    def iterator: Iterator[A] // 옵션의 값이 비어 있지 않으면 옵션의 값을 리턴하는 싱글턴
                            순회자를 리턴한다.
    def map[B](f: (A) => B): Option[B] // 옵션의 값에 f를 적용한 결과가 포함된 Some을
                            리턴한다.
    def orElse[B >: A](alternative: => Option[B]): Option[B] // 옵션의 값이 비어 있지
                            않으면 옵션을 리턴한다.
    def orNull[A1 >: A] (implicit ev: <:<[Null, A1]): A1 // 옵션의 값이 비어 있지 않으면
                            옵션의 값을 리턴하고 옵션의 값이 비어 있다면 null을 리턴한다.
}
```

예를 들어 다음 코드는 인도, 방글라데시, 일본, 미국과 같은 국가에 있는 몇 개의 대도시를 맵으로 저장하고 출력한다.

```scala
object ScalaOptions {
    def main(args: Array[String]) {
        val megacity = Map("Bangladesh" -> "Dhaka", "Japan" -> "Tokyo",
                "India" -> "Kolkata", "USA" -> "New York")
        println("megacity.get( \"Bangladesh\" ) : " +
                show(megacity.get("Bangladesh")))
        println("megacity.get( \"India\" ) : " +
                show(megacity.get("India")))
    }
}
```

이 코드를 동작시키려면 show 메소드를 어딘가에 정의해야 한다. 다음처럼 Option을 사용해 스칼라 패턴 매칭을 적용한다.

```scala
def show(x: Option[String]) = x match {
    case Some(s) => s
    case None => "?"
}
```

다음처럼 코드를 결합하면 정확하고 원하는 결과가 출력된다.

```scala
package chapter4
object ScalaOptions {
    def show(x: Option[String]) = x match {
        case Some(s) => s
        case None => "?"
    }
    def main(args: Array[String]) {
        val megacity = Map("Bangladesh" -> "Dhaka", "Japan" -> "Tokyo",
```

```
            "India" -> "Kolkata", "USA" -> "New York")
        println("megacity.get( \"Bangladesh\" ) : " +
            show(megacity.get("Bangladesh")))
        println("megacity.get( \"India\" ) : " +
            show(megacity.get("India")))
    }
}
```

다음과 같은 결과를 출력한다.

```
megacity.get( "Bangladesh" ) : Dhaka
megacity.get( "India" ) : Kolkata
```

getOrElse 메소드를 사용할 때 값이 있으면 해당 값에 접근하고, 값이 없으면 기본 값에 접근할 수 있다. 예는 다음과 같다.

```
// getOrElse() 메소드를 사용한다.
val message: Option[String] = Some("Hello, world!")
val x: Option[Int] = Some(20)
val y: Option[Int] = None
println("message.getOrElse(0): " + message.getOrElse(0))
println("x.getOrElse(0): " + x.getOrElse(0))
println("y.getOrElse(10): " + y.getOrElse(10))
```

다음과 같은 결과를 얻을 것이다.

```
message.getOrElse(0): Hello, world!
x.getOrElse(0): 20
y.getOrElse(10): 10
```

게다가 isEmpty 메소드를 사용하면 옵션이 None인지 여부를 확인할 수 있다. 예를 들면 다음과 같다.

```scala
println("message.isEmpty: " + message.isEmpty)
println("x.isEmpty: " + x.isEmpty)
println("y.isEmpty: " + y.isEmpty)
```

이제 완전한 프로그램은 다음과 같다.

```scala
package chapter4
object ScalaOptions {
    def show(x: Option[String]) = x match {
        case Some(s) => s
        case None => "?"
    }
    def main(args: Array[String]) {
        val megacity = Map("Bangladesh" -> "Dhaka", "Japan" -> "Tokyo",
                "India" -> "Kolkata", "USA" -> "New York")
        println("megacity.get( \"Bangladesh\" ) : " +
                show(megacity.get("Bangladesh")))
        println("megacity.get( \"India\" ) : " +
                show(megacity.get("India")))

        // getOrElse( ) 메소드를 사용한다.
        val message: Option[String] = Some("Hello, world")
        val x: Option[Int] = Some(20)
        val y: Option[Int] = None

        println("message.getOrElse(0): " + message.getOrElse(0))
        println("x.getOrElse(0): " + x.getOrElse(0))
        println("y.getOrElse(10): " + y.getOrElse(10))

        // isEmpty( ) 메소드를 사용한다.
        println("message.isEmpty: " + message.isEmpty)
```

```
        println("x.isEmpty: " + x.isEmpty)
        println("y.isEmpty: " + y.isEmpty)
    }
}
```

다음과 같은 결과를 얻을 것이다.

```
megacity.get( "Bangladesh" ) : Dhaka
megacity.get( "India" ) : Kolkata
message.getOrElse(0): Hello, world
x.getOrElse(0): 20
y.getOrElse(10): 10
message.isEmpty: false
x.isEmpty: false
y.isEmpty: true
```

Option을 사용하는 시점에 관련해 다른 예를 살펴보자. 예를 들어 Map.get 메소드는 사용자가 접근하려고 시도하는 엘리먼트가 존재하는지 여부를 알기 위해 Option을 사용한다. Option을 사용하는 예는 다음과 같다.

```
scala> val numbers = Map("two" -> 2, "four" -> 4)
numbers: scala.collection.immutable.Map[String,Int] = Map(two -> 2, four -> 4)
scala> numbers.get("four")
res12: Option[Int] = Some(4)
scala> numbers.get("five")
res13: Option[Int] = None
```

이제 Traversal 컬렉션에서 엘리먼트 집합의 부분집합에 대한 조건을 확인하는 exists 의 사용 방법을 살펴본다.

exists

exists는 조건을 적용할 때 Traversable 컬렉션에서 적어도 하나 이상의 엘리먼트를 포함하는지 확인한다. 예를 들면 다음과 같다.

```
def exists(p: ((A, B)) => Boolean): Boolean
```

 뚱뚱한 화살표 사용하기: =>은 오른쪽 화살표(right arrow) 또는 뚱뚱한 화살표(fat arrow) 또는 로켓(rocket)이라고 부르며, 이름으로 파라미터를 전달할 때 사용된다. 즉, 파라미터에 접근할 때 표현식이 계산된다는 것을 의미한다. 이는 사실 파라미터가 하나도 없는 함수 호출을 위한 사용상 편한 구문이다. 예를 들면 x:() => Boolean의 형태다. 해당 연산자를 사용하는 예는 다음과 같다.

```
package chapter4
object UsingFatArrow {
    def fliesPerSecond(callback: () => Unit) {
        while (true) { callback(); Thread sleep 1000 }
    }
    def main(args: Array[String]): Unit= {
        fliesPerSecond(() => println("Time and tide wait for none but fly like
                arrows ..."))
    }
}
```

다음과 같은 결과를 얻을 것이다.

```
Time and tide wait for none but flies like an arrow...
Time and tide wait for none but flies like an arrow...
Time and tide wait for none but flies like an arrow...
Time and tide wait for none but flies like an arrow...
Time and tide wait for none but flies like an arrow...
Time and tide wait for none but flies like an arrow…
```

다음 코드에서 자세한 예를 볼 수 있다.

```
package chapter4

object ExistsExample {
  def main(args: Array[String]) {
    // 도시 리스트를 제공하고 도시 리스트에 Dublin이 포함돼 있는지 확인한다.
    val cityList = List("Dublin", "NY", "Cairo")
    val ifExisitsinList = cityList exists(x => x == "Dublin")
    println(ifExisitsinList)

    // 맵에 나라와 도시를 저장하고 해당 맵에 Dublin이 포함돼 있는지 확인한다.
    val cityMap = Map("Ireland" -> "Dublin", "UK" -> "London")
    val ifExistsinMap = cityMap exists (x => x._2 == "Dublin")
    println(ifExistsinMap)
  }
}
```

다음과 같은 결과를 얻는다.

```
true
true
```

참고: 스칼라의 중위^{infix} 연산자 사용하기: 앞 예에서는 스칼라 중위 표기법을 사용했다. 복소수로 연산을 수행하려 하고, 2개의 복소수를 추가할 수 있는 **add** 메소드를 갖는 다음과 같은 케이스 클래스가 있다고 가정하자.

```
case class Complex(i: Double, j: Double) {
  def plus(other: Complex): Complex = Complex(i + other.i, j + other.j)
}
```

이제 케이스 클래스의 프로퍼티에 접근하려면 다음과 같은 객체를 생성해야 한다.

```
val obj = Complex(10, 20)
```

214

그리고 다음과 같은 2개의 복소수를 정의했다고 가정하자.

```
val a = Complex(6, 9)
val b = Complex(3, -6)
```

이제 케이스 클래스의 plus 메소드에 접근하려면 다음처럼 진행한다.

```
val z = obj.plus(a)
```

이렇게 해서 Complex(16.0,29.0)이라는 결과를 얻었다. 그러나 다음과 같은 메소드를 호출하면 좋지 않다.

```
val c = a plus b
```

그리고 이전 메소드는 정말로 매력적으로 동작한다. 다음은 완전한 예다.

```
package chapter4
object UsingInfix {
  case class Complex(i: Double, j: Double) {
      def plus(other: Complex): Complex = Complex(i + other.i, j + other.j)
  }
  def main(args: Array[String]): Unit = {
      val obj = Complex(10, 20)
      val a = Complex(6, 9)
      val b = Complex(3, -6)
      val c = a plus b
      val z = obj.plus(a)
      println(c)
      println(z)
  }
}
```

중위 연산자의 우선순위: 우선순위는 연산자의 첫 번째 문자에 의해 결정된다. 문자는 우선순위가 큰 순서대로 아래에 나열되고 같은 라인의 문자는 동일한 우선순위를 갖는다.

```
(모든 문자)
|
^
&
= !
< >
:
+ -
* / %
(기타 특수한 문자)
```

일반적인 경고: 심볼이 없는 일반 메소드를 호출할 때 중위 표기법을 사용하는 것은 바람직하지 않기 때문에 가독성이 크게 향상되는 경우에만 사용해야 한다. 중위 표기법을 충분히 사용할 수 있는 예로 ScalaTest의 테스트 정의 중 matcher와 기타 부분을 들 수 있다.

스칼라 컬렉션 패키지의 또 다른 흥미로운 엘리먼트는 forall을 사용하는 것이다. forall은 Traversable 컬렉션의 각 엘리먼트에 조건이 유지되는지 확인하는 데 사용된다. 다음 절에서 forall의 사용법을 살펴본다.

forall

forall은 Traversable 컬렉션의 각 엘리먼트가 특정 조건에 부합하는 것이 있는지 확인한다. 공식적으로 다음처럼 정의돼 있다.

216

```
def forall (p: (A) => Boolean): Boolean
```

다음과 같은 예를 살펴보자.

```
scala> Vector(1, 2, 8, 10) forall (x => x % 2 == 0)
res2: Boolean = false
```

특히 스칼라 코드를 전처리preprocessing로 작성하는 동안 종종 선택된 데이터 객체를 필터링해야 필요가 있다. 이를 위해 스칼라 컬렉션 API의 필터 기능을 사용한다. 다음 절에서 filter의 사용법을 살펴본다.

filter

filter는 특정 조건을 충족시키는 모든 엘리먼트를 선택한다. 공식적으로 다음처럼 정의할 수 있다.

```
def filter(p: (A) ⇒ Boolean): Traversable[A]
```

다음과 같은 예를 살펴보자.

```
scala> //튜플(도시, 인구)로 구성된 리스트를 제공한다.
scala> // 5백만 명이 넘는 인구를 가진 도시를 모두 얻는다.
scala> List(("Dublin", 2), ("NY", 8), ("London", 8)) filter (x =>x._2 >= 5)
res3: List[(String, Int)] = List((NY,8), (London,8))
```

map은 특정 함수를 컬렉션의 모든 엘리먼트를 순회하게 한 후 새로운 컬렉션이나 엘리먼트 집합을 생성하는 데 사용된다. 다음 절에서 map의 사용법을 살펴본다.

map

map은 특정 함수를 컬렉션의 모든 엘리먼트를 순회하게 한 후 새로운 컬렉션이나 엘리먼트 집합을 생성하는 데 사용된다. 공식적으로 다음처럼 정의할 수 있다.

```scala
def map[B](f: (A) ⇒ B): Map[B]
```

다음과 같은 예를 살펴보자.

```scala
scala> // 정수 리스트를 제공해 해당 리스트의 모든 값의 제곱을 계산한 리스트를 얻는다.
scala> List(2, 4, 5, -6) map ( x => x * x)
res4: List[Int] = List(4, 16, 25, 36)
```

스칼라의 컬렉션 API를 사용할 때, 예를 들어 리스트나 배열의 n번째 엘리먼트를 선택해야 하는 경우가 종종 있다. 이런 경우에 대해 다음 절에서 take의 사용법을 살펴본다.

take

take는 컬렉션의 처음 n번째 엘리먼트를 가져 오기 위해 사용된다. 공식적으로 take를 사용하는 정의는 다음과 같다.

```scala
def take(n: Int): Traversable[A]
```

다음과 같은 예를 살펴보자.

```scala
// 홀수 스트림을 무한으로 생성하는 재귀 메소드를 정의한다.
def odd: Stream[Int] = {
    def odd0(x: Int): Stream[Int] =
```

```
      if (x%2 != 0) x #:: odd0(x+1)
    else odd0(x+1)
        odd0(1)
}// 처음 5번째 홀수에 대한 리스트를 얻는다.
odd take (5) toList
```

다음과 같은 결과를 얻을 것이다.

```
res5: List[Int] = List(1, 3, 5, 7, 9)
```

스칼라에서 특정 파티셔닝 함수를 사용해 특정 컬렉션을 서로 다른 Traversable 컬렉션을 맵으로 분할하고 싶다면 groupBy 메소드를 사용할 수 있다. 다음 절에서 groupBy의 사용법을 살펴본다.

groupBy

groupBy는 특정 파티셔닝 함수를 사용해 특정 컬렉션을 서로 다른 Traversable 컬렉션의 맵으로 분할하는 데 사용된다. 공식적으로 다음처럼 정의할 수 있다.

```
def groupBy[K](f: ((A, B)) ⇒ K): Map[K, Map[A, B]]
```

다음과 같은 예를 살펴보자.

```
scala> // 숫자 리스트를 제공하고 해당 리스트에서 양수와 음수를 그룹핑한다.
scala> List(1,-2,3,-4) groupBy (x => if (x >= 0) "positive" else "negative")
res6: scala.collection.immutable.Map[String,List[Int]] = Map(negative ->
List(-2, -4), positive -> List(1, 3))
```

스칼라에서는 Traversable 컬렉션에서 마지막 엘리먼트를 제외한 나머지 엘리먼트를 선택하기 위해 init을 사용할 수 있다. 다음 절에서 init의 사용법을 살펴본다.

init

init는 Traversable 컬렉션에서 마지막 엘리먼트를 제외한 나머지 엘리먼트를 선택한다. 공식적으로 다음처럼 정의할 수 있다.

```
def init: Traversable[A]
```

다음과 같은 예를 살펴보자.

```
scala> List(1,2,3,4) init
res7: List[Int] = List(1, 2, 3)
```

스칼라에서 첫 번째 n개의 엘리먼트를 제외한 나머지 엘리먼트를 선택하려면 drop을 사용해야 한다. 다음 절에서 drop의 사용법을 살펴본다.

drop

drop은 첫 번째 n개의 엘리먼트를 제외한 모든 엘리먼트를 선택하기 위해 사용된다. 공식적으로 다음처럼 정의할 수 있다.

```
def drop(n: Int): Traversable[A]
```

다음과 같은 예를 살펴보자.

```
// 처음 3개의 엘리먼트를 제외한다.
scala> List(1,2,3,4) drop 3
res8: List[Int] = List(4)
```

스칼라에서 조건이 만족될 때까지 엘리먼트 집합을 얻으려면 takeWhile을 사용해야 한다. 다음 절에서 takeWhile의 사용법을 살펴본다.

takeWhile

takeWhile은 조건이 만족될 때까지 엘리먼트 집합을 얻기 위해 사용된다. 공식적으로 다음처럼 정의할 수 있다.

```
def takeWhile(p: (A) ⇒ Boolean): Traversable[A]
```

다음과 같은 예를 살펴보자.

```
// 홀수 스트림을 무한 생성하는 재귀 메소드를 제공한다.
def odd: Stream[Int] = {
    def odd0(x: Int): Stream[Int] =
        if (x%2 != 0) x #:: odd0(x+1)
        else odd0(x+1)
            odd0(1)
}
// 리스트의 엘리먼트가 9를 넘지 않을 때까지 모든 홀수 엘리먼트의 리스트를 리턴한다.
odd takeWhile (x => x < 9) toList
```

다음과 같은 결과를 얻을 것이다.

```
res11: List[Int] = List(1, 3, 5, 7)
```

스칼라에서 조건을 만족할 때까지 엘리먼트 집합을 얻고 싶지 않다면 dropWhile을 사용해야 한다. 다음 절에서 dropWhile의 사용법을 살펴본다.

dropWhile

dropWhile은 조건을 만족할 때까지 엘리먼트 집합을 얻고 싶지 않을 때 사용된다. 공식적으로 다음처럼 정의할 수 있다.

```
def dropWhile(p: (A) ⇒ Boolean): Traversable[A]
```

다음과 같은 예를 살펴보자.

```
//5보다 큰 숫자와 5보다 작은 숫자 사이의 경계에 도달할 때까지 값을 삭제한다.
scala> List(2,3,4,9,10,11) dropWhile(x => x <5)
res1: List[Int] = List(9, 10, 11)
```

스칼라에서는 함수를 중첩 리스트의 파라미터로 사용하고 함수의 출력을 다시 결합하는 사용자 정의 함수[UDF]를 사용하고 싶다면 flatMap이 완벽한 후보가 될 수 있다. 다음 절에서 flatMap의 사용법을 살펴본다.

flatMap

fltatMap은 함수를 파라미터로 사용한다. flatMap에 전달된 함수는 중첩 리스트에서는 동작하지 않지만 새로운 컬렉션을 생성한다. 공식적으로 다음처럼 정의할 수 있다.

```
def flatMap[B](f: (A) ⇒ GenTraversableOnce[B]): Traversable[B]
```

다음과 같은 예를 살펴보자.

```
// 중첩 리스트에 함수를 적용하고 함수 결과를 다시 결합한다.
scala> List(List(2,4), List(6,8)) flatMap(x => x.map(x => x * x))
res4: List[Int] = List(4, 16, 36, 64)
```

지금까지 스칼라 컬렉션 기능에 대한 사용법을 다뤘다. 또한 fold, reduce, aggregate, collect, count, find, zip과 같은 메소드는 하나의 컬렉션에서 다른 컬렉션으로 전달하기 위해 사용될 수 있다(예, toVector, toSeq, toSet, toArray). 다음 여러 장에서 다양한 메소드를 사용하는 예를 살펴본다. 당분간 스칼라 컬렉션 API의 성능 특징을 살펴본다.

▌ 성능 특징

스칼라의 모든 컬렉션은 서로 다른 성능 특징을 갖고 있다. 컬렉션의 성능 특징을 기반으로 여러 컬렉션 중에 원하는 컬렉션을 선택한다. 이 절에서는 스칼라 컬렉션 객체의 성능 특징을 운영과 메모리 사용 관점에서 판단할 것이다. 이 절의 마지막 부분에서는 코드와 문제 타입에 적합한 컬렉션 객체를 선택하기 위한 가이드를 제공한다.

컬렉션 객체의 성능 특징

다음은 스칼라의 공식 문서를 기반으로 스칼라 컬렉션의 성능 특징이다.

- **Const:** 해당 연산은 상수 시간constant time만 걸린다.
- **eConst:** 해당 연산은 상수 시간이 효과적으로 걸린다. 즉, 벡터의 최대 길이와 해시 키의 분포도와 같은 일부 가정을 기반으로 달라질 수 있다.
- **Linear:** 해당 연산은 컬렉션 크기와 비례해 선형으로 걸리는 시간이 증가한다.

- **Log:** 해당 연산은 컬렉션 크기와 함께 대수적으로 시간이 증가한다.
- **aConst:** 해당 연산은 분할 상수 시간^{amortized constant time}이 소요된다. 일부 연산의 호출은 오래 걸릴 수 있지만 평균적으로 많은 연산이 수행되는 경우 연산당 상수 시간이 소요된다.
- **NA:** 해당 연산은 작업을 지원하지 않는다.

시퀀스 타입의 성능 특징(불변)을 다음 표에 소개한다.

표 1 시퀀스 타입(불변)의 성능 특징

불변 컬렉션	head	tail	apply	update	prepend	append	insert
리스트(List)	Const	Const	Linear	Linear	Const	Linear	NA
스트림(Stream)	Const	Const	Linear	Linear	Const	Linear	NA
벡터(Vector)	eConst	eConst	eConst	eConst	eConst	eConst	NA
스택(Stack)	Const	Const	Linear	Linear	Const	Linear	Linear
큐(Queue)	aConst	aConst	Linear	Linear	Const	Const	NA
범위(Range)	Const	Const	Const	NA	NA	NA	NA
문자열(String)	Const	Linear	Const	Linear	Linear	Linear	NA

표 2는 표 1과 표 3에 설명된 연산의 의미를 설명한다.

표 2 표 1에 설명된 연산의 의미

head	기존 시퀀스의 처음 엘리먼트를 선택하기 위해 사용된다.
tail	처음 엘리먼트를 제외한 나머지 엘리먼트를 선택하기 사용되며, 새로운 시퀀스를 리턴한다.
apply	인덱싱 목적으로 사용된다.
update	불변 시퀀스에 함수 업데이트를 하기 위해 사용된다. 가변 시퀀스에는 가변 시퀀스에 업데이트가 포함된 부수 효과 업데이트가 발생한다.

(이어짐)

224

prepend	기존 시퀀스의 앞에 하나의 엘리먼트를 추가하기 위해 사용된다. 불변 시퀀스의 경우 새로운 시퀀스를 생성한다. 가변 시퀀스의 경우 기존 가변 시퀀스가 변경된다.
append	기존 시퀀스의 끝 부분에 하나의 엘리먼트를 추가하기 위해 사용된다. 불변 시퀀스의 경우 새로운 시퀀스를 생성한다. 가변 시퀀스의 경우 기존 시퀀스가 변경된다.
insert	기존 시퀀스의 임의의 위치에 하나의 엘리먼트를 추가하기 위해 사용된다. 가변 시퀀스의 경우 바로 추가된다.

표 3에서 시퀀스 타입(가변)의 성능 특징을 설명한다.

표 3 시퀀스 타입(가변)의 성능 특징

가변 컬렉션 객체	head	tail	apply	update	prepend	append	insert
ArrayBuffer	Const	Linear	Const	Const	Linear	aConst	Linear
ListBuffer	Const	Linear	Linear	Linear	Const	Const	Linear
StringBuilder	Const	Linear	Const	Const	Linear	aCconst	Linear
MutableList	Const	Linear	Linear	Linear	Const	Const	Linear
Queue	Const	Linear	Linear	Linear	Const	Const	Linear
ArraySeq	Const	Linear	Const	Const	NA	NA	NA
Stack	Const	Linear	Linear	Linear	Const	Linear	Linear
ArrayStack	Const	Linear	Const	Const	aConst	Linear	Linear
Array	Const	Linear	Const	Const	NA	NA	NA

 가변 컬렉션과 다른 타입의 컬렉션에 대한 자세한 내용은 http://docs.scala-lang.org/overviews/collections/performance-characteristics.html을 참조한다.

셋과 맵 타입의 성능 특징은 표 4에서 설명한다.

표 4 셋과 맵 타입의 성능 특징[*는 비트가 조밀하게 채워진 경우에만 해당된다]

컬렉션 타입	검색(lookup)	추가(add)	삭제(remove)	최소(min)
불변	–	–	–	–
HashSet/HashMap	eConst	eConst	eConst	Linear
TreeSet/TreeMap	Log	Log	Log	Log
BitSet	Const	Linear	Linear	eConst*
ListMap	Linear	Linear	Linear	Linear
가변	–	–	–	–
HashSet/HashMap	eConst	eConst	eConst	Linear
WeakHashMap	eConst	eConst	eConst	Linear
BitSet	Const	aConst	Const	eConst*
TreeSet	Log	Log	Log	Log

표 5는 표 4에 설명된 각 연산의 의미를 보여준다.

표 5 표 4에 설명된 각 연산의 의미

연산	의미
검색(lookup)	엘리먼트가 셋에 포함돼 있는지 확인한다. 두 번째로 특정 키에 관련된 값을 검색하기 위해 사용된다.
추가(add)	셋에 하나의 새로운 엘리먼트를 추가하기 위해 사용된다. 두 번째로 맵에 키/값 쌍을 추가하기 위해 사용된다.
삭제(remove)	맵의 키 또는 셋에서 하나의 엘리먼트를 삭제하기 위해 사용된다.
최소(min)	셋에서 가장 작은 엘리먼트 또는 맵에서 가장 작은 키를 선택하기 위해 사용된다.

기본 성능 측정 정보 중 하나는 특정 컬렉션 객체가 사용하는 메모리 사용량이다. 다음 절에서는 메모리 사용량에 따라 성능 측정 정보를 수집하는 방법에 대한 가이드라인을 제공한다.

컬렉션 객체가 사용하는 메모리 사용량

벤치마킹 질문을 해보자. 예를 들어 진행 중인 작업에 대해 리스트보다 벡터가 빠를까? 아니면 리스트보다 벡터가 더 빠를까? 프리미티브^{Primitive}를 저장하기 위해 언박싱 ^{unboxing} 배열을 사용한다면 얼마나 많은 메모리를 절약할 수 있을까? 배열을 미리 할당하거나 foreach 호출 대신 while 루프를 사용하는 것과 같은 성능을 향상하는 방법을 수행할 때 실제로 어떤 방법이 얼마나 중요한가? var l: List인가? val b: mutable. Buffer인가? 여러 스칼라 벤치마크 코드를 사용해 메모리 사용량을 추정할 수 있다. 예를 들어 https://github.com/lihaoyi/scala-bench를 참조한다.

표 6은 0개의 엘리먼트, 1개의 엘리먼트, 4개의 엘리먼트, 4의 제곱수까지의 다양한 불변 컬렉션의 예상 크기(바이트)가 최대 1,048,576개의 엘리먼트까지인 것을 보여준다. 대부분이 결정적^{deterministic}이지만 플랫폼에 따라 달라질 수 있다.

표 6 다양한 컬렉션의 예상 크기(바이트)

크기	0	1	4	16	64	256	1,024	4,069	16,192	65,536	262,144	1,048,576
벡터(Vector)	56	216	264	456	1,512	5,448	21,192	84,312	334,440	1,353,192	5,412,168	21,648,072
배열 (Array[Object])	16	40	96	336	1,296	5,136	20,496	81,400	323,856	1,310,736	5,242,896	20,971,536
리스트(List)	16	56	176	656	2,576	10,256	40,976	162,776	647,696	2,621,456	10,485,776	41,943,056
스트림(비강제)	16	160	160	160	160	160	160	160	160	160	160	160
스트림(강제)	16	56	176	656	2,576	10,256	40,976	162,776	647,696	2,621,456	10,485,776	41,943,056
셋(Set)	16	32	96	880	3,720	14,248	59,288	234,648	895,000	3,904,144	14,361,000	60,858,616
맵(Map)	16	56	176	1,648	6,800	26,208	109,112	428,592	1,674,568	7,055,272	26,947,840	111,209,368
정렬 셋 (SortedSet)	40	104	248	824	3,128	12,344	49,208	195,368	777,272	3,145,784	12,582,968	50,331,704
큐(Queue)	40	80	200	680	2,600	10,28041,000	162,800	647,720	2,621,480	10,485,800	41,943,080	
문자열(String)	40	48	48	72	168	552	2,088	8,184	32,424	131,112	524,328	2,097,192

표 7은 0개의 엘리먼트, 1개의 엘리먼트, 4개의 엘리먼트, 4의 제곱수까지의 배열의 예상 크기(바이트)가 최대 1,048,576개의 엘리먼트까지인 것을 보여준다. 대부분이 결정적이지만 플랫폼에 따라 달라질 수 있다.

표 7 스칼라에서 배열의 예상 크기(바이트)

크기	0	1	4	16	64	256	1,024	4,069	16,192	65,536	262,144	1,048,576
Array[Object])	16	40	96	336	1,296	5,136	20,496	81,400	323,856	1,310,736	5,242,896	20,971,536
Array[Boolean])	16	24	24	32	80	272	1,040	4,088	16,208	65,552	262,160	1,048,592
Array[Byte]	16	24	24	32	80	272	1,040	4,088	16,208	65,552	262,160	1,048,592
Array[Short]	16	24	24	48	144	528	2,064	8,160	32,400	131,088	524,304	2,097,168
Array[Int]	16	24	32	80	272	1,040	4,112	16,296	64,784	262,160	1,048,592	4,194,320
Array[Long]	16	24	48	144	528	2,064	8,208	32,568	129,552	524,304	2,097,168	8,388,624
박싱 Array[Boolean]	16	40	64	112	304	1,072	4,144	16,328	64,816	262,192	1,048,624	4,194,352
박싱 Array[Byte]	16	40	96	336	1,296	5,136	8,208	20,392	68,880	266,256	1,052,688	4,198,416
박싱 Array[Short]	16	40	96	336	1,296	5,136	20,496	81,400	323,856	1,310,736	5,230,608	20,910,096
박싱 Array[Int]	16	40	96	336	1,296	5,136	20,496	81,400	323,856	1,310,736	5,242,896	20,971,536
박싱 Array[Long]	16	48	128	464	1,808	7,184	28,688	113,952	453,392	1,835,024	7,340,048	29,360,144

그러나 이 책은 광범위하게 컬렉션의 예상 크기를 구분하는 것이 목적이 아니기 때문에 해당 주제에 대한 논의는 생략한다. 이에 대해서는 다음의 자세한 가이드라인을 참조한다.

시간 코드를 가진 스칼라 컬렉션에 대한 매우 자세한 벤치마킹은 깃허브 링크 (https://github.com/lihaoyi/scala-bench/tree/master/bench/src/main/scala/bench)를 참조한다.

1장에서 살펴본 대로 스칼라는 매우 풍부한 컬렉션 API를 갖고 있다. 자바에도 동일하게 적용되지만 스칼라와 자바 컬렉션 API 간에는 많은 차이점이 있다. 다음 절에서는 자바 상호운용성에 대해 일부 예를 살펴본다.

▌ 자바 상호운용성

앞에서 살펴본 대로 스칼라에 매우 풍부한 컬렉션 API가 있다. 자바에도 동일하게 적용되지만 스칼라와 자바 컬렉션 API 간에는 많은 차이점이 있다. 예를 들어 두 API 는 모두 iterable, iterator, 맵, 셋, 시퀀스가 있다. 하지만 스칼라에는 장점이 있다. 그것은 불변 컬렉션에 더 많은 주의를 기울이고 다른 컬렉션을 생성하기 위해 더 많은 연산을 제공한다. 때로는 자바 컬렉션을 사용하거나 반대로 스칼라 컬렉션을 사용하고 싶을 수 있다.

 JavaConversions는 더 이상의 선택의 여지가 없다. JavaConverters는 스칼라와 자바 컬렉션의 변환을 명시적으로 수행한다. 따라서 사용하지 않으려 한 암시적 변환을 경험할 가능성이 훨씬 줄어든다.

사실 스칼라는 JavaConversion 객체에서 두 API 사이를 변환하는 암묵적인 방법을 제공하기 때문에 이렇게 하는 것은 매우 간단하다. 따라서 다음 타입에 대한 양방향 전환을 확인할 수 있다.

```
Iterator          <=>    java.util.Iterator
Iterator          <=>    java.util.Enumeration
Iterable          <=>    java.lang.Iterable
Iterable          <=>    java.util.Collection
mutable.Buffer    <=>    java.util.List
mutable.Set       <=>    java.util.Set
```

```
mutable.Map              <=>      java.util.Map
mutable.ConcurrentMap <=>      java.util.concurrent.ConcurrentMap
```

해당 종류의 변환을 사용하려면 JavaConversions 객체에서 변환 타입을 다음처럼 임포트해야 한다.

```
scala> import collection.JavaConversions._
import collection.JavaConversions._
```

이를 통해 스칼라 컬렉션과 관련된 자바 컬렉션을 자동으로 변환할 수 있다.

```
scala> import collection.mutable._
import collection.mutable._
scala> val jAB: java.util.List[Int] = ArrayBuffer(3,5,7)
jAB: java.util.List[Int] = [3, 5, 7]
scala> val sAB: Seq[Int] = jAB
sAB: scala.collection.mutable.Seq[Int] = ArrayBuffer(3, 5, 7)
scala> val jM: java.util.Map[String, Int] = HashMap("Dublin" -> 2, "London"
-> 8)
jM: java.util.Map[String,Int] = {Dublin=2, London=8}
```

스칼라 컬렉션을 자바 컬렉션으로 다음처럼 변환할 수도 있다.

```
Seq            =>      java.util.List
mutable.Seq    =>      java.utl.List
Set            =>      java.util.Set
Map            =>      java.util.Map
```

자바는 불변 컬렉션과 가변 컬렉션을 구별하는 기능을 제공하지 않는다. 스칼라의 List는 엘리먼트를 변경하려는 모든 시도에 대해 Exception을 던지는 java.util.List 다. 다음은 관련 내용을 보여주는 예다.

```
scala> val jList: java.util.List[Int] = List(3,5,7)
jList: java.util.List[Int] = [3, 5, 7]
scala> jList.add(9)
java.lang.UnsupportedOperationException
  at java.util.AbstractList.add(AbstractList.java:148)
  at java.util.AbstractList.add(AbstractList.java:108)
  ... 33 elided
```

2장에서 암시의 사용을 간단히 다뤘다. 그러나 다음 절에서는 암시 사용에 대해 자세히 설명한다.

▌ 스칼라 암시 사용

3장에서 암시를 다뤘지만 이 절에서 더 많은 예를 살펴본다. 암시 파라미터는 기본 파라미터와 매우 유사하지만 기본 값을 찾기 위해 다른 메커니즘을 사용한다.

암시 파라미터는 생성자 또는 메소드에 전달되고 implicit로 표시되는 파라미터다. 즉, 암시 파라미터에 값을 제공하지 않으면 컴파일러에서 범위 내의 암시 값을 검색한다. 다음은 암시 파라미터의 예다.

```
scala> def func(implicit x:Int) = print(x)
func: (implicit x: Int)Unit
scala> func
<console>:9: error: could not find implicit value for parameter x: Int
          func
          ^
scala> implicit val defVal = 2
defVal: Int = 2
scala> func(3)
3
```

암시는 컬렉션 API에서 매우 유용하다. 예를 들어 컬렉션 API는 암시 파라미터를 사용해 컬렉션의 많은 메소드에 CanBuildFrom 객체를 제공한다. 사용자가 암시 파라미터에 관심이 없을 때 일반적으로 발생한다.

암시의 한 제약은 메소드당 두 개 이상의 implicit 키워드를 가질 수 없고, 파라미터 목록의 시작 부분에 위치해야 한다는 점이다. 잘못된 예를 소개하면 다음과 같다.

```scala
scala> def func(implicit x:Int, y:Int)(z:Int) = println(y,x)
<console>:1: error: '=' expected but '(' found.
       def func(implicit x:Int, y:Int)(z:Int) = println(y,x)
                                      ^
```

 암시 파라미터의 개수: 2개 이상의 암시 파라미터를 가질 수 있다는 것을 기억하길 바란다. 또한 2개 이상의 암시 파라미터 그룹을 가질 수 없다.

다음은 2개 이상의 암시 파라미터에 대한 예다.

```scala
scala> def func(implicit x:Int, y:Int)(implicit z:Int, f:Int) = println(x,y)
<console>:1: error: '=' expected but '(' found.
       def func(implicit x:Int, y:Int)(implicit z:Int, f:Int) = println(x,y)
                                      ^
```

특정 함수의 마지막 파라미터 목록은 implicit로 식별되거나 표시될 수 있다. 즉, 함수가 호출될 때 문맥에서 값을 가져온다는 의미다. 다른 말로 범위 안에 정확한 타입의 암시 값이 없으면 암시를 사용한 소스코드는 컴파일되지 않는다. 그 이유는 간단하다. 암시 값이 단일 값 타입으로 해석돼야 하기 때문이다. 따라서 암시 충돌을 피하려면 목적에 맞게 타입을 지정하는 것이 좋다.

그리고 암시를 찾는 메소드를 정의하지 않아도 된다. 예를 들면 다음과 같다.

```
// 특정 라이브러리에 존재할 수 있다.
class Prefixer(val prefix: String)
def addPrefix(s: String)(implicit p: Prefixer) = p.prefix + s
// 그리고 애플리케이션에 존재할 수 있다.
implicit val myImplicitPrefixer = new Prefixer("***")
addPrefix("abc") // "***abc"를 리턴한다.
```

스칼라 컴파일러는 문맥에서 잘못된 타입의 표현식을 발견하면 타입 검사 대신 암시 함수 값을 찾는다. 따라서 일반 메소드 간의 차이점은 Double을 발견했지만 Int가 필요한 경우 컴파일러가 implicit로 표시되는 메소드를 추가한다는 점이다. 예를 들면 다음과 같다.

```
scala> implicit def doubleToInt(d: Double) = d.toInt

scala> val x: Int = doubleToInt(42.0)
x: Int = 42
```

이 코드는 다음처럼 동작한다.

```
scala> def doubleToInt(d: Double) = d.toInt

scala> val x: Int = doubleToInt(42.0)
x: Int = 42
```

두 번째에서는 수동으로 변환했다. 처음에는 컴파일러가 자동으로 해당 추가 작업을 수행했다. 왼편의 타입 어노테이션 때문에 타입 변환이 필요하다.

데이터 작업을 진행하면서 특정 타입을 다른 타입으로 변환해야 하는 경우가 있다. 스칼라 암시 타입 변환은 이런 편리함을 제공한다. 다음 절에서 암시 타입 변환과 관련된 일부 예를 살펴본다.

스칼라의 암시적 변환

타입 S에서 타입 T로의 암시적 변환Implicit conversion은 함수 타입 S => T를 갖는 암시 값 또는 해당 타입의 값으로 변환 가능한 암시 메소드로 정의된다. 암시적 변환은 두 가지 상황에 적용된다(출처: http://docs.scala-lang.org/tutorials/tour/implicit-conversions).

- 표현식 e가 타입 S이고, S가 표현식의 예상 타입 T에 일치하지 않는 경우
- 타입 S인 e에 e.m을 선택했는데 선택자 m이 S의 구성원이 아닌 경우

스칼라에서 중위 연산자의 사용 방법을 살펴봤다. 이제 스칼라 암시적 변환의 일부 사용 사례를 살펴보자. 다음 코드 세그먼트가 있다고 가정한다.

```scala
class Complex(val real: Double, val imaginary: Double) {
    def plus(that: Complex) = new Complex(this.real + that.real, this.imaginary
            + that.imaginary)
    def minus(that: Complex) = new Complex(this.real - that.real,
            this.imaginary - that.imaginary)
    def unary(): Double = {
        val value = Math.sqrt(real * real + imaginary * imaginary)
        value
    }
    override def toString = real + " + " + imaginary + "i"
}

object UsingImplicitConversion {
    def main(args: Array[String]): Unit = {
        val obj = new Complex(5.0, 6.0)
        val x = new Complex(4.0, 3.0)
        val y = new Complex(8.0, -7.0)

        println(x) // 4.0 + 3.0i를 출력한다.
        println(x plus y) // 12.0 + -4.0i를 출력한다.
        println(x minus y) // -4.0 + 10.0i를 출력한다.
        println(obj.unary) // 7.810249675906654를 출력한다.
```

```
        }
    }
```

이 코드에서 복소수(즉, 모든 실수와 허수)에 대해 더하기, 빼기, 단항 연산을 수행하는
여러 메소드를 정의했다. main 메소드에서 실제 값을 해당 메소드에 전달한 후 해당
메소드를 호출했다. 결과는 다음처럼 출력된다.

```
4.0 + 3.0i
12.0 + -4.0i
-4.0 + 10.0i
7.810249675906654
```

그러나 복소수에 일반 숫자를 추가하려면 어떻게 해야 할까? 다음과 같은 표현식을
지원할 수 있도록 Double 파라미터를 얻기 위해 plus 메소드를 명확히 오버로드할
수 있다.

```
val sum = myComplexNumber plus 6.5
```

이때 스칼라의 암시적 변환을 사용할 수 있다. 수학 연산을 하기 위해 실수와 복소수
에 대한 암시적 변환을 지원한다. 따라서 암시적 변환을 위한 파라미터로 튜플을 사용
할 수 있고 해당 튜플을 다음처럼 Complex 타입으로 변환할 수 있다.

```
implicit def Tuple2Complex(value: Tuple2[Double, Double]) = new
        Complex(value._1, value._2)
```

또는 다음처럼 Double에서 Complex로 변환될 수 있다.

```
implicit def Double2Complex(value : Double) = new Complex(value,0.0)
```

변환의 이점을 얻기 위해 다음을 임포트한다.

```scala
import ComplexImplicits._ // 복소수를 위한 변환
import scala.language.implicitConversions // 일반적인 변환
```

스칼라 REPL/IDE에서 다음처럼 실행할 수 있다.

```scala
val z = 4 plus y
println(z) // 12.0 + -7.0i를 출력한다.
val p = (1.0, 1.0) plus z
println(p) // 13.0 + -6.0i를 출력한다.
```

다음과 같은 결과를 얻을 것이다.

```
12.0 + -7.0i
13.0 + -6.0i
```

이 예의 전체 소스코드는 다음과 같다.

```scala
package chapter4
class Complex(val real: Double, val imaginary: Double) {
    def plus(that: Complex) = new Complex(this.real + that.real, this.imaginary
            + that.imaginary)
    def plus(n: Double) = new Complex(this.real + n, this.imaginary)
    def minus(that: Complex) = new Complex(this.real - that.real,
            this.imaginary - that.imaginary)
    def unary(): Double = {
        val value = Math.sqrt(real * real + imaginary * imaginary)
        value
    }
    override def toString = real + " + " + imaginary + "i"
}
```

```scala
object ComplexImplicits {
    implicit def Double2Complex(value: Double) = new Complex(value, 0.0)
    implicit def Tuple2Complex(value: Tuple2[Double, Double]) = new
        Complex(value._1, value._2)
}

import ComplexImplicits._
import scala.language.implicitConversions

object UsingImplicitConversion {
    def main(args: Array[String]): Unit = {
        val obj = new Complex(5.0, 6.0)
        val x = new Complex(4.0, 3.0)
        val y = new Complex(8.0, -7.0)
        println(x) // 4.0 + 3.0i를 출력한다.
        println(x plus y) // 12.0 + -4.0i를 출력한다.
        println(x minus y) // -4.0 + 10.0i를 출력한다.
        println(obj.unary) // 7.810249675906654를 출력한다.
        val z = 4 plus y
        println(z) // 12.0 + -7.0i를 출력한다.
        val p = (1.0, 1.0) plus z
        println(p) // 13.0 + -6.0i를 출력한다.
    }
}
```

지금까지 스칼라 컬렉션 API를 다뤘다. 다른 기능들도 있지만, 페이지 제한으로 인해 모든 컬렉션 API를 살펴보지 못했다. 컬렉션 API를 더 살펴보고 싶은 독자는 http://www.scala-lang.org/docu/files/collections-api/collections.html을 참조하길 바란다.

▍ 요약

4장에서는 스칼라 컬렉션 API를 사용한 예를 많이 살펴봤다. 컬렉션 API는 매우 강력하고 유연하며, 많은 연산이 결합돼 있다. 다양한 컬렉션 연산을 통해 모든 종류의 데이터를 쉽게 처리할 수 있을 것이다. 4장에서는 스칼라 컬렉션 API와 컬렉션의 다양한 타입과 계층 구조를 다뤘다. 그리고 스칼라 컬렉션 API의 기능과 다양한 데이터 타입을 수용하고 다양한 문제를 해결할 수 있는 컬렉션 API의 사용 방법을 살펴봤다. 요약하면 타입과 계층 구조, 성능 특징, 자바 상호운용성, 암시 사용 방법을 다뤘다. 따라서 스칼라 학습 과정이 거의 막바지에 접어든다. 그러나 5장부터는 스칼라를 사용한 고급 주제와 연산을 계속 살펴본다.

5장에서는 빅데이터가 제공하는 문제점, 분산 컴퓨팅을 통해 처리되는 방법, 함수형 프로그래밍에서 제안하는 접근 방법을 확인하기 위해 데이터 분석과 빅데이터를 살펴본다. 또한 맵리듀스^{MapReduce}, 아파치 하둡$^{Apache\ Hadoop}$, 아파치 스파크$^{Apache\ Spark}$를 살펴보고, 해당 오픈소스의 접근 방법과 기술을 사용하는 방법을 살펴본다.

05

스파크로 빅데이터 다루기

> 올바른 문제에 대해 적절한 답을 얻는 것은 근사한 문제에 대한 정확한 답을 얻는 것보다
> 훨씬 많은 가치가 있다.
>
> — 존 터키(John Tukey)

5장에서 데이터 분석과 빅데이터를 다룬다. 빅데이터로 인한 도전과 빅데이터 처리
방법을 살펴본다. 함수형 프로그래밍에서 제안하는 분산 컴퓨팅과 접근 방법도 살펴
본다. 구글의 맵리듀스, 아파치 하둡, 마지막으로 아파치 스파크를 소개하고 해당 기
술의 접근 방법과 사용 방법을 살펴본다.

5장에서 다루는 내용은 다음과 같다.

- 데이터 분석 소개
- 빅데이터 소개

- 하둡을 사용한 분산 컴퓨팅
- 아파치 스파크

▌ 데이터 분석 소개

데이터 분석은 의미 있는 통찰력을 제공하려는 목표로 데이터를 살펴볼 때 질적 및 양적 기술을 적용하는 프로세스를 의미한다. 다양한 기술과 개념을 사용해 데이터 분석은 데이터 EXA^Exploratory Data Analysis를 분석하고 CDA^Confirmatory Data Analysis에 대한 결론을 도출하는 방법을 제공한다. EDA와 CDA는 데이터 분석의 기본 개념이기 때문에 둘 사이의 차이점을 이해하는 것이 중요하다.

EDA는 데이터에서 패턴을 찾을 때 의미 있는 데이터를 분석하고 데이터의 여러 엘리먼트 간의 관계를 찾기 위해 사용되는 방법론, 툴, 기술을 포함한다. CDA는 가설, 통계 기법 또는 간단히 살펴본 데이터를 기반으로 특정 질문에 대한 통찰력이나 결과를 제공하는 데 사용되는 방법론, 툴, 기법을 포함한다.

EDA와 CDA와 같은 아이디어를 이해할 수 있는 간단한 예로 운영비를 낮추고 영업과 고객 만족도를 향상시킬 수 있는 방법을 제공해야 하는 식료품 매장의 요구 사항을 들 수 있다.

다음은 다양한 제품을 판매하는 식료품 매장이다.

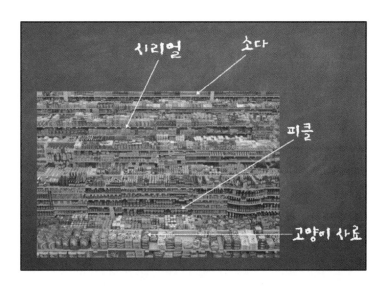

식료품 매장의 모든 판매 정보가 데이터베이스에 저장돼 있고, 지난 3개월 동안의 데이터에 대한 접근 권한이 있다고 가정한다. 일반적으로 기업에서는 가설을 설정하거나 패턴을 관찰하려면 일정 기간 동안의 충분한 데이터가 필요하기 때문에 데이터를 저장한다. 이 예의 목표는 고객의 제품 구매 방식을 기반으로 다양한 통로에 제품을 배치하는 것이다. 하나의 가설은 고객은 눈높이에 있으면서 가까이 있는 제품을 종종 구입한다는 것이다.

예를 들어 우유는 매장의 한 구석에 위치하고 있고 요구르트는 매장의 다른 구석에 있는 경우 일부 고객은 우유나 요구르트 중 하나를 선택하고 매장을 떠날 수 있다. 이는 비즈니스 손실을 초래할 수 있다. 더 나쁜 것은 고객이 제품을 잘 배치한 다른 매장을 선택할지도 모른다. 이 매장에서는 물건 찾기가 어렵기 때문이다. 고객이 매장에서 물건 찾기 어렵다는 느낌이 들면 친구와 가족들에게도 이런 느낌이 퍼진다. 즉 나쁜 사회적 실재감[social presence][1]을 야기한다. 이 현상은 제품과 가격 면에서 매우 유사

---

1. 사회적 실재감(social presence): 사회적 실재감은 심리학 용어로서 커뮤니케이션 과정에서 대화자 이외의 참여자들이 커뮤니케이션 상호작용에 함께 참여하는 느낌을 말한다. 즉, 다른 장소에 있는 두 사람이 대화의 맥락 안에서 함께 있는 것처럼 느끼는 것을 사회적 실재감이라고 한다. - 옮긴이

한 여러 기업 중 일부 기업은 성공을 거두고 다른 기업은 실패하는 것으로, 현실에서는 드문 일이 아니다.

고객 설문 조사에서부터 전문 통계학자, 머신 러닝 과학자에 이르기까지 해당 문제에 접근하는 여러 방법이 있다. 이 예의 접근 방식은 판매 거래만 진행한다.

다음 예는 판매 거래의 모습을 설명한다.

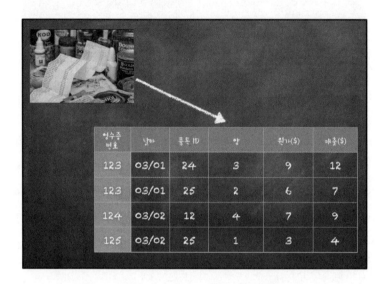

다음은 EDA의 부분으로 수행할 수 있는 단계다.

1. '하루에 구매한 제품의 평균 개수 = 하루에 판매된 모든 제품의 합계 / 하루 동안의 총 영수증 개수'를 계산한다.
2. 지난 1주일, 1개월, 한 분기씩 이전 단계를 반복한다.
3. 주말과 평일, 그리고 시간대별(오전, 정오, 저녁)로 차이가 있는지 이해하려 한다.
4. 함께 구입하는 제품(동일한 영수증)을 확인하기 위해 각 제품별로 기타 모든 제품의 목록을 생성한다.
5. 지난 1주일, 1개월, 한 분기씩 이전 단계를 반복한다.

6. 거래 개수(내림차순으로 정렬) 기반으로 어느 제품을 서로 가깝게 배치해야 할지 결정한다.

6단계까지 완료하면 CDA에 대한 결론을 내릴 수 있다.

다음이 해당 결론이라고 가정하자.

항목	요일	개수
우유	일요일	1244
빵	월요일	245
우유	월요일	190

이 경우에는 주말에 우유를 평일보다 더 많이 사기 때문에, 주말에 우유 제품과 우유 양을 늘리는 것이 좋다. 다음 표를 살펴보자.

항목1	항목2	개수
우유	계란	360
빵	치즈	335
양파	토마토	310

이 예의 경우 빵과 치즈를 함께 구입한 고객보다 우유와 계란을 함께 구입한 고객이 많다고 할 수 있다. 따라서 매장에서 통로와 선반을 재배열해서 우유와 달걀을 서로 가깝게 옮길 것을 권장할 수 있을 것이다.

이로서 2개의 결론을 다음처럼 내릴 수 있다.

* 주말에는 우유를 더 많이 구입하기 때문에 주말 동안 우유 제품의 양과 품종을 늘리는 것이 좋다.
* 빵과 치즈를 함께 구입한 고객보다 우유와 계란을 같이 구입한 고객이 많다.

따라서 매장에서 통로와 선반을 재배열해서 우유와 달걀을 서로 가깝게 옮길 것을 권장할 수 있다.

 이익을 계산하기 위해 일정 기간 동안 결론을 종종 추적하기도 한다. 이전 2개의 권장 사항을 6개월 동안 채택한 후에도 매출에 큰 영향을 미치지 못한다면 좋은 투자 수익 (ROI, Return On Investment)을 주지 못한 권장 사항에 투자한 것이다.

비슷하게 이익 마진과 가격 최적화와 관련해 일부 내용을 분석할 수도 있다. 일반적으로 하나의 품목 비용이 여러 개의 동일한 품목 평균보다 비용이 더 많이 들 수 있기 때문이다. 예를 들면 샴푸 하나에 7달러에 사거나 샴푸 두 개에 12달러에 사야 한다.

 식료품 매장을 살펴보고 추천할 수 있는 다른 측면을 생각해보자. 예를 들어 특정 제품(껌, 잡지 등)이 친숙하지 않다는 사실을 기반으로 판매대 근처에 배치할 제품이 무엇이 있을지 추측할 수 있을까?

데이터 분석 시스템은 다양한 비즈니스를 지원한다. 예를 들어 은행과 신용카드 기업은 사기와 신원 도용을 방지하기 위해 인출과 지출 패턴을 분석한다. 광고 기업은 웹 사이트 트래픽을 분석해 고객으로 전환할 가능성이 높은 잠재 고객을 식별한다. 백화점은 고객 데이터를 분석해 더 나은 할인이 매출 증대에 도움이 되는지 파악한다. 휴대 전화 사업자는 가격 전략을 파악할 수 있다. 케이블 기업은 고객 확보를 위해 일부 제안이나 판촉 비율을 제공하지 않으면 고객 이탈 가능성이 있는 고객을 지속적으로 찾고 있다. 병원과 제약 기업은 데이터를 분석해 더 나은 제품을 제시하고 처방 의약품의 문제점을 발견하거나 처방 의약품의 성능을 측정한다.

데이터 분석 프로세스 내부

데이터 분석 애플리케이션은 단순한 데이터 분석 이상의 역할을 수행한다. 분석을 계획하기 전에 데이터 수집, 통합, 준비, 데이터 품질 확인, 분석 방법의 개발/테스팅/수정에 시간과 노력을 투자할 필요가 있다. 데이터가 준비되면 데이터 분석가와 과학자는 SAS 또는 스파크 ML을 사용한 머신 러닝 모델과 같은 통계적 방법을 사용해 데이터를 탐색하고 분석할 수 있다. 데이터 자체는 데이터 엔지니어링 팀에서 준비하고 데이터 품질 팀은 수집된 데이터를 확인한다. 데이터 거버넌스 역시 적절한 수집과 데이터 보호를 보장하는 요소가 된다.

일반적으로 알려지지 않은 또 다른 역할, 즉 데이터 담당자가 전문적으로 연구하는 역할은 데이터를 바이트^{byte}로 이해하고, 정확히 데이터가 어디에서 왔는지, 발생하는 모든 변환, 비즈니스가 실제로 데이터의 칼럼이나 필드에서 필요로 하는 것을 찾는 것이다.

 사업부의 여러 조직이 123 North Main Street 대신 123 N Main St를 다르게 처리할 수 있다. 그러나 올바른 주소 필드를 얻어야 제대로 분석할 수 있다. 그렇지 않으면 이전에 언급한 두 주소를 서로 다른 주소로 간주하기 때문에 분석 정확도가 달라질 것이다.

분석 프로세스는 분석가가 데이터 웨어하우스에서 필요로 하는 것을 토대로 조직에서 모든 종류의 데이터(영업, 마케팅, 직원, 급여, HR 등) 수집을 포함하는 '데이터 수집'부터 시작한다. 데이터 담당자와 거버넌스 팀은 최종 사용자가 모든 직원이더라도 기밀 또는 개인 정보로 간주되는 정보가 실수로 노출되지 않은 채 올바른 데이터가 수집되게 하는 중요한 일을 담당한다.

 사회보장번호 또는 전체 주소를 분석에 포함하는 것은 기업에 많은 이슈를 불러일으킬 수 있기 때문에 해당 분석이 바람직하지 않을 수 있다.

수집 및 분석할 데이터를 제대로 구성함으로써 데이터 과학자의 요구 사항을 충족시킬 수 있게 데이터 품질 프로세스를 수립해야 한다. 이 단계의 주요 목표는 분석 요구에 대한 정확성에 영향을 줄 수 있는 데이터 품질 문제를 찾아 수정하는 것이다. 일반적인 기술은 데이터셋 정보가 일관성이 있고 에러와 중복 레코드가 제거되게 함으로써 데이터를 프로파일링하고 데이터를 정리하는 것이다.

이기종 원본 시스템의 데이터를 분산 컴퓨팅 또는 맵리듀스 프로그래밍, 스트림 처리, SQL 쿼리 같은 다양한 데이터 엔지니어링 기술을 사용해 결합, 변환, 정규화한 다음 아마존^{Amazon} S3, 하둡 클러스터, NAS, SAN 저장 장비, 테라데이터^{Teradata} 같은 기존의 데이터 웨어하우스에 저장해야 할 수도 있을 것이다. 데이터 준비 또는 엔지니어링 작업에는 계획된 분석 용도로 데이터를 조작하고 구성하는 기술이 필요하다.

데이터를 준비하고 품질을 확인한 후 데이터 과학자나 분석가가 사용할 수 있다면 실제 분석 작업이 시작된다. 데이터 과학자는 SAS, 파이썬, R, 스칼라, 스파크, H2O 등과 같은 언어와 예측 모델링 툴을 사용해 분석 모델을 구축할 수 있다. 트레이닝 단계$^{training phase}$에서 정확성을 테스트하기 위해 해당 모델에 부분 데이터셋을 갖고 실행한다.

트레이닝 단계를 여러 번 반복하는 것은 모든 분석 프로젝트에서 일반적이며 예상되는 작업이다. 모델링 레벨에서 조정하거나 또는 데이터 담당자가 수집 또는 준비 중인 일부 데이터를 얻거나 수정한 후에 모델링 결과는 많이 향상된다. 추가적으로 튜닝을 하더라도 결과가 눈에 띄게 바뀌지 않는다면 결국 안정된 상태에 도달한다. 이 시점에서는 해당 모델을 상용에서 사용할 수 있다고 생각할 수 있을 것이다.

이제 모델은 모든 데이터셋을 기반으로 상용 모드에서 실행될 수 있고, 해당 모델을 트레이닝한 방식에 따라 결과가 생성될 수 있다. 분석을 진행할 때의 선택, 즉 통계 또는 머신 러닝 중 하나를 선택할 때 모델의 품질과 목적에 직접적인 영향이 미친다. 식료품 매장의 매출을 볼 수 없다면 인구 통계 자료에서 추가적인 요소가 필요한 부분(예, 아시아인이 멕시코인보다 우유를 더 많이 사는지 여부)을 파악할 수 없다. 마찬가지로 분석을 고객 경험(제품의 반품이나 교환)에 초점을 맞춘다면 이는 수익이나 상향 판매 고객에 초점을 맞추려고 노력하는 것이 아닌 다른 기술과 모델을 기반으로 두는 것이다.

 이후 다음 여러 장에서 다양한 머신 러닝 기술을 살펴본다.

따라서 여러 부서, 팀, 기술을 통해 분석 애플리케이션을 구현할 수 있다. 분석 애플리케이션은 비즈니스 활동을 자동으로 수행할 수 있는 모든 방법으로 보고서를 생성하기 위해 사용될 수도 있다. 예를 들어 일일 매출 보고서를 생성해 매일 오전 8시에 모든 매니저에게 이메일을 전송할 수 있다. 그리고 비즈니스 프로세스 관리 애플리케이션 또는 주식 시장에서의 활동에 대해 구매, 판매, 경고와 같은 조치를 취할 수 있는 자체 개발한 주식 거래 애플리케이션과 통합할 수도 있다. 또한 의사 결정에 영향을 끼칠 수 있도록 뉴스 기사나 소셜 미디어 정보를 받아들일 수 있다고 생각할 수 있다.

많은 측정값과 계산 값을 보면서 숫자의 의미를 이해하기란 쉽지 않기 때문에 데이터 시각화가 데이터 분석에서 중요하다. 오히려 데이터를 탐색하고 분석하기 위해 Tableau, QlikView 등과 같은 비즈니스 인텔리전스^{BI, Business Intelligence} 툴에 대한 의존도가 높아진다. 물론 미국 내 모든 우버^{Uber} 자동차를 보여주는 대규모 시각화 또는 뉴욕 시의 수도 공급을 보여주는 열 지도를 구축하려면 자체 애플리케이션이나 특수한 툴이 필요하다.

데이터를 관리하고 분석하는 것은 모든 산업에서 다양한 규모의 여러 조직에서 항상 어려움을 겪고 있다. 기업은 고객, 제품, 서비스에 대한 정보를 얻을 수 있는 실용적인 방법을 찾기 위해 항상 노력하고 있다. 기업이 상품을 얼마 정도 구입한 소수의 고객 정보만 갖고 있다면 이런 방법을 찾는 것이 그다지 어렵지 않고 큰 도전이 아니었다. 그러나 시간이 지나면서 시장의 여러 기업이 성장하기 시작했다.

상황이 더욱 복잡해졌다. 이제 브랜딩 정보와 소셜 미디어를 갖게 됐다. 인터넷을 통해 판매되고 팔리고 사는 것을 갖고 있다. 다른 해결책을 찾아야 한다. 웹 개발, 구조, 가격 책정, 소셜 네트워크, 시장의 세분화 등 여러 해결책이 있을 것이다. 데이터를 다루고 관리하고 조직하려 할 때 데이터를 통해 통찰력을 얻는 것은 훨씬 복잡하다.

▌ 빅데이터 소개

앞 절에서 살펴봤듯이 데이터 분석은 비즈니스를 정량화할 수 있는 결과를 생성하기 위해 데이터를 탐색하고 분석할 수 있는 기술, 툴, 방법을 포함한다. 데이터 분석 결과는 입간판을 그리기 위한 간단한 색상을 선택하거나 더 나아가서 복잡한 고객의 행동을 예상할 수 있다. 기업이 성장하면서 점점 더 많은 분석 기술이 등장하고 있다. 1980년대 또는 1990년대에 얻을 수 있었던 전부는 SQL 데이터 웨어하우스에서 사용할 수 있는 것뿐이었다. 요즘 많은 외부 요인이 모두 기업 운영 방식에 중요한 영향을 미치고 있다.

 트위터, 페이스북, 아마존, 버라이즌(Verizon), 메이시스(Macy's), 홀푸드(Whole Foods)는 데이터 분석을 사용해 비즈니스를 운영하는 기업이며, 데이터 분석을 기반으로 많은 결정을 내린다. 수집하는 데이터의 종류, 수집할 수 있는 데이터의 양, 데이터 사용 방법에 대해 생각해보자.

이전에 살펴본 식료품 매장의 예를 살펴보자. 식료품 매장을 100개로 확장해 설립하려면 어떻게 해야 할까? 당연히 매출 거래는 단일 매장보다 100배나 더 큰 규모로 수집되고 저장돼야 한다. 하지만 더 이상 독립적으로 동작하는 비즈니스는 없다. 현지 뉴스, 트윗, 옐프 리뷰, 고객 불만, 설문 조사 활동, 다른 매장과의 경쟁, 인구 통계 변경, 지역 경제 등에서 시작하는 많은 정보가 있다. 해당되는 모든 추가 데이터는 고객 행동과 수익 모델을 잘 이해하는 데 도움이 될 수 있다.

예를 들어 매장 주차장 시설에 대해 부정적 감정이 증가하면 이를 분석하고 손님용 주차장이나 시청의 대중교통 부서와의 협상을 진행해 매장에 이전보다 편하게 접근할 수 있도록 더 많은 열차나 버스를 증차시키는 올바른 조치를 취할 수 있다.

이와 같이 증가하는 양과 다양한 데이터는 더 좋은 분석을 제공하지만, 비즈니스 IT 조직에서는 모든 데이터를 저장, 처리, 분석하는 데 어려움을 겪을 것이다. 사실 테라바이트^{TB}를 보게 되는 것은 드문 일이 아니다.

 매일 2백경 바이트(2엑사바이트)의 데이터를 생성하고 있고, 지난 몇 년 동안 데이터의의 90% 이상이 생성된 것으로 추정하고 있다.

1KB = 1024Bytes

1MB = 1024KB

1GB = 1024MB

1TB = 1024GB ~ 1,000,000 MB

1PB = 1024TB ~ 1,000,000 GB ~ 1,000,000,000 MB

1EB = 1024PB ~ 1,000,000 TB ~ 1,000,000,000 GB ~ 1,000,000,000,000 MB

1990년대 이후 많은 양의 데이터가 있었고 데이터를 이해할 필요성이 커지면서 빅데이터라는 용어가 생겨났다.

컴퓨터 과학과 통계/계량 경제학에서 사용되는 빅데이터라는 용어는 1990년대 중반, 존 매시(John Mashey)가 실리콘 그래픽스(Silicon Graphics) 사와의 유명한 점심 식사 대화에서 나온 것이라고 알려져 있다.

2001년 컨설팅 업체인 Meta Group Inc(이후 Gartner가 인수)의 분석가인 Doug Laney는 3V(다양성^{variety}, 속도^{velocity}, 볼륨^{volume})에 대한 아이디어를 발표했다. 이제는 3V에 데이터 진실성^{Veracity}이 추가돼 3V 대신 4V를 사용한다.

빅데이터의 4V

다음은 빅데이터의 속성을 설명하는 데 사용되는 빅데이터의 4V다.

데이터의 다양성(variety)

기상 센서, 자동차 센서, 센서 데이터, 페이스북 업데이트, 트윗, 거래, 판매, 마케팅에서 데이터를 얻을 수 있다. 데이터 형식은 구조화돼 있는 것도 있고 구조화돼 있지 않기도 하다. 바이너리, 텍스트, JSON 및 XML과 같이 데이터 타입이 다를 수 있다.

데이터 속도(velocity)

데이터 웨어하우스, 배치 모드의 파일 저장소, 거의 실시간 업데이트, 방금 예약한 우버 탑승 시 실시간 업데이트를 통해 데이터를 얻을 수 있다.

데이터의 볼륨(volume)

1시간, 1개월, 1년, 1년 또는 10년 동안 데이터를 수집하고 저장할 수 있다. 많은 기업의 데이터 크기가 100TB로 증가하고 있다.

데이터의 진실성(veracity)

실행에 옮길 수 있는 통찰력을 얻기 위해 데이터를 분석해야 하지만 여러 데이터 소스에서 모든 타입의 많은 데이터가 들어오기 때문에 정확성과 정확도를 보장하기가 매우 어렵다.

다음은 빅데이터의 4V다.

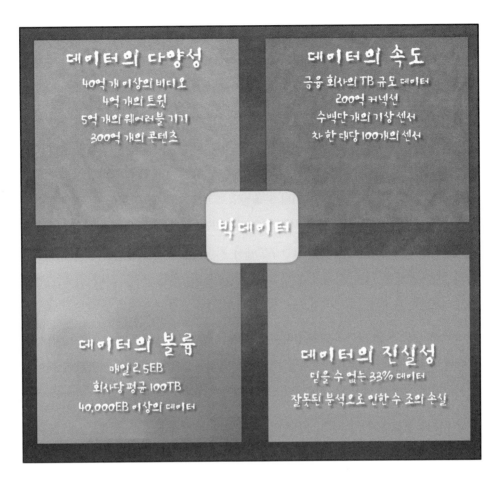

빅데이터의 모든 데이터를 이해하고 데이터 분석을 적용하려면 빅데이터의 4V를 다루는, 훨씬 큰 규모에서 운영할 수 있는 데이터 분석 개념을 확장해야 한다. 이는 데이터 분석에 사용되는 툴, 기술, 방법뿐만 아니라 문제 해결 방법까지도 변경함을 의미한다. 1999년에 비즈니스 데이터를 SQL 데이터베이스에 사용했다면 이제는 동일한 비즈니스의 데이터를 처리하기 위해 빅데이터에 맞게 확장 가능하고 조정 가능한 분산 SQL 데이터베이스가 필요하다.

빅데이터 분석 애플리케이션에는 외부 시스템과 외부 소스 데이터(예, 기상 데이터 또는 타사 정보 서비스 제공 업체가 수집한 소비자에 관한 인구 통계 데이터)가 포함되는 경우가 있다. 게다가 스파크의 스트리밍 모듈, 다른 오픈소스 스트림 처리 엔진(예, 플링크^{Flink}, 스톰^{Storm})을 사용해 하둡 시스템에 공급되는 데이터를 사용자들이 실시간으로 분석할 수 있기 때문에 빅데이터 환경에서는 스트리밍 분석 애플리케이션이 보편화되고 있다.

초기 빅데이터 시스템은 대부분 빅데이터를 수집, 구성, 분석하는 대규모 조직에서 사내에서 사용할 목적으로 주로 활용됐다. 그러나 클라우드 플랫폼 공급업체(예, 아마존 웹 서비스^{AWS, Amazon Web Services}와 마이크로소프트)는 하둡 공급업체(예, 클라우데라^{Cloudera}와 호튼웍스^{Hortonworks})가 하던 빅데이터 프레임워크 배포 기능을 지원할 수 있어서 클라우드에서 하둡 클러스터를 쉽게 설정하고 관리할 수 있었다. 또한 사용자는 AWS와 마이크로소프트 애저^{Microsoft Azure} 클라우드에서 지속적인 소프트웨어 라이선스가 필요하지 않는 종량제 가격 정책을 기반으로 클라우드의 클러스터를 늘려 필요한 만큼 길게 실행해 본 다음 오프라인으로 설정할 수 있다.

거대한 데이터 분석 시스템을 운영하는 조직에서 실수할 수 있는 위험성은 내부 분석 기술의 부족, 약한 기술력을 이겨낼 수 있는 경험이 풍부한 데이터 과학자와 데이터 엔지니어의 채용과 관련된 고비용을 포함한다.

일반적으로 관련 데이터 양과 데이터의 다양성으로 인해 데이터 품질, 일관성, 관리 등의 영역에서 데이터 관리 이슈가 발생할 수 있다. 또한 빅데이터 아키텍처에 다양한 플랫폼과 데이터 저장소를 사용함으로써 데이터 저장소를 만들 수 있다. 또한 하둡, 스파크, 기타 빅데이터 툴을 조직의 빅데이터 분석 요구를 충족시키는 응집력 있는 아키텍처로 통합하는 것은 많은 IT 팀과 분석 팀에게 도전적인 과제다. 따라서 많은 IT 팀과 분석 팀은 기술을 제대로 식별하고 기술을 툴과 함께 잘 배치해야 한다.

▌하둡을 이용한 분산 컴퓨팅

현실 세계는 스마트 냉장고, 스마트 시계, 전화, 태블릿, 노트북, 공항의 키오스크, ATM을 통해 현금을 지급하는 등 다양한 장치로 가득하다. 불과 몇 년 전에만 해도 상상조차 할 수 없었던 일을 이제는 진행할 수 있다. 인스타그램^{Instagram}, 스냅챗 ^{Snapchat}, 지메일^{Gmail}, 페이스북^{Facebook}, 트위터^{Twitter}, 핀터레스트^{Pinterest}는 우리에게 익숙 한 애플리케이션이다. 해당 애플리케이션에 접근할 수 없는 날은 상상할 수 없을 만큼 힘들다.

클라우드 컴퓨팅의 출현으로 몇 번의 클릭만으로 100대를 돌릴 수 있고, AWS, 마이크 로소프트웨어 애저, 구글 클라우드^{Google Cloud}의 1,000대 컴퓨터를 사용할 수 있고, 엄청 난 자원을 사용해 모든 종류의 비즈니스 목표를 달성할 수 있다.

클라우드 컴퓨팅은 IaaS, PaaS, SaaS 개념을 도입해 모든 타입의 사용 사례와 비즈니 스 요구 사항을 충족시킬 수 있는 확장 가능한 인프라를 구축하고 운영할 수 있게 해준다.

IaaS(Infrastructure as a Service): 데이터 센터, 전원 코드, 에어콘 등이 필요 없고 안정적인 관리 하드웨어를 제공한다.

PaaS(Platform as a Service): IaaS 외에 윈도우(Windows), 리눅스(Linux), 데이터베 이스(Database) 등과 같은 관리 플랫폼을 제공한다.

SaaS(Software as a Service): SaaS 외에 세일즈포스(SalesForce), 카약(Kayak. com)과 같은 관리 서비스를 모든 사람에게 제공한다.

IaaS, PasS, SaaS 뒤에는 데이터의 PB^{PetaBytes}를 저장하고 처리할 수 있는 확장성이 뛰어난 분산 컴퓨팅 환경을 갖고 있다.

1 엑사바이트 = 1024 페타바이트(5천만 개의 블루레이 영화)

1 페타바이트 = 1024 테라바이트(5만 개의 블루레이 영화)

1 테라바이트 = 1024 기가바이트(50개의 블루레이 영화)

영화용 블루레이 디스크 1장의 평균 크기는 20GB 이상이다.

이제 분산 컴퓨팅의 패러다임은 새로운 주제가 아니며, 주로 연구 기관이나 일부 상업용 제품 회사에서 분산 컴퓨팅을 수십 년 동안 다양한 형태로 연구돼 왔다. MPP Massively Parallel Processing는 해양학, 지진 모니터링, 우주 탐사와 같은 분야에서 수십 년 전부터 사용되던 패러다임이다. 또한 테라데이터Teradata와 같은 일부 기업에서는 MPP 플랫폼을 구현하고 상용 제품과 애플리케이션을 제공했다. 결국 구글과 아마존 같은 기술 업체들이 확장 가능한 분산 컴퓨팅의 틈새 영역을 새로운 진화 단계로 빠르게 밀고 나가게 됐고, 결국 버클리 대학Berkeley University에서 스파크가 탄생하게 된 것이다.

구글은 **맵리듀스**MR와 **구글 파일 시스템**GFS, Google File System에 대한 논문을 발표했다. 해당 파일 시스템은 모든 사람에게 분산 컴퓨팅의 원칙을 가져다 줬다. 더그 커팅이 구글 백서를 통해 구글 파일 시스템의 개념을 구현했고, 온 세계에 하둡을 소개했다. 물론 더그 커팅은 그 공로를 인정받아야 할 것이다.

아파치 하둡 프레임워크Apache Hadoop Framework는 자바로 작성된 오픈소스 소프트웨어 프레임워크다. 아파치 하둡 프레임워크가 제공하는 두 가지 주요 영역은 스토리지storage와 처리processing다. 스토리지의 경우 하둡 프레임워크는 2003년 10월에 발표된 구글 파일 시스템을 기반의 하둡 분산 파일 시스템HDFS, Hadoop Distributed File System을 사용한다. 처리(또는 컴퓨팅)의 경우 프레임워크는 2004년 12월에 MR 관련 구글 논문 기반의 맵리듀스에 의존한다.

맵리듀스 프레임워크는 V1(잡 트래커(Job Tracker)와 태스크 트래커(Task Tracker))에서 V2로 진화됐다.

하둡 분산 파일 시스템(HDFS)

HDFS는 자바로 구현된 소프트웨어 기반의 파일 시스템이고 네이티브 파일 시스템 기반 위에서 동작한다. HDFS의 기본 개념은 파일 전체를 처리하는 대신 파일을 블록block(일반적으로 128MB)으로 분할한다는 것이다. 이는 배포, 복제, 에러 복구, 더 중요하게는 여러 물리 서버를 사용한 블록 분산 처리와 같은 많은 기능을 사용할 수 있었다.

블록 크기는 목적과 관계없이 64MB, 128MB, 256MB 또는 512MB가 될 수 있다. 128MB 블록의 1GB 파일의 경우에는 1024MB/128MB = 8블록이 될 것이다. 복제 인자(replication factor) 3을 고려하면 24블록이 될 것이다.

HDFS는 내결함성과 장애 복구 기능을 갖춘 분산 스토리지 시스템을 제공한다. HDFS에는 네임 노드name node와 데이터 노드data node라는 두 가지 주요 컴포넌트가 있다. 네임 노드는 파일 시스템의 모든 내용에 대한 모든 메타데이터를 포함한다. 데이터 노드는 네임 노드에 연결하고 파일 시스템의 내용과 관련된 모든 메타데이터 정보를 포함하는 네임 노드에 의존한다. 네임 노드가 어떠한 정보도 알지 못한다면 데이터 노드는 HDFS를 읽고 저장하기를 원하는 클라이언트에 어떠한 서비스도 제공할 수 없다.

다음은 HDFS 아키텍처다.

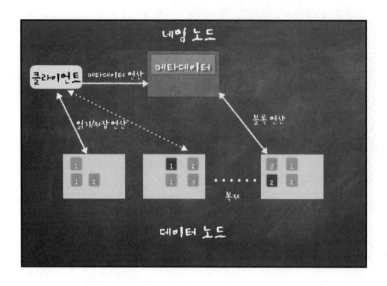

네임 노드와 데이터 노드는 JVM 프로세스이기 때문에 자바를 지원하는 모든 물리 서버에서는 네임 노드 또는 데이터 노드 프로세스를 실행할 수 있다. 하나의 네임 노드만 존재(HA 배치를 계산하면 두 번째 네임 노드도 존재할 것이다)하지만 1,000개가 아닌 100개의 데이터 노드가 있을 것이다.

많은 데이터 집중적인 애플리케이션이 있는 실제 상용 환경에서는 모든 데이터 노드의 모든 연산은 네임 노드를 압도하는 경향이 있기 때문에 1,000개의 데이터 노드를 두는 것은 바람직하지 않다.

클러스터에 단일 네임 노드가 존재하면 시스템의 아키텍처는 크게 단순하다. 네임 노드는 모든 HDFS 메타데이터와 클라이언트의 중재자이자 저장소이며, 데이터 읽기/ 저장을 원하는 모든 클라이언트는 먼저 메타데이터 정보를 갖고 있는 네임 노드에 접속한다. 데이터를 1개의 네임 노드로 관리되는 100개의 데이터 노드(페타바이트 크기 의 데이터)로 보내려면 네임 노드를 통하지 않고서는 결코 흘러갈 수 없다.

HDFS는 대부분의 다른 파일 시스템과 유사한 디렉토리와 파일을 가진 전통적인 계층 적 파일 시스템을 지원한다. 파일과 디렉토리를 생성, 이동, 삭제할 수 있다. 네임 노드는 파일 시스템 네임스페이스를 유지하고 모든 변경 사항과 파일 시스템의 상태를 기록한다. 애플리케이션은 HDFS에 의해 유지돼야 하는 파일의 복제본 수를 지정할 수 있고 정보는 네임 노드에도 저장된다.

HDFS는 데이터 노드로 구성된 큰 클러스터에서 여러 물리 서버로 구성된 분산 방식을 사용해 매우 큰 파일을 안정적으로 저장하게 설계됐다. 복제replication, 결함 허용fault tolerance, 분산 컴퓨팅distributed computing을 처리하기 위해 HDFS는 각 파일을 일련의 블록block으로 저장한다.

네임 노드는 블록 복제와 관련된 모든 결정을 내린다. 해당 결정은 주로 하트 비트heartbeat 간격마다 주기적으로 수신되는 클러스터의 각 데이터 노드에서 보낸 블록 리포트block report에 따라 달라진다. 블록 보고서는 데이터 노드의 모든 블록 리포트를 포함하며, 네임 노드는 해당 리포트를 메타데이터 저장소에 저장한다.

네임 노드는 모든 메타데이터를 메모리에 저장하고 HDFS에서 읽고 쓰는 클라이언트의 모든 요청을 처리한다. 그러나 네임 노드가 HDFS에 대한 모든 메타데이터를 유지 관리하는 마스터 노드이기 때문에 일관되고 안정적인 메타데이터 정보를 유지 관리하는 것이 중요하다. 메타데이터 정보가 손실되면 HDFS 콘텐츠에 접근할 수 없다.

메타데이터 손실을 막기 위해 네임 노드는 에디트 로그EditLog라는 트랜잭션 로그를 사용한다. 에디트 로그는 파일 시스템의 메타데이터에서 발생하는 모든 변경 사항을 기록한다. 에디트 로그를 변경하는 새로운 파일을 생성한다는 것은 파일을 옮기거나 파일의 이름을 변경한다거나 파일을 삭제한다는 것을 의미한다. 파일과 파일 시스템 속성에 대한 블록 매핑을 포함한 전체 파일 시스템 네임스페이스는 FsImage라는 파일에 저장된다. 또한 네임 노드는 모든 정보를 메모리에 유지한다. 네임 노드가 시작되면 에디트 로그가 로드되고 HDFS를 설정하기 위해 FsImage가 초기화된다.

그러나 데이터 노드는 HDFS에 대해 전혀 모르며, 저장된 데이터 블록만 순수하게 의존한다. 데이터 노드는 모든 연산을 수행하기 위해 네임 노드에 전적으로 의존한다.

클라이언트가 파일을 읽거나 파일에 저장하려 할 때 네임 노드가 연결할 데이터 노드를 클라이언트에게 알려준다.

HDFS 고가용성

HDFS는 네임 노드를 마스터(master)와 데이터 노드(slave)로 구성된 마스터-슬레이브 클러스터다. 이로 인해 클러스터에 단일 장애점(SPOF, Single Point of Failure)(마스터 네임 노드가 어떤 이유로 동작이 중지되는 것처럼 전체 클러스터를 사용할 수 없다)을 소개한다. HDFS 1.0은 클러스터를 복구할 수 있는 **보조 네임 노드**(Secondary Name Node)로 알려진 추가 마스터 노드를 지원한다. 이는 파일 시스템의 모든 메타데이터의 복제본을 유지함으로써 이뤄지며, 수동으로 유지 보수 작업이 필요로 하는 고가용성 시스템이 절대 아니다. HDFS 2.0은 **고가용성 기능**(HA, High Availability)을 추가해 한 차원 높였다.

HA는 한 네임 노드가 활성(active)이고 다른 노드가 비활성(passive)인 액티브-패시브(active-passive) 모드에서 2개의 네임 노드를 사용함으로써 동작한다. 기본 네임 노드가 실패하면 비활성화된 네임 노드가 마스터 노드의 역할을 대신한다.

다음 그림은 네임 노드의 활성-비활성 쌍이 배포되는 방법을 보여준다.

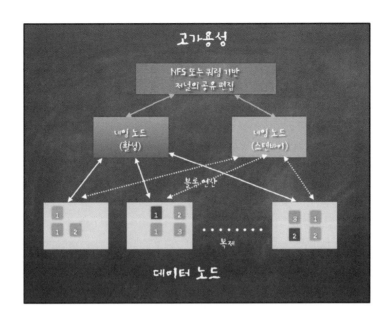

HDFS 페더레이션

HDFS 페더레이션[Federation]은 여러 네임 노드를 사용해 파일 시스템 네임스페이스를 분산시키는 방법이다. 단일 네임 노드를 사용해 전체 클러스터를 관리하고 클러스터의 크기가 커짐에 따라 확장성이 떨어지던 HDFS 1.0 버전과 달리 HDFS 페더레이션은 상당히 큰 클러스터를 지원할 수 있고, 페더레이션으로 구축된 여러 네임 노드를 사용한 이름 서비스[name service] 또는 네임 노드를 수평으로 확장할 수 있다.

다음 다이어그램을 살펴보자.

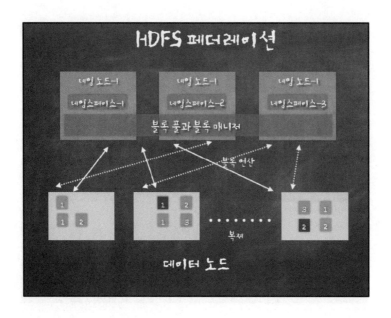

HDFS 스냅샷

하둡 2.0에는 데이터 노드에 저장된 파일 시스템(데이터 블록)의 스냅샷(읽기 전용 복사와 Copy-on-write)을 생성하는 새로운 기능이 추가됐다. 스냅샷을 사용하면 데이터 블록의 네임 노드 메타데이터를 사용해 디렉토리를 복사할 수 있다. 스냅 샷 생성은 바로 진행되며, 다른 일반 HDFS 연산과 간섭이 없다.

다음은 특정 디렉토리에서 스냅샷이 동작하는 방법을 보여주는 그림이다.

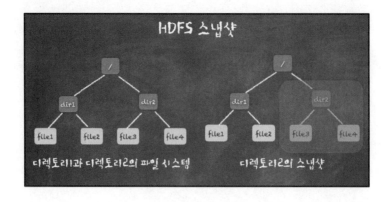

HDFS 읽기

클라이언트는 네임 노드에 연결하고 파일 이름을 사용해서 파일에 대해 묻는다. 네임 노드는 파일의 블록 위치를 검색하고 클라이언트에 해당 위치를 리턴한다. 그리고 클라이언트는 데이터 노드에 연결하고 필요한 블록을 읽을 수 있다. 네임 노드는 데이터 전송에 참여하지 않는다.

다음은 클라이언트에서 읽기를 요청하는 흐름이다. 먼저 클라이언트는 파일 위치를 얻은 후 데이터 노드에서 블록을 얻는다. 중간에 데이터 노드가 실패하면 클라이언트는 다른 데이터 노드에서 블록의 복제본을 얻는다.

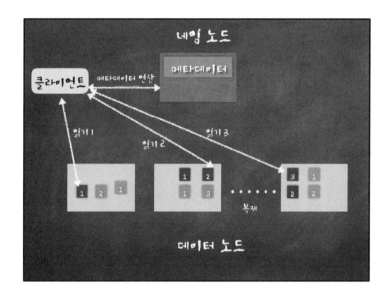

HDFS 저장

클라이언트는 네임 노드에 연결하고 네임 노드에 HDFS에 데이터를 저장할 수 있는지 묻는다. 네임 노드는 해당 정보를 검색하고 블록, 블록을 저장할 때 사용되는 데이터 노드, 사용할 복제 전략을 계획한다. 네임 노드는 어떤 데이터도 처리하지 않고 클라이언트에게 저장할 곳만 알려준다. 복제 파라미터가 3인 경우 복제 전략을 기반으로 첫 번째 데이터 노드가 블록을 수신하면 첫 번째 네임 노드는 첫 번째 데이터 노드에게 복제할 다른 위치를 알려준다. 따라서 클라이언트로부터 수신된 데이터 노드는 블록을 두 번째 데이터 노드(블록의 복제본이 저장돼야 하는 위치)로 보내고, 두 번째 데이터 노드는 해당 블록을 세 번째 데이터 노드로 보낸다.

다음은 클라이언트에서 보낸 저장 요청의 흐름이다. 먼저 클라이언트는 저장 위치를 얻은 후 첫 번째 데이터 노드에 저장한다. 블록을 수신한 데이터 노드는 블록의 복제본을 보유해야 하는 데이터 노드에 블록을 복제한다. 이는 클라이언트를 통해 이미 저장된 모든 블록에서 복제가 발생한다. 데이터 노드의 블록 복제가 중간에 실패하면 네임 노드가 결정한 대로 다른 데이터 노드로 블록이 복제된다.

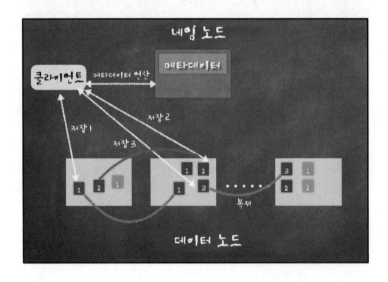

지금까지 HDFS가 블록, 네임 노드, 데이터 노드를 사용해 분산 파일 시스템을 제공하는 방법을 살펴봤다. 데이터가 PB 단위로 저장되면 비즈니스의 다양한 사용 사례를 충족시키기 위해 실제로 데이터를 처리하는 것도 중요하다.

맵리듀스 프레임워크는 분산 처리를 수행하기 위해 하둡 프레임워크에서 생성됐다. 관련 내용은 다음 절에서 자세히 살펴본다.

맵리듀스 프레임워크

맵리듀스MR, MapReduce 프레임워크를 사용하면 분산 애플리케이션을 작성할 수 있으며, HDFS와 같은 파일 시스템에서 대량의 데이터를 안정성과 내결함성을 유지하며 처리할 수 있다. 데이터를 처리하기 위해 맵리듀스 프레임워크를 사용하고 싶다면 먼저 잡job을 생성한 후 맵리듀스 프레임워크에서 해당 잡을 실행시켜 필요한 태스크를 수행한다.

맵리듀스 작업은 매퍼Mapper 태스크가 동작 중인 워커 노드에서 입력 데이터를 병렬로 분할하면서 동작한다. 이때 HDFS 레벨이나 매퍼 태스크의 실패에서 발생하는 모든 장애는 내결함성을 유지하기 위해 자동으로 처리된다. 매퍼 태스크가 완료되면 네트워크를 통해 결과는 리듀서Reducer 태스크가 실행 중인 다른 시스템으로 복사된다.

이 개념을 이해할 수 있는 쉬운 방법은 여러분과 여러분의 친구들이 여러 과일을 상자에 분류하고 싶어 한다고 상상해보는 것이다. 과일을 분류하려면 각자에게 한 개의 과일 바구니에 모두 섞어 여러 상자로 나누는 작업을 할당해야 한다. 그리고 각 사람은 해당 과일 바구니로 똑같이 작업한다.

마지막에는 모든 친구에게서 많은 과일 상자를 받고 끝난다. 그리고 상자에 동일한 종류의 과일을 넣고 상자의 무게를 재고 박스를 봉인하기 위해 특정 그룹으로 할당할 수 있다.

다음은 과일 바구니를 가져와 과일 종류별로 과일을 분류하는 아이디어를 보여준다.

맵리듀스 프레임워크는 하나의 자원 관리자와 여러 노드 관리자로 구성된다(일반적으로 노드 관리자는 HDFS의 데이터 노드와 함께 존재한다). 애플리케이션을 실행하려 할 때 클라이언트는 애플리케이션 마스터를 실행한 다음, 컨테이너 형태의 자원을 클러스터에서 얻기 위해 자원 관리자와 협상한다.

> 컨테이너는 태스크와 프로세스를 실행할 수 있게 단일 노드에 할당된 CPU(코어)와 메모리를 나타낸다. 노드 관리자는 컨테이너를 감독하고 자원 관리자가 컨테이너를 예약한다.
> 컨테이너의 예는 다음과 같다.
>
> 1 코어 + 4GB 램
> 2 코어 + 6GB 램
> 4 코어 + 20GB 램

일부 컨테이너는 매퍼로 할당되고 다른 컨테이너는 리듀서가 되도록 지정된다. 이 모든 것은 자원 관리자와 함께 애플리케이션 마스터에 의해 조정된다. 이런 프레임워크는 얀YARN, Yet Another Resource Negotiator이라 부른다.

다음은 얀을 묘사한 것이다.

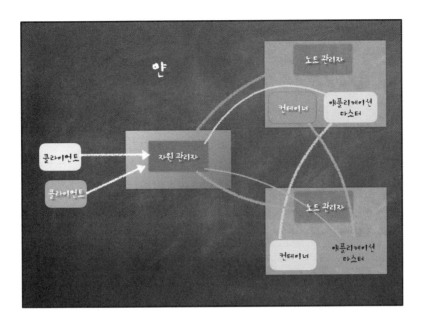

맵리듀스 프레임워크를 보여주는 고전적인 예는 단어 집계다. 다음은 입력 데이터를
처리하는 다양한 단계로서 먼저 입력을 여러 워커 노드로 분할한 후 최종 결과로 단어
개수를 출력한다.

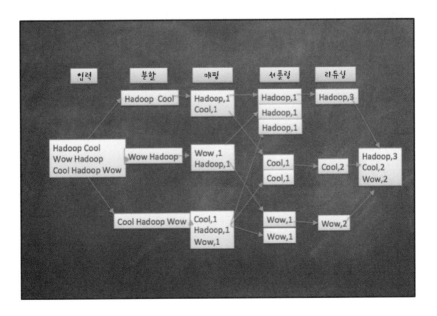

맵리듀스 프레임워크는 전 세계에서 매우 성공적으로 쓰이고 있고, 대부분의 기업에서 채택돼 사용하고 있지만 주로 데이터를 처리하는 방식 때문에 이슈가 발생할 수도 있다. 하이브^{Hive}와 피그^{Pig}처럼 맵리듀스를 쉽게 사용할 수 있는 기술이 여럿 등장했지만 맵리듀스의 복잡성은 여전히 남아 있다.

하둡 맵리듀스에는 다음과 같은 여러 제한 사항이 있다.

- 디스크 기반 처리로 인한 성능 병목 현상이 있다.
- 일괄 처리는 모든 요구를 충족시키지 못한다.
- 프로그램 코드는 많고 복잡할 수 있다.
- 자원 재사용을 거의 하지 않기 때문에 태스크 스케줄링이 느리다.
- 실시간 이벤트 처리를 수행할 좋은 방법이 없다.
- 머신 러닝은 종종 반복 처리를 포함하기 때문에 너무 오래 걸리고, 맵리듀스는 해당 작업을 수행하기에 너무 느리다.

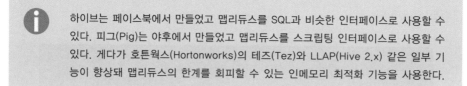

하이브는 페이스북에서 만들었고 맵리듀스를 SQL과 비슷한 인터페이스로 사용할 수 있다. 피그(Pig)는 야후에서 만들었고 맵리듀스를 스크립팅 인터페이스로 사용할 수 있다. 게다가 호튼웍스(Hortonworks)의 테즈(Tez)와 LLAP(Hive 2.x) 같은 일부 기능이 향상돼 맵리듀스의 한계를 회피할 수 있는 인메모리 최적화 기능을 사용한다.

다음 절에서 하둡 기술의 한계를 이미 해결한 스파크에 대해 살펴본다.

▌ 아파치 스파크

스파크는 서로 다른 작업 부하와 플랫폼에 걸친 통합 분산 컴퓨팅 엔진이다. 스파크는 다양한 플랫폼에 연결할 수 있고 스파크 스트리밍, 스파크 ML, 스파크 SQL, 스파크 GraphX 같은 다양한 패러다임을 사용해 다양한 데이터 작업을 처리할 수 있다.

스파크는 데이터 작업자가 스트리밍 머신 러닝을 실행하거나 데이터셋에 대해 빠른 대화식 접근이 필요한 SQL 작업 부하를 효율적으로 실행할 수 있게 고급스럽고 풍부한 API를 갖춘 빠른 인메모리 데이터 처리 엔진이다. 스파크는 스파크 코어^{Spark Core}와 관련 라이브러리로 구성된다. 코어는 분산 실행 엔진이고 스파크의 자바, 스칼라, 파이썬 API는 분산 애플리케이션 개발을 위한 플랫폼으로 사용할 수 있다. 스파크 코어 위에 구축된 추가 라이브러리를 통해 스트리밍, SQL, 그래프 처리, 머신 러닝을 구현할 수 있다. 예를 들어 스파크 ML은 데이터 과학을 위해 설계됐고 추상화를 통해 데이터 과학을 쉽게 사용할 수 있게 한다.

스파크는 실시간 스트리밍, 쿼리, 머신 러닝, 그래프 처리 기능을 제공한다. 스파크 이전에는 배치 분석, 대화식 쿼리, 실시간 스트리밍 처리, 머신 러닝 알고리즘을 위한 다양한 타입의 작업에 서로 다른 기술을 사용해야 했다. 그러나 스파크는 항상 통합되지 않은 여러 기술을 사용하는 대신 스파크만 사용해 이전에 언급한 모든 작업을 수행할 수 있다.

 스파크를 사용하면 모든 타입의 작업을 처리할 수 있다. 또한 스파크 클라이언트 프로그램을 작성할 때 스파크의 스칼라, 자바, R, 파이썬을 사용할 수 있다.

스파크는 맵리듀스 패러다임에 비해 다음과 같은 중요한 장점을 가진 오픈소스 분산 컴퓨팅 엔진이다.

- 가능한 한 많이 인메모리에서 처리한다.
- 배치, 실시간 작업에 사용할 수 있는 범용 엔진이다.
- 얀과 메소스와 호환 가능하다.
- HBase, 카산드라^{Cassandra}, 몽고DB^{MongoDB}, HDFS, 아마존 S3, 기타 파일 시스템과 데이터 소스와 잘 통합된다.

2009년 버클리대학에서 스파크가 만들어졌고 여러 종류의 클러스터 컴퓨팅 시스템을 지원하는 클러스터 관리 프레임워크인 메소스를 구축하기 위한 프로젝트의 결과였다. 다음 표를 살펴보자.

버전	릴리스 날짜	이정표
0.5	2012-10-07	상용 환경이 아닌 환경에서 사용할 수 있는 버전
0.6	2013-02-07	다양한 변경 사항을 포함한 릴리스
0.7	2013-07-16	다양한 변경 사항을 포함한 릴리스
0.8	2013-12-19	다양한 변경 사항을 포함한 릴리스
0.9	2014-07-23	다양한 변경 사항을 포함한 릴리스
1.0	2014-08-05	상용 환경에 배포될 수 있고 하위 호환성을 포함한 처음 릴리스 버전. 스파크 배치(Spark Batch), 스파크 스트리밍(Spark Streaming), 샤크(Shark), MLLib, GraphX
1.1	2014-11-26	다양한 변경 사항을 포함한 릴리스
1.2	2015-04-17	구조화 타입, SchemaRDD(나중에 DataFrame으로 진화됨)
1.3	2015-04-17	구조화/반구조화 원본 데이터에서 읽기 위한 통합 API를 제공하는 API
1.4	2015-07-15	SparkR, 데이터 프레임 API, 텅스텐(Tungsten) 진화
1.5	2015-11-09	다양한 변경 사항을 포함한 릴리스
1.6	2016-11-07	데이터셋 DSL을 소개
2.0	2016-11-14	ML, 구조화 스트리밍(Structured Streaming), SparkR 개선을 위한 기본 레이어인 데이터 프레임과 데이터셋 API
2.1	2017-05-02	이벤트 타임 워터마크(event time watermark), ML, GraphX 개선
2.2	2017-07-11	구조화 스트리밍(Structured Streaming) 안정화와 다양한 변경 사항을 포함한 릴리스
2.3	2018-02-28	구조화 스트리밍에서의 지속적인 처리 기능과 쿠버네티스 스케줄러와 연동

스파크 2.3 릴리스에서는 구조화 스트리밍에 지속적인 처리(https://databricks. com/blog/2018/03/20/low-latency-continuous-processing-mode-in-structured- streaming-in-apache-spark-2-3-0.html)가 가능하고 쿠버네티스(Kubernetes) 스케줄러 백엔드와 통합 기능(https://spark.apache.org/docs/2.3.0/running- on-kubernetes.html)이 포함됐다.

스파크는 다음과 같은 기능을 갖춘 분산 컴퓨팅 플랫폼이다.

- 간단한 API를 통해 여러 노드의 데이터를 투명하게 처리한다.
- 장애를 탄력적으로 처리한다.
- 주로 메모리를 사용하지만 필요에 따라 데이터를 디스크에 저장한다.
- 자바, 스칼라, 파이썬, R, SQL API를 지원한다.
- 동일한 스파크 코드를 하둡 얀, 메소스, 클라우드에서 독립형으로 실행할 수 있다.

암시, 고차 함수, 구조화 타입 등과 같은 스칼라 기능을 사용해 DSL을 쉽게 작성할 수 있을 뿐 아니라 프로그래밍 언어와 통합할 수 있다.

스파크는 스토리지 레이어를 제공하지 않으며, HDFS 또는 아마존 S3 등을 사용한다. 따라서 하둡 기술을 스파크로 대체하더라도 신뢰할 수 있는 저장소 레이어를 제공하려면 HDFS가 필요하다.

아파치 쿠두(Apache Kudu)는 HDFS의 대안 기술이며, 스파크와 쿠두 저장소 레이어를 통합해 스파크와 하둡 생태계를 더욱 분리한다.

하둡과 스파크는 모두 대중적인 빅데이터 프레임워크이지만, 실제로 같은 목적을 달성하지 못한다. 하둡은 분산 스토리지와 맵리듀스 분산 컴퓨팅 프레임워크를 제공하지만 스파크는 다른 기술이 제공하는 분산 데이터 스토리지에서 동작하는 데이터 처리 프레임워크다.

스파크는 데이터를 처리하는 방식 때문에 일반적으로 맵리듀스보다 훨씬 빠르다. 맵리듀스는 디스크 연산을 사용하는 스플릿^{split}에서 동작하며, 스파크는 맵리듀스보다 데이터셋 기반 위에서 훨씬 효율적으로 동작한다. 스파크는 디스크 기반 계산에 주로 의존하기보다 효율적인 오프라인 힙 인메모리 처리 방식을 적용함으로써 스파크의 성능이 향상됐다.

 데이터 연산과 보고서 요구 사항이 대부분 정적이면 일괄 처리 방식을 사용하는 것이 좋지만 맵리듀스 처리 스타일로 충분할 수 있다. 그러나 스트리밍 데이터에 대해 분석을 수행해야 하거나 처리 요구 사항에 다단계 처리 논리가 필요하다면 스파크를 사용하고 싶을 것이다.

스파크 스택에는 3개의 레이어가 있다. 맨 아래 레이어는 독립형^{standalone}, 얀, 메소스를 사용할 수 있는 클러스터 관리자다.

 로컬(local) 모드를 사용하면 클러스터 관리자를 사용할 필요가 없다.

클러스터 관리자 위의 중간에 위치한 스파크 코어 레이어는 작업 기본 설정을 수행하고 저장소와 상호작용할 수 있는 모든 기본 API를 제공한다.

상단에는 대화식 쿼리를 제공하는 스파크 SQL, 실시간 분석을 위한 스파크 스트리밍, 머신 러닝을 위한 스파크 ML, 그래프 처리를 위한 스파크 GraphX 같이 스파크 코어 위에서 실행되는 모듈이 있다.

스파크의 3개 레이어는 다음과 같다.

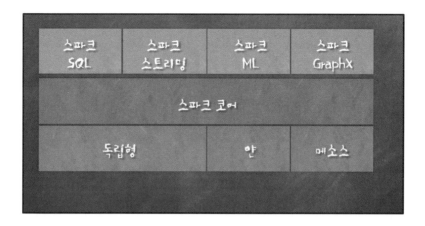

이 다이어그램에서 살펴볼 수 것처럼 스파크 SQL, 스파크 스트리밍, 스파크 ML, GraphX 같은 다양한 라이브러리는 모두 중간 레이어인 스파크 코어 위에 위치한다. 맨 아래 레이어에는 다양한 클러스터 관리자 옵션을 볼 수 있다.

이제 각 컴포넌트를 간단히 살펴보자.

스파크 코어

스파크 코어Spark Core는 다른 모든 기능이 기반으로 하는 스파크 플랫폼의 기본 실행 엔진이다. 스파크 코어는 잡job 실행에 필요하며 다른 엘리먼트에서 필요한 기본 스파크 기능을 포함한다. 외부 스토리지 시스템에서 인메모리 컴퓨팅과 참조 데이터셋을 제공하며, 가장 중요한 것은 RDDResilient Distributed Dataset다.

게다가 스파크 코어에는 HDFS, 아마존 S3, HBase, 카산드라, 관계형 데이터베이스 등과 같은 다양한 파일 시스템에 접근할 수 있는 로직이 포함돼 있다. 스파크 코어는 네트워킹, 보안, 스케줄링뿐 아니라 분산 컴퓨팅에서 필요한 고확장성, 내결함성 플랫폼을 구축할 수 있는 데이터 셔플링shuffling과 같은 기본적인 기능을 제공한다.

6장과 7장에서 스파크 코어를 자세히 설명한다.

데이터 프레임/데이터셋은 RDD를 기반으로 만들어졌고, 스파크 SQL에 도입됐다. 데이터 프레임과 데이터셋은 많은 사용 사례에서 RDD보다 표준이 되고 있다. RDD는 완전히 구조화되지 않은 데이터를 처리하는 측면에서 여전히 유연하지만, 조만간 데이터셋 API가 결국 핵심 API가 될 것 같다.

스파크 SQL

스파크 SQL은 스파크 코어 위에 있는 컴포넌트로서 SchemaRDD라는 새로운 데이터 추상화를 도입해 구조화structured 데이터와 반구조화semi-structured 데이터를 지원한다. 스파크 SQL은 스파크와 하이브 QL에서 지원하는 SQL 부분집합을 사용해 분산된 구조화 데이터셋을 조작하는 기능을 제공한다. 스파크 SQL은 텅스텐Tungsten 프로젝트의 일부로서 데이터 프레임과 데이터셋을 통해 구조화된 데이터 처리를 훨씬 단순하게 처리한다. 또한 스파크 SQL은 다양한 구조화된 포맷, 데이터 소스, 파일, 파퀘이parquet, orc, 관계형 데이터베이스, 하이브, HDFS, S3 등에 데이터의 읽기/저장 기능을 지원한다. 스파크 SQL은 모든 작업을 최적화해 속도를 향상시키기 위해 **카탈리스트**Catalyst라고 하는 쿼리 최적화 프레임워크를 제공한다(RDD와 비교해 스파크 SQL가 몇 배 더 빠르다). 또한 스파크 SQL은 쓰리프트thrift 서버를 포함한다. 외부 시스템에서 스파크 SQL의 쓰리프트 서버를 사용해 기존 JDBC와 ODBC 프로토콜로 데이터를 쿼리할 수 있다.

스파크 SQL은 8장에서 자세히 다룬다.

272

스파크 스트리밍

스파크 스트리밍은 HDFS, 카프카^{Kafka}, 플룸^{Flume}, 트위터, ZeroMQ, 키네시스^{Kinesis} 등과 같은 다양한 소스의 실시간 스트리밍 데이터를 수집해 스트리밍을 분석하는 스파크 코어의 빠른 스케줄링 기능을 활용한다. 스파크 스트리밍은 데이터를 청크^{chunk}로 처리하기 위해 데이터의 마이크로 배치를 사용하며, DStreams로 알려진 개념을 사용한다. 스파크 스트리밍은 RDD에서 동작하고, 스파크 코어 API에서 트랜스포메이션^{transformation}과 액션^{action}을 일반 RDD로 적용할 수 있다. 스파크 스트리밍 연산은 다양한 기술을 사용해 자동으로 장애를 복구할 수 있다. 스파크 스트리밍은 단일 프로그램에서 다른 스파크 컴포넌트와 결합해 머신 러닝, SQL, 그래프 연산과 함께 실시간 처리를 통합할 수 있다.

 스파크 스트리밍에 대해서는 9장에서 자세히 다룬다.

게다가 새로운 구조화 스트리밍 API를 사용하면 스파크 스트리밍 프로그램을 스파크 배치 프로그램과 유사하게 만들 수 있고, 스파크 2.0 버전 이상의 스파크 스트리밍 라이브러리에 스트리밍 데이터를 적용해 실시간 쿼리를 수행할 수 있다.

스파크 GraphX

GraphX는 스파크 기반 위의 분산 그래프 처리 프레임워크다. 그래프는 버텍스^{vertex}와 버텍스를 연결하는 에지^{edge}로 구성된 데이터 구조다. GraphX는 그래프 RDD로 표현될 수 있는 그래프를 생성하는 기능을 제공한다. GraphX는 프레젤^{Pregel} 추상화 API를 사용해 사용자 정의 그래프를 모델링할 수 있는 그래프 계산을 표현하는 API를 제공한다. 또한 GraphX는 프레젤 추상화에 대해 최적화된 런타임을 제공한다. GraphX에는 페이지랭크, 연결된 컴포넌트, 최단 경로, SVD++ 등과 같은 그래프 이론의 가장 중요한 알고리즘 구현이 포함돼 있다.

10장에서 스파크 Graphx에 대해 자세히 다룬다.

그래프 프레임^{GraphFrame}이라는 새로운 모듈이 https://graphframes.github.io/에서 개발 중이다. 그래프 기반의 데이터 프레임을 사용해 그래프 처리를 더 쉽게 진행할 수 있다. GraphX는 RDD에 속해 있는 것처럼 그래프 프레임은 데이터 프레임/데이터 셋에 속해 있다. 또한 그래프 프레임은 현재 GraphX와는 별개이지만 향후에 그래프 프레임을 많이 사용하게 될 때 GraphX의 모든 기능을 지원할 것으로 예상된다.

스파크 ML

스파크 MLlib는 스파크 코어 위의 머신 러닝 분산 프레임워크며, RDD의 형태로 데이터셋를 변환하는 데 사용되는 머신 러닝 모델을 처리한다. 스파크 MLlib는 로지스틱 회귀, 나이브 베이즈$^{Naive Bayes}$ 분류, SVM$^{Support Vector Machines}$, 결정 트리, 임의 포리스트, 선형 회귀, ALS$^{Alternating Least Squares}$, k-평균 클러스터링 같은 다양한 알고리즘을 제공하는 머신 러닝 알고리즘 라이브러리다. 스파크 ML은 스파크 코어, 스파크 스트리밍, 스파크 SQL, GraphX와 완벽하게 통합돼 데이터를 실시간 또는 일괄 처리할 수 있는 진정한 통합 플랫폼을 제공한다.

 스파크 ML은 11장에서 자세히 다룬다.

게다가 PySpark와 SparkR은 스파크 클러스터와 상호작용하고 파이썬 API와 R API를 사용하는 수단으로 사용할 수 있다. 스파크의 파이썬과 R 통합 기능은 실제 많은 데이터 과학자와 머신 러닝 모델러에게 열려 있음을 의미한다. 데이터 과학자가 일반적으로 사용하는 언어는 파이썬과 R이다. 스파크가 파이썬 통합과 R 통합을 지원하는 이유는 스칼라라는 새로운 언어를 배우기 위해 치뤄야 할 비싼 프로세스를 피할 수 있고 파이썬과 R로 작성된 많은 기존 코드를 활용해 모든 것을 처음부터 모든 것을 구축하지 않고 팀의 생산성을 향상시킬 수 있다는 점이다.

주피터^{Jupyter}와 제플린^{Zeppelin} 같은 노트북 기술을 사용하면 스파크와의 상호작용을 훨씬 쉽게 진행할 수 있지만, 특히 많은 가설과 분석이 필요한 스파크 ML에서 특히 유용하다.

PySpark

PySpark는 파이썬 기반 스파크 컨텍스트^{SparkContext}와 파이썬 스크립트를 태스크로 사용하고, 소켓과 파이프를 사용해 프로세스를 실행해 자바 기반 스파크 클러스터와 파이썬 스크립트 간에 통신한다. 또한 PySpark는 PySpark에서 자바 기반 RDD와 동적으로 인터페이스할 수 있게 PySpark에 통합된 Py4J를 사용한다.

 스파크 익스큐터가 실행 중인 모든 워커 노드에 파이썬을 설치해야 한다.

다음은 PySpark가 처리될 자바와 파이썬 스크립트 사이에서 통신하는 방법을 보여준다.

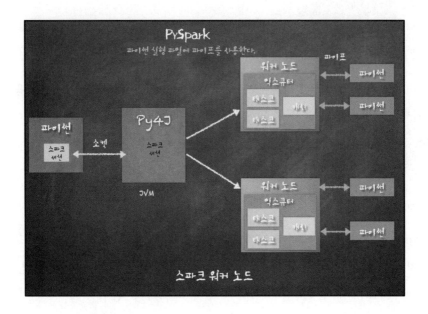

SparkR

SparkR은 스파크의 R을 사용할 수 있는 경량 프론트엔드를 제공하는 R 패키지다. SparkR은 검색, 필터링, 집계 등과 같은 작업을 지원하는 분산 데이터 프레임 구현을 제공한다. SparkR은 MLlib를 사용한 머신 러닝 분산 플랫폼도 지원한다. SparkR은 R 기반 스파크 컨텍스트와 R 스크립트를 태스크로 사용하고, 자바 기반 스파크 클러스터와 R 스크립트 간의 통신이 이뤄지도록 실행 중인 프로세스에 JNI와 파이프를 사용한다.

 R은 스파크 익스큐터가 실행 중인 모든 워커 노드에 설치돼야 한다.

다음은 SparkR이 처리될 자바와 R 스크립트 간의 통신하는 방법을 보여준다.

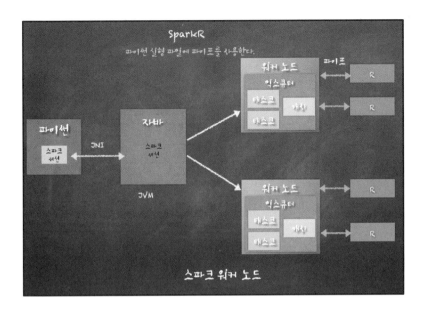

요약

하둡과 맵리듀스 프레임워크의 발전 과정을 살펴봤고, 얀^{YARN}, HDFS 개념, HDFS 읽기와 저장, 주요 기능과 문제점을 다뤘다. 그다음 스파크의 발전 과정, 즉 스파크가 처음 만들어진 이유와 도전적인 빅데이터 분석과 처리를 해결할 수 있는 가치도 살펴봤다.

마지막으로 스파크의 다양한 컴포넌트, 즉 파이썬과 R 언어 코드를 스파크와 통합하는 수단으로 스파크 코어, 스파크 SQL, 스파크 스트리밍, 스파크 GraphX, 스파크 ML, PySpark, SparkR을 살펴봤다.

지금까지 빅데이터 분석, 하둡 분산 컴퓨팅 플랫폼의 세계와 진화, 스파크의 최종 개발 릴리스, 스파크로 몇 가지 문제를 해결하는 방법에 대한 개략적인 개요를 살펴봤다. 이제 스파크를 살펴볼 준비가 됐고, 사용 사례를 통해 스파크 사용 방법을 다루기 시작할 것이다.

6장에서는 스파크를 더 깊이 다루며, 스파크의 내부 동작 방식에 대해 살펴본다.

06

스파크로 REPL과
RDD 작업

모든 최신 기술은 사람들이 세상의 모든 것을 즉시 시도할 수 있게 도와준다.

– 빌 와터슨(Bill Watterson)

6장에서는 스파크의 동작 방법을 다룬다. 그리고 스파크의 기본 추상화인 RDD에 대해 소개하며, 스칼라와 유사한 API를 제공하는 분산 컬렉션도 살펴본다. 스파크를 다운로드하는 방법과 스파크 셸을 사용해 로컬에서 실행하는 방법도 살펴본다.

6장에서 다루는 내용은 다음과 같다.

- 스파크에 대해 깊이 살펴보기
- 스파크 설치
- RDD 소개

- 스파크 셸 사용
- 트랜스포메이션과 액션
- 캐싱
- 데이터 로드와 저장

▌ 스파크에 대해 깊이 살펴보기

스파크는 우아하고 표현력이 풍부한 개발 API를 갖춘 빠른 인메모리 데이터 처리 엔진이다. 또한 개발 API를 통해 데이터 워커 노드^{worker node}가 스트리밍 머신 러닝이나 데이터셋에 대해 빠른 대화식 접근이 필요한 SQL 작업을 효율적으로 실행할 수 있게 한다. 스파크는 스파크 코어와 관련 라이브러리로 구성된다. 스파크 코어는 분산 실행 엔진이며, 자바, 스칼라, 파이썬 API는 분산 애플리케이션 개발을 위한 플랫폼을 제공한다.

스파크 코어 기반으로 작성된 추가 라이브러리를 통해 스트리밍, SQL, 그래프 처리, 머신 러닝 작업을 수행할 수 있다. 예를 들어 SparkML은 데이터 과학을 위해 설계됐고, 추상화를 통해 데이터 과학을 더욱 쉽게 구현할 수 있다.

스파크에서 분산 컴퓨팅을 계획하고 수행할 수 있도록 스파크는 스테이지^{Stage}와 태스크^{Task}를 사용하는 여러 워커 노드에서 잡이 실행되게 한다. 스파크는 워커 노드의 클러스터에서 실행을 제어하는 드라이버를 포함한다. 그리고 드라이버는 모든 워커 노드뿐 아니라 현재 각 워커 노드가 수행하는 작업을 추적한다.

다양한 컴포넌트를 살펴보자. 주요 컴포넌트는 드라이버와 익스큐터이며, 모두 JVM 프로세스(자바 프로세스)다.

- **드라이버**^{Driver}: 드라이버 프로그램에는 애플리케이션, main 프로그램이 들어 있다. 스파크 셸을 사용하고 있다면 스파크 셸은 드라이버 프로그램이 되고, 드라이버는 클러스터에 익스큐터를 시작시키고 태스크 실행을 제어한다.

- **익스큐터**^{Executor}: 익스큐터는 클러스터의 워커 노드에서 실행 중인 프로세스다. 익스큐터 내부에서 개별 태스크나 계산이 실행된다. 각 워커 노드에 하나 이상의 익스큐터가 존재할 수 있고, 비슷하게 각 익스큐터 내에 여러 태스크가 존재할 수 있다. 드라이버가 클러스터 관리자에 연결할 때 클러스터 관리자는 익스큐터를 실행하는 데 자원을 할당한다.

 TIP 클러스터 관리자는 독립형, 얀, 메소스, 쿠버네티스가 될 수 있다.

클러스터 관리자는 클러스터를 구성하는 계산 노드 전체에 대해 자원 예약과 자원 할당을 담당한다. 일반적으로 클러스터 관리자는 자원 클러스터를 알고 관리하는 관리자 프로세스를 통해 수행되며, 스파크와 같은 요청 프로세스에 자원을 할당한다. 다음 절에서 독립형과 클러스터 관리자인 얀, 메소스, 쿠버네티스를 살펴본다.

다음은 스파크가 하이레벨에서 동작하는 방식을 설명한 그림이다.

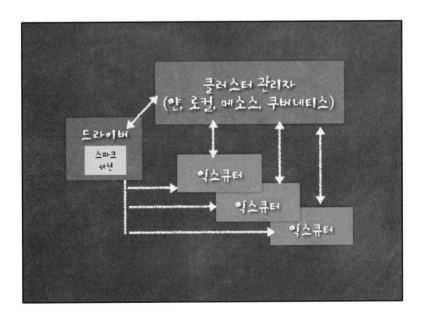

스파크 프로그램의 주요 진입점은 **SparkContext**다. **SparkContext**는 드라이버 컴포넌트 내부에 있으며, 스케줄러, 태스크 배포, 조정^{orchestration}을 실행하는 코드와 함께 클러스터에 대한 커넥션을 의미한다.

스파크 2.x에서 SparkSession이라는 새로운 변수가 도입됐다. SparkContext, SQLContext, HiveContext는 이제 SparkSession의 멤버 변수다.

드라이버^{Driver} 프로그램을 시작하면 커맨드는 **SparkContext**를 통해 클러스터에 전달되고, 여러 익스큐터^{Executor}에서 해당 잡을 실행한다. 실행이 완료되면 드라이버 프로그램은 잡을 완료시킨다. 이런 관점에서 봤을 때 스파크에서 더 많은 커맨드를 실행하고 더 많은 잡을 실행할 수 있다.

하둡 프레임워크의 모든 MapReduce 잡 또는 하이브(Hive) 쿼리 또는 피그(Pig) 스크립트는 메모리를 사용하는 대신 시간이 많이 걸리는 디스크를 사용한다. 따라서 실행해야 할 각 태스크를 처음부터 모두 처리한다. 그러나 스파크 아키텍처에서는 SparkContext를 유지하고 재사용한다.

클러스터에서 **SparkContext**는 RDD, 누산기^{accumulator}, 브로드캐스트^{broadcast} 변수를 생성할 때 사용할 수 있다. JVM/자바 프로세스당 하나의 **SparkContext**만 활성화할 수 있다. 새로운 **SparkContext**를 생성하기 전에 활성화된 **SparkContext**에 **stop**을 호출해야 한다.

드라이버는 코드를 파싱하고 실행될 익스큐터에 바이트 레벨 코드를 직렬화한다. 계산을 수행할 때 인메모리 처리를 사용해 각 노드별로 로컬 레벨에서 실제로 계산이 수행된다.

코드를 파싱하고 실행 계획을 세우는 과정은 드라이버 프로세스에 의해 구현되는 핵심 요소다.

다음은 스파크 드라이버가 클러스터에서 계산을 조정하는 방법이다.

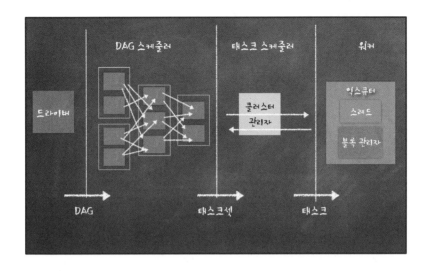

DAG^{Directed Acyclic Graph}는 스파크 프레임워크의 비밀 소스다. 드라이버 프로세스는 분산 처리 프레임워크를 사용해 실행할 코드에 대한 태스크의 DAG를 생성한다. 그다음에 DAG는 익스큐터를 실행하기 위한 자원에 대해 클러스터 매니저와 통신함으로써 태스크 스케줄러에 의해 실제 스테이지와 태스크에서 실행된다. DAG는 잡을 의미하며 잡은 스테이지^{stage}라 부르는 부분집합으로 나눌 수 있고, 각 스테이지는 태스크로 실행된다(태스크마다 하나의 코어를 사용한다).

간단한 잡과 DAG가 스테이지와 태스크로 분리되는 부분을 다음 두 그림으로 표현한다. 첫 번째 그림은 잡 자체를 보여주고, 두 번째 그림은 태스크와 잡의 스테이지를 보여준다.

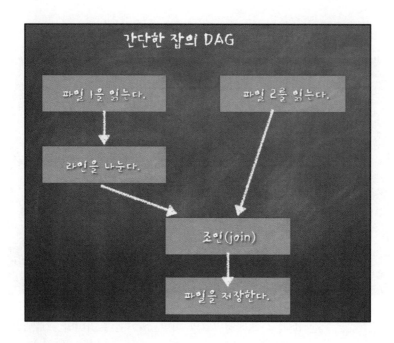

다음 그림은 이제 잡과 DAG를 스테이지와 태스크로 나눈다.

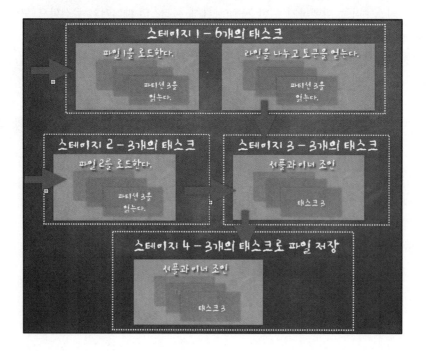

284

스테이지 개수와 스테이지의 구성은 연산의 종류에 따라 결정된다. 일반적으로 모든 트랜스포메이션은 이전과 같은 스테이지에 있지만, 리듀스나 셔플과 같은 모든 태스크는 항상 새로운 실행 스테이지를 생성한다. 태스크는 스테이지의 일부이며, 익스큐터의 연산을 실행하는 코어와 직접적으로 관련돼 있다.

얀이나 메소스를 클러스터 관리자로 사용하면 얀 동적 스케줄러를 사용할 수 있다. 해당 스케줄러는 더 많은 태스크가 필요하면 익스큐터 개수를 늘릴 수 있고 유휴 (idle) 익스큐터를 종료할 수 있다.

따라서 드라이버는 전체 실행 프로세스의 내결함성[fault tolerance]을 관리한다. 드라이버에 의해 잡이 종료될 때 파일, 데이터베이스, 콘솔로 출력이 저장될 수 있다.

드라이버 프로그램 자체 코드는 모든 변수와 객체를 포함해 완전히 직렬화가 가능해야 한다는 점을 기억해야 한다.

흔히 볼 수 있는 에러는 직렬화가 가능하지 않거나 블록 외부의 전역 변수를 포함할 때 발생하는 에러다.

따라서 드라이버 프로세스는 익스큐터, 스테이지, 태스크처럼 사용된 자원을 모니터링하고 관리하면서 전체 실행 프로세스를 관리하며, 모든 자원이 계획대로 잘 동작하는지 확인하고 익스큐터 노드 또는 전체 익스큐터 노드에서 태스크 실패와 같은 여러 장애 상황에서 복구한다.

▌ 아파치 스파크 설치

스파크는 크로스플랫폼 프레임워크로서 리눅스, 윈도우, 맥 장비에 자바를 설치한 상태에서 사용될 수 있다. 이 절에서는 스파크 설치 방법을 살펴본다.

스파크는 http://spark.apache.org/downloads.html에서 다운로드할 수 있다.

먼저 장비에서 스파크를 사용할 수 있는 사전 요구 사항을 살펴보자.

- 자바 8 이상(모든 스파크 소프트웨어가 JVM 프로세스로 실행돼야 하므로 필수 사항이다)
- 파이썬 3.4 이상(선택 사항이며 PySpark를 사용하려는 경우에만 사용된다)
- R 3.1 이상(선택 사항이며 SparkR을 사용하려는 경우에만 사용된다)
- 스칼라 2.11 이상(선택 사항이며 스파크 프로그램 작성에만 사용된다)

스파크는 다음과 같은 세 가지 기본 배포 모드로 배포할 수 있다.

- 독립형 스파크
- 얀 기반의 스파크
- 메소스 기반의 스파크

스파크 독립형

스파크 독립형은 얀이나 메소스와 같은 외부 스케줄러에 의존하지 않고 내장된 스케줄러를 사용한다. 독립형 모드로 스파크를 설치하려면 클러스터의 모든 장비에 스파크 바이너리 설치 패키지를 복사해야 한다.

독립형 모드에서 클라이언트는 spark-submit 또는 스파크 셸을 통해 클러스터와 상호작용할 수 있다. 두 경우 모두 드라이버는 스파크 마스터 노드와 통신해 워커 노드를 얻는다. 그리고 워커 노드의 익스큐터는 제출된 애플리케이션을 실행한다.

> ℹ️ 클러스터와 상호작용하는 각 클라이언트는 워커 노드에 클라이언트에 속한 익스큐터
> 를 생성한다. 또한 각 클라이언트는 자체 드라이버 컴포넌트를 갖는다.

다음은 마스터 노드와 워커 노드를 사용하는 스파크의 독립형 배포에 대한 그림이다.

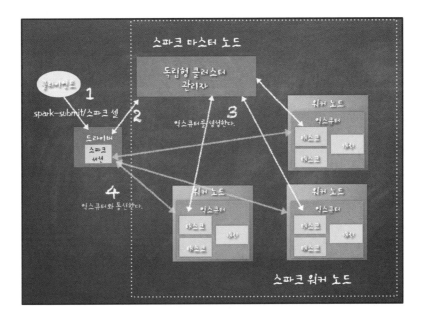

이제 리눅스/맥에서 스파크를 독립형 모드로 다운로드하고 설치해보자.

1. http://spark.apache.org/downloads.html에서 스파크를 다운로드한다. 현재
   최신 버전은 2.3.2이므로 이 책에서는 2.3.2를 설치한다.

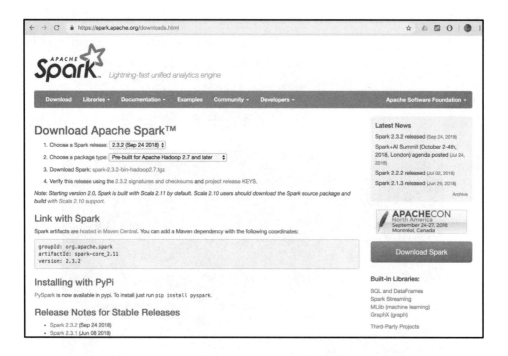

2. 로컬 디렉토리에서 스파크 패키지를 추출한다.

```
tar -xvzf spark-2.3.2-bin-hadoop2.7.tgz
```

3. 디렉토리를 새로 생성된 디렉토리로 변경한다.

```
cd spark-2.3.2-bin-hadoop2.7
```

4. 다음 단계에서 JAVA_HOME과 SPARK_HOME에 대한 환경 변수를 설정한다.

   1. JAVA_HOME은 자바가 설치된 위치로 설정돼야 한다. 맥 터미널에서 JAVA_HOME을 다음과 같이 설정한다.

288

```
export JAVA_HOME=/Library/Java/JavaVirtualMachines/
        jdk1.8.0_121.jdk/Contents/Home/
```

2. SPARK_HOME은 새로 압축을 푼 디렉토리여야 한다. 맥 터미널에서 SPARK_
   HOME을 다음과 같이 설정한다.

```
export SPARK_HOME= /Users/myuser/spark-2.3.2-bin-hadoop2.7
```

5. 스파크 셸을 실행해 스파크가 동작하는지 확인한다. 스파크 셸이 동작하지
   않으면 JAVA_HOME과 SPARK_HOME 환경 변수를 확인한다. ./bin/spark-shell
6. 이제 다음과 같이 스파크 셸이 표시된다.

```
$ ./bin/spark-shell
2018-10-18 19:52:50 WARN  NativeCodeLoader:62 - Unable to load native-hadoop library for your platform... using b
uiltin-java classes where applicable
Setting default log level to "WARN".
To adjust logging level use sc.setLogLevel(newLevel). For SparkR, use setLogLevel(newLevel).
Spark context Web UI available at http://172.26.100.221:4040
Spark context available as 'sc' (master = local[*], app id = local-1539859974689).
Spark session available as 'spark'.
Welcome to
      ____              __
     / __/__  ___ _____/ /__
    _\ \/ _ \/ _ `/ __/  '_/
   /___/ .__/\_,_/_/ /_/\_\   version 2.3.2
      /_/

Using Scala version 2.11.8 (Java HotSpot(TM) 64-Bit Server VM, Java 1.8.0_101)
Type in expressions to have them evaluated.
Type :help for more information.

scala>
```

7. 마지막 부분에 스칼라/스파크 셸이 보일 것이다. 이제 스파크 클러스터와 상
   호작용할 준비가 됐다

```
scala>
```

이제 스파크가 실행 중인 로컬 클러스터에 연결된 스파크 셸을 갖게 됐다. 이 방식은
로컬 장비에서 스파크를 실행하는 가장 빠른 방법이다. 그러나 여전히 워커/익스큐터

를 제어할 수 있을 뿐만 아니라 모든 클러스터(독립형/얀/메소스/쿠버네티스)에 연결할 수도 있다. 이 부분이 스파크의 힘이다. 또한 대화형 테스팅 모드에서 클러스터 테스팅을 빠르게 이동할 수 있고, 잡을 대규모 클러스터에 배포할 수 있다. 이런 원활한 통합은 하둡과 여타 기술을 사용할 때 구현할 수 없는 많은 장점을 제공한다.

 모든 설정을 알고 싶다면 공식 문서(http://spark.apache.org/docs/latest/)를 참조하길 바란다.

다음처럼 스파크 셸을 시작하는 방법은 여러 가지다. 다음 절에서 스파크 셸을 자세히 설명할 뿐 아니라 스파크 셸의 많은 옵션을 설명한다.

- 로컬 장비의 기본 셸은 자동으로 로컬 장비를 마스터로 선택한다.

```
./bin/spark-shell
```

- n개의 스레드를 가진 로컬 장비를 마스터로 지정하는 로컬 장비의 기본 셸은 다음과 같다.

```
./bin/spark-shell --master local[n]
```

- 지정된 스파크 마스터에 연결하는 로컬 장비의 기본 셸은 다음과 같다.

```
./bin/spark-shell --master spark://<IP>:<포트>
```

- 클라이언트 모드를 사용해 얀 클러스터에 연결하는 로컬 장비의 기본 셸은 다음과 같다.

```
./bin/spark-shell --master yarn --deploy-mode client
```

● 클러스터 모드를 사용해 얀 클러스터에 연결하는 로컬 장비의 기본 셸은 다음
과 같다.

```
./bin/spark-shell --master yarn --deploy-mode cluster
```

또한 스파크 드라이버에는 웹 UI가 있다. 웹 UI를 통해 스파크 클러스터, 실행 중인
익스큐터, 잡, 태스크, 환경 변수, 캐시에 대한 모든 것을 이해할 수 있다. 물론 가장
중요한 용도는 잡을 모니터링하는 것이다.

 TIP http://127.0.0.1:4040/jobs/에 접속해서 로컬 스파크 클러스터에 대한 웹 UI를 실행
한다.

다음은 웹 UI의 Jobs 탭이다.

다음은 클러스터의 모든 익스큐터를 보여주는 Executors 탭이다.

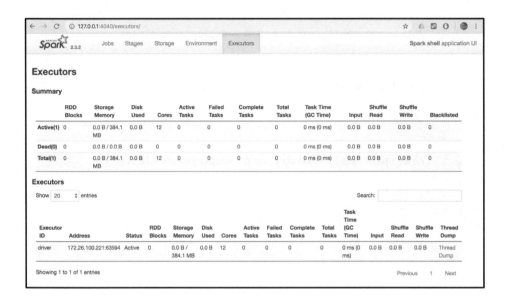

얀 기반의 스파크

얀^{YARN} 모드의 클라이언트는 얀 자원 관리자와 통신하고 스파크를 실행할 수 있는 컨테이너를 얻는다. 작은 스파크 클러스터와 같이 해당 컨테이너를 사용자에게 전용으로 배포하는 것처럼 생각할 수 있다.

 클러스터와 상호작용하는 여러 클라이언트는 클러스터 노드(노드 관리자)에서 자체 익스큐터를 생성한다. 또한 각 클라이언트에는 자체 드라이버 컴포넌트가 있다.

얀을 사용해 실행하는 경우 스파크는 얀 클라이언트 모드나 얀 클러스터 모드로 실행할 수 있다.

292

얀 클라이언트 모드

얀 클라이언트 모드에서 드라이버는 클러스터 외부의 특정 노드(일반적으로 클라이언트가 있는 노드)에서 실행된다. 드라이버는 먼저 스파크 잡을 실행하기 위해 자원을 요청하는 자원 관리자에 접속한다. 자원 관리자는 특정 컨테이너(컨테이너 0)를 할당하고 드라이버에 응답한다. 그다음 드라이버는 컨테이너 0에서 스파크 애플리케이션 마스터를 실행한다. 그리고 스파크 애플리케이션 마스터는 자원 관리자가 할당한 컨테이너에 익스큐터를 생성한다. 얀 컨테이너는 노드 관리자가 제어하는 클러스터에서 모든 노드에 존재할 수 있다. 따라서 자원 관리자가 모든 할당을 관리한다.

스파크 애플리케이션 마스터는 익스큐터를 시작할 수 있게 다음 컨테이너를 얻기 위해 익스큐터를 시작하도록 자원 관리자와 대화해야 한다.

다음은 얀 클라이언트 모드의 스파크 배포다.

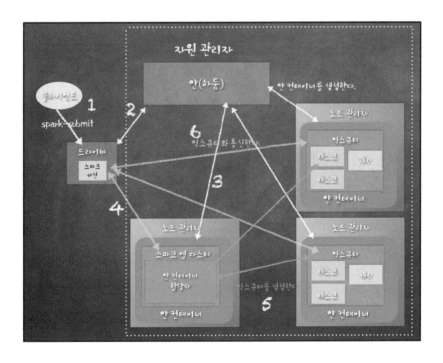

얀 클러스터 모드

얀 클러스터 모드에서 드라이버는 클러스터의 특정 노드에서 실행된다(일반적으로 애플리케이션 마스터가 있는 위치). 클라이언트는 먼저 스파크 잡을 실행하기 위해 자원을 요청하는 자원 관리자에 연결한다. 자원 관리자는 특정 컨테이너(컨테이너 0)를 할당하고 클라이언트에게 알려준다. 그다음 클라이언트는 코드를 클러스터에 제출하고 드라이버와 스파크 애플리케이션 마스터를 컨테이너 0에 실행한다. 드라이버는 애플리케이션 마스터와 스파크 애플리케이션 마스터를 함께 실행시킨 후 자원 관리자가 할당한 컨테이너에 익스큐터를 생성한다. 얀 컨테이너는 노드 관리자가 제어하는 클러스터의 모든 노드에 존재할 수 있다. 따라서 모든 할당은 자원 관리자가 관리한다.

익스큐터를 실행하기 위해 다음 컨테이너를 얻으려면 스파크 애플리케이션 마스터는 자원 관리자와 통신해야 한다.

다음은 스파크의 얀 클러스터 모드 배포다.

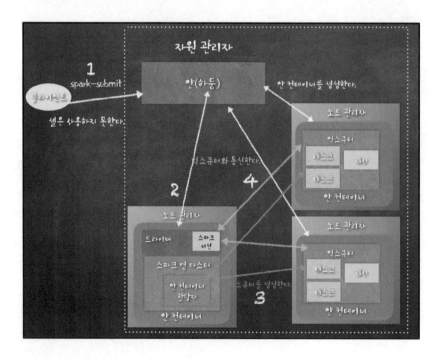

드라이버 자체는 얀 내부에서 실행되기 때문에 얀 클러스터 모드에서는 셸 모드가 없다.

메소스 기반의 스파크

메소스 배포는 스파크 독립형 모드와 비슷해서 드라이버는 메소스 마스터와 통신하고 익스큐터를 실행하는 데 필요한 자원을 할당한다. 독립형 모드에서 살펴볼 수 있듯이 드라이버는 익스큐터와 통신해서 잡을 실행한다. 따라서 메소스 드라이버는 먼저 마스터와 통신한 후 모든 메소스 슬레이브 노드에 컨테이너의 요청을 보낸다.

여러 컨테이너가 스파크 잡에 할당되면 드라이버는 익스큐터를 시작한 다음 익스큐터에서 애플리케이션 코드를 실행한다. 스파크 잡이 완료되고 드라이버가 종료되면 메소스 마스터는 종료 알림을 받는다. 메소스 슬레이브 노드에 있는 컨테이너 형태의 모든 자원이 회수된다.

클러스터와 상호작용하는 클라이언트는 슬레이브 노드에서 클라이언트의 익스큐터를 생성한다. 또한 각 클라이언트에는 자체 드라이버 컴포넌트가 있다. 얀 모드와 마찬가지로 클라이언트 모드와 클러스터 모드를 사용할 수 있다.

다음 그림은 메소스 마스터 노드에 연결하는 드라이버를 묘사하는 스파크의 메소스 기반 배포다. 또한 모든 메소스 슬레이브의 모든 자원에 대한 클러스터 관리자를 포함하고 있다.

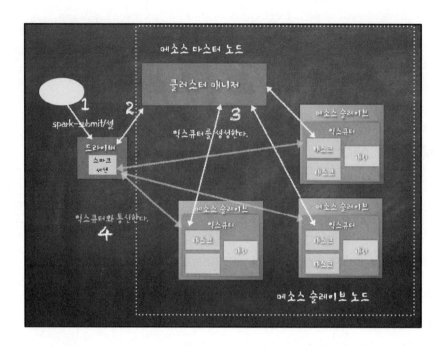

쿠버네티스 기반 스파크

쿠버네티스 기반에 스파크 애플리케이션이 동작하려면 스파크 2.3, 쿠버네티스 1.6 이상이어야 하며, 쿠버네티스 DNS 기능이 활성화돼야 한다.

spark-submit은 직접 쿠버네티스 클러스터에 스파크 애플리케이션을 제출하는 데 사용할 수 있다. 제출 메커니즘은 다음과 같이 동작한다.

- 스파크는 쿠버네티스 포드pod 내에서 작동하는 스파크 드라이버를 생성한다.
- 드라이버는 쿠버네티스 포드 내에서 실행되는 익스큐터를 생성하고 익스큐터와 커넥션을 맺은 후 애플리케이션 코드를 실행한다.
- 애플리케이션이 완료되면 익스큐터 포드가 종료되고 정리된다. 드라이버 포드는 로그를 유지하는데, 결국 가비지 컬렉션 되거나 수동으로 로그가 정리할 때까지 쿠버네티스 API에서는 '완료' 상태로 유지된다.

완료 상태에서 드라이버 포드는 계산하거나 메모리 자원을 사용하지 않는다. 드라이버 및 익스큐터 포드 스케줄링은 쿠버네티스가 처리한다. 드라이버와 익스큐터 포드는 노드 선택자^{node selector}를 통해 사용 가능한 노드 중 일부에서 설정 속성을 사용해 스케줄링할 수 있다.

다음 그림은 쿠버네티스 마스터 노드에 연결하는 드라이버를 묘사하는 스파크의 쿠버네티스 기반 배포다.

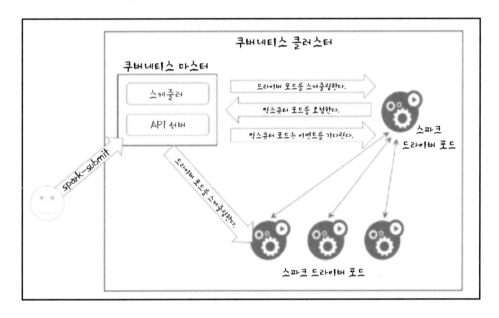

▌ RDD 소개

RDD^{Resilient Distributed Dataset}는 불변이며, 분산 컬렉션 객체다. 스파크 RDD는 복원력이 뛰어나고 내결함성이 있어 스파크에서 장애가 발생할 때 RDD를 복구할 수 있다. 불변성 특성 때문에 한번 생성된 RDD는 읽기 전용이다. 트랜스포메이션^{transformation}은 RDD에서 새로운 RDD를 생성할 수는 있지만, 원본 RDD는 생성된 후에는 결코 수정되지 않는다. 이로 인해 RDD는 경쟁 조건과 기타 동기화 문제에 영향을 받지 않는다.

RDD는 데이터에 대한 참조만 포함하기 때문에(반면 실제 데이터는 클러스터의 노드에 있는 파티션에 포함돼 있다) RDD의 분산 특성이 동작할 수 있다.

 개념적으로 RDD는 클러스터의 여러 노드에 걸쳐 존재하는 분산 엘리먼트 컬렉션이다. RDD를 여러 장비에 분산된 대규모 정수 배열로 생각한다면 잘 이해할 수 있을 것이다.

RDD는 실제로 클러스터에서 파티션으로 나눠진 데이터셋이고, 파티션 데이터는 HDFS^Hadoop Distributed File System, HBase 테이블, Cassandra 테이블, 아마존 S3에서 가져온 것일 수 있다.

내부적으로 각 RDD는 다음과 같은 5가지 주요 속성을 갖고 있다.

- 파티션 목록
- 각 파티션을 계산하는 함수
- 다른 RDD를 의존하는 리스트
- 선택적으로 키-값 RDD에 대한 파티셔너(예, RDD가 해시로 파티셔닝됨)
- 선택적으로 각 파티션을 계산하는 기본 위치 리스트(예, HDFS 파일의 블록 위치)

다음 그림을 자세히 살펴보자.

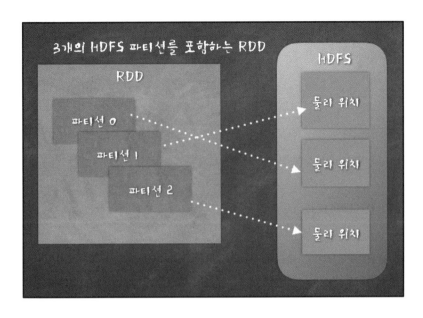

프로그램에서 드라이버는 RDD 객체를 분산 데이터의 핸들^{handle}로 다룬다. 실제 데이터에 사용하려면 실제 데이터를 사용하는 것이 아니라 데이터에 대한 포인터를 사용하는 것과 유사한 방식을 사용한다.

기본적으로 RDD는 해시 파티셔너^{partitioner}를 사용해 클러스터의 데이터를 파티셔닝한다. 파티션 개수는 클러스터의 노드 개수와는 별개다. 클러스터의 단일 노드에 여러 데이터 파티션이 존재할 수 있다. 존재하는 데이터의 파티션 개수는 클러스터가 가진 노드 개수와 데이터 크기에 전적으로 달려 있다. 노드에서 태스크가 어떻게 실행하는지 살펴보면 워커 노드의 익스큐터 하나에서 실행 중인 하나의 태스크가 동일한 로컬 노드나 원격 노드에서 사용 가능한 데이터를 처리할 수 있음을 알 수 있다. 이를 데이터의 지역성^{locality}이라고 하며, 실행 중인 태스크는 가장 가까운 로컬 데이터를 선택한다.

지역성 특성은 잡의 성능에 큰 영향을 준다. 기본적으로 지역성의 우선순위는 다음과 같다.

PROCESS_LOCAL 〉 NODE_LOCAL 〉 NO_PREF 〉 RACK_LOCAL 〉 ANY

노드가 얻을 수 있는 파티션의 개수를 보장할 수 없다. 단일 노드에서 여러 개의 파티션을 처리하는 데 너무 많은 파티션을 처리해야 하는 경우 모든 파티션을 처리하는 데 걸리는 시간이 늘어나고 익스큐터의 CPU에 과부하가 생겨 전체 스테이지의 속도가 느려지기 때문에 모든 익스큐터의 처리 효율성에 영향을 미친다. 이는 전체 잡을 직접적으로 느리게 한다. 실제로 파티셔닝은 스파크 잡의 성능을 향상시키는 주요 튜닝 요소 중 하나다. 다음 커맨드를 참조한다.

```
class RDD[T: ClassTag]
```

데이터를 읽을 때 RDD가 어떻게 보이는지 살펴보자. 다음 그림은 스파크가 여러 개로 나눠져 있는 데이터를 로드하기 위해 여러 워커를 사용하는 방법을 보여준다.

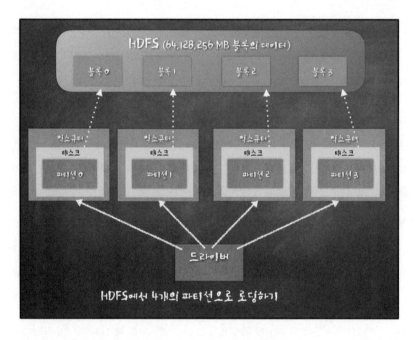

RDD가 어떻게 생성됐는와 상관없이 처음 RDD를 일반적으로 기본 RDD라고 부르며, 다양한 연산에 의해 생성된 모든 후속 RDD는 RDD 계보의 일부다. 기억해야 할 중요

한 부분으로 결함 허용과 복구에 대한 비밀은 드라이버가 RDD의 계보를 유지하고 RDD에서 손실된 블록을 복구하기 위해 계보를 실행할 수 있다.

다음은 연산 결과로 생성된 여러 RDD를 보여주는 예다. 기본 RDD로 시작한다. 해당 기본 RDD에는 24개의 항목이 있고 car와 일치하는 오직 3개의 아이템만 포함하는 다른 RDD인 carsRDD가 연산으로 생성된다.

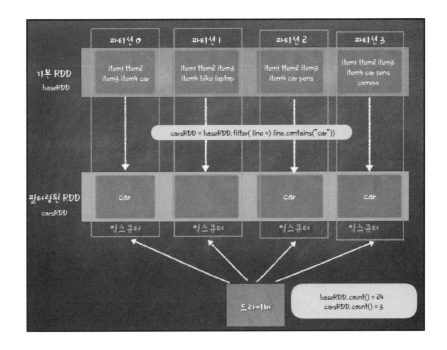

 각 익스큐터는 메모리에서 필터 연산을 적용해 원본 RDD 파티션에 해당되는 새로운 RDD 파티션을 생성하기 때문에 그림에서 연산이 적용될 때 파티션 개수는 변경되지 않는다.

다음 절에서 RDD를 생성하는 방법을 살펴보자.

RDD 생성

RDD는 스파크에서 사용되는 기본 객체다. RDD는 데이터셋을 대표하는 불변 컬렉션이며, 신뢰성과 실패 복구 기능을 내장하고 있다. 본질적으로 RDD는 트랜스포메이션이나 액션과 같은 연산을 수행할 때 새로운 RDD를 생성한다. 또한 RDD는 에러를 복구할 수 있도록 계보를 저장한다. 또한 5장에서 RDD를 생성하는 방법과 RDD에 적용할 수 있는 연산의 종류에 대해 자세히 설명했다.

RDD는 다음과 같은 여러 가지 방법으로 생성할 수 있다.

- 컬렉션 병렬화
- 외부 소스에서 데이터 로드
- 기존 RDD의 트랜스포메이션
- 스트리밍 API

컬렉션 병렬화

컬렉션을 병렬화한다는 것은 드라이버 프로그램에서 컬렉션에 `parallelize` 함수를 호출해 프로그램을 수행하는 것을 말한다. 드라이버는 컬렉션을 병렬 처리하려 할 때 컬렉션을 파티션으로 분할하고 클러스터 전체에 데이터 파티션을 분배한다.

다음은 SparkContext와 `parallelize` 함수를 사용해 일련의 숫자로 RDD를 생성하는 예다. `parallelize` 함수는 본질적으로 숫자 시퀀스를 RDD라 하는 분산 컬렉션으로 분할한다.

```
scala> val rdd_one = sc.parallelize(Seq(1,2,3))
rdd_one: org.apache.spark.rdd.RDD[Int] = ParallelCollectionRDD[0] at
parallelize at <console>:24

scala> rdd_one.take(10)
res0: Array[Int] = Array(1, 2, 3)
```

외부 소스에서 데이터 로드

RDD를 생성하는 두 번째 방법은 아마존 S3, 카산드라^{Cassandra}, HDFS 등과 같은 외부 분산 소스에서 데이터를 읽는 것이다. 예를 들어 HDFS에서 RDD를 생성하면 HDFS의 분산 블록은 스파크 클러스터의 개별 노드에서 모두 읽는다.

스파크 클러스터의 각 노드는 기본적으로 자체 입출력 작업을 수행하며, 각 노드는 독립적으로 HDFS 블록에서 하나 이상의 블록을 읽는다. 일반적으로 스파크는 최대한 많은 데이터를 가능한 한 메모리에 RDD로 저장하기 위해 최선을 다한다. 스파크 클러스터의 노드가 반복적인 읽기 연산(예, 스파크 클러스터가 원격에서 HDFS 블록을 읽을 수 있다)을 피할 수 있게 데이터를 캐싱^{caching}함으로써 입출력 작업을 줄일 수 있다. 스파크 프로그램에서 사용할 수 있는 많은 캐싱 전략이 있다. 캐싱에 대한 내용은 추후 다룬다.

다음은 스파크 컨텍스트와 textFile 함수를 사용해 텍스트 파일에서 텍스트 라인을 로드하는 RDD다. textFile 함수는 입력 데이터를 텍스트 파일로 로드한다(줄 바꿈은 \n으로 끝나는데, 이 부분이 RDD의 엘리먼트가 된다). 또한 textFile 함수를 호출하면 자동으로 HadoopRDD(7장에서 설명)를 사용해 여러 파티션 형태로 데이터를 탐색하고 로드한 후 클러스터 전체에 분산한다.[1]

```scala
scala> val rdd_two = sc.textFile("wiki1.txt")
rdd_two: org.apache.spark.rdd.RDD[String] = wiki1.txt MapPartitionsRDD[8] at textFile at <console>:24

scala> rdd_two.count
res6: Long = 9

scala> rdd_two.first
```

---

1. 예에서 사용된 wiki1.txt 파일은 https://github.com/knight76/Scala-and-Spark-for-Big-Data-Analytics/blob/master/data/wiki1.txt에 있다 ─ 옮긴이

```
res7: String = Apache Spark provides programmers with an application
programming interface centered on a data structure called the resilient
distributed dataset (RDD), a read-only multiset of data items distributed over
a cluster of machines, that is maintained in a fault-tolerant way.
```

기존 RDD에 대한 트랜스포메이션

RDD는 사실상 불변이다. 그러므로 기존 RDD에 트랜스포메이션을 적용해 RDD를 생성할 수 있다. 필터 함수는 트랜스포메이션의 대표적인 예다.

다음은 각 정수에 2를 곱하는 정수와 트랜스포메이션의 간단한 RDD다. 다시 말해서 SparkContext와 parallelize 함수를 사용해 시퀀스를 파티션 형식으로 배포해 RDD에 정수 시퀀스를 생성한다. 그다음 map 함수를 사용해 각 숫자에 2를 곱해 기존 RDD를 다른 RDD로 변환한다.

```scala
scala> val rdd_one = sc.parallelize(Seq(1,2,3))
rdd_one: org.apache.spark.rdd.RDD[Int] = ParallelCollectionRDD[0] at
parallelize at <console>:24

scala> rdd_one.take(10)
res0: Array[Int] = Array(1, 2, 3)

scala> val rdd_one_x2 = rdd_one.map(i => i * 2)
rdd_one_x2: org.apache.spark.rdd.RDD[Int] = MapPartitionsRDD[9] at map at
<console>:26

scala> rdd_one_x2.take(10)
res9: Array[Int] = Array(2, 4, 6)
```

스트리밍 API

또한 스파크 스트리밍을 이용해 RDD를 생성할 수 있다. 해당 RDD를 불연속 스트림 RDD^{Dstream RDD}라고 부른다.

> 9장에서 스트리밍 API를 자세히 살펴본다.

다음 절에서는 RDD를 생성하고 스파크 셸을 사용해 일부 연산을 살펴보자.

▌ 스파크 셸의 사용

스파크 셸은 데이터에 대해 대화형으로 분석할 수 있는 간단한 방법을 제공한다. 또한 다양한 API를 빠르게 확인해 보면서 스파크 API를 다룰 수 있다. 또한 스파크 셸은 스칼라 셸과 유사할 뿐 아니라 스칼라 API를 지원하기 때문에 스칼라 언어 구조에 빠르게 적응할 수 있고, 스파크 API를 활용할 수 있다.

> 스파크 셸은 계산할 코드를 입력해서 셸과 상호작용할 수 있는 REPL(Read-Evaluation-Print-Loop) 개념을 구현하고 있다. 그 결과로 컴파일할 필요 없이 콘솔에 출력되므로 실행 가능한 코드를 작성할 수 있다.

스파크를 설치한 디렉토리에서 다음을 실행한다.

```
./bin/spark-shell
```

스파크 셸이 실행되면 스파크 셸은 자동으로 SparkSession과 SparkContext 객체를 생성한다. SparkSession은 spark로, SparkContext는 sc로 사용할 수 있다.

스파크 셸은 다음 일부 옵션으로 시작할 수 있다(가장 중요한 것은 굵게 표시돼 있다).

./bin/spark-shell --help
Usage: ./bin/spark-shell [options]

Options:
--master MASTER_URL spark://host:port, mesos://host:port, yarn, or local.
--deploy-mode DEPLOY_MODE Whether to launch the driver program locally
("client") or
on one of the worker machines inside the cluster ("cluster")
(Default: client).
--class CLASS_NAME Your application's main class (for Java / Scala apps).
--name NAME A name of your application.
--jars JARS Comma-separated list of local jars to include on the driver
and executor classpaths.
--packages Comma-separated list of maven coordinates of jars to include
on the driver and executor classpaths. Will search the local
maven repo, then maven central and any additional remote
repositories given by --repositories. The format for the
coordinates should be groupId:artifactId:version.
--exclude-packages Comma-separated list of groupId:artifactId, to exclude
while
resolving the dependencies provided in --packages to avoid
dependency conflicts.
--repositories Comma-separated list of additional remote repositories to
search for the maven coordinates given with --packages.
--py-files PY_FILES Comma-separated list of .zip, .egg, or .py files to place
on the PYTHONPATH for Python apps.
--files FILES Comma-separated list of files to be placed in the working
directory of each executor.

--conf PROP=VALUE Arbitrary Spark configuration property.
--properties-file FILE Path to a file from which to load extra properties.
If not
specified, this will look for conf/spark-defaults.conf.

--driver-memory MEM Memory for driver (e.g. 1000M, 2G) (Default: 1024M).
--driver-Java-options Extra Java options to pass to the driver.
--driver-library-path Extra library path entries to pass to the driver.
--driver-class-path Extra class path entries to pass to the driver. Note that
jars added with --jars are automatically included in the
classpath.

--executor-memory MEM Memory per executor (e.g. 1000M, 2G) (Default: 1G).
--proxy-user NAME User to impersonate when submitting the application.
This argument does not work with --principal / --keytab.

--help, -h Show this help message and exit.
--verbose, -v Print additional debug output.
--version, Print the version of current Spark.

Spark standalone with cluster deploy mode only:
--driver-cores NUM Cores for driver (Default: 1).

Spark standalone or Mesos with cluster deploy mode only:
--supervise If given, restarts the driver on failure.
--kill SUBMISSION_ID If given, kills the driver specified.
--status SUBMISSION_ID If given, requests the status of the driver
specified.

Spark standalone and Mesos only:
--total-executor-cores NUM Total cores for all executors.

Spark standalone and YARN only:
--executor-cores NUM Number of cores per executor. (Default: 1 in YARN mode,
or all available cores on the worker in standalone mode)

YARN-only:
--driver-cores NUM Number of cores used by the driver, only in cluster mode
(Default: 1).

--queue QUEUE_NAME The YARN queue to submit to (Default: "default").
--num-executors NUM Number of executors to launch (Default: 2).
If dynamic allocation is enabled, the initial number of
executors will be at least NUM.
--archives ARCHIVES Comma separated list of archives to be extracted into
the
working directory of each executor.
--principal PRINCIPAL Principal to be used to login to KDC, while running
on
secure HDFS.
--keytab KEYTAB The full path to the file that contains the keytab for the
principal specified above. This keytab will be copied to
the node running the Application Master via the Secure
Distributed Cache, for renewing the login tickets and the
delegation tokens periodically.

또한 스파크 코드를 실행 가능한 자바 jars 형태로 제출함으로써 잡을 클러스터에서
실행할 수 있다. 일반적으로 셸을 사용할 수도 있다.

스파크 잡을 클러스터(로컬, 얀, 메소스)에 제출하려면 ./bin/spark-submit을 사용
한다.

다음은 셸 커맨드다(가장 중요한 커맨드는 굵게 표시돼 있다).

```
scala> :help
All commands can be abbreviated, e.g., :he instead of :help.
:edit <id>|<line> edit history
:help [command] print this summary or command-specific help
:history [num] show the history (optional num is commands to show)
:h? <string> search the history
:imports [name name ...] show import history, identifying sources of names
:implicits [-v] show the implicits in scope
```

```
:javap <path|class> disassemble a file or class name
:line <id>|<line> place line(s) at the end of history
:load <path> interpret lines in a file
:paste [-raw] [path] enter paste mode or paste a file
:power enable power user mode
:quit exit the interpreter
:replay [options] reset the repl and replay all previous commands
:require <path> add a jar to the classpath
:reset [options] reset the repl to its initial state, forgetting all
session entries
:save <path> save replayable session to a file
:sh <command line> run a shell command (result is implicitly =>
List[String])
:settings <options> update compiler options, if possible; see reset
:silent disable/enable automatic printing of results
:type [-v] <expr> display the type of an expression without evaluating it
:kind [-v] <expr> display the kind of expression's type
:warnings show the suppressed warnings from the most recent line which had
any
```

스파크 셸을 사용해 일부 데이터를 RDD로 로드한다.

```
scala> val rdd_one = sc.parallelize(Seq(1,2,3))
rdd_one: org.apache.spark.rdd.RDD[Int] = ParallelCollectionRDD[0] at
parallelize at <console>:24

scala> rdd_one.take(10)
res0: Array[Int] = Array(1, 2, 3)
```

보다시피 커맨드를 개별로 실행하고 있다. 또는 커맨드를 붙여 넣을 수도 있다.

```
scala> :paste
// Entering paste mode (ctrl-D to finish)
```

```
val rdd_one = sc.parallelize(Seq(1,2,3))
rdd_one.take(10)

// Exiting paste mode, now interpreting.
rdd_one: org.apache.spark.rdd.RDD[Int] = ParallelCollectionRDD[10] at
parallelize at <console>:26
res10: Array[Int] = Array(1, 2, 3)
```

다음 절에서는 스파크 연산에 대해 자세히 살펴본다.

▌트랜스포메이션과 액션

RDD는 불변이고 모든 연산은 새로운 RDD를 생성한다. 이제 RDD에서 수행할 수 있는 두 가지 주요 연산은 트랜스포메이션^{transformation}과 액션^{action}이다.

트랜스포메이션은 입력 엘리먼트 분리, 엘리먼트 필터링, 일종의 계산 수행과 같은 RDD 엘리먼트를 변경한다. 시퀀스에서 여러 트랜스포메이션을 수행할 수 있다. 그러나 트랜스포메이션은 계획 중에는 실행이 일어나지 않는다.

 트랜스포메이션의 경우 스파크는 DAG에 트랜스포메이션을 추가하고 드라이버가 데이터를 요청할 때만 해당 DAG가 실제로 실행된다. 이를 느긋한 계산(lazy evaluation)라 한다.

느긋한 계산의 배경은 스파크가 모든 트랜스포메이션을 살펴보고 실행을 계획하고 드라이버가 가진 모든 연산을 이해할 수 있게 하는 것이다. 예를 들어 다른 트랜스포메이션 후에 필터 트랜스포메이션을 바로 적용하면 스파크는 실행을 최적화해서 각 익스큐터가 각 데이터 파티션에서 효율적으로 트랜스포메이션을 수행하게 한다. 자, 스파크가 뭔가를 실행해야 할 필요가 있을 때까지 기다리기만 하면 된다.

액션은 실제로 계산이 수행되는 연산이다. 액션 연산이 발생할 때까지 스파크 프로그램의 실행 계획은 DAG 형태로 만들어지며, 아무것도 수행하지 않는다. 분명히 실행 계획에는 여러 가지 트랜스포메이션이 존재할 수 있지만 액션을 수행할 때까지는 어떠한 변화도 없다.

다음 예는 임의의 데이터를 다양한 연산을 적용한 것을 설명한 그림이다. 해당 예에서 모든 펜^{pen}과 자전거^{bike}를 제거하고 자동차^{car}의 개수만 계산한다. 각 print문은 다음 그림과 같이 해당 지점까지 DAG 기반 실행 계획의 모든 트랜스포메이션 스테이지를 실행하는 액션이다.

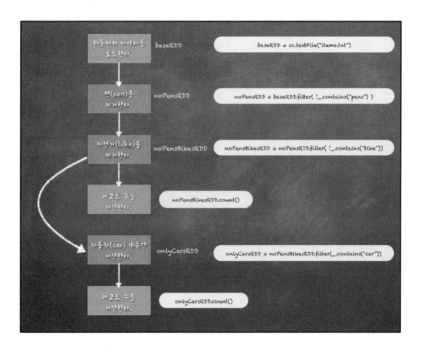

예를 들어 트랜스포메이션의 DAG 그래프를 계산하는 액션은 기본 RDD까지의 모든 방식으로 트랜스포메이션을 실행시킨다. 수행될 다른 액션이 있으면 실행될 새로운 실행 체인^{chain}이 있다. 이는 DAG 그래프의 다른 스테이지에서 수행될 수 있는 캐싱이 프로그램의 다음 실행을 아주 빠르게 해주는 이유에 대한 분명한 사례다. 실행을 최적

화하는 또 다른 방법은 이전 실행에서 셔플링된 파일을 다시 사용하는 것이다.

또 다른 예는 모든 노드의 모든 데이터를 드라이버로 수집하는 collect 액션이다. 선택적으로 데이터를 수집하기 위해 collect를 호출할 때 부분 함수를 사용할 수 있다.

트랜스포메이션

트랜스포메이션은 기존 RDD의 각 엘리먼트에 트랜스포메이션 로직을 적용해 기존 RDD에서 새로운 RDD를 생성한다. 일부 트랜스포메이션 함수에는 엘리먼트 분할, 엘리먼트 제외, 일종의 계산 수행이 포함된다. 여러 트랜스포메이션을 여러 번 수행할 수 있다. 그러나 계획 중에는 트랜스포메이션이 실행되지 않는다.

트랜스포메이션은 다음과 같은 네 가지 범주로 나눌 수 있다.

일반 트랜스포메이션

일반 트랜스포메이션은 대부분의 일반적인 사용 사례를 처리하고 트랜스포메이션 로직을 기존 RDD에 적용해 새로운 RDD를 생성하는 트랜스포메이션 함수다. 집계, 필터 등의 일반적인 연산은 모두 일반 트랜스포메이션으로 알려져 있다.

일반적인 트랜스포메이션 함수의 예는 다음과 같다.

- map
- filter
- flatMap
- groupByKey
- sortByKey
- combineByKey

수학/통계 트랜스포메이션

수학/통계 트랜스포메이션은 일부 통계 기능을 처리하고 기존 RDD에 대한 수학 또는 통계 연산을 적용해 새로운 RDD를 생성하는 트랜스포메이션 함수다. 샘플링은 수학/통계 트랜스포메이션의 좋은 예이며, 스파크 프로그램에서 자주 사용된다.

수학/통계 트랜스포메이션의 예는 다음과 같다.

- sampleByKey
- randomSplit

집합 이론/관계형 트랜스포메이션

집합 이론/관계형 트랜스포메이션은 데이터셋의 조인[join]과 코그룹[cogroup] 같은 관계형 대수 함수와 같은 트랜스포메이션을 처리하는 트랜스포메이션 함수다. 집합 이론/관계형 함수는 기존 RDD에 집합 이론/관계형 트랜스포메이션 로직을 적용해 새로운 RDD를 생성한다.

집합 이론/관계형 트랜스포메이션의 예는 다음과 같다.

- cogroup
- join
- subtractByKey
- fullOuterJoin
- leftOuterJoin
- rightOuterJoin

데이터 구조 기반 트랜스포메이션

데이터 구조 기반 트랜스포메이션은 RDD의 기본 데이터 구조, RDD의 파티션에서 동작하는 트랜스포메이션 함수다. 데이터 구조 기반 트랜스포메이션을 사용하면 RDD의 엘리먼트/데이터를 직접 다루지 않고도 파티션에서 직접 작업할 수 있다.

데이터 구조 기반 트랜스포메이션은 간단한 프로그램 이외에 클러스터의 파티션을 더 많이 제어하고 클러스터의 파티션을 배포해야 하는 스파크 프로그램에서는 필수다. 일반적으로 클러스터 상태, 데이터 크기, 정확한 사용 사례 요구 사항에 따라 데이터 파티션을 재배포해 성능을 향상시킬 수 있다.

데이터 구조 기반 트랜스포메이션의 예는 다음과 같다.

- partitionBy
- repartition
- zipwithIndex
- coalesce

다음은 최신 스파크 2.x에 사용할 수 있는 트랜스포메이션 함수 리스트다.

트랜스포메이션	의미
map(func)	원본의 각 엘리먼트에 func 함수를 적용해서 구성된 새로운 분산 데이터셋을 리턴한다.
filter(func)	원본의 각 엘리먼트에 func 함수를 적용해 true를 리턴하는 엘리먼트를 선택해서 새로운 데이터셋을 리턴한다.
flatMap(func)	맵과 같지만 각 입력 엘리먼트는 0개 이상의 출력 엘리먼트로 매핑될 수 있다(그래서 func는 단일 엘리먼트가 아닌 Seq를 리턴해야 한다).

(이어짐))

트랜스포메이션	의미
mapPartitions(func)	맵과 같지만 RDD의 각 파티션(블록)에 개별적으로 동작한다. 그래서 RDD에 타입 T가 실행될 때 func는 Iterator<T> => Iterator<U>가 돼야 한다.
mapPartitionsWithIndex(func)	mapPartition과 같지만 파티션의 인덱스를 표현하는 정수 값을 가진 func를 제공한다. 그래서 RDD에 타입 T가 실행될 때 func는 (Int, Iterator<T>) => Iterator<U>가 돼야 한다.
sample(withReplacement, fraction, seed)	데이터를 샘플링한다. 대체 값을 사용하거나 사용하지 않을 수 있고, 랜덤 숫자 생성자 시드(seed)를 사용할 수 있다.
union(otherDataset)	원본 데이터셋의 엘리먼트와 파라미터를 합집합 연산으로 얻은 새로운 데이터셋을 리턴한다.
intersection(otherDataset)	원본 데이터셋의 엘리먼트와 파라미터를 교집합 연산으로 얻은 새로운 데이터셋을 리턴한다.
distinct([numTasks]))	원본 데이터셋에서 distinct 엘리먼트를 포함한 새로운 데이터셋을 리턴한다.
groupByKey([numTasks])	(K, V) 쌍의 데이터셋을 호출했을 때 (K, Iterable⟨V⟩) 쌍의 데이터셋을 리턴한다. 참고: 모든 키에 대해 합계 또는 평균과 같은 집계를 수행하기 위해 그룹 연산을 수행하려면 reduceByKey 또는 aggregateByKey가 훨씬 성능이 좋을 것이다. 참고: 기본적으로 결과의 병렬화 레벨은 부모 RDD의 파티션 개수에 의존한다. 선택적으로 numTasks 파라미터를 전달해 태스크 개수를 설정할 수 있다.

(이어짐)

트랜스포메이션	의미
reduceByKey(func, [numTasks])	(K, V) 쌍의 데이터셋에서 호출되면 각 키의 값에 주어진 reduce 함수인 func(타입은 (V,V) => V다)을 사용해 집계되는 (K, V) 쌍의 데이터셋을 리턴한다. groupByKey처럼 선택적으로 두 번째 파라미터에 reduce 태스크 개수를 전달할 수 있다.
aggregateByKey(zeroValue)(seqOp, combOp, [numTasks])	(K, V) 쌍의 데이터셋에서 호출될 때 주어진 조합 함수(combOp)와 순수 O 값(zeroValue)을 사용해 각 키의 값이 집계되는 (K, U) 쌍의 데이터셋을 리턴한다. 불필요한 할당을 피하면서 입력 값 타입과 다른 집계된 값 타입을 허용한다. groupByKey처럼 reduce 태스크 개수는 선택적인 두 번째 파라미터를 통해 설정할 수 있다.
sortByKey([ascending], [numTasks])	K가 순서대로 구현된 (K, V) 쌍의 데이터셋에서 호출될 때 불리언 오름차순 파라미터에 지정된 대로 오름차순 또는 내림차순으로 키가 정렬된 (K, V) 쌍의 데이터셋을 리턴한다.
join(otherDataset, [numTasks])	(K, V)와 (K, W) 타입의 데이터셋에서 호출되면 각 키의 모든 엘리먼트 쌍으로 (K, (V, W)) 쌍의 데이터셋을 리턴한다. 외부 조인(outer join)은 leftOuterJoin, rightOuterJoin, fullOuterJoin이 있다.
cogroup(otherDataset, [numTasks])	(K, V)와 (K, W) 타입의 데이터셋에서 호출되면 (K, (Iterable⟨V⟩, Iterable⟨W⟩)) 튜플의 데이터셋을 리턴한다. 해당 연산을 groupWith라고도 한다.
cartesian(otherDataset)	T 와 U 타입의 데이터셋에서 호출되면 (T, U) 쌍(모든 엘리먼트의 쌍)의 데이터셋을 리턴한다.

(이어짐)

트랜스포메이션	의미
pipe(command, [envVars])	셸 커맨드(예, 펄(Perl) 또는 배쉬 스크립트)를 통해 RDD의 각 파티션을 파이프 처리한다. RDD 엘리먼트는 프로세스의 표준 입력(stdin)으로 써지고, 표준 출력(stdout)으로 출력되는 라인은 문자열의 RDD로 리턴된다.
coalesce(numPartitions)	RDD의 파티션 개수를 numPartitions로 줄인다. 큰 데이터셋을 필터링한 후 동작 중인 연산을 더 효율적으로 실행하고 싶을 때 유용하다.
repartition(numPartitions)	RDD의 데이터를 무작위로 섞어 많거나 적은 파티션을 생성하고 해당 파티션을 통해 균형을 맞춘다. 이는 항상 네트워크를 통해 모든 데이터를 셔플링한다.
repartitionAndSortWithinPartitions(partitioner)	주어진 파티셔너에 따라 RDD를 다시 파티셔닝한다. 각 결과 파티션 영역 내에서 해당 키로 레코드를 정렬한다. 이는 정렬을 셔플 시스템에 넣을 수 있기 때문에 repartition을 호출하고 각 파티션에서 레코드를 정렬하는 것보다 더 효율적이다.

다음 절에서 가장 일반적인 트랜스포메이션 함수를 설명할 것이다.

map 함수

map은 입력 파티션에 트랜스포메이션 함수를 적용해 출력 RDD에 출력 파티션을 생성한다.

다음 코드에서 살펴볼 수 있는 것처럼 텍스트 파일을 포함하는 RDD를 텍스트 라인의 길이를 가진 RDD에 매핑할 수 있는 부분에 대해 설명한다.

```
scala> val rdd_two = sc.textFile("wiki1.txt")
rdd_two: org.apache.spark.rdd.RDD[String] = wiki1.txt MapPartitionsRDD[8] at
textFile at <console>:24

scala> rdd_two.count
res6: Long = 9

scala> rdd_two.first
res7: String = Apache Spark provides programmers with an application
programming interface centered on a data structure called the resilient
distributed dataset (RDD), a read-only multiset of data items distributed over
a cluster of machines, that is maintained in a fault-tolerant way.

scala> val rdd_three = rdd_two.map(line => line.length)
res12: org.apache.spark.rdd.RDD[Int] = MapPartitionsRDD[11] at map at
<console>:2

scala> rdd_three.take(10)
res13: Array[Int] = Array(271, 165, 146, 138, 231, 159, 159, 410, 281)
```

다음 그림은 map이 동작하는 방법을 설명한다. RDD의 각 파티션이 새로운 RDD의 새로운 파티션을 생성한다. 기존 RDD의 모든 엘리먼트에 기본적으로 트랜스포메이션이 적용된다는 것을 알 수 있다.

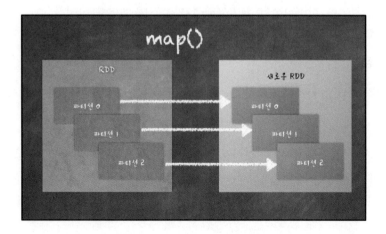

flatMap 함수

flatMap은 입력 파티션에 트랜스포메이션 함수를 적용해 map 함수와 마찬가지로 출력 RDD에 출력 파티션을 생성한다. 그러나 flatMap은 입력 RDD 엘리먼트의 모든 컬렉션을 평평flat하게 한다.

다음 코드에서 볼 수 있듯이 텍스트 파일의 RDD에 flatMap을 사용하면 텍스트 라인에 개별 단어가 포함된 RDD로 트랜스포메이션할 수 있다. 또한 flatMap과 map 동작의 차이를 보여주기 위해 flatMap을 호출하기 전에 동일 RDD에서 호출된 map을 보여준다.

```scala
scala> val rdd_two = sc.textFile("wiki1.txt")
rdd_two: org.apache.spark.rdd.RDD[String] = wiki1.txt MapPartitionsRDD[8] at
textFile at <console>:24

scala> rdd_two.count
res6: Long = 9

scala> rdd_two.first
res7: String = Apache Spark provides programmers with an application
programming interface centered on a data structure called the resilient
distributed dataset (RDD), a read-only multiset of data items distributed over
a cluster of machines, that is maintained in a fault-tolerant way.

scala> val rdd_three = rdd_two.map(line => line.split(" "))
rdd_three: org.apache.spark.rdd.RDD[Array[String]] = MapPartitionsRDD[16] at
map at <console>:26

scala> rdd_three.take(1)
res18: Array[Array[String]] = Array(Array(Apache, Spark, provides,
programmers, with, an, application, programming, interface, centered, on, a,
data, structure, called, the, resilient, distributed, dataset, (RDD),, a,
read-only, multiset, of, data, items, distributed, over, a, cluster, of,
machines,, that, is, maintained, in, a, fault-tolerant, way.)
```

```
scala> val rdd_three = rdd_two.flatMap(line => line.split(" "))
rdd_three: org.apache.spark.rdd.RDD[String] = MapPartitionsRDD[17] at
flatMap at <console>:26

scala> rdd_three.take(10)
res19: Array[String] = Array(Apache, Spark, provides, programmers, with, an,
application, programming, interface, centered)
```

다음 그림에서는 **flatMap**이 어떻게 동작하는지 설명한다. RDD의 각 파티션이 새로운 RDD에서 새로운 파티션을 생성하고 RDD의 모든 엘리먼트에 기본적으로 트랜스포메이션을 적용한다는 것을 알 수 있다.

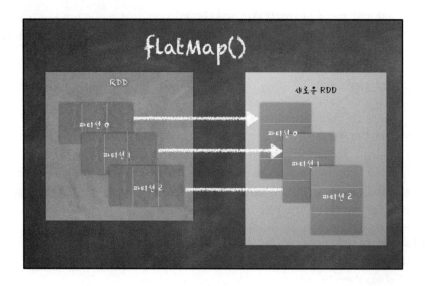

filter 함수

filter는 입력 파티션에 트랜스포메이션 함수를 적용해 출력 RDD에 필터링된 출력 파티션을 생성한다.

다음 코드는 텍스트 파일의 RDD를 Spark라는 단어가 포함된 라인만 RDD로 필터링하는 방법을 보여준다.

```
scala> val rdd_two = sc.textFile("wiki1.txt")
rdd_two: org.apache.spark.rdd.RDD[String] = wiki1.txt MapPartitionsRDD[8] at
textFile at <console>:24

scala> rdd_two.count
res6: Long = 9

scala> rdd_two.first
res7: String = Apache Spark provides programmers with an application
programming interface centered on a data structure called the resilient
distributed dataset (RDD), a read-only multiset of data items distributed over
a cluster of machines, that is maintained in a fault-tolerant way.

scala> val rdd_three = rdd_two.filter(line => line.contains("Spark"))
rdd_three: org.apache.spark.rdd.RDD[String] = MapPartitionsRDD[20] at filter
at <console>:26

scala>rdd_three.count
res20: Long = 5
```

다음 그림은 filter가 동작하는 방법을 설명한다. RDD의 각 파티션은 새로운 RDD
에서 새로운 파티션을 생성하고, 기본적으로 RDD의 모든 엘리먼트에 필터 트랜스포
메이션을 적용한다는 것을 알 수 있다.

 필터가 적용될 때 파티션이 변경되지 않고 일부 파티션은 비어 있을 수 있다는 점을
확인하길 바란다.

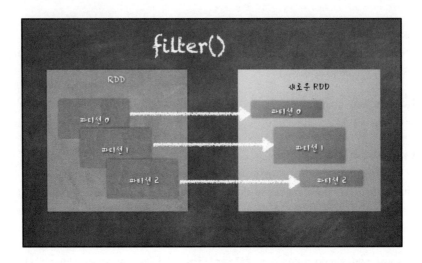

coalesce 함수

coalesce는 입력 파티션에 트랜스포메이션 함수를 적용해 입력 파티션을 출력 RDD 의 더 작은 파티션으로 결합한다.

다음 코드에서 살펴봤듯이 모든 파티션을 단일 파티션에 결합할 수 있는 방법을 설명 한다.

```scala
scala> val rdd_two = sc.textFile("wiki1.txt")
rdd_two: org.apache.spark.rdd.RDD[String] = wiki1.txt MapPartitionsRDD[8] at
textFile at <console>:24

scala> rdd_two.partitions.length
res21: Int = 2

scala> val rdd_three = rdd_two.coalesce(1)
rdd_three: org.apache.spark.rdd.RDD[String] = CoalescedRDD[21] at coalesce at
<console>:26

scala> rdd_three.partitions.length
res22: Int = 1
```

다음 그림은 coalesce의 동작 방법을 설명한다. 원본 RDD에서 생성된 새로운 RDD 는 기본적으로 파티션을 결합해 파티션 개수를 줄인다는 것을 알 수 있다.

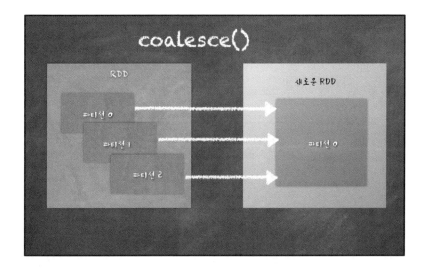

repartition 함수

repartition은 입력 RDD를 출력 RDD에서 더 적거나 더 많은 출력 파티션으로 다시 파티셔닝하기 위해 입력 파티션에 트랜스포메이션 함수를 적용한다.

다음 코드에서 살펴볼 수 있듯이 텍스트 파일의 RDD를 더 많은 파티션을 포함하는 RDD로 매핑하는 방법이다.

```scala
scala> val rdd_two = sc.textFile("wiki1.txt")
rdd_two: org.apache.spark.rdd.RDD[String] = wiki1.txt MapPartitionsRDD[8] at
textFile at <console>:24

scala> rdd_two.partitions.length
res21: Int = 2

scala> val rdd_three = rdd_two.repartition(5)
rdd_three: org.apache.spark.rdd.RDD[String] = MapPartitionsRDD[25] at
```

```
repartition at <console>:26
```

```scala
scala> rdd_three.partitions.length
res23: Int = 5
```

다음 그림은 repartition 동작 방식을 설명한다. 새로운 RDD가 원본 RDD으로부터 생성됐음을 알 수 있다. 기본적으로 파티션을 결합/분할해 파티션을 재배포한다.

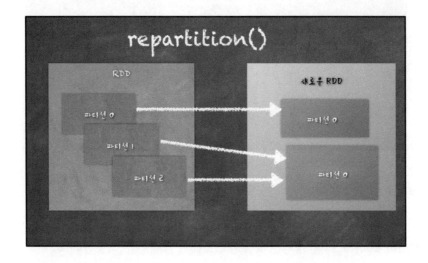

액션

액션은 코드 블록과 함수를 실행함으로써 데이터가 구체화될 수 있게 생성된 트랜스포메이션의 전체 DAG^{Directed Acyclic Graph}를 실행한다. DAG가 명세한 대로 모든 연산이 실행된다.

액션 연산에는 다음과 같은 두 가지 종류가 있다.

- **드라이버**^{Driver}: 액션 중 하나로서 개수 또는 키 개수를 얻는 등의 드라이버 동작이다. 이런 액션 각각은 원격 익스큐터에서 계산을 수행하고 데이터를 다시 드라이버로 가져온다.

큰 데이터셋에 대한 액션이 드라이버(애플리케이션을 중단할 수 있다)에서 사용 가능한 메모리를 쉽게 넘어서는 문제를 갖고 있기 때문에 드라이버 기반 액션을 사용할 때 신중하게 사용해야 한다.

- **분산**[Distributed]: 액션 중 하나로서 분산 액션으로 클러스터의 노드에서 실행된다. 분산 액션의 예는 saveAsTextfile을 들 수 있다. saveAsTextfile은 좋은 분산 특성을 갖고 있는 가장 일반적인 액션 연산이다.

다음은 최신 스파크 2.x에서 사용할 수 있는 액션 함수 목록이다.

액션	의미
reduce(func)	함수 func(두 개의 파라미터를 사용하고 하나의 결과를 리턴한다)를 사용해 데이터셋의 엘리먼트를 집계한다. func 함수는 교환 가능하고 결합 가능해야 병렬로 정확하게 계산할 수 있다.
collect()	드라이버 프로그램에서 데이터셋의 모든 엘리먼트를 배열로 리턴한다. 해당 함수는 대개 데이터의 충분히 작은 부분집합을 리턴하는 필터 또는 기타 연산을 호출한 후에 유용하다.
count()	데이터셋의 엘리먼트 개수를 리턴한다.
first()	데이터셋의 첫 번째 엘리먼트를 리턴한다(take(1)과 비슷하다).
take(n)	데이터셋에서 처음 n개의 엘리먼트가 포함된 배열을 리턴한다.
takeSample(withReplacement, num, [seed])	데이터셋에서 무작위 샘플로 num개의 엘리먼트가 포함된 배열을 리턴한다. 치환할 수도 있고 안할 수도 있고 옵션으로 랜덤 숫자 생성기 시드를 사전 지정할 수 있다.
takeOrdered(n, [ordering])	자연적인 순서 또는 사용자 지정 비교기(comparator)를 사용해 RDD의 처음 n개 엘리먼트를 리턴한다.

(이어짐)

액션	의미
saveAsTextFile(path)	데이터셋의 엘리먼트를 로컬 파일 시스템, HDFS 또는 기타 하둡을 지원하는 파일 시스템의 지정된 디렉토리에 텍스트 파일 (또는 텍스트 파일 셋)로 생성한다. 스파크는 각 엘리먼트의 toString을 호출해 해당 파일을 파일의 텍스트 라인으로 변환한다.
saveAsSequenceFile(path) (자바와 스칼라)	데이터셋의 엘리먼트를 로컬 파일 시스템, HDFS 또는 기타 하둡을 지원하는 파일 시스템의 지정된 경로에 하둡 시퀀스 파일 (Hadoop Sequence File)로 작성한다. 하둡의 Writable 인터페이스를 구현하는 키-값 쌍의 RDD에서 사용할 수 있다. 스칼라에서는 암시적으로 Writable로 변환할 수 있는 타입(스파크에서는 Int, Double, String 등의 기본 타입에 대한 변환을 포함한다)에서도 사용할 수 있다.
saveAsObjectFile(path) (자바와 스칼라)	자바 직렬화를 사용해 간단한 포맷으로 데이터셋의 엘리먼트를 저장한다. SparkContext.objectFile을 사용해 로드할 수 있다.
countByKey()	타입 (K, V)의 RDD에서만 사용할 수 있다. 각 키의 개수와 (K, Int) 쌍의 해시 맵을 리턴한다.
foreach(func)	데이터셋의 각 엘리먼트마다 func 함수를 실행한다. 이는 누산기(http://spark.apache.org/docs/latest/rdd-programming-guide.html#accumulators) 업데이트 또는 외부 저장소 시스템과의 상호작용과 같은 부수 효과로 일반적으로 수행된다. 참고: foreach 바깥에서 누산기가 아닌 변수를 수정하면 정의되지 않은 동작이 발생할 수 있다. 자세한 내용은 '클로저 이해하기 부분'(http://spark.apache.org/docs/latest/rdd-programming-guide.html#understanding-closures-a-nameclosureslinka)을 참조한다.

reduce 함수

reduce는 RDD의 모든 엘리먼트에 reduce 함수를 적용하고 적용한 결과를 드라이버에 전달한다.

다음은 reduce를 설명하기 위한 예다. SparkContext와 parallelize 함수를 사용해 정수 시퀀스에서 RDD를 생성할 수 있다. 그리고 RDD의 **reduce**를 사용해 RDD의 모든 값을 더할 수 있다.

 reduce는 액션이기 때문에 reduce 함수를 실행하자마자 결과가 출력된다.

다음은 작은 숫자 배열에서 간단한 RDD를 생성한 후 RDD에서 **reduce** 함수를 수행하는 코드다.

```scala
scala> val rdd_one = sc.parallelize(Seq(1,2,3,4,5,6))
rdd_one: org.apache.spark.rdd.RDD[Int] = ParallelCollectionRDD[26] at
parallelize at <console>:24

scala> rdd_one.take(10)
res28: Array[Int] = Array(1, 2, 3, 4, 5, 6)

scala> rdd_one.reduce((a,b) => a +b)
res29: Int = 21
```

다음 그림은 **reduce**를 설명한다. 드라이버는 익스큐터에서 reduce 함수를 실행하고 마지막에 결과를 수집한다.

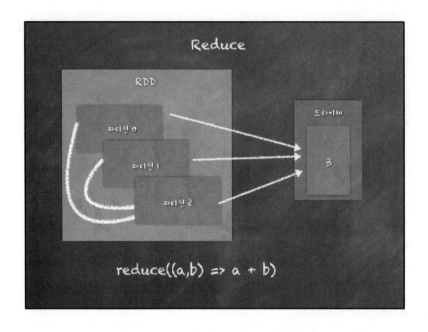

count 함수

count는 RDD의 엘리먼트 개수를 단순히 계산해 드라이버에 보낸다.

다음은 count 함수의 예다. SparkContext와 parallelize 함수를 사용해 정수 시퀀스에서 RDD를 생성한 후 RDD에서 엘리먼트 개수를 출력하기 위해 RDD에서 count( )를 호출했다.

```
scala> val rdd_one = sc.parallelize(Seq(1,2,3,4,5,6))
rdd_one: org.apache.spark.rdd.RDD[Int] = ParallelCollectionRDD[26] at
parallelize at <console>:24

scala> rdd_one.count
res24: Long = 6
```

다음은 count에 대한 그림이다. 드라이버는 태스크가 처리하는 파티션의 엘리먼트 개수를 계산하게 각 익스큐터/태스크에 요청한 후 드라이버 레벨에서 모든 태스크로부터 계산한 개수를 합산한다.

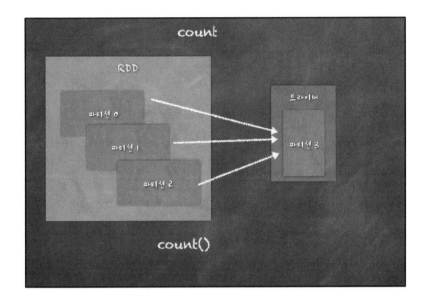

collect 함수

collect는 RDD의 모든 엘리먼트를 얻은 결과를 드라이버에 보낸다.

여기에 표시된 것은 collect 함수가 기본적으로 무슨 일을 하는 지 보여주는 예다.
RDD에서 collect 함수를 호출하면 드라이버는 RDD의 모든 엘리먼트를 드라이버로
가져와서 수집한다.

 큰 RDD에 collect()를 호출하면 드라이버에서 메모리 부족 문제가 발생한다.

다음은 RDD의 내용을 수집하고 표시하는 코드다.

```scala
scala> rdd_two.collect
res25: Array[String] = Array(Apache Spark provides programmers with an
```

application programming interface centered on a data structure called the resilient distributed dataset (RDD), a read-only multiset of data items distributed over a cluster of machines, that is maintained in a fault-tolerant way., It was developed in response to limitations in the MapReduce cluster computing paradigm, which forces a particular linear dataflow structure on distributed programs., "MapReduce programs read input data from disk, map a function across the data, reduce the results of the map, and store reduction results on disk. ", Spark's RDDs function as a working set for distributed programs that offers a (deliberately) restricted form of distributed shared memory., The availability of RDDs facilitates t...

다음은 collect를 설명한 그림이다. collect를 사용하면 드라이버가 모든 파티션에서 RDD의 모든 엘리먼트를 수집한다.

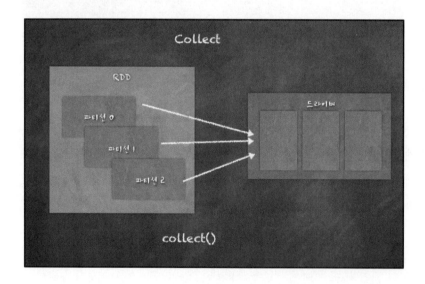

∎ 캐싱

캐싱^{caching}은 스파크에서 계산과 연산을 실행하면서 얻은 데이터를 저장할 수 있다. 사실 이것은 특히 반복 계산을 처리할 때 계산 속도를 높이기 위해 스파크에서 가장 중요한 기술 중 하나다.

캐싱은 RDD를 가능한 한 메모리에 저장함으로써 동작한다. 충분한 메모리가 없다면 저장소의 현재 데이터는 LRU 정책에 따라 정리^{eviction}된다. 캐시할 데이터가 사용할 수 있는 메모리보다 크다면 메모리 대신 디스크가 사용되기 때문에 성능이 저하될 것이다.

persist 또는 cache를 사용해 RDD를 캐싱할 수 있다.

 cache는 단순히 persist(MEMORY_ONLY)와 동일한 의미며, persist는 메모리나 디스크 또는 둘 다 사용할 수 있다.

```
persist(newLevel: StorageLevel)
```

다음은 저장소 레벨에 사용할 수 있는 값이다.

저장소 레벨	의미
MEMORY_ONLY	RDD를 JVM의 역직렬화된 자바 객체로 저장한다. 메모리 공간에 RDD를 만들 수 없으면 일부 파티션은 캐싱되지 않고 필요할 때마다 매번 다시 계산한다. 이것은 기본 레벨이다.
MEMORY_AND_DISK	RDD를 JVM의 역직렬화된 자바 객체로 저장한다. 메모리 공간에 RDD를 만들 수 없으면 디스크에 맞지 않는 파티션을 저장하고 필요할 때마다 읽는다.

(이어짐)

저장소 레벨	의미
MEMORY_ONLY_SER (자바와 스칼라)	직렬화된 자바 객체(파티션당 1바이트 배열)로 RDD를 저장한다. MEMORY_ONLY_SER는 일반적으로 빠른 직렬자(serializer)를 사용할 때 역직렬화된 객체보다 공간 효율적이다. 그러나 읽을 때는 CPU를 많이 사용한다.
MEMORY_AND_DISK_SER (자바와 스칼라)	MEMORY_ONLY_SER와 비슷하지만 매번 필요할 때마다 계산하지 않고 메모리와 디스크에 들어가지 않는 파티션을 저장한다.
DISK_ONLY	디스크에만 RDD 파티션을 저장한다.
MEMORY_ONLY_2, MEMORY_AND_DISK_2 등	이전 레벨과 동일하지만 두 클러스터 노드의 각 파티션을 복제한다.
OFF_HEAP (실험적인 기능)	MEMORY_ONLY_SER와 비슷하지만 오프 힙(off heap) 메모리에 데이터를 저장한다. 이전에 미리 오프 힙 메모리가 활성화돼 있어야 한다.

선택할 수 있는 저장소 레벨은 상황에 따라 다르다.

- RDD가 메모리에 저장할 수 있으면 실행 성능이 가장 빠른 MEMORY_ONLY를 사용한다.
- MEMORY_ONLY_SER를 사용하면 객체를 더 작게 만들기 위해 직렬화 가능한 객체가 저장된다.
- 계산이 비싸지 않으면 DISK를 사용하지 않는다.
- 추가적으로 필요한 메모리를 아낄 수 있다면 최상의 내결함성을 지닌 복제 저장소를 사용한다. 해당 저장소는 최상의 가용성을 보장함으로써 손실된 파티션을 재계산하지 않게 한다.

 unpersist는 캐싱한 내용을 단순히 해제한다.

다음은 다른 타입의 저장소(메모리 또는 디스크)를 사용해 persist 함수를 호출하는
방법에 대한 예다.

```scala
scala> import org.apache.spark.storage.StorageLevel
import org.apache.spark.storage.StorageLevel

scala> rdd_one.persist(StorageLevel.MEMORY_ONLY)
res37: rdd_one.type = ParallelCollectionRDD[26] at parallelize at
<console>:24

scala> rdd_one.unpersist()
res39: rdd_one.type = ParallelCollectionRDD[26] at parallelize at
<console>:24

scala> rdd_one.persist(StorageLevel.DISK_ONLY)
res40: rdd_one.type = ParallelCollectionRDD[26] at parallelize at
<console>:24

scala> rdd_one.unpersist()
res41: rdd_one.type = ParallelCollectionRDD[26] at parallelize at
<console>:24
```

다음은 캐싱을 통해 성능이 향상됐음을 보여준다.

먼저 코드를 실행한다.

```scala
scala> val rdd_one = sc.parallelize(Seq(1,2,3,4,5,6))
rdd_one: org.apache.spark.rdd.RDD[Int] = ParallelCollectionRDD[0] at
parallelize at <console>:24

scala> rdd_one.count
res0: Long = 6

scala> rdd_one.cache
res1: rdd_one.type = ParallelCollectionRDD[0] at parallelize at <console>:24
```

```
scala> rdd_one.count
res2: Long = 6
```

웹 UI에 접근하면 다음 화면과 같은 개선 내용을 확인할 수 있다.

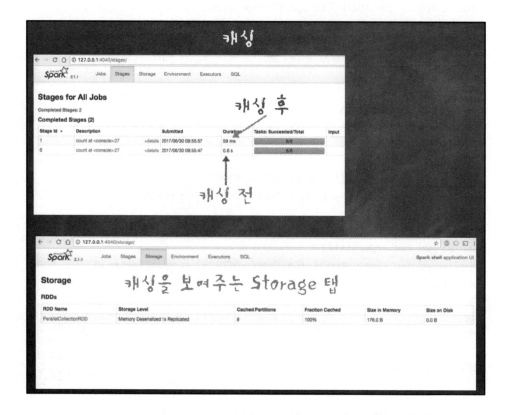

▋ 데이터 로드와 저장

RDD에 데이터를 로드하고 RDD를 출력 시스템에 저장하는 방법은 여러 가지다. 이 절에서는 가장 일반적인 RDD 로드 및 저장 방법을 다룬다.

데이터 로드

RDD에 데이터를 로드하는 작업은 SparkContext를 사용해 수행할 수 있다. 가장 일반적인 RDD 로드 방법 중 일부는 다음과 같다.

- textFile
- wholeTextFiles
- JDBC 데이터 소스에서 로드

textFile

textFile은 텍스트 파일을 RDD에 로드하기 위해 사용될 수 있으며, 각 라인은 RDD의 엘리먼트가 된다.

```
sc.textFile(name, minPartitions=None, use_unicode=True)
```

다음은 textFile을 사용해 RDD에 텍스트 파일을 로드하는 예다.

```
scala> val rdd_two = sc.textFile("wiki1.txt")
rdd_two: org.apache.spark.rdd.RDD[String] = wiki1.txt MapPartitionsRDD[8] at
textFile at <console>:24

scala> rdd_two.count
res6: Long = 9
```

wholeTextFiles

파일 이름과 파일의 전체 내용을 나타내는 <filename, textOfFile> 쌍을 포함하는 쌍으로 된 RDD에 여러 텍스트 파일을 로드하기 위해 wholeTextFiles를 사용할 수 있다. 여러 개의 작은 텍스트 파일을 로드할 때 유용하며, textFile API와 다르다.

wholeTextFiles가 사용될 때 파일의 전체 내용을 단일 레코드로 로드하기 때문이다.

```
sc.wholeTextFiles(path, minPartitions=None, use_unicode=True)
```

다음은 wholeTextFiles를 사용해 RDD에 텍스트 파일을 로드하는 예다.

```
scala> val rdd_whole = sc.wholeTextFiles("wiki1.txt")
rdd_whole: org.apache.spark.rdd.RDD[(String, String)] = wiki1.txt
MapPartitionsRDD[37] at wholeTextFiles at <console>:25

scala> rdd_whole.take(10)
res56: Array[(String, String)] =
Array((file:/Users/salla/spark-2.11.8-bin-hadoop2.7/wiki1.txt,Apache Spark
provides programmers with an application programming interface centered on a
data structure called the resilient distributed dataset (RDD), a read-only
multiset of data
```

JDBC 데이터 소스에서 로드

JDBC[Java Database Connectivity]를 지원하는 외부 데이터 소스에서 데이터를 로드할 수 있다. JDBC 드라이버를 사용해 MySQL과 같은 관계형 데이터베이스와 연결할 수 있고, 다음 코드처럼 특정 테이블의 내용을 스파크에 로드할 수 있다.

```
sqlContext.load(path=None, source=None, schema=None, **options)
```

다음은 JDBC 데이터 소스에서 로드하는 예다.

```
val dbContent = sqlContext.load(source="jdbc",
  url="jdbc:mysql://localhost:3306/test", dbtable="test",
  partitionColumn="id")
```

RDD 저장

RDD에서 파일 시스템으로 데이터를 저장하는 방법은 다음 중 한 가지 방법으로 수행할 수 있다.

- saveAsTextFile
- saveAsObjectFile

다음은 RDD를 텍스트 파일에 저장하는 예다.

```scala
scala> rdd_one.saveAsTextFile("out.txt")
```

특히 HBase, 카산드라 등과 통합할 때 데이터를 읽고 저장할 수 있는 방법이 많다.

▌ 요약

6장에서는 스파크의 내부 구조, RDD의 개념, DAG와 RDD의 계보, 트랜스포메이션과 액션을 다뤘다. 또한 독립형, 얀, 메소스 배포와 같은 스파크의 다양한 배포 모드를 살펴봤다. 또한 로컬 시스템에 로컬 설치를 수행한 후 스파크 셸과 스파크와 상호작용하는 방법을 살펴봤다.

그리고 RDD에 데이터를 로드하고 외부 시스템에 RDD를 저장하는 방법, 스파크의 놀라운 성능, 캐싱 기능, 메모리 또는 디스크를 사용해 성능을 최적화하는 방법을 설명한다.

7장에서는 RDD API를 자세히 살펴보고 RDD의 모든 동작 방식을 살펴본다.

07

특수 RDD 연산

"모두 자동 시스템 같아 보이지만, 사실 이 버튼을 눌러야 한다."

- 존 브루너(John Brunner)

7장에서는 RDD에 대한 다양한 요구를 수용하는 방법과 RDD가 제공하는 새로운 기능 및 위험성을 살펴본다. 게다가 브로드캐스트broadcast 변수와 누산기accumulator 같은 스파크가 제공하는 유용한 객체를 조사한다.

7장에서 다루는 내용은 다음과 같다.

- RDD 타입
- 집계
- 파티셔닝 및 셔플링

- 브로드캐스트 변수
- 누산기

RDD 타입

RDD[Resilient Distributed Datasets]는 스파크에서 사용되는 기본 객체다. RDD는 데이터셋을 나타내는 불변 컬렉션이며 안정성과 장애 복구 능력이 내장돼 있다. 본질적으로 RDD는 트랜스포메이션이나 액션과 같은 태스크를 수행할 때 새로운 RDD를 생성한다. 또한 장애를 복구하는 데 사용되는 계보[lineage]를 저장한다. 또한 6장에서 RDD를 생성하는 방법과 RDD에 적용할 수 있는 연산의 종류을 자세히 설명했다.

다음은 RDD 계보의 간단한 예다.

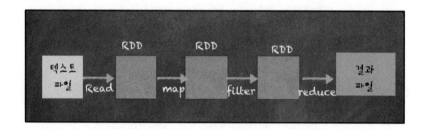

일련의 숫자를 기반으로 RDD를 생성하는 가장 간단한 RDD를 살펴보자.

```
scala> val rdd_one = sc.parallelize(Seq(1,2,3,4,5,6))
rdd_one: org.apache.spark.rdd.RDD[Int] = ParallelCollectionRDD[28] at
parallelize at <console>:25

scala> rdd_one.take(100)
res45: Array[Int] = Array(1, 2, 3, 4, 5, 6)
```

이 예는 정수 RDD와 정수 RDD에 수행된 모든 연산은 다른 RDD를 결과로 얻는다는 것을 보여준다. 예를 들어 각 엘리먼트에 3을 곱하면 그 결과는 다음과 같이 표현된다.

```scala
scala> val rdd_two = rdd_one.map(i => i * 3)
rdd_two: org.apache.spark.rdd.RDD[Int] = MapPartitionsRDD[29] at map at
<console>:27

scala> rdd_two.take(10)
res46: Array[Int] = Array(3, 6, 9, 12, 15, 18)
```

각 엘리먼트에 2를 추가하고 RDD를 모두 출력하는 예를 하나 더 살펴보자.

```scala
scala> val rdd_three = rdd_two.map(i => i+2)
rdd_three: org.apache.spark.rdd.RDD[Int] = MapPartitionsRDD[30] at map at
<console>:29

scala> rdd_three.take(10)
res47: Array[Int] = Array(5, 8, 11, 14, 17, 20)
```

흥미로운 것은 toDebugString 함수를 사용하는 각 RDD의 계보다.

```scala
scala> rdd_one.toDebugString
res48: String = (8) ParallelCollectionRDD[28] at parallelize at
<console>:25 []

scala> rdd_two.toDebugString
res49: String = (8) MapPartitionsRDD[29] at map at <console>:27 []
 | ParallelCollectionRDD[28] at parallelize at <console>:25 []

scala> rdd_three.toDebugString
res50: String = (8) MapPartitionsRDD[30] at map at <console>:29 []
 | MapPartitionsRDD[29] at map at <console>:27 []
 | ParallelCollectionRDD[28] at parallelize at <console>:25 []
```

다음은 스파크 웹 UI에 표시된 계보다.

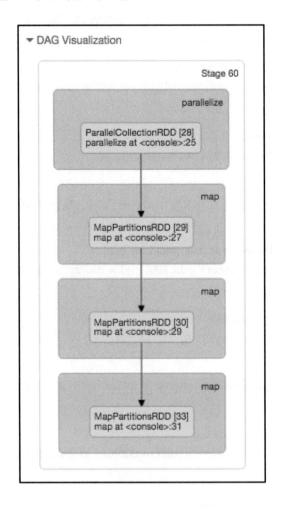

RDD는 첫 번째 RDD(정수)와 동일한 데이터 타입일 필요는 없다. 다음은 튜플(문자열, 정수)에 대한 다양한 데이터 타입을 저장하는 RDD를 보여주는 예다.

```
scala> val rdd_four = rdd_three.map(i => ("str"+(i+2).toString, i-2))
rdd_four: org.apache.spark.rdd.RDD[(String, Int)] = MapPartitionsRDD[33] at
map at <console>:31
```

```
scala> rdd_four.take(10)
res53: Array[(String, Int)] = Array((str7,3), (str10,6), (str13,9),
(str16,12), (str19,15), (str22,18))
```

다음은 각 레코드가 upperCase로 변환되는 statePopulation.csv 파일에 대한 RDD 예다(statePopulation을 읽는 부분은 다음 절에서 설명한다 - 옮긴이).

```
scala> val upperCaseRDD = statesPopulationRDD.map(_.toUpperCase)
upperCaseRDD: org.apache.spark.rdd.RDD[String] = MapPartitionsRDD[69] at map
at <console>:27
```

```
scala> upperCaseRDD.take(10)
res86: Array[String] = Array(STATE,YEAR,POPULATION, ALABAMA,2010,4785492,
ALASKA,2010,714031, ARIZONA,2010,6408312, ARKANSAS,2010,2921995,
CALIFORNIA,2010,37332685, COLORADO,2010,5048644, DELAWARE,2010,899816,
DISTRICT OF COLUMBIA,2010,605183, FLORIDA,2010,18849098)
```

다음은 map 트랜스포메이션에 대한 그림이다.

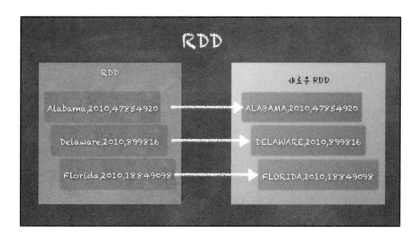

쌍 RDD

쌍pair RDD는 집계, 정렬, 데이터 조인과 같은 많은 사용 사례에 적합한 (키-값) 튜플로 구성된 RDD다. 키와 값은 정수, 문자열과 같은 단순 타입이거나 케이스 클래스, 배열, 리스트, 기타 타입의 컬렉션과 같은 복잡한 타입일 수 있다. (키-값) 기반의 확장 가능한 데이터 모델은 많은 장점을 제공하고 맵리듀스 패러다임의 기본 개념이다.

RDD에 트랜스포메이션을 적용해 RDD를 (키-값) 쌍의 RDD로 트랜스포메이션함으로써 PairRDD 생성을 쉽게 수행할 수 있다.

statesPopulation.csv를 sc로 사용할 수 있는 SparkContext를 사용해 RDD로 읽어보자.

다음은 주 인구의 기본 RDD에 대한 예이며, PairRDD는 레코드를 주와 인구의 튜플(쌍)로 나눠진 동일한 RDD처럼 보인다.

```scala
scala> val statesPopulationRDD = sc.textFile("statesPopulation.csv")
statesPopulationRDD: org.apache.spark.rdd.RDD[String] =
statesPopulation.csv MapPartitionsRDD[47] at textFile at <console>:25

scala> statesPopulationRDD.first
res4: String = State,Year,Population

scala> statesPopulationRDD.take(5)
res5: Array[String] = Array(State,Year,Population, Alabama,2010,4785492,
Alaska,2010,714031, Arizona,2010,6408312, Arkansas,2010,2921995)

scala> val pairRDD = statesPopulationRDD.map(record =>
(record.split(",")(0), record.split(",")(2)))
pairRDD: org.apache.spark.rdd.RDD[(String, String)] = MapPartitionsRDD[48]
at map at <console>:27

scala> pairRDD.take(10)
```

```
res59: Array[(String, String)] = Array((Alabama,4785492), (Alaska,714031),
(Arizona,6408312), (Arkansas,2921995), (California,37332685),
(Colorado,5048644), (Delaware,899816), (District of Columbia,605183),
(Florida,18849098))
```

다음은 RDD 엘리먼트가 (키-값) 쌍으로 변환되는 방법을 보여주는 이전 예에 대한
그림이다.

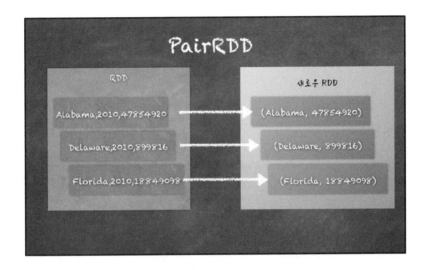

DoubleRDD

DoubleRDD는 double 값의 모음으로 구성된 RDD다. double 속성으로 인해 많은 통계
함수를 DoubleRDD와 함께 사용할 수 있다.

다음은 DoubleRDD의 예이며, double 값으로 이뤄진 시퀀스에서 RDD를 생성할 수
있다.

```
scala> val rdd_one = sc.parallelize(Seq(1.0,2.0,3.0))
rdd_one: org.apache.spark.rdd.RDD[Double] = ParallelCollectionRDD[52] at
```

```
parallelize at <console>:25
```

```
scala> rdd_one.mean
res62: Double = 2.0
```

```
scala> rdd_one.min
res63: Double = 1.0
```

```
scala> rdd_one.max
res64: Double = 3.0
```

```
scala> rdd_one.stdev
res65: Double = 0.816496580927726
```

다음은 DoubleRDD에 대한 그림이며, 해당 그림에서는 DoubleRDD에서 sum 함수를 실행할 수 있는 방법을 설명한다.

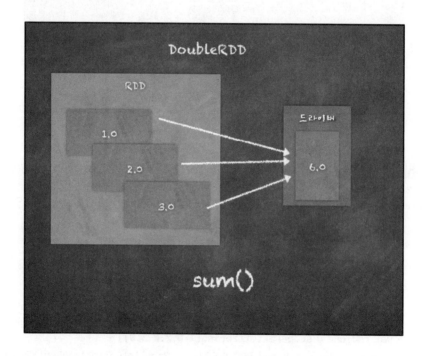

SequenceFileRDD

SequenceFileRDD는 하둡 파일 시스템의 파일 포맷인 SequenceFile에서 생성된다. SequenceFile은 압축될 수 있고, 압축이 해제될 수 있다.

 맵리듀스 프로세스는 키와 값 쌍인 SequenceFiles를 사용할 수 있다. 키와 값은 Text, IntWritable 등과 같은 하둡 쓰기 가능한 데이터 타입(Hadoop writable data type) 이다.

다음은 SequenceFileRDD의 예이며, SequenceFile을 읽고 저장하는 방법을 보여준다.

```scala
scala> val pairRDD = statesPopulationRDD.map(record =>
(record.split(",")(0), record.split(",")(2)))
pairRDD: org.apache.spark.rdd.RDD[(String, String)] = MapPartitionsRDD[60]
at map at <console>:27

scala> pairRDD.saveAsSequenceFile("seqfile")

scala> val seqRDD = sc.sequenceFile[String, String]("seqfile")
seqRDD: org.apache.spark.rdd.RDD[(String, String)] = MapPartitionsRDD[62] at
sequenceFile at <console>:25

scala> seqRDD.take(10)
res76: Array[(String, String)] = Array((State,Population),
(Alabama,4785492), (Alaska,714031), (Arizona,6408312), (Arkansas,2921995),
(California,37332685), (Colorado,5048644), (Delaware,899816), (District of
Columbia,605183), (Florida,18849098))
```

다음은 SequenceFileRDD 그림이다.

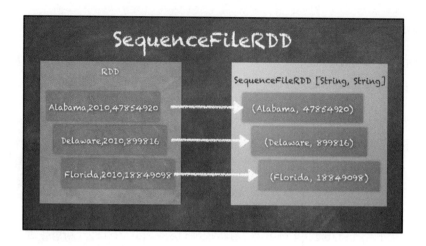

CoGroupedRDD

CoGroupedRDD는 RDD의 부모와 함께 함께 그룹핑되는 RDD다. CoGroupedRDD는 기본적으로 공통 키와 양 부모 RDD의 값 리스트로 구성된 pairRDD를 생성하기 때문에 양 부모 RDD는 pairRDD이어야 한다. 다음 코드를 살펴보자.

```
class CoGroupedRDD[K] extends RDD[(K, Array[Iterable[_]])]
```

다음은 CoGroupedRDD의 예다. 두 개의 pairRDD로 구성된 CoGroupedRDD를 생성했다. 하나는 주, 인구의 쌍을 갖고, 다른 하나는 주, 연도의 쌍을 갖고 있다.

```scala
scala> val pairRDD = statesPopulationRDD.map(record =>
(record.split(",")(0), record.split(",")(2)))
pairRDD: org.apache.spark.rdd.RDD[(String, String)] = MapPartitionsRDD[60]
at map at <console>:27

scala> val pairRDD2 = statesPopulationRDD.map(record =>
(record.split(",")(0), record.split(",")(1)))
pairRDD2: org.apache.spark.rdd.RDD[(String, String)] = MapPartitionsRDD[66]
```

at map at <console>:27

```scala
scala> val cogroupRDD = pairRDD.cogroup(pairRDD2)
cogroupRDD: org.apache.spark.rdd.RDD[(String, (Iterable[String],
Iterable[String]))] = MapPartitionsRDD[68] at cogroup at <console>:31
```

```scala
scala> cogroupRDD.take(10)
res82: Array[(String, (Iterable[String], Iterable[String]))] =
Array((Montana,(CompactBuffer(990641, 997821, 1005196, 1014314, 1022867,
1032073, 1042520),CompactBuffer(2010, 2011, 2012, 2013, 2014, 2015, 2016))),
(California,(CompactBuffer(37332685, 37676861, 38011074, 38335203, 38680810,
38993940, 39250017),CompactBuffer(2010, 2011, 2012, 2013, 2014, 2015,
2016))),
```

다음은 각 키에 대한 값 쌍을 생성함으로써 pairRDD와 pairRDD2의 CoGroupedRDD에 대한 그림이다.

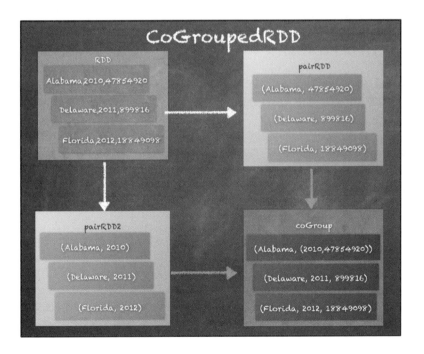

ShuffledRDD

ShuffledRDD는 키별로 RDD 엘리먼트를 섞어 동일한 익스큐터에서 동일한 키에 대한 값을 누적해 집계하거나 로직을 결합할 수 있다. 아주 좋은 예는 PairRDD에서 reduceByKey()가 호출될 때 어떤 일이 발생하는지 살펴보는 것이다.

```
class ShuffledRDD[K, V, C] extends RDD[(K, C)]
```

다음은 주별로 레코드를 집계하기 위해 pairRDD에 대한 reduceByKey 연산이다.

```
scala> val pairRDD = statesPopulationRDD.map(record =>
(record.split(",")(0), 1))
pairRDD: org.apache.spark.rdd.RDD[(String, Int)] = MapPartitionsRDD[82] at
map at <console>:27

scala> pairRDD.take(5)
res101: Array[(String, Int)] = Array((State,1), (Alabama,1), (Alaska,1),
(Arizona,1), (Arkansas,1))

scala> val shuffledRDD = pairRDD.reduceByKey(_+_)
shuffledRDD: org.apache.spark.rdd.RDD[(String, Int)] = ShuffledRDD[83] at
reduceByKey at <console>:29

scala> shuffledRDD.take(5)
res102: Array[(String, Int)] = Array((Montana,7), (California,7),
(Washington,7), (Massachusetts,7), (Kentucky,7))
```

다음 그림은 동일한 파티션에 동일한 키(주)를 갖는 레코드를 전달하기 위해 키로 셔플링한 예다.

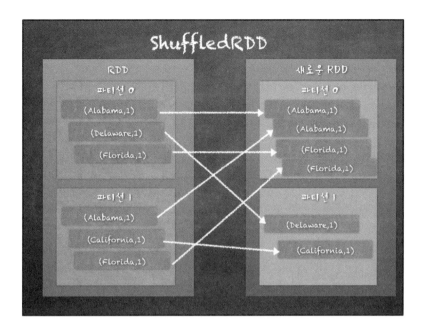

UnionRDD

UnionRDD는 두 개의 RDD에 유니온^{union} 연산을 적용한 결과다. 유니온 연산은 다음 코드처럼 두 RDD의 엘리먼트를 포함하는 RDD를 생성한다.

```
class UnionRDD[T: ClassTag]( sc: SparkContext, var rdds: Seq[RDD[T]])
extends RDD[T](sc, Nil)
```

다음 코드는 두 RDD의 엘리먼트에 유니온 연산을 사용해 UnionRDD를 생성하는 API 호출이다.

```
scala> val rdd_one = sc.parallelize(Seq(1,2,3))
rdd_one: org.apache.spark.rdd.RDD[Int] = ParallelCollectionRDD[85] at
parallelize at <console>:25
```

```
scala> rdd_one.take(10)
res103: Array[Int] = Array(1, 2, 3)

scala> val rdd_two = sc.parallelize(Seq(4,5,6))
rdd_two: org.apache.spark.rdd.RDD[Int] = ParallelCollectionRDD[86] at
parallelize at <console>:25

scala> rdd_two.take(10)
res104: Array[Int] = Array(4, 5, 6)

scala> val unionRDD = rdd_one.union(rdd_two)
unionRDD: org.apache.spark.rdd.RDD[Int] = UnionRDD[87] at union at
<console>:29

scala> unionRDD.take(10)
res105: Array[Int] = Array(1, 2, 3, 4, 5, 6)
```

다음 그림은 RDD1과 RDD2의 엘리먼트를 새로운 RDD인 UnionRDD로 병합하는
UnionRDD를 보여준다.

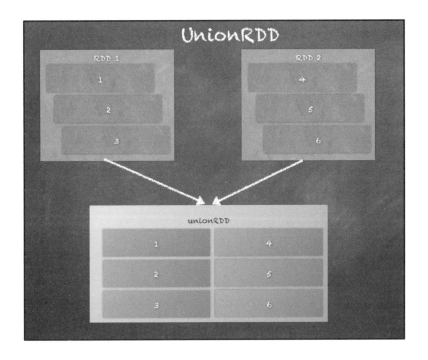

HadoopRDD

HadoopRDD는 하둡 1.x 라이브러리의 맵리듀스 API를 사용해 HDFS에 저장된 데이터를 읽는 핵심 기능을 제공한다. HadoopRDD는 기본적으로 사용되며, 모든 파일 시스템의 데이터를 RDD로 로드할 때 HadoopRDD를 볼 수 있다.

```
class HadoopRDD[K, V] extends RDD[(K, V)]
```

csv 파일에서 주 인구 레코드를 로드할 때 기본 RDD는 실제로 다음 코드처럼 HadoopRDD다.

```
scala> val statesPopulationRDD = sc.textFile("statesPopulation.csv")
statesPopulationRDD: org.apache.spark.rdd.RDD[String] =
```

```
statesPopulation.csv MapPartitionsRDD[93] at textFile at <console>:25
```

scala> statesPopulationRDD.toDebugString
```
res110: String =
(2) statesPopulation.csv MapPartitionsRDD[93] at textFile at <console>:25 []
 | statesPopulation.csv HadoopRDD[92] at textFile at <console>:25 []
```

다음 그림은 모든 파일 시스템의 텍스트 파일을 RDD로 로드해 생성한 HadoopRDD에 대한 예다.

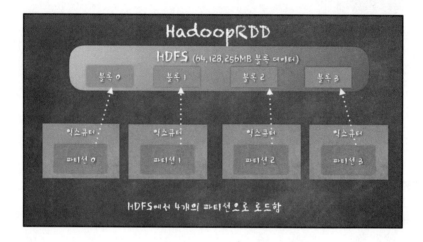

NewHadoopRDD

NewHadoopRDD는 Hadoop 2.x 라이브러리의 새로운 맵리듀스 API를 사용해 HDFS, HBase 테이블, 아마존 S3에 저장된 데이터를 읽는 핵심 기능을 제공한다.

NewHadoopRDD는 다양한 포맷으로 읽을 수 있기 때문에 여러 외부 시스템과 상호작용하기 위해 사용된다.

NewHadoopRDD 이전에는 Hadoop 1.x의 이전 맵리듀스 API를 사용하는 유일한 옵션으로 HadoopRDD가 존재했다.

354

```
class NewHadoopRDD[K, V](
    sc : SparkContext,
    inputFormatClass: Class[_ <: InputFormat[K, V]],
    keyClass: Class[K],
    valueClass: Class[V],
    @transient private val _conf: Configuration)
extends RDD[(K, V)]
```

이 코드에서 살펴볼 수 있듯이 NewHadoopRDD는 입력 포맷 클래스, 키 클래스, 값 클래스를 사용한다. NewHadoopRDD의 예를 살펴보자.

가장 간단한 예는 스파크 컨텍스트의 wholeTextFiles 함수를 사용해 WholeTextFileRDD를 생성하는 것이다. 이제 WholeTextFileRDD는 다음 코드처럼 실제로 NewHadoopRDD를 상속한다.

```
scala> val rdd_whole = sc.wholeTextFiles("wiki1.txt")
rdd_whole: org.apache.spark.rdd.RDD[(String, String)] = wiki1.txt
MapPartitionsRDD[3] at wholeTextFiles at <console>:31

scala> rdd_whole.toDebugString
res9: String =
(1) wiki1.txt MapPartitionsRDD[3] at wholeTextFiles at <console>:31 []
 | WholeTextFileRDD[2] at wholeTextFiles at <console>:31 []
```

스파크 컨텍스트의 newAPIHadoopFile 함수를 사용하는 다른 예를 살펴보자.

```
import org.apache.hadoop.mapreduce.lib.input.KeyValueTextInputFormat

import org.apache.hadoop.io.Text

val newHadoopRDD = sc.newAPIHadoopFile("statesPopulation.csv",
classOf[KeyValueTextInputFormat], classOf[Text],classOf[Text])
```

▌집계

집계 기법을 사용하면 임의의 방식으로 RDD의 엘리먼트를 병합해 계산을 수행할 수 있다. 실제로 집계는 대규모 데이터 분석에서 가장 중요하다. 집계가 없었다면 '인구 통계별 보고서'와 같은 분석 보고서를 생성할 방법이 없었을 것이다. 지난 200년 동안 모든 주 인구에 대한 데이터셋에 대해 논리적인 질문을 할 수 없었을 것이다. 또 다른 예는 RDD의 엘리먼트 개수만 구하는 것이다. 익스큐터에 각 파티션의 엘리먼트 개수에 대한 계산을 요청하고 해당 결과를 드라이버에 보낸다. 그리고 드라이버는 RDD의 엘리먼트 전체 개수를 계산하기 위해 부분집합을 추가한다.

이 절에서는 데이터를 키로 수집하고 병합하기 위해 사용되는 집계 함수에 집중한다. 7장의 앞부분에서 살펴본 것처럼 PairRDD는 키와 값을 가진 (키-값) 쌍의 RDD이고, 사용자 사례에 따라 사용자 정의할 수 있다.

주 인구의 예에서 PairRDD는 <State, <Population, Year>>의 쌍일 수 있다. 이는 State를 키로 하고, <Population, Year> 튜플을 값으로 한다는 것을 의미한다. 키와 값을 분할하는 방법은 '주별 인구별 상위 연도' 수와 같은 집계를 생성할 수 있다. 반대로 '연도별 인구별 상위 주' 집계를 수행한 경우 <Year, <State, Population>>의 쌍에 대한 pairRDD를 사용할 수 있다.

다음은 State와 Year를 키로 사용해 StatePopulation 데이터셋에서 pairRDD를 생성하는 샘플 코드다.

```scala
scala> val statesPopulationRDD = sc.textFile("statesPopulation.csv")
statesPopulationRDD: org.apache.spark.rdd.RDD[String] =
statesPopulation.csv MapPartitionsRDD[157] at textFile at <console>:26

scala> statesPopulationRDD.take(5)
res226: Array[String] = Array(State,Year,Population, Alabama,2010,4785492,
Alaska,2010,714031, Arizona,2010,6408312, Arkansas,2010,2921995)
```

다음으로 주를 키로 사용하고 <Year, Population> 튜플을 값으로 사용해 pairRDD를 생성할 수 있다.

```
scala> val pairRDD = statesPopulationRDD.map(record =>
record.split(",")).map(t => (t(0), (t(1), t(2))))
pairRDD: org.apache.spark.rdd.RDD[(String, (String, String))] =
MapPartitionsRDD[160] at map at <console>:28

scala> pairRDD.take(5)
res228: Array[(String, (String, String))] = Array((State,(Year,Population)),
(Alabama,(2010,4785492)), (Alaska,(2010,714031)), (Arizona,(2010,6408312)),
(Arkansas,(2010,2921995)))
```

앞에 살펴본 것처럼 Year를 키로 사용하고 <Year, Population> 튜플을 값으로 사용해 다음 코드처럼 PairRDD를 생성할 수도 있다.

```
scala> val pairRDD = statesPopulationRDD.map(record =>
record.split(",")).map(t => (t(1), (t(0), t(2))))
pairRDD: org.apache.spark.rdd.RDD[(String, (String, String))] =
MapPartitionsRDD[162] at map at <console>:28

scala> pairRDD.take(5)
res229: Array[(String, (String, String))] = Array((Year,(State,Population)),
(2010,(Alabama,4785492)), (2010,(Alaska,714031)), (2010,(Arizona,6408312)),
(2010,(Arkansas,2921995)))
```

<State, <Year, Population>> 튜플의 pairRDD에 공통 집계 함수를 사용하는 방법을 살펴볼 것이다.

- groupByKey
- reduceByKey
- aggregateByKey

- combineByKey

groupByKey

groupByKey는 RDD의 각 키 값을 하나의 시퀀스로 그룹핑한다. 또한 groupByKey는 파티셔너를 전달해서 결과로 얻는 (키-값) 쌍 RDD 파티셔닝을 제어할 수 있다. 파티셔너는 기본적으로 HashPartitioner가 사용되지만, 사용자 정의 파티셔너를 파라미터로 제공할 수 있다. 각 그룹 내의 엘리먼트 순서는 보장되지 않으며, 결과 RDD는 계산될 때마다 다를 수 있다.

> groupByKey는 모든 데이터 셔플링(shuffling)을 진행하기 때문에 비싼 연산이라 할 수 있다. reduceByKey 또는 aggregateByKey가 groupByKey보다 더 나은 성능을 제공한다. 이 절의 뒷부분에서 살펴본다.

groupByKey는 사용자 정의 파티셔너를 사용하거나 다음 코드처럼 기본 HashPartitioner를 사용해 호출할 수 있다.

```
def groupByKey(partitioner: Partitioner): RDD[(K, Iterable[V])]

def groupByKey(numPartitions: Int): RDD[(K, Iterable[V])]
```

> 현재 구현된 것처럼 groupByKey는 메모리의 모든 키에 대해 모든 키-값 쌍을 보유할 수 있어야 한다. 키에 너무 많은 값을 포함하면 OutOfMemoryError가 발생할 수 있다.

groupByKey는 파티션의 모든 엘리먼트를 파티셔너를 기반으로 하는 파티션에 보내 동일한 키에 대한 모든 키-값 쌍을 동일한 파티션에서 수집한다. 해당 groupByKey가 완료되면 쉽게 집계 연산을 수행할 수 있다.

다음 그림은 groupByKey가 호출될 때 발생하는 것을 보여준다.

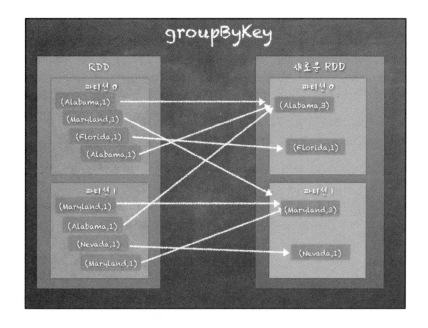

reduceByKey

groupByKey는 많은 셔플링을 포함한다. 그러나 reduceByKey는 PairRDD의 모든 엘리먼트를 셔플링을 사용해 전송하지 않고 로컬 컴바이너combiner를 사용해 먼저 로컬에서 일부 기본 집계를 수행한 다음 groupByKey처럼 결과 엘리먼트를 전송시켜 성능을 향상시킨다. 모든 데이터를 전송할 필요가 없기 때문에 전송 데이터가 크게 줄어든다. reduceBykey는 교환 및 결합 reduce 함수를 사용해 각 키의 값을 병합한다. 물론 우선 결과를 리듀서reducer에 보내기 전에 각 매퍼mapper에서 병합을 수행할 것이다.

 하둡의 맵리듀스에 익숙하다면 맵리듀스 프로그래밍의 컴바이너와 매우 유사하다.

reduceByKey는 사용자 정의 파티셔너를 사용하거나 다음 코드처럼 기본 HashPartitioner
를 사용해 호출할 수 있다.

```
def reduceByKey(partitioner: Partitioner, func: (V, V) => V): RDD[(K, V)]

def reduceByKey(func: (V, V) => V, numPartitions: Int): RDD[(K, V)]

def reduceByKey(func: (V, V) => V): RDD[(K, V)]
```

reduceByKey는 파티션의 모든 엘리먼트를 파티셔너를 기반으로 하는 파티션에 보내
동일한 키에 대한 (키-값)의 모든 쌍이 동일한 파티션에서 수집한다. 그러나 셔플링이
시작되기 전에 로컬 집계는 수행되기 때문에 셔플될 데이터가 줄어든다. 해당 태스
크가 완료되면 마지막 파티션에서 집계 연산이 쉽게 수행될 수 있다.

다음 그림은 reduceBykey가 호출될 때 발생하는 것을 보여준다.

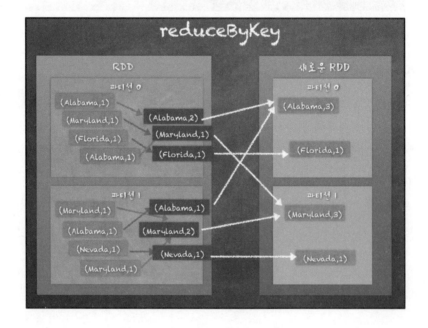

360

aggregateByKey

aggregateByKey는 reduceByKey와 매우 유사하다. aggregateByKey를 사용하면 파티션 집계가 유연하고 사용자 정의가 가능하다. 그리고 단일 함수 호출에서 각 주별 전체 인구뿐 아니라 특정 함수 호출에서 모든 <Year, Population> 튜플에 대한 리스트를 생성하는 것과 같은 파티션 간에 복잡한 사용자 사례도 허용한다.

aggregateByKey는 주어진 컴바이너 함수와 초깃값(또는 0)을 사용해 각 키의 값을 모아서 집계할 수 있다.

aggregateByKey 함수는 다른 집계 함수와 가장 큰 차이점이 있다. 바로 RDD V 값에 대한 타입이 아닌 결과 타입 U를 리턴할 수 있다. 따라서 V를 U로 병합하는 단일 태스크와 두 개의 U를 병합하는 단일 태스크가 필요하다. 전자는 파티션에서 값을 병합하는 데 사용되고, 후자는 파티션 간에 값을 병합하는 데 사용된다. 메모리 할당을 피하기 위해 이 두 함수는 새로운 U를 생성하는 대신 첫 번째 파라미터를 수정하고 리턴할 수 있다.

```
def aggregateByKey[U: ClassTag](zeroValue: U, partitioner:
Partitioner)(seqOp: (U, V) => U,
   combOp: (U, U) => U): RDD[(K, U)]

def aggregateByKey[U: ClassTag](zeroValue: U, numPartitions: Int)(seqOp: (U,
V) => U,
   combOp: (U, U) => U): RDD[(K, U)]

def aggregateByKey[U: ClassTag](zeroValue: U)(seqOp: (U, V) => U,
   combOp: (U, U) => U): RDD[(K, U)]
```

aggregateByKey는 개별 파티션의 모든 엘리먼트를 대상으로 파트션별로 집계를 수행한 후 파티션을 병합할 때는 다른 집계 로직을 수행한다. 궁극적으로 동일 키를 같는 모든 (키-값) 쌍이 동일 파티션으로 수집된다. 그러나 aggregateByKey는 groupByKey

와 reduceByKey의 경우처럼 집계 수행 방식과 생성된 출력에 대한 집계 방식이 고정 돼 있지 않아 더 유연하고 사용자 정의가 가능하다.

다음은 aggregateByKey가 호출될 때 일어나는 그림이다. groupByKey와 reduceByKey 처럼 개수를 더하는 대신 각 키에 대한 값 리스트를 생성한다.

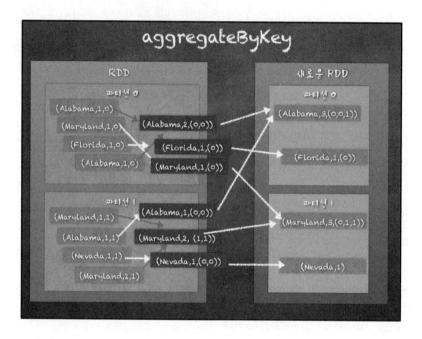

combineByKey

combineByKey는 aggregateByKey와 매우 유사하다. 실제로 combineByKey는 combineByKeyWithClassTag를 내부적으로 호출한다. 또한 aggregateByKey에서 도 combineByKeyWithClassTag를 내부적으로 호출된다. 그리고 combineByKey는 aggregateByKey처럼 각 파티션에서 연산을 적용한 다음 컴바이너 간에 태스크를 적 용한다.

combineByKey는 RDD[K, V]를 RDD[K, C]로 바꾼다. 여기서 C는 이름 키 K로 수집되거

나 병합된 V 리스트다.

combineByKey를 호출할 때 사용할 수 있는 세 가지 함수가 있다.

- createCombiner는 V를 C로 변환하고 하나의 엘리먼트 리스트로 생성한다.
- mergeValue는 C 리스트의 끝에 V를 추가해 V를 C에 병합한다.
- mergeCombiners는 두 개의 C를 하나로 병합한다.

 aggregateByKey에서 첫 번째 파라미터는 단순히 0 값이지만 combineByKey에서는 현재 값을 파라미터로 얻는 초기 함수를 제공한다.

combineByKey는 사용자 정의 파티셔너를 사용하거나 다음 코드처럼 기본 HashPartitioner를 사용해 combineByKey를 호출할 수 있다.

```
def combineByKey[C](createCombiner: V => C, mergeValue: (C, V) => C,
mergeCombiners: (C, C) => C, numPartitions: Int): RDD[(K, C)]

def combineByKey[C](createCombiner: V => C, mergeValue: (C, V) => C,
mergeCombiners: (C, C) => C, partitioner: Partitioner, mapSideCombine:
Boolean = true, serializer: Serializer = null): RDD[(K, C)]
```

combineByKey는 개별 파티션의 모든 엘리먼트에서 동작 중인 파티션에서 집계를 수행한 후 파티션을 병합할 때 다른 집계 로직을 적용한다. 궁극적으로 동일한 키에 대한 모든 (키-값) 쌍은 동일 파티션에 수집된다. 그러나 combineByKey를 사용할 때는 집계 생성 방식과 생성된 출력에 대한 집계가 groupByKey와 reduceByKey처럼 고정돼 있지 않아 더 유연하고 사용자 정의가 가능하다.

다음 그림은 combineBykey가 호출될 때 발생하는 것을 보여준다.

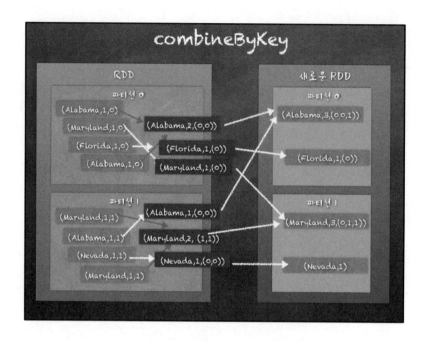

groupByKey, reduceByKey, combineByKey, aggregateByKey의 비교

앞에서 살펴봤던 groupByKey는 키의 해시 코드를 생성한 다음, 데이터를 셔플링해서 동일한 파티션의 각 키에 대한 값을 수집함으로써 PairRDD의 HashPartitioning을 수행한다. groupByKey는 분명히 너무 많은 셔플링을 발생시킨다.

reduceByKey는 groupByKey와 비교해 셔플링 스테이지에서 전송된 데이터를 최소화하기 위해 로컬 컴바이너 로직을 사용해 성능을 향상시킨다. 결과는 groupByKey와 같지만 훨씬 더 성능이 좋다.

aggregateByKey의 동작 방식이 reduceByKey와 매우 비슷하지만 큰 차이점 하나가 있는데, groupByKey와 reduceByKey보다 강력한 기능이다. aggregateBykey는 동일 데이터 타입에서 동작할 필요가 없고 파티션에서 다른 집계를 수행하고 파티션 간에 다른 집계를 수행할 수 있다.

combineByKey는 컴바이너를 생성하는 초기 함수를 제외하고 aggregateByKey와 성능이 매우 비슷하다.

사용 사례에 따라 사용할 함수가 다르지만, 의심스럽다면 이 절을 참조해 사용 사례에 맞는 함수를 선택할 수 있다. 또한 다음 절에서는 파티셔닝과 셔플링에 대해 자세히 살펴본다.

다음은 주별로 총인구를 계산하는 4가지 방법을 보여주는 코드다.

1단계: RDD를 초기화한다.

```scala
scala> val statesPopulationRDD =
sc.textFile("statesPopulation.csv").filter(_.split(",")(0) != "State")
statesPopulationRDD: org.apache.spark.rdd.RDD[String] =
statesPopulation.csv MapPartitionsRDD[1] at textFile at <console>:24

scala> statesPopulationRDD.take(10)
res27: Array[String] = Array(Alabama,2010,4785492, Alaska,2010,714031,
Arizona,2010,6408312, Arkansas,2010,2921995, California,2010,37332685,
Colorado,2010,5048644, Delaware,2010,899816, District of
Columbia,2010,605183, Florida,2010,18849098, Georgia,2010,9713521)
```

2단계: pairRDD로 변환한다.

```scala
scala> val pairRDD = statesPopulationRDD.map(record =>
record.split(",")).map(t => (t(0), (t(1).toInt, t(2).toInt)))
pairRDD: org.apache.spark.rdd.RDD[(String, (Int, Int))] =
MapPartitionsRDD[26] at map at <console>:26

scala> pairRDD.take(10)
res15: Array[(String, (Int, Int))] = Array((Alabama,(2010,4785492)),
(Alaska,(2010,714031)), (Arizona,(2010,6408312)),
(Arkansas,(2010,2921995)), (California,(2010,37332685)),
(Colorado,(2010,5048644)), (Delaware,(2010,899816)), (District of
```

```
Columbia,(2010,605183)), (Florida,(2010,18849098)),
(Georgia,(2010,9713521)))
```

3단계: groupByKey – 값을 그룹핑하고 인구를 더한다.

```
scala> val groupedRDD = pairRDD.groupByKey.map(x => {var sum=0;
x._2.foreach(sum += _._2); (x._1, sum)})
groupedRDD: org.apache.spark.rdd.RDD[(String, Int)] = MapPartitionsRDD[38]
at map at <console>:28

scala> groupedRDD.take(10)
res19: Array[(String, Int)] = Array((Montana,7105432),
(California,268280590), (Washington,48931464), (Massachusetts,46888171),
(Kentucky,30777934), (Pennsylvania,89376524), (Georgia,70021737),
(Tennessee,45494345), (North Carolina,68914016), (Utah,20333580))
```

4단계: reduceByKey – 키로 값을 리듀싱하고 인구를 더한다.

```
scala> val reduceRDD = pairRDD.reduceByKey((x, y) => (x._1,
x._2+y._2)).map(x => (x._1, x._2._2))
reduceRDD: org.apache.spark.rdd.RDD[(String, Int)] = MapPartitionsRDD[46] at
map at <console>:28

scala> reduceRDD.take(10)
res26: Array[(String, Int)] = Array((Montana,7105432),
(California,268280590), (Washington,48931464), (Massachusetts,46888171),
(Kentucky,30777934), (Pennsylvania,89376524), (Georgia,70021737),
(Tennessee,45494345), (North Carolina,68914016), (Utah,20333580))
```

5단계: aggregateByKey – 키로 인구수를 집계하고 인구를 더한다.

배열을 초기화한다.

```
scala> val initialSet = 0
initialSet: Int = 0
```

파티션에서 인구를 추가하는 함수를 제공한다.
```
scala> val addToSet = (s: Int, v: (Int, Int)) => s+ v._2
addToSet: (Int, (Int, Int)) => Int = <function2>
```

파티션 간에 인구를 추가하는 함수를 제공한다.
```
scala> val mergePartitionSets = (p1: Int, p2: Int) => p1 + p2
mergePartitionSets: (Int, Int) => Int = <function2>
```

```
scala> val aggregatedRDD = pairRDD.aggregateByKey(initialSet)(addToSet,
mergePartitionSets)
aggregatedRDD: org.apache.spark.rdd.RDD[(String, Int)] = ShuffledRDD[41] at
aggregateByKey at <console>:34
```

```
scala> aggregatedRDD.take(10)
res24: Array[(String, Int)] = Array((Montana,7105432),
(California,268280590), (Washington,48931464), (Massachusetts,46888171),
(Kentucky,30777934), (Pennsylvania,89376524), (Georgia,70021737),
(Tennessee,45494345), (North Carolina,68914016), (Utah,20333580))
```

6단계: **combineByKey** – 파티션에서 합친 후 컴바이너로 병합한다.

createCombiner 함수를 생성한다.
```
scala> val createCombiner = (x:(Int,Int)) => x._2
createCombiner: ((Int, Int)) => Int = <function1>
```

파티션에서 더하는 함수를 생성한다.
```
scala> val mergeValues = (c:Int, x:(Int, Int)) => c +x._2
mergeValues: (Int, (Int, Int)) => Int = <function2>
```

컴바이너로 병합하는 함수를 생성한다.
```
scala> val mergeCombiners = (c1:Int, c2:Int) => c1 + c2
mergeCombiners: (Int, Int) => Int = <function2>
```

```
scala> val combinedRDD = pairRDD.combineByKey(createCombiner, mergeValues,
mergeCombiners)
combinedRDD: org.apache.spark.rdd.RDD[(String, Int)] = ShuffledRDD[42] at
combineByKey at <console>:34

scala> combinedRDD.take(10)
res25: Array[(String, Int)] = Array((Montana,7105432),
(California,268280590), (Washington,48931464), (Massachusetts,46888171),
(Kentucky,30777934), (Pennsylvania,89376524), (Georgia,70021737),
(Tennessee,45494345), (North Carolina,68914016), (Utah,20333580))
```

살펴본 것처럼 4개의 모든 집계는 동일한 결과를 얻는다. 4개의 모든 집계에서 차이점을 살펴보자.

▌ 파티셔닝과 셔플링

지금까지 스파크가 하둡보다 분산 컴퓨팅을 훨씬 잘 처리하는지 살펴봤다. 또한 내부 동작, 주로 RDD^{Resilient Distributed Dataset}로 알려진 기본 데이터 구조를 다뤘다. RDD는 데이터셋을 나타내는 불변 컬렉션이고, 안정성과 장애 복구 기능이 있다. RDD는 단일 데이터셋이 아닌 데이터를 기반으로 동작한다. 즉, RDD는 클러스터 전체에 분산된 파티션 데이터를 관리한다. 따라서 데이터 파티셔닝의 개념은 스파크 잡의 기능에 중대한 영향을 미칠 뿐 아니라 성능에 큰 영향을 미칠 수 있으며, 자원에 대한 활용 방법까지도 영향을 미친다.

RDD는 데이터 파티션으로 구성되고 모든 연산은 RDD의 데이터 파티션에서 수행된다. 트랜스포메이션과 같은 여러 연산은 데이터를 조작하는 특정 파티션에서 익스큐터에 의해 실행되는 함수다. 그러나 개별 익스큐터가 데이터 파티션에서 격리된 연산을 수행한다고 해서 모든 연산이 수행되는 것은 아니다. 앞에서 설명한 집계와 같은 연산에서는 셔플링이라는 스테이지에서는 클러스터 전체 데이터가 이동돼야 한다.

이 절에서는 파티셔닝과 셔플링에 대한 개념을 자세히 살펴본다.

다음 코드를 실행해 간단한 정수 RDD를 살펴본다. 스파크 컨텍스트의 **parallelize** 함수는 정수의 시퀀스에서 RDD를 생성한다. 그다음 **getNumPartitions( )** 함수를 사용해 해당 RDD의 파티션 개수를 얻을 수 있다. 참고로 CPU 개수와 처리 자원에 따라 기본 파티션 개수는 달라질 수 있다.

```scala
scala> val rdd_one = sc.parallelize(Seq(1,2,3))
rdd_one: org.apache.spark.rdd.RDD[Int] = ParallelCollectionRDD[120] at
parallelize at <console>:25

scala> rdd_one.getNumPartitions
res202: Int = 6
```

RDD는 6개의 파티션을 보여주는 다음 그림처럼 시각화할 수 있다.

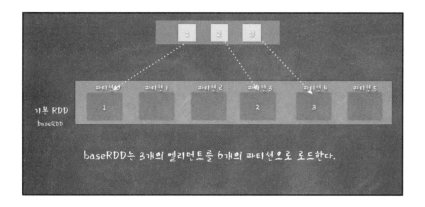

파티션 개수는 RDD 트랜스포메이션을 실행할 태스크 수에 직접적인 영향을 주기 때문에 중요하다. 파티션 개수가 너무 적으면 많은 데이터에서 아주 일부의 CPU/코어만 사용하기 때문에 성능이 저하되고 클러스터를 제대로 활용하지 못하게 된다. 반면에 파티션 개수가 너무 많으면 실제로 필요한 것보다 많은 자원을 사용하기 때문에 멀티테넌트 환경에서는 자원 부족 현상이 발생할 수 있다.

파티셔너

파티셔너^{Partitioner}에 의해 RDD 파티셔닝이 실행된다. 파티셔너는 파티션 인덱스를 RDD 엘리먼트에 할당한다. 동일 파티션에 존재하는 모든 엘리먼트는 동일한 파티션 인덱스를 가질 것이다.

스파크는 HashPartitioner와 RangePartitioner라는 두 개의 파티션이 있다. 이 외에도 사용자 정의 파티셔너를 구현할 수 있다.

HashPartitioner

HashPartitioner는 스파크의 기본 파티셔너고, RDD 엘리먼트의 각 키에 대한 해시 값을 계산한다. 동일한 해시 코드를 가진 모든 엘리먼트는 다음 코드처럼 동일 파티션을 얻는다.

```
partitionIndex = hashcode(key) % numPartitions
```

다음은 hashCode() 함수의 예이며, partitionIndex를 생성하는 방법을 보여준다.

```
scala> val str = "hello"
str: String = hello

scala> str.hashCode
res206: Int = 99162322

scala> val numPartitions = 6
numPartitions: Int = 6

scala> val partitionIndex = str.hashCode % numPartitions
partitionIndex: Int = 2
```

다음 그림은 해시 파티셔닝이 동작하는 방식을 보여준다. 3개의 엘리먼트(a, b, e)를 가진 RDD를 갖고 있다고 가정하자. hashCode( )를 사용해 6으로 설정된 파티션 개수를 기반으로 각 엘리먼트마다 partitionIndex를 얻을 수 있다.

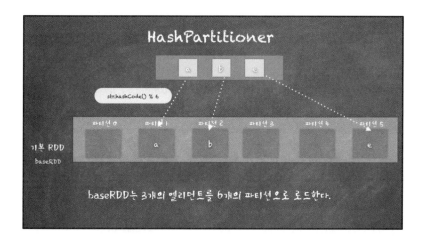

RangePartitioner

RangePartitioner는 RDD를 거의 동일한 범위로 파티셔닝한다. 범위는 모든 파티션의 시작 키와 종료 키를 알고 있어야 하기 때문에 RangePartition을 사용하기 전에 RDD를 먼저 정렬해야 한다.

RangePartitioning은 먼저 RDD를 기반으로 하는 파티션에 대한 합리적인 경계를 필요로 하고 키 K부터 특정 엘리먼트가 속하는 partitionIndex까지의 함수를 생성한다. 마지막에는 결정한 범위에 RDD 엘리먼트를 올바르게 배포하기 위해 RangePartitioner를 기반으로 RDD를 리파티셔닝해야 한다.

다음은 PairRDD의 RangePartitioning을 사용하는 방법에 대한 예다. RangePartitioner
를 사용해 RDD를 리파티셔닝한 후에 파티션이 어떻게 변경됐는지 확인할 수 있다.

```scala
scala> import org.apache.spark.RangePartitioner
scala> val statesPopulationRDD = sc.textFile("statesPopulation.csv")
statesPopulationRDD: org.apache.spark.rdd.RDD[String] =
statesPopulation.csv MapPartitionsRDD[135] at textFile at <console>:26

scala> val pairRDD = statesPopulationRDD.map(record =>
(record.split(",")(0), 1))
pairRDD: org.apache.spark.rdd.RDD[(String, Int)] = MapPartitionsRDD[136] at
map at <console>:28

scala> val rangePartitioner = new RangePartitioner(5, pairRDD)
rangePartitioner: org.apache.spark.RangePartitioner[String,Int] =
org.apache.spark.RangePartitioner@c0839f25

scala> val rangePartitionedRDD = pairRDD.partitionBy(rangePartitioner)
rangePartitionedRDD: org.apache.spark.rdd.RDD[(String, Int)] =
ShuffledRDD[130] at partitionBy at <console>:32

scala> pairRDD.mapPartitionsWithIndex((i,x) => Iterator(""+i +
":"+x.length)).take(10)
res215: Array[String] = Array(0:177, 1:174)

scala> rangePartitionedRDD.mapPartitionsWithIndex((i,x) => Iterator(""+i +
":"+x.length)).take(10)
res216: Array[String] = Array(0:70, 1:77, 2:70, 3:63, 4:71)
```

다음은 RangePartitioner를 사용하는 예를 보여준다.

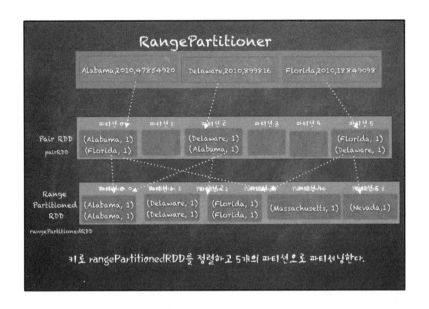

셔플링

파티셔너가 어떤 파티션을 사용하든 많은 연산이 RDD의 파티션 전체에 걸쳐 데이터 리파티셔닝^{repartitioning}이 발생하게 한다. 새로운 파티션이 생성될 수 있거나 파티션이 축소되거나 병합될 수 있다. 리파티셔닝에 필요한 모든 데이터 이동을 **셔플링**^{shuffling}이라 한다. 셔플링은 스파크 잡을 작성할 때 이해해야 하는 중요한 개념이다. 셔플링은 계산을 동일 익스큐터의 메모리에서 더 이상 진행하지 않고 익스큐터 간에 데이터를 교환하기 때문에 많은 성능 지연을 초래할 수 있다.

좋은 예가 groupByKey로서 '집계' 절에서 살펴봤다. 명백하게 groupBy 연산을 수행할 때 키의 모든 값이 동일한 익스큐터에 수집되도록 익스큐터 간에 많은 데이터가 흘러간다.

또한 셔플링은 스파크 잡의 실행 프로세스를 결정할 뿐 아니라 잡이 스테이지로 분할되는 부분에 영향을 미친다. 6장, 7장에서 살펴본 것처럼 스파크는 RDD의 계보를 나타내는 DAG를 갖고 있다. 스파크는 잡 실행을 계획하기 위해 계보를 사용할 뿐만 아니라 익스큐터에 장애가 발생해도 바로 복구할 수 있다. RDD에서 트랜스포메이션 함수가 실행할 때는 동일 노드에서 데이터에 대해 연산이 수행되게 해야 한다. 그러나 의도적으로 또는 의도하지 않게 리파티셔닝을 유발하는 연산 중 조인 연산, 리듀스, 그룹핑, 집계 연산을 종종 사용한다. 해당 셔플링은 차례대로 처리의 특정 스테이지가 끝나고 새로운 스테이지가 시작될 부분을 결정한다.

다음 그림은 스파크 잡이 스테이지별로 분리되는 방법을 보여준다. groupByKey를 호출하기 전에 pairRDD에 filter와 map 같은 트랜스포메이션 함수를 호출한다. 그리고 groupByKey를 호출한 후(마지막)에는 map을 사용해 예를 보여준다.

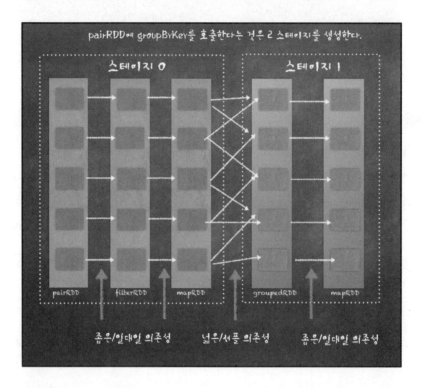

셔플링이 많을수록 스파크 잡이 실행될 때 더 많은 스테이지가 발생하기 때문에 성능에 영향을 미친다. 스테이지를 결정할 때 스파크 드라이버에서 사용되는 두 가지 중요한 부분이 있다. 즉, RDD의 두 가지 의존성 타입은 좁은 의존성과 넓은 의존성이다.

374

좁은 의존성

filter, map, flatMap 함수 등처럼 간단한 일대일 트랜스포메이션을 사용해 특정 RDD를 다른 RDD로 생성할 수 있을 때 자식 RDD는 부모 RDD와 일대일로 의존한다고 말할 수 있다. 해당 의존성은 데이터가 여러 익스큐터 간 데이터를 전송하지 않은 채 원래 RDD/부모 RDD 파티션을 포함하는 노드와 동일한 노드에서 변환될 수 있기 때문에 좁은 의존성^{narrow dependency}으로 불린다.

 TIP 좁은 의존성은 잡 실행의 동일한 스테이지에 있다.

다음은 좁은 의존성이 특정 RDD를 다른 RDD로 변환하는 방법과 RDD 엘리먼트에 일대일 트랜스포메이션을 적용하는 방법을 보여주는 그림이다.

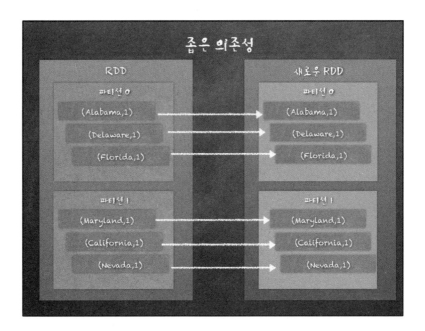

넓은 의존성

데이터를 전달하거나 교환하기 위해 aggregateByKey, reduceByKey 등과 같은 함수를 사용해 데이터를 리파티셔닝하거나 재분배해서 하나 이상의 RDD로 보낼 수 있을 때 자식 RDD는 셔플링 연산에 참여하는 부모 RDD에 의존한다고 말할 수 있다. 이런 의존성은 원래 RDD/부모 RDD 파티션을 포함하는 노드에서 데이터를 변환할 수 없기 때문에 여러 익스큐터 간에 데이터를 전달해야 하기 때문에 넓은 의존성^{wide dependency}으로 부른다.

 넓은 의존성은 잡을 실행할 때 새로운 스테이지가 도입된다.

다음은 넓은 의존성이 익스큐터 간에 하나의 RDD를 다른 RDD 셔플링 데이터로 변환하는 그림을 소개한다.

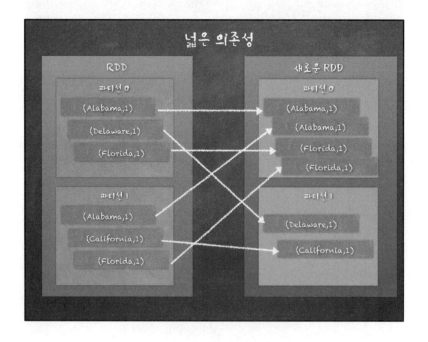

▎ 브로드캐스트 변수

브로드캐스트 변수^{broadcast variable}는 모든 익스큐터에서 사용할 수 있는 공유 변수^{shared} ^{variable}다. 브로드캐스트 변수는 드라이버에서 한 번 생성되면 익스큐터에서만 읽을 수 있다. 브로드캐스트 변수가 정수 타입처럼 단순한 데이터 타입으로 이해할 수도 있지만 개념적으로는 단순한 변수보다 훨씬 크게 사용될 수 있다. 전체 데이터셋이 스파크 클러스터에서 전파될 수 있어서 익스큐터에서는 브로드캐스트 변수의 데이터 에 접근할 수 있다. 익스큐터 내부에서 실행되는 모든 태스크는 모두 브로드캐스트 변수에 접근할 수 있다.

브로드캐스트에서는 모든 익스큐터에서 브로드캐스트된 데이터에 접근할 수 있는 다 양한 최적화 방법을 사용한다. 따라서 브로드캐스트된 데이터셋의 크기는 반드시 해 결해야 하는 중요한 과제다. 드라이버에 연결하고 데이터셋을 얻으려는 100개 또는 1000개의 익스큐터를 기대할 수 없을 것이다. 대신 익스큐터는 HTTP 커넥션으로 데 이터를 가져오고 데이터를 클러스터 간에 토런트^{torrent}로 배포되는 비트토렌트^{BitTorrent} 와 비슷한 최신 기능을 제공한다. 해당 기능은 각 익스큐터가 드라이버에서 데이터를 하나씩 가져 오는 방식이 아닌(익스큐터를 많이 사용하는 경우 드라이버에 장애를 발생할 수 있는 방식이다) 모든 익스큐터에 브로드캐스트 변수를 배포할 수 있는 더 확장성 있는 방법을 사용하는 것이 좋다.

 드라이버는 데이터를 브로드캐스트만 할 수 있고 참조 데이터를 RDD로 브로드캐스 트할 수 없다. 이는 드라이버만 RDD를 해석하는 방법을 알고 있고 익스큐터는 처리 중인 데이터의 특정 파티션만 알 수 있기 때문이다.

브로드캐스트가 어떻게 동작하는지 자세히 살펴보자. 드라이버에서 먼저 직렬화된 객체를 작은 청크^{chunk}로 나누고, 해당 청크를 드라이버의 **BlockManager**에 저장하게 동작한다. 코드가 익스큐터에서 실행될 수 있게 직렬화되면 각 익스큐터는 먼저 익스큐터 내부의 **BlockManager**에서 객체를 얻는다. 이전에 브로드캐스트 변수를 얻었다면 이를 찾아서 사용한다. 그러나 브로드캐스트 변수가 존재하지 않으면 익스큐터는 원격으로 드라이버 또는 (가능하면) 다른 익스큐터에서 작은 청크를 얻는다. 익스큐터는 일단 청크를 얻으면 해당 청크를 익스큐터의 **BlockManager**에 넣고 다른 익스큐터에서 청크를 요청하면 전달할 수 있게 준비한다. 이는 드라이버가 브로드캐스트 데이터의 여러 복사본(익스큐터당 하나)을 보내려 할 때 병목 현상이 발생하는 것을 방지할 수 있다.

다음은 스파크 클러스터에서 브로드캐스트의 동작 방법을 보여주는 그림이다.

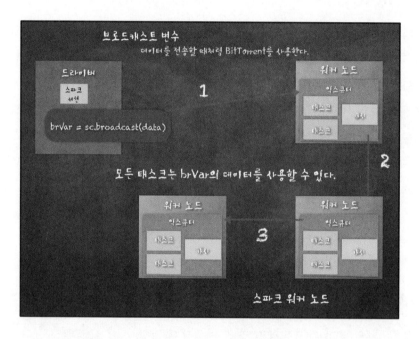

브로드캐스트 변수는 생성될 수 있고 또한 정리될 수 있다. 다음 절에서 브로드캐스트 변수의 생성과 정리를 자세히 살펴본다. 또한 메모리에서 브로드캐스트 변수를 정리하는 방법도 살펴본다.

브로드캐스트 변수 생성

데이터나 변수가 직렬화 가능한 경우 모든 데이터 타입의 데이터에 스파크 컨텍스트의 broadcast 함수를 사용해 브로드캐스트 변수를 생성할 수 있다.

정수 변수를 브로드캐스트할 수 있는 방법을 살펴본 다음 익스큐터에서 실행되는 트랜스포메이션 함수에서 브로드캐스트 변수를 사용하는 방법을 살펴보자.

```scala
scala> val rdd_one = sc.parallelize(Seq(1,2,3))
rdd_one: org.apache.spark.rdd.RDD[Int] = ParallelCollectionRDD[101] at
parallelize at <console>:25

scala> val i = 5
i: Int = 5

scala> val bi = sc.broadcast(i)
bi: org.apache.spark.broadcast.Broadcast[Int] = Broadcast(147)

scala> bi.value
res166: Int = 5

scala> rdd_one.take(5)
res164: Array[Int] = Array(1, 2, 3)

scala> rdd_one.map(j => j + bi.value).take(5)
res165: Array[Int] = Array(6, 7, 8)
```

브로드캐스트 변수는 드라이버에서 HashMap을 브로드캐스트하는 다음 예처럼 단순한 프리미티브 데이터 타입 이상의 타입으로 생성될 수도 있다.

다음은 HashMap을 검색해 각 엘리먼트에 다른 정수를 곱하는 정수 RDD의 간단한 트랜스포메이션 예다. 1, 2, 3을 포함하는 RDD는 1×2, 2×3, $3 \times 4 = 2$, 6, 12다.

```
scala> val rdd_one = sc.parallelize(Seq(1,2,3))
rdd_one: org.apache.spark.rdd.RDD[Int] = ParallelCollectionRDD[109] at
parallelize at <console>:25

scala> val m = scala.collection.mutable.HashMap(1 -> 2, 2 -> 3, 3 -> 4)
m: scala.collection.mutable.HashMap[Int,Int] = Map(2 -> 3, 1 -> 2, 3 -> 4)

scala> val bm = sc.broadcast(m)
bm:
org.apache.spark.broadcast.Broadcast[scala.collection.mutable.HashMap[Int
,Int]] = Broadcast(178)

scala> rdd_one.map(j => j * bm.value(j)).take(5)
res191: Array[Int] = Array(2, 6, 12)
```

브로드캐스트 변수 정리

브로드캐스트 변수는 모든 익스큐터에서 메모리를 차지하기 때문에 브로드캐스트 변수에 포함된 데이터의 크기에 따라 특정 시점에서 자원 문제가 발생할 수 있다. 모든 익스큐터의 메모리에서 브로드캐스트된 변수를 정리하는 방법이 있다.

브로드캐스트 변수에서 unpersist()를 호출하면 자원을 정리하기 위해 브로드캐스트 변수의 데이터가 모든 익스큐터의 메모리 캐시에서 정리된다. 변수를 다시 사용하면 데이터를 다시 사용하기 위해 익스큐터에 데이터를 다시 전송한다. 그러나 드라이버는 드라이버에 데이터가 없는 것처럼 보이지만 내부적으로는 메모리에 존재한다. 따라서 브로드캐스트 변수를 더 이상 사용할 수 없다.

 다음에 브로드캐스트 변수를 정리하는 내용을 살펴볼 것이다.

다음은 unpersist( )가 브로드캐스트 변수에서 호출될 수 있는 방법의 예다. unpersist를 호출한 후 브로드캐스트 변수에 다시 접근하면 일반적으로 동작하지만 배후에서 익스큐터는 변수에 대한 데이터를 다시 가져온다.

```scala
scala> val rdd_one = sc.parallelize(Seq(1,2,3))
rdd_one: org.apache.spark.rdd.RDD[Int] = ParallelCollectionRDD[101] at
parallelize at <console>:25

scala> val k = 5
k: Int = 5

scala> val bk = sc.broadcast(k)
bk: org.apache.spark.broadcast.Broadcast[Int] = Broadcast(163)

scala> rdd_one.map(j => j + bk.value).take(5)
res184: Array[Int] = Array(6, 7, 8)

scala> bk.unpersist

scala> rdd_one.map(j => j + bk.value).take(5)
res186: Array[Int] = Array(6, 7, 8)
```

브로드캐스트 정리

모든 익스큐터와 드라이버에서 브로드캐스트 변수를 완전히 정리해 접근할 수 없게 브로드캐스트를 정리할 수도 있다. 이는 클러스터에서 자원을 최적화해서 관리할 때 매우 유용할 수 있다.

브로드캐스트 변수에 destroy를 호출하면 해당 브로드캐스트 변수와 관련된 모든 데이터와 메타데이터가 정리된다. 브로드캐스트 변수가 정리되면 재사용할 수 없기 때문에 재생성해야 한다.

다음은 브로드캐스트 변수를 정리하는 예다.

```
scala> val rdd_one = sc.parallelize(Seq(1,2,3))
rdd_one: org.apache.spark.rdd.RDD[Int] = ParallelCollectionRDD[101] at
parallelize at <console>:25

scala> val k = 5
k: Int = 5

scala> val bk = sc.broadcast(k)
bk: org.apache.spark.broadcast.Broadcast[Int] = Broadcast(163)

scala> rdd_one.map(j => j + bk.value).take(5)
res184: Array[Int] = Array(6, 7, 8)

scala> bk.destroy
```

 정리된 브로드캐스트 변수를 사용하면 예외가 발생한다.

다음은 정리된 브로드캐스트 변수를 재사용하려 할 때에 대한 예다.

```
scala> rdd_one.map(j => j + bk.value).take(5)
17/05/27 14:07:28 ERROR Utils: Exception encountered
org.apache.spark.SparkException: Attempted to use Broadcast(163) after it was
destroyed (destroy at <console>:30)
 at org.apache.spark.broadcast.Broadcast.assertValid(Broadcast.scala:144)
 at
org.apache.spark.broadcast.TorrentBroadcast$$anonfun$writeObject$1.apply$
mcV$sp(TorrentBroadcast.scala:202)
 at org.apache.spark.broadcast.TorrentBroadcast$$anonfun$wri
```

따라서 브로드캐스트 기능을 사용해 스파크 잡의 유연성과 성능을 크게 향상시킬 수
있다.

▍ 누산기

누산기^{Accumulator}는 스파크 프로그램에 카운터를 추가하기 위해 일반적으로 사용되는 익스큐터에서 변수를 공유한다. 스파크 프로그램을 갖고 있고 처리된 전체 레코드나 에러 또는 둘 다를 알고 싶다면 두 가지 방법으로 수행할 수 있다. 한 가지 방법은 에러나 전체 레코드를 계산할 때마다 특정 로직을 추가하는 것이다. 그래서 가능한 모든 계산을 처리할 때 복잡할 것이다. 다른 방법은 로직과 코드 흐름을 그대로 두고 누산기를 추가하는 것이다.

 TIP 누산기는 값을 추가해 변경할 수도 있다.

다음은 스파크 컨텍스트와 longAccumulator 함수를 사용해 새로 생성한 누산기 변수를 0으로 초기화하는 Long 타입의 Accumulator를 생성하고 사용하는 예다. 누산기가 맵 트랜스포메이션 내부에서 사용되면 누산기가 증가한다. 연산이 끝나면 누산기는 351이라는 값을 갖는다.

```scala
scala> val acc1 = sc.longAccumulator("acc1")
acc1: org.apache.spark.util.LongAccumulator = LongAccumulator(id: 10355,
name: Some(acc1), value: 0)

scala> val someRDD = statesPopulationRDD.map(x => {acc1.add(1); x})
someRDD: org.apache.spark.rdd.RDD[String] = MapPartitionsRDD[99] at map at
<console>:29

scala> acc1.value
res156: Long = 0    /*there has been no action on the RDD so accumulator did not
get incremented*/

scala> someRDD.count
res157: Long = 351
```

```
scala> acc1.value
res158: Long = 351
```

```
scala> acc1
res145: org.apache.spark.util.LongAccumulator = LongAccumulator(id: 10355,
name: Some(acc1), value: 351)
```

많은 사용 사례에 사용할 수 있는 내장 누산기가 있다.

- **LongAccumulator**: 64비트 정수의 합, 개수, 평균을 계산
- **DoubleAccumulator**: 배정밀도 부동소수점^{double precision floating numbers}에 대한 합계, 개수, 평균을 계산
- **CollectionAccumulator[T]**: 엘리먼트 리스트를 수집

앞의 모든 누산기는 AccumulatorV2 클래스 기반으로 구축된다. 동일한 로직을 따르면서 프로젝트에서 사용할 수 있는 매우 복잡하고 사용자 정의한 누산기를 생성할 수 있다.

AccumulatorV2 클래스를 확장해 사용자 정의 누산기를 생성할 수 있다. 다음은 해당 누산기 구현에 필요한 기능을 보여주는 예다. 다음 코드의 AccumulatorV2[Int, Int]는 입력과 출력이 모두 정수 타입인 것을 의미한다.

```
class MyAccumulator extends AccumulatorV2[Int, Int] {
    // 간단히 불리언 값인지 확인한다.
    override def isZero: Boolean = ???

    // 특정 누산기를 복사해 다른 누산기를 생성하는 함수다.
    override def copy(): AccumulatorV2[Int, Int] = ???

    // 값을 재설정한다.
    override def reset(): Unit = ???
```

```
// 누산기에 특정 값을 추가하는 함수다.
override def add(v: Int): Unit = ???

// 2개의 누산기를 병합하는 로직이다.
override def merge(other: AccumulatorV2[Int, Int]): Unit = ???

// 누산기의 값을 리턴하는 함수다.
override def value: Int = ???
}
```

다음으로 사용자 정의 누산기에 대한 실용적인 예를 살펴볼 것이다. 즉, 예에서 statesPopulation CSV 파일을 사용한다. 예의 목표는 사용자 정의 누산기를 사용해 연도 합계와 연간 합계를 모으는 것이다.

1단계: AccumulatorV2 클래스가 포함된 패키지를 임포트한다.

```
import org.apache.spark.util.AccumulatorV2
```

2단계: 주와 인구를 포함하는 케이스 클래스를 정의한다.

```
case class YearPopulation(year: Int, population: Long)
```

3단계: AccumulatorV2를 상속한 StateAccumulator 클래스를 정의한다.

```
class StateAccumulator extends AccumulatorV2[YearPopulation,
    YearPopulation] {
// 연도를 Int 타입으로, 인구를 Long 타입으로 하는 2개의 변수를 정의한다.
private var year = 0
private var population:Long = 0L

// 주와 인구가 0인지 여부를 확인하는 iszero를 리턴한다.
```

```scala
override def isZero: Boolean = year == 0 && population == 0L

// 누산기를 복사하고 새로운 누산기를 리턴한다.
override def copy(): StateAccumulator = {
    val newAcc = new StateAccumulator
    newAcc.year = this.year
    newAcc.population = this.population
    newAcc
}

// 주와 인구를 0로 재설정한다.
override def reset(): Unit = { year = 0 ; population = 0L }

// 값을 누산기에 추가한다.
override def add(v: YearPopulation): Unit = {
    year += v.year
    population += v.population
}

// 2개의 누산기를 병합한다.
override def merge(other: AccumulatorV2[YearPopulation,
        YearPopulation]): Unit = {
    other match {
        case o:   StateAccumulator => {
                    year += o.year
                    population += o.population
              }
        case _ =>
    }
}

// 누산기 값을 접근하기 위해 스파크에서 호출할 수 있는 함수
override def value: YearPopulation = YearPopulation(year, population)
}
```

4단계: 새로운 **StateAccumulator**를 생성한 후 **SparkContext**에 등록한다.

```
val statePopAcc = new StateAccumulator

sc.register(statePopAcc, "statePopAcc")
```

5단계: statesPopulation.csv를 읽어 RDD에 저장한다.

```
val statesPopulationRDD =
sc.textFile("statesPopulation.csv").filter(_.split(",")(0) != "State")

scala> statesPopulationRDD.take(10)
res1: Array[String] = Array(Alabama,2010,4785492, Alaska,2010,714031,
Arizona,2010,6408312, Arkansas,2010,2921995, California,2010,37332685,
Colorado,2010,5048644, Delaware,2010,899816, District of
Columbia,2010,605183, Florida,2010,18849098, Georgia,2010,9713521)
```

6단계: **StateAccumulator**를 사용한다.

```
statesPopulationRDD.map(x => {
    val toks = x.split(",")
    val year = toks(1).toInt
    val pop = toks(2).toLong
    statePopAcc.add(YearPopulation(year, pop))
    x
}).count
```

7단계: **StateAccumulator**의 값을 확인할 수 있다.

```
scala> statePopAcc
res2: StateAccumulator = StateAccumulator(id: 0, name: Some(statePopAcc),
value: YearPopulation(704550,2188669780))
```

이 절에서는 누산기와 사용자 정의 누산기를 생성하는 방법을 다뤘다. 이전에 설명한 예를 사용해 필요에 따라 복잡한 누산기를 생성할 수 있다.

▌ 요약

7장에서는 shuffledRDD, pairRDD, sequenceFileRDD, HadoopRDD 등과 같은 다양한 타입의 RDD를 살펴봤다. 그리고 groupByKey, reduceByKey, aggregateByKey의 세 가지 집계 기본 연산을 살펴봤다. 파티셔닝의 동작 방식, 성능을 높이기 위해 파티셔 닝에 적절한 계획을 세우는 것이 왜 중요한지 살펴봤다. 또한 스파크 잡이 어떻게 스테이지로 나뉘는지에 대한 기본 원리, 즉 좁은 의존성/넓은 의존성의 개념과 셔플링을 다뤘다. 마지막으로 브로드캐스트 변수 및 누산기의 중요한 개념을 살펴봤다.

RDD의 유연성으로 인해 대부분의 사용 사례에 쉽게 적용하고 목표를 달성하는 데 필요한 작업을 수행할 수 있다.

8장에서는 데이터 프레임과 스파크 SQL로 알려진 텅스텐^{Tungsten} 프로젝트의 일부로, RDD에 추가된 상위 추상화 계층을 사용하는 방법을 살펴본다.

08

스파크 SQL

"한 대의 기계를 사용해 50명의 평범한 사람들이 하는 일을 동일하게 수행할 수 있다. 그러나 어떤 기계도 단 한 명의 특별한 사람의 작업을 수행할 수 없다."

- 엘버트 허바드(Elbert Hubbard)

8장에서는 구조화된 데이터(임의의 텍스트를 포함하는 문서 또는 구조화된 형식으로 변환될 수 있는 구조화되지 않은 데이터도 분석 가능하다)로 스파크 분석 방법을 다룬다. 그리고 데이터 프레임과 데이터셋이 왜 중요하게 됐는지, 스파크 SQL API에서 구조화된 데이터를 단순하지만 견고하게 쿼리하는 방법을 보여준다. 또한 데이터셋을 소개하고 데이터셋, 데이터 프레임, RDD의 차이점을 확인한다.

8장에서 다루는 내용은 다음과 같다.

- Spark SQL과 데이터 프레임
- 데이터 프레임과 SQL API
- 데이터 프레임 스키마
- 데이터셋과 인코더
- 데이터 로드와 저장
- 집계
- 조인

스파크 SQL과 데이터 프레임

아파치 스파크 이전에는 대량 데이터를 SQL과 같은 쿼리로 실행할 때 아파치 하이브 Hive가 사용하기 쉬운 기술이었다. 하이브는 기본적으로 SQL 쿼리를 맵리듀스와 같은 것으로 변환한다. 그리고 자바와 스칼라로 복잡한 코드를 작성하는 방법을 배우지 않고도 하이브를 사용하면 대량 데이터를 기반으로 다양한 종류의 분석을 자동으로 쉽게 실행할 수 있다.

아파치 스파크가 나타나면서 빅데이터 분석에 대한 패러다임에 변화가 생겼다. 스파크 SQL은 스파크의 분산 컴퓨팅 기능 위에 SQL과 같은 사용하기 쉬운 레이어를 제공한다. 실제로 스파크 SQL을 온라인 분석 처리 데이터베이스로 사용할 수 있다.

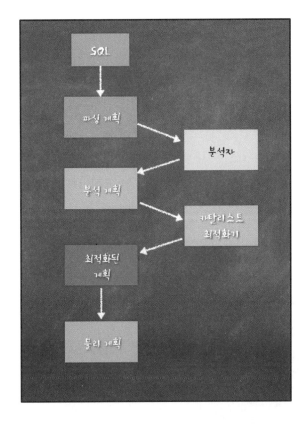

스파크 SQL은 SQL과 같은 문장^{Statement}을 AST^{Abstract Syntax Tree}로 파싱한 계획^{Plan}을 논리적 계획으로 변환한 후 해당 논리적 계획을 실행 가능한 물리 계획으로 최적화함으로써 동작한다. 마지막에는 스파크의 기본 데이터 프레임 API를 사용해 실행된다. 스파크의 모든 내부 정보를 배워서 사용해야 하는 대신 SQL과 유사한 인터페이스를 적용해서 누구나 데이터 프레임 API를 쉽게 사용할 수 있다. 이 책은 다양한 API의 기술적인 상세 내용을 다룰 예정이기 때문에 데이터 프레임 API를 주로 다룰 것이다. 그리고 데이터 프레임 API과 대조적인 스파크 SQL API를 일부 내용을 소개할 것이다.

따라서 데이터 프레임 API는 스파크 SQL 아래의 기본 레이어다. 8장에서는 다양한 기법을 사용해 데이터 프레임을 생성하는 방법, SQL 쿼리, 데이터 프레임의 연산을 실행하는 방법을 설명한다.

데이터 프레임은 RDD^{Resilient Distributed Dataset}를 추상화한 것으로, 카탈리스트 최적화기 Catalyst Optimizer를 사용해 최적화된 고급 기능과 텅스텐 프로젝트를 통한 높은 성능을 제공한다. 데이터셋을 고도로 최적화한 바이너리binary이면서 RDD의 효율적인 테이블로 생각할 수 있다. 바이너리 표현은 인코더encoder를 사용해 이뤄진다. 인코더는 다양한 객체를 바이너리 구조로 직렬화한다. 해당 바이너리 구조는 RDD 표현보다 성능을 잘 낼 수 있다. 데이터 프레임은 내부적으로 RDD를 내부적으로 사용하고 데이터 프레임/데이터셋은 RDD와 동일하게 배포되므로 분산 데이터셋이기도 하다. 해당 데이터셋은 불변이다.

다음은 데이터의 바이너리 표현을 보여주는 그림이다.

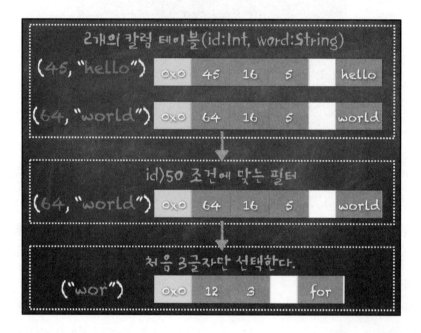

데이터셋은 스파크 1.6에 추가됐고, 데이터 프레임 기반 위에 강한 타이핑strong typing 기능을 제공한다. 사실 스파크 2.0부터 데이터 프레임은 단순히 데이터셋의 앨리어스다.

org.apache.spark.sql은 DataFrame 타입을 dataset[Row]로 정의한다. 즉, 대부분의 API는 데이터셋과 데이터 프레임 모두에서 잘 동작한다.

```
type DataFrame = dataset[Row]
```

데이터 프레임은 개념적으로 관계형 데이터베이스의 테이블과 비슷하다. 따라서 데이터 프레임에는 데이터 로우가 포함되며, 각 로우는 여러 칼럼으로 구성된다.

염두에 둬야 할 첫 번째 사항 중 하나는 RDD와 마찬가지로 데이터 프레임은 불변이라는 점이다. 데이터 프레임의 불변 속성은 모든 트랜스포메이션이나 액션이 새로운 데이터 프레임을 생성한다는 것을 의미한다.

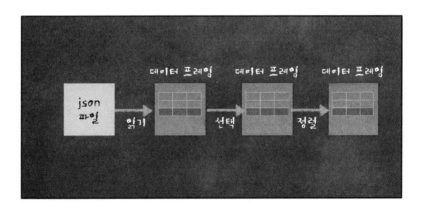

데이터 프레임에 대해 자세히 살펴보고 RDD와 다른 점을 살펴보자. 이전에 살펴본 RDD는 스파크에서 로우레벨의 데이터 조작 API를 나타낸다. 데이터 프레임은 RDD의 로우레벨 내부 동작을 추상화하기 위해 RDD 기반 위에 생성됐다. 그리고 데이터 프레임은 사용하기 쉽고 많은 기능을 즉시 사용할 수 있는 고급 API를 제공한다. 데이터 프레임은 파이썬의 **pandas** 패키지, R 언어, Julia 언어 등에서 사용되는 비슷한 개념으로 생성됐다.

이전에 살펴본 대로 데이터 프레임이 매우 다양한 연산을 수행할 수 있게 SQL 코드와 도메인 관련 언어^{Domain Specific Language} 표현식을 스파크 코어 API를 기반으로 실행되는 최적화된 실행 계획으로 변환한다. 데이터 프레임은 다양한 타입의 입력 데이터 소스와 다양한 타입의 연산을 지원한다. 데이터 프레임에 대부분의 데이터베이스처럼 조인^{join}, 그룹핑^{group by}, 집계^{aggregation}, 윈도우^{window} 함수 같은 모든 타입의 SQL 연산을 수행할 수 있다. 스파크 SQL은 하이브 쿼리 언어와 매우 유사하다. 스파크는 하이브에 자연스러운 어댑터^{adapter}를 제공하기 때문에 하이브를 사용해본 사용자는 관련 지식을 쉽게 전환할 수 있고, 스파크 SQL에 대한 전환 시간을 최소화할 수 있다.

이전에 설명한 대로 데이터 프레임은 기본적으로 테이블의 개념에 의존적이다. 스파크 테이블은 하이브가 동작하는 방식과 매우 비슷하게 동작될 수 있다. 사실 스파크 테이블에 대한 많은 연산은 하이브가 테이블을 처리하고 해당 테이블에서 동작하는 방식과 비슷하다. 데이터 프레임인 테이블이 있다면 데이터 프레임을 테이블로 등록할 수 있고, 데이터 프레임 API 대신 스파크 SQL문을 사용해 데이터를 조작할 수 있다.

데이터 프레임은 카탈리스트 옵티마이저^{Catalyst Optimizer}와 텅스텐 성능 개선에 의존적이다. 이제 카탈리스트 옵티마이저의 동작 방식을 간단히 살펴보자. 카탈리스트 옵티마이저는 입력 SQL에서 파싱된 논리 계획을 생성한 다음, SQL문에 사용된 모든 다양한 속성과 칼럼을 분석해 논리 계획을 분석한다. 분석 논리 계획이 생성되면 카탈리스트 옵티마이저는 여러 연산을 결합하고 성능을 향상시키기 위해 로직를 재정렬해서 분석 논리 계획을 최적화한다.

카탈리스트 옵티마이저를 이해하려면 필터와 워커 노드 간에 셔플링된 데이터의 양을 최소화하기 위해 여러 연산을 하나의 연산으로 그룹핑하는 트랜스포메이션과 같은 연산을 재정렬할 수 있는 상식적인 로직 옵티마이저라 생각하자. 예를 들어 카탈리스트 옵티마이저가 서로 다른 데이터셋 간의 공동 연산을 수행할 때 작은 데이터셋을 브로드캐스트하기로 결정할 수 있다. 모든 데이터 프레임의 실행 계획을 보기 위해 explain을 사용한다. 카탈리스트 옵티마이저는 데이터 프레임의 칼럼과 파티션 통계를 계산해 실행 속도를 향상시킬 수 있다.

예를 들어 데이터 파티션에 트랜스포메이션과 필터가 있다면 데이터를 걸러내고 트랜스포메이션을 적용하는 순서에 따라 연산의 전반적인 성능에 큰 영향을 미친다. 모든 최적화의 결과로 최적화된 논리 계획이 생성되고 해당 논리 계획은 물리 계획으로 변환된다. 분명 여러 물리 계획이 동일한 SQL문을 실행하고 동일한 결과를 생성할 가능성이 있다. 비용 최적화 로직은 비용 최적화와 추정을 기반으로 적절한 물리 계획을 결정하고 선택한다.

스파크 1.6 이전 릴리스와 비교해 텅스텐 성능 개선 부분은 스파크 2.x에서 제공하는 놀랄 만한 성능이 개선된 또 다른 핵심 요소다. 텅스텐은 메모리 관리와 기타 성능을 향상시키는 부분을 완전히 수정했다. 가장 중요한 메모리 관리를 보면 오프힙^{off-heap}과 온힙^{on-heap} 메모리 모두에서 객체의 바이너리 인코딩을 사용하는 것으로 개선했다. 따라서 텅스텐은 모든 객체를 인코딩하기 위해 바이너리 인코딩 메커니즘을 사용해 오프힙 메모리를 사용할 수 있다. 바이너리 인코딩 객체는 훨씬 적은 메모리를 차지한다. 또한 텅스텐 프로젝트는 셔플 성능을 향상시킨다.

데이터는 일반적으로 `DataFrameReader`를 통해 데이터 프레임으로 로드되며, `DataFrameWriter`를 통해 데이터 프레임에서 데이터가 저장된다.

▌ 데이터 프레임 API와 SQL API

데이터 프레임을 여러 방법으로 생성할 수 있다.

- SQL 쿼리를 실행
- Parquet, JSON, CSV, 텍스트, Hive, JDBC 등과 같은 외부 데이터를 로드
- RDD를 데이터 프레임으로 변환

데이터 프레임은 CSV 파일을 로드함으로써 생성할 수 있다. 데이터 프레임으로 로드되는 CSV 파일, statesPopulation.csv를 살펴볼 것이다.

해당 CSV는 2010년부터 2016년까지 다음과 같은 미국의 주 인구 포맷을 갖고 있다.

주	연도	인구
Alabama	2010	4785492
Alaska	2010	714031
Arizona	2010	6408312
Arkansas	2010	2921995
California	2010	37332685

해당 CSV 파일에는 헤더가 있기 때문에 이를 사용해 암시적 스키마 검색을 이용해 데이터 프레임으로 빨리 로드할 수 있다.

```
scala> val statesDF = spark.read.option("header",
"true").option("inferschema", "true").option("sep",
",").csv("statesPopulation.csv")
statesDF: org.apache.spark.sql.DataFrame = [State: string, Year: int ... 1
more field]
```

데이터 프레임이 로드되면 스키마를 확인할 수 있다.

```
scala> statesDF.printSchema
root
 |-- State: string (nullable = true)
 |-- Year: integer (nullable = true)
 |-- Population: integer (nullable = true)
```

option("header", "true").option("inferschema", "true").option("sep", ",")은 스파크에 CSV 헤더가 존재한다는 것을 알린다. 그리고 쉼표 구분자(,)를 사용해 필드/칼럼을 구분하며, 스키마를 암시적으로 유추하게 한다.

데이터 프레임은 논리 계획을 파싱하고 해당 논리 계획을 분석하며 플랜을 최적화한 후 마지막에 실제 실행 계획을 실행함으로써 동작한다.

데이터 프레임에서 explain을 사용하면 실행 계획이 표시된다.

```
scala> statesDF.explain(true)
== Parsed Logical Plan ==
Relation[State#0,Year#1,Population#2] csv
== Analyzed Logical Plan ==
State: string, Year: int, Population: int
Relation[State#0,Year#1,Population#2] csv
== Optimized Logical Plan ==
Relation[State#0,Year#1,Population#2] csv
== Physical Plan ==
*FileScan csv [State#0,Year#1,Population#2] Batched: false, Format: CSV,
Location: InMemoryFileIndex[file:/Users/salla/states.csv],
PartitionFilters: [], PushedFilters: [], ReadSchema:
struct<State:string,Year:int,Population:int>
```

데이터 프레임은 다음처럼 테이블 이름으로 등록할 수 있다. 그러면 관계형 데이터베이스와 같은 SQL문을 입력할 수 있다.

```
scala> statesDF.createOrReplaceTempView("states")
```

데이터 프레임이 구조화됐거나 테이블로 구성된다면 데이터를 조작하는 커맨드를 실행할 수 있다.

```
scala> statesDF.show(5)
scala> spark.sql("select * from states limit 5").show
+----------+----+----------+
| State    |Year|Population|
+----------+----+----------+
```

```
| Alabama   |2010|   4785492|
| Alaska    |2010|    714031|
| Arizona   |2010|   6408312|
| Arkansas  |2010|   2921995|
|California |2010|  37332685|
+----------+----+----------+
```

이 코드에서 볼 수 있는 것처럼 spark.sql API를 사용해 SQL과 유사한 문을 작성하고
실행했다.

 스파크 SQL은 실행을 하기 위해 간단하게 데이터 프레임 API로 변환되며, SQL은
사용하기 쉬운 DSL일 뿐이다.

데이터 프레임에서 sort 연산을 사용하면 데이터 프레임의 로우를 임의의 칼럼으로
정렬할 수 있다. 다음과 같이 Population 칼럼에 내림차순으로 정렬한 효과를 확인한
다. 로우는 인구 내림차순으로 정렬된다.

```
scala> statesDF.sort(col("Population").desc).show(5)
scala> spark.sql("select * from states order by Population desc limit 5").show
+----------+----+----------+
| State    |Year|Population|
+----------+----+----------+
|California|2016| 39250017|
|California|2015| 38993940|
|California|2014| 38680810|
|California|2013| 38335203|
|California|2012| 38011074|
+----------+----+----------+
```

398

groupBy를 사용해 데이터 프레임을 특정 칼럼으로 그룹핑할 수 있다. 다음은 State별로 로우를 그룹핑한 다음 각 State에 대한 Population 수를 더하는 코드다.

```
scala> statesDF.groupBy("State").sum("Population").show(5)
scala> spark.sql("select State, sum(Population) from states group by State
limit 5").show
+---------+---------------+
| State   |sum(Population)|
+---------+---------------+
| Utah    | 20333580|
| Hawaii  | 9810173|
|Minnesota| 37914011|
| Ohio    | 81020539|
| Arkansas| 20703849|
+---------+---------------+
```

agg 연산을 사용하면 특정 칼럼의 최소, 최대, 평균을 찾는 것처럼 데이터 프레임의 칼럼에 내해 다양한 연산을 수행할 수 있디. 또한 연산을 수행하고 사용 사례에 맞게 칼럼의 이름을 변경할 수 있다.

```
scala>
statesDF.groupBy("State").agg(sum("Population").alias("Total")).show(5)
scala> spark.sql("select State, sum(Population) as Total from states group by
State limit 5").show
+---------+--------+
| State   | Total|
+---------+--------+
| Utah    |20333580|
| Hawaii  | 9810173|
|Minnesota|37914011|
| Ohio    |81020539|
| Arkansas|20703849|
+---------+--------+
```

자연스럽게 로직이 복잡해지면서 실행 계획도 복잡해진다. 실제 내부적으로는 어떻게 동작하는지 이해하기 위해 groupBy와 agg API를 호출하기 이전의 연산에 대한 계획을 살펴보자. 다음은 그룹핑에 대한 실행 계획과 주별 인구의 합계를 보여주는 코드다.

```scala
scala>
statesDF.groupBy("State").agg(sum("Population").alias("Total")).explain(true)

== Parsed Logical Plan ==
'Aggregate [State#0], [State#0, sum('Population) AS Total#31886]
+- Relation[State#0,Year#1,Population#2] csv

== Analyzed Logical Plan ==
State: string, Total: bigint
Aggregate [State#0], [State#0, sum(cast(Population#2 as bigint)) AS
Total#31886L]
+- Relation[State#0,Year#1,Population#2] csv

== Optimized Logical Plan ==
Aggregate [State#0], [State#0, sum(cast(Population#2 as bigint)) AS
Total#31886L]
+- Project [State#0, Population#2]
+- Relation[State#0,Year#1,Population#2] csv

== Physical Plan ==
*HashAggregate(keys=[State#0], functions=[sum(cast(Population#2 as
bigint))], output=[State#0, Total#31886L])
+- Exchange hashpartitioning(State#0, 200)
+- *HashAggregate(keys=[State#0], functions=[partial_sum(cast(Population#2
as bigint))], output=[State#0, sum#31892L])
+- *FileScan csv [State#0,Population#2] Batched: false, Format: CSV, Location:
InMemoryFileIndex[file:/Users/salla/states.csv], PartitionFilters: [],
PushedFilters: [], ReadSchema: struct<State:string,Population:int>
```

데이터 프레임 연산을 함께 체이닝^{chaining}함으로써 실행 비용을 최적화할 수 있다(텅스텐 성능 향상과 카탈리스트 옵티마이저가 함께 동작할 수 있다).

다음과 같이 단일 구문으로 연산을 체이닝할 수도 있다. 여기에서 State 칼럼으로 데이터를 그룹핑하고 Population 칼럼 값의 합을 계산할 뿐만 아니라 데이터 프레임을 해당 합계 칼럼으로 정렬한다.

```scala
scala>
statesDF.groupBy("State").agg(sum("Population").alias("Total")).sort(col(
"Total").desc).show(5)
scala> spark.sql("select State, sum(Population) as Total from states group by
State order by Total desc limit 5").show
+----------+---------+
| State    | Total|
+----------+---------+
|California|268280590|
| Texas    |185672865|
| Florida  |137618322|
| New York |137409471|
| Illinois | 89960023|
+----------+---------+
```

다음 그림은 이전 체이닝 연산을 시각화한 트랜스포메이션과 액션이다.

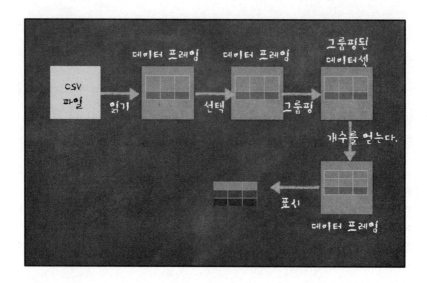

다음과 같이 동시에 여러 집계를 생성할 수도 있다.

```scala
scala> statesDF.groupBy("State").agg(
           min("Population").alias("minTotal"),
           max("Population").alias("maxTotal"),
           avg("Population").alias("avgTotal"))
         .sort(col("minTotal").desc).show(5)

scala> spark.sql("select State, min(Population) as minTotal, max(Population)
as maxTotal, avg(Population) as avgTotal from states group by State order by
minTotal desc limit 5").show
+----------+--------+--------+--------------------+
|     State|minTotal|maxTotal|            avgTotal|
+----------+--------+--------+--------------------+
|California|37332685|39250017|3.8325798571428575E7|
|     Texas|25244310|27862596|     2.6524695E7|
|  New York|19402640|19747183| 1.9629924428571143E7|
|   Florida|18849098|20612439| 1.9659760285714287E7|
|  Illinois|12801539|12879505| 1.2851431857142856E7|
+----------+--------+--------+--------------------+
```

피벗

피벗pivot은 여러 가지 요약과 집계를 수행하는 데 더 적합한 다른 뷰view를 생성하기 위해 테이블을 변환하는 좋은 방법이다. 피벗은 칼럼의 값을 얻어 각각의 값을 실제 칼럼으로 만들며 수행된다.

피벗을 잘 이해하기 위해 연도별로 데이터 프레임의 로우에 피벗을 사용하고 해당 결과를 확인해보자. 각각의 유일한 값을 실제 칼럼으로 변환해 여러 개의 새로운 칼럼을 생성하는 것을 보여준다. 그 결과에 Year 칼럼만 보는 대신 Year 칼럼으로 요약되고 집계되기 위해 생성된 Year 피벗 칼럼을 사용할 수 있다.

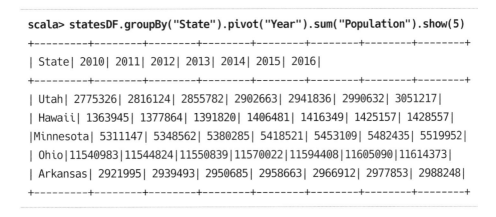

```
scala> statesDF.groupBy("State").pivot("Year").sum("Population").show(5)
+---------+--------+--------+--------+--------+--------+--------+--------+
|    State|    2010|    2011|    2012|    2013|    2014|    2015|    2016|
+---------+--------+--------+--------+--------+--------+--------+--------+
|     Utah| 2775326| 2816124| 2855782| 2902663| 2941836| 2990632| 3051217|
|   Hawaii| 1363945| 1377864| 1391820| 1406481| 1416349| 1425157| 1428557|
|Minnesota| 5311147| 5348562| 5380285| 5418521| 5453109| 5482435| 5519952|
|     Ohio|11540983|11544824|11550839|11570022|11594408|11605090|11614373|
| Arkansas| 2921995| 2939493| 2950685| 2958663| 2966912| 2977853| 2988248|
+---------+--------+--------+--------+--------+--------+--------+--------+
```

필터

또한 데이터 프레임은 필터filter를 지원한다. 새로운 데이터 프레임을 생성하기 위해 데이터 프레임 로우를 빨리 필터링할 수 있다. 필터는 데이터 프레임을 좁힐 수 있는 데이터의 매우 중요한 변환을 가능케 한다. 예를 들어 캘리포니아 주를 분석하기 원한다면 filter API를 사용해 데이터의 모든 파티션에서 일치하지 않는 로우를 제거한다. 따라서 연산의 성능을 향상시킬 수 있다.

데이터 프레임에서 캘리포니아 주만을 걸러내는 실행 계획을 살펴보자.

```
scala> statesDF.filter("State == 'California'").explain(true)

== Parsed Logical Plan ==
'Filter ('State = California)
+- Relation[State#0,Year#1,Population#2] csv

== Analyzed Logical Plan ==
State: string, Year: int, Population: int
Filter (State#0 = California)
+- Relation[State#0,Year#1,Population#2] csv

== Optimized Logical Plan ==
Filter (isnotnull(State#0) && (State#0 = California))
+- Relation[State#0,Year#1,Population#2] csv

== Physical Plan ==
*Project [State#0, Year#1, Population#2]
+- *Filter (isnotnull(State#0) && (State#0 = California))
+- *FileScan csv [State#0,Year#1,Population#2] Batched: false, Format: CSV,
Location: InMemoryFileIndex[file:/Users/salla/states.csv],
PartitionFilters: [], PushedFilters: [IsNotNull(State),
EqualTo(State,California)], ReadSchema:
struct<State:string,Year:int,Population:int>
```

이제 실행 계획을 볼 수 있기 때문에 다음처럼 filter를 실행하자.

```
scala> statesDF.filter("State == 'California'").show
+----------+----+----------+
| State|Year|Population|
+----------+----+----------+
|California|2010| 37332685|
|California|2011| 37676861|
|California|2012| 38011074|
|California|2013| 38335203|
|California|2014| 38680810|
```

```
|California|2015|  38993940|
|California|2016|  39250017|
+----------+----+----------+
```

사용자 정의 함수(UDF)

UDF는 스파크 SQL의 기능을 확장하는 새로운 칼럼 기반 함수를 정의한다. 흔히 스파크에서 제공하는 내장 함수만으로 필요를 정확히 충족시키지 못할 수 있다. 이 경우 스파크는 UDF 함수를 지원한다.

 udf는 내부적으로 case 사용자 정의 함수 클래스를 호출한다. 해당 클래스는 ScalaUDF를 내부적으로 호출한다.

State 칼럼 값을 단순히 대문자로 변환하는 UDF 예를 살펴보자.

먼저 스칼라에 필요한 함수를 생성한다.

```
import org.apache.spark.sql.functions._

scala> val toUpper: String => String = _.toUpperCase
toUpper: String => String = <function1>
```

그다음 UDF를 생성하기 위해 udf 내에 생성된 함수를 캡슐화해야 한다.

```
scala> val toUpperUDF = udf(toUpper)
toUpperUDF: org.apache.spark.sql.expressions.UserDefinedFunction =
UserDefinedFunction(<function1>,StringType,Some(List(StringType)))
```

이제 udf를 생성했기 때문에 State 칼럼을 대문자로 변환할 수 있다.

```
scala> statesDF.withColumn("StateUpperCase",
toUpperUDF(col("State"))).show(5)
+----------+----+----------+--------------+
| State|Year|Population|StateUpperCase|
+----------+----+----------+--------------+
| Alabama|2010| 4785492| ALABAMA|
| Alaska|2010| 714031| ALASKA|
| Arizona|2010| 6408312| ARIZONA|
| Arkansas|2010| 2921995| ARKANSAS|
|California|2010| 37332685| CALIFORNIA|
+----------+----+----------+--------------+
```

데이터의 스키마 구조

스키마는 데이터 구조에 대한 설명이고 암시적이거나 명시적일 수 있다.

데이터 프레임은 내부적으로 RDD를 기반으로 하기 때문에 기존 RDD를 데이터셋으로 변환하는 두 가지 주요 방법이 있다. RDD는 리플렉션reflection을 사용해 RDD의 스키마를 추론해 데이터셋으로 변환될 수 있다. 데이터셋을 생성하는 두 번째 방법은 프로그래밍 인터페이스를 통해 기존 RDD를 사용하고, RDD를 스키마가 있는 데이터셋으로 변환하는 스키마를 제공하는 것이다.

리플렉션을 사용해 스키마를 추론해 RDD에서 데이터 프레임을 생성할 수 있도록 스파크의 스칼라 API는 테이블 스키마를 정의하는 데 사용할 수 있는 케이스 클래스를 제공한다. 케이스 클래스는 모든 경우에 사용하기가 쉽지 않기 때문에 RDD에서 데이터 프레임을 프로그래밍을 함으로써 생성한다. 예를 들어 1,000개의 칼럼 테이블에서 케이스 클래스를 생성하는 것은 시간이 소모되는 작업이다.

암시 스키마

CSV(쉼표로 구분된 값) 파일을 데이터 프레임에 로드하는 예를 살펴보자. 텍스트 파일에 헤더가 포함돼 있으면 읽기 API는 헤더 라인을 읽으며 스키마를 추론할 수 있다. 또한 텍스트 파일 라인을 분리하는 데 사용될 구분자separator를 지정할 수도 있다.

헤더 라인에서 스키마를 추론해서 csv를 읽고 쉼표(,)를 구분자로 사용한다. 또한 schema 커맨드와 printSchema 커맨드를 사용해 입력 파일의 스키마를 확인할 수 있다.

```scala
scala> val statesDF = spark.read.option("header", "true")
                             .option("inferschema", "true")
                             .option("sep", ",")
                             .csv("statesPopulation.csv")
statesDF: org.apache.spark.sql.DataFrame = [State: string, Year: int ... 1
more field]

scala> statesDF.schema
res92: org.apache.spark.sql.types.StructType = StructType(
   StructField(State,StringType,true),
   StructField(Year,IntegerType,true),
   StructField(Population,IntegerType,true))

scala> statesDF.printSchema
root
|-- State: string (nullable = true)
|-- Year: integer (nullable = true)
|-- Population: integer (nullable = true)
```

명시 스키마

StructField 객체의 컬렉션인 StructType을 사용해 스키마를 표현할 수 있다.

StructType과 StructField는 org.apache.spark.sql.types 패키지에 속해 있다.

IntegerType, StringType과 같은 DataTypes도 org.apache.spark.sql.types 패키지에 속한다.

관련 클래스를 임포트해서 사용자 정의 명시 스키마를 정의할 수 있다.

먼저 필요한 클래스를 임포트한다.

```scala
scala> import org.apache.spark.sql.types.{StructType, IntegerType, StringType}
import org.apache.spark.sql.types.{StructType, IntegerType, StringType}
```

두 개의 칼럼/필드, 즉 Integer 타입 다음에 String 타입이 오는 스키마를 정의한다.

```scala
scala> val schema = new StructType().add("i", IntegerType).add("s", StringType)
schema: org.apache.spark.sql.types.StructType =
StructType(StructField(i,IntegerType,true), StructField(s,StringType,true))
```

새로 생성된 schema를 쉽게 출력할 수 있다.

```scala
scala> schema.printTreeString
root
 |-- i: integer (nullable = true)
 |-- s: string (nullable = true)
```

prettyJson 함수를 사용해 JSON을 출력하는 옵션도 있다.

```scala
scala> schema.prettyJson
res85: String =
```

```
{
  "type" : "struct",
  "fields" : [ {
  "name" : "i",
  "type" : "integer",
  "nullable" : true,
  "metadata" : { }
  }, {
  "name" : "s",
  "type" : "string",
  "nullable" : true,
  "metadata" : { }
  } ]
}
```

스파크 SQL의 모든 데이터 타입은 org.apache.spark.sql.types 패키지에 속해 있
다. 다음처럼 임포트해서 접근할 수 있다.

```
import org.apache.spark.sql.types._
```

인코더

스파크 2.x은 복잡한 데이터 타입에 대해 스키마를 정의하는 방법을 지원한다. 먼저
다음과 같은 간단한 예를 살펴보자.

인코더^{encoder}를 사용하려면 다음과 같은 import문을 사용한다.

```
import org.apache.spark.sql.Encoders
```

튜플을 데이터셋 API에서 사용할 데이터 타입으로 정의하는 간단한 예를 살펴보자.

```
scala> Encoders.product[(Integer, String)].schema.printTreeString
root
|-- _1: integer (nullable = true)
|-- _2: string (nullable = true)
```

이 코드는 언제나 사용할 때마다 복잡해보인다. 따라서 필요에 따라 케이스 클래스를 정의한 다음 사용할 수도 있다. Integer와 String이라는 두 개의 필드를 가진 케이스 클래스인 Record를 정의할 수 있다.

```
scala> case class Record(i: Integer, s: String)
defined class Record
```

Encoder를 사용해 케이스 클래스 위에 스키마를 쉽게 만들 수 있으므로 다양한 API를 쉽게 사용할 수 있다.

```
scala> Encoders.product[Record].schema.printTreeString
root
|-- i: integer (nullable = true)
|-- s: string (nullable = true)
```

스파크 SQL의 모든 데이터 타입은 org.apache.spark.sql.types 패키지에 위치한다. 다음을 수행해 접근할 수 있다.

```
import org.apache.spark.sql.types._
```

코드에서 DataTypes 객체를 사용해 다음과 같이 배열이나 맵과 같은 복잡한 스파크 SQL 타입을 생성해야 한다.

```
scala> import org.apache.spark.sql.types.DataTypes
import org.apache.spark.sql.types.DataTypes

scala> val arrayType = DataTypes.createArrayType(IntegerType)
arrayType: org.apache.spark.sql.types.ArrayType =
ArrayType(IntegerType,true)
```

다음은 스파크 SQL API에서 지원되는 데이터 타입이다.

데이터 타입	스칼라의 값 타입	데이터 타입에 접근하거나 생성할 수 있는 API
ByteType	Byte	ByteType
ShortType	Short	ShortType
IntegerType	Int	IntegerType
LongType	Long	LongType
FloatType	Float	FloatType
DoubleType	Double	DoubleType
DecimalType	java.math.BigDecimal	DecimalType
StringType	String	StringType
BinaryType	Array[Byte]	BinaryType
BooleanType	Boolean	BooleanType
TimestampType	java.sql.Timestamp	TimestampType
DateType	java.sql.Date	DateType
ArrayType	scala.collection.Seq	ArrayType(elementType, [containsNull])
MapType	scala.collection.Map	MapType(keyType, valueType, [valueContainsNull]) 참고: valueContainsNull의 디폴트 값은 true다.
StructType	org.apache.spark.sql.Row	StructType(fields) 참고: Seq의 필드는 StructFields다. 또한 동일한 이름을 갖는 두 개의 필드를 허용하지 않는다.

데이터셋 로드와 저장

실제 작업을 진행하려면 입출력 또는 결과를 저장소에 저장하고 클러스터에서 데이터를 다시 읽게 해야 한다. 입력 데이터는 다양한 데이터셋이나 파일, 아마존 S3 저장소, 데이터베이스, NoSQL, 하이브 같은 소스에서 읽을 수 있고, 출력도 비슷하게 파일, S3, 데이터베이스, 하이브 등에 저장할 수 있다.

해당 소스 중 일부는 커넥터connector를 통해 스파크를 지원한다. 점점 더 많은 시스템이 스파크 처리 프레임워크에 통합되면서 지원하는 시스템 수는 날이 갈수록 커지고 있다.

데이터셋 로드

스파크 SQL은 DataFrameReader 인터페이스를 통해 파일, 하이브 테이블, JDBC 데이터베이스 같은 외부 저장소 시스템에서 데이터를 읽을 수 있다.

API 호출 포맷은 spark.read.inputtype이다.

- Parquet
- CSV
- Hive Table
- JDBC
- ORC
- Text
- JSON

CSV 파일을 데이터 프레임으로 읽는 간단한 예를 살펴보자.

```scala
scala> val statesPopulationDF = spark.read.option("header",
"true").option("inferschema", "true").option("sep",
",").csv("statesPopulation.csv")
```

```
statesPopulationDF: org.apache.spark.sql.DataFrame = [State: string, Year:
int ... 1 more field]
```

```
scala> val statesTaxRatesDF = spark.read.option("header",
"true").option("inferschema", "true").option("sep",
",").csv("statesTaxRates.csv")
statesTaxRatesDF: org.apache.spark.sql.DataFrame = [State: string, TaxRate:
double]
```

데이터셋 저장

스파크 SQL은 DataFrameWriter 인터페이스를 이용해 파일, 하이브 테이블, JDBC
데이터베이스 같은 외부 저장소 시스템에 데이터를 저장할 수 있다.

API 호출 포맷은 dataframe.write.outputtype이다.

- Parquet
- ORC
- Text
- Hive table
- JSON
- CSV
- JDBC

데이터 프레임을 CSV 파일에 저장하는 예를 살펴보자.

```
scala> statesPopulationDF.write.option("header",
"true").csv("statesPopulation_dup.csv")
```

```
scala> statesTaxRatesDF.write.option("header",
"true").csv("statesTaxRates_dup.csv")
```

▌ 집계

집계aggregation는 조건을 기반으로 데이터를 수집하고 데이터를 분석하는 방법을 의미한다. 대부분의 사용 사례에서 원시 데이터 레코드만 갖고 분석하기에는 유용하지 않기 때문에 모든 크기의 데이터를 이해할 때 집계가 매우 중요하게 사용된다.

예를 들어 다음 표에서 집계된 뷰를 보면 원시 레코드만으로 데이터를 이해하는 데 도움이 되지 않는다는 것은 분명하다.

 5년 동안 세계의 모든 도시에 대해 하루에 한 번씩 온도를 측정하는 테이블이 있다고 가정하자.

다음은 도시별 하루 평균 기온 레코드를 포함하는 테이블이다.

도시	날짜	온도
Boston	12/23/2016	32
New York	12/24/2016	36
Boston	12/24/2016	30
Philadelphia	12/25/2016	34
Boston	12/25/2016	28

이 표에서 측정한 모든 날짜의 도시별 평균 기온을 계산하려면 다음 표와 비슷한 결과를 표시할 수 있다.

도시	평균 기온
Boston	30 − (32 + 30 + 28)/3
New York	36
Philadelphia	34

집계 함수

대부분의 집계는 org.apache.spark.sql.functions 패키지의 함수를 사용해 수행할 수 있다. 또는 UDAF[User Defined Aggregation Function]라고 하는 사용자 정의 집계 함수로 집계를 생성할 수 있다.

 각 그룹핑 연산은 집계를 지정할 수 있는 RelationalGroupedDataSet을 리턴한다.

이 절의 모든 집계 함수 타입을 설명하기 위해 샘플 데이터를 로드한다.

```
val statesPopulationDF = spark.read.option("header",
"true").option("inferschema", "true").option("sep",
",").csv("statesPopulation.csv")
```

count

count는 가장 기본적인 집계 함수로서 지정된 칼럼의 로우 개수를 계산한다. 확장 API는 countDistinct이며, 중복을 제거한다.

count API에는 다음과 같은 구현이 있다. 해당 API의 정확한 용도는 구체적인 사용 사례에 따라 달라질 수 있다.

```
def count(columnName: String): TypedColumn[Any, Long]
```
집계 함수: 특정 그룹의 엘리먼트 개수를 리턴한다.

```
def count(e: Column): Column
```
집계 함수: 특정 그룹의 엘리먼트 개수를 리턴한다.

```
def countDistinct(columnName: String, columnNames: String*): Column
```
집계 함수: 특정 그룹의 고유한 엘리먼트 개수를 리턴한다.

```
def countDistinct(expr: Column, exprs: Column*): Column
```
집계 함수: 특정 그룹의 고유한 엘리먼트 개수를 리턴한다.

로우의 개수를 출력하기 위해 데이터 프레임에서 count와 countDistinct를 호출하는 예를 살펴보자.

```
import org.apache.spark.sql.functions._
scala> statesPopulationDF.select(col("*")).agg(count("State")).show
scala> statesPopulationDF.select(count("State")).show
+------------+
|count(State)|
+------------+
|         350|
+------------+

scala>
statesPopulationDF.select(col("*")).agg(countDistinct("State")).show
scala> statesPopulationDF.select(countDistinct("State")).show
+---------------------+
|count(DISTINCT State)|
+---------------------+
|                   50|
+---------------------+
```

416

first

RelationalGroupedDataSet의 첫 번째 레코드를 얻는다.

first API에는 다음과 같은 구현이 있다. 해당 API의 정확한 용도는 구체적인 사용 사례에 따라 달라질 수 있다.

def first(columnName: String): Column
집계 함수: 특정 그룹의 특정 칼럼의 첫 번째 값을 리턴한다.

def first(e: Column): Column
집계 함수: 특정 그룹의 특정 칼럼의 첫 번째 값을 리턴한다.

def first(columnName: String, ignoreNulls: Boolean): Column
집계 함수: 특정 그룹의 특정 칼럼의 첫 번째 값을 리턴한다.

def first(e: Column, ignoreNulls: Boolean): Column
집계 함수: 특정 그룹의 특정 칼럼의 첫 번째 값을 리턴한다.

첫 번째 로우를 출력하기 위해 데이터 프레임에서 first를 호출하는 예를 살펴보자.

```
import org.apache.spark.sql.functions._
scala> statesPopulationDF.select(first("State")).show
+------------------+
|first(State, false)|
+------------------+
| Alabama|
+------------------+
```

last

RelationalGroupedDataSet의 마지막 레코드를 얻는다.

last API에는 다음과 같은 구현이 있다. 해당 API의 정확한 용도는 구체적인 사용 사례에 따라 달라질 수 있다.

---

def last(columnName: String): Column
집계 함수: 특정 그룹의 특정 칼럼의 마지막 값을 리턴한다.

def last(e: Column): Column
집계 함수: 특정 그룹의 특정 칼럼의 마지막 값을 리턴한다.

def last(columnName: String, ignoreNulls: Boolean): Column
집계 함수: 특정 그룹의 특정 칼럼의 마지막 값을 리턴한다.

def last(e: Column, ignoreNulls: Boolean): Column
집계 함수: 특정 그룹의 특정 칼럼의 마지막 값을 리턴한다.

마지막 로우를 출력하기 위해 데이터 프레임에서 last를 호출하는 예를 살펴보자.

```
import org.apache.spark.sql.functions._
scala> statesPopulationDF.select(last("State")).show
+------------------+
|last(State, false)|
+------------------+
|           Wyoming|
+------------------+
```

approx_count_distinct

정확한 개수를 계산하는 방식보다 근사치 개수를 계산하는 방식이 훨씬 빠르다. 정확히 개수를 계산할 때는 대개 셔플링과 기타 연산이 많이 필요하다. 근사치가 100% 정확하지 않지만 많은 사례에서 정확히 계산하지 않고도 똑같이 잘 수행될 수 있다.

approx_count_distinct API에는 다음과 같은 몇 가지 구현이 있다. 해당 API의 정확한 용도는 구체적인 사용 사례에 따라 달라질 수 있다.

def approx_count_distinct(columnName: String, rsd: Double): Column

집계 함수: 특정 그룹의 특정 칼럼의 대략적인 고유한 엘리먼트 개수를 리턴한다.

def approx_count_distinct(e: Column, rsd: Double): Column

집계 함수: 특정 그룹의 특정 칼럼의 대략적인 고유한 엘리먼트 개수를 리턴한다.

def approx_count_distinct(columnName: String): Column

집계 함수: 특정 그룹의 특정 칼럼의 대략적인 고유한 엘리먼트 개수를 리턴한다.

def approx_count_distinct(e: Column): Column

집계 함수: 특정 그룹의 특정 칼럼의 대략적인 고유한 엘리먼트 개수를 리턴한다.

데이터 프레임에서 approx_count_distinct를 호출해 데이터 프레임의 대략적인 개수를 출력하는 예를 살펴보자.

```
import org.apache.spark.sql.functions._
scala>
statesPopulationDF.select(col("*")).agg(approx_count_distinct("State")).
show
+-------------------------+
|approx_count_distinct(State)|
+-------------------------+
|                       48|
+-------------------------+

scala> statesPopulationDF.select(approx_count_distinct("State", 0.2)).show
+-------------------------+
|approx_count_distinct(State)|
+-------------------------+
|                       49|
+-------------------------+
```

min

데이터 프레임의 칼럼 중 특정 칼럼 값의 최솟값이다. 예를 들어 도시의 최저 온도를 찾고 싶을 때가 있다.

min API는 다음과 같은 구현이 있다. 해당 API의 정확한 용도는 구체적인 사용 사례에 따라 달라질 수 있다.

```
def min(columnName: String): Column
```
집계 함수: 특정 그룹의 칼럼 값의 최솟값을 리턴한다.

```
def min(e: Column): Column
```
집계 함수: 특정 그룹의 칼럼 값의 최솟값을 리턴한다.

최저 인구수를 출력하기 위해 데이터 프레임에서 min을 호출하는 예를 살펴보자.

```
import org.apache.spark.sql.functions._
scala> statesPopulationDF.select(min("Population")).show
+---------------+
|min(Population)|
+---------------+
|         564513|
+---------------+
```

max

데이터 프레임의 여러 칼럼 중 특정 칼럼의 최댓값이다. 예를 들어 도시의 최고 온도를 찾고 싶을 때가 있다.

max API에는 다음과 같은 몇 가지 구현이 있다. 해당 API의 정확한 용도는 구체적인 사용 사례에 따라 달라질 수 있다.

```
def max(columnName: String): Column
```
집계 함수: 특정 그룹의 특정 칼럼의 최댓값을 리턴한다.

```
def max(e: Column): Column
```
집계 함수: 특정 그룹의 특정 칼럼의 최댓값을 리턴한다.

데이터 프레임에서 max를 호출해 최대 인구수를 출력하는 예를 살펴보자.

```
import org.apache.spark.sql.functions._
scala> statesPopulationDF.select(max("Population")).show
+---------------+
|max(Population)|
+---------------+
|       39250017|
+---------------+
```

average

값의 평균은 모든 값을 더하고 값의 개수만큼 나눈 값이다.

 1, 2, 3의 평균은 2((1 + 2 + 3) / 3 = 6/3 = 2)이다.

avg API에는 다음과 같은 구현이 있다. 해당 API의 정확한 용도는 구체적인 사용 사례에 따라 달라질 수 있다.

```
def avg(columnName: String): Column
```
집계 함수: 특정 그룹의 특정 칼럼의 평균값을 리턴한다.

```
def avg(e: Column): Column
```
집계 함수: 특정 그룹의 특정 칼럼의 평균값을 리턴한다.

데이터 프레임에서 avg를 호출하고 평균 인구를 출력하는 예를 살펴보자.

```
import org.apache.spark.sql.functions._
scala> statesPopulationDF.select(avg("Population")).show
+------------------+
| avg(Population)|
+------------------+
|6253399.371428572|
+------------------+
```

sum

칼럼의 모든 값에 대한 총합을 계산한다. 추가적으로 sumDistinct는 고유한 값만 더할 수 있다.

sum API에는 다음과 같은 구현이 있다. 해당 API의 정확한 용도는 구체적인 사용 사례에 따라 달라질 수 있다.

```
def sum(columnName: String): Column
집계 함수: 특정 그룹의 특정 칼럼의 모든 값에 대한 총합을 리턴한다.

def sum(e: Column): Column
집계 함수: 특정 그룹의 특정 칼럼의 모든 값에 대한 총합을 리턴한다.

def sumDistinct(columnName: String): Column
집계 함수: 특정 그룹의 특정 칼럼의 모든 값에 대한 총합을 리턴한다.

def sumDistinct(e: Column): Column
집계 함수: 특정 그룹의 특정 칼럼의 모든 값에 대한 총합을 리턴한다.
```

데이터 프레임에서 sum을 호출해 Population 칼럼의 합계(총합)를 출력하는 예를 살펴보자.

```
import org.apache.spark.sql.functions._
scala> statesPopulationDF.select(sum("Population")).show
+---------------+
|sum(Population)|
+---------------+
|     2188689780|
+---------------+
```

첨도

첨도[kurtosis]는 분포 형태의 차이를 계량화하는 방법으로, 평균과 분산의 관점에서는 매우 유사하지만 실제로는 다르다. 이 경우 첨도는 분포의 중간과 비교해서 분포의 끝에서 분포의 가중치를 측정하는 좋은 척도가 된다.

kurtosis API에는 다음과 같은 구현이 있다. 해당 API의 정확한 용도는 구체적인 사용 사례에 따라 달라질 수 있다.

```
def kurtosis(columnName: String): Column
집계 함수: 특정 그룹의 값에 대한 첨도를 리턴한다.

def kurtosis(e: Column): Column
집계 함수: 특정 그룹의 값에 대한 첨도를 리턴한다.
```

Population 칼럼에서 데이터 프레임의 kurtosis를 호출하는 예를 살펴보자.

```
import org.apache.spark.sql.functions._
scala> statesPopulationDF.select(kurtosis("Population")).show
+------------------+
|kurtosis(Population)|
+------------------+
| 7.727421920829375|
+------------------+
```

비대칭도

비대칭도[skewness]는 평균 근처의 데이터 값에 대한 비대칭을 측정한다.

skewness API에는 다음과 같은 구현이 있다. 해당 API의 정확한 용도는 구체적인 사용 사례에 따라 달라질 수 있다.

---

def skewness(columnName: String): Column
집계 함수: 특정 그룹의 비대칭도를 리턴한다.

def skewness(e: Column): Column
집계 함수: 특정 그룹의 비대칭도를 리턴한다.

Population 칼럼의 데이터 프레임에서 skewness를 호출하는 예를 살펴보자.

```
import org.apache.spark.sql.functions._
scala> statesPopulationDF.select(skewness("Population")).show
+--------------------+
|skewness(Population)|
+--------------------+
| 2.5675329049100024|
+--------------------+
```

분산

분산[variance]은 개별 값에서 평균의 차를 제곱한 후의 평균이다.

var API에는 다음과 같은 구현이 있다. 해당 API의 정확한 용도는 구체적인 사용 사례에 따라 달라질 수 있다.

---

def var_pop(columnName: String): Column
집계 함수: 특정 그룹의 특정 칼럼 값의 모분산(population variance)을 리턴한다.

424

```
def var_pop(e: Column): Column
```
집계 함수: 특정 그룹의 특정 칼럼 값의 모분산(population variance)을 리턴한다.

```
def var_samp(columnName: String): Column
```
집계 함수: 특정 그룹의 특정 칼럼 값의 불편 분산(unbiased variance)을 리턴한다.

```
def var_samp(e: Column): Column
```
집계 함수: 특정 그룹의 특정 칼럼 값의 불편 분산(unbiased variance)을 리턴한다.

이제 Population 칼럼의 분산을 측정하는 데이터 프레임에서 var_pop을 호출하는
예를 살펴보자.

```
import org.apache.spark.sql.functions._
scala> statesPopulationDF.select(var_pop("Population")).show
+-------------------+
| var_pop(Population)|
+-------------------+
|4.948359064356177E13|
+-------------------+
```

표준 편차

표준 편차$^{standard\ deviation}$는 분산의 제곱근이다(앞에서 설명).

stddev API에는 다음과 같은 구현이 있다. 해당 API의 정확한 용도는 구체적인 사용
사례에 따라 달라질 수 있다.

```
def stddev(columnName: String): Column
```
집계 함수: stddev_samp에 대한 앨리어스

```
def stddev(e: Column): Column
```
집계 함수: stddev_samp에 대한 앨리어스

```
def stddev_pop(columnName: String): Column
```
집계 함수: 특정 그룹의 특정 칼럼에 대한 모표준편차(population standard deviation)를
리턴한다.

```
def stddev_pop(e: Column): Column
```
집계 함수: 특정 그룹의 특정 칼럼에 대한 모표준편차(population standard deviation)를
리턴한다.

```
def stddev_samp(columnName: String): Column
```
집계 함수: 특정 그룹의 특정 칼럼에 대한 표본표준편차를 리턴한다.

```
def stddev_samp(e: Column): Column
```
집계 함수: 특정 그룹의 특정 칼럼에 대한 표본표준편차를 리턴한다.

데이터 프레임에서 Population의 표준 편차를 출력하는 stddev의 예를 살펴보자.

```
import org.apache.spark.sql.functions._
scala> statesPopulationDF.select(stddev("Population")).show
+---------------------+
|stddev_samp(Population)|
+---------------------+
|  7044528.191173398|
+---------------------+
```

공분산

공분산^{covariance}은 두 랜덤 변수의 결합 가변성을 측정한 것이다. 한 변수가 큰 값을
가지면 다른 변수에서도 큰 값을 가진다는 점에서 주로 일치한다. 그래서 변수가 더
작은 값을 가질 때도 동일하며, 두 변수는 유사한 동작을 보이고 공분산은 양수가
된다. 이전 동작의 반대가 참이고 한 변수의 큰 값이 다른 변수의 더 작은 값과 연관된
다면 공분산은 음수가 된다.

covar API에는 다음과 같은 구현이 있다. 해당 API의 정확한 용도는 구체적인 사용 사례에 따라 달라질 수 있다.

```
def covar_pop(columnName1: String, columnName2: String): Column
```
집계 함수: 두 칼럼에 대한 모집단 공분산(population covariance)을 리턴한다.

```
def covar_pop(column1: Column, column2: Column): Column
```
집계 함수: 두 칼럼에 대한 모집단 공분산(population covariance)을 리턴한다.

```
def covar_samp(columnName1: String, columnName2: String): Column
```
집계 함수: 두 칼럼에 대한 샘플 공분산(sample covariance)을 리턴한다.

```
def covar_samp(column1: Column, column2: Column): Column
```
집계 함수: 두 칼럼에 대한 샘플 공분산(sample covariance)을 리턴한다.

Year 칼럼과 Population 칼럼의 공분산을 계산하기 위해 데이터 프레임에서 covar_pop을 호출하는 예를 살펴보자.

```
import org.apache.spark.sql.functions._
scala> statesPopulationDF.select(covar_pop("Year", "Population")).show
+------------------------+
|covar_pop(Year, Population)|
+------------------------+
| 183977.56000006935|
+------------------------+
```

---

groupBy

데이터 분석에서 볼 수 있는 일반적인 작업은 데이터를 그룹핑된 범주로 그룹핑한 다음, 그룹핑된 결과 데이터에 대해 계산을 수행하는 것이다.

그룹핑을 이해하는 가장 빠른 방법은 사무실에 필요한 소모품을 매우 빨리 공급받을 수 있게 요청하는 것이다. 주변을 둘러보면서 펜, 종이, 스테이플러와 같은 여러 타입의 엘리먼트를 그룹핑해서 소유하고 있는 것과 필요한 것을 분석할 수 있다.

데이터 프레임에서 groupBy 함수를 실행해 각 State에 대한 집계 카운트를 출력해보자.

```
scala> statesPopulationDF.groupBy("State").count.show(5)
+---------+-----+
|    State|count|
+---------+-----+
|     Utah|    7|
|   Hawaii|    7|
|Minnesota|    7|
|     Ohio|    7|
| Arkansas|    7|
+---------+-----+
```

groupBy를 사용해 이전에 살펴본 min, max, avg, stddev 등과 같은 집계 함수를 적용할 수도 있다.

```
import org.apache.spark.sql.functions._
scala> statesPopulationDF.groupBy("State").agg(min("Population"),
avg("Population")).show(5)
+---------+---------------+--------------------+
|    State|min(Population)|     avg(Population)|
+---------+---------------+--------------------+
|     Utah|        2775326|   2904797.1428571427|
|   Hawaii|        1363945|   1401453.2857142857|
|Minnesota|        5311147|    5416287.285714285|
|     Ohio|       11540983|1.1574362714285715E7|
```

428

```
| Arkansas| 2921995| 2957692.714285714|
+---------+------------+-------------------+
```

rollup

롤업^{rollup}은 계층이나 중첩 계산을 수행하는 데 사용되는 다차원 집계다. 예를 들어 각 주+연도 그룹의 레코드 개수와 주별(연도와 관계없이 주별로 총합을 제공하기 위해 모든 연도를 집계한다)의 레코드 개수를 표시하고 싶다면 다음처럼 rollup을 사용할 수 있다.

```scala
scala> statesPopulationDF.rollup("State", "Year").count.show(5)
+------------+----+-----+
|       State|Year|count|
+------------+----+-----+
|South Dakota|2010|    1|
|    New York|2012|    1|
|  California|2014|    1|
|     Wyoming|2014|    1|
|      Hawaii|null|    7|
+------------+----+-----+
```

rollup은 California+2014와 같은 주와 연도 개수와 캘리포니아 주(모든 연도를 합산한다)를 계산한다.

cube

큐브^{cube}는 롤업처럼 계층이나 중첩 계산을 수행하는 데 사용되는 다차원 집계지만 큐브는 모든 차원에 동일한 연산을 수행한다는 차이점이 있다. 예를 들어 각 State와 Year 그룹의 레코드 개수와 각 State에 대한 레코드 수를 출력하려면 (Year와 관계없이 각 주에 대해 총합을 부여하는 모든 연도에 대해 집계) 다음처럼 큐브를 사용할 수 있다. 그리고 cube는 각 연도의 총합을 보여준다(State와 관계없이).

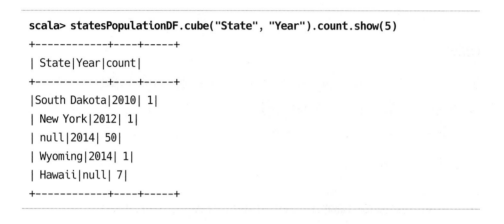

```
scala> statesPopulationDF.cube("State", "Year").count.show(5)
+------------+----+-----+
|       State|Year|count|
+------------+----+-----+
|South Dakota|2010|    1|
|    New York|2012|    1|
|        null|2014|   50|
|     Wyoming|2014|    1|
|      Hawaii|null|    7|
+------------+----+-----+
```

윈도우 함수

윈도우^{window} 함수를 사용하면 전체 데이터나 일부 필터링된 데이터 대신 데이터 윈도우에서 집계를 수행할 수 있다. 해당 윈도우 함수의 사용 사례는 다음과 같다.

- 누적 합계
- 동일한 키에 대한 이전 값의 델타
- 가중 이동 평균

윈도우 함수를 이해하는 가장 좋은 방법은 큰 데이터셋을 슬라이딩 윈도우로 상상하는 것이다. 세 개의 로우 T-1, T, T+1을 보고 간단한 계산을 수행하는 윈도우를 지정할 수 있다. 또한 최근 윈도우 및 가장 최근 10개의 윈도우를 지정할 수 있다.

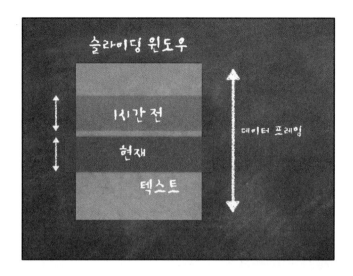

윈도우를 지정하는 API는 세 가지 속성 partitionBy, orderBy, rowsBetween을 필요로 한다. partitionBy는 partitionBy( )에서 지정한 파티션/그룹으로 데이터를 보낸다. orderBy는 데이터의 각 파티션 내에서 데이터를 정렬하는 데 사용된다.

rowsBetween은 계산을 수행할 윈도우 프레임이나 슬라이딩 윈도우의 범위를 지정한다.

윈도우 함수를 확인하려면 특정 패키지가 필요하다. 다음과 같이 import 지시자를 사용해 필요한 패키지를 임포트할 수 있다.

```
import org.apache.spark.sql.expressions.Window
import org.apache.spark.sql.functions.col
import org.apache.spark.sql.functions.max
```

이제 윈도우 함수를 배울 수 있는 일부 코드를 작성할 준비가 됐다. Population으로 정렬되고 State별로 파티셔닝된 파티션을 위한 윈도우 명세^{window specification}을 생성하자. 또한 현재 로우가 Window의 일부가 될 때까지 모든 로우를 고려하게 지정한다.

```
val windowSpec = Window
.partitionBy("State")
.orderBy(col("Population").desc)
.rowsBetween(Window.unboundedPreceding, Window.currentRow)
```

윈도우 명세를 기반으로 rank를 계산한다. 지정된 Window 안에 있는 한 계산 결과는
각 로우에 추가된 순위(로우 번호)가 될 것이다. 이 예에서 State별로 파티셔닝한 다음
내림차순으로 각 State의 로우를 순서대로 정렬했다. 따라서 모든 State 로우에는
할당된 고유 순위 번호를 갖는다.

```
import org.apache.spark.sql.functions._
scala> statesPopulationDF.select(col("State"), col("Year"),
max("Population").over(windowSpec), rank().over(windowSpec)).sort("State",
"Year").show(10)
+-------+----+----------------------------------------------------------------
-------------------------------------------------------------------+-----
-------------------------------------------------------------------------
--------------------------------------+
| State|Year|max(Population) OVER (PARTITION BY State ORDER BY Population DESC
NULLS LAST ROWS BETWEEN UNBOUNDED PRECEDING AND CURRENT ROW)|RANK( ) OVER
(PARTITION BY State ORDER BY Population DESC NULLS LAST ROWS BETWEEN UNBOUNDED
PRECEDING AND CURRENT ROW)|
+-------+----+----------------------------------------------------------------
-------------------------------------------------------------------+-----
-------------------------------------------------------------------------
--------------------------------------+
|Alabama|2010| 4863300| 6|
|Alabama|2011| 4863300| 7|
|Alabama|2012| 4863300| 5|
|Alabama|2013| 4863300| 4|
|Alabama|2014| 4863300| 3|
```

ntiles

ntiles는 윈도우에서 널리 사용되는 집계이며, 일반적으로 입력 데이터셋을 n개의 부분집합으로 나눈다. 예를 들어 예측 분석에서는 10분위수(10개 부분)를 사용해 데이터를 먼저 그룹핑한 다음, 공평하게 데이터를 분배하기 위해 데이터를 10개의 부분으로 나눈다. 이는 윈도우 함수 접근 방식의 자연스러운 함수이기 때문에 ntiles는 윈도우 함수가 도움을 줄 수 있는 좋은 예다.

예를 들어 StateProductionDF를 State(이전에 윈도우 명세를 이전에 표시했다)별로 파티셔닝하고, Population 수별로 정렬한 후 두 부분으로 나누려면 windowspec으로 ntile을 사용할 수 있다.

```
import org.apache.spark.sql.functions._
scala> statesPopulationDF.select(col("State"), col("Year"),
ntile(2).over(windowSpec), rank().over(windowSpec)).sort("State",
"Year").show(10)
+-------+----+----------------------------------------------------------
-----------------------------------------------------------+------------
-----------------------------------------------------------
--------------------------------+
| State|Year|ntile(2) OVER (PARTITION BY State ORDER BY Population DESC NULLS
LAST ROWS BETWEEN UNBOUNDED PRECEDING AND CURRENT ROW)|RANK() OVER (PARTITION
BY State ORDER BY Population DESC NULLS LAST ROWS BETWEEN UNBOUNDED PRECEDING
AND CURRENT ROW)|
+-------+----+----------------------------------------------------------
-----------------------------------------------------------+------------
-----------------------------------------------------------
--------------------------------+
|Alabama|2010| 2| 6|
|Alabama|2011| 2| 7|
|Alabama|2012| 2| 5|
|Alabama|2013| 1| 4|
|Alabama|2014| 1| 3|
```

```
|Alabama|2015|  1|  2|
|Alabama|2016|  1|  1|
| Alaska|2010|  2|  7|
| Alaska|2011|  2|  6|
| Alaska|2012|  2|  5|
+-------+----+-----------------------------------------------------
-----------------------------------------------------------+----------
-----------------------------------------------------------
```

앞에서 살펴본 대로 Window 함수와 ntile을 함께 사용해 각 State의 로우를 두 개의
동일한 부분으로 나눈다.

 ntiles를 많이 사용하는 사용 사례는 데이터 과학 모델에서 사용되는 10분위수를 계
산하는 것이다.

█ 조인

기존 데이터베이스에서 조인join은 더 완전한 뷰를 생성하기 위해 하나의 거래 테이블
을 다른 조회 테이블과 합치는 데 사용된다. 예를 들어 고객 ID별 온라인 거래 테이블
과 고객 도시와 고객 ID가 포함된 다른 테이블이 있는 경우 도시별 거래에 대한 보고
서를 생성하기 위해 조인을 사용할 수 있다.

거래 테이블: 다음 테이블에는 고객 ID, 구매 항목, 고객이 항목을 사기 위한 지불
가격 등 세 개의 칼럼이 있다.

고객 ID	구매 항목	지불 가격
1	Headphone	25.00
2	Watch	100.00
3	Keyboard	20.00
1	Mouse	10.00
4	Cable	10.00
3	Headphone	30.00

고객 정보 테이블: 다음 테이블에는 고객 ID와 고객이 거주하는 도시라는 두 개의 칼럼이 있다.

고객 ID	도시
1	Boston
2	New York
3	Philadelphia
4	Boston

거래 테이블을 고객 정보 테이블과 조인하면 다음과 같은 뷰가 생성된다.

고객 ID	지불 항목	지불 가격	도시
1	Headphone	25.00	Boston
2	Watch	100.00	New York
3	Keyboard	20.00	Philadelphia
1	Mouse	10.00	Boston
4	Cable	10.00	Boston
3	Headphone	30.00	Philadelphia

이제 조인 뷰를 사용해 도시별 총판매 가격 보고서를 생성할 수 있다.

City	#Items	Total sale price
Boston	3	45.00
Philadelphia	2	50.00
New York	1	100.00

조인은 스파크 SQL의 중요한 기능이다. 앞에서 살펴본 대로 조인은 두 개의 데이터셋을 함께 얻을 수 있게 한다. 물론 스파크는 보고서를 생성할 뿐만 아니라 실시간 스트리밍 사용 사례, 머신 러닝 알고리즘, 일반 분석을 처리하기 위해 페타바이트 규모의 데이터를 처리하기 위해 사용된다. 해당 목표를 달성하기 위해 스파크는 필요한 API 기능을 제공한다.

두 데이터셋 간의 일반적인 조인은 왼쪽 데이터셋과 오른쪽 데이터셋에서 하나 이상의 키를 사용해 수행되고, 키 셋에 대한 조건부 표현식을 불리언^{Boolean} 표현식으로 계산한다. 해당 불리언 표현식의 결과가 true를 리턴하면 조인은 성공적이며, 그렇지 않으면 조인된 데이터 프레임은 해당 조인이 포함되지 않는다.

조인 API에는 다음과 같은 6가지 구현이 있다.

```
join(right: dataset[_]): DataFrame
조건 없는 내부 조인

join(right: dataset[_], usingColumn: String): DataFrame
단일 칼럼과 내부 조인

join(right: dataset[_], usingColumns: Seq[String]): DataFrame
여러 칼럼과 내부 조인

join(right: dataset[_], usingColumns: Seq[String], joinType: String): DataFrame
여러 칼럼과 조인 타입(내부, 외부, ...)으로 조인한다.
```

```
join(right: dataset[_], joinExprs: Column): DataFrame
```
조인 표현식을 사용한 내부 조인

```
join(right: dataset[_], joinExprs: Column, joinType: String): DataFrame
```
조인 표현식과 조인 타입(내부, 외부, ...)으로 조인한다.

---

join API의 사용 방법을 이해하기 위해 이전 join API 중 하나를 사용할 것이다. 그러나 사용 사례에 따라 다른 API를 사용할 수 있다.

```
def join(right: dataset[_], joinExprs: Column, joinType: String): DataFrame
```
주어진 조인 표현식을 사용해 다른 데이터 프레임과 조인한다.

right: 조인할 오른쪽
joinExprs: 조인 표현식
joinType : 수행할 조인 타입. 기본은 내부 조인이다.

```
// 스칼라:
import org.apache.spark.sql.functions._
import spark.implicits._
df1.join(df2, $"df1Key" === $"df2Key", "outer")
```

다음 절에서 조인에 대해 자세히 설명한다.

조인의 내부 동작

조인을 실행하면 다중 익스큐터를 사용해 데이터 프레임의 파티션에서 동작한다. 그러나 실제 작업과 성능은 조인의 타입과 조인되는 데이터셋의 특성에 따라 다르다. 다음 절에서는 조인 타입을 살펴본다.

셔플 조인

두 개의 빅데이터셋 사이의 조인은 왼쪽 데이터셋과 오른쪽 데이터셋의 파티션이 전체 익스큐터로 분배되는 셔플 조인shuffle join을 포함한다. 셔플은 비용이 많이 들고 파티션과 셔플 배포가 최적으로 수행되는지 확인하기 위해 로직을 분석하는 것이 중요하다. 다음은 셔플 조인의 내부 동작 방식을 보여주는 그림이다.

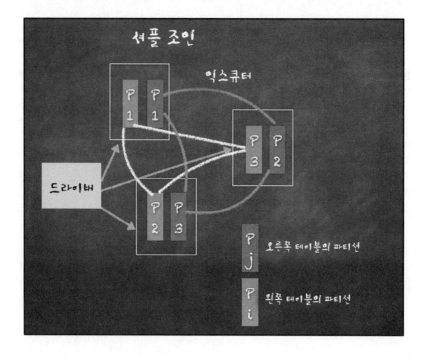

브로드캐스트 조인

큰 데이터셋과 이보다 작은 데이터셋 간의 조인은, 큰 데이터셋의 파티션이 있는 모든 익스큐터에 작은 데이터셋이 브로드캐스트됨으로써 수행될 수 있다. 다음은 브로드캐스트 조인의 내부 동작 방식을 보여주는 그림이다.

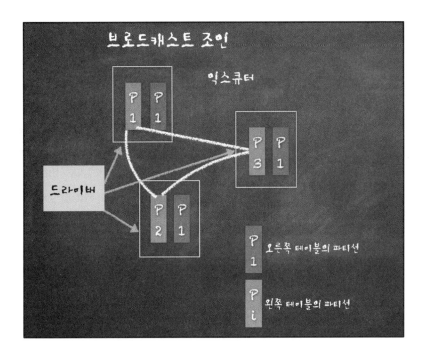

조인 타입

다음은 다양한 타입의 조인 테이블이다. 두 개의 데이터셋을 조인할 때 선택한 결정이
출력과 성능의 모든 차이를 만든다는 점에서 조인 타입은 중요하다.

조인 타입	설명
내부(inner)	내부 조인은 각 로우를 왼쪽에서 오른쪽으로 비교하고, 양쪽 모두가 NULL 값이 아닐 때만 왼쪽 및 오른쪽 데이터셋에서 일치하는 로우 쌍을 조인한다.
교차(cross)	교차 조인은 왼쪽의 모든 로우와 오른쪽의 모든 로우를 카테시안 교차 곱으로 생성한다.
외부(outer), 전체(full), 전체 외부(full outer)	전체 외부(full outer) 조인은 왼쪽과 오른쪽의 모든 로우를 제공하며, 왼쪽 또는 오른쪽에 존재하면 NULL로 채운다.

(이어짐)

조인 타입	설명
왼쪽 안티(leftanti)	왼쪽 안티 조인은 오른쪽에 존재하지 않는 것을 기반으로 왼쪽의 로우만 제공한다.
왼쪽(left), 왼쪽 외부(leftouter)	왼쪽 외부 조인은 왼쪽의 모든 로우와 왼쪽 및 오른쪽의 공통 로우(내부 조인)를 추가한다. 오른쪽에 없으면 NULL을 채운다.
왼쪽 세미(leftsemi)	왼쪽 세미 조인은 오른쪽에 존재하는 값을 기반으로 왼쪽에 있는 로우만 제공한다. 여기에 오른쪽 값은 포함되지 않는다.
오른쪽(right), 오른쪽 외부(right outer)	오른쪽 외부 조인은 오른쪽의 모든 로우와 왼쪽 및 오른쪽의 공통 로우(inner 조인)를 추가해 제공한다. 왼쪽에 로우가 없다면 NULL을 채운다.

샘플 데이터셋을 사용해 다른 조인 타입의 동작 방식을 살펴볼 것이다.

```scala
scala> val statesPopulationDF = spark.read.option("header",
"true").option("inferschema", "true").option("sep",
",").csv("statesPopulation.csv")
statesPopulationDF: org.apache.spark.sql.DataFrame = [State: string, Year:
int ... 1 more field]

scala> val statesTaxRatesDF = spark.read.option("header",
"true").option("inferschema", "true").option("sep",
",").csv("statesTaxRates.csv")
statesTaxRatesDF: org.apache.spark.sql.DataFrame = [State: string, TaxRate:
double]

scala> statesPopulationDF.count
res21: Long = 357

scala> statesTaxRatesDF.count
res32: Long = 47

%sql
statesPopulationDF.createOrReplaceTempView("statesPopulationDF")
statesTaxRatesDF.createOrReplaceTempView("statesTaxRatesDF")
```

내부 조인

내부[inner] 조인은 두 데이터셋에서 State가 NULL이 아닐 때 statesPopulationDF와 statesTaxRatesDF에서 로우를 생성한다.

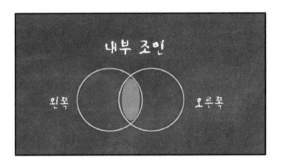

다음과 같이 State 칼럼으로 두 데이터셋을 조인한다.

```
val joinDF = statesPopulationDF.join(statesTaxRatesDF,
statesPopulationDF("State") === statesTaxRatesDF("State"), "inner")

%sql
val joinDF = spark.sql("SELECT * FROM statesPopulationDF INNER JOIN
statesTaxRatesDF ON statesPopulationDF.State = statesTaxRatesDF.State")

scala> joinDF.count
res22: Long = 329

scala> joinDF.show
+-------------------+----+----------+-------------------+-------+
| State|Year|Population| State|TaxRate|
+-------------------+----+----------+-------------------+-------+
| Alabama|2010| 4785492| Alabama| 4.0|
| Arizona|2010| 6408312| Arizona| 5.6|
| Arkansas|2010| 2921995| Arkansas| 6.5|
| California|2010| 37332685| California| 7.5|
| Colorado|2010| 5048644| Colorado| 2.9|
| Connecticut|2010| 3579899| Connecticut| 6.35|
```

실행 계획을 보기 위해 joinDF에 explain을 실행할 수 있다.

```scala
scala> joinDF.explain
== Physical Plan ==
*BroadcastHashJoin [State#570], [State#577], Inner, BuildRight
:- *Project [State#570, Year#571, Population#572]
: +- *Filter isnotnull(State#570)
: +- *FileScan csv [State#570,Year#571,Population#572] Batched: false,
Format: CSV, Location:
InMemoryFileIndex[file:/Users/salla/spark-2.3.2-bin-hadoop2.7/statesPopul
ation.csv], PartitionFilters: [], PushedFilters: [IsNotNull(State)],
ReadSchema: struct<State:string,Year:int,Population:int>
+- BroadcastExchange HashedRelationBroadcastMode(List(input[0, string,
true]))
+- *Project [State#577, TaxRate#578]
+- *Filter isnotnull(State#577)
+- *FileScan csv [State#577,TaxRate#578] Batched: false, Format: CSV,
Location:
InMemoryFileIndex[file:/Users/salla/spark-2.3.2-bin-hadoop2.7/statesTaxRa
tes.csv], PartitionFilters: [], PushedFilters: [IsNotNull(State)],
ReadSchema: struct<State:string,TaxRate:double>
```

왼쪽 외부 조인

왼쪽 외부[left outer] 조인은 statesTaxRatesDF와 statesPopulationDF 간의 공통 로우를 포함하고 statesPopulationDF의 모든 로우를 결과로 얻는다.

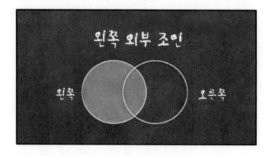

442

다음과 같이 State 칼럼으로 두 데이터셋을 조인한다.

```
val joinDF = statesPopulationDF.join(statesTaxRatesDF,
statesPopulationDF("State") === statesTaxRatesDF("State"), "leftouter")

%sql
val joinDF = spark.sql("SELECT * FROM statesPopulationDF LEFT OUTER JOIN
statesTaxRatesDF ON statesPopulationDF.State = statesTaxRatesDF.State")

scala> joinDF.count
res22: Long = 350

scala> joinDF.show(5)
+----------+----+----------+----------+-------+
| State|Year|Population| State|TaxRate|
+----------+----+----------+----------+-------+
| Alabama|2010| 4785492| Alabama| 4.0|
| Alaska|2010| 714031| null| null|
| Arizona|2010| 6408312| Arizona| 5.6|
| Arkansas|2010| 2921995| Arkansas| 6.5|
|California|2010| 37332685|California| 7.5|
+----------+----+----------+----------+-------+
```

오른쪽 외부 조인

오른쪽 외부right outer 조인은 statesPopulationDF와 statesTaxRatesDF의 공통 로우를 포함하고 statesTaxRatesDF의 모든 로우를 결과로 얻는다.

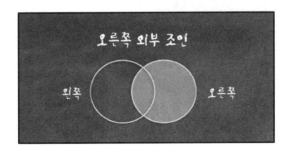

다음과 같이 두 개의 데이터셋을 State 칼럼으로 조인한다.

```
val joinDF = statesPopulationDF.join(statesTaxRatesDF,
statesPopulationDF("State") === statesTaxRatesDF("State"), "rightouter")

%sql
val joinDF = spark.sql("SELECT * FROM statesPopulationDF RIGHT OUTER JOIN
statesTaxRatesDF ON statesPopulationDF.State = statesTaxRatesDF.State")

scala> joinDF.count
res22: Long = 323

scala> joinDF.show(5)
+-------------------+----+----------+-------------------+-------+
|  State|Year|Population|  State|TaxRate|
+-------------------+----+----------+-------------------+-------+
| Alabama|2016|  4863300| Alabama|    4.0|
| Alabama|2015|  4853875| Alabama|    4.0|
| Alabama|2014|  4843214| Alabama|    4.0|
| Alabama|2013|  4829479| Alabama|    4.0|
| Alabama|2012|  4815960| Alabama|    4.0|
```

외부 조인

외부 조인[outer join]은 statesPopulationDF와 statesTaxRatesDF의 모든 로우를 결과
로 얻는다.

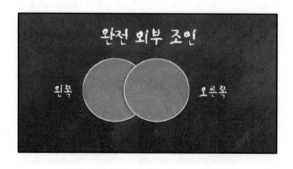

444

다음과 같이 두 개의 데이터셋을 State 칼럼으로 조인한다.

```
val joinDF = statesPopulationDF.join(statesTaxRatesDF,
statesPopulationDF("State") === statesTaxRatesDF("State"), "fullouter")

%sql
val joinDF = spark.sql("SELECT * FROM statesPopulationDF FULL OUTER JOIN
statesTaxRatesDF ON statesPopulationDF.State = statesTaxRatesDF.State")

scala> joinDF.count
res22: Long = 351

scala> joinDF.show(5)
+-------------------+----+----------+-------------------+-------+
| State|Year|Population| State|TaxRate|
+-------------------+----+----------+-------------------+-------+
|   State|Year|Population|    State|TaxRate|
+--------+----+----------+---------+-------+
|  null|null|     null|    Utah|  5.95|
|  null|null|     null|  Hawaii|   4.0|
|  null|null|     null|Minnesota| 6.875|
|  null|null|     null|    Ohio|  5.75|
|Arkansas|2010|  2921995| Arkansas|   6.5|
+--------+----+----------+---------+-------+
```

왼쪽 안티 조인

왼쪽 안티[left anti] 조인은 statesTaxRatesDF의 로우에 관련이 없고 statesPopulationDF
의 로우로만 구성된 결과를 얻는다.

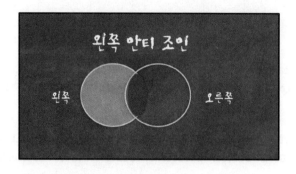

다음과 같이 두 개의 데이터셋을 State 칼럼으로 조인한다.

```
val joinDF = statesPopulationDF.join(statesTaxRatesDF,
statesPopulationDF("State") === statesTaxRatesDF("State"), "leftanti")

%sql
val joinDF = spark.sql("SELECT * FROM statesPopulationDF LEFT ANTI JOIN
statesTaxRatesDF ON statesPopulationDF.State = statesTaxRatesDF.State")

scala> joinDF.count
res22: Long = 28

scala> joinDF.show(5)
+--------+----+----------+
|   State|Year|Population|
+--------+----+----------+
|  Alaska|2010|    714031|
|Delaware|2010|    899816|
| Montana|2010|    990641|
|  Oregon|2010|   3838048|
|  Alaska|2011|    722713|
+--------+----+----------+
```

왼쪽 세미 조인

왼쪽 세미[semi join] 조인은 statesTaxRatesDF의 로우에 관련이 있고 statesPopulationDF
의 로우로만 구성된 로우를 결과로 얻는다.

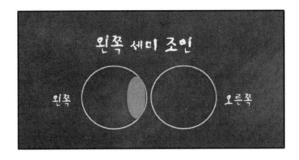

다음과 같이 State 칼럼으로 두 데이터셋을 조인한다.

```
val joinDF = statesPopulationDF.join(statesTaxRatesDF,
statesPopulationDF("State") === statesTaxRatesDF("State"), "leftsemi")

%sql
val joinDF = spark.sql("SELECT * FROM statesPopulationDF LEFT SEMI JOIN
statesTaxRatesDF ON statesPopulationDF.State = statesTaxRatesDF.State")

scala> joinDF.count
res22: Long = 322

scala> joinDF.show(5)
+----------+----+----------+
| State|Year|Population|
+----------+----+----------+
| Alabama|2010| 4785492|
| Arizona|2010| 6408312|
| Arkansas|2010| 2921995|
|California|2010| 37332685|
| Colorado|2010| 5048644|
+----------+----+----------+
```

교차 조인

교차cross 조인은 왼쪽부터 모든 로우를 오른쪽의 모든 로우와 일치시켜 카테시안 교차
곱을 생성한다.

다음과 같이 두 개의 데이터셋을 State 칼럼으로 조인한다.

```scala
scala> val joinDF=statesPopulationDF.crossJoin(statesTaxRatesDF)
joinDF: org.apache.spark.sql.DataFrame = [State: string, Year: int ... 3 more
fields]
```

```
%sql
val joinDF = spark.sql("SELECT * FROM statesPopulationDF CROSS JOIN
statesTaxRatesDF")
```

```scala
scala> joinDF.count
res46: Long = 16450
```

```scala
scala> joinDF.show(10)
+-------+----+----------+-----------+-------+
| State |Year|Population| State     |TaxRate|
+-------+----+----------+-----------+-------+
|Alabama|2010| 4785492  | Alabama   | 4.0   |
|Alabama|2010| 4785492  | Arizona   | 5.6   |
|Alabama|2010| 4785492  | Arkansas  | 6.5   |
|Alabama|2010| 4785492  | California| 7.5   |
|Alabama|2010| 4785492  | Colorado  | 2.9   |
```

```
|Alabama|2010| 4785492    |Connecticut| 6.35  |
|Alabama|2010| 4785492    | Florida   | 6.0   |
|Alabama|2010| 4785492    | Georgia   | 4.0   |
|Alabama|2010| 4785492    | Hawaii    | 4.0   |
|Alabama|2010| 4785492    | Idaho     | 6.0   |
+-------+----+----------+-----------+-------+
```

교차 조인 API를 사용하는 대신 다음처럼 교차 조인 타입을 사용한 조인을 사용할 수도 있다.

```
statesPopulationDF.join(statesTaxRatesDF, statesPopulationDF("State").
isNotNull, "cross").count
```

조인의 성능 결과

선택한 조인 타입에 따라 조인의 성능에 영향을 미친다. 이는 조인할 때 익스큐터에서 실행 파일 간의 데이터 셔플링을 필요로 하기 때문에 다른 조인과 조인 순서까지 고려해야 할 필요가 있기 때문이다.

다음 표는 조인 코드를 작성할 때 참조할 수 있다.

조인 타입	성능 고려 사항과 팁
내부(inner)	내부 조인을 진행하려면 왼쪽 테이블과 오른쪽 테이블에서 동일한 칼럼을 가져야 한다. 왼쪽 테이블이나 오른쪽 테이블의 키가 중복되거나 여러 복사본으로 있다면 조인은 여러 키를 최소화하기 위해 올바르게 설계된 것보다 완료하는 데 오래 걸리는 일종의 카테시안 조인으로 빨리 변환될 것이다.
교차(cross)	교차 조인은 모든 로우에서 왼쪽의 모든 로우와 오른쪽의 모든 로우를 일치시킨다. 교차 조인은 가장 좋지 않은 성능을 가진 조인이기 때문에 주의해서 사용해야 하며, 특정 사용 사례에서만 사용해야 한다.

(이어짐)

조인 타입	성능 고려 사항과 팁
외부(outer), 전체(full), 전체 외부(full outer)	전체 외부 조인은 왼쪽과 오른쪽의 모든 로우를 제공하며, 왼쪽이나 오른쪽에 존재하면 NULL로 채운다. 공통 로우가 거의 없는 테이블에서 사용하면 매우 큰 결과를 얻을 수 있고 성능이 저하될 수 있다.
왼쪽 안티(left anti)	왼쪽 안티 조인은 오른쪽에 존재하지 않는 것을 기반으로 왼쪽에 있는 로우만 제공한다. 하나의 테이블만 확실히 고려하고 다른 테이블은 조인 조건만 확인하기 때문에 성능이 매우 좋다.
왼쪽(left), 왼쪽 외부(left outer)	왼쪽 외부 조인은 왼쪽의 모든 로우와 왼쪽 및 오른쪽의 공통 로우(내부 조인)를 제공한다. 오른쪽에 없으면 NULL을 채운다. 공통 로우가 거의 없는 테이블에서 사용하면 매우 큰 결과를 얻으며, 성능이 저하될 수 있다.
왼쪽 세미(left semi)	왼쪽 세미 조인은 오른쪽에 존재하는 것을 기반으로 왼쪽의 로우만 제공한다. 오른쪽 값은 포함되지 않는다. 하나의 테이블만 확실히 고려되고 다른 테이블은 조인 조건만 확인하기 때문에 성능이 매우 좋다.
오른쪽(right), 오른쪽 외부(right outer)	오른쪽 외부 조인은 오른쪽의 모든 로우와 왼쪽과 오른쪽의 공통 로우(내부 조인)를 제공한다. 왼쪽에 없다면 NULL을 채운다. 성능은 이 표에서 언급한 왼쪽 외부 조인과 비슷하다.

▌ 요약

8장에서는 데이터 프레임의 유래와 스파크 SQL에서 데이터 프레임 기반의 SQL 인터페이스를 제공하는 방법을 설명했다. 데이터 프레임은 원래 RDD 기반 계산에 비해 실행 시간이 몇 배나 적게 걸린다. 간단한 SQL 레이어와 같은 강력한 레이어를 사용하면 더욱 강력해진다. 또한 groupBy, window, rollup, cube 등의 정교한 집계 기능을 자세히 살펴봤을 뿐 아니라 데이터 프레임을 생성하고 조작하는 다양한 API를 살펴봤다. 마지막으로 데이터셋의 조인과 내부 조인, 외부 조인, 교차 조인 등과 같은 사용할 수 있는 다양한 조인 타입을 살펴봤다.

9장에서는 흥미로운 실시간 데이터 처리와 분석 세계를 살펴본다.

09

스파크 스트리밍

"저는 스트리밍 서비스를 정말 좋아해요. 스트리밍 서비스는 사람들이 음악을 찾을 수 있는
좋은 방법을 제공하니까요."

- 키고(Kygo)

9장에서는 스파크 스트리밍에 대해 살펴보고 스파크 API를 사용해 데이터 스트림을
처리하는 방법을 다룬다. 또한 트위터^{Twitter}의 트윗을 소비하고 처리하기 위한 실용적
인 예를 사용해 실시간 데이터 스트림을 처리하는 다양한 방법을 알아본다.

9장에서 다루는 내용은 다음과 같다.

* 스트리밍에 대한 간단한 소개
* 스파크 스트리밍
* 불연속 스트림^{Discretized Stream}

- 상태 저장/무상태 트랜스포메이션
- 체크포인팅
- 스트리밍 플랫폼과의 상호운용성(아파치 카프카)
- 구조화 스트리밍

█ 스트리밍에 대한 간략한 소개

오늘날 상호 연결된 기기와 서비스로 구성된 세계에서 페이스북을 확인하거나, 우버 Uber를 이용하거나, 방금 구입한 햄버거에 대해 무언가를 트윗하거나, 선호하는 팀의 최신 뉴스나 스포츠 뉴스를 확인할 때 스마트폰 없이는 하루에 몇 시간을 보내기란 정말 어렵다. 일을 끝내거나 그냥 브라우저를 사용하거나 이메일을 보내는 등 많은 일들을 하기 위해 스마트폰과 인터넷에 의존한다. 인터넷을 사용하지 않고서는 알 방법이 아예 없다. 애플리케이션과 서비스의 개수와 다양함은 시간이 지남에 점차 커지고 있다.

결과적으로 스마트폰은 어디에나 존재하고 많은 양의 데이터를 생성한다. 광범위하게 사물인터넷IoT, Internet of Things이라고 언급되는 이런 현상은 데이터 처리의 역동성을 확실히 바꿔 놓았다. 아이폰, 안드로이드폰, 윈도우폰에서 서비스 또는 애플리케이션을 사용할 때마다 실시간 데이터 처리가 동작한다. 애플리케이션의 품질과 유용성에 너무 많은 의존 부분이 있기 때문에 여러 스타트업 기업 및 기존 기업은 SLAService Level Agreements에 대한 복잡한 과제, 데이터의 유용성, 적시성에 어떻게 대처해야 할지 강조하고 있다.

기업과 서비스 제공 회사가 연구하고 채택하는 처리 방식 중 하나는 최첨단 플랫폼이나 인프라를 기반으로 매우 확장성이 뛰어나고 거의 실시간 또는 실시간으로 처리 프레임워크를 구축하는 것이다. 모든 것이 빠르게 움직이고 있다. 따라서 변화와 실패에 반응해야 한다. 페이스북이 매 시간마다 한 번씩 업데이트되거나 하루에 한 번만 이메일을 받는다면 마음에 들지 않을 것이다. 따라서 데이터 흐름, 처리, 사용을 모두 최대한 실시간에 가깝게 하는 것이 필수적이다. 모니터링이나 구현에 관심 있는 많은 시스템은 끊임없이 무한 이벤트 스트림 데이터를 생성한다.

기타 데이터 처리 시스템처럼 데이터 수집, 저장, 데이터를 처리할 때는 동일하게 발생되는 근본적인 문제가 있다. 그러나 추가적인 복잡성은 플랫폼의 실시간 요구 때문이다. 이러한 불명확한 이벤트 흐름을 수집한 후 활용 가능한 통찰력을 생성하려면 해당 이벤트를 모두 처리할 수 있고, 엄청난 속도의 이벤트를 처리하기 위해 확장성이 뛰어난 전문화된 아키텍처를 사용해야 한다. 이와 같이 AMQ, 래빗MQ^{RabbitMQ}, 스톰^{Storm}, 카프카^{Kafka}, 스파크, 플링크^{Flink}, 기어펌프^{Gearpump}, 애펙스^{Apex} 등에서 시작해 수십 년 동안 많은 시스템이 구축됐다.

대량 스트리밍 데이터를 처리하기 위해 구축된 최신 시스템은 효율성이 높을 뿐 아니라 이전보다 훨씬 나은 비즈니스 목표를 달성하는 데 도움이 되고 매우 유연하고 확장 가능한 기술을 가져야 한다. 유연하고 확장 가능한 기술을 사용함으로써 다양한 데이터 소스의 데이터를 소비해서 필요에 따라 당장 또는 추후에 다양한 사용 사례에서 사용할 수 있게 해야 할 것이다.

스마트폰을 꺼내고 우버에서 자동차를 예약해 공항에 갈 때 일어나는 일에 대해 이야기해보자. 스마트폰 화면을 터치해 포인트를 선택한 다음 신용카드를 선택하고 결제한 후 탑승을 예약할 수 있다. 결제가 끝나면 스마트폰의 지도에서 자동차의 위치를 실시간으로 모니터링할 수 있다. 자동차가 이쪽으로 오고 있기 때문에 자동차 위치를 정확히 모니터할 수 있으며, 자동차가 도착할 때까지 기다리는 동안 근처의 스타벅스에서 커피를 가져갈 수 있을 것이다.

또한 자동차 도착 예정 시간을 보며 차와 공항으로 가는 여정 정보를 기반으로 결정을 내릴 수 있다. 차가 당신을 태우는 데 꽤 많은 시간이 걸리는 것처럼 보이거나 승차하려다가 타고 갈 항공기에 못 타는 상황이 발생할 것 같다면 승차를 취소하고 근처에 있는 택시를 선택할 수 있을 것이다. 또는 교통 상황에 따라 공항에 제시간에 도착할 수 없어 항공기에 못 타는 상황이 발생할 것 같다면 항공기 스케줄을 다시 조정하거나 취소하는 결정을 내릴 수도 있을 것이다.

이런 실시간 스트리밍 아키텍처에서 귀중한 정보를 제공하는 방식을 이해하려면 스트리밍 아키텍처의 기본 개념을 이해해야 한다. 그리고 실시간 스트리밍 아키텍처에서 매우 빠른 속도로 매우 큰 데이터를 소비하는 것은 매우 중요하며, 수집된 데이터가 처리된다는 합리적인 보장이 있어야 한다.

다음 이미지 그림은 컨슈머consumer가 메시징 시스템에서 읽으면서 프로듀서producer가 메시징 시스템에서 이벤트를 읽는 일반 스트림 처리 시스템을 보여준다.

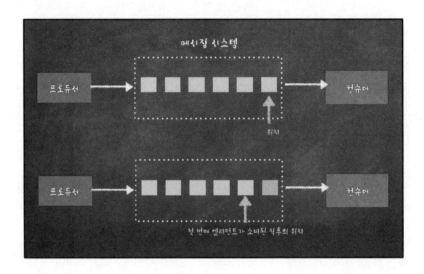

실시간 스트리밍 데이터 처리는 다음과 같은 세 가지의 필수 처리 방식으로 분류할 수 있다.

- 최소 한 번 처리At least once processing
- 최대 한 번 처리At most once processing
- 정확히 한 번 처리Exactly once processing

세 가지의 스트림 처리 방식이 비즈니스 사용 사례에 대해 어떤 의미인지 살펴보자. 실시간 이벤트 처리는 궁극적인 목표이지만 항상 다양한 시나리오에서 해당 목표를 달성하는 것은 매우 어렵다. 해당 처리 방식을 보증한다는 장점이 구현의 복잡성보다 큰 경우에는 정확히 한 번만 처리해야 하는 속성과 타협해야 한다.

최소 한 번 처리 방식

최소 한 번 처리 방식At least once processing은 이벤트가 실제로 처리되고 결과가 어딘가에 저장된 후에 수신된 마지막 이벤트의 위치를 저장하는 메커니즘이 포함돼 있다. 실패가 발생해 컨슈머가 재시작되면 컨슈머는 이전 이벤트를 다시 읽고 처리한다. 그러나 수신된 이벤트가 처리되지 않았거나 부분적으로 처리되지 않는다는 보장이 없기 때문에 이벤트를 다시 처리할 때 잠재적인 중복이 발생할 수 있다. 이로 인해 이벤트가 최소 한 번만 처리되는 동작 방식을 필요로 한다.

최소 한 번 처리 방식은 현재 값을 보여주는 순간적인 티커ticker 또는 측정을 변경하는 모든 애플리케이션에 이상적이다(티커는 증권 거래소에서 시시각각으로 보여주는 정보를 의미하며 '주식가격표시기'라고도 한다 – 옮긴이). 또한 누적 합계, 개수, 집계 정확성과 관련된 의존성(sum, groupBy 등)은 중복 이벤트로 인해 잘못된 결과가 발생하기 때문에 해당 처리의 사용 사례에 적합하지 않다.

컨슈머의 연산 순서는 다음과 같다.

1. 결과를 저장한다.
2. 오프셋을 저장한다.

다음 그림은 장애가 생겨 컨슈머가 재시작할 때의 상황을 보여준다. 이벤트는 이미 처리됐지만 오프셋은 저장되지 않았기 때문에 컨슈머는 저장된 이전 오프셋에서 읽으면서 중복이 발생하는 것을 설명한다. 다음 그림을 보면 이벤트 0은 두 번 처리된다.

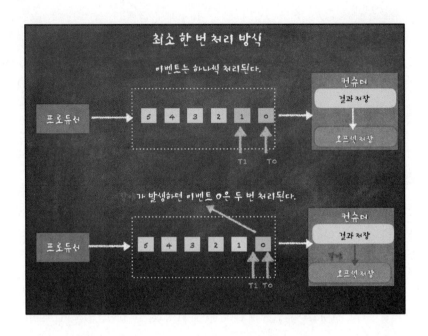

최대 한 번 처리 방식

최대 한 번 처리 방식^{At most once processing}은 이벤트가 실제로 처리되기 전에 수신된 마지막 이벤트의 위치를 저장하는 메커니즘을 포함하고, 결과를 어딘가에서 저장시켜 실패가 발생하더라도 컨슈머가 재시작되면 컨슈머는 이전 이벤트는 읽지 않는다. 그러나 수신된 이벤트가 모두 처리됐다는 보장이 없어서 다시 읽으려 하지 않기 때문에 이벤트가 잠재적으로 손실될 수 있다. 이로 인해 이벤트가 한 번만 처리되거나 전혀 처리되지 않을 수 있다.

최대 한 번 처리 방식은 현재 값을 보여주기 위해 순간적인 티커나 측정을 변경하는 모든 애플리케이션에 이상적이다. 또한 누적 합계, 개수, 기타 집계뿐 아니라 정확도가 필수가 아니며 모든 이벤트를 꼭 필요로 하는 애플리케이션에서 적합하다. 모든 이벤트가 손실된다는 것은 잘못된 결과이거나 누락된 결과에서 발생한 것이다.

컨슈머의 연산 순서는 다음과 같다.

456

1. 오프셋을 저장한다.
2. 결과를 저장한다.

다음 그림은 장애가 발생하고 컨슈머가 재시작할 경우 발생하는 상황을 보여준다. 이 벤트는 처리되지 않았지만 오프셋은 저장되기 때문에 컨슈머는 저장된 오프셋을 읽어 소비될 이벤트의 차이가 발생될 수 있다. 이벤트 0은 다음 그림에서처럼 절대로 처리되지 않는다.

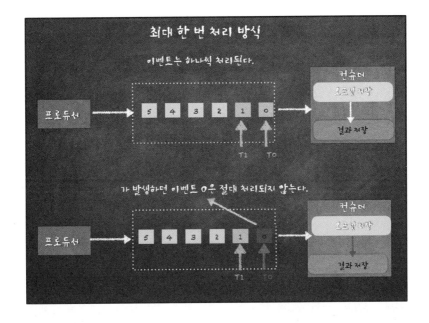

정확히 한 번 처리

정확히 한 번 처리Exactly once processing 방식은 최소 한 번 방식과 유사하고, 이벤트가 실제로 처리되고 어딘가에 저장된 후에만 수신된 마지막 이벤트의 위치를 저장하는 메커니즘을 포함한다. 장애가 발생해 컨슈머가 재시작하면 컨슈머는 이전 이벤트를 다시 읽고 처리한다. 그러나 수신된 이벤트가 전혀 처리되지 않았거나 부분적으로 처리됐다는 보장이 없기 때문에 이벤트를 다시 가져올 때 잠재적인 중복이 발생한다.

그러나 최소 한 번 패러다임과 달리 중복 이벤트는 처리되지 않고 제거되기 때문에 정확히 한 번 처리 방식이라 말할 수 있다.

정확히 한 번 처리 방식은 정확한 개수, 집계, 일반적으로 모든 이벤트가 한 번만 처리되고 확실하게 한 번(손실 없이) 처리해야 하는 애플리케이션에 적합하다.

컨슈머의 연산 순서는 다음과 같다.

1. 결과를 저장한다.
2. 오프셋을 저장한다.

다음 그림은 장애가 발생해 컨슈머가 재시작될 경우 발생하는 상황을 보여준다. 이벤트는 이미 처리됐지만 오프셋은 저장되지 않았기 때문에 컨슈머는 저장된 이전 오프셋에서 읽어 중복이 발생될 수 있다. 컨슈머가 중복 이벤트 0을 제거하기 때문에 이벤트 0은 다음 그림에서 한 번만 처리된다.

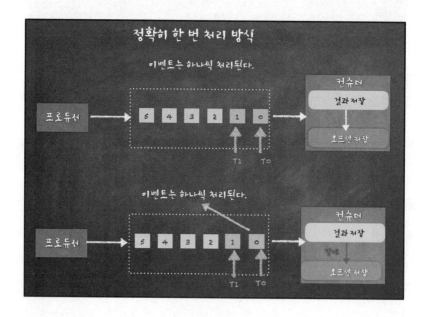

정확히 한 번 처리 방식은 어떻게 중복을 제거하는가? 도움이 될 만한 2개의 기술을 소개하면 다음과 같다.

1. 멱등성^{idempotent} 업데이트
2. 트랜잭션^{transaction} 업데이트

 또한 스파크 스트리밍은 스파크 2.0 이상에서 구조화 스트리밍을 구현한다. 9장의 후반부에서 구조화 스트리밍을 살펴본다.

멱등성 업데이트에 생성된 고유 ID/키를 기반으로 결과를 저장하는 작업이 포함돼 있다. 따라서 중복이 발생한 경우 생성된 고유 ID/키가 이미 결과(예, 데이터베이스)에 있을 것이다. 그래서 컨슈머가 결과를 업데이트하지 않고 중복을 제거할 수 있다. 고유한 키를 생성하는 것이 항상 가능하지 않고 쉽지 않기 때문에 복잡하다. 또한 컨슈머 측에서 추가적으로 처리를 해야 한다. 또 다른 고려 사항은 결과와 오프셋에 대해 데이터베이스가 분리될 수 있다는 점이다.

트랜잭션 업데이트는 트랜잭션 시작과 트랜잭션 커밋^{commit} 단계를 포함하는 배치에 결과를 저장하기 때문에 커밋이 일어난다는 것은 이벤트가 성공적으로 처리된다는 의미임을 알 수 있다. 따라서 중복 이벤트가 수신되면 결과를 업데이트하지 않고 제거할 수 있다. 트랜잭션 업데이트는 트랜잭션 데이터 저장소가 필요하기 때문에 멱등성 업데이트보다 훨씬 복잡하다. 또 다른 고려 사항으로 결과와 오프셋을 저장하는 데이터베이스가 동일해야 한다는 점이 있다.

 구축하려는 사용 사례를 조사해 최소 한 번 처리 방식 또는 최대 한 번 처리 방식이 합리적으로 폭넓게 수행할 수 있고, 성능과 정확성이 허용 가능한 레벨인지 확인해야 한다.

스파크 스트리밍을 다룰 때 해당 처리 방식을 자세히 살펴볼 것이다. 다음 절에서 스파크 스트리밍을 사용하고 카프카로부터 이벤트를 소비하는 방법을 살펴본다.

▌ 스파크 스트리밍

스파크 스트리밍이 스트리밍 아키텍처의 시조가 아니다. 예전부터 다양한 비즈니스 사용 사례의 실시간 처리 요구를 처리하던 여러 기술이 존재했다. 트위터의 스톰^{Storm}은 처음으로 인기 있는 스트림 처리 기술 중 하나였고 많은 기업에서 사용됐다.

스파크에는 가장 많이 사용되는 기술로서 빠르게 발전하는 스트리밍 라이브러리를 포함하고 있다. 스파크 스트리밍은 다른 기술에 비해 분명한 몇 가지 장점이 있다. 무엇보다도 스파크 스트리밍 API와 스파크 코어 API 간의 긴밀한 통합을 통해 실시간 분석 플랫폼과 배치 분석 플랫폼을 구현할 수 있다. 스파크 스트리밍은 스파크 ML과 Spark SQL뿐만 아니라 GraphX와도 통합할 수 있고, 독특하고 복잡한 많은 사용 사례를 처리할 수 있는 가장 강력한 스트림 처리 기술이다. 이 절에서는 스파크 스트리밍에 대해 자세히 살펴본다.

 스파크 스트리밍에 대한 자세한 내용은 https://spark.apache.org/docs/2.3.2/streaming-programming-guide.html을 참조한다.

스파크 스트리밍은 여러 입력 소스를 지원하며, 결과를 여러 싱크^{sink}에 저장할 수 있다.

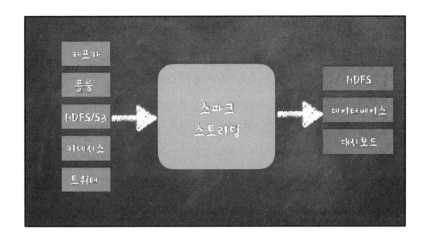

스파크 스트리밍은 연속적인 데이터 스트림을 소비한 다음 수집된 데이터를 마이크로 배치 형태로 처리하기 때문에 플링크^{Flink}, 헤론^{Heron}(트위터 스톰의 후계자), 삼자^{Samza} 등은 이벤트를 최소 지연 시간으로 수집해 처리한다. 마이크로 배치의 크기는 500밀리초 정도로 낮을 수 있지만 일반적으로 그보다 낮을 수는 없다.

 아파치 에펙스(Apex), 기어펌프(Gear pump), 플링크(Flink), 삼자(Samza), 헤론(Heron), 기타 향후 기술은 스파크 스트리밍과 경쟁할 수 있다. 모든 이벤트를 하나씩 처리가 필요하다면 스파크 스트리밍은 사용 사례에 적합하지 않다.

스트리밍 작업은 설정별로 정기적인 시간 간격으로 이벤트 배치를 생성하고, 추가 처리를 위해 데이터의 마이크로 배치를 지정된 간격마다 전달하는 것이다.

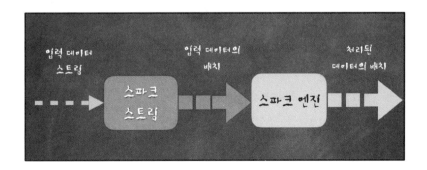

RDD를 처리할 때 SparkContext를 사용한 것처럼 스파크 스트리밍에는 스트리밍 작업/애플리케이션의 주요 진입점인 StreamingContext가 있다. StreamingContext는 SparkContext에 의존한다. 사실 SparkContext는 스트리밍 작업에서 직접 사용될 수 있다. StreamingContext는 SparkContext와 비슷하지만 StreamingContext는 애플리케이션이 배치 간격의 시간 간격이나 기간(밀리초 또는 분 단위)을 지정하게 요구한다.

 SparkContext가 주요 시작 지점이고 태스크 스케줄링과 자원 관리가 SparkContext의 일부여서 StreamContext는 로직을 재사용한다.

StreamingContext

StreamingContext는 스트리밍의 주요 진입점이며, RDD의 **DStream**에서 체크 포인팅, 트랜스포메이션, 액션을 포함하는 스트리밍 애플리케이션을 처리한다.

StreamingContext 생성

새로운 StreamingContext는 다음의 2가지 방법으로 생성될 수 있다.

1. 다음과 같이 기존 SparkContext를 사용해 StreamingContext를 생성한다.

```
StreamingContext(sparkContext: SparkContext, batchDuration: Duration)

scala> val ssc = new StreamingContext(sc, Seconds(10))
```

2. 다음처럼 새로운 SparkContext를 생성하는 데 필요한 설정을 제공해 StreamingContext를 생성한다.

```
StreamingContext(conf: SparkConf, batchDuration: Duration)

scala> val conf = new SparkConf().setMaster("local[1]")
                                 .setAppName("TextStreams")
scala> val ssc = new StreamingContext(conf, Seconds(10))
```

3. 세 번째 방법은 체크 포인팅 데이터에서 StreamingContext를 재생성하거나 새로운 StreamingContext를 생성하기 위해 사용되는 getOrCreate()를 사용하는 것이다. 지정된 checkpointPath에 체크 포인팅 데이터가 존재하면 체크 포인팅 데이터에서 StreamingContext가 재생성될 것이다. 데이터가 존재하지 않으면 지정된 CreatingFunc를 호출해 StreamingContext를 생성한다.

```
def getOrCreate(
    checkpointPath: String,
    creatingFunc: () => StreamingContext,
    hadoopConf: Configuration = SparkHadoopUtil.get.conf,
    createOnError: Boolean = false
): StreamingContext
```

StreamingContext 시작

start 메소드를 호출하면 StreamingContext를 사용해 정의된 스트림 실행을 시작한다. 기본적으로 전체 스트리밍 애플리케이션이 시작된다.

```
def start(): Unit

scala> ssc.start()
```

StreamingContext 중지

StreamingContext를 중지하면 모든 처리는 멈춘다. 애플리케이션을 재시작하려면 새로운 StreamingContext를 재생성하고 start를 호출해야 한다. 스트림 처리 애플리케이션을 중지할 때 유용한 두 개의 stop API가 있다.

즉시 스트림의 실행을 중지한다(수신된 모든 데이터가 처리될 때까지 기다리지 않는다).

```
def stop(stopSparkContext: Boolean)

scala> ssc.stop(false)
```

스트림 실행을 중지한다. 수신된 모든 데이터가 처리됐는지 확인하는 옵션을 사용할 수도 있다.

```
def stop(stopSparkContext: Boolean, stopGracefully: Boolean)

scala> ssc.stop(true, true)
```

입력 스트림

다음 절에서는 StreamingContext를 사용해서 생성할 수 있는 receiverStream과 fileStream 같은 여러 타입의 입력 스트림을 설명한다.

receiverStream

임의로 사용자가 구현한 수신기로서 입력 스트림을 생성한다. 사용 사례에 맞게 사용자가 정의할 수 있다.

TIP 자세한 내용은 http://spark.apache.org/docs/latest/streaming-custom-receivers. html을 참조한다.

다음은 receiverStream에 대한 API 선언이다.

```
def receiverStream[T: ClassTag](receiver: Receiver[T]):
ReceiverInputDStream[T]
```

socketTextStream

socketTextStream은 TCP 소스인 '호스트이름:포트'에서 입력 스트림을 생성한다. TCP 소켓으로 데이터가 수신되고 수신된 바이트는 \n 구분자 라인으로 인코딩된 UTF8로 해석된다.

```
def socketTextStream(hostname: String, port: Int,
        storageLevel: StorageLevel = StorageLevel.MEMORY_AND_DISK_SER_2):
    ReceiverInputDStream[String]
```

rawSocketStream

네트워크 소스인 '호스트이름:포트'에서 입력 스트림을 생성한다. 그래서 데이터는 역직 렬화된 블록(스파크의 시리얼라이저serializer를 사용해 직렬화됨)으로 수신되고 직렬화된 블록을 역직렬화하지 않고 블록 관리자로 바로 저장될 수 있다. 이는 데이터를 수신하는 가장 효율적인 방법이다.

```
def rawSocketStream[T: ClassTag](hostname: String, port: Int,
        storageLevel: StorageLevel = StorageLevel.MEMORY_AND_DISK_SER_2):
    ReceiverInputDStream[T]
```

fileStream

새로운 파일에 대한 하둡 호환 파일 시스템을 모니터링하고 주어진 (키-값) 타입과
입력 포맷을 사용해 파일을 읽는 입력 스트림을 작성한다. 동일한 파일 시스템에서는
파일을 다른 위치에서 파일을 이동시켜 파일이 모니터링되는 디렉토리에 저장돼야
한다. 점(.)으로 시작하는 파일 이름은 무시되는데, 이는 모니터링되는 디렉토리에서
이동된 파일 이름에 대한 확실한 선택이다. 원자적^{atomic} 파일 이름 변경 함수를 호출해
실제 사용할 수 있는 파일 이름으로 변경할 수 있다. 따라서 fileStream은 해당 파일
호출을 통해 파일 이름을 처리할 수 있다.

```
def fileStream[K: ClassTag, V: ClassTag, F <: NewInputFormat[K, V]: ClassTag]
(directory: String): InputDStream[(K, V)]
```

textFileStream

새로운 파일에 대한 하둡 호환 파일 시스템을 모니터링하고 해당 파일을 텍스트 파일
로 읽는 입력 스트림을 생성한다(LongWritable을 키로, Text를 값으로, TextInputFormat을
입력 포맷으로 사용한다). 파일은 동일한 파일 시스템의 다른 위치에서 파일을 이동시켜
모니터링될 디렉토리로 저장돼야 한다. 점(.)으로 시작되는 파일 이름은 무시한다.

```
def textFileStream(directory: String): DStream[String]
```

binaryRecordsStream

새로운 파일에 대한 하둡 호환 파일 시스템을 모니터링하고 해당 파일을 레코드당
고정 길이로 가정하고 레코드당 1바이트 배열을 생성하는 평평한^{flat} 바이너리 파일로
읽는다. 파일은 동일한 파일 시스템의 다른 위치에서 파일로 이동시켜 모니터링될
디렉토리에 저장해야 한다. 점(.)으로 시작되는 파일 이름은 무시한다.

466

```
def binaryRecordsStream(directory: String, recordLength: Int):
DStream[Array[Byte]]
```

queueStream

RDD 큐에서 입력 스트림을 생성한다. 각 배치는 큐에서 리턴하는 하나 또는 모든
RDD를 처리한다.

```
def queueStream[T: ClassTag](queue: Queue[RDD[T]], oneAtATime: Boolean =
true): InputDStream[T]
```

textFileStream 예

다음은 textFileStream을 사용하는 스파크 스트리밍의 간단한 예다. 해당 예에서는
스파크 셸의 SparkContext(sc)에서 10초 간격으로 StreamingContext를 생성한다.
그러면 streamfiles라는 디렉토리를 모니터링하고 해당 디렉토리에서 찾은 모든 새
파일을 처리하는 textFileStream을 시작한다. 이 예에서는 단순히 RDD의 엘리먼트
수만 출력한다.

```
scala> import org.apache.spark._
scala> import org.apache.spark.streaming._

scala> val ssc = new StreamingContext(sc, Seconds(10))

scala> val filestream = ssc.textFileStream("streamfiles")

scala> filestream.foreachRDD(rdd => {println(rdd.count())})

scala> ssc.start
```

twitterStream 예

스파크 스트리밍을 사용해 트위터에서 트윗을 처리하는 방법에 대한 다른 예를 살펴보자.

아래 트위터 예를 실행하려면 스파크 2.1.1 버전을 다운로드한다. 현재 스파크 스트리밍 라이브러리^{spark-streaming-twitter}가 2.3 이상을 지원하지 않기 때문에 https://archive.apache.org/dist/spark/spark-2.1.1/spark-2.1.1-bin-hadoop2.7.tgz을 다운로드하고 압축 파일을 푼다.

1. 먼저 터미널을 열어 spark-2.1.1-bin-hadoop2.7 디렉토리로 이동한다.

2. 스파크가 설치된 spark-2.1.1-bin-hadoop2.7 디렉토리 아래에 streamouts 디렉토리를 생성한다. 애플리케이션이 실행될 때 트윗을 streamouts 디렉토리의 텍스트 파일로 저장할 것이다.

3. 다음 jar를 spark-2.1.1-bin-hadoop2.7 디렉토리에 다운로드한다.

   - http://central.maven.org/maven2/org/apache/bahir/spark-streaming-twitter_2.11/2.1.0/spark-streaming-twitter_2.11-2.1.0.jar

   - http://central.maven.org/maven2/org/twitter4j/twitter4j-core/4.0.6/twitter4j-core-4.0.6.jar

   - http://central.maven.org/maven2/org/twitter4j/twitter4j-stream/4.0.6/twitter4j-stream-4.0.6.jar

4. 트위터 통합에 필요한 jar 파일을 사용해 스파크 셸을 실행한다.

```
./bin/spark-shell --jars twitter4j-stream-4.0.6.jar,
                         twitter4j-core-4.0.6.jar,
                         spark-streaming-twitter_2.11-2.1.0.jar
```

5. 이제 샘플 코드를 작성할 수 있다. 트위터 이벤트 처리를 테스트하는 코드는 다음과 같다.

```
import org.apache.spark._
import org.apache.spark.streaming._
import org.apache.spark.streaming.twitter._
import twitter4j.auth.OAuthAuthorization
import twitter4j.conf.ConfigurationBuilder

// 독자의 트위터 계정과 관련된 다음 4개의 설정으로 변경한다,
System.setProperty("twitter4j.oauth.consumerKey",
        "8wVysSpBc0LGzbwKMRh8hldSm")
System.setProperty("twitter4j.oauth.consumerSecret",
        "FpV5MUDWliR6sInqIYIdkKMQEKaAUHdGJkEb4MVhDkh7dXtXPZ")
System.setProperty("twitter4j.oauth.accessToken",
        "817207925756358656-yR0JR92VBdA2rBbgJaF7PYREbiV8VZq")
System.setProperty("twitter4j.oauth.accessTokenSecret",
        "JsiVkUItwWCGyOLQEtnRpEhbXyZS9jNSzcMtycn68aBaS")

val ssc = new StreamingContext(sc, Seconds(10))

val twitterStream = TwitterUtils.createStream(ssc, None)

twitterStream.saveAsTextFiles("streamouts/tweets", "txt")
ssc.start()

//30초를 기다린다.
ssc.stop(false)
```

streamouts 디렉토리의 텍스트 파일에서 여러 tweets 결과를 확인할 수 있을 것이다. 이제 streamouts 디렉토리를 열고 파일에 tweets가 포함돼 있는지 열어보자.

▌ 불연속 스트림

스파크 스트리밍은 불연속 스트림^{Discreteized Stream} 또는 DStream이라는 추상화를 기반으로 생성된다. DStream은 RDD 시퀀스로 표현되며, 즉 개별 시간 간격마다 개별 RDD가

생성된다. DStream은 비순환 방향 그래프^{Directed Acyclic Graph}와 같은 유사한 개념을 사용해 일반 RDD와 비슷한 방식으로 처리할 수 있다. 일반적인 RDD 처리와 마찬가지로 실행 계획의 일부인 트랜스포메이션과 액션을 사용해 DStream을 처리할 수 있다.

DStream은 본질적으로 끊임없는 데이터 스트림을 마이크로 배치^{micro-batch}라 알려진 작은 청크^{chunk}로 나눈다. 마이크로 배치는 시간 간격을 기반으로 하고 각각의 마이크로 배치를 일반 RDD로 처리될 수 있는 RDD로 구체화한다. 개별 마이크로 배치는 독립적으로 처리되고 마이크로 배치 간에 상태를 유지하기 않기 때문에 본질적으로 무상태 처리를 진행한다. 배치 처리 간격이 5초라 가정하고 이벤트가 소비되는 동안 실시간과 마이크로 배치는 매 5초 간격으로 생성되고, 마이크로 배치는 추가적인 처리를 하도록 RDD로 전달된다. 스파크 스트리밍의 주요 장점 중 하나는 이벤트를 마이크로 배치로 처리하는 데 사용된다는 점이다. 마이크로 배치는 나머지 아키텍처와 완벽히 통합할 수 있도록 제공되는 API를 사용해 스파크에 밀접하게 통합될 수 있다. 마이크로 배치가 생성되면 RDD로 바뀐다. 즉 스파크 API를 사용해 원활하게 처리됨을 의미한다.

DStream 클래스는 가장 중요한 변수인 HashMap[Time, RDD] 쌍을 보여주는 다음 소스 코드와 같을 것이다.

```
class DStream[T: ClassTag] (var ssc: StreamingContext)

//DStream의 RDD 해시맵
var generatedRDDs = new HashMap[Time, RDD[T]]( )
```

다음은 T 초마다 생성된 RDD를 포함하는 DStream의 예를 보여준다.

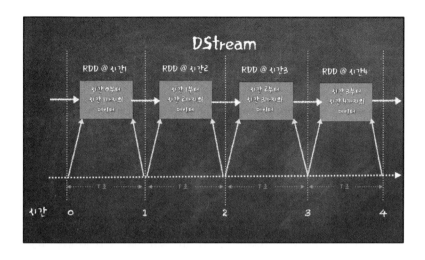

다음 예에서 5초마다 마이크로 배치 처리를 생성하고 스파크 코어 API RDD와 같은
RDD를 생성하는 스트리밍 컨텍스트를 생성한다. DStream의 RDD는 다른 RDD처럼
처리할 수 있다.

스트리밍 애플리케이션을 작성하는 과정은 다음과 같다.

1. SparkContext에서 StreamingContext를 생성한다.

2. StreamingContext에서 DStream를 생성한다.

3. 각 RDD에 적용될 수 있는 트랜스포메이션과 액션을 제공한다.

4. 마지막으로 StreamingContext에서 start( )를 호출해서 스트리밍 애플리케
   이션을 시작한다. 스트리밍 애플리케이션은 실시간 이벤트를 소비하고 처리
   하는 전체 프로세스를 시작한다.

스파크 스트리밍 애플리케이션이 시작되면 더 이상 연산을 추가할 수 없다. 중지된
컨텍스트를 재시작할 수 없으며, 필요성이 있다면 새로운 스트리밍 컨텍스트를 생성
해야 한다.

다음은 트위터에 접근하는 간단한 스트리밍 잡을 생성하는 방법에 대한 예다.

1. SparkContext에서 StreamingContext를 생성한다.

```scala
scala> val ssc = new StreamingContext(sc, Seconds(5))
ssc: org.apache.spark.streaming.StreamingContext =
    org.apache.spark.streaming.StreamingContext@8ea5756
```

2. StreamingContext에서 DStream을 생성한다.

```scala
scala> val twitterStream = TwitterUtils.createStream(ssc, None)
twitterStream: org.apache.spark.streaming.dstream
.ReceiverInputDStream[twitter4j.Status] =
org.apache.spark.streaming.Twitter.TwitterInputDStream@46219d14
```

3. 각 RDD에 적용할 수 있는 트랜스포메이션과 액션을 제공한다.

```scala
val aggStream = twitterStream
    .flatMap(x => x.getText.split(" ")).filter(_.startsWith("#"))
    .map(x => (x, 1))
    .reduceByKey(_ + _)
```

4. 마지막으로 StreamingContext에서 start를 호출해 스트리밍 애플리케이션을 시작한다. 이것은 실시간 이벤트를 소비하고 처리하는 전체 프로세스를 시작한다.

```scala
ssc.start()
// StreamingContext를 중지한다.
ssc.stop(false)
```

5. 외부 데이터를 수신하기 위해 워커 노드에서 수신기를 시작할 수 있는 InputDStream을 정의하기 위한 추상 클래스로 정의되는 DStream 타입의 ReceiverInputDStream을 생성한다. 예제에서는 트위터 스트림에서 데이터를 받는다.

```scala
class InputDStream[T: ClassTag](_ssc: StreamingContext) extends
                          DStream[T](_ssc)

class ReceiverInputDStream[T: ClassTag](_ssc: StreamingContext)
                          extends InputDStream[T](_ssc)
```

6. twitterStream에서 flatMap 트랜스포메이션을 실행하면 다음과 같이 FlatMappedDStream을 얻을 수 있다.

```scala
scala> val wordStream = twitterStream.flatMap(x => x.getText()
                                          .split(" "))
wordStream: org.apache.spark.streaming.dstream.DStream[String] =
org.apache.spark.streaming.dstream.FlatMappedDStream@1ed2dbd5
```

트랜스포메이션

DStream의 트랜스포메이션은 스파크 코어 RDD에 적용되는 트랜스포메이션과 유사하다. DStream은 RDD로 구성돼 있기 때문에 각 RDD에 트랜스포메이션도 적용돼 RDD를 트랜스포메이션이 적용된 RDD로 생성한다. 그다음 트랜스포메이션이 적용된 DStream이 생성된다. 모든 트랜스포메이션은 특정 DStream 파생 클래스를 생성한다.

다음은 부모 DStream 클래스에서 시작하는 DStream 클래스의 계층을 보여주는 그림이다. 부모 클래스로부터 상속받은 여러 클래스도 볼 수도 있다.

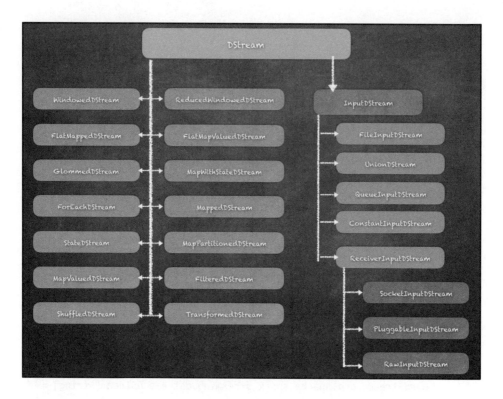

많은 DStream 클래스가 기능에 따라 목적을 갖고 개발됐다. map 트랜스포메이션, 윈도우 함수, reduce 액션, 다양한 타입의 입력 스트림은 모두 DStream 클래스에서 파생된 다른 클래스를 사용해 구현된다.

다음은 필터링된 DStream을 생성하기 위한 기본 DStream에서 트랜스포메이션을 보여주는 그림이다. 마찬가지로 모든 트랜스포메이션이 DStream에도 적용된다.

474

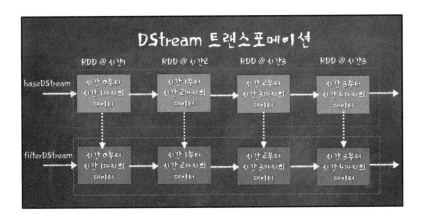

사용할 수 있는 트랜스포메이션 타입에 대해서는 다음 표를 참조한다.

트랜스포메이션	의미
map(func)	map은 트랜스포메이션 함수를 DStream의 각 엘리먼트에 적용하고 하나의 새로운 DStream을 리턴한다.
flatMap(func)	flatMap은 map과 유사하다. 그러나 map처럼 각 엘리먼트에 flatMap을 적용한다. 그러나 각 입력마다 여러 개의 출력 항목을 생성한다.
filter(func)	filter는 DStream의 레코드를 필터링해서 하나의 새로운 DStream을 리턴한다.
repartition(numPartitions)	repartition은 병렬 처리를 변경하기 위해 데이터를 재분산해서 파티션이 더 많아지거나 적어진다.
union(otherStream)	union은 2개의 소스 DStream의 엘리먼트를 결합해 하나의 새로운 DStream을 리턴한다.
count()	count는 소스 DStream의 각 RDD에 있는 엘리먼트 개수를 계산해 하나의 새로운 DStream을 리턴한다.
reduce(func)	reduce는 소스 DStream의 각 엘리먼트에 reduce 함수를 적용해 하나의 새로운 DStream을 리턴한다.
countByValue()	countByValue는 각 키의 빈도를 계산하고 (key, long) 쌍을 갖는 하나의 새로운 DStream을 리턴한다.

(이어짐)

트랜스포메이션	의미
reduceByKey(func, [numTasks])	이것은 소스 DStream의 RDD에서 키를 기준으로 데이터를 집계하고 (키, 값) 쌍의 새로운 DStream을 리턴한다.
join(otherStream, [numTasks])	join은 (K, V)와 (K, W) 쌍의 두 DStream을 조인하고 두 DStream의 값을 결합해 (K, (V, W)) 쌍의 새로운 DStream을 리턴한다.
cogroup(otherStream, [numTasks])	cogroup은 (K, V)와 (K, W) 쌍의 DStream에서 호출될 때 (K, Seq [V], Seq [W]) 튜플의 새로운 DStream을 리턴한다.
transform(func)	소스 DStream의 각 RDD에 트랜포메이션 함수를 적용하고 하나의 새로운 DStream을 리턴한다.
updateStateByKey(func)	updateStateByKey는 키의 이전 상태와 키의 새로운 값에 주어진 함수를 적용해 각 키의 상태를 변경한다. 일반적으로 스테이트 머신(state machine)을 유지 보수하기 위해 사용된다.

윈도우 연산

스파크 스트리밍은 윈도우 처리 기능을 제공하고 이벤트의 슬라이딩 윈도우^{sliding}에 트랜스포메이션을 적용할 수 있다. 주어진 간격으로 슬라이딩 윈도우를 생성할 수 있다. 윈도우는 원시 DStream을 이동할 때마다 주어진 윈도우 길이만큼 원시 RDD가 결합돼 윈도우 DStream이 생성된다. 윈도우에 대해 지정해야 하는 두 개의 파라미터가 있다.

- **윈도우^{window} 길이**: 윈도우로 간주되는 간격의 길이를 지정한다.
- **슬라이딩^{sliding} 간격**: 윈도우를 만드는 간격이다.

 윈도우 길이와 슬라이딩 간격은 모두 블록(block) 간격의 배수여야 한다.

476

다음은 이전 윈도우(점선 사각형)가 새로운 윈도우(실선 직사각형)로 오른쪽으로 한 칸씩 어떻게 움직이는지 보여주는 슬라이딩 윈도우 연산을 포함하는 **DStream** 그림이다.

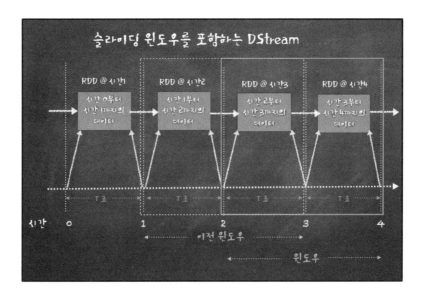

다음은 일반적인 윈도우 연산 중 일부다.

트랜스포메이션	의미
window(windowLength, slideInterval)	window는 소스 DStream의 윈도우를 생성하고 하나의 새로운 Stream을 리턴한다.
countByWindow(windowLength, slideInterval)	countByWindow는 슬라이딩 윈도우를 적용해 DStream의 엘리먼트 개수를 리턴한다.
reduceByWindow(func, windowLength, slideInterval)	reduceByWindow는 길이가 windowLength인 슬라이딩 윈도우를 생성한 후 소스 DStream의 각 엘리먼트에 reduce 함수를 적용해 하나의 새로운 DStream을 리턴한다.
reduceByKeyAndWindow(func, windowLength, slideInterval, [numTasks])	reduceByKeyAndWindow는 소스 DStream의 RDD에 적용된 윈도우에서 키로 데이터를 집계하고 (키, 값) 쌍으로 구성된 하나의 새로운 DStream을 리턴한다. 제공된 함수 func를 통해 계산된다.

(이어짐)

트랜스포메이션	의미
reduceByKeyAndWindow(func, invFunc, windowLength, slideInterval, [numTasks])	reduceByKeyAndWindow는 소스 DStream의 RDD에 적용된 윈도우에서 키를 기준으로 데이터를 집계하고 (키, 값) 쌍으로 구성된 하나의 새로운 DStream을 리턴한다. 이전 함수와 현 함수의 주요 차이점은 슬라이딩 윈도우의 시작 부분에서 수행할 계산을 제공하는 invFunc다.
countByValueAndWindow(windowLength, slideInterval, [numTasks])	countByValueAndWindow는 각 키의 빈도를 계산하고 지정된 슬라이딩 윈도우에서 (키, long 타입의 값) 쌍으로 구성된 새로운 DStream을 리턴한다.

트위터 스트림 예를 더 자세히 살펴보자. 이 예의 목표는 스트리밍되는 트윗에 사용된 상위 5개 단어를 15초 단위의 윈도우를 사용하고 10초마다 윈도우를 움직여 5초마다 출력하는 것이다. 따라서 15초 안에 상위 5개 단어를 얻을 수 있다.

이 코드를 실행하기 위해 다음 단계를 따라하자.

1. 먼저 터미널을 열고 현재 디렉토리를 spark-2.1.1-bin-hadoop2.7로 변경한다.

2. 스파크가 설치된 spark-2.1.1-bin-hadoop2.7 디렉토리 아래에 streamouts 디렉토리를 생성한다. 애플리케이션이 실행되면 streamouts 디렉토리에서 트윗을 텍스트 파일로 저장한다.

3. 다음 jar를 spark-2.1.1-bin-hadoop2.7 디렉토리에 다운로드한다.

   - http://central.maven.org/maven2/org/apache/bahir/spark-streaming-twitter_2.11/2.1.0/spark-streaming-twitter_2.11-2.1.0.jar

   - http://central.maven.org/maven2/org/twitter4j/twitter4j-core/4.0.6/twitter4j-core-4.0.6.jar

   - http://central.maven.org/maven2/org/twitter4j/twitter4j-stream/4.0.6/twitter4j-stream-4.0.6.jar

4. 트위터 통합에 필요한 jar 파일을 사용해 스파크 셸을 실행한다.

```
./bin/spark-shell --jars twitter4j-stream-4.0.6.jar,
                        twitter4j-core-4.0.6.jar,
                        spark-streaming-twitter_2.11-2.1.0.jar
```

5. 이제 코드를 작성할 수 있다. 트위터 이벤트 처리를 테스트하는 데 사용되는 코드는 다음과 같다.

```
import org.apache.log4j.Logger
import org.apache.log4j.Level
Logger.getLogger("org").setLevel(Level.OFF)

import java.util.Date
import org.apache.spark._
import org.apache.spark.streaming._
import org.apache.spark.streaming.twitter._
import twitter4j.auth.OAuthAuthorization
import twitter4j.conf.ConfigurationBuilder

System.setProperty("twitter4j.oauth.consumerKey",
      "8wVysSpBc0LGzbwKMRh8hldSm")
System.setProperty("twitter4j.oauth.consumerSecret",
      "FpV5MUDWliR6sInqIYIdkKMQEKaAUHdGJkEb4MVhDkh7dXtXPZ")
System.setProperty("twitter4j.oauth.accessToken",
      "817207925756358656-yR0JR92VBdA2rBbgJaF7PYREbiV8VZq")
System.setProperty("twitter4j.oauth.accessTokenSecret",
      "JsiVkUItwWCGyOLQEtnRpEhbXyZS9jNSzcMtycn68aBaS")

val ssc = new StreamingContext(sc, Seconds(5))

val twitterStream = TwitterUtils.createStream(ssc, None)

val aggStream = twitterStream
      .flatMap(x => x.getText.split(" "))
```

```
        .filter(_.startsWith("#"))
        .map(x => (x, 1))
        .reduceByKeyAndWindow(_ + _, _ - _, Seconds(15),
                              Seconds(10), 5)

ssc.checkpoint("checkpoints")
aggStream.checkpoint(Seconds(10))

aggStream.foreachRDD((rdd, time) => {
    val count = rdd.count()

    if (count > 0) {
        val dt = new Date(time.milliseconds)
        println(s"\n\n$dt rddCount = $count\nTop 5 words\n")
        val top5 = rdd.sortBy(_._2, ascending = false).take(5)
        top5.foreach {
            case (word, count) =>
            println(s"[$word] - $count")
        }
    }
})

ssc.start

//60초를 기다린다.
ss.stop(false)
```

6. 15초마다 콘솔에 출력되고 다음과 같이 표시된다.

```
Mon May 29 02:44:50 EDT 2017 rddCount = 1453
Top 5 words

[#RT] - 64
[#de] - 24
[#a] - 15
[#to] - 15
```

```
[#the] - 13

Mon May 29 02:45:00 EDT 2017 rddCount = 3312
Top 5 words

[#RT] - 161
[#df] - 47
[#a] - 35
[#the] - 29
[#to] - 29
```

▌ 상태 저장/상태 비저장 트랜스포메이션

앞 절에서 스파크 스트리밍은 RDD로 생성된 데이터의 마이크로 배치인 DStream 개념을 사용하는 것을 살펴봤다. 그리고 DStream에서 사용 가능한 트랜스포메이션 타입을 살펴봤다. DStream에 대한 트랜스포메이션은 상태 비저장^{Stateless} 트랜스포메이션과 상태 저장^{Stateful} 트랜스포메이션의 두 가지 타입으로 그룹핑할 수 있다.

상태 비저장 트랜스포메이션에서는 데이터의 각 마이크로 배치가 이전 데이터 배치에 종속되지 않는다. 따라서 이는 각 배치가 해당 배치 이전에 발생한 것과 독립적으로 자체 처리를 수행하는 상태 비저장 트랜스포메이션이다.

상태 저장 트랜스포메이션에서는 데이터의 각 마이크로 배치가 이전 데이터 배치(부분 배치일 수도 있고 전체 배치일 수도 있다)에 종속적이다. 따라서 각 배치에서 데이터를 계산할 때 각 배치는 해당 배치 이전에 발생한 이전 배치 내용을 사용하는 상태 저장 트랜스포메이션이다.

상태 비저장 트랜스포메이션

상태 비저장 트랜스포메이션은 DStream의 각 RDD에 트랜스포메이션을 적용해 하나의 DStream을 다른 DStream으로 변환한다. `map`, `flatMap`, `union`, `join`, `reduceByKey`와 같은 트랜스포메이션은 모두 상태 비저장 트랜스포메이션이다.

다음은 새로운 `mapDstream`을 생성하기 위해 `inputDStream`의 `map` 트랜스포메이션을 보여주는 그림이다.

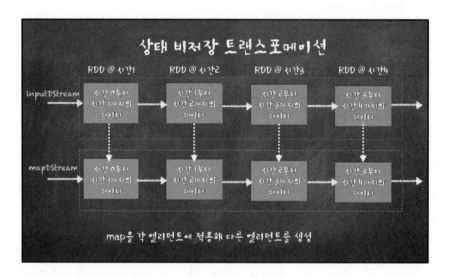

상태 저장 트랜스포메이션

상태 저장 트랜스포메이션은 DStream에서 동작하지만 계산은 이전 처리 상태에 따라 달라진다. `countByValueAndWindow`, `reduceByKeyAndWindow`, `mapWithState`, `updateStateByKey`와 같은 연산은 모두 상태 저장 트랜스포메이션이다. 사실 윈도우 연산의 정의에 따르면 DStream의 윈도우 길이와 슬라이딩 간격을 추적해야 하기 때문에 모든 윈도우 기반 트랜스포메이션은 모두 상태 저장 트랜스포메이션이다.

482

▌ 체크 포인팅

실시간 스트리밍 애플리케이션은 어떠한 실패가 발생하더라도 오랫동안 실행돼야 하고 복원력이 있어야 한다. 스파크 스트리밍은 실패로부터 복구할 수 있는 충분한 정보를 유지 관리하는 체크 포인팅^{checkpointing} 기능을 갖고 있다.

체크 포인팅이 필요한 두 가지 타입의 데이터가 있다.

- 메타데이터 체크 포인팅
- 데이터 체크 포인팅

체크 포인팅은 다음처럼 StreamingContext에서 checkpoint 함수를 호출해 활성화할 수 있다.

```
def checkpoint(directory: String)
```

체크 포인팅 데이터가 제대로 저장될 디렉토리를 지정한다.

 해당 디렉토리는 HDFS와 같은 내결함성(fault-tolerant) 파일 시스템이어야 한다.

체크 포인팅 디렉토리가 설정되면 지정된 간격에 따라 해당 디렉토리에 DStream을 체크 포인팅할 수 있다. 트위터 예를 보면 각 DStream을 10초마다 checkpoints 디렉토리로 체크 포인팅할 수 있다.

```
import org.apache.spark._
import org.apache.spark.streaming._
import org.apache.spark.streaming.twitter._

val ssc = new StreamingContext(sc, Seconds(5))
```

```
val twitterStream = TwitterUtils.createStream(ssc, None)
val wordStream = twitterStream.flatMap(x => x.getText().split(" "))
val aggStream = twitterStream
    .flatMap(x => x.getText.split(" ")).filter(_.startsWith("#"))
    .map(x => (x, 1))
    .reduceByKeyAndWindow(_ + _, _ - _, Seconds(15), Seconds(10), 5)

ssc.checkpoint("checkpoints")
aggStream.checkpoint(Seconds(10))
wordStream.checkpoint(Seconds(10))
```

몇 초 후에 checkpoints 디렉토리는 다음처럼 보이며, RDD 로그 파일은 물론 메타데이터도 표시된다. 체크 포인팅의 일부로 로그 파일이 생긴다.

메타데이터 체크 포인팅

메타데이터 체크 포인팅은 스트리밍 연산을 정의하는 정보를 저장한다. 해당 정보는 DAG^{Directed Acyclic Graph}로 표시돼 HDFS에 저장된다. 또한 실패가 발생하고 애플리케이션이 재시작하면 DAG를 복구할 수 있다. 스파크 드라이버가 HDFS에서 메타데이터를 읽고 재시작하고 읽은 다음 DAG를 재작성한 후 실패 이전의 모든 동작 상태를 복구한다.

메타데이터에는 다음을 포함한다.

- **설정:** 스파크 스트리밍 애플리케이션을 만들 때 사용되는 설정
- **DStream 연산:** 스트리밍 애플리케이션을 정의하는 DStream 연산 집합
- **불완전한 배치:** 잡이 대기 중이고 아직 완료되지 않은 배치

데이터 체크포인팅

데이터 체크 포인팅은 실제로 RDD를 HDFS에 저장하기 때문에 스트리밍 애플리케이션에서 HDFS 저장이 실패하면 애플리케이션은 체크 포인팅이 지정된 RDD를 복구하고 중단됐던 위치에서 계속 진행한다. 스트리밍 애플리케이션 복구는 데이터 체크 포인팅에 대한 좋은 사용 사례지만, 체크 포인팅은 재계산될 계보(DAG)의 모든 부모 RDD를 기다릴 필요 없이 생성된 RDD를 인스턴스화함으로써 캐시 정리나 익스큐터 장애로 인해 일부 RDD가 손실될 때마다 더 나은 성능을 얻는다.

체크 포인팅은 다음 요구 사항 중 하나를 가진 애플리케이션을 활성화해야 한다.

- **상태 저장 트랜스포메이션 사용:** 애플리케이션에서 updateStateByKey 또는 reduceByKeyAndWindow(역함수도 포함한다)가 사용되면 주기적인 RDD 체크 포인팅이 가능하도록 체크 포인팅 디렉토리를 제공해야 한다.

- **애플리케이션을 실행하는 드라이버의 실패를 복구하기:** 메타데이터 체크 포인팅은 진행 정보를 복구하기 위해 사용된다.

스트리밍 애플리케이션에서 상태 저장 트랜스포메이션을 사용하지 않으면 체크 포인팅 없이 애플리케이션을 실행할 수 있다.

 스트리밍 애플리케이션는 데이터를 수신했지만 아직 처리되지 않은 데이터일 수 있다.

RDD 체크 포인팅은 각 RDD에 대한 저장소 저장 비용이 발생한다. 따라서 RDD가 체크 포인팅하는 배치의 처리 시간이 늘어날 수 있다. 따라서 성능 문제가 발생하지 않도록 체크 포인팅 간격을 신중하게 설정해야 한다. 작은 배치 크기가 작은 배치 시간(예: 1초)마다 너무 자주 체크 포인팅을 지정하면 작업 처리량이 크게 줄어들 수 있다. 반대로 체크 포인팅을 너무 적게 사용하면 계보와 작업 크기가 커져 저장될 데이터의 양이 많아지기에 처리 지연이 발생할 수 있다.

RDD 체크 포인팅이 필요한 상태 저장 트랜스포메이션의 경우 기본 간격은 배치 간격의 배수인 10초 이상이다.

 DStream의 슬라이딩 간격을 설정할 때 체크 포인팅 간격을 5에서 10까지로 시작하는 것이 좋다.

드라이버 실패 복구

드라이버 실패 복구는 기존 체크 포인팅에서 StreamingContext를 초기화하거나 새로운 StreamingContext를 생성하기 위해 StreamingContext.getOrCreate 함수를 사용함으로써 이뤄질 수 있다.

다음은 스트리밍 애플리케이션이 시작될 때의 4가지 조건이다.

- 프로그램이 처음 시작될 때 새로운 StreamingContext를 생성하고 모든 스트림을 설정한 다음 start 함수를 호출해야 한다.
- 실패 후 프로그램이 재시작될 때 체크 포인팅 디렉토리의 체크 포인팅 데이터에서 StreamingContext를 초기화한 다음 start 함수를 호출해야 한다.
- 프로그램이 처음 시작될 때 새로운 StreamingContext를 생성하고 모든 스트림을 설정한 다음 start 함수를 호출해야 한다.
- 실패 후 프로그램을 재시작할 때 체크 포인팅 디렉토리의 체크 포인팅 데이터에서 StreamingContext를 초기화한 다음 start 함수를 호출해야 한다.

StreamingContext를 생성하고 트윗을 파싱하기 위해 다양한 DStream을 설정하며, 윈도우를 사용해 15초마다 상위 5개의 트윗 해시 태그를 얻는 createStreamContext 함수를 구현해보자. 그러나 createStreamContext 함수를 먼저 호출하고 다음에 ssc.start 함수를 호출하는 대신 getOrCreate 함수를 호출해 checkpointDirectory 가 있는지 확인한 다음, 체크 포인팅 데이터에서 StreamContext를 재생성한다. 디렉토리가 존재하지 않으면(애플리케이션이 처음 실행되는 경우) createStreamContext 함수가 호출돼 새로운 컨텍스트를 생성하고 DStream을 설정한다.

```
val ssc = StreamingContext.getOrCreate(checkpointDirectory,
                                       createStreamContext _)
```

다음은 지금까지 설명한 createStreamContext 함수에 대한 정의 코드와 getOrCreate 함수 호출 방법을 보여주는 코드다.

```
val checkpointDirectory = "checkpoints"

// 새로운 StreamingContext를 생성하고 설정하는 함수다.
```

```scala
def createStreamContext(): StreamingContext = {
    val ssc = new StreamingContext(sc, Seconds(5))

    val twitterStream = TwitterUtils.createStream(ssc, None)

    val wordStream = twitterStream.flatMap(x => x.getText().split(" "))

    val aggStream = twitterStream
        .flatMap(x => x.getText.split(" ")).filter(_.startsWith("#"))
        .map(x => (x, 1))
        .reduceByKeyAndWindow(_ + _, _ - _, Seconds(15), Seconds(10), 5)

    ssc.checkpoint(checkpointDirectory)

    aggStream.checkpoint(Seconds(10))

    wordStream.checkpoint(Seconds(10))

    aggStream.foreachRDD((rdd, time) => {
        val count = rdd.count()

        if (count > 0) {
            val dt = new Date(time.milliseconds)
            println(s"\n\n$dt rddCount = $count\nTop 5 words\n")
            val top10 = rdd.sortBy(_._2, ascending = false).take(5)
            top10.foreach {
                case (word, count) => println(s"[$word] - $count")
            }
        }
    })
    ssc
}

// 체크 포인팅 데이터에서 StreamingContext를 가져오거나 새로운 체크 포인트 데이터를 생성한다.
val ssc = StreamingContext.getOrCreate(checkpointDirectory,
        createStreamContext _)
```

488

▌ 스트리밍 플랫폼과의 상호운용성(아파치 카프카)

스파크 스트리밍은 현재 가장 널리 사용되는 메시징 플랫폼인 아파치 카프카^{Apache} Kafka와 매우 잘 통합돼 있다. 카프카 통합에는 몇 가지 접근 방식이 있고, 메커니즘은 시간이 지남에 따라 성능과 안정성을 향상시킬 수 있게 발전했다.

스파크 스트리밍과 카프카를 통합하는 3가지 주요 접근 방식이 있다.

- 수신기 기반 접근 방식
- 다이렉트 스트림 접근 방식
- 구조화 스트리밍

수신기 기반 접근 방식

수신기 기반 접근 방식^{receiver-based approach}은 스파크와 카프카의 첫 번째 통합 방식이었다. 수신기 접근 방식에서 드라이버는 익스큐터에서 카프카 브로커의 고급 API를 사용해 데이터를 가져올 수 있는 수신자를 실행한다. 수신자가 카프카 브로커에서 이벤트를 가져 오고 있기 때문에 수신자는 주키퍼^{zookeeper}에 오프셋을 저장한다. 주키퍼는 카프카 클러스터에서도 사용된다. 주요 측면은 WAL^{Write Ahead Log}의 사용이다. 수신자는 카프카에서 데이터를 소비하면서 WAL에 계속 저장한다. 따라서 문제가 발생해 익스큐터나 수신자가 손실되거나 재시작될 때 WAL을 사용해 이벤트를 복구하고 처리할 수 있다. 따라서 이 로그 기반 설계는 내구성과 일관성을 모두 제공한다.

각 수신기는 카프카 토픽^{topic}에서 이벤트의 입력 DStream을 생성하고 주키퍼에 카프카 토픽, 브로커, 오프셋 등을 쿼리한다. 그다음에 앞 절에서 다뤘던 DStream을 설명한다.

오랜 시간동안 동작하는 수신기는 애플리케이션이 확장되면서 작업 부하를 제대로 분배하지 못하면서 병렬 처리를 복잡하게 만든다. 저장 연산의 중복 문제와 함께

HDFS에 대한 의존도도 문제다. 정확히 한 번 처리 방식에서 필요한 신뢰성에 대해 말하면 멱등성[Idempotent] 접근 방식만 동작할 것이다. 트랜잭션 방식이 수신기 기반 접근 방식에서 동작하지 않는 이유는 HDFS 위치나 주키퍼에서 오프셋 범위로 접근할 수 있는 방법이 없다는 점이다.

 TIP 수신자 기반 접근 방식은 모든 메시징 시스템에서 동작하기 때문에 더 일반적이다.

다음과 같이 createStream( ) API를 호출해 수신기 기반 스트림을 생성할 수 있다.

```
def createStream(
    ssc: StreamingContext, // StreamingContext 객체
    zkQuorum: String,      //주키퍼 쿼럼(quorum) (호스트이름:포트,호스트이름:포트,..)
    groupId: String,       //컨슈머의 그룹 id
    topics: Map[String, Int], // 소비할 (토픽 이름, 파티션 개수) 맵이다. 각 파티션은 자체
                              // 스레드에서 사용된다.
    storageLevel: StorageLevel = StorageLevel.MEMORY_AND_DISK_SER_2
    Storage level to use for storing the received objects
    (default: StorageLevel.MEMORY_AND_DISK_SER_2)
): ReceiverInputDStream[(String, String)] //(카프카 메시지 키, 카프카 메시지 값)
                                          //DStream
```

다음은 카프카 브로커에서 메시지를 가져오는 수신자 기반 스트림을 생성하는 예다.

```
val topicMap = topics.split(",").map((_, numThreads.toInt)).toMap
val lines = KafkaUtils.createStream(ssc, zkQuorum, group,
                                    topicMap).map(_._2)
```

다음은 드라이버가 하이레벨 API를 사용해 카프카에서 데이터를 가져오기 위해 익스큐터에서 수신자를 시작하는 방법을 보여주는 그림이다. 수신자는 카프카 주키퍼 클러스터에서 토픽 오프셋 범위를 가져온 다음 주키퍼를 업데이트해 브로커에서 이벤트를 가져온다.

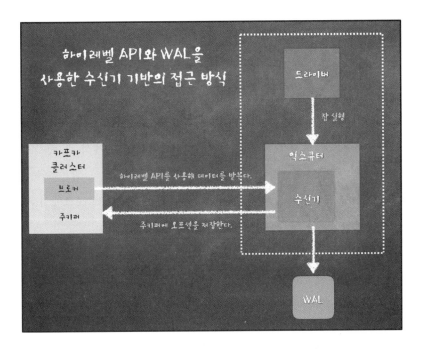

다이렉트 스트림 접근 방식

다이렉트 스트림 접근 방식^{direct stream approach}은 카프카 통합과 관련된 새로운 접근 방식이며, 드라이버를 사용해 브로커에 직접 연결하고 이벤트를 가져 오는 방식으로 동작한다. 집중해서 살펴볼 부분은 다이렉트 스트림 API를 사용하는 것이므로 스파크 태스크는 카프카 토픽/파티션 대비 스파크 파티션 비율을 볼 때 1:1 비율로 동작한다는 점이다. 다이렉트 스트림 접근 방식은 HDFS나 WAL에 대한 의존성 때문에 유연하지 않다. 또한 이제 오프셋으로 바로 접근할 수 있기 때문에 멱등성이나 트랜잭션 방식을 사용해 정확히 한 번만 처리할 수 있다.

수신자를 사용하지 않고 카프카 브로커에서 직접 메시지를 가져오는 입력 스트림을 생성한다. 입력 스트림은 카프카에서 가져온 각 메시지가 정확히 한 번 처리하는 트랜스포메이션에 포함되도록 보장할 수 있다.

다이렉트 스트림의 속성은 다음과 같다.

- **수신자 없음**: 다이렉트 스트림은 수신자를 사용하지 않고 직접 카프카에 쿼리한다.
- **오프셋**: 다이렉트 스트림은 주키퍼를 사용해 오프셋을 저장하지 않으며, 사용된 오프셋은 스트림 자체에서 추적한다. 생성된 RDD에서 각 배치에 사용된 오프셋에 접근할 수 있다.
- **실패 복구**: 드라이버 실패에서 복구하려면 StreamingContext에서 체크 포인팅을 활성화해야 한다.
- **종단 간 의미 체계**semantics: 다이렉트 스트림은 모든 레코드를 효과적으로 수신하고 정확히 한 번 처리하는 트랜스포메이션을 사용할 수 있지만, 트랜스포메이션이 적용된 데이터가 정확히 한 번만 출력되는지 여부는 보장하지 않는다.

다음과 같이 KafkaUtils.createDirectStream 함수를 사용해 다이렉트 스트림을 생성할 수 있다.

```
def createDirectStream[
  K: ClassTag, // 카프카 메시지 키의 K 타입
  V: ClassTag, // 카프카 메시지 값의 V 타입
  KD <: Decoder[K]: ClassTag, // 카프카 메시지 키 디코더의 KD 타입
  VD <: Decoder[V]: ClassTag, // 카프카 메시지 값 디코더의 VD 타입
  R: ClassTag // 메시지 핸들러에서 리턴하는 R 타입
](
  ssc: StreamingContext, //StreamingContext 객체
  KafkaParams: Map[String, String],
  /*
  카프카의 설정
파라미터(http://kafka.apache.org/documentation.html#configuration)를 참조한다.
host1:port1,host2:port2 형식으로 지정된 카프카 브로커(주키퍼 서버는 아님)와 함께
"metadata.broker.list"또는 "bootstrap.servers" 파라미터를 설정해야 한다.
  */
```

```
    fromOffsets: Map[TopicAndPartition, Long], // 스트림의 시작점(포함)을 정의하는
토픽/파티션 별 카프카 오프셋
    messageHandler: MessageAndMetadata[K, V] => R // 각 메시지와 메타데이터를 원하는
타입으로 변환하는 함수
): InputDStream[R] // R 타입의 DStream
```

다음은 카프카 토픽에서 데이터를 가져오고 DStream을 생성하기 위한 다이렉트 스트
림을 생성하는 예다.

```
val topicsSet = topics.split(",").toSet
val KafkaParams : Map[String, String] =
      Map("metadata.broker.list" -> brokers,
            "group.id" -> groupid )

val rawDstream = KafkaUtils.createDirectStream[String, String,
      StringDecoder, StringDecoder](ssc, KafkaParams, topicsSet)
```

 TIP 다이렉트 스트림 API는 범용 MQ가 아닌 카프카에서만 사용할 수 있는 방식이다.

다음은 드라이버가 주키퍼에서 오프셋 정보를 가져와 익스큐터가 드라이버에서 지정
한 오프셋 범위를 기반으로 브로커에서 이벤트를 가져 오는 작업을 시작하는 방법을
보여주는 그림이다.

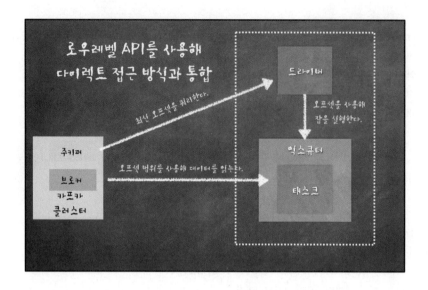

구조화 스트리밍

아파치 스파크 2.0 이상에서 구조화 스트리밍structured streaming이 새로 도입됐고, 스파크 2.2 GA 릴리스 버전부터 사용할 수 있다. 구조화 스트리밍의 사용 방법은 예와 함께 다음 절에서 자세히 설명한다.

 구조화 스트리밍의 카프카 통합에 대한 자세한 내용은 https://spark.apache. org/docs/latest/structured-streaming-kafka-integration.html을 참조한다.

구조화 스트리밍에서 카프카 소스 스트림을 사용하는 방법에 대한 예는 다음과 같다.

```
val ds1 = spark
    .readStream
    .format("Kafka")
    .option("Kafka.bootstrap.servers", "host1:port1,host2:port2")
    .option("subscribe", "topic1")
```

```
    .load()

ds1.selectExpr("CAST(key AS STRING)", "CAST(value AS STRING)")
    .as[(String, String)]
```

더 많은 배치 분석 접근 방법을 원하는 경우 카프카 소스 스트림 대신 카프카 소스를
사용하는 방법에 대한 예는 다음과 같다 .

```
val ds1 = spark
    .read
    .format("Kafka")
    .option("Kafka.bootstrap.servers", "host1:port1,host2:port2")
    .option("subscribe", "topic1")
    .load()

ds1.selectExpr("CAST(key AS STRING)", "CAST(value AS STRING)")
    .as[(String, String)]
```

▌ 구조화 스트리밍

구조화 스트리밍^{structured streaming}은 스파크 SQL 엔진 위에 구축된 확장 가능하고 내결
함성 스트림 처리 엔진이다. 이는 DStream 패러다임 및 스파크 스트리밍 API와 관련
된 이슈가 아니라 스트림 처리와 계산이 배치 처리에 가깝다. 구조화 스트리밍 엔진은
정확히 한 번 스트림 처리, 처리 결과에 대한 증분 업데이트, 집계 등과 같은 내용을
처리한다.

또한 구조화 스트리밍 API는 스파크 스트리밍의 큰 이슈를 해결할 수 있는 방법을
제공한다. 즉, 스파크 스트리밍은 들어오는 데이터를 마이크로 배치로 처리하고 수신
시간을 데이터를 분할하는 수단으로 사용하므로 실제 이벤트 시간을 고려하지 않는

다. 구조화 스트리밍을 사용하면 수신되는 데이터에서 이런 이벤트 시간을 지정해 최신 데이터가 자동으로 처리되게 할 수 있다.

 구조화 스트리밍은 스파크 2.2의 GA버전이며 API는 GA로 표시된다. 자세한 내용은 https://spark.apache.org/docs/latest/structured-streaming-programming-guide.html을 참조한다.

구조화 스트리밍의 핵심 아이디어는 실시간 데이터 스트림을 이벤트가 스트림에서 처리될 때 연속적으로 추가되는 무제한 테이블^{unbounded table}로 처리하는 것이다. 그리고 일반적으로 배치 데이터를 갖고 처리하는 것처럼 무제한 테이블에서 계산과 SQL 쿼리를 실행할 수 있다. 예를 들어 스파크 SQL 쿼리는 무제한 테이블을 처리할 수 있다.

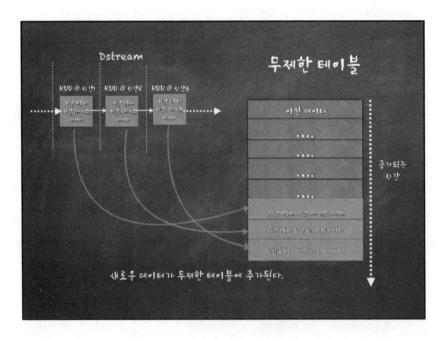

DStream은 시간이 지나면서 많은 데이터를 처리하고 결과를 생성한다. 따라서 무제한 입력 테이블은 결과 테이블을 생성하는 데 사용된다. 출력 또는 결과 테이블은 **출력**output이라고 하는 외부 싱크sink에 저장될 수 있다.

출력은 저장되는 곳이고 다른 모드로 정의될 수 있다.

- **완료**complete **모드:** 업데이트된 전체 결과 테이블이 외부 저장소에 저장된다. 전체 테이블 저장을 처리하는 방법에 대한 결정은 저장소 커넥터connector에 달려 있다.
- **추가**append **모드:** 마지막 트리거 이후 결과 테이블에 추가된 모든 새로운 로우만 외부 저장소에 저장될 것이다. 이는 결과 테이블의 기존 로우가 업데이트되지 않아야 하는 쿼리에만 적용된다.
- **업데이트**update **모드:** 마지막 트리거 이후 결과 테이블에서 업데이트된 로우만 외부 저장소에 저장된다. 해당 모드는 마지막 트리거 이후 업데이트된 로우만 출력한다는 점에서 완료 모드와 다르다. 쿼리에 집계가 포함돼 있지 않으면 추가 모드와 동일하다.

다음은 무제한 테이블의 출력을 나타낸 그림이다.

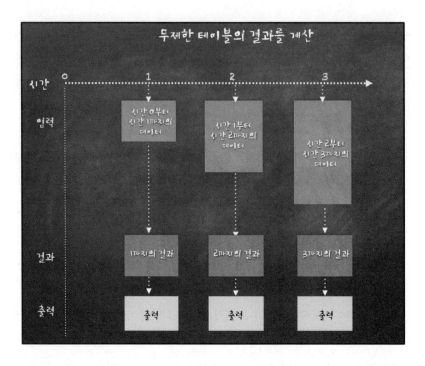

로컬 호스트의 9999 포트에서 입력을 받아 구조화 스트리밍 쿼리를 생성하는 예를 보여줄 것이다.

 리눅스 또는 맥을 사용해 간단하게 9999(nc -lk 9999) 포트에서 서버를 시작해보자.

다음은 SparkSession의 readStream API를 호출하는 inputStream을 생성한 다음 inputStream의 라인에서 단어를 추출하는 예다. 그다음에 단어를 그룹핑하고 마지막으로 결과를 출력 스트림에 저장하기 전에 그룹핑한 단어 개수를 얻는다.

```
// 로컬 호스트의 9999 포트에서 단어를 읽는 스트림을 생성한다.
val inputLines = spark.readStream
  .format("socket")
  .option("host", "localhost")
```

498

```
    .option("port", 9999)
    .load()
inputLines: org.apache.spark.sql.DataFrame = [value: string]

// inputLines을 단어로 나눈다.
val words = inputLines.as[String].flatMap(_.split(" "))
words: org.apache.spark.sql.Dataset[String] = [value: string]

// 단어 개수를 얻는다.
val wordCounts = words.groupBy("value").count()
wordCounts: org.apache.spark.sql.DataFrame = [value: string, count: bigint]

val query = wordCounts.writeStream
    .outputMode("complete")
    .format("console")

query.start()
```

터미널에 단어를 계속 입력하면서 쿼리는 콘솔에 출력된 결과를 업데이트하고 생성한다.

```
scala> -------------------------------------------
Batch: 0
-------------------------------------------
+-----+-----+
|value|count|
+-----+-----+
| dog | 1   |
+-----+-----+


-------------------------------------------
Batch: 1
-------------------------------------------
+-----+-----+
|value|count|
```

```
+-----+-----+
| dog | 1   |
| cat | 1   |
+-----+-----+

scala> --------------------------------------------
Batch: 2
------------------------------------------
+-----+-----+
|value|count|
+-----+-----+
| dog | 2   |
| cat | 1   |
+-----+-----+
```

이벤트 시간과 지연 데이터 처리

이벤트 시간은 데이터 자체 내부의 시간이다. 전통적인 스파크 스트리밍은 DStream 용도를 위한 수신 시간으로만 처리된 시간을 처리했지만, 이벤트 시간이 필요한 많은 애플리케이션에서 기존 기능만으로는 충분치 않다. 예를 들어 해시 태그가 매분마다 트윗에 표시되는 횟수를 확인하려면 스파크가 이벤트를 수신할 시간이 아니라 데이터가 생성된 시간을 사용해야 한다. 이벤트 시간이 섞여 있는 스트리밍 데이터에서 이벤트 시간을 얻으려면 이벤트 시간을 로우나 이벤트의 특정 칼럼으로 생각한다면 구조화 스트리밍에서는 해당 칼럼에서 이벤트 시간을 얻는 것이 매우 쉬워진다. 이를 통해 수신 시간이 아닌 이벤트 시간을 사용해 윈도우 기반 집계를 실행할 수 있다.

게다가 해당 모델은 이벤트 시간을 기반으로 예상보다 늦게 도착한 데이터를 자연스럽게 처리한다. 스파크는 결과 테이블을 업데이트하기 때문에 지연된 데이터가 있다면 이전 집계를 업데이트할 뿐 아니라 중간 상태의 데이터 크기를 제한하기 위해 이전 집계를 정리할 수 있게 완전히 제어할 수 있다. 또한 워터마킹 이벤트 스트림

500

watermarking event streams을 지원한다. 워터마킹 이벤트 스트림을 사용하면 사용자는 지연 데이터의 임계값을 지정할 수 있고, 해당 데이터를 기반으로 스파크는 이전 상태를 정리할 수 있다.

워터마크를 사용하면 스파크는 현재 이벤트 시간을 추적하고 이벤트가 처리돼야 하는지 또는 지연 데이터를 수신할 수 있는지에 대한 임계값을 확인하고 처리할지 여부를 결정할 수 있다. 예를 들어 이벤트 시간이 eventTime으로 표시되고 늦게 도착하는 데이터의 임계 간격이 lateThreshold라 한다면 max(eventTime) - lateThreshold 간의 차이를 확인하고 시간 T에서 시작하는 특정 윈도우를 비교한다. 따라서 스파크는 이벤트를 윈도우에서 처리할지 여부를 결정할 수 있다.

다음은 9999 포트에서 리스닝listen하던 구조화 스트리밍에 대한 이전 예를 확장한 것이다. 여기에서 Timestamp를 입력 데이터의 일부로 활성화해 무제한 테이블에서 윈도우 연산을 수행함으로써 결과를 생성할 수 있다.

```
import java.sql.Timestamp
import org.apache.spark.sql.SparkSession
import org.apache.spark.sql.functions._

// '호스트:포트'에 대한 커넥션에서 입력 라인 스트림을 의미하는 데이터 프레임을 생성한다.
val inputLines = spark.readStream
  .format("socket")
  .option("host", "localhost")
  .option("port", 9999)
  .option("includeTimestamp", true)
  .load()

// 타임스탬프를 포함한 라인을 단어로 나눈다.
val words = inputLines.as[(String, Timestamp)].flatMap(line =>
  line._1.split(" ").map(word => (word, line._2))
).toDF("word", "timestamp")

// 윈도우과 단어별로 그룹핑하고 각 그룹별로 단어 개수를 계산한다.
```

```
val windowedCounts = words.withWatermark("timestamp", "10 seconds")
  .groupBy(
  window($"timestamp", "10 seconds", "10 seconds"), $"word"
).count().orderBy("window")

// 윈도우 안의 단어 개수를 콘솔에 출력하는 쿼리를 실행한다.
val query = windowedCounts.writeStream
  .outputMode("complete")
  .format("console")
  .option("truncate", "false")

query.start()
query.awaitTermination()
```

내결함성 의미 체계

종단 간에 정확히 한 번 처리하는 의미 체계를 전달하는 것은 처리에 대해 정확한 과정을 확실히 처리하기 위해 구조화 스트리밍 소스, 출력 싱크, 실행 엔진을 구현하는 구조적 스트리밍 디자인의 핵심 목표 중 하나였다. 따라서 재시작이나 재처리를 통해 모든 종류의 실패를 처리할 수 있다. 모든 스트리밍 소스는 스트림의 읽기 위치를 추적하기 위해 오프셋(카프카 오프셋과 비슷하다)을 갖는 것으로 가정한다. 스파크는 체크 포인팅과 WAL 로그를 사용해 각 트리거에서 처리 중인 데이터의 오프셋 범위를 저장한다. 스트리밍 싱크는 재처리를 처리하기 위해 멱등성을 지원하도록 설계됐다. 또한 재생 가능한 소스와 멱등성 싱크를 함께 사용해 구조화 스트리밍은 모든 실패 발생 시 정확히 한 번 처리하는 것에 대한 의미를 종단 간에서 보장할 수 있다.

 정확히 한 번 처리 방식은 오프셋을 유지하기 위해 일부 외부 데이터베이스나 저장소를 사용하는 기존 스트리밍에서 더 복잡하다.

구조화 스트리밍은 여전히 진화 중이며, 폭넓게 사용되기 전에 극복해야 할 여러 내용이 있다. 그중 일부는 다음과 같다.

- 스트리밍 데이터셋에서 다중 스트리밍 집계를 아직 지원하지 않는다.
- 스트리밍 데이터셋에서 처음 N개의 로우로 제한하거나 얻는 것을 지원하지 않는다.
- 스트리밍 데이터셋에서 고유한 데이터를 얻는 연산은 지원하지 않는다.
- 스트리밍 데이터셋에서 정렬 연산은 집계 단계가 수행된 후에만 지원되며, 출력 모드가 완료 모드일 때는 독점적으로 과하게 사용된다.
- 두 개의 스트리밍 데이터셋 간의 모든 종류의 조인 연산은 아직 지원되지 않는다.
- 일부 타입의 싱크(파일 싱크와 일부 싱크)만 지원된다.

▎요약

9장에서는 스트리밍 처리 시스템, 스파크 스트리밍, 스파크의 DStream, DStream의 개념, DAG의 DAG, 계보, 트랜스포메이션과 액션에 대해 설명했다. 또한 스트림 처리의 윈도우 개념도 다뤘다. 또한 스파크 스트리밍을 사용해 트위터에서 트윗을 사용하는 실제 사례를 살펴봤다.

그리고 카프카에서 데이터를 수신하는 수신기 기반 방식과 다이렉트 스트림 방식을 살펴봤다. 또한 내결함성와 정확히 한 번 처리와 같이 스트리밍에서 많은 문제를 해결할 수 있는 새로운 구조화 스트리밍도 살펴봤다. 마지막으로 구조화 스트리밍과 카프카나 다른 메시징 시스템과의 통합을 단순화하는 방법을 설명했다.

10장에서는 스파크 그래프 처리 방식과 그래프 동작 방식을 살펴본다.

10

GraphX

"기술의 발전으로 인구가 많이 늘어났고 이제는 많은 사람들은 기술 없이 살 수 없다."

- 조셉 우드 크러치(Joseph Wood Krutch)

10장에서는 많은 현실 문제에 대한 모델링 방법(또한 해결 방법)을 다루기 위해 그래프를 사용한다. 스파크에 자체 그래프 라이브러리가 있고, RDD를 그래프에 적용할 수 있다(버텍스^{vertex}와 에지^{edge} RDD로 사용한다).

10장에서 다루는 내용은 다음과 같다.

- 그래프 이론에 대한 간략한 소개
- GraphX
- VertexRDD와 EdgeRDD

- 그래프 연산자
- Pregel API
- 페이지랭크

▌ 그래프 이론에 대한 간략한 소개

그래프를 잘 이해할 수 있게 페이스북을 살펴보고, 일반적으로 사용자들이 페이스북을 어떻게 사용하는지 살펴보자. 매일 스마트폰을 사용해 친구의 담벼락에 메시지를 게시하거나 상태를 업데이트한다. 친구들은 모두 자신의 메시지와 사진, 비디오를 게시한다.

여러분은 페이스북 친구가 있고 페이스북 친구는 또 다른 친구가 있으며, 그 친구는 또 다른 친구가 있다. 페이스북에는 새로운 친구를 사귈 수 있거나 친구 목록에서 친구를 삭제할 수 있는 설정이 있다. 또한 페이스북에는 누가 무엇을 보는지, 누가 누구와 얘기하고 있는지 세밀하게 제어할 수 있는 권한이 있다.

이제 10억 명의 페이스북 사용자가 있다고 생각하면 모든 사용자의 친구와 친구의 친구 목록은 상당히 크고 복잡해진다. 서로 다른 모든 관계를 이해하고 관리하기란 어렵다.

따라서 누군가가 여러분과 다른 사람 X가 관련이 있는지 알고 싶다면 단순히 모든 친구와 모든 친구의 친구를 보고 시작해서 사람 X를 찾으려 할 것이다. 사람 X가 친구의 친구이면 사람 X는 간접적으로 연결된다.

 페이스북 계정에서 셀럽 2명을 검색해서 셀럽이 친구의 친구인지 확인한다. 어쩌면 친구로 추가할 수 있을 것이다.

다음과 같은 질문에 답할 수 있게 사람들과 친구들에 대해 데이터 저장소와 검색 기능을 구축해야 한다.

- X는 Y의 친구인가?
- X와 Y가 직접적으로 연결돼 있거나 두 단계로 연결돼 있는가?
- X는 몇 명의 친구가 있는가?

모든 사람이 친구 배열을 갖고 있듯이 배열과 같은 간단한 데이터 구조로 시작할 수 있을 것이다. 이제 질문 3에 대답하기 위해 배열의 길이를 쉽게 얻을 수 있고, 배열을 쉽게 검색해서 질문 1에 대답할 수 있다. 질문 2는 더 많은 작업을 필요로 하는데, X의 친구 배열을 얻고 배열에 저장된 각 친구에게서 친구 배열을 검색한다.

Person이라는 케이스 클래스를 생성하고 john, ken, mary, dan이라는 사람과 관계를 맺기 위해 친구를 추가하는 예를 보여주기 위해 특수 데이터 구조를 사용해 문제를 해결한다.

```scala
case class Person(name: String) {
    val friends = scala.collection.mutable.ArrayBuffer[Person]()

    def numberOfFriends() = friends.length

    def isFriend(other: Person) = friends.find(_.name == other.name)

    def isConnectedWithin2Steps(other: Person) = {
        for {f <- friends} yield {f.name == other.name ||
                                   f.isFriend(other).isDefined}
    }.find(_ == true).isDefined
}

scala> val john = Person("John")
john: Person = Person(John)

scala> val ken = Person("Ken")
```

```
ken: Person = Person(Ken)

scala> val mary = Person("Mary")
mary: Person = Person(Mary)

scala> val dan = Person("Dan")
dan: Person = Person(Dan)

scala> john.numberOfFriends
res33: Int = 0

scala> john.friends += ken
res34: john.friends.type = ArrayBuffer(Person(Ken))    // john -> ken

scala> john.numberOfFriends
res35: Int = 1

scala> ken.friends += mary
res36: ken.friends.type = ArrayBuffer(Person(Mary))    // john -> ken -> mary

scala> ken.numberOfFriends
res37: Int = 1

scala> mary.friends += dan
res38: mary.friends.type = ArrayBuffer(Person(Dan))  // john -> ken -> mary ->
dan

scala> mary.numberOfFriends
res39: Int = 1

scala> john.isFriend(ken)
res40: Option[Person] = Some(Person(Ken))        // 맞다. ken은 john의 친구다.

scala> john.isFriend(mary)
res41: Option[Person] = None     // 아니다. mary는 ken의 친구이지 john의 친구는 아니다.

scala> john.isFriend(dan)
res42: Option[Person] = None     // 아니다. dan은 mary의 친구이지 john의 친구는 아니다.
```

```
scala> john.isConnectedWithin2Steps(ken)
res43: Boolean = true      // 맞다. ken은 john의 친구다.

scala> john.isConnectedWithin2Steps(mary)
res44: Boolean = true      // 맞다. mary는 john의 친구인 ken의 친구다.

scala> john.isConnectedWithin2Steps(dan)
res45: Boolean = false     // 아니다. dan은 john의 친구인 ken의 친구인 mary의 친구다.
```

모든 페이스북 사용자에 대해 Person 인스턴스를 구축하고 이전 코드가 보여주는 것
처럼 친구를 배열에 추가하면 궁극적으로 친구가 누구인지, 특정 두 사람 간의 관계가
무엇인지 알 수 있는 쿼리를 수행할 수 있다.

다음 다이어그램은 데이터 구조의 Person 인스턴스와 Person 인스턴스 간에 논리적
인 연관관계를 보여준다.

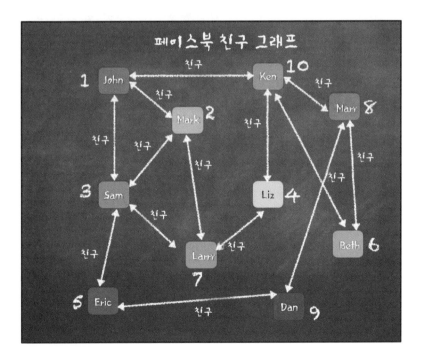

이 그래프를 통해 John의 친구, John의 친구의 친구 등을 찾아서 친구와 간접 친구(친구 2단계), 3단계(친구의 친구의 친구)를 빨리 찾기 위해 다음 다이어그램을 볼 수 있다.

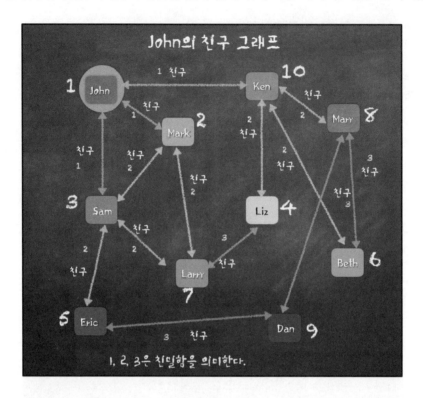

Person 클래스를 쉽게 확장할 수 있고 다른 질문에 대답할 수 있는 더 많은 기능을 제공할 수 있다. 지금 이 기능을 얘기할 때가 아니다. 여기서 보고 싶은 것은 이전 다이어그램이 Person과 Person의 친구를 보여주고, 각 Person의 모든 친구가 사람들 사이의 관계망이 어떤지 알려주는 그림이다.

이제 수학 분야에서 유래된 그래프^{graph} 이론을 소개한다. 그래프 이론은 그래프를 버텍스^{vertex}, 노드^{node}, 점^{point}으로 구성된 구조를 정의하며, 에지^{edge}, 아크^{arch}, 선^{line}으로 연결한다. 버텍스 집합을 V로, 에지 집합을 E로 하면 그래프 G는 V와 E의 순서쌍으로 정의할 수 있다.

> **그래프 G = (V, E)**
> **V** – 버텍스 집합
> **E** – 에지 집합

페이스북 친구 그림의 예에서 각 사람을 버텍스 집합의 버텍스로 간주하고, 임의의 두 사람 사이의 각 링크를 에지 집합의 에지로 간주할 수 있다.

이 로직에 따라 다음 다이어그램과 같이 버텍스와 에지를 나열할 수 있다.

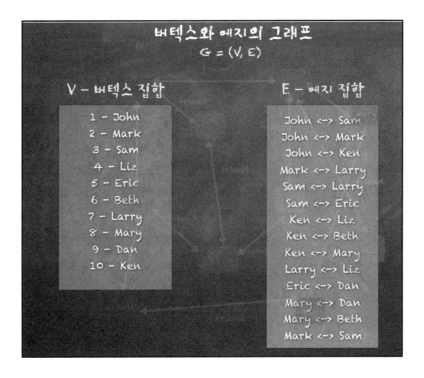

이 수학적 그래프는 수학적 기법을 사용해 그래프를 탐색하고 쿼리하는 다양한 방법론을 제공한다. 그래프 기술이 필요한 수학을 수행하기 위한 프로그래밍 방식을 개발하는 방법을 컴퓨터 과학에 적용한다면 공식적인 접근 방식은 확장 가능하고 효율적인 수준으로 수학적 규칙을 구현하는 알고리즘을 개발하는 것이다.

이미 **Person** 케이스 클래스를 사용해 간단한 그래프와 유사한 프로그램을 구현하려고 시도했지만, 이것은 가장 단순한 사용 사례일 뿐이다. 다음 질문에 답할 수 있는 것처럼 복잡한 확장 문제가 있다.

- X에서 Y까지 가려면 가장 좋은 방법은 무엇인가? 해당 질문의 예로 식료품 가게에 갈 수 있는 가장 좋은 방법을 알려주는 자동차 GPS를 들 수 있다.
- 그래프를 나눌 수 있는 중요한 에지를 알 수 있는가? 해당 질문의 예로 국가에서 여러 도시의 인터넷 서비스/수도관/전력선을 연결하는 중요한 링크를 결정하는 것을 들 수 있다. 중요한 에지는 연결을 끊을 수 있고 잘 연결된 도시의 두 개의 하위 그래프를 생성하지만, 두 하위 그래프 간에는 통신이 없을 것이다.

이런 질문에 답하려면 최소 스패닝 트리minimum spanning tree, 최단 경로shortest path, 페이지 순위page rank, 교차 최소 제곱ALS, alternating least squares, 최대 컷 최소 흐름 알고리즘max-cut min-flow algorithm 등과 같은 여러 알고리즘을 생각할 수 있고, 다양한 사용 사례에 적용할 수 있다.

다른 예로는 버텍스와 에지의 그래프를 명확하게 볼 수 있는 링크드인LinkedIn 프로필과 커넥션, 트위터 팔로워, 구글 페이지 순위, 항공사 스케줄링, 자동차의 GPS 등이 있다. 그래프 알고리즘을 사용하면 앞서 페이스북, 링크드인, 구글 예에서 볼 수 있는 그래프를 통해 다양한 비즈니스 사용 사례를 산출하는 다양한 알고리즘으로 분석할 수 있다.

다음과 같은 그래프와 그래프 알고리즘을 사용하는 그래프의 실제 사용 사례를 보여 준다.

- 공항 간의 비행경로 결정에 도움을 준다.
- 특정 지역의 모든 가정에 수도관을 배치하는 방법을 계획한다.
- 식료품점으로 가는 경로를 계획하기 위해 자동차 GPS를 설치한다.

512

- 인터넷 트래픽이 도시에서 도시로, 주와 주에서 국가별로 어떻게 라우팅되는
  지 설계한다.

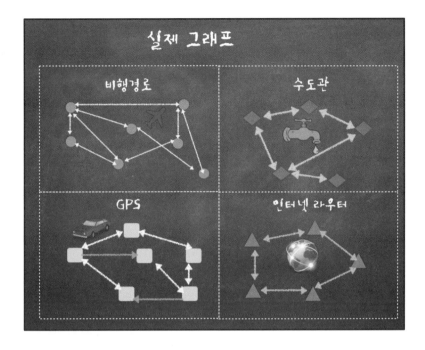

이제 스파크 GraphX를 어떻게 사용할 수 있는지 자세히 살펴보자.

GraphX

앞 절에서 살펴본 것처럼 많은 실제 사용 사례를 버텍스 집합과 버텍스를 연결하는
에지 집합의 그래프로 모델링할 수 있다. 또한 "X는 Y의 친구인가?"와 같은 기본적인
그래프 연산과 쿼리를 구현하는 간단한 코드를 작성했다. 그러나 자세히 살펴본 것처
럼 알고리즘은 사용 사례와 함께 더욱 복잡해졌으며, 그래프의 크기도 하나의 장비에
서 처리할 수 있는 것보다 훨씬 크다.

10억 명의 페이스북 사용자와 모든 친구 관계를 하나의 컴퓨터나 몇 대의 컴퓨터에 저장하는 것은 불가능하다.

해야 할 일은 하나의 장비나 몇 대의 장비를 합친 것보다 훨씬 복잡한 아키텍처를 고려해 데이터양과 데이터 엘리먼트 간의 복잡한 상호 연결을 처리할 수 있는 복잡한 그래프 알고리즘을 구현하는 것이다. 이미 스파크를 소개하고, 스파크가 분산 컴퓨팅과 대용량 데이터 분석의 문제점을 어떻게 해결했는지 살펴봤다. 또한 데이터 프레임, RDD와 함께 실시간 스트림 처리 및 스파크 SQL도 살펴봤다. 그래프 알고리즘의 문제점을 해결할 수 있을까? 이에 대한 대답은 GraphX다. GraphX는 스파크에서 제공되며, 다른 라이브러리와 마찬가지로 스파크 코어에 위치하고 있다.

GraphX는 RDD 개념 위에 그래프 추상화를 제공해 스파크 RDD를 확장한다. GraphX의 그래프는 객체 간의 관계를 설명하는 객체와 에지나 링크를 표현하기 위해 객체를 표현하는 버텍스나 노드의 개념을 사용해 생성된다. GraphX는 그래프 처리 패러다임에 적합한 많은 사용 사례를 실현하는 수단을 제공한다. 이 절에서는 GraphX, 버텍스, 에지, 버텍스와 에지로 구성된 그래프를 생성하는 방법을 알아본다. 또한 그래프 알고리즘과 처리를 둘러싼 몇 가지 기술을 예로 배우기 위한 코드도 작성한다.

시작하려면 다음에 나열된 패키지를 임포트해야 한다.

```
import org.apache.spark._
import org.apache.spark.graphx._
import org.apache.spark.rdd.RDD

import org.apache.spark.graphx.GraphLoader
import org.apache.spark.graphx.GraphOps
```

GraphX의 기초적인 데이터 구조는 그래프로, 버텍스 및 에지와 관련된 임의의 객체를 가진 그래프를 추상적으로 나타낸다. 그래프는 기본 구조뿐 아니라 버텍스 및 에지와 관련된 데이터에 접근하고 조작하기 위한 기본 연산을 제공한다. 스파크 RDD와 마찬가지로 그래프는 함수형 데이터 구조로서 변환 연산을 실행하면 새로운 그래프를 리턴한다. Graph 객체의 불변 성격 때문에 동기화 문제가 발생할 위험 없이 대규모 병렬 계산을 수행할 수 있다.

 객체의 동시 업데이트나 변경은 많은 프로그램에서 수행되는 복잡한 다중 스레드 프로그래밍의 주요 이유다.

그래프는 기본 데이터 구조를 정의하며, 추가 편의 작업과 그래프 알고리즘을 포함하는 헬퍼 클래스인 GraphOps가 있다.

그래프는 다음과 같이 그래프를 구성하는 두 부분의 데이터 타입을 지정하는 2개의 속성, 즉 버텍스와 에지를 가진 클래스 템플릿으로 정의된다.

```
class Graph[VD: ClassTag, ED: ClassTag]
```

앞에서 설명한 것처럼 그래프는 버텍스와 에지로 구성된다. 버텍스 집합은 VertexRDD로 알려진 특수 데이터 구조 안에 있다. 마찬가지로 에지 집합은 EdgeRDD라는 특수 데이터 구조 안에 있다. 버텍스와 에지가 함께 그래프를 형성하고 두 개의 데이터 구조를 사용해 모든 후속 연산을 수행할 수 있다.

따라서 Graph 클래스의 선언은 다음과 같다.

```
class Graph[VD, ED] {
    //버텍스와 버텍스와 관련된 속성을 포함한 RDD다.
    val vertices: VertexRDD[VD]

    //에지 및 에지와 관련된 속성을 포함한 RDD다.
    // RDD 항목에는 에지 데이터와 소스 id와 대상 id를 포함한다.
```

```
    val edges: EdgeRDD[ED]

    //주변 버텍스와 관련된 버텍스 데이터를 함께하는 에지 트리플렛을 포함하는 RDD다.
    val triplets: RDD[EdgeTriplet[VD, ED]]
}
```

이제 Graph 클래스의 두 가지 주요 컴포넌트 VertexRDD와 EdgeRDD를 살펴보자.

VertexRDD와 EdgeRDD

VertexRDD는 특수 데이터 구조의 버텍스나 노드 집합을 포함하고, EdgeRDD는 특수 데이터 구조의 노드 및 버텍스 간의 에지나 링크 집합을 다시 포함한다. VertexRDD와 EdgeRDD는 모두 RDD를 기반으로 하고, VertexRDD는 그래프의 모든 단일 노드를 처리하는 반면 EdgeRDD는 모든 노드 간의 모든 링크를 포함한다. 이 절에서는 VertexRDD와 EdgeRDD를 생성하는 방법과 객체를 그래프 구축에 사용하는 방법을 살펴본다.

VertexRDD

앞에서 살펴본 것처럼 VertexRDD는 버텍스와 관련 속성을 포함하는 RDD다. RDD의 각 엘리먼트는 그래프의 버텍스나 노드를 나타낸다. 버텍스의 고유성을 유지하려면 각 버텍스에 고유한 ID를 할당해야 한다. 이를 위해 GraphX는 VertexId로 알려진 매우 중요한 식별자를 정의한다.

 VertexId는 그래프 내의 버텍스를 고유하게 식별하는 64비트 버텍스 식별자로 정의된다. VertexId는 고유성 이외의 순서나 제약 조건을 따를 필요가 없다.

VertexId의 선언은 다음과 같이 단순히 64비트 Long 번호에 대한 별칭이다.

```
type VertexId = Long
```

VertexRDD는 한 쌍의 VertexID와 RDD[(VertexId, VD)]로 나타내는 버텍스 속성의 RDD를 확장한다. 또한 각 버텍스에 대해 하나의 항목만 있고, 빠르고 효율적인 조인을 위해 항목을 미리 색인할 수 있다. 동일한 인덱스를 가진 2개의 VertexRDD를 효율적으로 결합할 수 있다.

```
class VertexRDD[VD]() extends RDD[(VertexId, VD)]
```

또한 VertexRDD는 그래프 연산과 관련된 중요한 함수를 제공하는 많은 함수를 구현한다. 각 함수는 일반적으로 VertexRDD로 표현된 버텍스 입력을 허용한다.

버텍스를 사용자의 VertexRDD에 로드하자. 이를 위해 먼저 다음과 같이 케이스 클래스 User를 선언한다.

```
case class User(name: String, occupation: String)
```

이제 users.txt 파일을 사용해 VertexRDD를 생성한다.

버텍스 ID	이름	직업
1	John	Accountant
2	Mark	Doctor
3	Sam	Lawyer
4	Liz	Doctor

(이어짐)

버텍스 ID	이름	직업
5	Eric	Accountant
6	Beth	Accountant
7	Larry	Engineer
8	Marry	Cashier
9	Dan	Doctor
10	Ken	Librarian

users.txt 파일의 각 라인에는 VertexId, 이름, 직업이 포함돼 있기 때문에 String의
split 함수를 사용할 수 있다.

```scala
scala> val users = sc.textFile("users.txt").map{ line =>
  val fields = line.split(",")
  (fields(0).toLong, User(fields(1), fields(2)))
}
users: org.apache.spark.rdd.RDD[(Long, User)] = MapPartitionsRDD[2645] at map
at <console>:127

scala> users.take(10)
res103: Array[(Long, User)] = Array((1,User(John,Accountant)),
(2,User(Mark,Doctor)), (3,User(Sam,Lawyer)), (4,User(Liz,Doctor)),
(5,User(Eric,Accountant)), (6,User(Beth,Accountant)),
(7,User(Larry,Engineer)), (8,User(Mary,Cashier)), (9,User(Dan,Doctor)),
(10,User(Ken,Librarian)))
```

EdgeRDD

EdgeRDD는 버텍스 사이의 에지 집합을 나타내며, 앞에서 살펴본 Graph 클래스의 멤버
다. EdgeRDD는 VertexRDD와 마찬가지로 RDD에서 확장되며, Edge 속성과 Vertex 속

성을 모두 사용한다.

EdgeRDD[ED, VD]는 성능을 위해 각 파티션에 에지를 칼럼 포맷으로 저장해 RDD[Edge[ED]]를 확장한다. 트리플렛 뷰$^{triplet\ view}$를 제공하기 위해 각 에지에 관련된 버텍스 속성을 추가로 저장할 것이다.

```
class EdgeRDD[ED]() extends RDD[Edge[ED]]
```

또한 EdgeRDD는 그래프 연산과 관련된 중요한 기능을 제공하는 많은 함수를 구현한다. 각 함수는 일반적으로 EdgeRDD가 나타내는 에지 입력을 제공받는다. 각 에지는 소스 vertexId, 대상 vertexId, String, Integer, 모든 케이스 클래스와 같은 에지 속성으로 구성된다. 다음 예에서는 문자열 friend를 속성으로 사용한다. 10장의 후반부에서 거리(정수 타입의 마일)를 속성으로 사용한다.

VertexId 쌍 파일을 읽어 EdgeRDD를 생성할 수 있다.

소스 버텍스 ID	대상 버텍스 ID	거리(마일)
1	3	5
3	1	5
1	2	1
2	1	1
4	10	5
10	4	5
1	10	5
10	1	5
2	7	6

(이어짐)

소스 버텍스 ID	대상 버텍스 ID	거리(마일)
7	2	6
7	4	3
4	7	3
2	3	2

friends.txt 파일의 각 라인에는 소스 vertexId와 대상 vertexId가 포함돼 있으므로 여기에서 String의 split 함수를 사용할 수 있다.

```scala
scala> val friends = sc.textFile("friends.txt").map{ line =>
  val fields = line.split(",")
  Edge(fields(0).toLong, fields(1).toLong, "friend")
}
friends: org.apache.spark.rdd.RDD[org.apache.spark.graphx.Edge[String]] =
MapPartitionsRDD[2648] at map at <console>:125

scala> friends.take(10)
res109: Array[org.apache.spark.graphx.Edge[String]] =
Array(Edge(1,3,friend), Edge(3,1,friend), Edge(1,2,friend),
Edge(2,1,friend), Edge(4,10,friend), Edge(10,4,friend), Edge(1,10,friend),
Edge(10,1,friend), Edge(2,7,friend), Edge(7,2,friend))
```

이제 버텍스와 에지를 갖고 있어서 모든 정보를 모아 버텍스와 에지 목록에서 Graph 를 생성하는 방법을 구축해야 한다.

```scala
scala> val graph = Graph(users, friends)
graph: org.apache.spark.graphx.Graph[User,String] =
org.apache.spark.graphx.impl.GraphImpl@327b69c8

scala> graph.vertices
res113: org.apache.spark.graphx.VertexRDD[User] = VertexRDDImpl[2658] at RDD
```

at VertexRDD.scala:57

```
scala> graph.edges
res114: org.apache.spark.graphx.EdgeRDD[String] = EdgeRDDImpl[2660] at RDD at
EdgeRDD.scala:41
```

Graph 객체를 사용해 모든 버텍스와 에지를 표시하는 collect 함수를 사용해 버텍스와 에지를 살펴볼 수 있다. 각 버텍스는 (VertexId, User) 형태이고, 각 에지는 (srcVertexId, dstVertexId, edgeAttribute) 형태다.

```
scala> graph.vertices.collect
res111: Array[(org.apache.spark.graphx.VertexId, User)] =
Array((4,User(Liz,Doctor)), (6,User(Beth,Accountant)),
(8,User(Mary,Cashier)), (10,User(Ken,Librarian)), (2,User(Mark,Doctor)),
(1,User(John,Accountant)), (3,User(Sam,Lawyer)), (7,User(Larry,Engineer)),
(9,User(Dan,Doctor)), (5,User(Eric,Accountant)))

scala> graph.edges.collect
res112: Array[org.apache.spark.graphx.Edge[String]] =
Array(Edge(1,2,friend), Edge(1,3,friend), Edge(1,10,friend),
Edge(2,1,friend), Edge(2,3,friend), Edge(2,7,friend), Edge(3,1,friend),
Edge(3,2,friend), Edge(3,10,friend), Edge(4,7,friend), Edge(4,10,friend),
Edge(7,2,friend), Edge(7,4,friend), Edge(10,1,friend), Edge(10,4,friend),
Edge(3,5,friend), Edge(5,3,friend), Edge(5,9,friend), Edge(6,8,friend),
Edge(6,10,friend), Edge(8,6,friend), Edge(8,9,friend), Edge(8,10,friend),
Edge(9,5,friend), Edge(9,8,friend), Edge(10,6,friend), Edge(10,8,friend))
```

그래프를 생성했으므로 다음 절에서 다양한 연산을 살펴본다.

▌ 그래프 연산자

Graph 객체를 사용해 직접 수행할 수 있는 연산(그래프 객체의 속성을 기반으로 필터링하기 위해 그래프의 버텍스와 에지를 필터링한다)부터 시작할 것이다. 또한 그래프를 변환해 자체 RDD를 생성할 수 있는 mapValues의 예도 볼 수 있다.

먼저 앞 절에서 만든 Graph 객체를 사용해 버텍스와 에지를 확인한 후 그래프 연산자operator를 살펴볼 것이다.

```scala
scala> graph.vertices.collect
res111: Array[(org.apache.spark.graphx.VertexId, User)] =
Array((4,User(Liz,Doctor)), (6,User(Beth,Accountant)),
(8,User(Mary,Cashier)), (10,User(Ken,Librarian)), (2,User(Mark,Doctor)),
(1,User(John,Accountant)), (3,User(Sam,Lawyer)), (7,User(Larry,Engineer)),
(9,User(Dan,Doctor)), (5,User(Eric,Accountant)))

scala> graph.edges.collect
res112: Array[org.apache.spark.graphx.Edge[String]] =
Array(Edge(1,2,friend), Edge(1,3,friend), Edge(1,10,friend),
Edge(2,1,friend), Edge(2,3,friend), Edge(2,7,friend), Edge(3,1,friend),
Edge(3,2,friend), Edge(3,10,friend), Edge(4,7,friend), Edge(4,10,friend),
Edge(7,2,friend), Edge(7,4,friend), Edge(10,1,friend), Edge(10,4,friend),
Edge(3,5,friend), Edge(5,3,friend), Edge(5,9,friend), Edge(6,8,friend),
Edge(6,10,friend), Edge(8,6,friend), Edge(8,9,friend), Edge(8,10,friend),
Edge(9,5,friend), Edge(9,8,friend), Edge(10,6,friend), Edge(10,8,friend))
```

filter

filter 함수는 특정 버텍스 집합에서 주어진 조건자predicate를 만족시키는 버텍스 집합으로 제한한다. filter 함수는 소스 RDD와의 효율적으로 조인하기 위해 인덱스를 유지하며, 새 메모리를 할당하는 대신 비트 마스크bitmask에 비트bit를 설정한다.

```
def filter(pred: Tuple2[VertexId, VD] => Boolean): VertexRDD[VD]
```

filter를 사용하면 vertexId나 User.name 속성을 사용해 필터링(예, 사용자 Mark의
버텍스를 제외한 모든 것)할 수 있다. User.occupation 속성을 필터링할 수도 있다.
다음은 동일한 연산을 수행하는 코드다.

```
scala> graph.vertices.filter(x => x._1 == 2).take(10)
res118: Array[(org.apache.spark.graphx.VertexId, User)] =
Array((2,User(Mark,Doctor)))

scala> graph.vertices.filter(x => x._2.name == "Mark").take(10)
res119: Array[(org.apache.spark.graphx.VertexId, User)] =
Array((2,User(Mark,Doctor)))

scala> graph.vertices.filter(x => x._2.occupation == "Doctor").take(10)
res120: Array[(org.apache.spark.graphx.VertexId, User)] =
Array((4,User(Liz,Doctor)), (2,User(Mark,Doctor)), (9,User(Dan,Doctor)))
```

소스 vertexId나 대상 vertexId를 사용해 에지에서도 필터를 수행할 수 있다. 따라
서 John(vertexId = 1) 데이터가 있다면 에지만 표시하기 위해 에지를 다음처럼 필터링
할 수 있다.

```
scala> graph.edges.filter(x => x.srcId == 1)
res123: org.apache.spark.rdd.RDD[org.apache.spark.graphx.Edge[String]] =
MapPartitionsRDD[2672] at filter at <console>:134

scala> graph.edges.filter(x => x.srcId == 1).take(10)
res124: Array[org.apache.spark.graphx.Edge[String]] =
Array(Edge(1,2,friend), Edge(1,3,friend), Edge(1,10,friend))
```

mapValues

mapValues는 각 버텍스^vertex 속성을 매핑해 vertexId를 변경하지 않게 인덱스를 유지한다. vertexId를 변경하면 인덱스가 너무 많이 변경돼 후속 연산이 실패하고 버텍스에 더 이상 접근할 수 없게 된다. 따라서 vertexId를 변경하지 않는 것이 중요하다.

mapValues 함수의 선언은 다음과 같다.

```
def mapValues[VD2: ClassTag](f: VD => VD2): VertexRDD[VD2]
//mapValues 함수의 변형은 버텍스 외에도 vertexId를 허용한다.
def mapValues[VD2: ClassTag](f: (VertexId, VD) => VD2): VertexRDD[VD2]
```

mapValues는 에지에서도 동작할 수 있으며, 구조를 유지하면서 값을 변경하는 에지 파티셔닝에 값을 매핑한다.

```
def mapValues[ED2: ClassTag](f: Edge[ED] => ED2): EdgeRDD[ED2]
```

다음은 버텍스와 에지에서 mapValues를 호출하는 예다. 버텍스의 MapValues는 버텍스를 (vertexId, User.name) 쌍의 목록으로 변환한다. 에지의 MapValues는 에지를 (srcId, dstId, string)의 세 쌍으로 변환한다.

```
scala> graph.vertices.mapValues{(id, u) => u.name}.take(10)
res142: Array[(org.apache.spark.graphx.VertexId, String)] = Array((4,Liz),
(6,Beth), (8,Mary), (10,Ken), (2,Mark), (1,John), (3,Sam), (7,Larry),
(9,Dan), (5,Eric))

scala> graph.edges.mapValues(x => s"${x.srcId} -> ${x.dstId}").take(10)
7), Edge(3,1,3 -> 1), Edge(3,2,3 -> 2), Edge(3,10,3 -> 10), Edge(4,7,4 -> 7))
```

aggregateMessages

GraphX의 핵심 집계 연산은 aggregateMessages다. aggregateMessages 함수는 사용자 정의 sendMsg 함수를 그래프의 각 에지 트리플렛에 적용한 후 mergeMsg 함수를 사용해 대상 지점에서 메시지를 집계한다. aggregateMessages는 많은 그래프 알고리즘에서 사용되며, 버텍스 간에 정보를 교환해야 할 때 사용된다.

다음은 aggregateMessages API에 대한 시그니처다.

```
def aggregateMessages[Msg: ClassTag](
    sendMsg: EdgeContext[VD, ED, Msg] => Unit,
    mergeMsg: (Msg, Msg) => Msg,
    tripletFields: TripletFields = TripletFields.All)
    : VertexRDD[Msg]
```

주요 함수는 sendMsg와 mergeMsg다. 두 함수는 에지의 소스 버텍스나 대상 버텍스로 보내지는 것을 결정한다. 그다음 mergeMsg는 모든 에지에서 받은 메시지를 처리하고 계산 또는 집계를 수행한다.

다음은 Graph 그래프에서 aggregateMessages를 호출하는 간단한 예이며, 모든 대상 버텍스에 메시지를 보낸다. 각 버텍스에서 병합 전략은 수신되는 모든 메시지를 추가하는 것이다.

```
scala> graph.aggregateMessages[Int](_.sendToDst(1), _ + _).collect
res207: Array[(org.apache.spark.graphx.VertexId, Int)] = Array((4,2), (6,2),
(8,3), (10,4), (2,3), (1,3), (3,3), (7,2), (9,2), (5,2))
```

triangleCount

버텍스의 두 이웃이 에지로 연결돼 있으면 삼각형이 생성된다. 다시 말해 사용자는 서로 친구인 두 친구와 함께 삼각형을 생성할 것이다. 그래프의 삼각형을 계산하는 triangleCount 함수가 있다.

다음 예는 먼저 triangleCount 함수를 호출한 다음, 삼각형을 버텍스(사용자)와 결합해 각 사용자의 출력과 사용자가 속한 삼각형을 생성해 그래프의 삼각형을 계산하는 데 사용되는 코드다.

```
scala> val triangleCounts = graph.triangleCount.vertices
triangleCounts: org.apache.spark.graphx.VertexRDD[Int] =
VertexRDDImpl[3365] at RDD at VertexRDD.scala:57

scala> triangleCounts.take(10)
res171: Array[(org.apache.spark.graphx.VertexId, Int)] = Array((4,0), (6,1),
(8,1), (10,1), (2,1), (1,1), (3,1), (7,0), (9,0), (5,0))

scala> val triangleCountsPerUser = users.join(triangleCounts).map { case(id,
(User(x,y), k)) => ((x,y), k) }
triangleCountsPerUser: org.apache.spark.rdd.RDD[((String, String), Int)] =
MapPartitionsRDD[3371] at map at <console>:153

scala> triangleCountsPerUser.collect.mkString("\n")
res170: String =
((Liz,Doctor),0)
((Beth,Accountant),1)  //1개의 의미는 해당 사용자가 1개의 삼각형의 일부라는 것을 의미한다.
((Mary,Cashier),1)     //1개의 의미는 해당 사용자가 1개의 삼각형의 일부라는 것을 의미한다.
((Ken,Librarian),1)    //1개의 의미는 해당 사용자가 1개의 삼각형의 일부라는 것을 의미한다.
((Mark,Doctor),1)      //1개의 의미는 해당 사용자가 1개의 삼각형의 일부라는 것을 의미한다.
((John,Accountant),1)  //1개의 의미는 해당 사용자가 1개의 삼각형의 일부라는 것을 의미한다.
((Sam,Lawyer),1)       //1개의 의미는 해당 사용자가 1개의 삼각형의 일부라는 것을 의미한다.
((Larry,Engineer),0)
((Dan,Doctor),0)
((Eric,Accountant),0)
```

이 코드에서 방금 계산한 두 삼각형의 다이어그램은 두 개의 삼각형 (John, Mark, Sam)과 (Ken, Mary, Beth)를 보여준다.

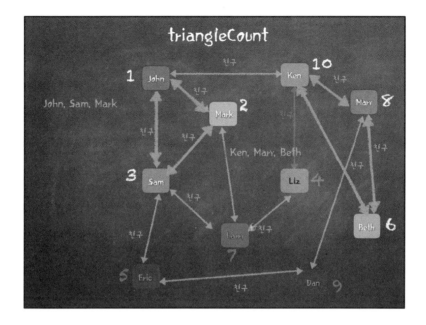

▌ Pregel API

그래프는 본질적으로 재귀 데이터 구조며, 버텍스의 속성은 버텍스의 이웃 속성에 따라 달라지고 해당 버텍스의 이웃 속성에 따라 달라진다. 결과적으로 많은 중요한 그래프 알고리즘은 고정 소수점 조건에 도달할 때까지 각 버텍스의 속성을 반복적으로 재계산한다. 이러한 반복 알고리즘을 표현하기 위해 그래프-평행 추상화의 범위가 제안됐다. GraphX는 Pregel API의 변형을 보여준다.

GraphX의 Pregel 연산자는 하이레벨에서 그래프의 토폴로지에 제약을 받는 대량 동기 병렬 메시징 추상화^{bulk-synchronous parallel messaging abstraction}다. Pregel 연산자는 여러 단계로 실행된다. 처음 단계에서 버텍스는 이전 슈퍼 단계에서 버텍스의 인바운드 메시지 합계를 수신하고 버텍스 속성의 새 값을 계산한 후 다음 슈퍼 단계의 인접 버텍스에 메시지를 보낸다(슈퍼 단계super step: 버텍스에서 로컬 계산, 통신, 베리어barrier 동기화 과정을 포함하며, 한 번에 계산되는 과정을 의미한다. 따라서 버텍스의 계산 과정은 각각의 슈퍼 단계 단위로 이뤄진다 - 옮긴이). Pregel을 사용하면 메시지는 에지 트리플렛 함수로 병렬로 계산되며, 메시지를 계산할 때 소스 버텍스 속성과 대상 버텍스 속성에 모두 접근할 수 있다. 메시지를 수신하지 않은 버텍스는 슈퍼 스텝 내에서 건너뛴다. Pregel 연산자는 반복을 종료하고 남아있는 메시지가 없다면 마지막 그래프를 리턴한다.

Pregel API를 사용해 기본적으로 제공하는 알고리즘은 다음과 같다.

- 연결 컴포넌트connect components
- 최단 경로shortest path
- 여행하는 세일즈맨traveling salesman
- 페이지랭크PageRank(다음 절에서 다룬다)

Pregel API 시그니처는 다음 코드에 표시돼 있으며, 필요한 여러 파라미터를 보여준다. 정확한 사용법은 다음 절에 설명할 것이며, 명확하게 이해하고 싶다면 다음 시그니처를 참조할 수 있다.

```
def pregel[A]
    (initialMsg: A,    // 모든 버텍스에 보낼 초기 메시지
    maxIter: Int = Int.MaxValue, // 반복 개수
    activeDir: EdgeDirection = EdgeDirection.Out)
    // 입력 또는 출력 에지
    (vprog: (VertexId, VD, A) => VD,
    sendMsg: EdgeTriplet[VD, ED] => Iterator[(VertexId, A)],
    //메시지 함수를 보낸다.
    mergeMsg: (A, A) => A) //전략을 병합한다.
    : Graph[VD, ED]
```

연결된 컴포넌트

연결된 컴포넌트^{connected component}는 본래 그래프 내에서 하위 그래프며, 버텍스는 어떤 방식으로든 서로 연결된다. 즉, 동일한 컴포넌트의 모든 버텍스는 컴포넌트에서 다른 일부 버텍스에서 에지/에지에서 버텍스를 포함한다. 버텍스를 특정 컴포넌트에 연결하는 에지가 없으면 특정 버텍스가 포함된 새 컴포넌트가 생성된다. 이는 모든 버텍스가 특정 컴포넌트에 포함될 때까지 계속된다.

그래프 객체는 연결된 컴포넌트를 계산하기 위해 connectComponents 함수를 제공한다. 다음과 같은 Pregel API를 사용해 버텍스에 속한 컴포넌트를 계산한다. 다음은 그래프에서 연결된 컴포넌트를 계산하는 코드다. 분명히 이 예에서는 단 하나의 연결된 컴포넌트를 갖고 있기 때문에 모든 사용자의 컴포넌트 번호를 표시한다.

```scala
scala> graph.connectedComponents.vertices.collect
res198: Array[(org.apache.spark.graphx.VertexId,
org.apache.spark.graphx.VertexId)] = Array((4,1), (6,1), (8,1), (10,1),
(2,1), (1,1), (3,1), (7,1), (9,1), (5,1))

scala> graph.connectedComponents.vertices.join(users).take(10)
res197: Array[(org.apache.spark.graphx.VertexId,
(org.apache.spark.graphx.VertexId, User))] =
Array((4,(1,User(Liz,Doctor))), (6,(1,User(Beth,Accountant))),
(8,(1,User(Mary,Cashier))), (10,(1,User(Ken,Librarian))),
(2,(1,User(Mark,Doctor))), (1,(1,User(John,Accountant))),
(3,(1,User(Sam,Lawyer))), (7,(1,User(Larry,Engineer))),
(9,(1,User(Dan,Doctor))), (5,(1,User(Eric,Accountant))))
```

여행하는 세일즈맨 문제

여행하는 세일즈맨 문제는 모든 버텍스를 탐색하는 방향 없는 그래프를 통해 최단 경로를 찾으려고 시도한다. 예를 들어 사용자 John뿐만 아니라 다른 모든 사용자는 여행한 총거리를 최소화하고 싶어 한다는 것이다. 버텍스와 에지의 수가 증가함에 따라 순열의 개수는 버텍스에서 버텍스까지 사용 가능한 모든 경로를 망라하기 위해 다항식으로 증가한다. 시간 복잡성$^{\text{time complexity}}$은 문제를 해결하는 데 오랜 시간이 걸릴 수 있는 지점까지 기하급수적으로 증가한다. 이를 완전하고 정확하게 해결하기보다는 가능한 한 최적으로 문제를 해결하기 위해 **탐욕**^{greedy} 알고리즘으로 알려진 접근 방식을 사용한다.

여행하는 세일즈맨의 문제를 해결하기 위해 탐욕 알고리즘 접근 방식은 최단 에지를 신속하게 선택하는 것이다. 더 깊은 방향으로 탐색한다면 탐욕 알고리즘 접근 방식이 최선이 아닌 선택일 수도 있다.

사용자와 친구의 그래프에서 탐욕 알고리즘의 다이어그램은 다음과 같다. 여기에서는 각 버텍스에서 최단 가중치 에지를 탐색한 것을 볼 수 있다. 또한 버텍스 Larry(7)과 Liz(4)를 결코 방문하지 않는다.

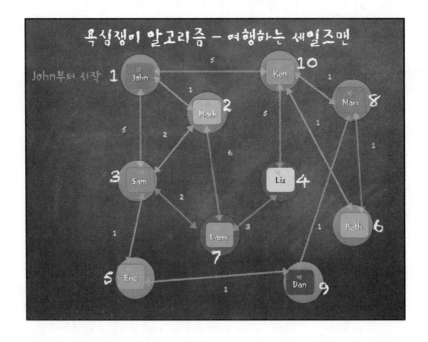

530

ShortestPaths

최단 경로 알고리즘은 소스 버텍스에서 시작해 대상 버텍스에 도달할 때까지 버텍스를 다른 버텍스에 연결하는 에지를 탐색하는 방식으로 두 버텍스 간의 경로를 찾다. 최단 경로 알고리즘은 다양한 버텍스 사이에서 메시지를 교환해 동작한다. 또한 최단 경로 알고리즘은 Graph나 GraphOps 객체의 일부가 아니라 lib.ShortestPaths 함수를 사용해 호출해야 한다.

```scala
scala> lib.ShortestPaths.run(graph,Array(1)).vertices.join(users).take(10)

res204: Array[(org.apache.spark.graphx.VertexId,
(org.apache.spark.graphx.lib.ShortestPaths.SPMap, User))] = Array((4,(Map(1
-> 2),User(Liz,Doctor))), (6,(Map(1 -> 2),User(Beth,Accountant))), (8,(Map(1
-> 2),User(Mary,Cashier))), (10,(Map(1 -> 1),User(Ken,Librarian))),
(2,(Map(1 -> 1),User(Mark,Doctor))), (1,(Map(1 ->
0),User(John,Accountant))), (3,(Map(1 -> 1),User(Sam,Lawyer))), (7,(Map(1
-> 2),User(Larry,Engineer))), (9,(Map(1 -> 3),User(Dan,Doctor))), (5,(Map(1
-> 2),User(Eric,Accountant)))))
```

ShortestPaths는 두 버텍스 사이의 홉^{hop} 개수 관점에서 최단 경로를 선택한다. 다음은 John이 Larry에 도달할 수 있는 3개의 방법을 보여주는 그림이다. 두 경로는 각각 길이가 2와 3이다. 이 코드의 결과에서는 Larry에서 John으로 선택된 경로의 길이가 2임을 명확히 보여준다.

이 코드의 출력에서도 경로의 길이와 노드 (7,(Map (1 -> 2), User(Larry, Engineer)))를 포함하는 벡터로 동일하게 표시된다.

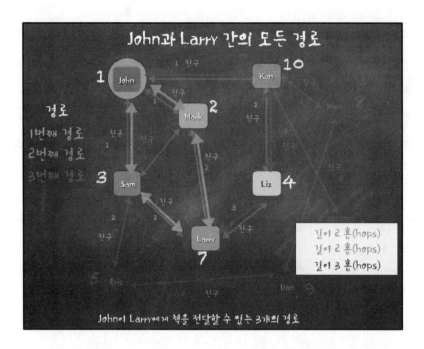

에지의 가중치를 사용해 최단 경로를 계산할 수도 있다. 즉, 사용자를 연결하는 모든 에지는 동일하지 않음을 의미한다. 예를 들어 에지 값/가중치/속성을 각 사용자의 거주지 사이 거리로 간주할 수 있다면 가중 그래프를 얻을 수 있다. 이 경우 최단 경로는 두 사용자 간의 거리(마일)로 계산된다.

```scala
scala> val srcId = 1 //버텍스 id 1은 John이다
srcId: Int = 1

scala> val initGraph = graph.mapVertices((id, x) => if(id == srcId) 0.0 else
Double.PositiveInfinity)
initGraph: org.apache.spark.graphx.Graph[Double,Long] =
org.apache.spark.graphx.impl.GraphImpl@2b9b8608

scala> val weightedShortestPath = initGraph.pregel(Double.PositiveInfinity,
5)(
 | (id, dist, newDist) => math.min(dist, newDist),
 | triplet => {
```

```
| if (triplet.srcAttr + triplet.attr < triplet.dstAttr) {
| Iterator((triplet.dstId, triplet.srcAttr + triplet.attr))
| }
| else {
| Iterator.empty
| }
| },
| (a, b) => math.min(a, b)
| )
weightedShortestPath: org.apache.spark.graphx.Graph[Double,Long] =
org.apache.spark.graphx.impl.GraphImpl@1f87fdd3

scala> weightedShortestPath.vertices.take(10).mkString("\n")
res247: String =
(4,10.0)
(6,6.0)
(8,6.0)
(10,5.0)
(2,1.0)
(1,0.0)
(3,3.0)
(7,7.0)
(9,5.0)
(5,4.0)
```

다음은 John에서 Larry까지의 단일 출발지 최단 경로^{Single Source Shortest Path}를 계산하기 위해 Pregel API를 사용해 최상의 경로에 도달할 때까지 초기화부터 시작해서 계속 찾아내는 것을 반복하는 그림이다.

그래프의 초기화는 John을 나타내는 버텍스의 값을 0으로 설정하고, 다른 모든 버텍스를 양의 무한대로 설정해 수행된다.

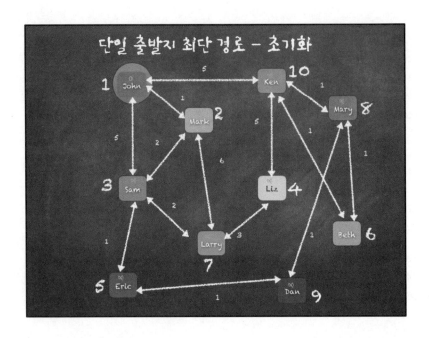

초기화가 완료되면 Pregel을 사용해 버텍스 값을 재계산하는 네 번의 반복 연산을
수행한다. 각 반복 과정에서 모든 버텍스를 살펴보고, 각 버텍스에서 소스 버텍스부터
대상 버텍스까지 더 나은 경로가 있는지 확인한다. 더 나은 에지가 존재하면 버텍스
값이 업데이트된다.

distance(v)와 distance(s)의 두 함수를 정의한다. 여기서 distance(v)는 버텍스
의 값을 제공하고, distance(s, t)는 s와 t를 연결하는 에지의 값을 나타낸다.

1번째 반복에서 John을 제외한 모든 사용자는 무한대로 설정되고, John은 소스 버텍
스이므로 0에 있다. 이제 Pregel을 사용해 버텍스를 탐색하면서 무한대보다 가까운
버텍스가 있는지 확인한다. Ken을 예로 들면 distance("John") + distance("John",
"Ken") < distance("Ken")와 같이 확인할 것이다.

이는 '0 + 5 < 무한대'인지를 확인하는 것과 같다. 이 수식의 값은 true다. 그래서 Ken
의 거리를 5로 업데이트한다.

비슷하게 Mary를 예로 들면 distance("Ken") + distance("Ken", "Mary") < distance("Mary")는 Ken이 무한대에 있기 때문에 false가 된다. 따라서 1번째 반복일 때 John과 연결된 사용자만 업데이트할 수 있다.

다음 반복에서는 Mary, Liz, Eric 등이 모두 업데이트돼, 이제 1번째 반복 때의 Ken, Mark, Sam 값을 업데이트했다. 이는 Pregel API 호출에 지정된 반복 횟수만큼 계속 된다.

다음은 그래프에서 단일 출발지 최단 경로를 계산할 때 다양한 반복을 보여주는 그림이다.

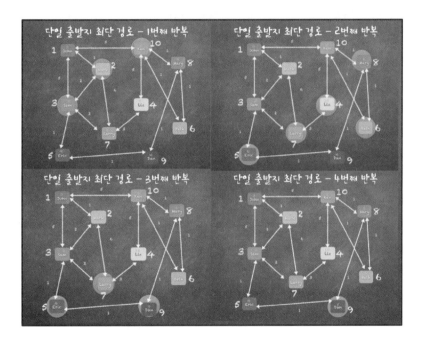

4번째 반복 후 John에서 Larry까지의 최단 경로는 5마일임을 보여준다. John ❯ Mark ❯ Sam ❯ Larry 경로를 따라 가면 John에서 Larry까지의 경로를 볼 수 있다.

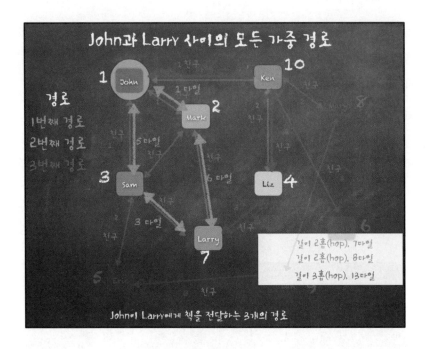

John이 Larry에게 책을 전달하는 3개의 경로

▌ 페이지랭크

페이지랭크^{PageRank}는 그래프 처리 공간에서 가장 중요한 알고리즘 중 하나다. 구글의 창립자인 래리 페이지$^{Larry\ Page}$의 이름을 딴 페이지랭크 알고리즘은 관계나 에지를 기반으로 해서 버텍스나 노드의 순위 개념을 기반으로 다양한 사용 사례 타입으로 발전했다.

 구글 페이지랭크는 웹 사이트가 얼마나 중요한지 대략적으로 판단하기 위해 페이지로 연결되는 링크의 개수와 품질을 계산함으로써 동작한다. 기본 가정은 더 중요한 웹 사이트는 다른 웹 사이트에서 더 많은 링크를 받을 가능성이 높다는 점이다. 자세한 내용은 https://en.wikipedia.org/wiki/PageRank에서 설명을 참조할 수 있다.

예를 들어 페이지랭크 알고리즘을 사용하면 기업 웹 사이트의 웹 페이지 또는 인기 있는 웹 사이트와 기술 블로그 중에서 웹 페이지를 홍보하는 블로그의 상대적 중요성을 향상시킬 수 있다. 페이지랭크 알고리즘을 사용해 여러분의 블로그 웹 사이트와 콘텐츠를 표시하는 외부 웹 사이트가 많다면 여러분의 블로그 웹 사이트는 유사한 다른 웹 페이지보다 먼저 구글 검색 결과에 나타날 수 있다.

 검색 엔진 최적화(SEO, Search Engine Optimization)는 마케팅 세계에서 가장 큰 산업 중 하나로서 대부분의 모든 웹 사이트에서는 SEO 기술에 투자하고 있다. 검색 엔진 최적화는 관련 단어를 검색할 때 검색 엔진 결과에서 멀리 떨어져 있는 여러분의 웹 사이트를 개선할 수 있는 다양한 기술과 전략을 기본적으로 포함한다. 이는 페이지랭크와 같은 개념을 기반으로 한다.

웹 페이지를 노드나 버텍스로 간주하고 웹 페이지 간의 하이퍼링크를 에지로 생각하면 본질적으로 그래프가 생성된 것이다. 이제 cnn.com이나 msnbc.com에서 myblog.com 사이트에 대한 하이퍼링크가 걸려있어 사용자가 cnn.com이나msnbc.com에서 myblog.com 페이지로 접속해 방문할 수 있는 것처럼 하이퍼링크 또는 에지의 개수만큼 웹 페이지 순위를 얻을 수 있다. 페이지랭크는 myblog.com 버텍스의 중요성을 나타내는 요인이 될 수 있다. 이렇게 간단한 로직을 재귀적으로 적용하면 결과적으로 소스 버텍스의 순위를 기반으로 들어오는 에지의 개수를 사용해 계산되는 각 버텍스를 기반으로 할당된 순위를 갖는다. 높은 순위의 페이지랭크를 포함하는 많은 페이지에 하이퍼링크로 연결된 특정 페이지는 높은 순위를 얻는다.

빅데이터 영역에서 GraphX를 사용해 페이지랭크 문제를 해결하는 방법을 살펴볼 것이다. 앞에서 살펴본 것처럼 페이지랭크는 a부터 b까지의 에지가 a에 의해 증폭된 b의 값을 나타내는 것으로 가정하기 때문에 그래프에서 각 버텍스의 중요성을 측정한다. 예를 들어 트위터 사용자를 많은 다른 사용자가 팔로우하는 경우 해당 트위터 사용자 순위는 높다.

GraphX는 페이지랭크의 정적과 동적 구현을 pageRank 객체의 메소드로 제공한다. 고정 페이지랭크는 일정한 반복 횟수 동안 실행되며, 동적 PageRank는 순위가 수집될 때까지 실행된다. GraphOps를 사용해 그래프의 메소드로 페이지랭크 알고리즘을 직접 호출할 수 있다.

```scala
scala> val prVertices = graph.pageRank(0.0001).vertices
prVertices: org.apache.spark.graphx.VertexRDD[Double] = VertexRDDImpl[8245]
at RDD at VertexRDD.scala:57

scala> prVertices.join(users).sortBy(_._2._1, false).take(10)
res190: Array[(org.apache.spark.graphx.VertexId, (Double, User))] =
Array((10,(1.4600029149839906,User(Ken,Librarian))),
(8,(1.1424200609462447,User(Mary,Cashier))),
(3,(1.1279748817993318,User(Sam,Lawyer))),
(2,(1.1253662371576425,User(Mark,Doctor))),
(1,(1.0986118723393328,User(John,Accountant))),
(9,(0.8215535923013982,User(Dan,Doctor))),
(5,(0.8186673059832846,User(Eric,Accountant))),
(7,(0.8107902215195832,User(Larry,Engineer))),
(4,(0.8047583729877394,User(Liz,Doctor))),
(6,(0.783902117150218,User(Beth,Accountant)))))
```

다음은 그래프의 PageRank 알고리즘에 대한 그림이다.

538

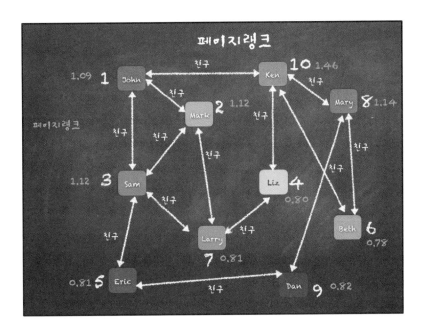

┃ 요약

10장에서는 페이스북을 예로 들어 그래프 이론을 소개했다. 스파크의 그래프 처리 라이브러리인 GraphX, VertexRDD, EdgeRDD와 그래프 연산자인 aggregateMessages, triangleCount, Pregel API와 PageRank 알고리즘과 같은 사용 사례를 설명했다. 또한 여행하는 세일즈맨 문제와 연결된 컴포넌트 등을 다뤘다. GraphX API를 사용해 그래프 처리 알고리즘을 대규모로 개발하는 방법도 살펴봤다.

11장에서는 스파크의 흥미진진한 머신 러닝 라이브러리를 자세히 다룬다.

11

머신 러닝 학습: 스파크 MLlib와 ML

"실제로 우리 모두는 데이터 과학자다. 센서에서 데이터를 수집하고 환경에서 행동을 제어해 고통을 최소화하고 즐거움을 극대화하는 추상적인 규칙을 얻기 위해 데이터를 처리한다. 추상적인 규칙을 두뇌에 저장하기 위해 메모리를 갖고 있으며, 필요할 때 메모리에서 꺼내 사용한다. 학습은 평생 지속되며, 환경이 바뀔 때 더 이상 적용하거나 수정하지 않을 때 규칙을 잊어버린다."

- 에텀 알페이딘(Ethem Alpaydin), 머신 러닝: 새로운 AI

11장의 목적은 전형적으로 요구되는 통계적 트레이닝 중 머신 러닝 기법에 일반적으로 노출되지 않는 사람들을 위해 통계적 머신 러닝ML, Machine Learning 기법을 개념적으로 소개하는 것이다. 또한 11장에서는 머신 러닝에 대한 최소한의 지식을 가진 초보자가 몇 단계만 거치면 머신 러닝 지식을 갖은 실무자가 되는 것을 목표로 한다. 스파크의 머신 러닝 API인 스파크 MLlib와 ML에 대한 이론과 실제 방법에 초점을 맞출 것이다.

또한 피처 추출, 변환, 차원 축소, 회귀, 분류 분석을 다루는 몇 가지 예를 제공한다. 11장에서 다루는 내용은 다음과 같다.

- 머신 러닝 소개
- 스파크 머신 러닝 API
- 피처 추출기와 변환
- 회귀 분석을 위한 PCA를 사용한 차원 축소
- 이진과 다중 클래스 분류

▌ 머신 러닝 소개

이 절에서는 컴퓨터 과학, 통계, 데이터 분석 관점에서 머신 러닝을 정의한다. 머신 러닝은 컴퓨터에서 명시적으로 프로그래밍하지 않고 학습 능력을 제공하는 컴퓨터 과학의 한 분야다(아서 새무엘$^{Arthur\ Samuel}$, 1959). 머신 러닝 분야는 인공 지능의 패턴 인식과 계산 학습 이론의 연구에서 진화됐다.

좀 더 구체적으로 말하면 ML은 휴리스틱^{heuristic}에서 배우고, 데이터를 통해 예측을 할 수 있는 알고리즘에 대한 연구와 구축을 탐색한다. 이런 종류의 알고리즘은 샘플 입력을 통해 모델을 작성해 데이터 기반의 예측이나 의사 결정으로 엄격하고 정적인 프로그램을 극복한다. 이제 컴퓨터 과학 관점에서 머신 러닝이 실제로 무엇을 의미하는지 설명한 톰 미셸$^{Tom\ M.\ Mitchell}$ 교수의 명확하고 다양한 정의를 살펴보자.

> 컴퓨터 프로그램에서 어떤 작업 T을 할 때 특정한 기준 P로 측정한 성능이 특정한 경험 E로 인해 향상됐다면 해당 작업 T는 어떤 경험 E에서 학습했다고 말할 수 있다.

이 정의에 따라 컴퓨터 프로그램이나 장비에서 다음을 수행할 수 있다고 결론을 내릴 수 있다.

- 데이터와 기록에서 배운다.
- 경험을 통해 향상된다.
- 질문의 결과를 예측하는 데 사용할 수 있는 모델을 대화형으로 향상한다.

일반적인 머신 러닝 작업은 학습 개념, 예측 모델링, 클러스터링, 유용한 패턴 찾기다. 궁극적인 목표는 학습이 인간의 상호작용이 더 이상 필요 없게 자동으로 이뤄지거나 인간의 상호작용 수준을 가능한 한 많이 낮추는 방식으로 학습을 향상시키는 것이다. 때때로 머신 러닝은 **정보 발견과 데이터 마이닝**KDDM, Knowledge Discovery and Data Mining과 결합되지만, KDDM은 탐색 데이터 분석에 더 중점을 두고 있으며 비지도 학습unsupervised learning으로 알려져 있다. 일반적인 머신 러닝 애플리케이션은 로봇공학이나 **휴먼-컴퓨터 상호작용**HCI, Human-Computer Interaction에서부터 스팸 방지 필터링, 추천 시스템에 이르기까지 과학 지식 검색 및 상용 애플리케이션으로 분류할 수 있다.

일반적인 머신 러닝 워크플로우

일반적인 머신 러닝 애플리케이션은 입력, 처리, 출력에 이르기까지 여러 단계로 이뤄져 있으며, 그림 1과 같이 과학적인 워크플로우를 형성한다. 일반적인 머신 러닝 애플리케이션에는 다음 단계가 포함된다.

1. 샘플 데이터를 로드한다.
2. 데이터를 알고리즘의 입력 형식으로 파싱한다.
3. 데이터를 전처리하고 누락된 값을 처리한다.
4. 데이터를 두 개의 셋로 나눈다. 하나는 모델 구축용(트레이닝 데이터셋)이고, 다른 하나는 모델 테스트용(검증 데이터셋)이다.
5. 알고리즘을 실행해 ML 모델을 구축하거나 트레이닝한다.
6. 트레이닝 자료로 예측하고 결과를 관찰한다.

7. 테스트 데이터를 사용해 모델을 테스트하고 평가하거나 모델링한다. 또는 대안으로 세 번째 데이터셋(검증 데이터셋)을 사용해서 교차 검증기 기술을 사용해 모델을 검증한다.

8. 더 나은 성능과 정확성을 위해 모델을 조정한다.

9. 향후 대규모 데이터셋을 처리할 수 있게 모델의 크기를 늘린다.

10. 상용 환경에 ML 모델을 배치한다.

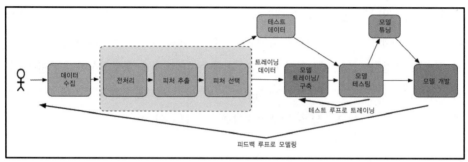

그림 1 머신 러닝 워크플로우

종종 머신 러닝 알고리즘에는 데이터셋의 왜곡을 처리할 수 있는 몇 가지 방법이 있다. 왜곡은 때로 엄청나다. 4단계에서 실험 데이터셋을 임의로 분할해 샘플링이라 불리는 트레이닝training 데이터셋과 테스트test 데이터셋으로 나눈다. 트레이닝 데이터셋은 모델을 트레이닝하는 데 사용되는 반면, 테스트 데이터셋은 최종 모델의 성능을 평가하기 위해 사용된다. 더 나은 방법은 일반화된 성능을 높이기 위해 가능한 한 트레이닝 데이터셋을 사용하는 것이다. 반면에 예측 에러와 관련 메트릭을 계산할 때 오버피팅overfitting 문제를 피하기 위해 테스트 데이터셋을 한 번만 사용하는 것을 추천한다.

머신 러닝 작업

학습 시스템에서 사용 가능한 학습 피드백의 성격에 따라 ML 작업이나 프로세스는 일반적으로 그림 2에 표시된 지도 학습$^{supervised\ learning}$, 비지도 학습$^{unsupervised\ learning}$, 강화 학습$^{reinforcements\ learning}$의 세 가지 범주로 분류된다. 또한 다른 머신 러닝 과제도 있다. 예를 들어 차원 축소, 추천 시스템, 빈번한 패턴 마이닝 등이 있다.

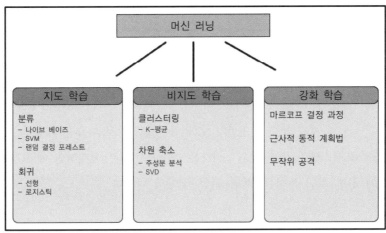

그림 2 머신 러닝 작업

지도 학습

지도 학습의 목표는 입력을 실제 세계에 맞게 출력에 매핑하는 일반적인 규칙을 학습하는 것이다. 지도 학습 애플리케이션은 일련의 예를 기반으로 예측을 수행할 것이다. 예를 들어 스팸 필터링을 위한 데이터셋에는 일반적으로 스팸 메시지는 물론 스팸이 아닌 메시지도 포함된다. 따라서 트레이닝 셋의 메시지가 스팸^{spam}인지 햄^{ham}인지를 알 수 있다. 그럼에도 불구하고 보지 않은 새로운 메시지를 분류하기 위해 해당 정보를 사용해 모델을 트레이닝할 수 있을 것이다.

다음 그림은 지도 학습의 개략적인 그림을 보여준다. 알고리즘이 필요한 패턴을 찾은 후에 해당 패턴은 레이블이 없는 테스트 데이터를 예측하기 위해 사용된다. 지도 학습은 가장 인기 있고 유용한 타입의 머신 러닝 작업이다. 스파크도 예외는 아니다. 대부분의 알고리즘은 지도 학습 기술이다.

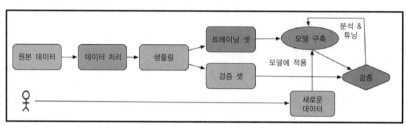

그림 3 지도 학습의 동작 방식

지도 학습 문제를 해결하는 분류와 회귀 예를 포함하는 예를 소개한다. 이 책에서는 로지스틱 회귀, 랜덤 포레스트, 결정 트리, 나이브 베이즈, One-vs-the-Rest 등과 같은 지도 학습의 몇 가지 예를 설명한다. 그러나 구체적으로 다루는 내용은 로지스틱 회귀와 랜덤 포레스트이고, 다른 알고리즘은 12장에서 일부 실제적인 예와 함께 다룬다. 반면에 선형 회귀 분석은 '회귀 분석' 절에서 다룬다.

비지도 학습

비지도 학습에서는 데이터 포인트에 관련 레이블이 없다. 따라서 다음 그림과 같이 알고리즘에 레이블을 지정해야 한다. 즉, 비지도 학습의 트레이닝 데이터셋의 정확한 클래스는 알 수 없다. 결과적으로 클래스는 구조화되지 않은 데이터셋에서 추론돼야 한다. 즉, 비지도 학습 알고리즘의 목표는 구조를 기술해 구조화된 방식으로 데이터를 사전 처리하는 것을 의미한다.

비지도 학습에서는 이런 장애물을 극복하려면 클러스터링 기술을 사용해야 한다. 클러스터링 기술은 일반적으로 특정 유사성 측정에 기반을 둔 레이블이 없는 샘플을 그룹핑하는 데 사용된다. 따라서 클러스터링 기술에는 피처 학습에 대한 숨겨진 패턴을 찾는 작업도 포함된다. 클러스터링은 데이터셋의 엘리먼트를 지능적으로 분류하는 프로세스다. 전체 아이디어는 동일한 클러스터의 두 항목이 별도의 클러스터에 속한

546

항목보다 서로 '더 가깝다'는 것이다. 이것이 일반적인 정의이고, '유사도'에 대한 해석은 열려 있다.

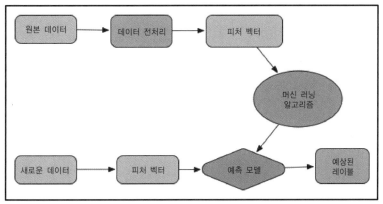

그림 4 비지도 학습

클러스터링, 빈번한 패턴 마이닝, 비지도 학습 문제 해결을 위한 차원 축소(지도 학습 문제에도 적용할 수 있음) 등의 예가 있다. 이 책에서는 k-평균, 이분법[bisecting] k-평균, 가우시안 혼합 모델[Gaussian mixture model], LDI[Latent dirichlet allocation] 등과 같은 비지도 학습의 몇 가지 예를 설명한다. 또한 회귀 분석을 통한 지도 학습에서 **주성분 분석**[PCA, Principal Component Analysis] 또는 SVD[Singular Value Decomposition] 같은 차원 축소 알고리즘을 사용하는 방법을 설명할 것이다.

차원 축소(DR, Dimensionality reduction): 차원 축소는 특정 고려 사항에서 확률 변수의 수를 줄이는 데 사용되는 기술이다. 이 기술은 지도 학습과 비지도 학습 모두에 사용된다. DR 기술을 사용하는 일반적인 장점은 다음과 같다.

- 머신 러닝 작업에 필요한 시간과 저장 공간이 줄어든다.
- 다중 공선성(multicollinearity)을 제거하고 머신 러닝 모델의 성능을 향상시키는 데 도움이 된다.
- 2D 또는 3D와 같이 매우 낮은 차원으로 축소하면 데이터 시각화가 더 쉬워진다.

강화 학습

인간은 과거의 경험에서 배운다. 인간은 그렇게 매력적이지 않다. 긍정적인 칭찬과 부정적인 비판이 오늘날의 모습으로 살고 있는 데 도움이 되고 있다. 친구, 가족, 심지어 낯선 사람과 상호작용하면서 사람들을 행복하게 만드는 것을 배우고 이해가 될 때까지 근육을 움직여 자전거를 타는 방법을 알아낸다. 행동을 취하면 때때로 보상을 받는 경우가 있다. 예를 들어 근처의 쇼핑몰을 찾는 것은 즉각적인 만족을 가져올 수 있다. 어떨 때는 맛있는 음식을 먹기 위해 탁월한 식당을 찾기 위해 먼 거리를 여행하는 것처럼 보상이 바로 나타나지 않기도 한다. 이는 모두 강화 학습에 대한 것이다.

따라서 강화 학습은 모델 자체가 일련의 행동이나 행동으로부터 학습하는 기술이다. 데이터셋의 복잡성이나 샘플링 복잡성은 강화 학습에서 매우 중요한데, 알고리즘이 대상 함수를 성공적으로 학습하기 위해 필요하다. 또한 궁극적인 목표를 달성하기 위한 각 데이터 엘리먼트에 대한 응답으로 보상 함수의 최대화가 보장돼야 하며, 다음 그림과 같은 외부 환경과 상호작용해야 한다.

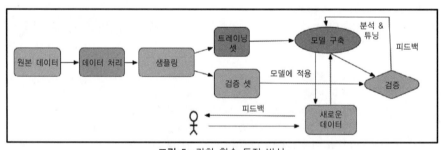

그림 5 강화 학습 동작 방식

강화 학습 기술은 많은 분야에서 사용되고 있다. 다음은 강화 학습 기술이 적용된 매우 짧은 목록이다.

- 광고는 새로운 요소에 대해 원샷^{one-shot} 학습을 사용해 학습 랭킹에서 도움이 되며, 신규 사용자는 더 많은 돈을 가져온다(원샷 학습이라 개체 수가 매우 적은

상황(극단적으로는 각 클래스에 대한 샘플이 1개밖에 없는 경우)에서 분류 성능을 높이는 학습을 의미한다 - 옮긴이).

- 사전 지식을 유지하면서 로봇에게 새로운 과제를 가르친다.

- 체스 전략에서 거래 전략에 이르기까지 복잡한 계층 구조를 유도한다.

- 예를 들어 어느 화물을 어느 트럭/트럭 운전자에 할당 할 것인가에 대한 선적 관리와 같은 라우팅 문제가 있다.

- 로봇 공학에서 알고리즘은 일련의 센서 판독 값을 기반으로 로봇의 다음 동작을 선택해야 한다.

- 컴퓨터 프로그램이 명시적인 조작 없이 특정 목표를 수행해야 하는 동적 환경과 상호작용하는 IoT$^{Internet\ of\ Things}$ 애플리케이션과 자연스럽게 어울린다.

- 가장 간단한 강화 학습 문제 중 하나는 '여러 개의 팔을 가진 밴딧 알고리즘$^{n-armed\ bandit}$'이다. 거기에는 n개의 슬롯머신이 있지만 각각 다른 고정 지불금 확률이 있다. 목표는 항상 최고의 지불금으로 기계를 선택해 수익을 극대화하는 것이다.

- 적용할 수 있는 새로운 영역은 주식 시장 거래다. 주식 시장에서 특정 주식의 매매(즉, 행동)가 이익이나 손실(보상)을 생성함으로써 트레이더의 상태를 변화시키기 때문에 트레이더가 강화 에이전트처럼 행동한다.

추천 시스템

추천 시스템은 사용자가 일반적으로 특정 항목에 대해 제공하는 평가나 선호를 예측하는 정보 필터링 시스템의 하위 클래스다. 추천 시스템의 개념은 최근 몇 년간 여러 애플리케이션에서 적용되고 있다.

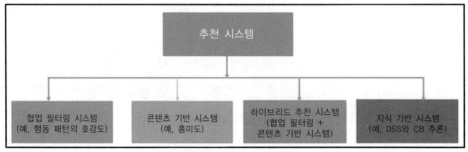

그림 6 여러 추천 시스템

가장 인기 있는 제품은 영화, 음악, 서적, 연구 기사, 뉴스, 검색어, 소셜 태그 등의 제품일 가능성이 크다. 추천 시스템은 일반적으로 다음처럼 4가지 범주로 분류할 수 있다.

- **협업 필터링**collaborative filtering: 다른 사람들의 추천을 사용해 정보를 필터링하는 소셜 필터링이라고도 한다. 과거에 특정 항목에 대한 평가에 동의한 사람들은 향후 다시 동의할 가능성이 높다. 따라서 예를 들어 영화를 보고 싶은 사람은 친구의 추천을 요청할 수 있다. 이제 비슷한 관심사를 가진 친구 중 일부에게서 추천을 받는다면 다른 사람들의 추천 이상의 신뢰를 얻는다. 추천 정보는 앞으로 볼 영화를 결정하기 위해 사용된다.

- **콘텐츠 기반 필터링(인지 필터링이라고도 한다)**: 항목의 콘텐츠와 사용자 프로필 간의 비교를 기반으로 항목을 추천한다. 각 항목의 내용은 설명자나 단어 셋으로 표현되며, 일반적으로 문서에서 발생하는 단어다. 사용자 프로필은 동일한 단어로 표현되며, 사용자가 봤던 항목의 콘텐츠를 분석해 구성된다. 그러나 해당 타입의 추천 시스템을 구현하는 동안 고려해야 할 몇 가지 문제는 다음과 같다.

  - 첫째, 자동 또는 수동으로 단어를 할당할 수 있다. 자동 할당의 경우 항목 목록에서 항목을 추출할 수 있는 방법을 선택해야 한다. 둘째, 사용자 프로파일과 항목 모두를 의미 있는 방식으로 비교할 수 있게 단어를 표현해

야 한다. 학습 알고리즘 자체는 현명하게 선택돼야 하며 이미 관찰자(즉, 보이는) 항목을 기반으로 사용자 프로필을 학습하고 해당 사용자 프로필을 기반으로 적절히 추천해야 한다. 내용 기반 필터링 시스템은 주로 텍스트 문서와 함께 사용되며, 단어 파서는 문서에서 한 단어를 선택하는 데 사용된다. 벡터 공간 모델vector space model과 잠재 의미론 인덱싱latent semantic indexing은 다차원 공간에서 문서를 벡터로 표현하기 위해 단어를 사용하는 두 가지 방법이다. 또한 관련성 피드백, 유전 알고리즘, 신경망, 사용자 프로필 학습을 위한 베이지안 분류자Bayesian classifier로도 사용된다.

- **하이브리드 추천 시스템:** 최근 연구되고 하이브리드 접근 방식(즉, 협업 필터링 과 콘텐츠 기반 필터링의 결합)이다. 넷플릭스는 RBMRestricted Boltzmann Machines을 사용하는 추천 시스템의 좋은 예이며, IMDb와 같은 대형 영화 데이터베이스에 대한 행렬 파라미터 분해 알고리즘matrix factorization algorithm의 한 형태다(자세한 내용은 https://pdfs.semanticscholar.org/789a/d4218d1e2e920b4d192023f840fe8246d746.pdf 를 참조한다). 유사한 사용자의 시청 습관과 검색 습관을 비교해 단순히 영화, 드라마 또는 스트리밍을 추천하는 것을 등급 예측rating prediction이라고 한다.

- **지식 기반 시스템:** 사용자와 제품에 대한 지식은 인식 체계, 의사 결정 지원 시스템, 사례 기반 추론을 사용해 사용자의 요구 사항을 충족시키는 원인을 파악하는 데 사용된다.

11장에서 영화를 추천하는 협업 필터링 기반 추천 시스템을 다룬다.

반지도 학습

지도 학습과 비지도 학습 사이에는 반지도 학습semi-supervised learning이란 것이 있다. 이 경우 ML 모델은 보통 불완전한 트레이닝 신호를 수신한다. 더 통계적으로 ML 모델은 일부 목표 출력이 누락된 학습 셋을 수신한다. 비지도 학습은 다소 가정을 기반으로 하고 종종 레이블이 지정되지 않은 데이터셋에 대한 학습 알고리즘으로 3가지 종류의 가정 알고리즘(smoothness, cluster, manifold)을 사용한다. 다시 말해 반지도 학습은 소량의 레이블 데이터에서 학습을 향상시키기 위해 레이블이 없는 숨겨진 정보를 사용한다. 이를 약한^{weakly} 지도 학습 또는 부트스트랩^{bootstrap} 기법이라 부른다.

이미 살펴본 대로 문제를 학습하기 위해 레이블 데이터를 얻으려면 숙련된 사람이 필요하다. 따라서 레이블되지 않은 데이터를 얻는 것은 상대적으로 비용이 덜 드는 반면, 레이블 작업 프로세스와 관련된 비용 때문에 레이블 트레이닝 셋을 완벽히 얻는 것이 불가능할 수 있다.

예를 들어 오디오 일부분을 기록하거나, 단백질의 3D 구조를 결정하거나, 특정 위치에 기름이 있는지, 기대 최소화와 인간 인식인지, 트랜지티브 관계 여부를 결정한다. 이러한 상황에서 반지도 학습은 큰 실용적인 가치가 있다.

▌ 스파크 머신 러닝 API

이 절에서는 스파크 머신 러닝 라이브러리(스파크 MLlib과 ML)에서 소개한 두 가지 주요 개념과 앞 절에서 설명한 지도 학습과 비지도 학습 기법에서 가장 널리 사용되는 구현 알고리즘을 설명한다.

스파크 머신 러닝 라이브러리

이미 살펴본 것처럼 스파크 이전 시대에 빅데이터 모델러는 일반적으로 R, STATA, SAS 같은 통계 언어를 사용해 ML 모델을 작성했다. 그러나 이러한 종류의 워크플로우(즉, 이러한 ML 알고리즘의 실행 흐름)에는 효율성, 확장성, 처리량뿐만 아니라 정확도가 부족하다. 물론 실행 시간이 길어진다.

그다음 데이터 엔지니어는 자바에서 동일한 모델을 재구현했다(예, 하둡 배포). 스파크를 사용하면 동일한 ML 모델을 재구성, 채택, 배포할 수 있어서 전체 워크플로우가 훨씬 효율적이고 강력하며 빨라진다. 또한 성능을 향상시킬 수 있는 실용적인 통찰력을 제공한다. 하둡에서 이런 알고리즘을 구현하면 해당 알고리즘을 병렬로 실행할 수 있지만 R, STATA, SAS 등에서 실행할 수 없다. 스파크의 머신 러닝 라이브러리는 스파크 MLlib(spark.mllib)와 스파크 ML(spark.ml)의 두 가지 패키지로 구분된다.

스파크 MLlib

스파크 MLlib는 스파크의 확장 가능한 머신 러닝 라이브러리이고, 사용하기 쉬운 머신 러닝 알고리즘 라이브러리를 제공하는 스파크 코어 API의 확장이다. 스파크 알고리즘은 스칼라에서 구현됐고, 자바, 스칼라, 파이썬, R API를 제공한다. 스파크는 하나의 컴퓨터에 저장된 로컬 벡터와 행렬 데이터 타입은 물론 하나 또는 여러 개의 RDD로 백업된 분산 행렬을 지원한다. 스파크 MLlib의 아름다움은 다양하다. 예를 들어 알고리즘은 확장성이 뛰어나며, 방대한 양의 데이터로 작업할 수 있는 스파크의 기능을 활용한다.

- 스파크는 맵리듀스 데이터 처리와 비교해 100배 빠른 메모리 기반 연산을 포함하는 병렬 컴퓨팅용으로 설계된 빠른 처리 능력을 갖고 있다(또한 스파크는 맵리듀스가 일반적인 데이터 처리 능력보다 10배 더 빠른 디스크 기반 연산도 지원한다).
- 스파크는 다양하다. 회귀 분석, 분류, 클러스터링, 추천 시스템, 텍스트 분석, 빈번한 패턴 마이닝에 대한 일반적인 머신 러닝 알고리즘을 다루고 있다. 또한 확장 가능한 머신 러닝 애플리케이션을 작성하는 데 필요한 모든 단계를 다룬다.

스파크 ML

스파크 ML은 사용자가 데이터셋 위에 실용적인 머신 러닝 파이프라인을 신속하게 조립하고 구성할 수 있는 새로운 머신 러닝 API를 추가한다. 스파크 ML은 사용자가 실용적인 머신 러닝 파이프라인을 생성하고 조정할 수 있는 RDD보다는 데이터 프레임 위에 구축된 하이레벨 API의 고정된 셋을 제공하는 것을 목표로 한다. 스파크 ML API는 데이터 과학자를 위해 여러 알고리즘을 단일 파이프라인이나 데이터 워크플로우로 결합하는 학습 작업을 더 쉽게 수행하기 위한 머신 러닝 알고리즘을 표준화한다. 스파크 ML은 데이터 프레임과 데이터셋의 개념을 사용한다. 데이터 프레임과 데이터셋은 스파크 1.6에서 실험적으로 도입된 훨씬 새로운 개념이었고, 스파크 2.0 이상에서 사용됐다.

 스파크와 자바의 데이터 프레임과 데이터셋은 통합돼 있다. 즉, 데이터 프레임은 로우의 데이터셋에 대한 타입 앨리어스일 뿐이다. 파이썬과 R에서는 타입 안전성이 부족해서 데이터 프레임이 주요 프로그래밍 인터페이스다.

데이터셋에는 텍스트, 피처 벡터, 데이터의 실제 레이블을 저장하는 칼럼과 같은 다양한 데이터 타입이 있다. 이 외에도 스파크 ML은 트랜스포머transformer를 사용해 하나의 데이터 프레임을 다른 데이터 프레임으로 변환하거나 그 반대로 변환한다. 여기에서 에스티메이터estimator의 개념은 데이터 프레임에 맞게 사용돼 새로운 트랜스포머를 생성한다. 반면에 파이프라인 API는 ML 데이터 워크플로우를 지정하기 위해 여러 트랜스포머와 에스티메이터를 함께 지정할 수 있다. 파라미터의 개념은 ML 애플리케이션을 개발할 때 모든 트랜스포머와 에스티메이터가 공통 API를 공유하도록 지정하기 위해 도입됐다.

스파크 MLlib 또는 스파크 ML의 차이는 무엇인가?

스파크 ML은 ML 파이프라인을 구성하기 위해 데이터 프레임 위에 구축된 고급 API를 제공한다. 기본적으로 스파크 ML은 데이터에 대한 다양한 머신 러닝 관련 변환의 파이프라인을 생성하는 툴셋을 제공한다. 예를 들어 체인 피처 추출, 치수 감소, 분류자를 하나의 모델로 쉽게 트레이닝할 수 있으며, 전체적으로 나중에 분류에 사용할 수 있다.

그러나 MLlib는 상대적으로 오래돼서 더 많은 기능이 있다. 따라서 API를 데이터 프레임에 사용하면 융통성 있고 유연하기 때문에 스파크 ML을 사용하는 것이 좋다.

피처 추출과 트랜스포메이션

신용카드 거래가 허위인지 아닌지 예측할 수 있는 머신 러닝 모델을 구축한다고 가정하자. 이제 사용할 수 있는 백그라운드 지식과 데이터 분석을 기반으로 모델을 트레이닝하는 데 중요한 데이터 필드(피처라고도 한다)를 결정할 수 있다. 예를 들어 금액, 고객 이름, 구매하는 제품의 회사 이름, 신용카드 소유자의 주소는 전반적인 학습 과정을 제공하는 데 가치가 있다.

고려해야 할 중요한 사항으로, 무작위로 생성된 트랜잭션 ID를 제공하면 정보가 전달되지 않기 때문에 전혀 유용하지 않다. 따라서 트레이닝 셋에 포함할 피처를 결정한 후에는 더 나은 학습을 위해 모델을 트레이닝하기 위해 해당 피처를 변환해야 한다. 피처 트랜스포메이션을 사용하면 트레이닝 데이터에 배경 정보를 추가할 수 있다. 머신 러닝 모델에서 해당 배경 정보를 사용하면 이익을 얻을 수 있다. 이전 내용을 더 구체화하기 위해 고객 중 한 명에게 다음처럼 주소가 있다고 가정하자.

```
"123 Main Street, Seattle, WA 98101"
```

이전 주소를 보면 주소에는 의미가 없다. 즉, 주소 문자열에는 표현력이 제한돼 있다. 예를 들어 주소는 데이터베이스의 정확한 주소와 연관된 주소 패턴을 학습할 때만 유용하다. 그러나 기본 피처를 분해하면 다음처럼 추가 피처를 제공할 수 있다.

- "Address" (123 Main Street)
- "City" (Seattle)
- "State" (WA)

- "Zip" (98101)

이 패턴을 보면 ML 알고리즘은 더 많은 트랜잭션을 함께 그룹핑하고 더 넓은 패턴을 발견할 수 있다. 일부 고객의 우편번호는 다른 정보보다 잘못될 수 있기 때문에 정상이다. 스파크는 피처 추출을 위해 구현된 변환 알고리즘을 제공한다. 예를 들어 현재 버전에서는 피처 추출을 위해 다음과 같은 알고리즘을 제공한다.

- TF-IDF
- Word2vec
- CountVectorizer

반면 피처 트랜스포머는 학습된 모델을 포함하는 추상화다. 기술적으로 트랜스포머는 transform이라는 메소드를 구현한다. 해당 메소드는 일반적으로 하나 이상의 칼럼을 추가해 특정 데이터 프레임을 다른 데이터 프레임으로 변환한다. 스파크는 다음과 같은 트랜스포머를 RDD나 데이터 프레임으로 지원한다.

- Tokenizer
- StopWordsRemover
- n-gram
- Binarizer
- PCA
- PolynomialExpansion
- DCT^{Discrete cosine transform}
- StringIndexer
- IndexToString
- OneHotEncoder
- VectorIndexer
- Interaction

- Normalizer

- StandardScaler

- MinMaxScaler

- MaxAbsScaler

- Bucketizer

- ElementwiseProduct

- SQLTransformer

- VectorAssembler

- QuantileDiscretizer

페이지 제한으로 인해 모든 것을 설명할 수는 없다. 그러나 CountVectorizer, Tokenizer, StringIndexer, StopWordsRemover, OneHotEncoder 등과 같이 광범위하게 사용되는 알고리즘을 살펴볼 것이다. 그리고 차원 축소에 일반적으로 사용되는 PCA는 다음 절에서 살펴본다.

CountVectorizer

CountVectorizer와 CountVectorizerModel은 텍스트 문서를 토큰 개수의 벡터로 변환할 수 있다. 이전 사전을 사용할 수 없다면 CountVectorizer는 어휘 추출을 위한 에스티메이터로 사용돼 CountVectorizerModel을 생성한다. 해당 모델은 어휘를 통해 문서에 대한 희소한 표현을 생성한 후 LDA와 같은 다른 알고리즘으로 전달할 수 있다.

다음과 같이 텍스트 코퍼스corpus가 있다고 가정한다(코퍼스는 스파크에서 사용하는 머신 러닝의 학습 데이터를 의미한다. 한국어판에서는 저자의 의도를 살리기 위해 그대로 사용한다 - 옮긴이).

```
+---+-----------------+
|id |name             |
+---+-----------------+
|0  |[Jason, David]   |
|1  |[David, Martin]  |
|2  |[Martin, Jason]  |
|3  |[Jason, Daiel]   |
|4  |[Daiel, Martin]  |
|5  |[Moahmed, Jason] |
|6  |[David, David]   |
|7  |[Jason, Martin]  |
+---+-----------------+
```

그림 7 이름만 포함하는 텍스트 코퍼스

스파크에서는 텍스트 집합을 토큰 개수에 대한 벡터로 변환하는 CountVectorizer
API를 제공한다. 먼저 다음과 같이 이 테이블의 간단한 데이터 프레임을 생성한다.

```
val df = spark.createDataFrame(
Seq((0, Array("Jason", "David")),
(1, Array("David", "Martin")),
(2, Array("Martin", "Jason")),
(3, Array("Jason", "Daiel")),
(4, Array("Daiel", "Martin")),
(5, Array("Moahmed", "Jason")),
(6, Array("David", "David")),
(7, Array("Jason", "Martin")))).toDF("id", "name")
df.show(false)
```

대부분의 경우 setInputCol을 사용해 입력 칼럼을 설정할 수 있다. 다음과 같이 코퍼
스의 CountVectorizerModel 객체를 피팅[fitting]한다.

```
import org.apache.spark.ml.feature.CountVectorizer
val cvModel: CountVectorizerModel = new CountVectorizer()
                        .setInputCol("name")
                        .setOutputCol("features")
                        .setVocabSize(3)
                        .setMinDF(2)
```

```
.fit(df)
```

이제 추출기를 사용해 다음과 같이 토큰 개수에 대한 벡터를 얻는다.

```
val feature = cvModel.transform(df)
```

이제 제대로 동작하는지 확인하자.

```
feature.show(false)
```

이 코드 라인은 다음과 같이 출력한다.

```
+---+----------------+-----------------------+
|id |name            |features               |
+---+----------------+-----------------------+
|0  |[Jason, David]  |(3,[0,1],[1.0,1.0])    |
|1  |[David, Martin] |(3,[1,2],[1.0,1.0])    |
|2  |[Martin, Jason] |(3,[0,2],[1.0,1.0])    |
|3  |[Jason, Daiel]  |(3,[0],[1.0])          |
|4  |[Daiel, Martin] |(3,[2],[1.0])          |
|5  |[Moahmed, Jason]|(3,[0],[1.0])          |
|6  |[David, David]  |(3,[1],[2.0])          |
|7  |[Jason, Martin] |(3,[0,2],[1.0,1.0])    |
+---+----------------+-----------------------+
```

그림 8 이름 텍스트 코퍼스에 대한 피처가 생성됐다.

이제 피처 트랜스포머로 이동해 살펴보자. 가장 중요한 트랜스포머 중 하나는 분류 데이터를 처리하기 위해 머신 러닝 작업에서 자주 사용되는 토큰나이저^{tokenizer}다. 다음 절에서 이 트랜스포머로 작업하는 방법을 살펴본다.

토큰화

토큰화^{tokenization}는 단어, 문장과 같은 원시 텍스트에서 중요 컴포넌트에 마술을 걸어 원시 텍스트를 개별 단어로 분리하는 프로세스다. 정규식 일치에 대한 고급 토큰화를 원할 경우 RegexTokenizer는 이를 위한 좋은 옵션이다. 기본적으로 파라미터 패턴 pattern(regex라고 한다. 기본 패턴은 s+다)은 입력 텍스트를 분리하는 구분 기호로 사용된다. 그렇지 않으면 공백으로 나누지 않고 토큰을 나타내는 정규 표현식 패턴을 나타내는 gaps 파라미터를 false로 설정할 수도 있다. 이렇게 하면 토큰화 결과로 일치하는 개수를 얻을 수 있다.

다음과 같은 문장이 있다고 가정하자.

- Tokenization,is the process of enchanting words,from the raw text.
- If you want,to have more advance tokenization, RegexTokenizer,is a good option.
- Here,will provide a sample example on how to tokenize sentences.
- This way, you can find all matching occurrences.

이제 앞의 네 문장에서 의미 있는 단어를 토큰으로 분리할 것이다. 다음과 같이 문장에서 데이터 프레임을 생성한다.

```
val sentence = spark.createDataFrame(Seq(
    (0, "Tokenization,is the process of enchanting words,from the raw text"),
    (1, " If you want,to have more advance tokenization,RegexTokenizer,
        is a good option"),
    (2, " Here,will provide a sample example on how to tockenize sentences"),
    (3, "This way,you can find all matching occurrences"))).toDF("id",
                                                            "sentence")
```

이제 다음과 같이 Tokenizer API를 인스턴스화해서 토큰나이저를 생성한다.

```
import org.apache.spark.ml.feature.Tokenizer
val tokenizer = new
    Tokenizer().setInputCol("sentence").setOutputCol("words")
```

이제 다음과 같이 UDF를 사용해 각 문장의 토큰 개수를 계산한다.

```
import org.apache.spark.sql.functions._
val countTokens = udf { (words: Seq[String]) => words.length }
```

이제 각 문장에서 토큰을 얻는다.

```
val tokenized = tokenizer.transform(sentence)
```

마지막으로 각 토큰을 다음과 같이 각 원본 문장에 대해 표시한다.

```
tokenized.select("sentence", "words")
.withColumn("tokens", countTokens(col("words")))
.show(false)
```

이 코느는 원본 문장, 단어 모음, 토큰 수를 포함하는 토큰 데이터 프레임 정보를 출력
한다.

```
|sentence                                                        |words                                                                          |tokens|
|Tokenization,is the process of enchanting words,from the raw text|[tokenization,is, the, process, of, enchanting, words,from, the, raw, text]    |9     |
|If you want,to have more advance tokenization,RegexTokenizer,is a good option|[, if, you, want,to, have, more, advance, tokenization,regextokenizer,is, a, good, option]|11    |
|Here,will provide a sample example on how to tockenize sentences|[, here,will, provide, a, sample, example, on, how, to, tockenize, sentences]  |11    |
|This way,you can find all matching occurrences                  |[this, way,you, can, find, all, matching, occurrences]                         |7     |
```

그림 9 원시 텍스트의 토큰 단어

그러나 RegexTokenizer API를 사용하면 더 좋은 결과를 얻을 수 있다. 다음과 같이
RegexTokenizer API를 인스턴스화해 정규식 토큰나이저를 생성한다.

```
import org.apache.spark.ml.feature.RegexTokenizer
val regexTokenizer = new RegexTokenizer()
                    .setInputCol("sentence")
                    .setOutputCol("words")
                    .setPattern("\\W+")
```

```
        .setGaps(true)
```

이제 다음처럼 각 문장에서 토큰을 얻는다.

```
val regexTokenized = regexTokenizer.transform(sentence)
regexTokenized.select("sentence", "words")
              .withColumn("tokens", countTokens(col("words")))
              .show(false)
```

이 코드는 원본 문장, 단어 모음, 토큰 수를 포함하는 RegexTokenizer를 사용해 토큰
화된 데이터 프레임 정보를 출력한다.

sentence	words	tokens
Tokenization,is the process of enchanting words,from the raw text	[tokenization, is, the, process, of, enchanting, words, from, the, raw, text]	11
If you want,to have more advance tokenization,RegexTokenizer,is a good option	[if, you, want, to, have, more, advance, tokenization, regextokenizer, is, a, good, option]	13
Here,will provide a sample example on how to tockenize sentences	[here, will, provide, a, sample, example, on, how, to, tockenize, sentences]	11
This way,you can find all matching occurrences	[this, way, you, can, find, all, matching, occurrences]	8

그림 10 RegexTokenizer를 사용해 더 좋아진 토큰화

StopWordsRemover

불용어stop word는 일반적으로 단어가 자주 나타나지만 많은 의미를 지니지 않아서 일반
적으로 입력에서 제외돼야 하는 단어다. 스파크의 StopWordsRemover는 입력으로 일
련의 문자열을 받는다. 해당 문자열은 Tokenizer나 RegexTokenizer에 의해 토큰화
된다. 그리고 입력 문자열에서 모든 불용어를 제거한다. 불용어 목록은 stopWords
파라미터에 의해 지정된다. StopWordsRemover API의 현재 구현은 덴마크어, 네덜란
드어, 핀란드어, 프랑스어, 독일어, 헝가리어, 이탈리아어, 노르웨이어, 포르투갈어, 러
시아어, 스페인어, 스웨덴어, 터키어, 영어에 대한 옵션을 제공한다. 예를 제공하기
위해 이전 Tokenizer 예를 이미 토큰화돼 있기 때문에 간단하게 확장할 수 있다. 그러
나 이 예에서는 RegexTokenizer API를 사용한다.

먼저 StopWordsRemover API에서 다음과 같이 불용어 제거 인스턴스를 생성한다.

562

```
val remover = new StopWordsRemover()
            .setInputCol("words")
            .setOutputCol("filtered")
```

이제 다음과 같이 모든 불용어를 제거하고 결과를 출력하자.

```
val newDF = remover.transform(regexTokenized)
newDF.select("id", "filtered").show(false)
```

이 코드는 필터링된 데이터 프레임에서 불용어를 제외하고 출력한다.

```
+---+--------------------------------------------------------------+
|id |filtered                                                      |
+---+--------------------------------------------------------------+
|0  |[tokenization, process, enchanting, words, raw, text]         |
|1  |[want, advance, tokenization, regextokenizer, good, option]|
|2  |[provide, sample, example, tockenize, sentences]             |
|3  |[way, find, matching, occurrences]                           |
+---+--------------------------------------------------------------+
```

그림 11 필터링된 토큰(즉, 불용어는 제외됨)

StringIndexer

StringIndexer는 레이블의 문자열 칼럼을 레이블 인덱스의 칼럼으로 인코딩한다. 인덱스는 [0, numLabels) 안에 있고 레이블 빈도에 따라 정렬되므로 가장 빈번한 레이블은 0번 인덱스를 갖는다. 입력 칼럼이 숫자라면 숫자를 문자열로 변경하고 문자열 값을 인덱싱한다. 에스티메이터나 트랜스포머와 같은 다운스트림 파이프라인 컴포넌트가 문자열로 구성된 인덱스 레이블을 사용하는 경우 컴포넌트의 입력 칼럼을 문자열로 구성된 인덱스 칼럼 이름으로 설정해야 한다. 대부분의 경우 setInputCol을 사용해 입력 칼럼을 설정할 수 있다. 다음처럼 포맷의 여러 범주 데이터가 있다고 가정하자.

```
+---+-------+-----------+
|id |name   |address    |
+---+-------+-----------+
|0  |Jason  |Germany    |
|1  |David  |France     |
|2  |Martin |Spain      |
|3  |Jason  |USA        |
|4  |Daiel  |UK         |
|5  |Moahmed|Bangladesh |
|6  |David  |Ireland    |
|7  |Jason  |Netherlands|
+---+-------+-----------+
```

그림 12 StringIndexer를 적용하기 위한 데이터 프레임

이제 가장 빈번한 이름(이 경우 Jason)이 0번 인덱스을 갖도록 name 칼럼을 인덱싱하고
싶다고 가정하자. 이를 위해 스파크는 **StringIndexer** API를 제공한다. 예를 들어
다음처럼 작업을 수행할 수 있다.

먼저 이 테이블에 대한 간단한 데이터 프레임을 생성한다.

```
val df = spark.createDataFrame(
    Seq((0, "Jason", "Germany"),
    (1, "David", "France"),
    (2, "Martin", "Spain"),
    (3, "Jason", "USA"),
    (4, "Daiel", "UK"),
    (5, "Moahmed", "Bangladesh"),
    (6, "David", "Ireland"),
    (7, "Jason", "Netherlands"))).toDF("id", "name", "address")
```

이제 다음과 같이 name 칼럼을 인덱싱하자.

```
import org.apache.spark.ml.feature.StringIndexer
val indexer = new StringIndexer()
.setInputCol("name")
.setOutputCol("label")
.fit(df)
```

564

이제 다음과 같이 `StringIndexer` 인스턴스에 트랜스포머를 사용한다.

```
val indexed = indexer.transform(df)
```

이제 어떻게 동작하는지 살펴보자.

```
indexed.show(false)
```

```
+---+--------+-----------+-----+
|id |name    |address    |label|
+---+--------+-----------+-----+
|0  |Jason   |Germany    |0.0  |
|1  |David   |France     |1.0  |
|2  |Martin  |Spain      |3.0  |
|3  |Jason   |USA        |0.0  |
|4  |Daiel   |UK         |4.0  |
|5  |Moahmed |Bangladesh |2.0  |
|6  |David   |Ireland    |1.0  |
|7  |Jason   |Netherlands|0.0  |
+---+--------+-----------+-----+
```

그림 13 StringIndexer를 사용한 레이블 생성

또 다른 중요한 트랜스포머는 `OneHotEncoder`다. `OneHotEncoder`는 분류 데이터 처리를 위해 머신 러닝 작업에서 자주 사용된다. 다음 절에서 `OneHotEncoder` 트랜스포머를 사용하는 방법을 살펴본다.

OneHotEncoder

원핫^{one-hot} 인코딩은 레이블 인덱스 칼럼을 이진 벡터 칼럼으로 매핑하며, 최댓값은 단일 값이다. 원핫 인코딩을 사용하면 분류 피처를 사용하기 위해 로지스틱 회귀^{Logistic Regression}와 같은 연속적인 피처를 기대하는 알고리즘을 사용할 수 있다. 다음처럼 포맷의 분류 데이터가 있다고 가정한다(앞 절의 `StringIndexer`를 설명할 때 사용한 것과 동일하다).

```
+---+-------+-----------+
|id |name   |address    |
+---+-------+-----------+
|0  |Jason  |Germany    |
|1  |David  |France     |
|2  |Martin |Spain      |
|3  |Jason  |USA        |
|4  |Daiel  |UK         |
|5  |Moahmed|Bangladesh |
|6  |David  |Ireland    |
|7  |Jason  |Netherlands|
+---+-------+-----------+
```

그림 14 OneHotEncoder를 적용하기 위한 데이터 프레임

이제 데이터셋에서 가장 빈번한 이름(이 경우는 Jason이다)이 0번째 인덱스를 갖게 name 칼럼을 인덱싱할 것이다. 그러나 name 칼럼에 인덱스를 사용하는 것은 무엇일까? 즉, name 칼럼을 추가로 벡터화할 수 있다면 데이터 프레임을 모든 ML 모델에 쉽게 제공할 수 있다. 앞 절에서 데이터 프레임을 생성하는 방법을 이미 다뤘기 때문에 벡터로 인코딩하는 방법을 알아보자.

```
import org.apache.spark.ml.feature.StringIndexer
import org.apache.spark.ml.feature.OneHotEncoder
val indexer = new StringIndexer()
            .setInputCol("name")
            .setOutputCol("categoryIndex")
            .fit(df)
val indexed = indexer.transform(df)

import org.apache.spark.ml.feature.OneHotEncoder
val encoder = new OneHotEncoder()
            .setInputCol("categoryIndex")
            .setOutputCol("categoryVec")
```

이제 트랜스포머를 사용해 벡터로 변환한 후 다음 내용을 살펴보자.

```
val encoded = encoder.transform(indexed)
encoded.show()
```

결과 스냅인이 포함된 데이터 프레임은 다음과 같다.

```
+---+-------+-----------+-------------+------------+
| id|   name|    address|categoryIndex| categoryVec|
+---+-------+-----------+-------------+------------+
|  0|  Jason|    Germany|          0.0|(4,[0],[1.0])|
|  1|  David|     France|          1.0|(4,[1],[1.0])|
|  2| Martin|      Spain|          3.0|(4,[3],[1.0])|
|  3|  Jason|        USA|          0.0|(4,[0],[1.0])|
|  4|  Daiel|         UK|          4.0|    (4,[],[])|
|  5|Moahmed| Bangladesh|          2.0|(4,[2],[1.0])|
|  6|  David|    Ireland|          1.0|(4,[1],[1.0])|
|  7|  Jason|Netherlands|          0.0|(4,[0],[1.0])|
+---+-------+-----------+-------------+------------+
```

그림 15 OneHotEncoder를 사용해 분류 인덱스와 벡터 생성하기

이제 피처 벡터가 포함된 새로운 칼럼이 결과 데이터 프레임에 추가된 것을 볼 수 있다.

스파크 ML 파이프라인

스파크 MLlib의 목표는 실용적인 머신 러닝을 확장할 수 있고 쉽게 만들 수 있게 하는 것이다. 스파크는 실용적인 ML 파이프라인을 손쉽게 만들고 조정할 수 있는 파이프라인 API를 소개했다. 앞에서 살펴본 것처럼 ML 파이프라인 생성에서 피처 엔지니어링을 통해 의미 있는 지식을 추출하는 것은 일련의 데이터 수집, 사전 처리, 피처 추출, 피처 선택, 모델 피팅, 유효성 확인, 모델 평가 단계를 포함한다. 예를 들어 텍스트 문서를 분류하면 텍스트 세분화와 정리, 피처 추출, 튜닝에 대한 교차 검증을 통한 분류 모델 트레이닝이 필요할 수 있다. 대부분의 ML 라이브러리는 분산 컴퓨팅을 위해 설계되지 않았거나 파이프라인 생성과 튜닝에 대한 기본 지원을 제공하지 않는다.

데이터셋 추상화

다른 프로그래밍 언어(예, 자바)에서 SQL 쿼리를 실행하면 결과를 데이터 프레임으로 리턴한다. 데이터 프레임을 명명된 칼럼으로 구성된 데이터의 분산된 컬렉션이다. 반

면 데이터셋은 스파크 SQL에서 RDD의 장점을 제공하려고 시도하는 인터페이스다. 데이터 타입은 원본 타입(예, String, Integer, Long), 스칼라의 케이스 클래스, 자바 빈 같은 일부 JVM 객체로 구성할 수 있다. ML 파이프라인은 일련의 데이터셋 트랜스포 메이션과 모델을 포함한다. 각 변환은 입력 데이터셋을 가져와서 다음 단계의 입력이 되는 변환된 데이터셋을 출력한다. 따라서 데이터 가져 오기[import]와 내보내기[export]는 ML 파이프라인의 시작이고 마지막 지점이다. 해당 작업을 더 쉽게 수행할 수 있도록 스파크 MLlib와 ML에서는 다음을 포함해 데이터셋, 데이터 프레임, RDD, 모델의 가져 오기와 내보내기 유틸리티를 제공한다.

- 분류 및 회귀에 대한 LabeledPoint
- 교차 검증 및 LDA[Latent Dirichlet Allocation]에 대한 LabeledDocument
- 협업 필터링 등급 및 순위

그러나 실제 데이터셋에는 일반적으로 사용자 ID, 항목 ID, 레이블, 타임스탬프, 원본 레코드와 같은 다양한 타입이 포함된다. 아쉽게도 스파크 구현의 현재 유틸리티는 이런 타입으로 구성된 데이터셋, 특히 시계열 데이터셋을 쉽게 처리할 수 없다. 피처 트랜스포메이션은 일반적으로 실용적인 ML 파이프라인의 대부분을 형성한다. 피처 트랜스포메이션은 기존 칼럼에서 생성된 새 칼럼을 추가하거나 삭제하는 것으로 볼 수 있다.

다음 그림에서는 텍스트 토큰나이저가 문서를 단어 모음으로 나눈다. 그 후 TF-IDF 알고리즘은 단어 모음을 피처 벡터로 변환한다. 변환하는 동안 모델 피팅 단계에서 레이블을 보존해야 한다.

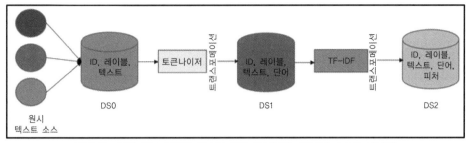

그림 16 머신 러닝 모델의 텍스트 처리 방식(DS는 데이터 소스를 나타냄)

여기서 ID, 텍스트, 단어는 트랜스포메이션 단계에서 변환된다. 예측과 모델 검사에서도 유사하다. 그러나 실제로 해당 변환은 모델을 피팅할 때 불필요하다. 또한 예측 데이터셋은 예측된 레이블만 포함돼 있다면 해당 변환에서는 많은 정보를 제공하지 않는다. 따라서 정확도, 정밀도, 재현율, 가중치가 적용된 참 긍정[true positive], 가중치가 적용된 거짓 긍정[false positive] 같은 예측 메트릭을 검사하려면 원본 입력 텍스트와 토큰으로 구분된 단어와 함께 예측된 레이블을 확인하는 것이 좋다. 스파크 ML과 MLlib를 사용하는 다른 머신 러닝 애플리케이션에도 이와 같이 동일하게 적용되는 것을 추천한다.

따라서 하이브[Hive]와 에이브로[Avro] 같은 메모리, 디스크, 외부 데이터 소스에서 RDD, 데이터셋, 데이터 프레임으로 쉽게 변환할 수 있다. 사용자 정의 함수를 사용해 기존 칼럼에서 새로운 칼럼을 쉽게 생성할 수 있지만, 데이터셋의 표현은 지연[lazy] 연산이다. 반대로 데이터셋은 일부 표준 데이터 타입만 지원한다. 그러나 유용성을 높이고 머신 러닝 모델에 더 잘 적응하기 위해 스파크는 `mllib.linalg.DenseVector`와 `mllib.linalg.Vector`에서 밀도가 높은 패턴과 밀도가 낮은 피처 벡터를 모두 지원하는 사용자 정의 타입으로 `Vector` 타입에 대한 지원을 추가했다.

자바, 스칼라, 파이썬의 완전한 데이터 프레임, 데이터셋, RDD 예는 스파크 배포 디렉토리 중 examples/src/main/ 디렉토리에서 찾을 수 있다. 관심 있는 독자는 스파크 SQL 사용자 가이드(http://spark.apache.org/docs/latest/sql-programming-guide.html)를 보면 데이터 프레임, 데이터셋, 지원하는 연산에 대해 자세히 알 수 있다.

▌ 간단한 파이프라인 생성

스파크는 스파크 ML에서 파이프라인 API를 제공한다. 파이프라인인 트랜스포머 transformer와 에스티메이터estimator로 구성된 일련의 단계로 구성된다. 트랜스포머와 에스티메이터라는 두 가지 기본 타입의 파이프라인 단계가 있다.

- 트랜스포머는 입력으로 데이터셋을 받고 다음 단계로 출력할 수 있게 확장된 데이터셋을 생성한다. 예를 들어 Tokenizer와 HashingTF는 트랜스포머다. Tokenizer는 텍스트를 포함하는 데이터셋을 토큰화된 단어가 있는 데이터셋으로 변환한다. 한편 HashingTF는 단어 빈도를 생성한다. 토큰화와 HashingTF의 개념은 일반적으로 텍스트 마이닝 및 텍스트 분석에 사용된다.
- 반대로 에스티메이터는 모델을 생성하기 위해 입력 데이터셋의 첫 번째 엘리먼트가 돼야 한다. 이 경우 모델 자체는 입력 데이터셋을 확장된 출력 데이터셋으로 변환하기 위한 트랜스포머로 사용된다. 예를 들어 로지스틱 회귀나 선형 회귀는 해당 레이블과 피처로 학습 데이터셋을 피팅한 후 에스티메이터로 사용될 수 있다.

그다음에 스파크는 파이프라인 개발이 쉽고 간단한 로지스틱 회귀 모델이나 선형 회귀 모델을 생산한다. 이제 해야 할 일은 필요한 단계를 선언한 후 관련 스테이지의 파라미터를 설정하면 된다. 마지막으로 다음 그림과 같이 파이프라인 객체에 연결한다.

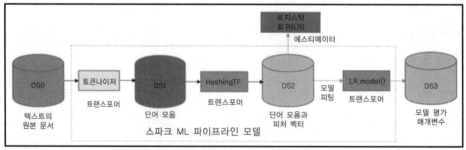

그림 17 로지스틱 회귀 에스티메이터를 사용한 스파크 ML 파이프라인 모델(DS는 데이터 저장소를 나타내며, 점선 안의 단계는 파이프라인 피팅이 동작 중일 때만 발생한다)

그림 17을 보면 피팅 모델은 `Tokenizer`, `HashingTF` 피처 추출기와 피팅된 로지스틱 회귀 모델로 구성된다. 피팅된 파이프라인 모델은 예측, 모델 검증, 모델 검사, 그리고 마지막으로 모델 배치에 사용될 수 있는 트랜스포머 역할을 한다. 그러나 예측 정확도 측면에서 성능을 높이려면 모델 자체를 조정해야 한다.

스파크 MLlib과 ML에서 사용 가능한 알고리즘을 알아봤다. 이제는 지도 학습 문제와 비지도 학습 문제를 해결할 수 있는 일반적인 방법으로 사용하기 전에 준비할 시간이다. 다음 절에서는 피처 추출과 트랜스포메이션을 시작한다.

▌비지도 머신 러닝

이 절에서는 PCA를 사용한 차원 축소만 다룬다. 토픽 모델링인 LDA는 텍스트 클러스터에서 다룬다. 나머지 비지도 학습 알고리즘은 13장에서 예제와 함께 살펴본다.

차원 축소

차원 축소는 고려하는 변수의 수를 줄이는 과정이다. 원본과 잡음이 많은 피처에서 잠재 피처를 추출하거나 구조를 유지하면서 데이터를 압축하는 데 사용할 수 있다. 스파크 MLlib는 `RowMatrix` 클래스의 차원 축소를 지원한다. 데이터의 차원을 줄이기 위해 가장 일반적으로 사용되는 알고리즘은 PCA와 SVD다. 그러나 이 절에서는 PCA에 대해서만 구체적으로 다룬다.

PCA

PCA는 가능한 상관 변수의 관찰 셋을 주성분$^{Principal\ component}$이라고 부르는 선형 무상관 변수 집합으로 변환하기 위해 직교^{orthogonal} 트랜스포메이션을 사용하는 통계적 과

정이다. PCA 알고리즘은 PCA를 사용해 저차원 공간에 벡터를 투영하는 데 사용할
수 있다. 그런 다음, 감소된 피처 벡터에 기초해서 ML 모델이 트레이닝될 수 있다.
다음 예는 6D 피처 벡터를 4차원 주성분에 투영하는 방법을 보여준다. 다음과 같은
피처 벡터가 있다고 가정한다.

```
val data = Array(
    Vectors.dense(3.5, 2.0, 5.0, 6.3, 5.60, 2.4),
    Vectors.dense(4.40, 0.10, 3.0, 9.0, 7.0, 8.75),
    Vectors.dense(3.20, 2.40, 0.0, 6.0, 7.4, 3.34) )
```

이제 다음과 같이 데이터 프레임을 생성한다.

```
val df = spark.createDataFrame(data.map(Tuple1.apply)).toDF("features")
df.show(false)
```

이 코드는 PCA에 대한 6D 피처 벡터를 갖는 피처 데이터 프레임을 생성한다.

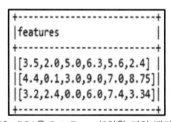

그림 18 PCA용 DataFrame(6차원 피처 벡터) 생성

다음과 같이 필요한 파라미터를 설정해 PCA 모델을 초기화한다.

```
val pca = new PCA()
.setInputCol("features")
.setOutputCol("pcaFeatures")
.setK(4)
.fit(df)
```

차이를 주기 위해 **setOutputCol** 메소드를 사용해 출력 칼럼을 **pcaFeatures**로 설정했다. 그리고 PCA의 차원을 설정했다. 마지막으로 트랜스포메이션을 생성하기 위해 데이터 프레임을 피팅했다. PCA 모델에는 **explainVariance** 멤버가 포함된다. 모델은 이전 데이터에서 로드될 수 있지만 **explainVariance**에 대한 비어있는 벡터를 갖는다. 이제 결과물을 살펴보자.

```
val result = pca.transform(df).select("pcaFeatures")
result.show(false)
```

이 코드는 PCA를 사용해 주성분으로서 4차원의 피처 벡터를 갖는 피처 데이터 프레임을 생성한다.

```
+-----------------------------------------------------------------------------+
|pcaFeatures                                                                  |
+-----------------------------------------------------------------------------+
|[-5.149253129088702,3.2157431427730385,-6.828533673828153,5.774261462142295] |
|[-12.372614091904445,0.804196667817684,-6.828533673828154,5.774261462142296] |
|[-5.649682494292658,-2.189177804885822,-6.828533673828155,5.7742614621422925]|
+-----------------------------------------------------------------------------+
```

그림 19 4차원 주성분(PCA 피처)

PCA 사용

차원 축소에 널리 사용되는 PCA는 회전 행렬을 찾는 데 도움이 되는 통계적 방법이다. 예를 들어 첫 번째 좌표^{coordinate}를 통해 가능한 가장 큰 분산을 갖는지 확인하고 싶다고 가정하자. 또한 후속 좌표를 통해 가능한 가장 큰 분산을 갖는지 확인하는 것은 도움이 될 것이다.

결국 PCA 모델은 파라미터를 계산하고 회전 행렬$^{rotation\ matrix}$로 리턴한다. 회전 행렬의 칼럼을 주성분이라 한다. 스파크 MLlib는 로우 지향 포맷과 벡터로 저장된 **tall-and-skinny** 행렬 PCA를 지원한다.

회귀 분석: PCA의 실무 사용

이 절에서는 먼저 회귀 분석에 사용될 MSD^{Million Song Dataset}를 살펴본다. 그리고 PCA를 사용해 데이터셋의 크기를 줄이는 방법을 알아본다. 마지막으로 회귀 품질에 대한 선형 회귀 모델을 평가한다.

데이터셋 컬렉션

이 절에서는 매우 유명한 MNIST^{Modified National Institute of Standards and Technology} 데이터셋을 설명한다. 11장 전반에 걸쳐 MNIST 데이터셋을 사용할 것이다. 필기 숫자 MNIST 데이터베이스(https://www.csie.ntu.edu.tw/~cjlin/libsvmtools/datasets/multiclass.html)에는 60,000개의 트레이닝 셋과 10,000개의 테스트 셋을 갖고 있는데, NIST에서 제공하는 큰 셋의 하위 셋이다. 숫자는 크기가 정규화돼 있고 고정된 크기의 이미지 가운데에 위치한다. 결과적으로 MNIST 데이터베이스는 전처리와 포맷 지정에 최소한의 노력을 기울이는 동시에 실제 데이터에 대한 기술과 패턴 인식 방법을 배우려는 사람들에게 아주 좋은 데이터셋의 예다. NIST^{National Institute of Standards and Technology, 미국 국립 표준 기술 연구소}의 원본 흑백 이미지와 흰색 이미지(2단계)는 가로세로 비율을 유지하면서 20×20 픽셀 크기로 피팅되도록 정규화됐다.

MNIST 데이터베이스는 NIST의 특수 데이터베이스 3과 특수 데이터베이스 1을 기반으로 생성됐고, 필기 숫자에 대한 이진^{binary} 이미지가 포함된다. 데이터셋의 샘플은 다음과 같다.

```
|label|        features|
+-----+-----------------+
|  5.0|(780,[152,153,154...|
|  0.0|(780,[127,128,129...|
|  4.0|(780,[160,161,162...|
|  1.0|(780,[158,159,160...|
|  9.0|(780,[208,209,210...|
|  2.0|(780,[155,156,157...|
|  1.0|(780,[124,125,126...|
|  3.0|(780,[151,152,153...|
|  1.0|(780,[152,153,154...|
|  4.0|(780,[134,135,161...|
|  3.0|(780,[123,124,125...|
|  5.0|(780,[216,217,218...|
|  3.0|(780,[143,144,145...|
|  6.0|(780,[72,73,74,99...|
|  1.0|(780,[151,152,153...|
|  7.0|(780,[211,212,213...|
|  2.0|(780,[151,152,153...|
|  8.0|(780,[159,160,161...|
|  6.0|(780,[100,101,102...|
|  9.0|(780,[209,210,211...|
|  4.0|(780,[129,130,131...|
|  0.0|(780,[129,130,131...|
|  9.0|(780,[183,184,185...|
|  1.0|(780,[158,159,160...|
|  1.0|(780,[99,100,101,...|
|  2.0|(780,[124,125,126...|
|  4.0|(780,[185,186,187...|
|  3.0|(780,[150,151,152...|
|  2.0|(780,[145,146,147...|
|  7.0|(780,[240,241,242...|
+-----+-----------------+
only showing top 30 rows
```

그림 20 MNIST 데이터셋 일부

MNIST 데이터셋에 780개의 피처가 있음을 알 수 있다. 결과적으로 많은 머신 러닝 알고리즘은 데이터셋의 고차원 특성으로 인해 때로는 실패할 것이다. 따라서 이 문제를 해결하기 위해 다음 절에서 분류와 같은 머신 러닝 태스크의 양을 희생하지 않으면서 차원을 줄이는 방법을 설명한다. 그러나 문제를 살펴보기 전에 먼저 회귀 분석에 대한 배경 지식을 습득한다.

회귀 분석

선형 회귀$^{\text{linear regression}}$는 회귀^{regression} 알고리즘 계열에 속한다. 회귀의 목표는 변수 간의 관계와 의존성을 찾는 것이다. 회귀는 선형 함수를 사용해 하나 이상의 (D-차원 벡터) 설명 변수explanatory variable(독립 변수, 입력 변수, 피처, 관측 데이터, 관측, 속성, 차원, 데이터 포인트)를 x로 표현하고, 연속적인 스칼라 종속 변수(머신 러닝 용어로는 레이블label 또는 대상 변수target)를 y로 표현해 x-y 관계를 모델링한다. 회귀 분석의 목표는 다음 그림과 같이 연속적인 스칼라 종속 변수(머신 러닝 용어로는 대상 변수)를 예측하는 것이다.

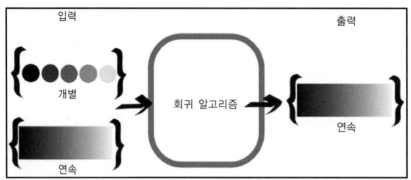

그림 21 회귀 알고리즘은 연속적인 출력을 생성하기 위한 것이다. 입력은 개별 또는 연속 중 하나일 수 있다 (출처: Nishant Shukla, Machine Learning with TensorFlow, Manning Publications. 2018).

이제 분류와 회귀 문제의 기본적인 차이점에 대해 혼란스러울 수 있다. 다음 정보 상자를 통해 더 명확하게 알 수 있을 것이다.

 회귀(regression)와 분류(classification): 분류라 하는 영역은 이산 값을 포함하는 유한 집합에서 레이블을 예측하는 것이다. 이런 차이는 이산 값 출력은 분류에 의해 더 잘 다룰 수 있기 때문에 중요하다. 분류는 다음 절에서 다룬다.

입력 변수의 선형 조합을 포함하는 다중 회귀 모델은 다음 형식을 갖는다.

$$y = ss_0 + ss_1x_1 + ss_2x_2 + ss_3x_3 + \ldots + e$$

그림 22는 하나의 독립 변수(x 축)를 포함하는 단순 선형 회귀의 예를 보여준다. 모델 (빨간색 라인)은 학습 데이터(파란색 포인트)를 사용해 계산된다. 각 포인트에는 선택한 손실 함수의 값을 최소화해 가능한 한 정확하게 포인트를 맞추기 위해 알려진 레이블

(y 축)이 있다. 그리고 알려지지 않은 레이블을 예측하기 위해 모델을 사용한다(x 값만 알고 y 값을 예측할 때).

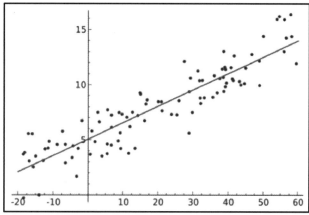

그림 22 데이터 포인트를 구분하는 회귀 그래프(마침표[.]는 그래프의 데이터 포인트를 나타내고 빨간색 라인 은 회귀를 나타낸다)

 스파크는 선형 회귀 알고리즘의 RDD 기반 구현을 제공한다. SGD(stochastic gradient descent)를 사용해 정규화가 필요 없는 선형 회귀 모델을 학습시킬 수 있다. 이는 다음과 같은 최소 제곱 회귀(least squares regression) 공식으로 풀 수 있다.

f(가중치) = 1/n ||A 가중치-y||² (즉, 평균 제곱 오차(MSE, mean squared error)다)

여기서 데이터 행렬은 n개의 로우를 가지며, 입력 RDD는 A의 로우 셋을 보유하고 각각은 해당 오른쪽 레이블 y를 가진다. 자세한 내용은 https://github.com/apache/ spark/blob/master/mllib/src/main/scala/org/apache/spark/mllib/regression/ LinearRegression.scala를 참조한다.

1단계: 데이터셋을 로드하고 RDD를 생성한다.

LIBSVM 포맷으로 MNIST 데이터셋을 로딩하기 위해 여기에 스파크 MLlib의 MLUtils 라는 내장 API를 사용했다.

```
val data = MLUtils.loadLibSVMFile(spark.sparkContext, "data/mnist.bz2")
```

2단계: 차원 축소를 쉽게 진행하기 위해 피처 개수를 계산한다.

```
val featureSize = data.first().features.size
println("Feature Size: " + featureSize)
```

결과는 다음과 같다.

Feature Size: 780

이제 데이터셋에는 780개의 칼럼이 있다. 해당 피처는 고차원 피처로 간주될 수 있다. 따라서 때로는 데이터셋의 크기를 줄이는 것이 좋을 수 있다.

3단계: 이제 다음처럼 트레이닝 셋과 테스트 셋을 준비한다.

LinearRegressionwithSGD 모델을 트레이닝할 것이다. 먼저 피처의 원래 차원을 가진 일반 데이터셋을 사용하고 두 번째로 피처의 절반을 사용한다. 원래 데이터셋을 이용해 트레이닝 셋과 테스트 셋에 대한 준비 과정은 다음과 같다.

```
val splits = data.randomSplit(Array(0.75, 0.25), seed = 12345L)
val (training, test) = (splits(0), splits(1))
```

축소된 피처에 대한 대한 트레이닝은 다음과 같다.

```
val pca = new PCA(featureSize/2).fit(data.map(_.features))
val training_pca = training.map(p => p.copy(features =
        pca.transform(p.features)))
val test_pca = test.map(p => p.copy(features = pca.transform(p.features)))
```

4단계: 선형 회귀 모형을 학습시킨다.

다음처럼 LinearRegressionWithSGD를 20번 반복하고 일반 피처와 축소된 피처를 각각 교육시킨다.

```
val numIterations = 20
val stepSize = 0.0001
val model = LinearRegressionWithSGD.train(training, numIterations)
val model_pca = LinearRegressionWithSGD.train(training_pca, numIterations)
```

조심해야 한다. 종종 LinearRegressionWithSGD는 NaN을 리턴한다. 필자 생각에는 LinearRegressionWithSGD가 NaN을 리턴하는 두 가지 이유가 있다고 본다.

- stepSize가 큰 경우다. 이 경우 0.0001, 0.001, 0.01, 0.03, 0.1, 0.3, 1.0 등과 같이 작은 값을 사용해야 한다.
- 트레이닝 데이터에는 NaN이 있다. 그렇다면 결과는 NaN이 될 가능성이 크다. 따라서 모델을 트레이닝하기 전에 null 값을 제거하는 것이 좋다.

5단계: 두 모델을 평가한다.

분류 모델을 평가하기 전에 먼저 원래 예측에 대한 차원 축소에 미치는 영향을 살펴보기 위해 일반적인 MSE의 계산을 준비한다. 모델 정확도를 정량화하고 잠재적으로 정밀도를 높여 오버피팅을 피하는 공식적인 방법을 원한다면 분명하다. 그럼에도 불구하고 잔차 분석residual analysis을 통해 수행할 수 있다. 또한 모델 구축과 평가에 사용될 트레이닝 셋과 테스트 셋의 선택을 분석하는 것은 가치가 있다. 마지막으로 선택 기술은 모델의 다양한 속성을 설명하는 데 도움이 된다.

```
val valuesAndPreds = test.map { point =>
                val score = model.predict(point.features)
                (score, point.label) }
```

이제 다음처럼 PCA 예측 집합을 계산한다.

```
val valuesAndPreds_pca = test_pca.map { point =>
                    val score = model_pca.predict(point.features)
                    (score, point.label)
                }
```

이제 MSE를 계산하고 다음처럼 각각의 경우를 출력한다.

```
val MSE = valuesAndPreds.map { case (v, p) => math.pow(v - p 2) }.mean( )
val MSE_pca = valuesAndPreds_pca.map { case (v, p) => math.pow(v - p, 2) }.mean( )
println("Mean Squared Error = " + MSE)
println("PCA Mean Squared Error = " + MSE_pca)
```

다음과 같은 결과가 나온다.

```
Mean Squared Error = 2.9164359135973043E78
PCA Mean Squared Error = 2.9156682256149184E78
```

MSE는 실제로 다음 공식(평균 제곱근 편차^{Root Mean Square Deviation})을 사용해 계산된다.

$$RMSD = \sqrt{\frac{\sum_{t=1}^{n}(\hat{y}_t - y_t)^2}{n}}$$

6단계: 두 모델의 모델 계수 관찰

다음처럼 모델 계수를 계산한다.

```
println("Model coefficients:"+ model.toString( ))
println("Model with PCA coefficients:"+ model_pca.toString( ))
```

580

이제 터미널/콘솔에서 다음 출력을 관찰해야 한다.

```
Model coefficients: intercept = 0.0, numFeatures = 780
Model with PCA coefficients: intercept = 0.0, numFeatures = 390
```

▌ 이진 및 다중 클래스 분류

이진 분류자^{binary classifier}는 주어진 데이터셋의 엘리먼트를 가능한 두 그룹(예, 가짜 또는 가짜가 아닌) 중 하나로 분리하는 데 사용되며, 이는 다중 클래스^{multiclass} 분류의 특수한 경우다. 대부분의 이진 분류 메트릭은 다중 클래스 분류 메트릭으로 일반화될 수 있다. 다중 클래스 분류는 각 데이터 포인트에 대해 M>2개의 가능한 레이블을 포함한 분류 문제를 나타낸다(M=2인 경우는 이진 분류 문제다).

다중 클래스 통계의 경우 긍정^{positive}과 부정^{negative}의 개념이 약간 다르다. 예측과 레이블은 여전히 긍정이거나 부정일 수 있지만 특정 클래스의 맥락에서 고려돼야 한다. 각 레이블과 예측은 다중 클래스 중 하나의 값을 얻으며,특정 클래스에서는 긍정이고 다른 모든 클래스에서는 부정이라 한다. 따라서 예측과 레이블이 일치할 때마다 참 긍정^{true positive}이 발생하고, 주어진 클래스의 값에 대해 예측이나 레이블이 일치하지 않으면 참 부정^{true negative}이 발생한다. 이 규칙에 따라 주어진 데이터 샘플에 여러 참 부정이 존재할 수 있다. 긍정^{positive}과 부정^{negative} 레이블로부터 거짓 부정^{false negative}과 거짓 긍정^{false positive}으로의 확장은 쉽다.

성능 메트릭

많은 종류의 분류 알고리즘이 있지만 평가 척도는 비슷한 원칙을 공유한다. 지도 분류 문제에서 각 데이터 포인트에 대한 참^{true} 출력과 모델 생성 예측 출력이 존재한다.

이런 이유로 각 데이터 포인트에 대한 결과는 다음과 같은 네 가지 분류 중 하나로 지정될 수 있다.

- **참 긍정**^{TP, true positive}: 레이블은 긍정이고 예측도 긍정이다.
- **참 부정**^{TN, true negative}: 레이블은 부정이고 예측도 음수다.
- **거짓 긍정**^{FP, false positive}: 레이블이 음수지만 예측이 양수다.
- **거짓 부정**^{FN, false negative}: 레이블은 양수지만 예측은 음수다.

이제 해당 파라미터에 대해 더 명확한 아이디어를 얻으려면 다음 그림을 참조한다.

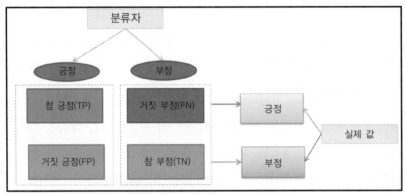

그림 23 예측 분류자(즉, 혼동 행렬)

TP, FP, TN, FN은 대부분의 분류자 평가 메트릭에서 사용되는 기본 엘리먼트다. 분류자 평가를 고려할 때 기본적인 사항으로 순수 정확도(즉, 정확하거나 부정확한 예측)는 일반적으로 좋은 메트릭이 아니라는 점이다. 이는 데이터셋이 매우 고르지 못할 수 있기 때문이다. 예를 들어 올바른 데이터 포인트가 95%고 거짓 데이터 포인트가 5%로 구성된 특정 모델이 거짓 데이터를 예측하도록 설계됐다고 가정하자. 그러면 입력이 없을 경우 순수 분류자는 정확히 올바른 데이터가 95%임을 예측할 것이다. 따라서 오차 타입을 고려해야 하기에 정밀도^{precision}와 재현율^{recall} 같은 메트릭이 일반적으로 사용된다. 정밀도와 재현율이 상충 관계이기 때문에 대부분의 애플리케이션에서는 원하는 균형이 존재한다. 따라서 F-측정^{F-measure}이라 하는 단일 메트릭은 정밀도와 재현율을 통합해 한 번에 나타내는 지표다.

정확도는 긍정적으로 분류된 항목 중 몇 개가 관련성이 있는지를 나타낸다. 반면 재현율은 테스트가 긍정적인 것을 탐지하는 것이 얼마나 좋은지를 나타낸다. 이진 분류에서 재현율은 민감도sensitivity라 한다. 정확도가 재현율로 인해 감소하지 않을 수도 있다는 점에 유의해야 한다. 재현율과 정밀도 사이의 관계는 플롯plot의 계단 단계 영역에서 관찰할 수 있다.

- 수신자 조작 특성ROC, Receiver operating characteristic
- 수신자 조작 특성ROC 곡선 아래 영역
- 정밀도-재현율 곡선 아래 영역

해당 곡선은 일반적으로 분류자의 출력을 알기 위해 이진 분류에 사용된다. 그러나 때로는 정밀도와 재현율을 결합해 두 모델 중 하나를 선택하는 것이 좋다. 대조적으로 여러 번의 평가 메트릭으로 정밀도와 재현율을 사용하면 알고리즘을 비교하기가 더 어려워진다. 다음처럼 수행하는 두 개의 알고리즘이 있다고 가정해보자.

분류자	정확도	재현율
X	96%	89%
Y	99%	84%

여기에서 분류자는 확실히 좋지 않아 최적의 분류자를 바로 선택하지 못한다. 그러나 정확도와 재현율을 결합하는 척도(즉, 정밀도와 재현율의 조화 평균harmonic mean)인 F1 점수를 사용하면 F1 점수가 균형을 이루게 된다. 다음과 같이 F1 점수를 계산하고 F1 테이블에 놓는다.

분류자	정밀도	재현율	F1 점수
X	96%	89%	92.36%
Y	99%	84%	90.885%

따라서 F1 점수는 많은 분류 기준 중에서 선택할 때 도움이 된다. F1 점수는 분류 기준 중 명확한 선호 순위를 부여하고, 따라서 진행에 대한 명확한 방향, 즉 분류자 X를 부여한다.

이진 분류의 경우 이전 성능 메트릭은 다음처럼 계산할 수 있다.

메트릭	정의
정밀도(양성 예측도(Positive Predictive Value))	$PPV = \frac{TP}{TP+FP}$
재현율(참 긍정 비율)	$TPR = \frac{TP}{P} = \frac{TP}{TP+FN}$
F-측정	$F(\beta) = (1 + \beta^2) \cdot \left(\frac{PPV \cdot TPR}{\beta^2 \cdot PPV + TPR} \right)$
ROC(수신자 동작 특성)	$FPR(T) = \int_T^\infty P_0(T)\,dT$ $TPR(T) = \int_T^\infty P_1(T)\,dT$
ROC 곡선 아래 영역	$AUROC = \int_0^1 \frac{TP}{P}\,d\left(\frac{FP}{N}\right)$
정밀도-재현율 곡선 아래 영역	$AUPRC = \int_0^1 \frac{TP}{TP+FP}\,d\left(\frac{TP}{P}\right)$

그림 24 이진 분류자의 성능 메트릭 계산에 대한 수학 공식

(출처: https://spark.apache.org/docs/2.3.2/mllib-evaluation-metrics.html)

그러나 두 개 이상의 예측된 레이블이 연관된 다중 클래스 분류 문제에서 이런 메트릭을 계산하는 것이 더 복잡했지만, 다음 수학 공식을 사용해 계산할 수 있다.

메트릭	정의
혼동 행렬	$C_{ij} = \sum_{k=0}^{N-1} \hat{\delta}(\mathbf{y}_k - \ell_i) \cdot \hat{\delta}(\hat{\mathbf{y}}_k - \ell_j)$ $\begin{pmatrix} \sum_{k=0}^{N-1} \hat{\delta}(\mathbf{y}_k - \ell_1) \cdot \hat{\delta}(\hat{\mathbf{y}}_k - \ell_1) & \cdots & \sum_{k=0}^{N-1} \hat{\delta}(\mathbf{y}_k - \ell_1) \cdot \hat{\delta}(\hat{\mathbf{y}}_k - \ell_N) \\ \vdots & \ddots & \vdots \\ \sum_{k=0}^{N-1} \hat{\delta}(\mathbf{y}_k - \ell_N) \cdot \hat{\delta}(\hat{\mathbf{y}}_k - \ell_1) & \cdots & \sum_{k=0}^{N-1} \hat{\delta}(\mathbf{y}_k - \ell_N) \cdot \hat{\delta}(\hat{\mathbf{y}}_k - \ell_N) \end{pmatrix}$
정확도	$ACC = \frac{TP}{TP+FP} = \frac{1}{N} \sum_{i=0}^{N-1} \hat{\delta}(\hat{\mathbf{y}}_i - \mathbf{y}_i)$
레이블 정확도	$PPV(\ell) = \frac{TP}{TP+FP} = \frac{\sum_{i=0}^{N-1} \hat{\delta}(\hat{\mathbf{y}}_i - \ell) \cdot \hat{\delta}(\mathbf{y}_i - \ell)}{\sum_{i=0}^{N-1} \hat{\delta}(\hat{\mathbf{y}}_i - \ell)}$
레이블 재현율	$TPR(\ell) = \frac{TP}{P} = \frac{\sum_{i=0}^{N-1} \hat{\delta}(\hat{\mathbf{y}}_i - \ell) \cdot \hat{\delta}(\mathbf{y}_i - \ell)}{\sum_{i=0}^{N-1} \hat{\delta}(\mathbf{y}_i - \ell)}$
레이블 F-측정	$F(\beta, \ell) = (1 + \beta^2) \cdot \left(\frac{PPV(\ell) \cdot TPR(\ell)}{\beta^2 \cdot PPV(\ell) + TPR(\ell)} \right)$
가중 정확도	$PPV_w = \frac{1}{N} \sum_{\ell \in L} PPV(\ell) \cdot \sum_{i=0}^{N-1} \hat{\delta}(\mathbf{y}_i - \ell)$
가중 재현율	$TPR_w = \frac{1}{N} \sum_{\ell \in L} TPR(\ell) \cdot \sum_{i=0}^{N-1} \hat{\delta}(\mathbf{y}_i - \ell)$
가중 F-측정	$F_w(\beta) = \frac{1}{N} \sum_{\ell \in L} F(\beta, \ell) \cdot \sum_{i=0}^{N-1} \hat{\delta}(\mathbf{y}_i - \ell)$

그림 25 다중 클래스 분류자의 성능 메트릭 계산을 위한 수학 공식

여기서 $\hat{\delta}(x)$는 수정된 델타 함수로, 다음처럼 정의할 수 있다(출처: https://spark. apache.org/docs/2.3.2/mllib-evaluation-metrics.html).

$$\hat{\delta}(x) = \begin{cases} 1 & \text{if } x = 0, \\ 0 & \text{otherwise} \end{cases}$$

로지스틱 회귀 분석을 이용한 이진 분류

로지스틱 회귀는 이진 응답을 예측하는 데 널리 사용된다. 로지스틱 회귀는 다음처럼 수학적으로 표현할 수 있는 선형 함수다.

$$L(\mathbf{w}; \mathbf{x}, y) := \log\left(1 + \exp\left(-y\mathbf{w}^T\mathbf{x}\right)\right)$$

이 방정식에서 $L(\mathbf{w}; \mathbf{x}, y)$는 손실loss 함수며, 로지스틱 손실이라고 한다.

이진 분류 문제의 경우 알고리즘은 이진 로지스틱 회귀 모델을 출력한다. x로 표시된 새로운 데이터 포인트가 주어지면 모델은 로지스틱 함수를 적용해 예측을 한다.

$$f(z) = 1/(1 + e - z)$$

여기서 $z = w^T x$이고 기본적으로 $f(w^T x) > 0.5$인 경우 결과는 양수이고, 그렇지 않으면 음수이다. 선형linear SVM과 달리 로지스틱 회귀 모델의 원본 출력 $f(z)$는 확률론적 해석을 갖다(즉, x가 양수인 확률).

선형 SVMLinear Support Vector Machine은 절단 평면cutting plane 알고리즘을 구현한 굉장히 빠르고 새로운 머신 러닝(데이터 마이닝) 알고리즘으로서 무척 큰 데이터셋에서 다중 클래스 분류 문제를 해결할 수 있다(출처: www.linearsvm.com/).

스파크 ML의 로지스틱 회귀를 이용한 유방암 예측

이 절에서는 스파크 ML을 사용해 암 진단 파이프라인을 개발하는 방법을 살펴본다. 유방암의 확률을 예측하는 데 실제 데이터셋을 사용한다. 좀 더 구체적으로는 위스콘신 유방암 데이터셋Wisconsin Breast Cancer Dataset을 사용한다.

데이터셋 컬렉션

이전에 머신 러닝 애플리케이션을 개발하기 위해 구조화되고 수작업으로 구성된 간단한 데이터셋을 사용했다. 물론 데이터셋 중 대부분은 분류 정확도가 우수하다. 위스콘신 유방암 데이터셋 UCI 머신 러닝 저장소(https://archive.ics.uci.edu/ml/datasets/Breast+Cancer+Wisconsin+(Original))에는 위스콘신 대학교의 연구원이 기증한 데이터가 들어 있다. 또한 유방 종괴breast masses의 세침 흡입fine-needle aspiration으로 디지털화된 이미지의 메트릭 값을 포함한다. 해당 메트릭 값은 다음 절에서 설명하는 디지털 이미지에 있는 세포 핵의 특성을 나타낸다.

```
0. Sample code number id number
1. Clump Thickness 1 - 10
2. Uniformity of Cell Size 1 - 10
3. Uniformity of Cell Shape 1 - 10
4. Marginal Adhesion 1 - 10
5. Single Epithelial Cell Size 1 - 10
6. Bare Nuclei 1 - 10
7. Bland Chromatin 1 - 10
8. Normal Nucleoli 1 - 10
9. Mitoses 1 - 10
10. Class: (2 for benign, 4 for malignant)
```

위스콘신 유방암 데이터셋에 대한 자세한 내용은 다음 저자의 간행물을 참조한다.

Nuclear feature extraction for breast tumor diagnosis, IS&T/SPIE 1993 International Symposium on Electronic Imaging: Science and Technology, volume 1905, pp 861-870 by W.N. Street, W.H. Wolberg, and O.L. Mangasarian, 1993.

Spark ML을 사용해 파이프라인 개발

이제 단계별 예를 통해 유방암 가능성을 예측하는 방법을 소개한다.

1단계: 데이터 로드와 파싱

```
val rdd = spark.sparkContext.textFile("data/wbcd.csv")
val cancerRDD = parseRDD(rdd).map(parseCancer)
```

parseRDD 메소드는 다음과 같다.

```
def parseRDD(rdd: RDD[String]): RDD[Array[Double]] = {
  rdd.map(_.split(",")).filter(_(6) !=
        "?").map(_.drop(1)).map(_.map(_.toDouble))
}
```

parseCancer 메소드는 다음과 같다.

```
def parseCancer(line: Array[Double]): Cancer = {
  Cancer(if (line(9) == 4.0) 1 else 0, line(0), line(1), line(2), line(3),
        line(4), line(5), line(6), line(7), line(8))
}
```

여기서 데이터셋을 단순화했다. 4.0 값의 경우 4.0을 1.0으로 변환하고 그렇지 않으면
0.0으로 변환한다. Cancer 클래스는 다음처럼 정의할 수 있는 케이스 클래스다.

```
case class Cancer(cancer_class: Double, thickness: Double, size: Double,
shape: Double, madh: Double, epsize: Double, bnuc: Double, bchrom: Double,
nNuc: Double, mit: Double)
```

2단계: ML 파이프라인을 위해 RDD를 데이터 프레임으로 변환한다.

```
import spark.sqlContext.implicits._
val cancerDF = cancerRDD.toDF().cache()
cancerDF.show()
```

데이터 프레임은 다음과 같다.

```
+------------+---------+----+-----+----+------+----+------+----+---+
|cancer_class|thickness|size|shape|madh|epsize|bnuc|bchrom|nNuc|mit|
+------------+---------+----+-----+----+------+----+------+----+---+
|         0.0|      5.0| 1.0|  1.0| 1.0|   2.0| 1.0|   3.0| 1.0|1.0|
|         0.0|      5.0| 4.0|  4.0| 5.0|   7.0|10.0|   3.0| 2.0|1.0|
|         0.0|      3.0| 1.0|  1.0| 1.0|   2.0| 2.0|   3.0| 1.0|1.0|
|         0.0|      6.0| 8.0|  8.0| 1.0|   3.0| 4.0|   3.0| 7.0|1.0|
|         0.0|      4.0| 1.0|  1.0| 3.0|   2.0| 1.0|   3.0| 1.0|1.0|
|         1.0|      8.0|10.0| 10.0| 8.0|   7.0|10.0|   9.0| 7.0|1.0|
|         0.0|      1.0| 1.0|  1.0| 1.0|   2.0|10.0|   3.0| 1.0|1.0|
|         0.0|      2.0| 1.0|  2.0| 1.0|   2.0| 1.0|   3.0| 1.0|1.0|
|         0.0|      2.0| 1.0|  1.0| 1.0|   2.0| 1.0|   1.0| 1.0|5.0|
|         0.0|      4.0| 2.0|  1.0| 1.0|   2.0| 1.0|   2.0| 1.0|1.0|
|         0.0|      1.0| 1.0|  1.0| 1.0|   1.0| 1.0|   3.0| 1.0|1.0|
|         0.0|      2.0| 1.0|  1.0| 1.0|   2.0| 1.0|   2.0| 1.0|1.0|
|         1.0|      5.0| 3.0|  3.0| 3.0|   2.0| 3.0|   4.0| 4.0|1.0|
|         0.0|      1.0| 1.0|  1.0| 1.0|   2.0| 3.0|   3.0| 1.0|1.0|
|         1.0|      8.0| 7.0|  5.0|10.0|   7.0| 9.0|   5.0| 5.0|4.0|
|         1.0|      7.0| 4.0|  6.0| 4.0|   6.0| 1.0|   4.0| 3.0|1.0|
|         0.0|      4.0| 1.0|  1.0| 1.0|   2.0| 1.0|   2.0| 1.0|1.0|
|         0.0|      4.0| 1.0|  1.0| 1.0|   2.0| 1.0|   3.0| 1.0|1.0|
|         1.0|     10.0| 7.0|  7.0| 6.0|   4.0|10.0|   4.0| 1.0|2.0|
|         0.0|      6.0| 1.0|  1.0| 1.0|   2.0| 1.0|   3.0| 1.0|1.0|
+------------+---------+----+-----+----+------+----+------+----+---+
only showing top 20 rows
```

그림 26 암 데이터셋의 일부

3단계: 피처 추출과 트랜스포메이션

먼저 다음처럼 피처 칼럼을 선택한다.

```
val featureCols = Array("thickness", "size", "shape", "madh", "epsize",
      "bnuc", "bchrom", "nNuc", "mit")
```

이제 다음처럼 피처 칼럼을 피처 벡터로 생성한다.

```
val assembler = new
      VectorAssembler().setInputCols(featureCols).setOutputCol("features")
```

이제 다음처럼 피처 벡터를 데이터 프레임으로 변환한다.

```
val df2 = assembler.transform(cancerDF)
```

변환된 데이터 프레임의 구조를 살펴보자.

```
df2.show( )
```

이제 왼쪽 칼럼을 기반으로 계산된 피처가 포함된 데이터 프레임을 관찰해야 한다.

```
+------------+---------+----+-----+----+------+-----+------+----+---+--------------------+
|cancer_class|thickness|size|shape|madh|epsize|bnuc|bchrom|nNuc|mit|            features|
+------------+---------+----+-----+----+------+-----+------+----+---+--------------------+
|         0.0|      5.0| 1.0|  1.0| 1.0|   2.0| 1.0|   3.0| 1.0|1.0|[5.0,1.0,1.0,1.0,...|
|         0.0|      5.0| 4.0|  4.0| 5.0|   7.0|10.0|   3.0| 2.0|1.0|[5.0,4.0,4.0,5.0,...|
|         0.0|      3.0| 1.0|  1.0| 1.0|   2.0| 2.0|   3.0| 1.0|1.0|[3.0,1.0,1.0,1.0,...|
|         0.0|      6.0| 8.0|  8.0| 1.0|   3.0| 4.0|   3.0| 7.0|1.0|[6.0,8.0,8.0,1.0,...|
|         0.0|      4.0| 1.0|  1.0| 3.0|   2.0| 1.0|   3.0| 1.0|1.0|[4.0,1.0,1.0,3.0,...|
|         1.0|      8.0|10.0| 10.0| 8.0|   7.0|10.0|   9.0| 7.0|1.0|[8.0,10.0,10.0,8....|
|         0.0|      1.0| 1.0|  1.0| 1.0|   2.0|10.0|   3.0| 1.0|1.0|[1.0,1.0,1.0,1.0,...|
|         0.0|      2.0| 1.0|  2.0| 1.0|   2.0| 1.0|   3.0| 1.0|1.0|[2.0,1.0,2.0,1.0,...|
|         0.0|      2.0| 1.0|  1.0| 1.0|   2.0| 1.0|   1.0| 1.0|5.0|[2.0,1.0,1.0,1.0,...|
|         0.0|      4.0| 2.0|  1.0| 1.0|   2.0| 1.0|   2.0| 1.0|1.0|[4.0,2.0,1.0,1.0,...|
|         0.0|      1.0| 1.0|  1.0| 1.0|   1.0| 1.0|   3.0| 1.0|1.0|[1.0,1.0,1.0,1.0,...|
|         0.0|      2.0| 1.0|  1.0| 1.0|   2.0| 1.0|   2.0| 1.0|1.0|[2.0,1.0,1.0,1.0,...|
|         1.0|      5.0| 3.0|  3.0| 3.0|   2.0| 3.0|   4.0| 4.0|1.0|[5.0,3.0,3.0,3.0,...|
|         0.0|      1.0| 1.0|  1.0| 1.0|   2.0| 3.0|   3.0| 1.0|1.0|[1.0,1.0,1.0,1.0,...|
|         1.0|      8.0| 7.0|  5.0|10.0|   7.0| 9.0|   5.0| 5.0|4.0|[8.0,7.0,5.0,10.0...|
|         1.0|      7.0| 4.0|  6.0| 4.0|   6.0| 1.0|   4.0| 3.0|1.0|[7.0,4.0,6.0,4.0,...|
|         0.0|      4.0| 1.0|  1.0| 1.0|   2.0| 1.0|   2.0| 1.0|1.0|[4.0,1.0,1.0,1.0,...|
|         0.0|      4.0| 1.0|  1.0| 1.0|   2.0| 1.0|   3.0| 1.0|1.0|[4.0,1.0,1.0,1.0,...|
|         1.0|     10.0| 7.0|  7.0| 6.0|   4.0|10.0|   4.0| 1.0|2.0|[10.0,7.0,7.0,6.0...|
|         0.0|      6.0| 1.0|  1.0| 1.0|   2.0| 1.0|   3.0| 1.0|1.0|[6.0,1.0,1.0,1.0,...|
+------------+---------+----+-----+----+------+-----+------+----+---+--------------------+
only showing top 20 rows
```

그림 27 피처를 포함한 새로운 데이터 프레임

마지막으로 StringIndexer를 사용하고 다음처럼 트레이닝 데이터셋 레이블을 생성한다.

```
val labelIndexer = new
        StringIndexer( ).setInputCol("cancer_class").setOutputCol("label")
val df3 = labelIndexer.fit(df2).transform(df2)
df3.show( )
```

이제 왼쪽 칼럼을 기반으로 계산된 피처와 레이블이 포함된 데이터 프레임을 살펴보자.

590

```
+------------+---------+----+-----+----+------+-----+------+----+---+--------------------+-----+
|cancer_class|thickness|size|shape|madh|epsize|bnuc |bchrom|nNuc|mit|            features|label|
+------------+---------+----+-----+----+------+-----+------+----+---+--------------------+-----+
|         0.0|      5.0| 1.0|  1.0| 1.0|   2.0|  1.0|   3.0| 1.0|1.0|[5.0,1.0,1.0,1.0,...|  0.0|
|         0.0|      5.0| 4.0|  4.0| 5.0|   7.0| 10.0|   3.0| 2.0|1.0|[5.0,4.0,4.0,5.0,...|  0.0|
|         0.0|      3.0| 1.0|  1.0| 1.0|   2.0|  2.0|   3.0| 1.0|1.0|[3.0,1.0,1.0,1.0,...|  0.0|
|         0.0|      6.0| 8.0|  8.0| 1.0|   3.0|  4.0|   3.0| 7.0|1.0|[6.0,8.0,8.0,1.0,...|  0.0|
|         0.0|      4.0| 1.0|  1.0| 3.0|   2.0|  1.0|   3.0| 1.0|1.0|[4.0,1.0,1.0,3.0,...|  0.0|
|         1.0|      8.0|10.0| 10.0| 8.0|   7.0| 10.0|   9.0| 7.0|1.0|[8.0,10.0,10.0,8....|  1.0|
|         0.0|      1.0| 1.0|  1.0| 1.0|   2.0| 10.0|   3.0| 1.0|1.0|[1.0,1.0,1.0,1.0,...|  0.0|
|         0.0|      2.0| 1.0|  2.0| 1.0|   2.0|  1.0|   3.0| 1.0|1.0|[2.0,1.0,2.0,1.0,...|  0.0|
|         0.0|      2.0| 1.0|  1.0| 1.0|   2.0|  1.0|   1.0| 1.0|5.0|[2.0,1.0,1.0,1.0,...|  0.0|
|         0.0|      4.0| 2.0|  1.0| 1.0|   2.0|  1.0|   2.0| 1.0|1.0|[4.0,2.0,1.0,1.0,...|  0.0|
|         0.0|      1.0| 1.0|  1.0| 1.0|   1.0|  1.0|   3.0| 1.0|1.0|[1.0,1.0,1.0,1.0,...|  0.0|
|         0.0|      2.0| 1.0|  1.0| 1.0|   2.0|  1.0|   2.0| 1.0|1.0|[2.0,1.0,1.0,1.0,...|  0.0|
|         1.0|      5.0| 3.0|  3.0| 3.0|   2.0|  3.0|   4.0| 4.0|1.0|[5.0,3.0,3.0,3.0,...|  1.0|
|         0.0|      1.0| 1.0|  1.0| 1.0|   2.0|  3.0|   3.0| 1.0|1.0|[1.0,1.0,1.0,1.0,...|  0.0|
|         1.0|      8.0| 7.0|  5.0|10.0|   7.0|  9.0|   5.0| 5.0|4.0|[8.0,7.0,5.0,10.0...|  1.0|
|         1.0|      7.0| 4.0|  6.0| 4.0|   6.0|  1.0|   4.0| 3.0|1.0|[7.0,4.0,6.0,4.0,...|  1.0|
|         0.0|      4.0| 1.0|  1.0| 1.0|   2.0|  1.0|   2.0| 1.0|1.0|[4.0,1.0,1.0,1.0,...|  0.0|
|         0.0|      4.0| 1.0|  1.0| 1.0|   2.0|  1.0|   3.0| 1.0|1.0|[4.0,1.0,1.0,1.0,...|  0.0|
|         1.0|     10.0| 7.0|  7.0| 6.0|   4.0| 10.0|   4.0| 1.0|2.0|[10.0,7.0,7.0,6.0...|  1.0|
|         0.0|      6.0| 1.0|  1.0| 1.0|   2.0|  1.0|   3.0| 1.0|1.0|[6.0,1.0,1.0,1.0,...|  0.0|
+------------+---------+----+-----+----+------+-----+------+----+---+--------------------+-----+
only showing top 20 rows
```
그림 28 ML 모델을 트레이닝하기 위한 피처와 레이블이 포함된 새로운 데이터 프레임

4단계: 테스트 셋과 트레이닝 셋 만들기

```
val splitSeed = 1234567
val Array(trainingData, testData) = df3.randomSplit(Array(0.7, 0.3),
    splitSeed)
```

5단계: 트레이닝 셋을 사용해 에스티메이터 생성하기

elasticNetParam을 이용한 로지스틱 회귀 분석을 사용해 파이프라인에 대한 에스티
메이터를 생성하자. 다음처럼 최대 반복과 회귀 파라미터도 지정한다.

```
val lr = new LogisticRegression().setMaxIter(50).setRegParam(0.01)
    .setElasticNetParam(0.01)
val model = lr.fit(trainingData)
```

6단계: 테스트 셋에 대한 원본 예측, 확률, 예측 얻기

테스트 셋으로 원본 예측, 확률, 예측을 얻기 위해 테스트 셋을 사용해 모델을 변환한다.

```
val predictions = model.transform(testData)
predictions.show()
```

결과 데이터 프레임은 다음과 같다.

cancer_class	thickness	size	shape	madh	epsize	bnuc	bchrom	nNuc	mit	features	label	rawPrediction	probability	prediction
0.0	1.0	1.0	1.0	1.0	1.0	1.0	2.0	1.0	1.0	[1.0,1.0,1.0,1.0,...	0.0	[5.15956430979038...	[0.99428860556932...	0.0
0.0	1.0	1.0	1.0	1.0	1.0	1.0	2.0	1.0	1.0	[1.0,1.0,1.0,1.0,...	0.0	[5.15956430979038...	[0.99428860556932...	0.0
0.0	1.0	1.0	1.0	1.0	1.0	1.0	3.0	1.0	1.0	[1.0,1.0,1.0,1.0,...	0.0	[4.88229871718381...	[0.99247744702488...	0.0
0.0	1.0	1.0	1.0	1.0	1.0	1.0	3.0	1.0	1.0	[1.0,1.0,1.0,1.0,...	0.0	[4.88229871718381...	[0.99247744702488...	0.0
0.0	1.0	1.0	1.0	1.0	2.0	1.0	1.0	1.0	1.0	[1.0,1.0,1.0,1.0,...	0.0	[5.26929960916807...	[0.99487914377217...	0.0
0.0	1.0	1.0	1.0	1.0	2.0	1.0	1.0	1.0	1.0	[1.0,1.0,1.0,1.0,...	0.0	[5.26929960916807...	[0.99487914377217...	0.0
0.0	1.0	1.0	1.0	1.0	2.0	1.0	1.0	1.0	1.0	[1.0,1.0,1.0,1.0,...	0.0	[5.26929960916807...	[0.99487914377217...	0.0
0.0	1.0	1.0	1.0	1.0	2.0	1.0	1.0	1.0	1.0	[1.0,1.0,1.0,1.0,...	0.0	[5.26929960916807...	[0.99487914377217...	0.0
0.0	1.0	1.0	1.0	1.0	2.0	1.0	1.0	1.0	1.0	[1.0,1.0,1.0,1.0,...	0.0	[5.26929960916807...	[0.99487914377217...	0.0
0.0	1.0	1.0	1.0	1.0	2.0	1.0	1.0	1.0	1.0	[1.0,1.0,1.0,1.0,...	0.0	[5.26929960916807...	[0.99487914377217...	0.0
0.0	1.0	1.0	1.0	1.0	2.0	1.0	2.0	1.0	1.0	[1.0,1.0,1.0,1.0,...	0.0	[4.99203401656150...	[0.99325398211858...	0.0
0.0	1.0	1.0	1.0	1.0	2.0	1.0	2.0	1.0	1.0	[1.0,1.0,1.0,1.0,...	0.0	[4.99203401656150...	[0.99325398211858...	0.0
0.0	1.0	1.0	1.0	1.0	2.0	1.0	2.0	3.0	1.0	[1.0,1.0,1.0,1.0,...	0.0	[4.74802132478210...	[0.99140567173413...	0.0
0.0	1.0	1.0	1.0	1.0	2.0	1.0	3.0	1.0	1.0	[1.0,1.0,1.0,1.0,...	0.0	[4.71476842395493...	[0.99111766179519...	0.0
0.0	1.0	1.0	1.0	1.0	2.0	1.0	3.0	1.0	1.0	[1.0,1.0,1.0,1.0,...	0.0	[4.71476842395493...	[0.99111766179519...	0.0
0.0	1.0	1.0	1.0	1.0	2.0	1.0	3.0	1.0	1.0	[1.0,1.0,1.0,1.0,...	0.0	[4.71476842395493...	[0.99111766179519...	0.0
0.0	1.0	1.0	1.0	1.0	2.0	1.0	3.0	1.0	1.0	[1.0,1.0,1.0,1.0,...	0.0	[4.71476842395493...	[0.99111766179519...	0.0
0.0	1.0	1.0	1.0	1.0	2.0	1.0	3.0	2.0	1.0	[1.0,1.0,1.0,1.0,...	0.0	[4.59276207806523...	[0.98997663106901...	0.0
0.0	1.0	1.0	1.0	1.0	2.0	5.0	1.0	1.0	1.0	[1.0,1.0,1.0,1.0,...	0.0	[4.10129026316119...	[0.98371817931939...	0.0
0.0	1.0	1.0	1.0	1.0	4.0	3.0	1.0	1.0	1.0	[1.0,1.0,1.0,1.0,...	0.0	[4.35023434970686...	[0.98726059831436...	0.0

only showing top 20 rows

그림 29 원본 예측과 각 로우에 대한 실제 예측이 포함된 새로운 데이터 프레임

7단계: 트레이닝의 객관적인 기록 생성

다음처럼 각 반복마다 모델의 목표 이력을 생성한다.

```
val trainingSummary = model.summary
val objectiveHistory = trainingSummary.objectiveHistory
objectiveHistory.foreach(loss => println(loss))
```

이 코드는 트레이닝 손실 측면에서 다음과 같은 출력을 생성한다.

```
0.6562291876496595
0.6087867761081431
0.538972588904556
0.4928455913405332
0.46269258074999386
0.3527914819973198
0.20206901337404978
```

0.16459454874996993
0.13783437051276512
0.11478053164710095
0.11420433621438157
0.11138884788059378
0.11041889032338036
0.10849477236373875
0.10818880537879513
0.10682868640074723
0.10641395229253267
0.10555411704574749
0.10505186414044905
0.10470425580130915
0.10376219754747162
0.10331139609033112
0.10276173290225406
0.10245982201904923
0.10198833366394071
0.10168248313103552
0.10163242551955443
0.10162826209311404
0.10162119367292953
0.10161235376791203
0.1016114803209495
0.10161090505556039
0.1016107261254795
0.10161056082112738
0.10161050381332608
0.10161048515341387
0.10161043900301985
0.10161042057436288
0.10161040971267737
0.10161040846923354
0.10161040625542347
0.10161040595207525

```
0.10161040575664354
0.10161040565870835
0.10161040519559975
0.10161040489834573
0.10161040445215266
0.1016104043469577
0.1016104042793553
0.1016104042606048
0.10161040423579716
```

이 결과를 살펴보면 반복 결과는 점차 줄어드는 것을 볼 수 있다.

8단계: 모델 평가하기

먼저 이진 로직 회귀 요약에서 사용한 분류자인지 확인해야 한다.

```
val binarySummary =
        trainingSummary.asInstanceOf[BinaryLogisticRegressionSummary]
```

이제 ROC를 데이터 프레임으로 얻고 areaUnderROC로 가져온다. 근삿값이 1.0이면 더 좋다.

```
val roc = binarySummary.roc
roc.show()
println("Area Under ROC: " + binarySummary.areaUnderROC)
```

이 코드는 다음과 같이 areaUnderROC의 값을 출력한다.

```
Area Under ROC: 0.9959095884623509
```

매우 훌륭하다. 이제 참 긍정 비율, 거짓 긍정 비율, 거짓 부정 비율, 전체 개수와 같은 메트릭과 다음처럼 제대로 예측한 경우와 잘못 예측한 경우의 수를 계산해보자.

```scala
import org.apache.spark.sql.functions._

// 성능 메트릭을 계산한다.
val lp = predictions.select("label", "prediction")
val counttotal = predictions.count()
val correct = lp.filter($"label" === $"prediction").count()
val wrong = lp.filter(not($"label" === $"prediction")).count()
val truep = lp.filter($"prediction" === 0.0).filter($"label" ===
        $"prediction").count()
val falseN = lp.filter($"prediction" === 0.0).filter(not($"label" ===
        $"prediction")).count()
val falseP = lp.filter($"prediction" === 1.0).filter(not($"label" ===
        $"prediction")).count()
val ratioWrong = wrong.toDouble / counttotal.toDouble
val ratioCorrect = correct.toDouble / counttotal.toDouble

println("Total Count: " + counttotal)
println("Correctly Predicted: " + correct)
println("Wrongly Identified: " + wrong)
println("True Positive: " + truep)
println("False Negative: " + falseN)
println("False Positive: " + falseP)
println("ratioWrong: " + ratioWrong)
println("ratioCorrect: " + ratioCorrect)
```

이제 다음처럼 이전 코드의 결과를 관찰해야 한다.

```
Total Count: 209
Correctly Predicted: 202
Wrongly Identified: 7
True Positive: 140
```

False Negative: 4
False Positive: 3
ratioWrong: 0.03349282296650718
ratioCorrect: 0.9665071770334929

마지막으로 모델의 정확도를 판단하자. 그러나 먼저 fMeasure를 최대화하기 위해 모델 임계값을 설정해야 한다.

```
val fMeasure = binarySummary.fMeasureByThreshold
val fm = fMeasure.col("F-Measure")
val maxFMeasure = fMeasure.select(max("F-Measure")).head().getDouble(0)
val bestThreshold = fMeasure.where($"F-Measure" ===
        maxFMeasure).select("threshold").head().getDouble(0)
model.setThreshold(bestThreshold)
```

이제 다음처럼 정확도를 계산한다.

```
val evaluator = new BinaryClassificationEvaluator().setLabelCol("label")
val accuracy = evaluator.evaluate(predictions)
println("Accuracy: " + accuracy)
```

이 코드는 정확도가 거의 99.64%인 다음과 같은 출력을 생성한다.

Accuracy: 0.9963975418520874

로지스틱 회귀 분석을 이용한 다중 클래스 분류

다중 클래스 분류 문제를 트레이닝하고 예측하기 위해 이진 로지스틱 회귀를 다항 로지스틱 회귀로 일반화할 수 있다. 예를 들어 k개의 가능한 결과에 대해 결과 중 하나를 피벗으로 선택하고 다른 k-1개의 결과는 피벗 결과에 대해 개별적으로 회귀될 수 있다. spark.mllib에서 첫 번째 클래스 0은 피벗pivot 클래스로 선택된다.

다중 클래스 분류 문제의 경우 알고리즘은 첫 번째 클래스에 대해 회귀된 k-1 이진 로지스틱 회귀 모델을 포함하는 다항 로지스틱 회귀 모델을 출력한다. 새로운 데이터 포인트가 주어지면 k-1 모델은 실행되고 가장 큰 확률을 가진 클래스가 예측 클래스로 선택된다. 이 절에서는 더 빠른 수렴을 위해 L-BFGS를 사용하는 로지스틱 회귀 분석을 사용해 분류하는 예를 보여준다.

1단계: LIVSVM 포맷의 MNIST 데이터셋을 로드하고 파싱한다.

```
// LIBSVM 포맷의 트레이닝 데이터를 로드한다.
val data = MLUtils.loadLibSVMFile(spark.sparkContext, "data/mnist.bz2")
```

2단계: 트레이닝 셋과 테스트 셋을 준비한다.

다음처럼 데이터를 트레이닝 셋(75%)과 테스트 셋(25%)으로 나눈다.

```
val splits = data.randomSplit(Array(0.75, 0.25), seed = 12345L)
val training = splits(0).cache()
val test = splits(1)
```

3단계: 모델을 구축하기 위해 트레이닝 알고리즘을 실행한다.

트레이닝 알고리즘을 실행해 다중 클래스(이 데이터셋의 경우에는 10개다)를 설정해 모델을 구축한다. 분류 정확도를 높이려면 다음처럼 불리언 true 값을 사용해 데이터셋에 인터셉트를 추가한 후 유효성을 검사해야 한다.

```
val model = new LogisticRegressionWithLBFGS()
            .setNumClasses(10)
```

```
      .setIntercept(true)
      .setValidateData(true)
      .run(training)
```

알고리즘이 setIntercept를 사용해 인터셉트를 추가해야 하는 경우 인터셉트를 **true**로 설정한다. 모델 구축 전에 알고리즘에 트레이닝 셋으로 유효성을 검사하려면 setValidateData 메소드를 사용해 값을 **true**로 설정해야 한다.

4단계: 기본 임계값 지우기

다음처럼 기본 임계값을 지워 기본 설정으로 트레이닝하지 않게 한다.

```
model.clearThreshold()
```

5단계: 테스트 셋에서 원 점수를 계산한다.

테스트 셋의 원본 점수를 계산해서 이전에 언급한 성능 메트릭을 사용해 다음처럼 모델을 평가할 수 있다.

```
val scoreAndLabels = test.map { point =>
   val score = model.predict(point.features)
   (score, point.label)
}
```

6단계: 모델을 평가하기 위해 여러 메트릭을 초기화한다.

```
val metrics = new MulticlassMetrics(scoreAndLabels)
```

7단계: 혼동 행렬을 구축한다.

```
println("Confusion matrix:")
println(metrics.confusionMatrix)
```

혼동 행렬에서 행렬의 각 칼럼은 예측 클래스의 인스턴스를 나타내는 반면, 각 라인은 실제 클래스의 인스턴스를 나타낸다(또는 그 반대). 이름은 시스템이 2개의 클래스를 혼동하고 있는지 쉽게 알 수 있게 한다는 사실에서 유래한다. 자세한 내용은 혼동 행렬에 대한 위키피디아(https://en.wikipedia.org/wiki/Confusion_matrix, Confusion)를 참조한다.

```
1466.0    1.0      4.0      2.0      3.0      11.0     18.0     1.0      11.0     4.0
0.0       1709.0   11.0     3.0      2.0      6.0      1.0      5.0      15.0     4.0
10.0      17.0     1316.0   24.0     22.0     8.0      20.0     17.0     26.0     8.0
3.0       9.0      38.0     1423.0   1.0      52.0     9.0      11.0     31.0     15.0
3.0       4.0      23.0     1.0      1363.0   4.0      10.0     7.0      5.0      43.0
19.0      7.0      11.0     50.0     12.0     1170.0   23.0     6.0      32.0     11.0
6.0       2.0      15.0     3.0      10.0     19.0     1411.0   2.0      8.0      2.0
4.0       7.0      10.0     7.0      14.0     4.0      2.0      1519.0   8.0      48.0
9.0       22.0     26.0     43.0     11.0     46.0     16.0     5.0      1268.0   8.0
6.0       3.0      5.0      23.0     39.0     8.0      0.0      60.0     14.0     1327.0
```

그림 30 로지스틱 회귀 분류자가 생성한 혼동 행렬

8단계: 전체 통계

이제 모델의 성능을 판단하기 위해 전체 통계를 계산해보자.

```
val accuracy = metrics.accuracy
println("Summary Statistics")
println(s"Accuracy = $accuracy")
// 레이블당 정확도
val labels = metrics.labels
labels.foreach { l =>
   println(s"Precision($l) = " + metrics.precision(l))
}
// 레이블당 재현율
```

```
labels.foreach { l =>
  println(s"Recall($l) = " + metrics.recall(l))
}
// 레이블당 거짓 긍정 비율
labels.foreach { l =>
  println(s"FPR($l) = " + metrics.falsePositiveRate(l))
}
// 레이블당 F-측정 값
labels.foreach { l =>
  println(s"F1-Score($l) = " + metrics.fMeasure(l))
}
```

이 코드 조각은 정확도, 정밀도, 재현율, 참 긍정 비율, 오탐지율 및 F1 점수와 같은 성능 메트릭을 포함하는 다음과 같은 출력을 생성한다.

```
Summary Statistics
----------------------
Accuracy = 0.9203609775377116
Precision(0.0) = 0.9606815203145478
Precision(1.0) = 0.9595732734418866
.
.
Precision(8.0) = 0.8942172073342737
Precision(9.0) = 0.9027210884353741

Recall(0.0) = 0.9638395792241946
Recall(1.0) = 0.9732346241457859
.
.
Recall(8.0) = 0.8720770288858322
Recall(9.0) = 0.8936026936026936

FPR(0.0) = 0.004392386530014641
FPR(1.0) = 0.005363128491620112
```

```
.
.
FPR(8.0) = 0.010927369417935456
FPR(9.0) = 0.010441004672897197

F1-Score(0.0) = 0.9622579586478502
F1-Score(1.0) = 0.966355668645745
.
.
F1-Score(9.0) = 0.8981387478849409
```

이제 전체 통계, 즉 요약 통계를 계산하자.

```
println(s"Weighted precision: ${metrics.weightedPrecision}")
println(s"Weighted recall: ${metrics.weightedRecall}")
println(s"Weighted F1 score: ${metrics.weightedFMeasure}")
println(s"Weighted false positive rate:
${metrics.weightedFalsePositiveRate}")
```

이 코드는 가중치 정밀도, 재현율, F1 점수, 거짓 긍정 비율을 다음처럼 출력한다.

```
Weighted precision: 0.920104303076327
Weighted recall: 0.9203609775377117
Weighted F1 score: 0.9201934861645358
Weighted false positive rate: 0.008752250453215607
```

전체 통계에 따르면 모델의 정확도는 92% 이상이다. 그러나 랜덤 포레스트[RF]와 같은 더 좋은 알고리즘을 사용해 성능을 향상시킬 수 있다. 다음 절에서는 동일한 모델을 분류할 수 있는 랜덤 포레스트 구현을 살펴본다.

랜덤 포레스트를 사용해 분류 정확도 향상

랜덤 포레스트^{random forest}(때로는 '랜덤 디시전 포레스트^{random decision forest}'라고도 함)은 결정 트리의 앙상블^{ensemble}이다(앙상블이란 여러 머신 러닝 모델을 연결해 더 강력한 모델을 만들 수 있는 기법을 의미한다 - 옮긴이). 랜덤 포레스트는 분류와 회귀를 위한 가장 성공적인 머신 러닝 모델 중 하나다. 분류와 회귀에서는 오버피팅의 위험을 줄이기 위해 많은 결정 트리를 결합한다. 결정 트리와 마찬가지로 랜덤 포레스트는 범주형 피처를 처리하고 다중 클래스 분류 설정을 확장하며, 피처 확장을 필요로 하지 않고 비선형성과 피처 상호작용을 포착할 수 있다. 괜찮은 랜덤 포레스트가 많이 있다. 랜덤 포레스트는 많은 결정 트리를 결합해 트레이닝 데이터셋에서 오버피팅 문제를 극복할 수 있다.

랜덤 포레스트 또는 랜덤 디시전 포레스트의 포레스트는 일반적으로 수십만 개의 트리로 구성된다. 실제로 많은 트리는 동일한 트레이닝 셋의 여러 부분에서 트레이닝된다. 좀 더 기술적으로 말하면 매우 깊게 성장한 개별 트리는 예측할 수 없는 패턴으로부터 학습할 가능성이 있다. 이런 타입의 트리는 트레이닝 셋에 오버피팅 문제를 생성한다. 게다가 낮은 편향^{bias}은 주어진 피처 관점에서 데이터셋의 품질이 좋아도 분류자의 성능을 낮춘다. 반면에 랜덤 포레스트는 여러 결정 트리를 평균화하는 데 도움을 줄 뿐 아니라 분산을 줄여 두 데이터 포인트 간의 근접도^{proximity}를 계산해 일관성을 확보하는 것을 목표로 한다.

하지만 랜덤 포레스트는 결과를 해석할 때 일부 편향이나 일부 손실이 늘어난다. 그러나 결과적으로 최종 모델의 성능은 크게 향상된다. 분류자로 랜덤 포레스트를 사용하는 동안 파라미터 설정이 적용된다.

- 트리의 개수가 1이면 부트스트랩^{bootstrap}이 전혀 사용되지 않는다. 그러나 트리의 개수가 1보다 크면 부트스트랩을 수행한다. 지원되는 값은 `auto`, `all`, `sqrt`, `log2`, `onethird`다(부트스트랩은 트레이닝 셋에서 랜덤 중복을 통해 특정 개수의 데

이터를 선택하는 랜덤 포레스트 알고리즘의 첫 번째 과정을 의미한다 - 옮긴이).

- 지원되는 숫자 값은 (0.0-1.0]과 [1-n]이지만 featureSubsetStrategy가 auto로 선택된 경우 랜덤 포레스트 알고리즘은 자동으로 최상의 피처 부분집합 전략을 선택한다.

- numTrees == 1이면 featureSubsetStrategy가 all로 설정된다. 그러나 numTrees > 1(즉 포레스트)인 경우 featureSubsetStrategy는 분류를 위해 sqrt로 설정된다.

- 추가적으로 실수 값 n이 (0, 1.0]의 범위로 설정되면 n*number_of_features가 사용된다. n이 range(1, 피처 개수)에 있는 정수 값이라면 n개의 피처만 대안으로 사용된다.

- categoricalFeaturesInfo 파라미터는 맵이고 임의의 범주형 피처를 저장하는 데 사용된다. 엔트리 (n -> k)는 피처 n이 0: {0, 1, ..., k-1}로 인덱싱된 k개의 카테고리로 범주화돼 있음을 나타낸다.

- 불순물 기준은 정보 이득[information gain] 계산에만 사용된다. 지원되는 값은 각각 분류와 회귀에 대한 지니[gini] 계수와 분산이다.

- maxDepth는 트리의 최대 깊이다(예, 깊이 0은 1개의 잎 노드를 의미하고 깊이 1은 1개의 내부 노드 + 2개의 잎 노드를 의미한다).

- maxBins는 피처를 분할하는 데 사용되는 최대 빈도수를 의미하며 제안된 값은 더 좋은 결과를 얻기 위해 100이다.

- 마지막으로 랜덤 시드[random seed]는 결과가 랜덤하게 추출되지 않도록 부트스트랩과 피처의 부분집합을 선택하는 데 사용된다.

이미 살펴본 것처럼 랜덤 포레스트는 대규모의 데이터셋을 다루기에 빠르고 확장성이 있어, 스파크는 대규모 확장성을 얻기 위해 랜덤 포레스트를 구현하는 데 적합한 기술이다. 그러나 인접도를 계산하면 저장소 요구 사항도 기하급수적으로 증가한다.

랜덤 포레스트를 이용한 MNIST 데이터셋 분류

이 절에서는 랜덤 포레스트를 사용한 분류 예를 소개한다. 코드를 단계별로 분석함으로써 해결책을 쉽게 이해할 수 있다.

1단계: LIVSVM 포맷의 MNIST 데이터셋을 로드하고 파싱한다.

```
// LIBSVM 포맷의 트레이닝 데이터를 로드한다.
val data = MLUtils.loadLibSVMFile(spark.sparkContext, "data/mnist.bz2")
```

2단계: 트레이닝과 테스트 셋을 준비한다.

데이터를 트레이닝 셋(75%)과 테스트 셋(25%)으로 나누고 재현하기 위해 다음처럼 시드를 설정한다.

```
val splits = data.randomSplit(Array(0.75, 0.25), seed = 12345L)
val training = splits(0).cache()
val test = splits(1)
```

3단계: 모델을 구축하기 위해 트레이닝 알고리즘을 실행한다.

빈 categoricalFeaturesInfo를 사용해 랜덤 포레스트 모델을 트레이닝한다. 모든 피처가 데이터셋에서 연속적이기 때문에 관련 작업이 필요하다.

```
val numClasses = 10 // MNIST 데이터셋의 클래스의 개수
val categoricalFeaturesInfo = Map[Int, Int]()
val numTrees = 50 // 실제 상황에서는 더 큰 수를 사용한다. 값이 더 클수록 좋다
val featureSubsetStrategy = "auto" // 알고리즘을 선택한다
val impurity = "gini" // 이전에 설명한 랜덤 포레스트를 설명한 내용을 살펴보길 바란다
val maxDepth = 30 // 실제 상황에서는 값이 더 클수록 좋다
val maxBins = 32 // 실제 상황에서는 값이 더 클수록 좋다
val model = RandomForest.trainClassifier(training, numClasses,
```

```
categoricalFeaturesInfo, numTrees, featureSubsetStrategy, impurity,
maxDepth, maxBins)
```

랜덤 포레스트 모델을 트레이닝하는 것은 자원이 많이 소비되는 작업이다. 따라서 더 많은 메모리가 필요하므로 OOM이 발생하지 않게 유의해야 한다. 이 코드를 실행하기 전에 자바 힙 공간을 늘리기를 바란다.

4단계: 테스트 셋에서 원 점수를 계산한다.

이전에 언급한 성능 메트릭을 사용해 다음처럼 모델을 평가할 수 있도록 테스트 셋의 원 점수를 계산한다.

```
val scoreAndLabels = test.map { point =>
  val score = model.predict(point.features)
  (score, point.label)
}
```

5단계: 모델을 평가하기 위해 다중 클래스에 대한 메트릭을 초기화한다.

```
val metrics = new MulticlassMetrics(scoreAndLabels)
```

6단계: 혼동 행렬을 생성한다.

```
println("Confusion matrix:")
println(metrics.confusionMatrix)
```

이 코드는 분류를 위해 다음과 같은 혼동 행렬을 출력한다.

```
1500.0   0.0      8.0      1.0      3.0      6.0      6.0      3.0      2.0      5.0
0.0      1737.0   1.0      3.0      0.0      3.0      1.0      1.0      7.0      2.0
3.0      6.0      1416.0   19.0     5.0      3.0      1.0      9.0      6.0      4.0
0.0      1.0      5.0      1509.0   0.0      21.0     0.0      3.0      18.0     18.0
1.0      3.0      9.0      1.0      1415.0   3.0      2.0      7.0      4.0      17.0
2.0      2.0      0.0      20.0     0.0      1275.0   12.0     0.0      8.0      7.0
4.0      2.0      3.0      2.0      2.0      13.0     1453.0   0.0      8.0      0.0
0.0      3.0      10.0     8.0      4.0      3.0      0.0      1572.0   0.0      11.0
10.0     0.0      11.0     19.0     6.0      12.0     3.0      7.0      1388.0   14.0
1.0      2.0      5.0      10.0     28.0     2.0      0.0      21.0     13.0     1407.0
```

그림 31 랜덤 포레스트 분류자에 의해 생성된 혼동 행렬

7단계: 전체 통계

이제 모델의 성능을 판단하기 위해 전체 통계를 계산한다.

```scala
val accuracy = metrics.accuracy
println("Summary Statistics")
println(s"Accuracy = $accuracy")
// 레이블당 정확도
val labels = metrics.labels
labels.foreach { l =>
  println(s"Precision($l) = " + metrics.precision(l))
}
// 레이블당 재현율
labels.foreach { l =>
  println(s"Recall($l) = " + metrics.recall(l))
}
// 레이블당 거짓 긍정 비율
labels.foreach { l =>
  println(s"FPR($l) = " + metrics.falsePositiveRate(l))
}
// 레이블당 F-측정 값
labels.foreach { l =>
  println(s"F1-Score($l) = " + metrics.fMeasure(l))
}
```

이 코드는 정확도, 정밀도, 재현율, 참 긍정 비율, 거짓 긍정 비율, F1 점수와 같은 성능 메트릭을 포함하는 다음과 같은 출력을 생성한다.

```
Summary Statistics:
-----------------------------
Precision(0.0) = 0.9861932938856016
Precision(1.0) = 0.9891799544419134
.
.
Precision(8.0) = 0.9546079779917469
Precision(9.0) = 0.9474747474747475

Recall(0.0) = 0.9778357235984355
Recall(1.0) = 0.9897435897435898
.
.
Recall(8.0) = 0.9442176870748299
Recall(9.0) = 0.9449294828744124

FPR(0.0) = 0.0015387997362057595
FPR(1.0) = 0.0014151646059883808
.
.
FPR(8.0) = 0.0048136532710962
FPR(9.0) = 0.0056967572304995615

F1-Score(0.0) = 0.9819967266775778
F1-Score(1.0) = 0.9894616918256907
.
.
F1-Score(8.0) = 0.9493844049247605
F1-Score(9.0) = 0.9462004034969739
```

이제 전체 통계를 다음처럼 계산하자.

```
println(s"Weighted precision: ${metrics.weightedPrecision}")
println(s"Weighted recall: ${metrics.weightedRecall}")
println(s"Weighted F1 score: ${metrics.weightedFMeasure}")
println(s"Weighted false positive rate:
        ${metrics.weightedFalsePositiveRate}")
val testErr = labelAndPreds.filter(r => r._1 != r._2).count.toDouble /
        test.count()
println("Accuracy = " + (1-testErr) * 100 + " %")
```

이 코드는 가중치 정밀도, 재현율, F1 점수, 거짓 긍정 비율을 포함하는 다음과 같은
내용을 출력한다.

```
Overall statistics
--------------------------------
Weighted precision: 0.966513107682512
Weighted recall: 0.9664712469534286
Weighted F1 score: 0.9664794711607312
Weighted false positive rate: 0.003675328222679072
Accuracy = 96.64712469534287 %
```

전체 통계에 따르면 모형의 정확도는 96% 이상 로지스틱 회귀 분석보다 우수하다.
그러나 모델을 잘 튜닝함으로써 개선할 수 있다.

▌요약

11장에서는 머신 러닝을 간단히 소개했고, 간단하지만 강력하면서도 일반적인 머신
러닝 기술에 대해 알아봤다. 마지막으로 스파크를 사용해 예측 모델을 구축하는 방법
을 살펴봤다. 분류 모델을 구축하는 방법, 예측을 하기 위해 모델을 사용하는 방법,
마지막으로 차원 축소와 원핫 인코딩One-Hot Encoding 같은 일반적인 ML 기법을 사용하는

방법을 배웠다.

그다음 절에서는 회귀 기술을 고차원 데이터셋에 적용하는 방법을 다뤘다. 그리고 예측 분석을 위한 이진 및 다중 클래스 분류 알고리즘을 적용하는 방법을 살펴봤다. 마지막으로 랜덤 포레스트 알고리즘을 사용해 뛰어난 분류 정확도를 달성하는 방법을 살펴봤다. 그러나 모델을 배포하기 전에 더욱 안정적인 성능을 위한 추천 시스템과 모델 튜닝과 같은 머신 러닝에 대한 다른 주제를 다뤄야 한다.

12장에서는 스파크 고급 주제를 다룬다. 머신 러닝 모델을 튜닝함으로써 성능이 개선되는 예를 소개하고, 영화 추천, 텍스트 클러스터링에 대한 예를 각각 다룬다.

12

고급 머신 러닝 모범 사례

"하이퍼파라미터(hyperparameter) 최적화 또는 모델 선택은 학습 알고리즘에 대한 하이퍼
파라미터 셋을 선택하는 문제이고, 일반적으로 독립적인 데이터셋에서의 알고리즘 성능
측정값을 최적화하는 것을 목표로 한다."

- 머신 러닝 모델 튜닝에서 인용

12장에서는 스파크를 사용한 머신 러닝의 고급 주제에 대한 이론과 실질적인 관점을
제공한다. 그리드 검색, 교차 검증, 하이퍼파라미터 튜닝을 사용해 좀 더 효율적이고
최적화된 성능을 위한 머신 러닝 모델을 튜닝하는 방법을 알아본다. 그다음에는 모델
기반 추천 알고리즘인 교차 최소 제곱[ALS]을 예로 들어 확장 가능한 추천 시스템을
개발하는 방법을 설명한다. 마지막으로 텍스트 클러스터링 기술을 사용해 토픽[topic]
모델링 애플리케이션을 시연한다.

12장에서 다루는 내용은 다음과 같다.

- 머신 러닝 모범 사례
- 머신 러닝 모델의 하이퍼파라미터 튜닝
- LDA^{latent dirichlet allocation}을 사용한 토픽 모델링
- 협업 필터링을 사용하는 추천 시스템

▌머신 러닝 모범 사례

때로는 정확도보다는 오차율을 고려하는 것이 좋다. 예를 들어 99%의 정확도와 50%의 오차를 가진 머신 러닝 시스템이 90%의 정확도를 갖지만, 25%의 오차가 있는 머신 러닝 시스템보다 안 좋다고 가정한다. 지금까지는 다음과 같은 머신 러닝 주제를 다뤘다.

- **회귀:** 선형으로 분리 가능한 값을 예측하기 위한 것이다.
- **이상 탐지**^{anomaly detection}**:** 클러스터링 알고리즘을 사용해 자주 수행되는 비정상적인 데이터 포인트를 찾는 것이다.
- **클러스터링:** 균질 데이터 포인트를 클러스터링하기 위해 데이터셋에서 숨겨진 구조를 발견하기 위한 것이다.
- **이진 분류:** 두 가지 범주를 예측하기 위한 것이다.
- **다중 클래스 분류:** 3개 이상의 카테고리를 예측하기 위한 것이다.

이제 이런 작업에 대한 좋은 알고리즘이 있음을 알게 됐다. 그러나 문제 타입을 해결하는 데 적합한 알고리즘을 선택하는 것은 머신 러닝 알고리즘에서 더 높고 뛰어난 정확도를 얻는 까다로운 작업이다. 이를 위해 데이터 수집, 피처 엔지니어링, 모델 구축, 평가, 튜닝, 배포 등의 단계를 통해 좋은 사례를 채택해야 한다. 이를 고려해서 이 절에서는 스파크를 사용해 머신 러닝 애플리케이션을 개발하면서 추천을 제공한다.

오버피팅과 언더피팅에 주의

다음 그림에서 볼 수 있는 것처럼 곡선을 그리는 산점도^{scatter plot}를 가로 지르는 직선 절단은 언더피팅^{under-fitting}의 좋은 예다. 그러나 선이 데이터에 잘 맞으면 오버피팅^{overfitting}이라는 반대의 문제가 발생한다. 보통 "모델이 데이터셋에 오버피팅됐다"고 말하면 트레이닝 데이터에 대한 오차율이 낮을 수 있지만, 전체 데이터에 대한 일반성이 떨어진다는 의미를 갖는다.

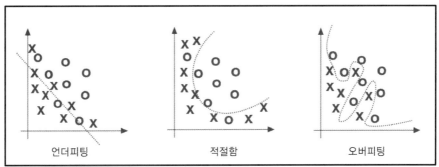

그림 1 오버피팅과 언더피팅 간의 균형(출처: 아담 깁슨(Adam Gibson), 조쉬 패터슨(Josh Patterson)의 『딥러닝(Deep Learning)』)

더 기술적으로 테스트 데이터나 검증된 데이터 대신 트레이닝 데이터에서 모델을 평가할 경우 모델이 오버피팅인지 여부를 분명히 알 수 없다. 일반적인 증상은 다음과 같다.

- 트레이닝에 사용되는 데이터의 예측 정확도가 정확할 수 있다(즉, 경우에 따라 100%까지 정확하다).
- 모델은 새로운 데이터에 대한 랜덤 예측과 비교해 더 좋은 성능을 나타낼 수 있다.
- 데이터셋이 배포에 맞으면 좋을 것이다. 데이터셋은 분포와 상당히 근접하므로 데이터와 함께 동작하는 방법에 대한 이론적인 분포를 기반으로 가정할 수 있기 때문이다. 결과적으로 데이터의 정규 분포는 통계의 샘플링 분포가

특정 조건하에서 정상적으로 분포된다고 가정할 수 있다. 정규 분포는 평균과 표준 편향에 의해 정의되며, 모든 변형에 대해 일반적으로 동일한 모양을 가진다.

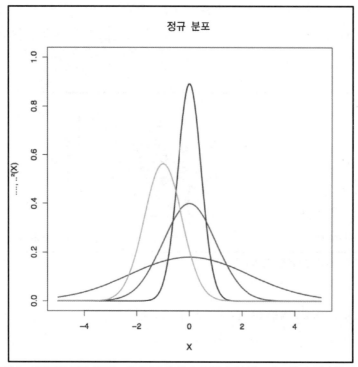

그림 2 데이터의 정규 분포는 오버피팅과 언더피팅을 극복하는 데 도움이 된다(출처: 아담 깁슨(Adam Gibson), 조쉬 패터슨(Josh Patterson)의 『딥러닝(Deep Learning)』)

때로는 머신 러닝 모델 자체는 특별한 튜닝이나 데이터 포인트에 언더피팅이 될 수 있는데, 이는 모델이 너무 단순해진다는 것을 의미한다. 필자의 추천(다른 사람들의 의견도 비슷하다)은 다음과 같다.

- 오버피팅 상황을 감지하려면 데이터셋을 두 개의 셋으로 나눈다. 첫 번째는 트레이닝 셋이라고 하는 트레이닝 및 모델 선택을 위한 것이고, 두 번째는 '머신 러닝 워크플로우' 절에서 시작된 모델을 평가하기 위한 테스트 셋이다.

614

- 또는 간단한 모델(예, 가우시안 커널$^{Gaussian\ kernel}$ SVM보다 선형 분류자)를 사용하거나 머신 러닝 모델(사용 가능한 경우)의 정규화 파라미터를 확장해 오버피팅을 피할 수 있다.
- 오버피팅과 언더피팅을 피하려면 파라미터를 올바른 데이터 값으로 변경해 모델을 튜닝한다.
- 따라서 언더피팅 문제를 해결하는 것이 우선순위가 높지만 대부분의 머신 러닝 실무자들은 데이터에 대한 선을 오버피팅하지 않도록 많은 시간과 노력을 기울일 것을 추천한다. 또한 해당 실무자는 대규모 데이터셋을 세 개의 셋, 즉 트레이닝 셋(50%), 유효 셋(25%), 테스트 셋(25%)으로 나누는 것을 추천한다. 또한 해당 실무자는 트레이닝 셋을 사용해 모델을 구축하고 유효성 검증 셋을 사용해 예측 오차를 계산하는 것을 추천한다. 테스트 셋은 최종 모델의 일반화 오차를 평가할 때 사용하는 것이 좋다. 반면 지도 학습 중 사용 가능한 레이블의 데이터 양이 적다면 데이터셋을 분할하지 않는 것이 좋다. 이 경우 교차 검증을 사용한다. 더 구체적으로 언급하면 데이터셋을 대략 동일한 크기의 10개 부분으로 나눈다. 그 후에 각각의 부분에 대해 분류자를 반복적으로 트레이닝하고 10번째 부분을 사용해 모델을 테스트한다.

스파크 MLlib과 ML에 집중

파이프라인 설계의 첫 번째 단계는 빌딩 블록(노드와 에지로 구성된 방향^{direct} 또는 무방향^{undirected} 그래프)을 생성하고 해당 블록을 연결하는 것이다. 그럼에도 불구하고 데이터 과학자로서 노드(프리미티브)의 확장 및 최적화에 중점을 둬야 하기에 이후 단계에서 머신 러닝 파이프라인을 일관성이 있으면서 대용량 데이터셋을 처리하는 애플리케이션을 확장할 수 있다. 파이프라인 프로세스는 모델을 새로운 데이터셋에 적용할 수 있게 도와준다. 그러나 머신 러닝 파이프라인 중 일부 프리미티브는 특정 도메인과 데이터 타입(예, 텍스트, 이미지, 비디오, 오디오, 시공간)으로 명시적으로 정의될 수 있다.

해당 타입 외에도 프리미티브는 범용적인 도메인 통계나 수학을 기반으로 동작해야 한다. 해당 프리미티브의 관점에서 머신 러닝 모델을 변환하면 워크플로우가 투명하고, 해석 가능하며, 접근 가능하고, 설명이 가능하다.

최근의 예는 스파크 기반 위에서 사용할 수 있는 분산 매트릭스 라이브러리인 ML-matrix다. 관련 JIRA 이슈(https://issues.apache.org/jira/browse/SPARK-3434)를 참조하라.

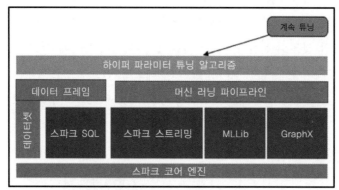

그림 3 ML과 MLlib 튜닝과 상호운용

앞 절에서 이미 살펴본 것처럼 개발자는 스파크 MLlib의 구현 기술과 스파크 ML, 스파크 SQL, GraphX, 스파크 스트리밍으로 개발한 알고리즘을 그림 3의 RDD, 데이터 프레임과 데이터셋 기반에서 하이브리드 또는 상호운용 가능한 머신 러닝 애플리케이션으로 완벽하게 결합할 수 있다. 따라서 머신 러닝 애플리케이션을 개선하기 위해서 최신 기술을 사용하거나 튜닝하는 것이 좋다.

애플리케이션에 적합한 알고리즘 선택

"어떤 머신 러닝 알고리즘을 사용해야 할까?" 초보 머신 러닝 학습자가 주로 묻는 질문이지만 대답은 상황에 따라 항상 다르다. 적절한 답은 다음과 같다.

- 볼륨, 품질, 복잡성, 테스트 또는 사용해야 할 데이터의 특성에 따라 달라진다.

- 이는 외부 환경과 컴퓨팅 시스템의 설정이나 기본 인프라와 같은 변수에 따라 달라진다.
- 그것은 대답으로 얻고 싶은 내용에 따라 달라진다.
- 알고리즘의 수학과 통계 공식을 컴퓨터의 기계 명령어로 어떻게 변환했는지에 달려 있다
- 시간은 얼마나 소요될지에 따라 달라진다.

실제로 가장 경험이 많은 데이터 과학자나 데이터 엔지니어조차도 머신 러닝 알고리즘을 모두 함께 실험해보기 전까지는 어느 머신 러닝 알고리즘이 최고의 성능을 발휘할지 바로 추천할 수는 없다. 동의하던 동의하지 않던 대부분은 "음, …따라 달라질 수 있어요"라 시작한다. 습관적으로 머신 러닝 알고리즘의 치트 시트$^{cheat\ sheet}$가 있는지 궁금할 것이다(치트 시트란 머신 러닝 전문가들이 언제든지 최선의 머신 러닝 알고리즘을 찾을 수 있는 필요한 중요 정보를 모아 놓은 정리 글을 의미한다 – 옮긴이). 그렇다면 치트 시트를 어떻게 사용해야 할까? 일부 데이터 과학자들은 최선의 알고리즘을 찾는 확실한 방법은 알고리즘 모두를 시도하는 것이라고 말했다. 따라서 지름길은 없다.

이제는 더 명확해졌다. 데이터셋이 있고 클러스터링을 하길 원한다고 가정하자. 기술적으로 데이터에 레이블을 지정해 데이터셋에 적용하고 싶은 분류나 회귀 문제가 될 수 있다. 그러나 레이블이 지정되지 않은 데이터셋이 있으면 사용할 수 있는 클러스터링 기술이다. 이제 마음속에서 올라오는 관심사는 다음과 같다.

- 적절한 알고리즘을 선택하기 전에 어떤 요소를 고려해야 할까? 아니면 알고리즘을 랜덤으로 선택해야 할까?
- 데이터에 적용할 수 있는 데이터 전처리 알고리즘이나 툴을 선택하려면 어떻게 할까?
- 유용한 피처를 추출하기 위해 어떤 종류의 피처 엔지니어링 기술을 사용해야 할까?
- 머신 러닝 모델의 성능을 향상시킬 수 있는 요인은 무엇인가?

- 새로운 데이터 타입에 머신 러닝 애플리케이션을 어떻게 적용할 수 있는가?
- 대규모 데이터셋을 위해 머신 러닝 애플리케이션을 확장할 수 있는가? 등등

이 절에서는 짧은 머신 러닝 지식으로 이런 질문에 답해보려 한다.

알고리즘을 선택할 때 고려해야 할 사항

여기서 제안하는 추천 사항은 초보 데이터 과학자로서 머신 러닝을 배우는 것이다. 스파크 ML API로 시작하는 최적의 알고리즘을 선택하려는 데이터 과학자에게도 유용하다. 걱정하지 않아도 된다. 좋은 방향으로 인도할 것이다. 또한 알고리즘을 선택할 때 다음 알고리즘 속성을 사용하는 것이 좋다.

- **정확도**accuracy: 오버피팅을 튜닝하면서 최고 점수를 얻는 것이 정확도, 재현율, F1-점수 또는 AUC 등의 관점에서 목표나 적절한 해결책(충분히 만족스러운 것)인지 여부다.
- **트레이닝 시간**training time: 모델을 트레이닝하는 데 사용할 수 있는 시간의 양(모델 구축, 평가, 길들이는 시간을 포함한다)이다.
- **선형성**linearity: 문제가 어떻게 모델링되는지에 대한 모델 복잡성의 한 관점이다. 대부분의 비선형 모델은 종종 이해하기 쉽고 튜닝하기 쉽다.
- **파라미터 개수**
- **피처 개수**: 인스턴스보다 속성이 많은 문제, p>>n 문제. 피처 개수는 종종 특별한 처리나 차원 축소를 사용한 특별한 기법 또는 더 좋은 피처 엔지니어링 접근 방법을 필요로 한다.

정확도

머신 러닝 애플리케이션에서 가장 정확한 결과를 얻는 것이 반드시 필요한 것은 아니다. 사용하고 싶은 것에 따라 때로는 근사치로도 충분하다. 상황이 이와 비슷하다면

더 좋은 방법을 사용해 처리 시간을 대폭 단축할 수 있다. 스파크 머신 러닝 API로 워크플로우에 익숙해지면 근사치를 얻는 방법이 머신 러닝 모델의 오버피팅 문제를 자동으로 피할 수 있기 때문에 근사치를 얻는 방법에 대한 장점을 누릴 수 있다. 이제 다음과 같이 수행되는 두 가지 이진 분류 알고리즘이 있다고 가정해보자.

분류자	정확도	재현율
X	96%	89%
Y	99%	84%

여기서의 분류자 중 어떤 것도 분명히 우수하지 않으므로 최적의 분류자를 선택하는 데 어려움이 있다. 이러 때 정밀도와 재현율의 조화 평균인 F1-점수가 도움이 된다. F1-점수를 계산하고 해당 점수를 다음과 같이 테이블에 추가한다.

분류자	정확도	재현율	F1-점수
X	96%	89%	92.36%
Y	99%	84%	90.885%

따라서 F1-점수를 사용하면 많은 수의 분류자를 선택할 때 도움이 된다. F1-점수는 모든 F1-점수 사이에 명확한 선호 순위를 부여하고, 따라서 진행에 대한 명확한 방향, 즉 분류자 X를 제공한다.

트레이닝 시간

트레이닝 시간은 종종 모델 트레이닝 및 정확도와 밀접한 관련이 있다. 또한 일부 알고리즘은 다른 알고리즘과 비교해 데이터 포인트 개수를 파악하기가 쉽지 않은 경우가 종종 있다. 그러나 시간이 충분하지 않더라도 많은 피처를 갖춘 트레이닝 셋이 크면 가장 간단한 것을 선택할 수 있다. 이 경우 정확도와 타협해야 할 수 있다. 그러나 적어도 최소한의 요구 사항을 충족시킬 것이다.

선형성

선형성(스파크 MLlib과 ML에서도 사용 가능하다)을 사용해 최근 개발된 많은 머신 러닝 알고리즘이 있다. 예를 들어 선형 분류 알고리즘은 미분 직선을 표시하거나 더 높은 차원의 등가물을 사용해 클래스를 분리할 수 있다고 가정한다. 반면 선형 회귀 알고리즘은 데이터 추세가 단순히 직선을 따르는 것으로 가정한다. 해당 가정으로 일부 머신 러닝 문제를 해결하기에는 만만하지 않다. 그러나 정확도가 떨어지는 경우가 있을 수 있다. 위험 요소에도 불구하고 선형 알고리즘은 데이터 엔지니어와 데이터 과학자가 시작하는 첫 번째 시작으로 대단히 유명하다. 또한 선형 알고리즘은 전체 프로세스에서 모델을 트레이닝하는 데 있어서 단순하고 빠른 경향이 있다.

알고리즘을 선택할 때 데이터를 검사

UC 얼바인 머신 러닝 저장소의 많은 머신 러닝 데이터셋을 사용할 수 있다. 이때 다음과 같은 데이터 속성도 우선순위를 지정해야 한다.

- 파라미터 개수
- 피처 개수
- 트레이닝 데이터셋의 크기

파라미터의 개수

파라미터와 데이터 속성은 알고리즘을 설정할 때 데이터 과학자를 위한 손잡이다. 파라미터와 데이터 속성은 알고리즘의 성능에 영향을 미치는 개수(예: 오차 허용 또는 반복 개수 또는 알고리즘 동작 방식의 변형 사이의 옵션)다. 알고리즘의 트레이닝 시간과 정확도는 때로는 매우 민감해 올바른 설정을 얻지 못할 수 있다. 일반적으로 많은 개수의 파라미터가 있는 알고리즘은 최적의 조합을 찾기 위해 더 많은 시행착오가 필요하다.

파라미터 개수를 확장하는 것이 좋은 방법임에도 불구하고 모델 구축이나 트레이닝 시간은 파라미터의 수가 증가함에 따라 기하급수적으로 증가한다. 이것은 딜레마뿐만 아니라 시간-성능 트레이드오프 관계다. 긍정적인 측면은 다음과 같다.

- 많은 파라미터를 갖는 것이 특성상 머신 러닝 알고리즘의 유연성을 나타낸다.
- 머신 러닝 애플리케이션이 훨씬 더 좋은 정확도를 제공한다.

트레이닝 셋의 크기는 얼마나 큰가?

트레이닝 셋이 더 작으면 작을수록 나이브 베이즈^{Naive Bayes} 분류와 같은 낮은 분산의 분류자는 k-최근접 이웃 알고리즘^{kNN, k-nearest neighbors algorithm} 같은 높은 분산의 분류자(회귀에 사용될 수도 있다)보다 낮은 편향을 갖는다는 장점이 있다.

 편향, 분산, kNN 모델: 실제로 k를 증가시키면 분산이 감소하지만 편향이 증가한다. 반면에 k를 줄이면 분산이 증가하고 편향이 줄어든다. k가 증가하면 변동성이 감소한다. 그러나 k를 너무 많이 증가시키면 더 이상 실제 경계선을 따르지 않고 높은 편향을 관찰하게 된다. 이는 편향-분산 트레이드오프(Bias-Variance Trade-off)의 특성이다.

이미 오버피팅과 언더피팅 이슈를 살펴봤다. 이제 편향과 분산을 다루는 것은 지나친 결과와 부족한 결과를 다루는 것과 같다고 가정할 수 있다. 편향이 감소하면 모델 복잡성과 관련돼 분산이 증가한다. 모델에 점점 더 많은 파라미터가 추가되면서 모델의 복잡성이 증가하고, 편향이 주요 관심사가 되며 편향이 꾸준히 감소한다. 즉, 편향은 모델의 복잡성에 대한 응답으로 음의 1차 미분을 갖지만 분산은 양의 기울기를 갖는다. 이해를 돕기 위해 다음 그림을 참조한다.

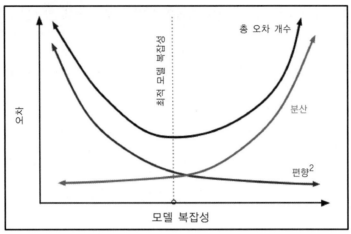

그림 4 총 오차와 관련 있는 편향과 분산

따라서 분산은 오버피팅될 것이다. 반면에 높은 분산 분류자를 사용하는 낮은 편향은 트레이닝 셋이 선형적으로, 또는 기하급수적으로 증가함에 따라 올라가기 시작한다 (점근적 오차가 낮기 때문이다). 높은 편향 분류자는 정확한 모델을 제공할 만큼 강력하지 못하다.

피처의 개수

특정 타입을 갖는 실험 데이터셋의 경우 추출된 피처의 개수가 데이터 포인트 개수와 비교해 매우 클 수 있다. 이는 종종 유전체학, 생물 의학 또는 텍스트 데이터의 경우에 종종 발생한다. 많은 개수의 피처는 일부 머신 러닝 알고리즘을 저하시킬 수 있어서 트레이닝 시간이 무척 길어질 수 있다. SVM^{Support Vector Machines}은 높은 정확도, 오버피팅에 관한 훌륭한 이론적 보장과 적절한 커널에 특히 적합하다.

SVM과 커널(Kernel): 태스크는 마진(margin)이 함수를 최대화할 수 있도록 가중치와 편향 셋을 찾는 것이다.

$$y = w * ¥(x) + b,$$

여기서 w는 가중치, ¥는 피처 벡터, b는 편향이다. 이제 y>0이면 데이터를 클래스 1로 분류하고, 그렇지 않으면 클래스 0으로 분류한다. 반면 특징 벡터 ¥(x)는 데이터를 선형으로 분리 가능하게 만든다. 그러나 커널을 사용하면 계산 프로세스가 더 쉽고 빠르다. 특히 피처 벡터가 매우 높은 차원의 데이터로 구성돼 있다면 이보다 더 쉽고 빨라진다.

구체적인 예를 들어 보자. 다음과 같이 x와 y의 값이 있다.

x = (x1, x2, x3)

y = (y1, y2, y3)

함수 f(x) = (x1x1, x1x2, x1x3, x2x1, x2x2, x2x3, x3x1, x3x2, x3x3)이고 커널은 K(x, y) = (⟨x, y⟩)^{2}이다.

위의 경우 x = (1, 2, 3)이고, y = (4, 5, 6)이면 다음 값을 갖는다.

f(x) = (1, 2, 3, 2, 4, 6, 3, 6, 9)

f(y) = (16, 20, 24, 20, 25, 30, 24, 30, 36)

⟨f(x), f(y)⟩ = 16 + 40 + 72 + 40 + 100 + 180 + 72 + 180 + 324 = 1024

이것은 3차원 공간을 9차원 공간으로 매핑하는 간단한 선형 대수학이다. 반면 커널은 SVM에 사용되는 유사성 측정값이다. 따라서 불변의 사전 지식을 기반으로 적절한 커널 값을 선택하는 것이 좋다. 교차 검증 기반 모델 선택을 최적화해 커널과 정규화 파라미터의 선택을 자동화할 수 있다.

그럼에도 불구하고 모델 선택 기준으로 오버피팅하는 것은 쉽기 때문에 커널과 커널 파라미터의 자동 선택은 까다로운 문제다. 이는 당신이 시작한 것보다 더 나쁜 모델을 구축할 수 있다. 이제 커널 함수 K(x, y)를 사용한다면 동일한 값을 제공하지만 훨씬 간단한 계산을 수행한다. 예를 들면 $(4 + 10 + 18)^2 = 32^2 = 1024$다.

▌ ML 모델의 하이퍼파라미터 튜닝

알고리즘 튜닝은 알고리즘이 런타임과 메모리 사용 관점에서 최적으로 수행할 수 있게 하는 프로세스다. 베이지안^{Bayesian} 통계의 하이퍼파라미터는 이전 분포의 파라미터다. 머신 러닝 관점에서의 하이퍼파라미터라는 용어는 일반적인 트레이닝 프로세스에서 직접 학습할 수 없는 파라미터를 의미한다.

하이퍼파라미터는 일반적으로 실제 트레이닝 프로세스가 시작되기 전에 수정된다. 이는 하이퍼파라미터에 대해 다른 값을 설정하고 다른 모델을 트레이닝하며, 테스트를 통해 어떤 모델이 가장 잘 동작하는지 결정함으로써 수행된다. 다음은 이러한 파라미터의 몇 가지 일반적인 예다.

- 트리의 잎, 상자, 깊이 개수
- 반복 횟수
- 행렬 분해^{matrix factorization}의 잠재 요인 개수
- 학습률
- 심층 신경망^{deep neural network}의 숨겨진 레이어 개수
- k-평균 클러스터링^{k-means clustering}의 클러스터 개수 등

이 절에서는 교차 검증 기술과 그리드 검색을 사용해 하이퍼파라미터 튜닝을 수행하는 방법을 알아본다.

하이퍼파라미터 튜닝

하이퍼파라미터 튜닝은 제시된 데이터의 성능을 기반으로 하이퍼파라미터의 올바른 조합을 선택하는 기술이다. 실제로 머신 러닝 알고리즘에서 의미 있고 정확한 결과를 얻기 위한 기본적인 요구 사항 중 하나다. 다음 그림은 모델 튜닝 프로세스, 고려 사항, 워크플로우를 보여준다.

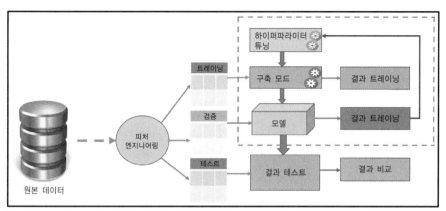

그림 5 모델 튜닝 프로세스, 고려 사항, 워크플로우

예를 들어 11장의 물류 회귀 에스티메이터를 사용한 스파크 ML 파이프라인 모델에서 그림 17의 파이프라인에 대해 튜닝할 수 있는 두 개의 하이퍼파라미터를 갖고 있다고 가정하자(점선 라인은 파이프라인을 피팅할 동안에 발생한다). 각각에 대해 3개의 후보 값을 입력했음을 알 수 있다. 따라서 총 9개의 조합이 있다. 그러나 그림에는 Tokenizer, HashingTF, Transformer, LR[Logistic Regression] 등 4개만 표시된다. 이제 최고 평가 결과를 포함하는 모델로 이어질 수 있는 단 하나의 모델을 찾고자 한다. 적합 모델은 Tokenizer, HashingTF 피처 추출기, 피팅된 로지스틱 회귀 모델로 구성된다.

그러나 11장의 그림 17을 다시 살펴본다면 점선 라인은 파이프 피팅 중에만 일어난다. 이전에 살펴본 것처럼 피팅된 파이프라인 모델은 트랜스포머[transformer]다. 트랜스포머 는 예측, 모델 검증, 모델 검사에 사용할 수 있다. 또한 머신 러닝 알고리즘의 특징 중 안 좋으면서도 구별되는 하나는 일반적으로 더 나은 성능을 위해 튜닝돼야 하는 많은 하이퍼파라미터를 갖는다는 점이다. 예를 들어 해당 하이퍼파라미터의 정규화 정도는 스파크 MLlib에서 최적화된 모델 파라미터와 구별된다.

그 결과로 사용할 데이터와 알고리즘에 대한 전문 지식 없이는 하이퍼파라미터의 최 상의 조합을 추측하거나 측정하는 것이 실제로 어렵다. 복잡한 데이터셋은 머신 러닝 문제 타입을 기반으로 하기 때문에 파이프라인의 크기와 하이퍼파라미터의 개수는 기하급수적으로(또는 선형으로) 증가할 수 있다. 튜너 파라미터의 결과가 신뢰할 수 없게 될 뿐만 아니라 하이퍼파라미터 튜닝은 머신 러닝 전문가에게조차 쉽지 않다.

스파크 API 문서에 따르면 고유하고 균일한 API는 스파크 ML 에스티메이터와 트랜스포머를 지정할 때 사용된다. ParamMap은 스파크가 제공하는 자체 포함 문서가 있는 명명된 파라미터로 Param을 갖는 (파라미터, 값) 쌍의 집합이다. 기술적으로 다음 옵션에 지정된 대로 파라미터를 알고리즘에 전달하는 두 가지 방법이 있다.

- **파라미터 설정:** LR이 로지스틱 회귀(즉, 에스티메이터)의 인스턴스라면 setMaxIter 메소드를 LR.setMaxIter(5)처럼 호출할 수 있다. 기본적으로 회귀 인스턴스를 가리키는 모델을 피팅하려면 LR.fit( )처럼 호출한다. 해당 예에서는 최대 다섯 번의 반복이 있을 것이다.
- **두 번째 옵션:** 이 방법은 ParamMaps를 fit 또는 transform 메소드에 전달하는 것과 관련이 있다(자세한 내용은 그림 5를 참조한다). 이 상황에서는 머신 러닝 애플리케이션 고유의 코드나 알고리즘으로 세터[setter] 메소드를 사용해 이전에 지정된 ParamMaps에 의해 파라미터가 오버라이드[override]된다.

그리드 검색 파라미터 튜닝

필요한 피처 엔지니어링 후에 하이퍼파라미터를 선택했다고 가정한다. 이와 관련해 하이퍼파라미터와 피처 공간에 대한 풀 그리드[full grid] 검색은 CPU 집중적이다. 따라서 전체 그리드 검색 대신 K-폴드 교차 검증[K-fold cross-validation]을 수행해야 한다.

- 사용 가능한 모든 피처를 사용해 폴드[fold]의 트레이닝 셋에서 교차 검증을 사용해 필요한 하이퍼파라미터를 튜닝한다.
- 해당 하이퍼파라미터를 사용해 필요한 기능을 선택한다.
- K의 각 폴드에 대해 계산을 반복한다.

- 최종 모델은 CV의 각 폴드에서 선택된 가장 널리 보급된 N개의 피처를 사용해 모든 데이터를 기반으로 구축된다.

흥미로운 점은 교차 검증 루프에서 모든 데이터를 사용해 하이퍼파라미터가 다시 튜닝된다는 점이다. 해당 방법은 풀 그리드 검색과 비교해 큰 단점이 있는가? 본질적으로 파라미터 설정에 대한 모든 단일 조합이 아닌 자유 파라미터에 대해 각 차원에서 라인 검색을 수행하고 있다(한 차원에서 최상의 값을 찾고 해당 상수를 보유하고 다음 차원에서 최고를 찾는다). 모든 단일 파라미터를 최적화하는 방법 대신 검색하는 방법의 가장 큰 단점은 상호작용을 무시한다는 점이다.

예를 들어 하나 이상의 파라미터가 모델의 복잡성에 영향을 주는 것이 일반적이다. 이 경우 하이퍼파라미터를 성공적으로 최적화하려면 상호작용을 조사해야 한다. 데이터셋의 크기와 비교할 모델의 수에 따라 관찰된 최대 성능을 리턴하는 최적화 전략이 문제가 될 수 있다(그리드 검색과 검색 모두에 해당한다).

많은 성능 예측을 통해 최댓값을 검색하는 것은 성능 추정에 대한 편향이 발생할 수 있기 때문이다. 모델과 트레이닝/테스트를 나눈 조합으로 우연히 좋게 보일 수 있다. 더 나쁜 경우는 완벽하게 보이는 여러 조합과 최적화를 얻을 수 있지만, 추후 어떤 모델을 선택할지 알 수 없어서 불안정해질 것이다.

교차 검증

교차 검증$^{cross\ validation}$(RE$^{rotation\ estimation}$이라고도 한다)은 통계 분석과 결과의 품질을 평가하기 위한 모델 검증 기술이다. 목표는 모델을 독립적인 테스트 셋으로 일반화하는 것이다. 교차 검증 기술의 완벽한 사용 중 하나는 머신 러닝 모델로부터 예측하는 것이다. 머신 러닝 애플리케이션에서 배포할 때 예측 모델이 실제로 정확하게 수행되는 방법을 추정하려 할 때 도움이 된다. 교차 검증 프로세스 중에 모델은 일반적으로 알려진 타입의 데이터셋으로 트레이닝된다. 반대로 알 수 없는 타입의 데이터셋을 사용해 테스트할 수 있다.

이와 관련해 교차 검증은 트레이닝 단계에서 교차 검증 셋을 사용해 모델을 테스트할 데이터셋을 설명할 때 도움이 된다. 교차 검증에는 다음처럼 입력할 수 있는 두 가지 타입이 있다.

- **포괄적인**exhaustive **교차 검증**: leave-p-out 교차 검증과 leave-one-out 교차 검증을 포함한다.
- **비포괄적**non-exhaustive **교차 검증**: K-폴드 교차 검증과 랜덤 반복 샘플링 교차 검증을 포함한다.

대부분의 경우 연구원/데이터 과학자/데이터 엔지니어는 교차 검증 셋을 테스트하는 대신 10-폴드 교차 검증을 사용한다. 이는 다음 그림에서 설명한 대로 사용 사례와 문제 타입 전반에서 가장 널리 사용되는 교차 검증 기술이다.

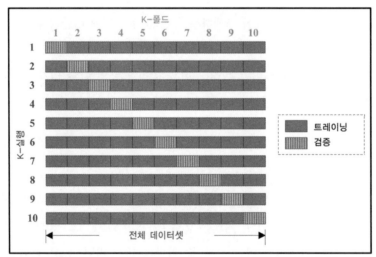

그림 6 교차 검증은 기본적으로 사용 가능한 전체 트레이닝 데이터를 여러 개의 폴드로 나눈다. 폴드의 개수를 파라미터로 지정할 수 있다. 그리고 전체 파이프라인이 모든 폴드에 대해 한 번씩 실행되고 각 폴드마다 하나의 머신 러닝 모델을 트레이닝한다. 마지막으로 얻은 여러 머신 러닝 모델은 분류자 간의 투표 방식이나 회귀 평균에 의해 합쳐진다.

또한 가변성을 줄이기 위해 여러 파티션을 사용한 교차 검증이 여럿 반복된다. 마지막으로 검증 결과는 라운드를 통해 평균을 구한다. 다음 그림은 로지스틱 회귀를 사용한 하이퍼파라미터 튜닝의 예를 보여준다.

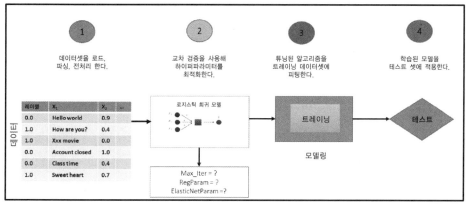

그림 7 로지스틱 회귀 분석을 사용한 하이퍼파라미터 튜닝의 예

기존 방식의 유효성 검증 대신 교차 검증을 사용하면 다음과 같은 두 가지 주요 장점을 갖는다.

- 첫째, 별도의 트레이닝 셋과 테스트 셋으로 분할할 수 있는 충분한 데이터가 없는 경우 중요한 모델링이나 테스트 기능을 잃을 가능성이 있다.
- 두 번째, K-폴드 교차 검증 에스티메이터는 단일 홀드 아웃hold-out) 셋 에스티메이터보다 낮은 분산을 갖는다. 낮은 분산은 가변성을 제한하고 사용 가능한 데이터의 양이 제한적이라면 매우 중요하다.

이 상황에서 모델 예측과 관련 성능을 적절히 측정하는 올바른 방법은 모델 선택과 검증을 위한 강력한 일반 기술로서 교차 검증을 사용하는 것이다. 모델 튜닝을 위해 직접 피처와 파라미터를 선택해야 한다면 전체 데이터셋에 대해 10-폴드 교차 검증을 통해 모델 평가를 수행할 수 있다. 가장 좋은 전략은 무엇인가? 다음처럼 낙관적인 점수를 제공하는 전략을 사용할 것을 제안한다.

- 데이터셋을 트레이닝 셋과 테스트 셋으로 나눈다. 예를 들어 80%는 트레이닝 셋, 20%는 테스트 셋으로 나눈다.
- 트레이닝 셋에서 K-폴드 교차 검증을 사용해 모델을 튜닝한다.
- 모델을 최적화해서 튜닝할 때까지 CV를 반복한다.

모델 오차를 추정할 수 있는 테스트 셋을 예측하기 위해 모델을 사용한다.

신용 위험 분석: 하이퍼파라미터 튜닝 예

이 절에서는 그리드 검색과 교차 검증 기술 관점으로 머신 러닝 하이퍼파라미터 튜닝에 대한 실제 예를 소개한다. 먼저 더 구체적으로 은행과 신용 조합과 같은 금융기관에서 일반적으로 사용되는 신용 위험 파이프라인을 개발한다. 나중에 하이퍼파라미터 튜닝을 통해 예측 정확도를 향상시키는 방법을 살펴볼 것이다. 해당 예를 시작하기 전에 신용 위험 분석이 무엇이고 왜 중요한지 간략하게 살펴보자.

신용 위험 분석이란 무엇인가? 왜 중요한가?

대출 신청자가 대출 신청을 하고 은행이 대출 신청자의 신청서를 받으면 은행은 대출 신청에 대한 승인 여부를 결정해야 한다. 이와 관련해 은행의 대출 신청 결정과 관련된 두 가지 타입의 위험이 내포된다.

- **대출 신청자의 신용 위험도가 낮다.** 즉, 대출 신청자는 대출금을 상환할 가능성이 높다. 따라서 대출이 승인되지 않으면 은행은 잠재적으로 사업적 손실이 발생할 수 있다.
- **대출 신청자의 신용 위험도가 높다.** 즉, 대출 신청자가 대출금을 상환하지 않을 가능성이 높다. 따라서 해당 대출 신청자의 대출을 승인하면 은행에 재정적 손실이 발생할 수 있다.

금융기관은 두 번째 대출 신청자가 차입한 금액을 상환하지 못할 확률이 높기 때문에 두 번째 대출 신청자가 첫 번째 대출 신청자보다 위험하다고 말한다. 따라서 대부분의 은행이나 신용 조합은 고객, 대출 신청자에게 돈을 빌려주는 것과 관련된 위험을 평가한다. 비즈니스 분석에서 위험을 최소화하는 것은 은행 자체의 이익을 극대화하는 경향이 있다.

즉, 이익을 극대화하고 재정적 관점에서 손실을 최소화하는 것이 중요하다. 종종 은행은 대출 신청과 관련해 인구 통계학적 및 사회 경제적 조건과 같이 대출 신청자의 다양한 요인을 기반으로 대출 신청 승인에 대한 결정을 내린다.

데이터셋 탐색

독일 신용 데이터셋을 UCI 얼바인 머신 러닝 저장소(https://archive.ics.uci.edu/ml/datasets/statlog+(german+credit+data))에서 다운로드하거나 소스 깃허브 프로젝트에서 확인한다. 데이터셋에 대한 자세한 설명은 링크에서 볼 수 있지만, 표 1에서 간략하게 설명한다. 데이터셋에는 21개 변수에 대한 신용 관련 데이터와 1,000명의 대출 신청자(즉, 이진 분류 문제)에 대해 신용 위험이 좋은지 또는 나쁜지에 대한 분류가 포함돼 있다.

다음 표는 온라인에서 데이터셋을 사용하기 전에 고려한 각 변수에 대한 세부 정보를 보여준다.

표 1 UCI 얼바인 머신 러닝 저장소 데이터셋의 변수 세부 정보

항목	변수	설명
1	creditability	신용도로서 빌린 돈을 상환할 수 있는 능력으로, 1.0 아니면 0.0의 값을 갖는다.
2	balance	현재 잔고
3	duration	신청 중인 대출 기간
4	history	부실 대출 기록이 있는가?

(이어짐)

항목	변수	설명
5	purpose	대출 목적
6	amount	적용될 금액
7	savings	월간 저축액
8	employment	고용 상태
9	instPercent	이자율
10	sexMarried	성과 결혼 여부
11	guarantors	보증인이 있는가?
12	residenceDuration	현재 주소지의 거주 기간
13	assets	순 자산
14	age	대출 신청자의 나이
15	concCredit	동시 발생 신용(대출을 승인하기 전에 다른 금융기관에 보유하고 있는 신용도 함께 검토하기 위해 사용하는 계정을 의미한다 – 옮긴이)
16	apartment	주거 상태
17	credits	현재 신용
18	occupation	직업
19	dependents	부양가족 수
20	hasPhone	대출 신청자가 핸드폰을 갖고 있는지 확인
21	foreign	대출 신청자가 외국인인지 확인

표 1에서는 관련 헤더를 포함하는 변수를 설명하지만, 데이터셋에는 관련 헤더가 없다. 표 1에서는 변수, 위치, 각 변수와 관련된 의미를 보여준다.

스파크 ML을 이용한 단계별 예

이 절에서는 랜덤 포레스트 분류자를 사용해 신용 위험 예측에 대한 단계별 예를 제공한다. 다음 단계에서는 데이터 수집, 일부 통계 분석, 트레이닝 셋 준비, 마지막으로 모델 평가를 포함한다.

1단계: 데이터셋을 RDD에 로드하고 파싱한다.

(다음 소스를 spark-shell에서 바로 실행할 수 없다. https://github.com/PacktPublishing/ Scala-and-Spark-for-Big-Data-Analytics/blob/master/Chapter12/CreditRiskAnalysisTuning. scala 전체 코드를 참조한다 - 옮긴이)

```
val creditRDD =
      parseRDD(sc.textFile("data/germancredit.csv")).map(parseCredit)
```

이 코드에서는 parseRDD 메소드를 사용해 항목을 분할한 다음, 모든 항목을 Double 값(즉, 숫자)으로 변환한다. parseRDD 메소드는 다음과 같다.

```
def parseRDD(rdd: RDD[String]): RDD[Array[Double]] = {
   rdd.map(_.split(",")).map(_.map(_.toDouble))
}
```

반면 parseCredit 메소드는 Credit 케이스 클래스를 기반으로 데이터셋을 파싱하는 데 사용된다.

```
def parseCredit(line: Array[Double]): Credit = {
   Credit(
      line(0), line(1) - 1, line(2), line(3), line(4), line(5),
      line(6) - 1, line(7) - 1, line(8), line(9) - 1, line(10) - 1,
      line(11) - 1, line(12) - 1, line(13), line(14) - 1, line(15) - 1,
      line(16) - 1, line(17) - 1, line(18) - 1, line(19) - 1, line(20) - 1)
```

```
    }
```

Credit 케이스 클래스는 다음과 같다.

```
case class Credit(
    creditability: Double,
    balance: Double, duration: Double, history: Double,
    purpose: Double, amount: Double,
    savings: Double, employment: Double, instPercent: Double,
    sexMarried: Double, guarantors: Double,
    residenceDuration: Double, assets: Double, age: Double,
    concCredit: Double, apartment: Double,
    credits: Double, occupation: Double, dependents: Double,
    hasPhone: Double, foreign: Double)
```

2단계: 머신 러닝 파이프라인을 위한 데이터 프레임을 준비한다. 머신 러닝 파이프라인을 위한 데이터 프레임을 얻는다.

```
val sqlContext = new SQLContext(sc)
import sqlContext._
import sqlContext.implicits._
val creditDF = creditRDD.toDF().cache()
```

쿼리를 좀 더 쉽게 생성하기 위해 creditDF 데이터 프레임을 임시 보기로 저장한다.

```
creditDF.createOrReplaceTempView("credit")
```

데이터 프레임의 일부 내용을 살펴본다.

```
creditDF.show
```

이 show 메소드는 신용 데이터 프레임을 출력한다.

creditability	balance	duration	history	purpose	amount	savings	employment	instPercent	sexMarried	guarantors	residenceDuration	assets	age	concCredit	apartment	credits	occupation	dependents	hasPhone	foreign
1.0	0.0	18.0	4.0	2.0	1049.0	0.0	1.0	4.0	1.0	0.0	3.0	1.0	21.0	2.0	0.0	0.0	2.0	0.0	0.0	0.0
1.0	0.0	9.0	4.0	0.0	2799.0	0.0	2.0	2.0	2.0	0.0	1.0	0.0	36.0	2.0	0.0	1.0	2.0	1.0	0.0	0.0
1.0	1.0	12.0	2.0	9.0	841.0	1.0	3.0	2.0	1.0	0.0	3.0	0.0	23.0	2.0	0.0	0.0	1.0	0.0	0.0	0.0
1.0	0.0	12.0	4.0	0.0	2122.0	0.0	2.0	3.0	2.0	0.0	1.0	0.0	39.0	2.0	0.0	1.0	1.0	1.0	0.0	1.0
1.0	0.0	12.0	4.0	0.0	2171.0	0.0	2.0	4.0	2.0	0.0	3.0	1.0	38.0	0.0	1.0	1.0	1.0	0.0	0.0	1.0
1.0	0.0	10.0	4.0	0.0	2241.0	0.0	1.0	1.0	2.0	0.0	2.0	0.0	48.0	2.0	0.0	1.0	1.0	1.0	0.0	1.0
1.0	0.0	8.0	4.0	0.0	3398.0	0.0	3.0	1.0	2.0	0.0	3.0	0.0	39.0	2.0	1.0	1.0	1.0	0.0	0.0	1.0
1.0	0.0	6.0	4.0	0.0	1361.0	0.0	1.0	2.0	2.0	0.0	3.0	0.0	40.0	2.0	1.0	0.0	1.0	1.0	0.0	1.0
1.0	3.0	18.0	4.0	3.0	1098.0	0.0	0.0	4.0	1.0	0.0	3.0	2.0	65.0	2.0	1.0	1.0	0.0	0.0	0.0	0.0
1.0	1.0	24.0	2.0	3.0	3758.0	2.0	0.0	1.0	1.0	0.0	3.0	3.0	23.0	2.0	0.0	0.0	0.0	0.0	0.0	0.0
1.0	0.0	11.0	4.0	0.0	3905.0	0.0	2.0	2.0	2.0	0.0	1.0	0.0	36.0	2.0	0.0	1.0	2.0	1.0	0.0	0.0
1.0	0.0	30.0	4.0	1.0	6187.0	1.0	3.0	1.0	3.0	0.0	3.0	2.0	24.0	2.0	0.0	1.0	2.0	0.0	0.0	0.0
1.0	0.0	6.0	4.0	3.0	1957.0	0.0	3.0	1.0	1.0	0.0	3.0	2.0	31.0	2.0	1.0	0.0	2.0	0.0	0.0	0.0
1.0	1.0	48.0	3.0	10.0	7582.0	1.0	0.0	2.0	2.0	0.0	3.0	3.0	31.0	2.0	1.0	0.0	3.0	0.0	1.0	0.0
1.0	0.0	18.0	2.0	3.0	1936.0	4.0	3.0	2.0	3.0	0.0	3.0	2.0	23.0	2.0	0.0	1.0	1.0	0.0	0.0	0.0
1.0	0.0	6.0	2.0	3.0	2647.0	2.0	2.0	2.0	2.0	0.0	2.0	0.0	44.0	2.0	0.0	0.0	2.0	1.0	0.0	0.0
1.0	0.0	11.0	4.0	0.0	3939.0	0.0	2.0	1.0	2.0	0.0	1.0	0.0	40.0	2.0	1.0	1.0	1.0	1.0	0.0	0.0
1.0	1.0	18.0	2.0	3.0	3213.0	2.0	1.0	1.0	3.0	0.0	2.0	0.0	25.0	2.0	0.0	0.0	2.0	0.0	0.0	0.0
1.0	1.0	36.0	4.0	3.0	2337.0	0.0	4.0	4.0	2.0	0.0	3.0	0.0	36.0	2.0	1.0	0.0	2.0	0.0	0.0	0.0
1.0	3.0	11.0	4.0	0.0	7228.0	0.0	2.0	1.0	2.0	0.0	3.0	1.0	39.0	2.0	1.0	1.0	1.0	0.0	0.0	0.0

only showing top 20 rows

그림 8 신용 데이터셋의 일부 내용

3단계: 관련 통계를 관찰한다. 먼저 일부 집계 값을 살펴본다.

```
sqlContext.sql("SELECT creditability, avg(balance) as avgbalance,
avg(amount) as avgamt, avg(duration) as avgdur FROM credit GROUP BY
creditability ").show
```

잔액에 대한 통계를 살펴본다.

```
creditDF.describe("balance").show
```

평균 잔액당 신용도를 살펴본다.

```
creditDF.groupBy("creditability").avg("balance").show
```

코드의 출력은 그림과 같다.

```
+-------------+-------------------+-------------------+-------------------+
|creditability|         avgbalance|             avgamt|             avgdur|
+-------------+-------------------+-------------------+-------------------+
|          0.0|0.9033333333333333|3938.1266666666666|              24.86|
|          1.0|1.8657142857142857| 2985.442857142857|19.207142857142856|
+-------------+-------------------+-------------------+-------------------+

+-------+-----------------+
|summary|          balance|
+-------+-----------------+
|  count|             1000|
|   mean|            1.577|
| stddev|1.257637727110893|
|    min|              0.0|
|    max|              3.0|
+-------+-----------------+

+-------------+------------------+
|creditability|      avg(balance)|
+-------------+------------------+
|          0.0|0.9033333333333333|
|          1.0|1.8657142857142857|
+-------------+------------------+
```

그림 9 데이터셋의 일부 통계

4단계: 피처 벡터와 레이블을 생성한다. 이전에서 살펴본 대로 신용도 칼럼은 응답 칼럼이고, 그 결과로 신용도 칼럼을 고려할 필요 없이 피처 벡터를 생성해야 한다. 이제 다음처럼 피처 칼럼을 생성한다.

```
val featureCols = Array("balance", "duration", "history", "purpose",
    "amount", "savings", "employment", "instPercent", "sexMarried",
    "guarantors", "residenceDuration", "assets", "age", "concCredit",
    "apartment", "credits", "occupation", "dependents", "hasPhone",
    "foreign")
```

다음처럼 VectorAssembler를 사용해 선택한 칼럼의 모든 피처를 구성한다.

```
val assembler = new
    VectorAssembler().setInputCols(featureCols).setOutputCol("features")
val df2 = assembler.transform(creditDF)
```

이제 피처 벡터가 어떻게 보이는지 살펴보자.

```
df2.select("features").show
```

이 코드는 VectorAssembler 트랜스포머로 생성된 피처를 보여준다.

```
+-------------------+
|           features|
+-------------------+
|(20,[1,2,3,4,6,7,...|
|(20,[1,2,4,6,7,8,...|
|[1.0,12.0,2.0,9.0...|
|[0.0,12.0,4.0,0.0...|
|[0.0,12.0,4.0,0.0...|
|[0.0,10.0,4.0,0.0...|
|[0.0,8.0,4.0,0.0,...|
|[0.0,6.0,4.0,0.0,...|
|[3.0,18.0,4.0,3.0...|
|(20,[0,1,2,3,4,5,...|
|(20,[1,2,4,6,7,8,...|
|[0.0,30.0,4.0,1.0...|
|[0.0,6.0,4.0,3.0,...|
|[1.0,48.0,3.0,10....|
|[0.0,18.0,2.0,3.0...|
|[0.0,6.0,2.0,3.0,...|
|[0.0,11.0,4.0,0.0...|
|[1.0,18.0,2.0,3.0...|
|[1.0,36.0,4.0,3.0...|
|[3.0,11.0,4.0,0.0...|
+-------------------+
only showing top 20 rows
```

그림 10 VectorAssembler를 사용해 머신 러닝 모델을 위한 피처를 생성한다.

이제 StringIndexer를 사용해 이전 creditability 응답 칼럼에서 label이라는 새로운 칼럼을 생성한다.

```
val labelIndexer = new
      StringIndexer().setInputCol("creditability").setOutputCol("label")
val df3 = labelIndexer.fit(df2).transform(df2)
df3.select("label", "features").show
```

이 코드는 VectorAssembler 트랜스포머가 생성한 피처와 레이블을 보여준다.

```
+-----+--------------------+
|label|            features|
+-----+--------------------+
|  0.0|(20,[1,2,3,4,6,7,...|
|  0.0|(20,[1,2,4,6,7,8,...|
|  0.0|[1.0,12.0,2.0,9.0...|
|  0.0|[0.0,12.0,4.0,0.0...|
|  0.0|[0.0,12.0,4.0,0.0...|
|  0.0|[0.0,10.0,4.0,0.0...|
|  0.0|[0.0,8.0,4.0,0.0,...|
|  0.0|[0.0,6.0,4.0,0.0,...|
|  0.0|[3.0,18.0,4.0,3.0...|
|  0.0|(20,[0,1,2,3,4,5,...|
|  0.0|(20,[1,2,4,6,7,8,...|
|  0.0|[0.0,30.0,4.0,1.0...|
|  0.0|[0.0,6.0,4.0,3.0,...|
|  0.0|[1.0,48.0,3.0,10...|
|  0.0|[0.0,18.0,2.0,3.0...|
|  0.0|[0.0,6.0,2.0,3.0,...|
|  0.0|[0.0,11.0,4.0,0.0...|
|  0.0|[1.0,18.0,2.0,3.0...|
|  0.0|[1.0,36.0,4.0,3.0...|
|  0.0|[3.0,11.0,4.0,0.0...|
+-----+--------------------+
only showing top 20 rows
```

그림 11 VectorAssembler를 사용하는 머신 러닝 모델의 해당 레이블과 피처

5단계: 트레이닝 셋과 테스팅 셋을 준비한다.

```
val splitSeed = 5043
val Array(trainingData, testData) = df3.randomSplit(Array(0.80, 0.20),
     splitSeed)
```

6단계: 랜덤 포레스트 모델을 트레이닝한다. 먼저 모델 인스턴스를 생성한다.

```
val classifier = new RandomForestClassifier()
   .setImpurity("gini")
   .setMaxDepth(30)
   .setNumTrees(30)
   .setFeatureSubsetStrategy("auto")
   .setSeed(1234567)
   .setMaxBins(40)
   .setMinInfoGain(0.001)
```

638

이 파라미터에 대한 설명은 12장의 '랜덤 포레스트 알고리즘' 절을 참조한다. 이제 트레이닝 셋을 사용해 모델을 트레이닝시켜보자.

```
val model = classifier.fit(trainingData)
```

7단계: 테스트 셋에 대한 원시 예측을 계산한다.

```
val predictions = model.transform(testData)
```

해당 데이터 프레임에서 상위 20개의 로우를 살펴보자.

```
predictions.select("label","rawPrediction", "probability",
        "prediction").show()
```

이 코드의 결과는 레이블, 원시 예측, 확률, 실제 예측을 포함하는 데이터 프레임을 보여준다.

```
+-----+--------------------+--------------------+----------+
|label|       rawPrediction|         probability|prediction|
+-----+--------------------+--------------------+----------+
|  1.0|          [21.0,9.0]|           [0.7,0.3]|       0.0|
|  0.0|[28.9868421052631...|[0.96622807017543...|       0.0|
|  0.0|         [18.0,12.0]|           [0.6,0.4]|       0.0|
|  0.0|[23.9873417721519...|[0.79957805907173...|       0.0|
|  0.0|[24.6540084388185...|[0.82180028129395...|       0.0|
|  0.0|[22.9868421052631...|[0.76622807017543...|       0.0|
|  0.0|[14.5952380952380...|[0.48650793650793...|       1.0|
|  0.0|[17.9547224224945...|[0.59849074741648...|       0.0|
|  0.0|[23.9684210526315...|[0.79894736842105...|       0.0|
|  0.0|          [25.0,5.0]|[0.83333333333333...|       0.0|
|  0.0|         [15.5,14.5]|[0.51666666666666...|       0.0|
|  0.0|          [22.5,7.5]|         [0.75,0.25]|       0.0|
|  0.0|[22.9486422749787...|[0.76495474249929...|       0.0|
|  0.0|         [18.0,12.0]|           [0.6,0.4]|       0.0|
|  0.0|[27.9631948664260...|[0.93210649554753...|       0.0|
|  0.0|          [21.0,9.0]|           [0.7,0.3]|       0.0|
|  0.0|          [24.0,6.0]|           [0.8,0.2]|       0.0|
|  0.0|         [16.0,14.0]|[0.53333333333333...|       0.0|
|  0.0|[23.9921259842519...|[0.79973753280839...|       0.0|
|  0.0|[14.9890109890109...|[0.49963369963369...|       1.0|
+-----+--------------------+--------------------+----------+
```

그림 12 테스트 셋에 대한 원시 예측과 실제 예측을 포함하는 데이터 프레임

이제 마지막 칼럼에서 예측을 한다면 어떤 대출 신청을 수락해야 할지 결정할 수 있다.

8단계: 튜닝 전의 모델 평가. 이전 평가에 대한 인스턴스를 생성한다.

```
val binaryClassificationEvaluator = new BinaryClassificationEvaluator()
  .setLabelCol("label")
  .setRawPredictionCol("rawPrediction")
```

다음처럼 테스트 셋에 대한 예측 정확도를 계산한다.

```
val accuracy = binaryClassificationEvaluator.evaluate(predictions)
println("The accuracy before pipeline fitting: " + accuracy)
```

파이프라인 피팅 전의 정확도는 0.751921784149243이다.

이번에는 정확도가 75%로 좋지 않다. 수신기 동작 특성 아래 영역AUROC, area under receiver operating characteristic과 정밀 재현율 곡선 아래 영역AUPRC, area under precision recall curve 같은 이진 분류자에 대한 다른 중요한 성능 메트릭을 계산한다.

```
println("Area Under ROC before tuning: " + printlnMetric("areaUnderROC"))
println("Area Under PRC before tuning: "+ printlnMetric("areaUnderPR"))

Area Under ROC before tuning: 0.8453079178885631
Area Under PRC before tuning: 0.751921784149243
```

printlnMetric 메소드는 다음과 같다.

```
def printlnMetric(metricName: String): Double = {
  val metrics = binaryClassificationEvaluator.setMetricName(metricName)
                                              .evaluate(predictions)
```

640

```
  metrics
}
```

마지막으로 트레이닝 도중에 사용한 랜덤 포레스트 모델의 RegressionMetrics를 사용해 일부 성능 메트릭을 계산한다.

```
val rm = new RegressionMetrics(
    predictions.select("prediction", "label").rdd.map(x =>
        (x(0).asInstanceOf[Double], x(1).asInstanceOf[Double])))
```

이제 모델이 어떻게 보이는지 살펴보자.

```
println("MSE: " + rm.meanSquaredError)
println("MAE: " + rm.meanAbsoluteError)
println("RMSE Squared: " + rm.rootMeanSquaredError)
println("R Squared: " + rm.r2)
println("Explained Variance: " + rm.explainedVariance + "\n")
```

다음과 같은 결과를 얻는다.

```
MSE: 0.2578947368421053
MAE: 0.2578947368421053
RMSE Squared: 0.5078333750770082
R Squared: -0.13758553274682295
Explained Variance: 0.16083102493074794
```

지금까지는 그렇게 나쁘지 않다. 그러나 여전히 만족스럽지 않다. 그리드 검색과 교차 검증 기술을 사용해 모델을 튜닝한다.

9단계: 그리드 검색과 교차 검증을 사용해 모델을 튜닝한다. 먼저 maxBins는 25와 30 사이, maxDepth는 5와 10 사이, impurity는 엔트로피와 지니[gini] 값을 가진 20~70개의 트리로 설정된 param 그리드에서 검색할 파라미터 그리드를 구성하기 위해 ParamGridBuilder를 사용한다.

```
val paramGrid = new ParamGridBuilder()
                    .addGrid(classifier.maxBins, Array(25, 30))
                    .addGrid(classifier.maxDepth, Array(5, 10))
                    .addGrid(classifier.numTrees, Array(20, 70))
                    .addGrid(classifier.impurity, Array("entropy", "gini"))
                    .build()
```

다음처럼 트레이닝 셋을 사용해 교차 검증기 모델을 트레이닝한다.

```
val cv = new CrossValidator()
            .setEstimator(pipeline)
            .setEvaluator(binaryClassificationEvaluator)
            .setEstimatorParamMaps(paramGrid)
            .setNumFolds(10)
val pipelineFittedModel = cv.fit(trainingData)
```

다음처럼 테스트 셋에 대한 원시 예측을 계산한다.

```
val predictions2 = pipelineFittedModel.transform(testData)
```

10단계: 튜닝 후 모델을 평가한다. 정확도를 살펴보자.

```
val accuracy2 = binaryClassificationEvaluator.evaluate(predictions2)
println("The accuracy after pipeline fitting: " + accuracy2)
```

다음과 같은 결과를 얻는다.

The accuracy after pipeline fitting: 0.8313782991202348

이제는 83% 이상이다. 정말로 좋은 개선이 이뤄졌다. AUROC와 AUPRC를 계산하는 두 개의 다른 메트릭을 살펴보자.

```
def printlnMetricAfter(metricName: String): Double = {
    val metrics = binaryClassificationEvaluator.setMetricName(metricName)
            .evaluate(predictions2)
    metrics
}
println("Area Under ROC after tuning: " + printlnMetricAfter("areaUnderROC"))
println("Area Under PRC after tuning: "+ printlnMetricAfter("areaUnderPR"))
```

다음과 같은 결과를 얻는다.

Area Under ROC after tuning: 0.8313782991202345
Area Under PRC after tuning: 0.7460301367852662

이제 RegressionMetrics를 기반으로 다른 메트릭 항목을 계산한다.

```
val rm2 = new RegressionMetrics(predictions2.select("prediction",
        "label").rdd.map(x => (x(0).asInstanceOf[Double],
        x(1).asInstanceOf[Double])))
println("MSE: " + rm2.meanSquaredError)
println("MAE: " + rm2.meanAbsoluteError)
println("RMSE Squared: " + rm2.rootMeanSquaredError)
println("R Squared: " + rm2.r2)
println("Explained Variance: " + rm2.explainedVariance + "\n")
```

다음과 같은 결과를 얻는다.

```
MSE: 0.268421052631579
MAE: 0.26842105263157895
RMSE Squared: 0.5180936716768301
R Squared: -0.18401759530791795
Explained Variance: 0.16404432132963992
```

11단계: 가장 좋은 교차 검증 모델을 찾는다. 마지막으로 교차 검증된 최상의 모델 정보를 찾는다.

```
pipelineFittedModel
        .bestModel.asInstanceOf[org.apache.spark.ml.PipelineModel]
        .stages(0)
        .extractParamMap
println("The best fitted model:" +
pipelineFittedModel.bestModel.asInstanceOf[org.apache.spark.ml
        .PipelineModel].stages(0))
```

다음과 같은 결과를 얻는다.

```
The best fitted model:RandomForestClassificationModel
(uid=rfc_1fcac012b37c) with 70 trees
```

▌ 스파크를 사용한 추천 시스템

추천 시스템은 다른 사용자의 기록을 기반으로 사용자가 관심을 가질 만한 잠재적인 항목을 예측한다. 모델 기반 협업 필터링은 넷플릭스와 같은 많은 기업에서 일반적으로 사용된다. 넷플릭스는 1997년 8월 29일, 캘리포니아 주의 스코츠 밸리[Scotts Valley]에서 리드 해시팅즈[Reed Hastings]와 마크 란돌프[Marc Randolph]가 설립한 미국의 엔터테인먼트 기업이다. 넷플릭스는 스트리밍 미디어와 VOD[Video-On-Demand] 온라인, DVD를 우편으로 전문적으로 제공했다. 2013년 넷플릭스는 영화 제작, 텔레비전 프로그램 제작, 온라인 배포로 사업이 확대됐다. 2017년 현재, 넷플릭스는 캘리포니아 주의 로스 가토스[Los Gatos]에 본사를 두고 있다(출처 위키피디아). 넷플릭스는 실시간 영화 추천을 위한 추천 시스템이다. 이 절에서는 새로운 사용자를 위해 영화를 추천하는 방법과 관련된 완전한 예를 살펴본다.

스파크를 이용한 모델 기반 추천

스파크 MLlib의 구현은 모델 기반 협업 필터링을 지원한다. 모델 기반 협업 필터링 기술에서 사용자와 제품은 잠재 요인[LF, latent factors]이라고 하는 작은 항목의 집합으로 설명된다. 다음 그림에서 다른 추천 시스템에 대한 아이디어를 얻을 수 있다. 그림 13에서는 영화 추천 예에 모델 기반 협업 필터링을 사용하는 이유를 설명한다.

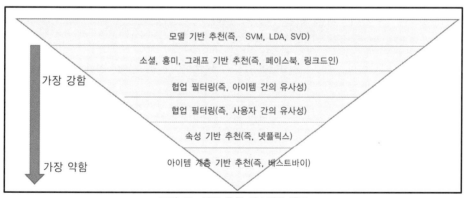

그림 13 다른 추천 시스템의 비교

잠재 요인은 누락된 항목을 예측하는 데 사용된다. 스파크 API는 교차 최소 제곱법(ALS로 널리 알려져 있다) 알고리즘에 대한 구현을 제공한다. ALS 알고리즘은 다음과 같은 6개의 파라미터를 기반으로 해당 잠재 요인을 학습하기 위해 사용된다.

- **numBlocks**: 계산을 병렬화하기 위해 사용되는 블록 개수다(자동으로 설정하려면 -1로 설정).

- **rank**: 모델의 잠재 요인 개수다.

- **iterations**: 실행할 ALS의 반복 횟수다. 일반적으로 ALS는 20회 반복 횟수 이하의 합리적인 해결 방법으로 통합된다.

- **lambda**: ALS의 정규화 파라미터를 지정한다.

- **implicitPrefs**: 명시적 피드백explicit feedback ALS 변형을 사용할지 아니면 암시적 피드백implicit feedback 데이터에 적용된 ALS 변형을 사용할지 지정한다(명시적 피드백은 사용자가 특정 아이템에 대해 명시적으로 피드백(예, 평점, 평가)를 주는 경우를 의미하는 반면, 암시적 피드백은 사용자가 특정 아이템에 대해 명시적이지 않은 피드백(예, 공유, 뷰 횟수, 좋아요)을 주는 경우를 의미한다 - 옮긴이).

- **alpha**: 선호도 관측에서 기준치baseline 신뢰를 관리하는 ALS의 암시적 피드백 변형에 적용할 수 있는 파라미터다.

기본 파라미터로 ALS 인스턴스를 생성할 수 있다. 그리고 요구 사항에 따라 파라미터 값을 설정할 수 있다. 기본 값은 다음과 같다.

```
numBlocks: -1, rank: 10, iterations: 10, lambda: 0.01, implicitPrefs: false,
alpha: 1.0
```

데이터 탐색

영화와 영화 평점 데이터셋을 MovieLens 웹 사이트(https://movielens.org)에서 다운로드한다(다음 예에서 사용할 ratings.csv 파일을 사용하려면 먼저 https://grouplens.org/datasets/movielens/에 접속해 ml-20m.zip 파일을 다운로드하고 압축 파일을 풀거나 https://github.com/knight76/Scala-and-Spark-for-Big-Data-Analytics/blob/master/data/ratings.7z 파일을 7zip으로 풀길 바란다 - 옮긴이). MovieLens 웹 사이트의 데이터 설명을 기반으로 모든 평점

은 ratings.csv 파일에 저장돼 있다. ratings.csv 파일에서 헤더 다음의 각 로우는 한 명의 사용자가 하나의 영화에 대해 하나의 평점을 표현한 것이다.

CSV 데이터셋에는 그림 14와 같이 userId, movieId, rating, timestamp 칼럼이 있다. 로우는 먼저 userId에 의해 정렬되고, 사용자 내에서 movieId는 정렬돼 있다. 평점은 별 다섯 개로 나눠지고, 별은 0.5 단위로 증가(0.5부터 5.0까지)하게 표시돼 있다. 타임스탬프는 1970년 1월 1일 UTC(협정 세계시) 자정 이후 초를 나타낸다. 해당 파일에는 668명의 사용자가 10,325편의 영화에서 105,339의 평점을 줬다.

```
+------+-------+------+----------+
|userId|movieId|rating|timestamp |
+------+-------+------+----------+
|1     |16     |4.0   |1217897793|
|1     |24     |1.5   |1217895807|
|1     |32     |4.0   |1217896246|
|1     |47     |4.0   |1217896556|
|1     |50     |4.0   |1217896523|
|1     |110    |4.0   |1217896150|
|1     |150    |3.0   |1217895940|
|1     |161    |4.0   |1217897864|
|1     |165    |3.0   |1217897135|
|1     |204    |0.5   |1217895786|
|1     |223    |4.0   |1217897795|
|1     |256    |0.5   |1217895764|
|1     |260    |4.5   |1217895864|
|1     |261    |1.5   |1217895750|
|1     |277    |0.5   |1217895772|
|1     |296    |4.0   |1217896125|
|1     |318    |4.0   |1217895860|
|1     |349    |4.5   |1217897058|
|1     |356    |3.0   |1217896231|
|1     |377    |2.5   |1217896373|
+------+-------+------+----------+
only showing top 20 rows
```

그림 14 평점 데이터셋의 일부 내용

반면 영화 정보는 movies.csv 파일에 포함돼 있다. 헤더 정보와 별도로 각 로우는 movieId, title, genres 칼럼을 포함하는 하나의 영화를 나타낸다(그림 14 참조). 영화 제목은 생성 및 직접 추가됐거나 https://www.themoviedb.org/에서 영화 데이터베이스의 웹 사이트에서 가져온 것이다. 그러나 개봉 연도는 괄호 안에 표시돼 있다. 영화 제목이 직접 추가됐기 때문에 제목에는 일부 잘못된 내용이나 불일치가 일어날 수 있다. 따라서 독자는 IMDb 데이터베이스(https://www.ibdb.com/)를 확인해 불일치가 없거나 개봉 연도가 잘못됐는지 확인하길 바란다.

장르 칼럼에는 여러 개의 장르를 하나의 리스트로 구성하고 있고, 장르는 다음 장르 범주에서 선택된다.

- 액션Action, 모험Adventure, 애니메이션Animation, 아동Children's, 코미디Comedy, 범죄Crime
- 다큐멘터리Documentary, 드라마Drama, 판타지Fantasy, 필름 누와르Film-Noir, 공포Horror, 뮤지컬Musical
- 미스터리Mystery, 로맨스Romance, 공상 과학Sci-Fi, 스릴러Thriller, 서부극Western, 전쟁War

```
+-------+------------------------------------+------------------------------------------+
|movieId|title                               |genres                                    |
+-------+------------------------------------+------------------------------------------+
|1      |Toy Story (1995)                    |Adventure|Animation|Children|Comedy|Fantasy|
|2      |Jumanji (1995)                      |Adventure|Children|Fantasy                |
|3      |Grumpier Old Men (1995)             |Comedy|Romance                            |
|4      |Waiting to Exhale (1995)            |Comedy|Drama|Romance                      |
|5      |Father of the Bride Part II (1995)  |Comedy                                    |
|6      |Heat (1995)                         |Action|Crime|Thriller                     |
|7      |Sabrina (1995)                      |Comedy|Romance                            |
|8      |Tom and Huck (1995)                 |Adventure|Children                        |
|9      |Sudden Death (1995)                 |Action                                    |
|10     |GoldenEye (1995)                    |Action|Adventure|Thriller                 |
|11     |American President, The (1995)      |Comedy|Drama|Romance                      |
|12     |Dracula: Dead and Loving It (1995)  |Comedy|Horror                             |
|13     |Balto (1995)                        |Adventure|Animation|Children              |
|14     |Nixon (1995)                        |Drama                                     |
|15     |Cutthroat Island (1995)             |Action|Adventure|Romance                  |
|16     |Casino (1995)                       |Crime|Drama                               |
|17     |Sense and Sensibility (1995)        |Drama|Romance                             |
|18     |Four Rooms (1995)                   |Comedy                                    |
|19     |Ace Ventura: When Nature Calls (1995)|Comedy                                   |
|20     |Money Train (1995)                  |Action|Comedy|Crime|Drama|Thriller        |
+-------+------------------------------------+------------------------------------------+
only showing top 20 rows
```

그림 15 상위 20개의 영화에 대한 제목과 장르

ALS를 사용한 영화 추천

이 하위 절에서는 데이터 수집에서 영화 추천에 이르는 단계별 예를 통해 다른 사용자에게 영화를 추천하는 방법을 소개한다(다음 소스를 spark-shell에서 바로 실행할 수 없다. https://github.com/knight76/Scala-and-Spark-for-Big-Data-Analytics/blob/master/src/main/scala/chapter12/MovieRecommendation.scala 전체 코드를 참조한다 - 옮긴이).

1단계: 영화를 로드하고 파싱하고 데이터셋에 평점을 매긴다. 여기에 표시된 코드는 다음과 같다.

```
val ratigsFile = "data/ratings.csv"
val df1 = spark.read.format("com.databricks.spark.csv").option("header",
        true).load(ratigsFile)
val ratingsDF = df1.select(df1.col("userId"), df1.col("movieId"),
        df1.col("rating"), df1.col("timestamp"))
ratingsDF.show(false)
```

이 코드는 평점에 대한 데이터 프레임을 보여준다. 반면에 다음 코드는 영화에 대한 데이터 프레임을 보여준다.

```
val moviesFile = "data/movies.csv"
val df2 = spark.read.format("com.databricks.spark.csv").option("header",
        "true").load(moviesFile)
val moviesDF = df2.select(df2.col("movieId"), df2.col("title"),
        df2.col("genres"))
```

2단계: 데이터 프레임을 임시 테이블로 등록해 쿼리를 쉽게 생성한다. 두 개의 데이터 셋을 모두 등록하기 위해 다음 코드를 사용한다.

```
ratingsDF.createOrReplaceTempView("ratings")
moviesDF.createOrReplaceTempView("movies")
```

이 코드는 최소 메모리로 임시 테이블 뷰를 테이블로 생성해 인메모리 쿼리를 빠르게 수행할 수 있다. createOrReplaceTempView 메소드를 사용해 생성된 임시 테이블의 수명은 데이터 프레임을 생성할 때 사용된 [[SparkSession]]에 연결된다.

3단계: 관련 통계에 대해 탐색하고 쿼리한다. 평점 관련 통계를 다음처럼 확인하자.

```
val numRatings = ratingsDF.count()
val numUsers = ratingsDF.select(ratingsDF.col("userId")).distinct().count()
val numMovies =
        ratingsDF.select(ratingsDF.col("movieId")).distinct().count()
println("Got " + numRatings + " ratings from " + numUsers + " users on " +
        numMovies + " movies.")
```

10,325편의 영화에서 668명의 사용자가 매긴 105,339개의 평점을 찾아야 한다. 이제 영화를 평가한 사용자 명수와 함께 최대 및 최소 평점을 구하자. 그러나 이전 단계에서 방금 생성한 평점 테이블에서 SQL 쿼리를 수행해야 한다. 쿼리 생성 방법은 간단하며, MySQL 데이터베이스나 RDBMS에서 쿼리를 생성하는 것과 비슷하다. 그러나 SQL 기반 쿼리에 익숙하지 않는다면 특정 테이블에서 **SELECT**를 사용해 선택을 수행하는 방법, **ORDER**를 사용해 정렬을 수행하는 방법, **JOIN** 키워드를 사용해 조인 연산을 수행하는 방법을 알아내기 위해 SQL 쿼리 사양을 살펴보길 추천한다.

이미 SQL 쿼리를 알고 있다면 다음처럼 복잡한 SQL 쿼리를 사용해 새로운 데이터셋을 얻을 수 있다.

```
// 영화를 평가한 사용자 수를 포함해 최대, 최소 평점을 얻는다.
val results = spark.sql("select movies.title, movierates.maxr,
        movierates.minr, movierates.cntu "
    + "from(SELECT ratings.movieId,max(ratings.rating) as maxr,"
    + "min(ratings.rating) as minr,count(distinct userId) as cntu "
    + "FROM ratings group by ratings.movieId) movierates "
    + "join movies on movierates.movieId=movies.movieId "
    + "order by movierates.cntu desc")
results.show(false)
```

다음과 같은 결과를 얻는다.

```
Got 105339 ratings from 668 users on 10325 movies.
+---------------------------------------------------------------------------+----+----+----+
|title                                                                      |maxr|minr|cntu|
+---------------------------------------------------------------------------+----+----+----+
|Pulp Fiction (1994)                                                        |5.0 |0.5 |325 |
|Forrest Gump (1994)                                                        |5.0 |0.5 |311 |
|Shawshank Redemption, The (1994)                                           |5.0 |0.5 |308 |
|Jurassic Park (1993)                                                       |5.0 |1.0 |294 |
|Silence of the Lambs, The (1991)                                           |5.0 |0.5 |290 |
|Star Wars: Episode IV - A New Hope (1977)                                  |5.0 |0.5 |273 |
|Matrix, The (1999)                                                         |5.0 |0.5 |261 |
|Terminator 2: Judgment Day (1991)                                          |5.0 |0.5 |253 |
|Braveheart (1995)                                                          |5.0 |0.5 |248 |
|Schindler's List (1993)                                                    |5.0 |0.5 |248 |
|Fugitive, The (1993)                                                       |5.0 |1.0 |244 |
|Toy Story (1995)                                                           |5.0 |1.0 |232 |
|Star Wars: Episode V - The Empire Strikes Back (1980)                      |5.0 |0.5 |228 |
|Usual Suspects, The (1995)                                                 |5.0 |1.0 |228 |
|Raiders of the Lost Ark (Indiana Jones and the Raiders of the Lost Ark) (1981)|5.0 |1.0 |224 |
|Star Wars: Episode VI - Return of the Jedi (1983)                          |5.0 |0.5 |222 |
|Batman (1989)                                                              |5.0 |0.5 |217 |
|American Beauty (1999)                                                     |5.0 |1.0 |216 |
|Back to the Future (1985)                                                  |5.0 |1.5 |213 |
|Godfather, The (1972)                                                      |5.0 |1.0 |210 |
+---------------------------------------------------------------------------+----+----+----+
only showing top 20 rows
```

그림 16 영화를 평가한 사용자 수를 포함한 최대, 최소 평점

통찰력을 얻으려면 사용자와 평점에 대해 더 많이 알아야 한다. 이제는 가장 활발히 평점을 준 사용자와 해낭 사용자의 영화 평가 횟수를 알아보자.

```
// 가장 활발히 평점을 준 사용자 중 상위 10명와 해당 사용자의 영화 평가 횟수
val mostActiveUsersSchemaRDD = spark.sql("SELECT ratings.userId, count(*)
     as ct from ratings " + "group by ratings.userId order by ct desc limit 10")
mostActiveUsersSchemaRDD.show(false)
```

```
+------+----+
|userId|ct  |
+------+----+
|668   |5678|
|575   |2837|
|458   |2086|
|232   |1421|
|310   |1287|
|475   |1249|
|128   |1231|
|224   |1182|
|607   |1176|
|63    |1107|
+------+----+
```

그림 17 가장 활발히 평점을 준 사용자 중 상위 10명과 해당 사용자의 영화 평가 횟수

사용자 668이 4 이상의 평점을 준 영화를 찾아보자.

```
// 사용자 668이 4 이상의 평점을 준 영화를 찾는다.
val results2 = spark.sql(
    "SELECT ratings.userId, ratings.movieId,"
        + "ratings.rating, movies.title FROM ratings JOIN movies"
        + "ON movies.movieId=ratings.movieId"
        + "where ratings.userId=668 and ratings.rating > 4")
results2.show(false)
```

```
+------+-------+------+--------------------------------------------+
|userId|movieId|rating|title                                       |
+------+-------+------+--------------------------------------------+
|668   |6      |5.0   |Heat (1995)                                 |
|668   |326    |4.5   |To Live (Huozhe) (1994)                     |
|668   |446    |4.5   |Farewell My Concubine (Ba wang bie ji) (1993)|
|668   |515    |4.5   |Remains of the Day, The (1993)              |
|668   |593    |4.5   |Silence of the Lambs, The (1991)            |
|668   |594    |4.5   |Snow White and the Seven Dwarfs (1937)      |
|668   |608    |4.5   |Fargo (1996)                                |
|668   |858    |5.0   |Godfather, The (1972)                       |
|668   |898    |5.0   |Philadelphia Story, The (1940)              |
|668   |907    |4.5   |Gay Divorcee, The (1934)                    |
|668   |908    |5.0   |North by Northwest (1959)                   |
|668   |910    |5.0   |Some Like It Hot (1959)                     |
|668   |912    |5.0   |Casablanca (1942)                           |
|668   |913    |5.0   |Maltese Falcon, The (1941)                  |
|668   |914    |5.0   |My Fair Lady (1964)                         |
|668   |919    |5.0   |Wizard of Oz, The (1939)                    |
|668   |927    |4.5   |Women, The (1939)                           |
|668   |930    |4.5   |Notorious (1946)                            |
|668   |945    |4.5   |Top Hat (1935)                              |
|668   |947    |4.5   |My Man Godfrey (1936)                       |
+------+-------+------+--------------------------------------------+
only showing top 20 rows
```

그림 18 사용자 668이 4보다 높은 평점을 준 영화

4단계: 트레이닝을 준비하고 평점 데이터를 테스트하며 개수를 확인한다. 다음 코드는 평점 RDD를 트레이닝 데이터 RDD(75%)와 테스트 데이터 RDD(25%)로 나눈다. 여기서 시드seed는 선택 사항이지만 재현할 때 필요하다.

652

```
// 평점 RDD를 트레이닝 RDD(75%)와 테스트 RDD(25%)로 나눈다.
val splits = ratingsDF.randomSplit(Array(0.75, 0.25), seed = 12345L)
val (trainingData, testData) = (splits(0), splits(1))
val numTraining = trainingData.count()
val numTest = testData.count()
println("Training: " + numTraining + " test: " + numTest)
```

트레이닝 데이터 프레임에는 78,792개의 평점, 테스트 데이터 프레임에서 26,547개의 평점이 있다는 것을 발견할 수 있을 것이다.

5단계: ALS를 사용해 추천 모델을 구축하기 위한 데이터를 준비한다. ALS 알고리즘은 트레이닝할 목적으로 평점 RDD를 받는다. 다음 코드는 API를 사용해 추천 모델의 구축 방법을 보여준다.

```
val ratingsRDD = trainingData.rdd.map(row => {
    val userId = row.getString(0)
    val movieId = row.getString(1)
    val ratings = row.getString(2)
    Rating(userId.toInt, movieId.toInt, ratings.toDouble)
})
```

ratingsRDD는 userId, movieId, 이전 단계에서 준비한 트레이닝 데이터셋의 관련 평점을 포함하는 평점 RDD다. 반면에 테스트 RDD도 모델을 평가하기 위해 필요하다. 또한 다음 testRDD에는 이전 단계에서 준비한 테스트 데이터 프레임과 동일한 정보가 포함돼 있다.

```
val testRDD = testData.rdd.map(row => {
    val userId = row.getString(0)
    val movieId = row.getString(1)
    val ratings = row.getString(2)
```

```
    Rating(userId.toInt, movieId.toInt, ratings.toDouble)
  })
```

6단계: ALS 사용자 제품 매트릭스를 구축한다. ratingsRDD를 기반으로 최대 반복, 블록 개수, 알파, 평점, 람다, 시드, implicitPrefs를 지정해 ALS 사용자 매트릭스 모델을 구축한다. 기본적으로 매트릭스 모델 기술은 다른 영화에 비슷한 평점을 준 다른 사용자가 평가한 평점을 기반으로 특정 영화의 특정 사용자에 대해 누락된 평점을 예측한다.

```
val rank = 20
val numIterations = 15
val lambda = 0.10
val alpha = 1.00
val block = -1
val seed = 12345L
val implicitPrefs = false
val model = new ALS()
            .setIterations(numIterations)
            .setBlocks(block)
            .setAlpha(alpha)
            .setLambda(lambda)
            .setRank(rank)
            .setSeed(seed)
            .setImplicitPrefs(implicitPrefs)
            .run(ratingsRDD)
```

마지막으로 15번의 학습 모델을 반복했다. 해당 반복 설정을 사용했을 때 예측 정확도가 높아졌다. 독자는 해당 파라미터에 대한 최적의 값을 알기 위해 하이퍼파라미터 튜닝을 적용하는 것이 좋다. 또한 계산을 병렬로 수행할 수 있도록 사용자 블록과 제품 블록 모두의 블록 개수를 설정한다. 블록 개수를 자동으로 설정하려면 블록 개수를 -1로 전달한다. 기본 블록 값은 -1이다.

7단계: 예측한다. 사용자 668에 대한 상위 6개의 영화 예측을 구하자. 다음 소스코드를 사용해 예측한다.

```
// 예측한다. 사용 668에 대한 상위 6개의 영화 예측을 얻는다.
println("Rating:(UserID, MovieID, Rating)")
println("---------------------------------")
val topRecsForUser = model.recommendProducts(668, 6)
for (rating <- topRecsForUser) {
  println(rating.toString())
}
println("---------------------------------")
```

이 코드는 영화에서 UserID, MovieID, 영화에 대한 Rating에 영화 예측을 포함한 출력을 제공한다.

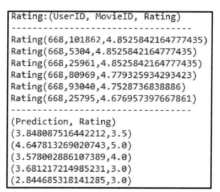

그림 19 사용자 668에 대한 상위 6개의 영화 예측

8단계: 모델을 평가한다. 모델의 품질을 검증하기 위해 **평균 제곱근 오차**^{RMSE, Root Mean Squared Error}를 사용해 모델로 예측한 값과 실제 관찰한 값 간의 차이를 측정한다. 기본 적으로 계산된 오차가 작을수록 모델이 더 좋다. 모델의 품질을 테스트하기 위해 테스트 데이터가 사용된다(앞의 4단계에서 분할된다). 많은 머신 러닝 실무자의 말에 따르면 RMSE는 정확도에 대한 좋은 척도지만 규모에 따라 달라질 수 있어서 변수 사이가

아닌 특정 변수에 대한 다른 모델의 예측 오차를 비교하는 것이다. 다음 코드는 트레이닝 셋을 사용해 트레이닝된 모델의 RMSE 값을 계산한다.

```
var rmseTest = computeRmse(model, testRDD, true)
println("Test RMSE: = " + rmseTest) // 작을수록 좋다.
```

computeRmse가 다음처럼 UDF임을 주목할 필요가 있다.

```
def computeRmse(model: MatrixFactorizationModel, data: RDD[Rating],
        implicitPrefs: Boolean): Double = {
    val predictions: RDD[Rating] = model.predict(data.map(x => (x.user,
            x.product)))
    val predictionsAndRatings = predictions.map { x => ((x.user, x.product),
            x.rating)
    }.join(data.map(x => ((x.user, x.product), x.rating))).values
    if (implicitPrefs) {
        println("(Prediction, Rating)")
        println(predictionsAndRatings.take(5).mkString("\n"))
    }
    math.sqrt(predictionsAndRatings.map(x => (x._1 - x._2) * (x._1 -
            x._2)).mean())
}
```

computeRmse 메소드는 모델을 평가하기 위해 RMSE를 계산한다. RMSE가 낮을수록 모델과 모델 예측 기능은 향상된다.

이 설정의 경우 다음과 같은 결과가 나타난다.

```
Test RMSE: = 0.9019872589764073
```

656

이 모델의 성능은 믿을수록 더 개선될 수 있다. 머신 러닝 기반의 ALS 모델 튜닝에 대한 자세한 내용은 https://spark.apache.org/docs/preview/ml-collaborative-filtering.html을 참조하길 바란다.

토픽 모델링 기술은 많은 문서에서 텍스트 마이닝 태스크에서 널리 사용된다. 그리고 토픽을 사용해 토픽 단어와 토픽에 관련된 가중치가 포함된 문서를 요약하고 설정할 수 있다. 다음 절에서는 LDA 알고리즘을 사용하는 토픽 모델링의 예를 소개한다.

■ 토픽 모델링: 텍스트 클러스터링에서 모범 사례

토픽 모델링 기술은 많은 문서에서 텍스트 마이닝 태스크에 널리 사용된다. 그리고 토픽을 사용해 토픽 단어와 토픽에 관련된 가중치가 포함된 문서를 요약하고 설정할 수 있다. 예로 사용될 데이터셋은 평문으로 돼 있지만 구조화되지 않은 포맷으로 돼 있다. 여기서의 도전 과제는 토픽 모델링이라는 LDA를 사용해 데이터에 대한 유용한 패턴을 찾는 것이다.

LDA 동작 방법

잠재 디리클레 할당LDA, latent dirichlet allocation은 텍스트 문서에서 토픽을 유추하는 토픽 모델이다. LDA는 토픽이 클러스터 무게 중심에 해당하는 클러스터링 알고리즘으로 생각할 수 있고, 문서는 데이터셋의 예(로우)에 해당한다. 토픽과 문서는 모두 피처 공간에 존재하며, 피처 벡터는 단어 수에 대한 벡터(단어 모음)다. LDA는 일반적인 거리를 사용해 클러스터링을 계산하는 대신, 텍스트 문서가 생성되는 방식에 대한 통계 모델 기반의 함수를 사용한다.

LDA는 setOptimizer 함수를 통해 여러 추론 알고리즘을 지원한다. EMLDAOptimizer 는 가능도 함수likelihood function에 대한 기댓값 최대화expectation-maximization 알고리즘을 사용

해 클러스터링을 학습하고 포괄적인 결과를 얻는 반면 `OnlineLDAOptimizer`는 온라인 변분 추정^{online variational inference}에 대한 반복적인 작은 배치 샘플링을 사용하며, 일반적으로 메모리 친화적이다. LDA는 단어 개수에 대한 벡터와 다음 파라미터(빌더 패턴을 사용해 설정한다)로 문서 집합을 얻는다.

- **k:** 토픽 개수(즉, 클러스터 무게 중심)
- **optimizer:** EMLDAOptimizer 또는 OnlineLDAOptimizer 중 하나로 LDA 모델 학습에 사용될 최적화 툴이다.
- **docConcentration:** 토픽에 대한 이전 문서의 배포를 위한 드리클레^{Dirichlet} 파라미터다. 값이 클수록 추론된 분포가 더 매끄럽다.
- **topicConcentration:** 단어에 대한 사전 토픽의 분포에 대한 드리클레 파라미터다. 값이 클수록 추론된 분포가 더 매끄럽다.
- **maxIterations:** 반복 횟수를 제한한다.
- **checkpointInterval:** 체크 포인트 기능을 사용한다면(스파크 설정에서 설정한다) 해당 파라미터는 체크 포인트를 생성할 빈도를 지정한다. 체크 포인팅을 사용하면서 `maxIterations`의 값이 크면 디스크의 파일 크기를 줄이는 것이 좋다. 이를 통해 에러 복구에 도움이 된다.

특히 많은 사람이 많은 텍스트에 대해 많이 이야기하는 주제를 다뤄보자. 스파크 1.3이 출시된 이래로 MLlib는 텍스트 마이닝과 자연어 처리^{NLP} 분야에서 가장 성공적으로 사용되는 토픽 모델링 기술 중 하나인 LDA를 지원한다. 또한 LDA는 스파크 GraphX를 채택한 최초의 MLlib 알고리즘이다.

 LDA 동작 방식에 대한 자세한 정보를 얻으려면 『Journal of Machine Learning Research 3』(2003)의 993-1022페이지에 있는 데이비드 블레이(David M. Blei), 앤드류 응(Andrew Y. Ng), 마이클 조던(Michael I. Jordan)이 작성한 'Latent, Allocation'을 참조한다.

다음 그림은 임의로 생성된 트윗 텍스트의 토픽 분포를 보여준다.

```
     Topic: 0                              Topic: 1
Terms | Index | Weight              Terms | Index | Weight
--------------------                --------------------
space   10665   0.046582            smile   10668   0.129227
just    10667   0.034397            just    10667   0.024922
posted  10637   0.016093            good    10663   0.022404
love    10661   0.015652            hope    10645   0.017981
photo   10639   0.013296            going   10655   0.015764
cosmic  10635   0.013212            thanks  10648   0.014945
angry   10656   0.012860            time    10662   0.014941
like    10666   0.012629            like    10666   0.014827
life    10640   0.012107            think   10659   0.014438
time    10662   0.011634            work    10649   0.012702
--------------------                --------------------
Sum:= 0.188459750219041             Sum:= 0.28215004471848354


     Topic: 2                              Topic: 3
Terms | Index | Weight              Terms | Index | Weight
--------------------                --------------------
grin     10664   0.078958           like    10666   0.030890
yang     10628   0.029173           just    10667   0.020093
kita     10574   0.017318           know    10660   0.016473
disgust          10618   0.016325   good    10663   0.013343
udah     10544   0.014584           that    10651   0.012687
science          10590   0.012792   people  10658   0.012137
space    10665   0.011765           right   10654   0.012097
nggak    10501   0.011290           think   10659   0.011395
kalo     10476   0.010203           love    10661   0.010943
angry    10656   0.009313           does    10646   0.009002
--------------------                --------------------
Sum:= 0.21172148557919923           Sum:= 0.14905966677477597
```

그림 20 토픽 분산과 분산 형태

이 절에서는 구조화되지 않은 원시 트윗 데이터셋이 있는 스파크 MLlib의 LDA 알고리즘을 사용해 토픽 모델링의 예를 살펴본다. 여기서는 텍스트 마이닝에 일반적으로 사용되는 가장 인기 있는 토픽 모델링 알고리즘 중 하나인 LDA를 사용했다. PLSA[Probabilistic Latent Sentiment Analysis], PAM[Pachinko Allocation Model], HDP[hierarchical dirichlet process] 알고리즘 같은 강력한 토픽 모델링 알고리즘을 사용할 수 있다.

그러나 PLSA에는 오버피팅 문제가 있다. 반면 HDP와 PAM은 고차원 텍스트 데이터의 마이닝 토픽이나 구조화되지 않은 텍스트 문서처럼 복잡한 텍스트 마이닝에 사용되는 복잡한 토픽 모델링 알고리즘이다. 게다가 스파크는 현재까지 LDA라는 단 하나의 토픽 모델링 알고리즘만 구현했다. 따라서 LDA를 합리적으로 사용해야 한다.

스파크 MLlib를 이용한 토픽 모델링

이 절에서는 스파크를 사용한 토픽 모델링의 반자동 기술을 소개한다. 다른 옵션을 기본 값으로 사용해 깃허브 URL(https://github.com/minghui/Twitter-LDA/tree/master/data/Data4Model/test)에서 다운로드한 데이터셋에서 LDA를 트레이닝한다. 다음 단계에서는 데이터 읽기에서 토픽 출력까지의 토픽 모델링과 단어의 가중치를 보여준다. 다음은 토픽 모델링 파이프라인의 짧은 워크플로우다.

```
object topicModellingwithLDA {
    def main(args: Array[String]): Unit = {
        val lda = new LDAforTM( ) // 실제 계산은 여기서 수행된다.
        val defaultParams = Params( ).copy(input = "data/docs/")
        // 파라미터를 로딩한다.
        lda.run(defaultParams) // 기본 파라미터로 LDA 모델을 트레이닝한다.
    }
}
```

토픽 모델링에 대한 실제 계산은 **LDAforTM** 클래스에서 수행된다. **Params**는 케이스 클래스며, LDA 모델을 트레이닝시키기 위해 파라미터를 로드하는 데 사용된다. 마지막으로 **Params** 클래스를 통해 파라미터 설정을 사용해 LDA 모델을 트레이닝한다. 이제 단계별 소스코드로 각 단계를 광범위하게 알아보자.

1단계: 스파크 세션 생성하기. 다음처럼 컴퓨팅 코어 개수, SQL 웨어하우스와 애플리케이션 이름을 정의해 스파크 세션을 생성한다.

```
val spark = SparkSession
    .builder
    .master("local[*]")
    .appName("LDA for topic modelling")
    .getOrCreate()
```

2단계: 텍스트 사전 처리 이후에 단어, 토큰 개수를 계산해 LDA를 트레이닝한다. 먼저 문서를 로드하고 다음처럼 LDA를 준비한다.

```
// LDA를 로드하고 준비한다.
val preprocessStart = System.nanoTime()
val (corpus, vocabArray, actualNumTokens) = preprocess(params.input,
        params.vocabSize, params.stopwordFile)
```

preprocess 메소드는 원본 텍스트를 처리하는 데 사용된다. 먼저 wholeTextFiles 메소드를 사용해 전체 텍스트를 다음처럼 읽는다.

```
val initialrdd = spark.sparkContext.wholeTextFiles(paths).map(._2)
initialrdd.cache()
```

이 코드에서 **paths**는 텍스트 파일의 경로다. 그리고 다음처럼 보조 텍스트 기반의 원본 텍스트로부터 형태학상의 RDD를 준비해야 한다.

```
val rdd = initialrdd.mapPartitions { partition =>
    val morphology = new Morphology()
    partition.map { value => helperForLDA.getLemmaText(value, morphology) }
}.map(helperForLDA.filterSpecialCharacters)
```

여기에서 helperForLDA 클래스의 getLemmaText 메소드는 (" " " [! @ # $ % ^ & * ( ) _ + - ? , " ' ; : . ` ? --]와 같은 특수 문자에 filterSpaecialChatacters

메소드를 사용해 정규 표현식으로 필터링한 후 보조^{lemma} 텍스트를 제공한다.

Morphology 클래스는 어미의 굴절(파생 형태론은 아니다)을 제거함으로써 영어 단어의 기본 형식을 계산한다는 점에 유의해야 한다. 명사 복수형, 대명사형, 동사형만 사용하며, 비교 형용사나 파생형 명사는 사용하지 않는다. 즉, Morphology 클래스는 명사 복수형, 대명사, 동사 종료, 단락을 지칭하며, 비교 형용사나 파생 명사는 없다. 비교 형용사나 파생 명사는 Stanford NLP 그룹을 사용해야 한다. 이를 사용하려면 메인 클래스 파일에서 edu.stanford.nlp.process.Morphology를 임포트해야 한다. pom.xml 파일에서 다음을 의존성 라이브러리로 포함시켜야 한다.

```
<dependency>
    <groupId>edu.stanford.nlp</groupId>
    <artifactId>stanford-corenlp</artifactId>
    <version>3.6.0</version>
</dependency>
<dependency>
    <groupId>edu.stanford.nlp</groupId>
    <artifactId>stanford-corenlp</artifactId>
    <version>3.6.0</version>
    <classifier>models</classifier>
</dependency>
```

getLemmaText 메소드는 다음과 같다.

```
def getLemmaText(document: String, morphology: Morphology) = {
    val string = new StringBuilder()
    val value = new Document(document).sentences().toList.flatMap { a =>
        val words = a.words().toList
        val tags = a.posTags().toList
        (words zip tags).toMap.map { a =>
            val newWord = morphology.lemma(a._1, a._2)
            val addedWord = if (newWord.length > 3) {
```

```
            newWord
        } else { "" }
        string.append(addedWord + " ")
    }
  }
  string.toString()
}
```

filterSpecialCharacters는 다음과 같다.

```
def filterSpecialCharacters(document: String) = document.replaceAll("""[! @ #
$ % ^ & * ( ) _ + - ? , " ' ; : . ` ? --]""", " ").
```

특수 문자가 제거된 RDD를 사용해 텍스트 분석 파이프라인을 구축할 수 있는 데이터 프레임을 생성할 수 있다.

```
rdd.cache()
initialrdd.unpersist()
val df = rdd.toDF("docs")
df.show()
```

따라서 데이터 프레임은 문서 태그로만으로 구성된다. 데이터 프레임의 일부 내용은 다음과 같다.

```
+--------------------+
|                docs|
+--------------------+
|20 000 2000010 th...|
|fifty two  still ...|
|please this   loo...|
|gable this       ...|
|Sheridan   world ...|
|  wiretap with Ca...|
|                 ...|
|find  plea Lamb h...|
|  find  10th  aes...|
|Disney  alad10 tx...|
|  Alcott Gutenber...|
|   this  hand dom...|
|please this   loo...|
|  HORATIO breaker...|
|  HORATIO  ragged ...|
|  HORATIO upward s...|
|  RESEARCH Electro...|
|tradition Richard...|
+--------------------+
```

그림 21 원본 텍스트

이 데이터 프레임을 주의 깊게 살펴보면 항목들을 토큰으로 분리해야 한다는 것을 알 수 있다. 게다가 해당 데이터 프레임에는 정지 단어[stop word]가 있으며, 해당 정지 단어를 제거해야 한다. 먼저 다음처럼 RegexTokenizer API를 사용해 토큰으로 생성한다.

```
val tokenizer = new
    RegexTokenizer().setInputCol("docs").setOutputCol("rawTokens")
```

이제 다음처럼 모든 정지 단어를 제거하자.

```
val stopWordsRemover = new
    StopWordsRemover().setInputCol("rawTokens").setOutputCol("tokens")
stopWordsRemover.setStopWords(stopWordsRemover.getStopWords ++
    customizedStopWords)
```

또한 토큰에서 중요한 피처만 찾기 위해 카운트 벡터를 적용해야 한다. 이는 파이프라인을 파이프라인 단계에서 연결할 때 도움이 된다. 다음처럼 진행해보자.

```
val countVectorizer = new
    CountVectorizer().setVocabSize(vocabSize).setInputCol("tokens")
        .setOutputCol("features")
```

이제 다음처럼 트랜스포머(tokenizer, stopWordsRemover, countVectorizer)를 연결해 파이프라인을 생성한다.

```
val pipeline = new Pipeline().setStages(Array(tokenizer, stopWordsRemover,
    countVectorizer))
```

파이프라인을 단어와 토큰 개수에 맞게 튜닝한다.

```
val model = pipeline.fit(df)
val documents = model.transform(df).select("features").rdd.map {
    case Row(features: MLVector) =>Vectors.fromML(features)
}.zipWithIndex().map(_.swap)
```

마지막으로 단어와 토큰 개수를 다음처럼 리턴한다.

```
(documents, model.stages(2).asInstanceOf[CountVectorizerModel].vocabulary,
    documents.map(_._2.numActives).sum().toLong)
```

이제 트레이닝 데이터의 통계를 살펴보자.

```
println()
println("Training corpus summary:")
println("-----------------------------")
```

```
println("Training set size: " + actualCorpusSize + " documents")
println("Vocabulary size: " + actualVocabSize + " terms")
println("Number of tockens: " + actualNumTokens + " tokens")
println("Preprocessing time: " + preprocessElapsed + " sec")
println("------------------------------")
println()
```

다음과 같은 결과를 얻을 것이다.

```
Training corpus summary:
--------------------------------
Training set size: 18 documents
Vocabulary size: 21607 terms
Number of tockens: 75758 tokens
Preprocessing time: 39.768580981 sec
--------------------------------
```

4단계: 트레이닝하기 전에 LDA 모델 인스턴스를 생성한다.

```
val lda = new LDA()
```

5단계: NLP 옵티마이저(optimizer) 설정

LDA 모델이 더 나은 최적화된 결과를 얻으려면 LDA 모델에 대한 옵티마이저를 설정해야 한다. 여기에서 EMLDAOptimizer 옵티마이저를 사용한다. OnlineLDAOptimizer 옵티마이저를 사용할 수도 있다. 그러나 작은 데이터셋이 더 강력해질 수 있도록 MiniBatchFraction에 (1.0/actualCorpusSize)를 추가해야 한다. 전체 연산은 다음과 같다. 먼저 다음처럼 EMLDAOptimizer 인스턴스를 생성한다.

```
val optimizer = params.algorithm.toLowerCase match {
    case "em" => new EMLDAOptimizer
    case "online" => new OnlineLDAOptimizer().setMiniBatchFraction(0.05 + 1.0
            / actualCorpusSize)
    case _ => throw new IllegalArgumentException("Only em is supported, got
            ${params.algorithm}.")
}
```

이제 다음처럼 LDA API의 **setOptimizer** 메소드를 사용해 옵티마이저를 설정한다.

```
lda.setOptimizer(optimizer)
    .setK(params.k)
    .setMaxIterations(params.maxIterations)
    .setDocConcentration(params.docConcentration)
    .setTopicConcentration(params.topicConcentration)
    .setCheckpointInterval(params.checkpointInterval)
```

LDA 모델을 트레이닝하기 위해 파라미터를 정의한 **Params** 케이스 클래스를 다음과 같이 정의한다.

```
// LDA 모델을 트레이닝하기 전에 파라미터를 설정한다.
case class Params(input: String = "",
                  k: Int = 5,
                  maxIterations: Int = 20,
                  docConcentration: Double = -1,
                  topicConcentration: Double = -1,
                  vocabSize: Int = 2900000,
                  stopwordFile: String = "data/docs/stopWords.txt",
                  algorithm: String = "em",
                  checkpointDir: Option[String] = None,
                  checkpointInterval: Int = 10)
```

더 좋은 결과를 얻으려면 해당 파라미터를 편하게 설정할 수 있다. 또한 더 좋은 성능을 낼 수 있도록 교차 검증을 수행해야 할 수 있다. 이제 현재 파라미터를 체크 포인트로 지정하려면 다음 코드를 사용한다.

```
if (params.checkpointDir.nonEmpty) {
  spark.sparkContext.setCheckpointDir(params.checkpointDir.get)
}
```

6단계: LDA 모델을 트레이닝한다.

```
val startTime = System.nanoTime()
// 문서 컬렉션(corpus)을 사용해 LDA 모델 트레이닝을 시작한다.
val ldaModel = lda.run(corpus)
val elapsed = (System.nanoTime() - startTime) / 1e9
println(s"Finished training LDA model. Summary:")
println(s"t Training time: $elapsed sec")
```

갖고 있는 텍스트를 LDA 모델로 트레이닝하는 데 6.309715286초가 걸렸다. 소요 시간을 측정하는 코드는 선택 사항이다. 참고 목적으로 소요 시간 측정 코드를 제공하며, 트레이닝 시간에 대한 아이디어를 얻기 위해 사용된다.

7단계: 데이터의 가능도를 측정한다. 이제 최대 가능도[maximum likelihood] 또는 로그 가능도[log likelihood]와 같은 데이터에 대한 통계를 더 얻으려면 다음 코드를 사용할 수 있다.

```
if (ldaModel.isInstanceOf[DistributedLDAModel]) {
  val distLDAModel = ldaModel.asInstanceOf[DistributedLDAModel]
  val avgLogLikelihood = distLDAModel.logLikelihood /
      actualCorpusSize.toDouble
  println("The average log likelihood of the training data: " +
      avgLogLikelihood)
```

```
    println()
 }
```

이 코드는 LDA 모델이 LDA 모델의 분산 버전 인스턴스인 경우 평균 로그 가능도를 계산한다. 다음과 같은 결과를 얻는다.

The average log-likelihood of the training data: -208599.21351837728

가능도[likelihood]는 주어진 결과에 대해 데이터가 파라미터(또는 파라미터 벡터)의 함수로 설명이 가능한 후에 사용된다. 이는 특히 여러 통계에서 파라미터를 추정하는 데 도움이 된다. 가능도 측정에 관심이 있다면 https://en.wikipedia.org/wiki/Likelihood_function을 참조한다.

8단계: 관심 토픽을 준비한다. 10개의 단어를 가진 각 토픽과 상위 5개의 토픽을 준비한다. 이때 여러 단어와 관련 가중치를 포함시킨다.

```
val topicIndices = ldaModel.describeTopics(maxTermsPerTopic = 10)
println(topicIndices.length)
val topics = topicIndices.map {case (terms, termWeights) =>
      terms.zip(termWeights).map { case (term, weight) =>
      (vocabArray(term.toInt), weight) } }
```

9단계: 토픽을 모델링한다. 상위 10개의 토픽을 출력해 각 토픽에 대한 가중치가 높은 단어를 표시한다. 또한 다음처럼 각 토픽의 전체 가중치를 포함한다.

```
var sum = 0.0
println(s"${params.k} topics:")
topics.zipWithIndex.foreach {
   case (topic, i) =>
```

```
    println(s"TOPIC $i")
    println("------------------------------")
    topic.foreach {
        case (term, weight) =>
            println(s"$termt$weight")
            sum = sum + weight
    }
    println("---------------------------")
    println("weight: " + sum)
    println()
```

이제 토픽 모델링에 대한 LDA 모델의 결과를 살펴보자.

```
5 topics:
TOPIC 0
------------------------------
think 0.0105511077762379
look  0.010393384083882656
know  0.010121680765600402
come  0.009999416569525854
little    0.009880422850906338
make  0.008982740529851225
take  0.007061048216197747
good  0.007040301924830752
much  0.006273732732002744
well  0.0062484438391950895
----------------------------
weight: 0.0865522792882307

TOPIC 1
------------------------------
look  0.008658099588372216
come  0.007972622171954474
little    0.007596460821298818
```

```
hand  0.0065409990798624565
know  0.006314616294309573
lorry 0.005843633203040061
upon  0.005545300032552888
make  0.005391780686824741
take  0.00537353581562707
time  0.005030870790464942
----------------------------
weight: 0.15082019777253794

TOPIC 2
----------------------------
captain      0.006865463831587792
nautilus     0.005175561004431676
make  0.004910586984657019
hepzibah     0.004378298053191463
water 0.004063096964497903
take  0.003959626037381751
nemo  0.0037687537789531005
phoebe       0.0037683642100062313
pyncheon     0.003678496229955977
seem  0.0034594205003318193
----------------------------
weight: 0.19484786536753268

TOPIC 3
----------------------------
fogg  0.009552022075897986
rodney       0.008705705501603078
make  0.007016635545801613
take  0.00676049232003675
passepartout     0.006295907851484774
leave 0.005565220660514245
find  0.005077555215275536
time  0.004852923943330551
luke  0.004729546554304362
```

```
upon  0.004707181805179265
----------------------------
weight: 0.2581110568409608

TOPIC 4
----------------------------
dick  0.013754147765988699
thus  0.006231933402776328
ring  0.0052746290878481926
bear  0.005181637978658836
fate  0.004739983892853129
shall 0.0046221874997173906
hand  0.004610810387565958
stand 0.004121100025638923
name  0.0036093879729237
trojan    0.0033792362039766505
----------------------------
weight: 0.31363611105890865
```

이 결과를 살펴보면 입력 문서에는 가장 큰 가중치인 0.31363611105890865를 갖는 토픽 5가 있음을 알 수 있다. 토픽 5는 love, long, shore, shower, ring, bring, bear 등의 단어에 대해 설명한다. 이제 전체적인 흐름을 잘 이해하기 위해 전체 소스코드를 살펴보자.

```
package chapter12

import edu.stanford.nlp.process.Morphology
import edu.stanford.nlp.simple.Document
import org.apache.log4j.{ Level, Logger }
import scala.collection.JavaConversions._
import org.apache.spark.{ SparkConf, SparkContext }
import org.apache.spark.ml.Pipeline
import org.apache.spark.ml.feature._
```

```scala
import org.apache.spark.ml.linalg.{ Vector => MLVector }
import org.apache.spark.mllib.clustering.{ DistributedLDAModel,
EMLDAOptimizer, LDA, OnlineLDAOptimizer }
import org.apache.spark.mllib.linalg.{ Vector, Vectors }
import org.apache.spark.rdd.RDD
import org.apache.spark.sql.{ Row, SparkSession }

object TopicModellingwithLDA {
    def main(args: Array[String]): Unit = {
        val lda = new LDAforTM() // 실제 계산은 여기서 수행된다.
        val defaultParams = Params().copy(input = "data/docs/")
        // LDA 모델을 트레이닝하기 위해 파라미터를 로드한다.
        lda.run(defaultParams) // 기본 파라미터로 LDA 모델을 트레이닝한다.
    }
}
// LDA 모델을 트레이닝하기 전에 파라미터를 설정한다.
case class Params(input: String = "",
    k: Int = 5,
    maxIterations: Int = 20,
    docConcentration: Double = -1,
    topicConcentration: Double = -1,
    vocabSize: Int = 2900000,
    stopwordFile: String = "data/docs/stopWords.txt",
    algorithm: String = "em",
    checkpointDir: Option[String] = None,
    checkpointInterval: Int = 10)

// 토픽 모델링에 대한 실제 계산은 여기서 이뤄진다.
class LDAforTM() {
    val spark = SparkSession
        .builder
        .master("local[*]")
        .appName("LDA for topic modelling")
        .getOrCreate()

    def run(params: Params): Unit = {
```

```
Logger.getRootLogger.setLevel(Level.WARN)
// LDA 모델에서 다큐먼트를 로드하고 준비한다.
val preprocessStart = System.nanoTime()
val (corpus, vocabArray, actualNumTokens) = preprocess(params
        .input, params.vocabSize, params.stopwordFile)
val actualCorpusSize = corpus.count()
val actualVocabSize = vocabArray.length
val preprocessElapsed = (System.nanoTime() - preprocessStart) / 1e9
corpus.cache() //다음 단계에서 재사용할 것이다.
println()
println("Training corpus summary:")
println("-----------------------------")
println("Training set size: " + actualCorpusSize + " documents")
println("Vocabulary size: " + actualVocabSize + " terms")
println("Number of tockens: " + actualNumTokens + " tokens")
println("Preprocessing time: " + preprocessElapsed + " sec")
println("-----------------------------")
println()
// LDA 모델 인스턴스를 생성한다.
val lda = new LDA()
val optimizer = params.algorithm.toLowerCase match {
    case "em" => new EMLDAOptimizer
        // 작은 데이터셋이 더 강력해질 수 있게 MiniBatchFraction에
        // (1.0/actualCorpusSize)를 추가한다.
    case "online" => new OnlineLDAOptimizer()
        .setMiniBatchFraction(0.05 + 1.0 / actualCorpusSize)
    case _ => thrownew IllegalArgumentException("Only em, online are
        supported but got ${params.algorithm}.")
}
lda.setOptimizer(optimizer)
    .setK(params.k)
    .setMaxIterations(params.maxIterations)
    .setDocConcentration(params.docConcentration)
    .setTopicConcentration(params.topicConcentration)
    .setCheckpointInterval(params.checkpointInterval)
```

```
if (params.checkpointDir.nonEmpty) {
    spark.sparkContext.setCheckpointDir(params.checkpointDir.get)
}
val startTime = System.nanoTime()
// 트레이닝한 문서 컬렉션을 사용해 LDA 모델을 트레이닝하기 시작한다.
val ldaModel = lda.run(corpus)
val elapsed = (System.nanoTime() - startTime) / 1e9
println("Finished training LDA model. Summary:")
println("Training time: " + elapsed + " sec")
if (ldaModel.isInstanceOf[DistributedLDAModel]) {
    val distLDAModel = ldaModel.asInstanceOf[DistributedLDAModel]
    val avgLogLikelihood = distLDAModel.logLikelihood /
        actualCorpusSize.toDouble
    println("The average log likelihood of the training data: " +
        avgLogLikelihood)
    println()
}

// 각 토픽에 대한 가중치가 높은 단어를 보여주며 토픽을 출력한다.
val topicIndices = ldaModel.describeTopics(maxTermsPerTopic = 10)
println(topicIndices.length)
val topics = topicIndices.map {case (terms, termWeights) =>
    terms.zip(termWeights).map { case (term, weight) =>
        (vocabArray(term.toInt), weight) } }
var sum = 0.0
println(s"${params.k} topics:")
topics.zipWithIndex.foreach {
    case (topic, i) =>
        println(s"TOPIC $i")
        println("-----------------------------")
        topic.foreach {
            case (term, weight) =>
                term.replaceAll("\\s", "")
                println(s"$term\t$weight")
                sum = sum + weight
        }
```

```scala
          println("----------------------------")
          println("weight: " + sum)
          println()
      }
      spark.stop()
  }
// 원본 텍스트에 대한 전처리를 수행한다.
import org.apache.spark.sql.functions._
def preprocess(paths: String, vocabSize: Int, stopwordFile: String):
        (RDD[(Long, Vector)], Array[String], Long) = {
    import spark.implicits._
    // 전체 텍스트 파일을 읽는다.
    val initialrdd = spark.sparkContext.wholeTextFiles(paths).map(_._2)
    initialrdd.cache()
    val rdd = initialrdd.mapPartitions { partition =>
        val morphology = new Morphology()
        partition.map {value => helperForLDA.getLemmaText(value,
                            morphology)}
    }.map(helperForLDA.filterSpecialCharacters)
    rdd.cache()
    initialrdd.unpersist()
    val df = rdd.toDF("docs")
    df.show()
    // 정지 단어를 사용자 정의한다.
    val customizedStopWords: Array[String] = if(stopwordFile.isEmpty) {
        Array.empty[String]
    } else {
        val stopWordText = spark.sparkContext.textFile(stopwordFile)
                .collect()
        stopWordText.flatMap(_.stripMargin.split(","))
    }
    // RegexTokenizer를 사용해 토큰을 생성한다.
    val tokenizer = new RegexTokenizer().setInputCol("docs")
            .setOutputCol("rawTokens")
    // StopWordsRemover를 사용해 정지 단어를 제거한다.
```

```
    val stopWordsRemover = new StopWordsRemover()
        .setInputCol("rawTokens").setOutputCol("tokens")
    stopWordsRemover.setStopWords(stopWordsRemover.getStopWords ++
        customizedStopWords)
    //토큰을 CountVector로 변환한다.
    val countVectorizer = new CountVectorizer().setVocabSize(vocabSize)
        .setInputCol("tokens").setOutputCol("features")
    // 파이프라인을 설정한다.
    val pipeline = new Pipeline().setStages(Array(tokenizer,
        stopWordsRemover, countVectorizer))
    val model = pipeline.fit(df)
    val documents = model.transform(df).select("features").rdd.map {
        case Row(features: MLVector) => Vectors.fromML(features)
    }.zipWithIndex().map(_.swap)
    // 단어와 토큰 개수 짝을 리턴한다.
    (documents, model.stages(2).asInstanceOf[CountVectorizerModel]
        .vocabulary, documents.map(_._2.numActives).sum().toLong)
  }
}
object helperForLDA {
  def filterSpecialCharacters(document: String) =
      document.replaceAll("""[! @ # $ % ^ & * ( ) _ + - ? ,
      " ' ; : . ` ? --]""", " ")
  def getLemmaText(document: String, morphology: Morphology) = {
    val string = new StringBuilder()
    val value =new Document(document).sentences().toList.flatMap{a =>
      val words = a.words().toList
      val tags = a.posTags().toList
      (words zip tags).toMap.map { a =>
        val newWord = morphology.lemma(a._1, a._2)
        val addedWoed = if (newWord.length > 3) {
          newWord
        } else { "" }
        string.append(addedWoed + " ")
      }
```

```
        }
        string.toString()
    }
}
```

LDA의 확장성

앞 예에서 LDA 알고리즘을 독립형 애플리케이션으로 사용해 토픽 모델링을 수행하는
방법을 보여줬다. LDA의 병렬화가 간단하지 않아 다른 전략을 제안하는 많은 연구
논문이 있다. LDA 병렬화의 주요 장애물은 모든 방법마다 많은 통신을 필요로 한다는
점이다. 데이터브릭스^Databricks 웹 사이트의 블로그(https://databricks.com/blog/2015/
03/25/topic-modeling-with-lda-mllib-meets-graphx.html)에 따르면 데이터셋의 통계와
실험에 사용된 관련 트레이닝 셋과 테스트 셋은 다음과 같다.

- 트레이닝 셋의 문서 크기: 460만 건
- 단어 크기: 110만 단어
- 트레이닝 셋의 단어 크기: 11억 개의 토큰(~239 단어/문서)
- 토픽 100개
- 예산과 요구 사항을 기반으로 16개의 워커 EC2 클러스터(예, M4.large 또는
  M3.medium)

이전 설정에서 시간 측정 결과는 평균 10회 반복에 대해 176초/반복이다. 해당 통계를
보면 LDA가 매우 많은 수의 문서 컬렉션에 확장성이 있다는 점이 분명하다.

678

▌ 요약

12장에서는 스파크를 사용해 머신 러닝의 일부 고급 주제에 대한 이론과 실용적인 측면을 제공했다. 또한 머신 러닝의 모범 사례에 대한 일부 추천 내용을 다뤘다. 그리고 그리드 검색, 교차 검증, 하이퍼파라미터 튜닝을 사용해 더 효율적이고 최적화된 성능을 얻을 수 있게 머신 러닝 모델을 튜닝하는 방법을 살펴봤다.

그다음에 ALS를 사용해 확장 가능한 추천 시스템을 개발하는 방법을 살펴봤다. ALS는 모델 기반 협업 필터링 접근 방법을 사용하는 모델 기반 추천 시스템의 예다. 마지막으로 토픽 모델링 애플리케이션을 텍스트 클러스터링 기술로 개발하는 방법을 다뤘다.

머신 러닝에 대한 모범 사례에 대한 추가 정보를 더 얻고 싶다면 https://www.packtpub.com/big-data-and-business-intelligence/large-scale-machine-learning-spark에서 『Large Scale Machine Learning with Spark』라는 책을 참조하길 바란다.

13장에서는 스파크의 고급 사용법을 소개한다. 이진 분류와 다항 분류에 대해 비교 및 분석하고 나이브 베이즈^{Naive Bayes}, 결정 트리, One-vs-Rest 분류자와 같은 여러 다항 분류 알고리즘에 대해 많이 살펴본다.

13

나이브 베이즈

"예측은 매우 어렵다. 특별히 미래에 대한 예측이라면 훨씬 어렵다."

- 나일 보어(Niels Bohr)

빅데이터와 결합된 머신 러닝은 학계 및 산업 분야의 연구 분야에 큰 영향을 끼친 멋진 결합이다. 또한 데이터 대홍수Data Deluge라 불릴 정도로 다양한 장소와 기술에서 유례없는 방식으로 데이터셋이 생성되면서 빅데이터 분야에 많은 연구가 시작되고 있다. 이는 머신 러닝, 데이터 분석 도구, 알고리즘에 큰 문제를 부과해 볼륨, 속도, 다양성과 같은 빅데이터 기준에서 실제 가치를 찾아내야 한다.

그러나 거대한 데이터셋을 기반으로 예측하는 것은 결코 쉬운 일이 아니다. 이 문제와 관련해서 13장에서는 머신 러닝에 대해 깊이 살펴본다. 또한 간단하지만 강력한 방법을 사용해 확장 가능한 분류 모델을 구축하는 방법을 알아본다.

13장에서 다루는 내용은 다음과 같다.

- 다항 분류
- 베이지안 추론
- 나이브 베이즈
- 결정 트리
- 나이브 베이즈와 결정 트리

▌ 다항 분류

머신 러닝에서 다항multinomial(다중 클래스multi-class라고도 함) 분류는 데이터 객체나 인스턴스를 두 개 이상의 클래스로 분류하는 작업이다. 즉, 두 개 이상의 레이블이나 클래스를 갖는 것을 의미한다. 데이터 객체나 인스턴스를 두 개의 클래스로 분류하는 것을 이진 분류라 한다. 더 상세히 말한다면 다항 분류에서 각 트레이닝 인스턴스는 N>=2인 N개의 여러 클래스 중 하나에 속한다. 목표는 새로운 인스턴스가 속한 클래스를 올바르게 예측하는 모델을 구축하는 것이다. 데이터 포인트가 속한 여러 카테고리가 있는 수많은 시나리오가 있을 수 있다. 그러나 주어진 포인트가 여러 카테고리에 속하면 해당 문제는 연결되지 않은 이진 문제 셋으로 나누고 해당 이진 문제는 자연스럽게 이진 분류 알고리즘을 사용해 해결할 수 있다.

 독자는 다중 클래스 분류(multiclass classification)와 각 인스턴스를 예측하기 위해 다중 레이블이 사용되는 다중 레이블 분류(multilabel classification)를 혼동하지 않길 바란다. 다중 레이블 분류를 구현한 스파크 기반 구현에 대해 관심 있는 독자는 https://spark.apache.org/docs/latest/mllib-evaluation-metrics.html#multilabel-classification을 참조하길 바란다.

다중 클래스 분류 기술은 다음과 같은 여러 범주로 나눌 수 있다.

- 이진 변환^{transformation to binary}
- 이진 확장^{extension from binary}
- 계층적 분류^{hierarchical classification}

이진 변환

이진 변환을 사용하면 다중 클래스 분류 문제는 다중 이진 분류 문제에 대한 동등한 전략으로 변환될 수 있다. 즉, 이진 변환은 문제 변환 기술^{problem transformation techniques}이라 할 수 있다. 이론적 관점 및 실제적 관점에 대한 자세한 논의는 13장의 범위를 벗어난다. 따라서 13장에서는 이 카테고리를 대표하는 OVTR^{One-Vs-The-Rest} 알고리즘이라고 불리는 문제 변환의 한 가지 예만 설명한다.

OVTR 접근 방식을 사용한 분류

이 절에서는 문제를 동일한 여러 이진 분류 문제로 변환해 OVTR 알고리즘을 사용해 다중 클래스 분류를 수행하는 예를 설명한다. OVTR 분류자 전략은 문제를 해결하고 클래스당 각 이진 분류자를 트레이닝한다. 즉, OVTR 분류자 전략은 클래스당 하나의 이진 분류자를 피팅하는 것으로 구성된다. 그리고 현재 클래스의 모든 샘플을 양수 샘플로 처리하고, 다른 분류자의 다른 샘플은 음수 샘플로 처리한다.

OVTR 분류자 전략은 의심할 여지가 없는 모듈 기반의 머신 러닝 기술이다. 그러나 단점으로 OVTR 분류자 전략은 다중 클래스 타입의 기본 분류자를 필요로 한다. 분류자가 실제 레이블을 예측하기보다는 신뢰 점수^{confidence score}라고 하는 실제 값을 생성해야 하기 때문이다. OVTR 분류자 전략의 두 번째 단점은 데이터셋(일명 트레이닝 셋)이 개별 클래스 레이블이 포함돼 있으면 애매한 예측 결과를 얻는다는 점이다. 이 경우 하나의 샘플로 여러 클래스를 예측할 수 있다. 이제 이전에 다룬 내용을 더 명확히 하려면 다음과 같은 예를 살펴보자.

50개의 관찰 셋이 세 개의 클래스로 나눠져 있다고 가정한다. 따라서 이전과 동일한 로직을 사용해 음수 예를 선택한다. 트레이닝 단계에서는 다음처럼 설정한다.

- **분류자** 1은 30개의 양수 예와 20개의 음수 예를 가진다.
- **분류자** 2는 36개의 양수 예와 14개의 음수 예를 가진다.
- **분류자** 3은 14개의 양수 예와 24개의 음수 예를 가진다.

반면에 테스트 단계에서는 이전 클래스 중 하나로 분류돼야 하는 새로운 인스턴스가 있다고 가정한다. 물론 세 개의 분류자 각각은 추정과 관련해 확률을 계산한다. 해당 확률은 분류자의 음수나 양수 예에서 인스턴스가 얼마나 낮은지에 대한 추정치인가? 이 경우 항상 일대다 양수 클래스의 확률을 비교해야 한다. 이제 N 클래스의 경우 하나의 테스트 샘플에 대해 양수 클래스의 N 확률 추정치를 갖게 된다. N 확률 추정치를 비교하고 N 확률의 최대치가 특정 클래스에 속하는지 확인한다. 스파크는 기본 분류자를 로지스틱 회귀 알고리즘으로 사용하는 OVTR 알고리즘으로 이진 축소에 대한 다중 클래스를 제공한다.

이제 스파크에서 OVTR 알고리즘으로 모든 피처를 분류하는 방법을 보여주는 또 다른 데이터셋의 예를 살펴보자. OVTR 분류자는 OCR^Optical Character Reader 데이터셋으로부터 필기 문자를 예측한다. 그러나 예를 살펴보기 전에 먼저 OCR 데이터셋을 분석해 데이터의 특성을 파악한다. 처음에 OCR 소프트웨어가 문서를 처리할 때 그리드의 각 셀에 단일 글리프^glyph(여러 그래픽 형상이라고도 한다)가 포함되도록 종이나 물체를 행렬로 나눈다. 이는 문자, 기호, 숫자, 종이 또는 물체의 문맥 정보를 참조하는 정교한 방법이다.

OCR 파이프라인을 예로 들기 전에 문서에 26자 대문자(즉, A~Z) 중 하나와 일치하는 영문 알파벳 문자만 포함돼 있다고 가정하자. UCI 머신 러닝 데이터 저장소의 OCR 문자 데이터셋을 사용한다. 데이터셋은 프레이^W. Frey와 슬레이트^D. J. Slate가 제공했다.

데이터셋을 분석하면 26개의 영어 대문자로 구성된 20,000개의 예를 관찰할 수 있을 것이다. 대문자로 쓴 편지는 다른 모양의 글리프와 같이 20개의 서로 다른 글자가 랜덤으로 재구성되고 왜곡된 흑백 글꼴로 출력됐다. 간단히 말해 26자 알파벳의 모든 문자를 예측하는 것은 문제 자체를 26개의 클래스로 구성된 다중 클래스 분류 문제로 바꾼다. 따라서 이를 이진 분류자로 해결할 수 없다.

그림 1 일부 글리프 내용물(출처 : Letter recognition using Holland-style adaptive classifiers, ML, V. 6, p. 161-182, by W. Frey and D.J. Slate [1991])

이 그림은 이전에 설명한 이미지를 보여준다. 데이터셋은 왜곡돼 출력된 글리프의 예를 제공한다. 따라서 글자는 컴퓨터의 계산으로 식별하기에는 어려움이 있다. 그러나 인간은 글리프를 쉽게 인식한다. 다음 그림은 상위 20개 로우의 통계 특성을 보여준다.

```
+-------+----+----+-----+------+-----+----+----+-----+-----+-----+------+------+-----+------+-----+------+
|letter|xbox|ybox|width|height|onpix|xbar|ybar|x2bar|y2bar|xybar|x2ybar|xy2bar|xedge|xedgey|yedge|yedgex|
+-------+----+----+-----+------+-----+----+----+-----+-----+-----+------+------+-----+------+-----+------+
|     T|   2|   8|    3|     5|    1|   8|  13|    0|    6|    6|    10|     8|    0|     8|    0|     8|
|     I|   5|  12|    3|     7|    2|  10|   5|    5|    4|   13|     3|     9|    2|     8|    4|    10|
|     D|   4|  11|    6|     8|    6|  10|   6|    2|    6|   10|     3|     7|    3|     7|    3|     9|
|     N|   7|  11|    6|     6|    3|   5|   9|    4|    6|    4|     4|    10|    6|    10|    2|     8|
|     G|   2|   1|    3|     1|    1|   8|   6|    6|    6|    6|     5|     9|    1|     7|    5|    10|
|     S|   4|  11|    5|     8|    3|   8|   8|    6|    9|    5|     6|     6|    0|     8|    9|     7|
|     B|   4|   2|    5|     4|    4|   8|   7|    6|    6|    7|     6|     6|    2|     8|    7|    10|
|     A|   1|   1|    3|     2|    1|   8|   2|    2|    2|    8|     2|     8|    1|     6|    2|     7|
|     J|   2|   2|    4|     4|    2|  10|   6|    2|    6|   12|     4|     8|    1|     6|    1|     7|
|     M|  11|  15|   13|     9|    7|  13|   2|    6|    2|   12|     1|     9|    8|     1|    1|     8|
|     X|   3|   9|    5|     7|    4|   8|   7|    3|    8|    5|     6|     8|    2|     8|    6|     7|
|     O|   6|  13|    4|     7|    4|   6|   7|    6|    3|   10|     7|     9|    5|     9|    5|     8|
|     G|   4|   9|    6|     7|    6|   7|   8|    6|    2|    6|     5|    11|    4|     8|    7|     8|
|     M|   6|   9|    8|     6|    9|   7|   8|    6|    5|    7|     5|     8|    8|     9|    8|     6|
|     R|   5|   9|    5|     7|    6|   6|  11|    7|    3|    7|     3|     9|    2|     7|    5|    11|
|     F|   6|   9|    5|     4|    3|  10|   6|    3|    5|   10|     5|     7|    3|     9|    6|     9|
|     O|   3|   4|    4|     3|    2|   8|   7|    7|    5|    7|     6|     8|    2|     8|    3|     8|
|     C|   7|  10|    5|     5|    2|   6|   8|    6|    8|   11|     7|    11|    2|     8|    5|     9|
|     T|   6|  11|    6|     8|    5|   6|  11|    5|    6|   11|     9|     4|    3|    12|    2|     4|
|     J|   2|   2|    3|     3|    1|  10|   6|    3|    6|   12|     4|     9|    0|     7|    1|     7|
+-------+----+----+-----+------+-----+----+----+-----+-----+-----+------+------+-----+------+-----+------+
only showing top 20 rows
```

그림 2 데이터 프레임으로 표시된 데이터셋 일부

OCR 데이터셋 분석과 준비

데이터셋을 살펴보면 글리프는 OCR 판독기를 사용해 컴퓨터로 스캔한 후 자동으로 픽셀로 변환됐음을 알 수 있다. 따라서 16개의 통계 속성(그림 2)이 모두 컴퓨터에 저장된다. 박스의 여러 영역에 걸친 검정색 픽셀 농도는 OCR이나 머신 러닝 알고리즘을 사용해 26자의 문자를 구별하는 방법을 제공한다.

서포트 벡터 머신(SVM, support vector machines), 로지스틱 회귀, 나이브 베이즈 기반 분류자, 기타 분류 알고리즘(관련 학습자와 함께)은 모든 피처를 숫자로 요구한다. LIBSVM을 사용하면 자유로운 형식으로 트레이닝 데이터셋을 사용할 수 있다. 정규 트레이닝 데이터셋을 LIBSVM 형식으로 변환하는 반면, 데이터셋에도 포함된 0이 아닌 값만이 희소 배열/행렬 형식으로 저장된다. 인덱스는 인스턴스 데이터(피처 인덱스)의 칼럼을 지정한다. 그러나 누락된 데이터에는 0 값도 보유한다. 인덱스는 피처와 파라미터를 구별하는 방법으로 사용된다. 예를 들어 세 개 피처의 경우 인덱스 1, 2, 3은 각각 x, y, z 좌표에 해당한다. 다른 데이터 인스턴스에서 동일한 인덱스 값 사이의 관련성은 초평면(hyperplane)을 구성할 때 단순히 수학적이다. 해당 초평면은 좌표로 작용한다. 초평면에서 인덱스를 건너뛰면 기본 값인 0이 지정돼야 한다.

대부분의 실제 사례에서는 모든 피처 포인트에 대해 데이터를 정규화해야 할 수도 있다. 간단히 말해 트레이닝 단계를 쉽게 진행하려면 현재 탭으로 구분된 OCR 데이터를 LIBSVM 형식으로 변환해야 한다. 따라서 데이터를 다운로드하고 자신의 스크립트를 사용해 LIBSVM 형식으로 변환했다고 가정한다. 다음 그림은 레이블과 피처로 구성된 LIBSVM 형식으로 변환된 결과 데이터셋을 보여준다.

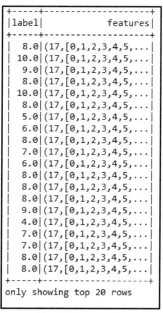

```
+-----+------------------+
|label|          features|
+-----+------------------+
|  8.0|(17,[0,1,2,3,4,5,...|
| 10.0|(17,[0,1,2,3,4,5,...|
|  9.0|(17,[0,1,2,3,4,5,...|
|  8.0|(17,[0,1,2,3,4,5,...|
| 10.0|(17,[0,1,2,3,4,5,...|
|  8.0|(17,[0,1,2,3,4,5,...|
|  5.0|(17,[0,1,2,3,4,5,...|
|  6.0|(17,[0,1,2,3,4,5,...|
|  8.0|(17,[0,1,2,3,4,5,...|
|  7.0|(17,[0,1,2,3,4,5,...|
|  6.0|(17,[0,1,2,3,4,5,...|
|  8.0|(17,[0,1,2,3,4,5,...|
|  8.0|(17,[0,1,2,3,4,5,...|
|  8.0|(17,[0,1,2,3,4,5,...|
|  9.0|(17,[0,1,2,3,4,5,...|
|  4.0|(17,[0,1,2,3,4,5,...|
|  7.0|(17,[0,1,2,3,4,5,...|
|  7.0|(17,[0,1,2,3,4,5,...|
|  8.0|(17,[0,1,2,3,4,5,...|
|  8.0|(17,[0,1,2,3,4,5,...|
+-----+------------------+
only showing top 20 rows
```

그림 3 LIBSVM 포맷을 가진 OCR 데이터셋에서 20개의 로우

 더 깊은 지식을 얻고 싶은 관심 있는 독자는 Chih-Chung Chang과 Chih-Jen Lin의 연구 논문 "LIBSVM: a library for support vector machines, ACM Transactions on Intelligent Systems and Technology, 2:27:1-27:27, 2011"을 참조하기 바란다. 또한 소스 깃허브 저장소(https://github.com/rezacsedu/RandomForestSpark/) 에 제공된 공개 스크립트를 참조해 CSV의 OCR 데이터를 LIBSVM 형식으로 직접 변환할 수 있다. 모든 글자에 관한 데이터를 읽고 각각에 고유한 숫자 값을 할당했다. 입력과 출력 파일 경로를 표시하고 스크립트를 실행하면 된다.

이제 예를 살펴보자. 다음 예에는 데이터 파싱, 스파크 세션 생성, 모델 구축, 모델 평가 등 11단계가 포함한다.

1단계: 스파크 세션을 생성한다. 다음처럼 마스터 URL, 스파크 SQL 웨어하우스, 애플리케이션 이름을 지정해 스파크 세션을 생성한다.

```
val spark = SparkSession.builder
                    .master("local[*]") //적절히 업데이트한다
                    .appName("OneVsRestExample")
                    .getOrCreate()
```

2단계: 데이터 프레임을 로드, 파싱, 생성한다. HDFS나 로컬 디스크에서 데이터 파일을 로드하고, 데이터 프레임을 생성하고, 마지막으로 다음처럼 데이터 프레임 구조를 출력한다.

```
val inputData = spark.read.format("libsvm")
                    .load("data/Letterdata_libsvm.data")
inputData.show()
```

3단계: 모델을 트레이닝하기 위해 트레이닝 셋과 테스트 셋을 생성한다. 70%는 트레이닝에, 30%는 테스트로 분할하기 위해 트레이닝 셋과 테스트 셋을 생성한다.

```
val Array(train, test) = inputData.randomSplit(Array(0.7, 0.3))
```

4단계: 기본 분류자를 인스턴스로 생성한다. 여기에서 기본 분류자는 다중 클래스 분류자와 같은 역할을 한다. 이 경우 최대 반복 수, 허용 오차, 회귀 파라미터, Elastic Net 같은 파라미터를 지정해 인스턴스로 생성할 수 있는 로지스틱 회귀 알고리즘이다.

로지스틱 회귀는 종속 변수가 이분법(이진)일 때 수행될 적절한 회귀 분석이다. 모든

회귀 분석과 마찬가지로 로지스틱 회귀 분석은 예측 분석이다. 로지스틱 회귀는 데이터를 설명하고 하나의 종속 이진 변수와 하나 이상의 명목^{nominal}, 서수^{ordinal}, 간격^{interval}, 비율 레벨$^{ratio\ level}$ 독립 변수 간의 관계를 설명하는 데 사용된다.

 스파크가 로지스틱 회귀 알고리즘을 어떻게 구현했는지 궁금한 독자는 https://spark.apache.org/docs/latest/mllib-linear-methods.html#logistic-regression을 참조하길 바란다.

간단히 말해 다음과 같은 파라미터는 로지스틱 회귀 분류자를 학습하기 위해 사용된다.

- **MaxIter**: 최대 반복 횟수를 지정한다. 일반적으로 더 많을수록 좋다.
- **Tol**: 정지 기준에 대한 허용 오차다. 일반적으로 모델을 더 집중적으로 트레이닝할 때 도움이 되며, 작은 값일수록 좋다. 기본 값은 1E-4이다.
- **FirIntercept**: 확률론적 해석$^{probabilistic\ interpretation}$을 생성하는 동안 결정 함수를 가로채길 원하는지 나타낸다.
- **Standardization**: 트레이닝에 대한 표준화 여부를 기반으로 불리언 값을 나타낸다.
- **AggregationDepth**: 더 많을수록 좋다.
- **RegParam**: 회귀 파라미터를 나타낸다. 대부분의 경우에 작을수록 더 좋다.
- **ElasticNetParam**: 더 고급스런 회귀 파라미터를 나타낸다. 대부분의 경우에 작을수록 더 좋다.

그럼에도 불구하고 문제 타입 및 데이터셋 속성에 따라 피팅 인터셉트$^{fitting\ intercept}$를 불리언 값 true나 false로 지정할 수 있다.

```
val classifier = new LogisticRegression()
                    .setMaxIter(500)
                    .setTol(1E-4)
                    .setFitIntercept(true)
                    .setStandardization(true)
                    .setAggregationDepth(50)
                    .setRegParam(0.0001)
                    .setElasticNetParam(0.01)
```

5단계: OVTR 분류자를 인스턴스로 생성한다. OVTR 분류자를 인스턴스로 생성해서 다음처럼 다중 클래스 분류 문제를 여러 개의 이진 분류로 변환한다.

```
val ovr = new OneVsRest().setClassifier(classifier)
```

여기서 classifier는 로지스틱 회귀 에스티메이터다. 이제 모델을 트레이닝할 차례다.

6단계: 다중 클래스 모델을 트레이닝한다. 다음처럼 트레이닝 셋을 사용해 모델을 트레이닝한다.

```
val ovrModel = ovr.fit(train)
```

7단계: 테스트 셋에서 모델의 점수를 매긴다. 다음처럼 트랜스포머(즉, ovrModel)를 사용해 테스트 데이터를 기반으로 모델에 점수를 매길 수 있다.

```
val predictions = ovrModel.transform(test)
```

8단계: 모델을 평가한다. 이 단계에서 첫 번째 칼럼의 문자 레이블을 예측한다. 그러나 그 전에 다음처럼 정확도, 정밀도, 재현율, f1 측정과 같은 분류 성능 메트릭을 계산하

690

기 위해 evaluator를 인스턴스로 생성해야 한다.

```
val evaluator = new MulticlassClassificationEvaluator()
                        .setLabelCol("label")
                        .setPredictionCol("prediction")
val evaluator1 = evaluator.setMetricName("accuracy")
val evaluator2 = evaluator.setMetricName("weightedPrecision")
val evaluator3 = evaluator.setMetricName("weightedRecall")
val evaluator4 = evaluator.setMetricName("f1")
```

9단계: 성능 메트릭을 계산한다. 다음처럼 분류 정확도, 정밀도, 재현율, f1 측정, 테스트 데이터의 오차를 계산한다.

```
val accuracy = evaluator1.evaluate(predictions)
val precision = evaluator2.evaluate(predictions)
val recall = evaluator3.evaluate(predictions)
val f1 = evaluator4.evaluate(predictions)
```

10단계: 성능 메트릭을 출력한다.

```
println("Accuracy = " + accuracy)
println("Precision = " + precision)
println("Recall = " + recall)
println("F1 = " + f1)
println(s"Test Error = ${1 - accuracy}")
```

다음처럼 값을 관찰해야 한다.

```
Accuracy = 0.5217246545696688
Precision = 0.488360500637862
Recall = 0.5217246545696688
```

```
F1 = 0.4695649096879411
Test Error = 0.47827534543033123
```

11단계: 스파크 세션을 중지한다.

```
spark.stop( ) // 스파크 세션을 중시한다.
```

이런 방식으로 문제 타입을 희생시키지 않고 다항 분류 문제를 여러 이진 분류 문제로 변환할 수 있다. 그러나 10단계부터는 분류 정확도가 전혀 좋지 않음을 알 수 있다. 모델을 트레이닝할 때 사용한 데이터셋의 성격과 같은 여러 이유일 때문일 수 있다. 또한 더 중요한 것은 로지스틱 회귀 모델을 트레이닝하는 동안 하이퍼파라미터를 조정하지 않았기 때문이다. 또한 변환을 수행하는 동안 OVTR은 어느 정도의 정확도를 희생해야 했다.

계층 분류

계층 분류 작업을 진행할 때 출력 공간을 트리로 나눠 분류 문제를 해결할 수 있다. 해당 트리에서 부모 노드는 여러 자식 노드로 나눈다. 각 자식 노드가 단일 클래스를 나타낼 때까지 해당 과정은 지속된다. 계층 분류 기법을 기반으로 여러 가지 방법이 제안됐다. 컴퓨터 비전computer vision은 계층적 처리를 사용해 그림이나 필기 글자를 인식하는 것과 같은 영역의 예다. 분류에 대한 광범위한 논의는 13장의 범위를 벗어난다.

이진 확장

이진 확장extension from binary는 다중 클래스 분류 문제를 해결하기 위해 기존의 이진 분류자를 확장하는 기술이다. 다중 클래스 분류 문제를 해결하기 위해 신경망, 결정 트리, 랜덤 포레스트, k-최근접 이웃k-nearest neighbors, 나이브 베이즈, SVM 기반의 여러 알고

692

리즘이 제안되고 개발됐다. 다음 절에서 이진 확장 카테고리의 두 대표 주자인 나이브 베이즈와 결정 트리 알고리즘을 다룬다.

이제 나이브 베이즈 알고리즘을 사용해 여러 클래스 분류 문제를 풀기 전에 다음 절에서 베이지안 추론에 대해 간단히 살펴본다.

▌ 베이지안 추론

이 절에서는 베이지안 추론BI, Bayesian Inference과 베이지안 추론의 기본 이론에 대해 간단히 살펴본다. 이 절을 통해 베이지안 추론에 대한 이론과 계산 관점을 잘 알게 될 것이다.

베이지안 추론의 개요

베이지안 추론은 베이즈 정리Bayes theorem에 기초한 통계적 방법이다. 강력한 통계 증명의 가설 확률을 업데이트해서 더욱 정확한 학습으로 통계 모델을 반복적으로 업데이트하는 데 사용된다. 다시 말하면 모든 타입의 불확실성은 베이지안 추론 접근법에서 통계적 확률의 관점으로 드러난다. 이것은 이론적 통계학적 통계뿐만 아니라 수학적 통계에서도 중요한 기술이다. 베이지안 정리에 대해서는 다음 절에서 광범위하게 다룬다.

게다가 베이지안 업데이트는 여러 데이터셋의 증분 학습과 동적 분석에서 가장 중요한 요소다. 예를 들어 시계열 분석, 생물 의학 데이터 분석의 게놈, 과학, 공학, 철학, 법률은 베이지안 추론이 널리 사용되는 몇 가지 예다. 철학적 관점과 결정 이론에서 베이지안 추론은 예측 확률과 매우 연관 있다. 해당 이론은 베이지안 확률이라고 알려져 있다.

추론이란?

추론이나 모델 평가는 마지막으로 모델로부터 얻게 되는 마지막 확률을 업데이트하는 프로세스다. 그 결과로 모든 확률적 증거는 관찰 결과에서 바로 알 수 있기 때문에 분류 분석에 대한 베이지안 모델을 사용해 관찰을 업데이트할 수 있다. 추후 해당 관찰 정보는 데이터셋의 모든 관찰에 대한 일관성을 인스턴스로 생성해서 베이지안 모델로 얻는다. 모델에 적용된 규칙은 한 확률이 하나의 연관된 관찰, 특히 주관적으로 또는 모든 가능한 결과에 동일 확률이 부여된다고 가정하기 전에 확률이 평가하는 **사전 확률**prior probability이라 한다. 그리고 모든 증거는 **사후 확률**posterior probability로 알려진 경우 **믿음**belief이 계산된다. 해당 사후 확률은 업데이트된 증거를 기반으로 계산된 가설의 수준을 반영한다.

베이즈 정리는 두 가지 전제의 결과를 나타내는 사후 확률을 계산하는 데 사용된다. 이러한 전제들에 기초해 모델 적응성을 위한 새로운 데이터에 대한 통계적 모델을 통해 사전 확률과 가능도 함수가 도출된다. 베이즈 정리에 대해서는 나중에 설명할 것이다.

베이지안 추론의 동작 방식

여기서 통계적 추론 문제에 대한 일반적인 설정을 설명한다. 첫 번째로 데이터에서 원하는 양을 추정하고 싶은 알 수 없는 양unknown quantity이 있을 것이다. 단순히 응답 변수response variable 또는 예측 변수predicted variable, 클래스, 레이블 또는 단순히 숫자일 수 있다. 빈도주의자frequentist 접근 방식에 익숙하다면 베이지안 추론 접근 방식에서 알 수 없는 양은 θ는 관찰된 데이터에 의해 추정되는 고정된 양(랜덤이 아니다)으로 가정하는 것으로 알고 있을 것이다.

그러나 베이지안 개념에서 알 수 없는 양은 θ로서 랜덤 변수로 취급된다고 얘기한다. 더 구체적으로 말하면 θ의 분포에 대한 초기 추측을 할 수 있다고 가정하며, 이를 일반적으로 **사전 분포**prior distribution라 한다. 이제, 일부 데이터를 관찰한 후에 θ의 분포가 업데이트된다. 이 단계에서는 일반적으로 베이즈 규칙$^{Bayes'\ rule}$을 사용해 수행된다 (자세한 내용은 다음 절을 참조한다). 해당 접근 방식을 베이지안 접근법$^{Bayesian\ approach}$이라 부른다. 그러나 간단히 말해 사전 분포로부터 미래 관찰에 대한 예측 분포를 계산할 수 있다.

이런 소소한 과정은 여러 파라미터의 도움으로 불확실한 추론에 대한 적절한 방법으로 정당화될 수 있다. 그러나 해당 파라미터의 합리성에 대한 명확한 원칙에 따라 일관성이 유지된다. 강력한 수학적 증거에도 불구하고 많은 머신 러닝 실무자들은 베이지안 접근법을 사용하는 것에 불편하고 약간 마지못해 한다. 사후 확률 이전의 선택을 자의적이고 주관적인 것으로 보는 경향이 있기 때문이다. 그러나 해당 선택은 실제로는 주관적이지만 임의적이지 않다.

어울리지 않게 많은 베이지안 실무자들은 진짜 베이지안 용어를 생각하지 않는다. 따라서 어떤 독자는 사전(prior) 개념을 표현식으로 엄격하게 받아들이지 않는 모델과 사전이 사용되는 많은 의사-베이지안(pseudo-Bayesian) 방식을 문헌에서 찾을 수 있다. 또한 베이지안 접근법으로 계산하기에 어려움이 발생할 수 있다. 그중 대부분은 **마르코프 체인 몬테카를로**(Markov Chain Monte Carlo) 방법을 사용해 해결할 수 있다. 13장의 내용을 자세히 살펴보면 마르코프 체인 몬테카를로 접근 방법에 대한 세부 정보를 잘 알게 될 것이다.

▌ 나이브 베이즈

머신 러닝에서 나이브 베이즈는 피처들 사이에서 강한 독립 가정을 가진 잘 알려진 베이지의 정리$^{Bayes'\ theorem}$에 기초한 확률 분류자 예다. 이 절에서는 나이브 베이즈에 대해 자세히 설명한다.

베이즈 정리 개요

확률 이론에서 베이즈 정리^{Bayes 's theorem}는 특정 이벤트와 관련된 조건에 대한 이전 지식을 기반으로 이벤트의 확률을 나타낸다. 베이즈 정리는 원래 토마스 베이즈^{Thomas Bayes} 목사가 제시한 확률 정리다. 즉, 확률 이론이 어떻게 참이 되고 어떻게 새로운 정보의 영향을 받는지 이해하는 방법으로 볼 수 있다. 예를 들어 암이 연령과 관련이 있는 경우 연령에 대한 정보를 사용해 사람이 암에 걸릴 수 있는 확률을 더 정확히 평가할 수 있다.

베이즈 정리는 수학적으로 다음 방정식으로 표현된다.

$$P(A \mid B) = \frac{P(B \mid A)\, P(A)}{P(B)}$$

이 방정식에서 A와 B는 P(B) ≠ 0인 이벤트며, 각 항은 다음과 같은 의미를 갖는다.

- P(A)는 이벤트 A의 사전^{priori} 확률로, 아직 B에 관한 어떠한 정보도 알지 못하는 것을 의미한다. P(B)도 이벤트 B의 사전 확률로서 아직 A에 대한 어떠한 정보도 알지 못한다. 따라서 서로 독립적이다.
- P(A|B)는 이벤트 B의 값이 주어진 경우(B가 참일 때)에 대한 이벤트 A의 조건부^{conditional} 확률이다.
- P(B|A)는 이벤트 A의 값이 주어진 경우(A가 참일 때)에 대한 이벤트 B의 조건부 확률이다.

아마도 알 수도 있는 내용인데, 널리 알려진 하버드 대학 연구에 따르면 행복한 사람들의 10%만이 부자인 것으로 나타났다. 하지만 독자는 이 통계가 매우 매력적이라고 생각할 수도 있겠지만, 부자들 중 몇 %가 정말로 행복한지 알아내는 데 관심이 있을지도 모르겠다. 베이즈 정리는 다음과 같은 두 가지 추가 단서를 사용해 예약 통계를 계산하는 방법에 대해 설명한다.

1. 전반적으로 행복한 사람의 비율, 즉 P(A)다.
2. 전반적으로 부자인 사람의 비율, 즉 P(B)다.

베이즈 정리의 핵심 아이디어는 전반적인 비율을 고려해 역확률을 얻는 것이다. 다음과 같은 정보를 사전에 사용할 수 있다고 가정한다.

1. 40%의 사람들은 행복하다 => P(A).
2. 5%의 사람들은 부자이다 => P(B).

이제 하버드 연구가 정확하다는 것을 고려해보자. P(B|A) = 10%다. 이제 부자들 중 행복한 사람, 즉 P(A|B)는 다음처럼 계산할 수 있다.

$$P(A|B) = \{P(A)* P(B|A)\}/ P(B) = (40\%*10\%)/5\% = 80\%$$

따라서 대다수의 사람들도 행복하다고 말할 수 있다. 이제 더 명확히 하기 위해 전 세계 인구가 1,000명이라고 가정해보자. 그리고 계산하면 존재하는 다음과 같은 두 가지 사실이 있다.

- **사실 1:** 400명의 사람들이 행복하다는 것을 말해주며, 하버드 연구는 행복한 사람들 중 40명이 부유하다는 것을 말해준다.
- **사실 2:** 50명의 부유한 사람들이 있고, 그래서 부유한 사람 중에 행복한 사람의 비율은 40/50 = 80%다.

이는 베이즈 정리와 베이즈 정리의 효과를 증명한다. 그러나 더 쉬운 예는 https://onlinecourses.science.psu.edu/stat414/node/43에서 확인할 수 있다.

나이브 베이즈

나이브 베이즈[NB]는 최대 사후 확률[MAP, maximum a posteriori] 원리에 기반을 둔 성공적인 분류자다. 나이브 베이즈는 분류자로서 확장성이 뛰어나기 때문에 학습 문제에서 변수(피처/예측자) 개수에 선형의 여러 파라미터를 필요로 한다. 또한 몇 가지 속성이 있다. 예를 들어 계산 속도가 빨라 구현할 수 있는 뭔가를 분류하기 위해 나이브 베이즈를 사용할 수 있다면 고차원의 데이터셋으로 잘 작업할 수 있다. 또한 데이터셋에서 누락된 값을 처리할 수 있다. 그럼에도 불구하고 모델을 재구축하지 않아도 새로운 트레이닝 데이터로 모델을 수정할 수 있기 때문에 나이브 베이즈를 적용할 수 있다.

 베이지안 통계에서 MAP 추정은 사후 분포(posterior distribution) 모드와 동일한 미지 수량 추정치(an estimate of an unknown quantity)다. MAP 추정치는 경험적 데이터를 기반으로 관찰되지 않은 양의 포인트 추정치를 얻는 데 사용될 수 있다.

제임스 본드 영화와 비슷하다고 느낄 수 있다. 이제 분류자를 007이라는 대리인[agent]으로 생각할 수 있을 것이다. 나이브 베이즈는 여러 결정 단계에서 결정되거나 학습되는 사전 확률 및 조건부 확률과 같은 나이브 베이즈 분류자의 파라미터가 아니다. 이는 최신 컴퓨터에서 눈부신 속도로 빠르게 계산할 수 있는 두 가지 간단한 연산, 즉 개수 계산과 나누기를 포함한다. 반복[iteration]이 없다. 시간[epoch]도 없다. 비용 방정식[cost equation]에 대한 최적화도 없다(평균에 대한 3차 차수[cubic order] 또는 적어도 제곱 차수의 복잡도 때문에 복잡할 수 있다). 오차 역전파[error back-propagation]가 없다. 행렬 방정식을 풀 수 있는 연산이 없지만 나이브 베이즈는 행렬 방정식을 풀 수 있고 전반적인 트레이닝을 더 빠르게 한다.

나이브 베이즈를 사용하기 전에 나이브 베이즈의 장점과 단점을 살펴보자. 나이브 베이즈를 으뜸패만 사용하는 트럼프 카드 게임처럼 사용할 수 있다. 여기에서 나이브 베이즈의 장점과 단점을 요약한 표는 다음과 같다.

698

표 1 나이브 베이즈 알고리즘의 장점과 단점

에이전트	장점	단점	사용할 수 있는 좋은 사례
나이브 베이즈	- 계산 속도가 빠르다. - 구현이 간단하다. - 높은 차원에서 잘 작동한다. - 누락된 값을 처리할 수 있다. - 모델을 학습시킬 때 작은 양의 데이터가 필요하다. - 확장이 가능하다. - 모델을 다시 구축하지 않고도 새로운 트레이닝 데이터로 모델을 수정할 수 있으므로 적응 가능하다.	- 독립 가정에 의존하기 때문에 가정이 충족되지 않으면 성능이 안 좋아질 수 있다. - 상대적으로 낮은 정확도 - 클래스 레이블과 특정 속성 값이 함께 발생하지 않으면 빈도 기반 확률 추정은 0이 된다.	- 데이터에 많은 누락 값이 있는 경우 - 피처 간에 서로 다른 피처의 의존성이 비슷할 때 - 스팸 필터링과 분류 - 기술, 정치, 스포츠 등에 관한 뉴스 기사 분류 - 텍스트 마이닝

나이브 베이즈를 이용한 확장 가능한 분류자 구축

이 절에서는 나이브 베이즈 알고리즘을 사용한 단계별 예를 살펴본다. 이미 살펴본 것처럼 나이브 베이즈 알고리즘은 확장성이 뛰어나기 때문에 학습 문제에서 변수 개수(피처/예측 변수)가 선형적이어야 한다. 나이브 베이즈의 확장성 때문에 스파크 커뮤니티는 해당 알고리즘을 사용해 대규모 데이터셋에 대한 예측 분석을 수행할 수 있었다. 스파크 MLlib에서의 나이브 베이즈에 대한 현재 구현은 다항multinomial 나이브 베이즈와 베르누이Bernoulli 나이브 베이즈를 모두 지원한다.

피처 벡터가 이진이라면 베르누이 나이브 베이즈가 유용하다. 특정 애플리케이션은 BOW(bag of words) 방식으로 텍스트를 분류할 수 있다(BOW: 문서를 자동으로 분류하기 위한 방법으로 문서에 포함된 단어의 분포를 보고 문서의 종류를 판단하는 방식을 의미한다 - 옮긴이).

반면에 다항 나이브 베이즈는 일반적으로 이산 카운트(discrete count)에 사용된다. 예를 들어 텍스트 분류에 문제가 발생한다면 문서에서 빈도를 계산할 수 있는 BOW 대신 베르누이 나이브 베이즈를 사용할 수 있다.

이 절에서는 스파크 MLlib, 스파크 ML, 스파크 SQL을 포함해 스파크 머신 러닝 API를 통합해 사람이 직접 사람이 쓴 펜 기반 숫자 인식$^{Pen-Based Recognition of Handwritten Digits}$ 데이터셋에서 숫자를 예측하는 방법을 보여준다.

1단계: 데이터를 수집하고 전처리를 수행한 후 분석한다. 직접 사람이 쓴 펜 기반 숫자 인식 데이터셋은 UCI 머신 러닝 저장소(https://www.csie.ntu.edu.tw/~cjlin/libsvmtools/datasets/multiclass/pendigits 또는 https://github.com/knight76/Scala-and-Spark-for-Big-Data-Analytics/blob/master/data의 pendigits.data를 사용한다)에서 다운로드한다. 해당 데이터셋은 44명이 직접 쓴 약 250개의 샘플을 수집한 후 100ms 고정 시간 간격으로 펜의 위치와 관련돼 생성됐다. 각 숫자는 500×500 픽셀 박스에 저장됐다. 마지막으로 숫자 이미지는 각 관찰 간에 일관된 확장을 생성하기 위해 0과 100 사이의 정수 값으로 확장됐다. 원호 궤적상으로 3점과 8점의 일정 간격의 점수를 얻기 위해 잘 알려진 공간 리샘플링$^{spatial resampling}$ 기술이 사용됐다. 점에서 점까지의 선과 함께 샘플 이미지는 (x, y) 좌표를 기반으로 3점 또는 8점의 샘플링된 점수를 시각화할 수 있다. 시각화된 정보는 다음 표에 표시된 것과 같다.

표 2 트레이닝 셋과 테스트 셋에 사용된 숫자

셋	'0'	'1'	'2'	'3'	'4'	'5'	'6'	'7'	'8'	'9'	합계
트레이닝 셋	780	779	780	719	780	720	720	778	718	719	7493
테스트 셋	363	364	364	336	364	335	336	364	335	336	3497

표 2에서 볼 수 있듯 트레이닝 셋은 30명이 쓴 샘플로 구성되며, 테스트 셋은 14명이 쓴 샘플로 구성된다.

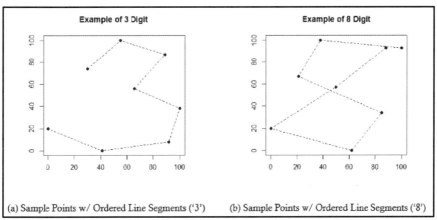

그림 4 숫자 3과 8의 예

숫자 데이터셋에 대한 자세한 내용은 http://archive.ics.uci.edu/ml/machine-learning-databases/pendigits/pendigits-orig.names에서 확인할 수 있다. 다음 그림은 데이터셋의 일부 샘플을 숫자 정보로 표현한 것이다.

```
+-----+-------------------+
|label|           features|
+-----+-------------------+
|  8.0|(16,[0,1,2,3,4,5,...|
|  2.0|(16,[1,2,3,4,5,6,...|
|  1.0|(16,[1,2,3,4,5,6,...|
|  4.0|(16,[1,2,3,4,5,6,...|
|  1.0|(16,[1,2,3,4,5,6,...|
|  6.0|(16,[0,1,2,3,4,5,...|
|  4.0|(16,[1,2,3,4,5,6,...|
|  0.0|(16,[1,2,3,4,5,6,...|
|  5.0|(16,[0,1,2,3,4,5,...|
|  0.0|(16,[0,1,2,3,5,6,...|
|  9.0|(16,[0,1,2,3,5,6,...|
|  8.0|(16,[0,1,2,3,4,5,...|
|  5.0|(16,[0,1,2,3,4,5,...|
|  9.0|(16,[0,1,2,3,5,6,...|
|  7.0|(16,[1,2,3,4,5,6,...|
|  3.0|(16,[0,1,2,3,4,5,...|
|  3.0|(16,[0,1,2,3,4,5,...|
|  9.0|(16,[0,1,2,3,4,5,...|
|  2.0|(16,[0,1,2,3,4,5,...|
|  2.0|(16,[1,2,3,4,5,6,...|
+-----+-------------------+
only showing top 20 rows
```

그림 5 필기 숫자 데이터셋의 일부 20개 로우

이제 독립 변수(즉 피처)를 사용해 종속 변수(즉 레이블)를 예측하기 위해 이전에 표시된 것처럼 데이터셋에 9개의 클래스, 즉 9개의 필기 숫자가 있으므로 여러 클래스 분류자를 트레이닝해야 한다. 예측을 위해 나이브 베이즈 분류자를 사용해 모델의 성능을 평가한다.

2단계: 필요한 라이브러리와 패키지를 로드한다.

```
import org.apache.spark.ml.classification.NaiveBayes
import org.apache.spark.ml.evaluation.MulticlassClassificationEvaluator
import org.apache.spark.sql.SparkSession
```

3단계: 스파크 세션을 생성한다.

```
val spark = SparkSession
            .builder
```

```
.master("local[*]")
.appName(s"NaiveBayesPen")
.getOrCreate()
```

여기에서 마스터 URL을 local[*]로 설정한다. 즉, 컴퓨터의 모든 코어를 스파크 작업
처리에 사용한다는 것을 의미한다. 필요하면 SQL 웨어하우스와 기타 설정 파라미터
를 설정해야 한다.

4단계: 데이터 프레임을 생성한다. LIBSVM 포맷으로 저장된 데이터를 데이터 프레임
으로 로드한다.

```
val data = spark.read.format("libsvm")
                     .load("data/pendigits.data")
```

숫자 분류의 경우 입력 피처 벡터는 일반적으로 드물고 희소 벡터$^{sparse\ vector}$는 희소성
이라는 장점을 얻기 위해 입력으로 제공돼야 한다. 트레이닝 데이터는 한 번만 사용되
며, 데이터셋의 크기는 상대적으로 작기 때문에(즉 몇 MB) 데이터 프레임을 두 번 이상
사용하면 캐싱할 수 있다.

5단계: 트레이닝 셋과 테스트 셋을 준비한다. 데이터를 트레이닝 셋과 테스트 셋으로
나눈다(25%는 테스트용이다).

```
val Array(trainingData, testData) = data
               .randomSplit(Array(0.75, 0.25), seed = 12345L)
```

6단계: 나이브 베이즈 모델을 트레이닝한다. 다음처럼 트레이닝 셋을 사용해 나이브
베이즈 모델을 트레이닝한다.

```
val nb = new NaiveBayes()
val model = nb.fit(trainingData)
```

7단계: 테스트 셋에 대한 예측을 계산한다. 모델 트랜스포머를 사용해 예측을 계산하고 마지막으로 각 라벨에 대한 예측을 다음처럼 표시한다.

```
val predictions = model.transform(testData)
predictions.show()
```

```
+-----+--------------------+--------------------+--------------------+----------+
|label|            features|       rawPrediction|         probability|prediction|
+-----+--------------------+--------------------+--------------------+----------+
|  0.0|(16,[0,1,2,3,4,5,...|[-2439.0893277449...|[1.32132340702018...|       4.0|
|  0.0|(16,[0,1,2,3,4,5,...|[-1941.7868705353...|[1.0,1.5395790656...|       0.0|
|  0.0|(16,[0,1,2,3,4,5,...|[-2024.4356335162...|[1.0,1.6764090944...|       0.0|
|  0.0|(16,[0,1,2,3,4,5,...|[-1989.5775697073...|[1.0,2.2647494021...|       0.0|
|  0.0|(16,[0,1,2,3,4,5,...|[-1706.6857288506...|[1.0,5.1940219699...|       0.0|
|  0.0|(16,[0,1,2,3,4,5,...|[-1838.2628605334...|[1.0,7.2364926581...|       0.0|
|  0.0|(16,[0,1,2,3,4,5,...|[-2168.4931444350...|[1.0,6.8428584454...|       0.0|
|  0.0|(16,[0,1,2,3,4,5,...|[-2068.2067411172...|[1.0,1.1943331620...|       0.0|
|  0.0|(16,[0,1,2,3,4,5,...|[-2132.6929489447...|[1.0,1.9943684266...|       0.0|
|  0.0|(16,[0,1,2,3,4,5,...|[-1983.0451148771...|[1.0,4.9959906892...|       0.0|
|  0.0|(16,[0,1,2,3,4,5,...|[-2049.2850893323...|[1.0,1.3644883115...|       0.0|
|  0.0|(16,[0,1,2,3,4,5,...|[-1971.1755138520...|[1.0,1.6415723270...|       0.0|
|  0.0|(16,[0,1,2,3,4,5,...|[-2216.9188759036...|[1.0,1.3805417667...|       0.0|
|  0.0|(16,[0,1,2,3,4,5,...|[-2216.0583349043...|[1.0,7.7430733808...|       0.0|
|  0.0|(16,[0,1,2,3,4,5,...|[-2290.1517462265...|[1.0,1.3312677171...|       0.0|
|  0.0|(16,[0,1,2,3,4,5,...|[-2268.9492946577...|[0.01491770995335...|       6.0|
|  0.0|(16,[0,1,2,3,4,5,...|[-2377.8867352336...|[1.27336913041488...|       8.0|
|  0.0|(16,[0,1,2,3,4,5,...|[-2206.2037445466...|[1.20068275169939...|       6.0|
|  0.0|(16,[0,1,2,3,4,5,...|[-2290.1662968738...|[2.82560057752915...|       8.0|
|  0.0|(16,[0,1,2,3,4,5,...|[-2662.3029788480...|[2.38039426503477...|       8.0|
+-----+--------------------+--------------------+--------------------+----------+
only showing top 20 rows
```

그림 6 각 레이블(즉 각 숫자)에 대한 예측

이 그림에서 알 수 있는 것처럼 일부 레이블은 정확하게 예측됐고 일부 레이블은 잘못 예측됐다. 다시 모델을 평가하지 않고 가중치를 포함한 정확도, 정밀도, 재현율, f1 측정을 알아야 한다.

8단계: 모델을 평가한다. 정확도, 정밀도, 재현율, f1 측정과 같은 테스트 오차와 분류 성능 메트릭을 다음처럼 계산할 수 있는 예측과 실제 레이블을 선택한다.

```
val evaluator = new MulticlassClassificationEvaluator()
                        .setLabelCol("label")
                        .setPredictionCol("prediction")
val evaluator1 = evaluator.setMetricName("accuracy")
val evaluator2 = evaluator.setMetricName("weightedPrecision")
val evaluator3 = evaluator.setMetricName("weightedRecall")
val evaluator4 = evaluator.setMetricName("f1")
```

9단계: 성능 메트릭을 계산한다. 다음처럼 테스트 데이터의 분류 정확도, 정밀도, 재현율, f1 측정, 오차를 계산한다.

```
val accuracy = evaluator1.evaluate(predictions)
val precision = evaluator2.evaluate(predictions)
val recall = evaluator3.evaluate(predictions)
val f1 = evaluator4.evaluate(predictions)
```

10단계: 성능 메트릭을 출력한다.

```
println("Accuracy = " + accuracy)
println("Precision = " + precision)
println("Recall = " + recall)
println("F1 = " + f1)
println(s"Test Error = ${1 - accuracy}")
```

다음처럼 값을 관찰해야 한다.

```
Accuracy = 0.8284365162644282
Precision = 0.8361211320692463
Recall = 0.828436516264428
F1 = 0.8271828540349192
Test Error = 0.17156348373557184
```

성능이 그렇게 나쁘지는 않다. 그러나 하이퍼파라미터 튜닝을 수행하면 분류 정확도를 높일 수 있다. 교차 검증과 다음 절에서 다룰 트레이닝 셋 분리를 통해 적절한 알고리즘(분류자 또는 회귀 분석자^{regressor})을 선택함으로써 예측 정확도를 향상시킬 수 있는 기회가 더 많다.

나이브 베이즈 튜닝

이미 나이브 베이즈의 장단점을 알고 있지만 분류 정확도는 상대적으로 낮다. 그러나 나이브 베이즈를 튜닝하면 훨씬 더 잘 수행할 수 있다. 나이브 베이즈를 믿어야 할까? 그렇다면 나이브 베이즈의 예측 성능을 향상하는 방법을 살펴보자. WebSpam 데이터 셋을 사용한다고 가정하자. 우선 나이브 베이즈 모델의 성능을 관찰해야 하며, 이후에 상호 교차 기술을 사용해 성능을 향상시키는 방법을 살펴본다.

http://www.csie.ntu.edu.tw/~cjlin/libsvmtools/datasets/binary/webspam_wc_normalized_trigram.svm.bz2(파일의 크기가 4G가 넘으니 용량을 확인하고 다운로드하길 바란다. 테스트할 때는 하둡^{hadoop}에 올려 테스트하길 바란다)에서 다운로드한 WebSpam 데이터셋에는 피처와 관련 레이블(스팸 또는 햄 데이터)이 있다. 따라서 이는 지도 머신 러닝 문제이고, 주어진 메시지가 스팸인지 햄인지(즉, 스팸이 아닌지)를 예측하는 것이다. 원본 데이터셋 크기는 23.5GB이고, 데이터셋의 클래스는 +1 또는 −1(즉 이진 분류 문제)로 표시된다. 나중에 나이브 베이즈는 부호 있는 정수를 허용하지 않으므로 −1을 0.0으로, +1을 1.0으로 바꿨다. 수정된 데이터셋은 다음 그림과 같다.

```
+-----+------------------+
|label|          features|
+-----+------------------+
|  0.0|(8287348,[592160,...|
|  0.0|(8287348,[592137,...|
|  0.0|(8287348,[592137,...|
|  0.0|(8287348,[598864,...|
|  0.0|(8287348,[670767,...|
|  0.0|(8287348,[592137,...|
|  0.0|(8287348,[592137,...|
|  1.0|(8287348,[657980,...|
|  0.0|(8287348,[592208,...|
|  0.0|(8287348,[663584,...|
|  1.0|(8287348,[592137,...|
|  1.0|(8287348,[592137,...|
|  0.0|(8287348,[592137,...|
|  1.0|(8287348,[592137,...|
|  1.0|(8287348,[657930,...|
|  0.0|(8287348,[670767,...|
|  1.0|(8287348,[598111,...|
|  0.0|(8287348,[592137,...|
|  0.0|(8287348,[592188,...|
|  0.0|(8287348,[592137,...|
+-----+------------------+
only showing top 20 rows
```

그림 7 WebSpam 데이터셋의 일부 20개의 로우

처음에는 다음처럼 필요한 패키지를 임포트해야 한다.

```
import org.apache.spark.ml.classification.NaiveBayes
import org.apache.spark.ml.evaluation.MulticlassClassificationEvaluator
import org.apache.spark.sql.SparkSession
import org.apache.spark.ml.Pipeline;
import org.apache.spark.ml.PipelineStage;
import org.apache.spark.ml.classification.LogisticRegression
import org.apache.spark.ml.evaluation.BinaryClassificationEvaluator
import org.apache.spark.ml.feature.{HashingTF, Tokenizer}
import org.apache.spark.ml.linalg.Vector
import org.apache.spark.ml.tuning.{CrossValidator, ParamGridBuilder}
```

이제 다음처럼 코드의 진입점으로 스파크 세션을 생성한다.

```
val spark = SparkSession
    .builder
    .master("local[*]")
    .appName("Tuned NaiveBayes")
    .getOrCreate()
```

WebSpam 데이터셋을 로드하고 다음처럼 나이브 베이즈 모델을 트레이닝할 수 있는 트레이닝 셋을 준비한다.

```
// LIBSVM 포맷으로 저장된 데이터를 데이터 프레임으로 로드한다.
val data = spark.read.format("libsvm").load("hdfs://data/
webspam_wc_normalized_trigram.svm")
// 데이터를 트레이닝 셋과 테스트 셋으로 구분한다(25%는 테스트용).
val Array(trainingData, testData) = data.randomSplit(Array(0.75, 0.25),
    seed = 12345L)
// 트레이닝 셋을 사용해 나이브 베이즈 모델을 트레이닝한다.
val nb = new NaiveBayes().setSmoothing(0.00001)
val model = nb.fit(trainingData)
```

이 코드에서 재사용할 수 있게 시드를 설정해야 한다. 이제 다음처럼 테스트 셋에 대한 예측을 생성한다.

```
val predictions = model.transform(testData)
predictions.show()
```

이제 evaluator를 얻고 다음처럼 정확도, 정밀도, 재현율, f1 측정과 같은 분류 성능 메트릭을 계산한다.

```
val evaluator = new MulticlassClassificationEvaluator()
                .setLabelCol("label")
                .setPredictionCol("prediction")
```

```
val evaluator1 = evaluator.setMetricName("accuracy")
val evaluator2 = evaluator.setMetricName("weightedPrecision")
val evaluator3 = evaluator.setMetricName("weightedRecall")
val evaluator4 = evaluator.setMetricName("f1")
```

이제 성능 메트릭을 계산하고 출력한다.

```
val accuracy = evaluator1.evaluate(predictions)
val precision = evaluator2.evaluate(predictions)
val recall = evaluator3.evaluate(predictions)
val f1 = evaluator4.evaluate(predictions)
// 성능 메트릭을 출력한다.
println("Accuracy = " + accuracy)
println("Precision = " + precision)
println("Recall = " + recall)
println("F1 = " + f1)
println(s"Test Error = ${1 - accuracy}")
```

다음 출력을 얻는다.

```
Accuracy = 0.8839357429715676
Precision = 0.86393574297188752
Recall = 0.8739357429718876
F1 = 0.8739357429718876
Test Error = 0.11606425702843237
```

정확도는 만족스러운 수준이지만 교차 검증 기술을 적용해 정확도를 향상시킬 수 있다. 교차 검증 기술은 다음처럼 진행된다.

- 나이브 베이즈 에스티메이터를 파이프라인의 유일한 단계로 연결해 파이프라인을 생성한다.
- 이제 튜닝을 위해 파라미터 그리드를 준비한다.

- 10-폴드 교차 검증을 수행한다.
- 이제 트레이닝 셋을 사용해 모델을 피팅한다.
- 검증 셋에 대한 예측을 계산한다.

교차 검증과 같은 모델 튜닝 기술의 첫 번째 단계는 파이프라인 생성이다. 트랜스포머, 에스티메이터, 관련 파라미터를 연결해 파이프라인을 생성할 수 있다.

1단계: 파이프라인을 생성한다. 나이브 베이즈 에스티메이터를 생성하고(다음 예의 nb 는 에스티메이터다), 다음처럼 에스티메이터를 연결해 파이프라인을 생성한다.

```
val nb = new NaiveBayes().setSmoothing(0.00001)
val pipeline = new Pipeline().setStages(Array(nb))
```

파이프라인은 모델을 사용한 트레이닝과 예측에 대한 데이터 워크플로우 시스템으로 생각할 수 있다. ML 파이프라인은 사용자가 실제 머신 러닝 파이프라인을 생성하고 튜닝하는 데 도움이 되는 데이터 프레임 위에 구축된 하이레벨 API 셋을 제공한다. 데이터 프레임, 트랜스포머, 에스티메이터, 파이프라인, 파라미터는 파이프라인 생성에서 가장 중요한 다섯 개의 엘리먼트다. 파이프라인에 관심 있는 독자는 https://spark.apache.org/docs/latest/ml-pipeline.html을 참조하길 바란다.

2단계: 그리드 파라미터 만들기. ParamGridBuilder를 사용해 검색할 그리드 파라미터를 생성한다.

```
val paramGrid = new ParamGridBuilder()
            .addGrid(nb.smoothing, Array(0.001, 0.0001))
            .build()
```

3단계: 10-폴드 교차 검증을 수행한다. 이제 파이프라인을 교차 검증 인스턴스에서 감싸는 에스티메이터로 취급한다. 이를 통해 모든 파이프라인 단계에 대한 파라미터를 공동으로 선택할 수 있다. CrossValidator에는 에스티메이터, 에스티메이터 셋인 ParamMaps와 평가자^{evaluator}가 필요하다. 여기서 평가자가 BinaryClassificationEvaluator라면 기본 메트릭은 areaUnderROC다. 그러나 평가자를 MultiClassClassificationEvaluator 로 사용하면 다른 성능 메트릭도 사용할 수 있다.

```
val cv = new CrossValidator()
        .setEstimator(pipeline)
        .setEvaluator(new BinaryClassificationEvaluator)
        .setEstimatorParamMaps(paramGrid)
        .setNumFolds(10)  // 실제로는 3 이상의 값을 사용한다.
```

4단계: 트레이닝 셋에 교차 검증 모델을 피팅한다.

```
val model = cv.fit(trainingData)
```

5단계: 다음처럼 성능을 계산한다.

```
val predictions = model.transform(trainingData)
predictions.show()
```

6단계: 평가자를 얻고 성능 메트릭을 계산하며 결과를 표시한다. 이제 evaluator를 얻고 정확도, 정밀도, 재현율 f1 측정과 같은 분류 성능 메트릭을 계산한다. 여기서 MultiClassClassificationEvaluator는 정확도, 정밀도, 재현율, f1 측정에 사용된다.

```
val evaluator = new MulticlassClassificationEvaluator()
                .setLabelCol("label")
                .setPredictionCol("prediction")
val evaluator1 = evaluator.setMetricName("accuracy")
val evaluator2 = evaluator.setMetricName("weightedPrecision")
```

```
val evaluator3 = evaluator.setMetricName("weightedRecall")
val evaluator4 = evaluator.setMetricName("f1")
```

이제 다음처럼 분류 정확도, 정밀도, 재현율, f1 측정, 테스트 데이터의 오차를 계산
한다.

```
val accuracy = evaluator1.evaluate(predictions)
val precision = evaluator2.evaluate(predictions)
val recall = evaluator3.evaluate(predictions)
val f1 = evaluator4.evaluate(predictions)
```

이제 성능 측정 항목을 출력한다.

```
println("Accuracy = " + accuracy)
println("Precision = " + precision)
println("Recall = " + recall)
println("F1 = " + f1)
println(s"Test Error = ${1 - accuracy}")
```

이제 다음과 같은 결과가 나타난다.

```
Accuracy = 0.9678714859437751
Precision = 0.9686742518830365
Recall = 0.9678714859437751
F1 = 0.9676697179934564
Test Error = 0.032128514056224855
```

이제 현재 결과가 이전 결과보다 훨씬 좋다. 그렇지 않은가? 데이터셋이 랜덤과 플랫
폼으로 인해 결과가 약간 다르게 나타날 수 있다.

```
```

▌결정 트리

이 절에서는 결정 트리 알고리즘을 자세히 설명한다. 나이브 베이즈와 결정 트리 간 비교 분석도 다룬다. 결정 트리는 일반적으로 분류와 회귀 작업을 해결하는 데 사용되는 지도 머신 러닝 기법으로 간주된다. 결정 트리는 단순히 우연한 이벤트 결과, 자원 비용, 유틸리티를 포함해 트리 같은 그래프(또는 결정 모델)와 해당 결과를 사용하는 결정 지원 툴이다. 더 기술적으로 결정 트리의 각 가지branch는 통계적 확률의 관점에서 발생할 수 있는 결정, 발생, 반응을 나타낸다.

나이브 베이즈에 비해 결정 트리는 훨씬 더 강력한 분류 기법이다. 처음에는 결정 트리가 피처를 트레이닝 셋과 테스트 셋으로 분할하기 때문이다. 그런 다음 예측된 레이블이나 클래스를 유추하는 좋은 일반화를 산출한다. 가장 흥미롭게도 결정 트리 알고리즘은 이진 클래스 분류와 다중 클래스 분류 문제를 모두 처리할 수 있다.

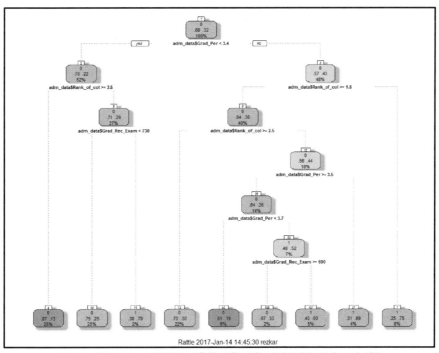

그림 8 R의 Rattle 패키지를 사용한 입학 시험 데이터셋의 결정 트리 샘플

예를 들어 그림 8에서 결정 트리는 if/else 결정 규칙을 포함한 사인^{sine} 곡선을 계산하기 위해 입학 데이터에서 학습한다. 데이터셋에는 미국 대학교 입학을 신청한 각 학생의 기록이 포함돼 있다. 각 레코드에는 대학 졸업생의 성적 시험 점수, CGPA 점수, 점수에 대한 순위가 포함된다. 이제 세 개의 피처(변수)를 기반으로 유능한 사람을 예측해야 한다. 결정 트리는 결정 모델을 트레이닝하고 트리에서 필요 없는 가지를 잘라내 해당 문제를 해결하는 데 사용할 수 있다. 일반적으로 트리가 깊을수록 더 복잡한 결정 규칙과 잘 피팅된 모델이 있음을 의미한다.

앞의 그림을 그려 보려면 RStudio에서 R 스크립트를 실행한 후 입학 데이터셋을 입력한다. 스크립트와 데이터셋은 깃허브 저장소(https://github.com/rezacsedu/ AdmissionUsingDecisionTree)에서 확인할 수 있다.

결정 트리를 사용할 경우의 장단점

결정 트리를 사용하기 전에 결정 트리의 장단점을 살펴보자.

표 3 결정 트리의 장단점

에이전트	장점	단점	사용할 수 있는 좋은 사례
결정 트리 (DT)	– 구현, 트레이닝, 해석을 간소화한다. – 트리를 시각화할 수 있다. – 약간의 데이터를 준비해야 한다. – 모델 구축 시간과 예측 시간이 덜 든다. – 숫자와 범주 데이터를 모두 처리할 수 있다. – 통계 테스트를 사용해 모델의 유효성을 확인할 수 있다.	– 크고 복잡한 트리에 대해서는 해석이 어렵다. – 동일한 서브트리 내에서 중복이 발생할 수 있다. – 대각 결정 경계(diagonal decision boundary)와 관련된 문제가 발생할 수 있다. – 결정 트리를 공부하는 사람은 데이터를 잘 일	– 매우 정확하게 분류해야 하는 대상이 있을 때 – 의학 진단과 예후 – 신용 위험 분석

– 노이즈와 누락 값에 대해 견고하다. –높은 정확도를 갖는다.	반화하지 못하는 매우 복잡한 트리를 생성할 수 있다. – 때때로 데이터의 작은 변형으로 인해 결정 트리가 불안정할 수 있다. – NP-완전 문제(일명 비결정적 다항 시간- 완전 문제)인 결정 트리 자체를 학습한다. – 일부 클래스가 지배적이라면 결정 트리는 편향적이다.	

결정 트리와 나이브 베이즈

표 3에서 설명한 것처럼 결정 트리는 트레이닝 데이터셋에 대한 유연성 때문에 매우 이해하기 쉽고 디버깅하기 쉽다. 결정 트리는 회귀 문제뿐 아니라 분류에 대해서도 동작한다.

결정 트리는 범주형 값 또는 연속적인 값에서 값을 예측할 수 있다. 따라서 표 형태의 데이터만 있으면 결정 트리로 변환해서 미리 또는 수동으로 추가적인 요구 사항 없이 데이터를 분류하기 위한 모델을 구축한다. 요약하면 결정 트리는 구현, 트레이닝, 해석이 매우 간단하다. 데이터를 거의 준비할 필요가 없기 때문에 결정 트리는 예측 시간이 훨씬 적은 모델을 구축할 수 있다. 앞에서 살펴본 대로 결정 트리는 수치와 범주형 데이터를 모두 처리할 수 있으며, 노이즈 및 누락된 값에 대해 매우 견고하다. 또한 결정 트리는 통계 테스트를 사용해 모델을 검증하는 것이 매우 쉽다. 매우 흥미롭게도 생성된 트리를 시각화할 수 있다. 그리고 전반적으로 매우 정확하다.

그러나 단점으로 결정 트리는 때로는 트레이닝 데이터에 대한 오버피팅overfitting 문제를 겪는 경향이 있다. 즉, 일반적으로 트리를 제거하고 분류 정확도 또는 회귀 정확도를 높이기 위해 최적의 트리를 찾아야 한다. 게다가 동일한 서브트리 내에서 중복이 발생할 수 있다. 때로는 오버피팅과 언더피팅^{underfitting}에 관련된 대각선 결정^{diagonal decision} 경계와 관련된 문제도 발생한다. 게다가 결정 트리를 공부하는 사람은 데이터를 일반화하지 않은 과도하게 복잡한 트리를 생성해서 전체적인 해석을 어렵게 만들 수 있다. 결정 트리는 데이터의 변환이 작기 때문에 불안정할 수 있고, 결과적으로 결정 트리는 자체적으로 NP-완전 문제다. 마지막으로 결정 트리를 공부하는 사람은 일부 클래스가 다른 클래스보다 지배적인 경우 편향된 트리를 생성한다.

 나이브 베이즈와 결정 트리 사이를 비교한 요약 정보를 얻으려면 표 1과 3을 참조하길 바란다.

반면 나이브 베이즈를 사용할 때 나이브 베이즈는 직접 분류해야 한다고 말하는 사람들이 있다. 수많은 표 형식의 데이터를 나이브 베이즈로 변환할 수 있는 방법이 없고 분류할 때 가장 최상의 피처를 선택한다. 그러나 이 경우에 중요한 피처와 피처를 선택하는 것은 사용자의 몫이다. 반면 결정 트리는 표 형식의 데이터에서 최상의 피처를 선택할 수 있다. 이 사실을 고려할 때 최상의 피처를 추출하고 나중에 분류하기 위해 나이브 베이즈와 다른 통계 기법을 결합해야 할 것이다.

또한 결정 트리를 사용하면 정밀도, 재현율, f1 측정 측면에서 더 나은 정확도를 얻을 수 있다. 나이브 베이즈에 대한 또 다른 긍정적인 점은 결정 트리를 연속 분류자로 대답할 것이라는 점이다. 그러나 단점으로는 디버깅과 이해가 좀 어렵다는 점이다. 나이브 베이즈는 트레이닝 데이터가 적은 양의 데이터이지만 좋은 피처를 갖고 있지 않을 때 아주 잘 수행된다.

요약하면 문제 해결을 위해 두 가지 분류 방식 중 더 나은 분류자를 선택하려면 각각을 테스트하는 것이 가장 좋다. 필자의 권장 사항으로는 보유한 트레이닝 데이터를 사용해 결정 트리 분류자와 나이브 베이즈 분류자를 생성한 다음, 사용 가능한 성능 메트릭을 사용해 성능을 비교한 후 데이터셋 특성에 따라 문제를 해결할 수 있는 가장 적합한 방법을 결정하는 것이다.

결정 트리 알고리즘으로 확장 가능한 분류자 생성

이미 살펴본 것처럼 OVTR 분류자를 사용해 OCR 데이터셋에 대한 성능 메트릭의 다음 값을 관찰했다.

```
Accuracy = 0.5217246545696688
Precision = 0.488360500637862
Recall = 0.5217246545696688
F1 = 0.4695649096879411
Test Error = 0.47827534543033123
```

이는 해당 데이터셋의 모델 정확도가 매우 낮다는 것을 의미한다. 이 절에서는 결정 트리 분류자를 사용해 성능을 향상시킬 수 있는 방법을 살펴본다. 스파크 2.3.2의 예는 동일한 OCR 데이터셋을 사용해 표시된다. 이 예에는 데이터 로딩, 파싱, 모델 트레이닝, 마지막으로 모델 평가 등 여러 단계가 포함된다.

중복을 피하기 위해 동일한 데이터셋을 사용할 것이므로 데이터셋 분석 단계를 건너뛰고 바로 예로 들어간다.

1단계: 다음처럼 필요한 라이브러리와 패키지를 로드한다.

```
import org.apache.spark.ml.Pipeline // 파이프라인 생성을 위해 임포트한다
import org.apache.spark.ml.classification
                .DecisionTreeClassificationModel
import org.apache.spark.ml.classification.DecisionTreeClassifier
import org.apache.spark.ml.evaluation
                .MulticlassClassificationEvaluator
```

```
import org.apache.spark.ml.feature
                .{IndexToString, StringIndexer, VectorIndexer}
import org.apache.spark.sql.SparkSession //스파크 세션을 생성하기 위해 임포트한다.
```

2단계: 다음처럼 스파크 세션을 생성한다.

```
val spark = SparkSession
            .builder
            .master("local[*]")
            .appName("DecisionTreeClassifier")
            .getOrCreate()
```

여기에서 마스터 URL은 local[*]로 설정돼 있다. 즉, 컴퓨터의 모든 코어가 스파크 작업 처리에 사용된다. 필요하면 SQL 웨어하우스와 기타 구성 파라미터를 설정해야 한다.

3단계: 데이터 프레임을 생성한다. 다음처럼 LIBSVM 형식으로 저장된 데이터를 데이터 프레임으로 로드한다.

```
val data = spark.read.format("libsvm")
            .load("data/Letterdata_libsvm.data")
```

숫자 분류의 경우 입력 피처 벡터는 일반적으로 드물고, 희소 벡터는 희소성이 있어서 그 장점을 얻으려면 희소 벡터를 입력으로 제공해야 한다. 트레이닝 데이터는 한 번만 사용되며, 데이터셋의 크기는 상대적으로 작기(즉 몇 MB) 때문에 데이터 프레임을 두 번 이상 사용하면 캐싱할 수 있다.

4단계: label 칼럼을 인덱싱한다. label 칼럼에 메타데이터를 추가하고 인덱싱한다. 그다음 인덱싱된 칼럼(indexedLabel)의 모든 레이블을 포함할 수 있게 모든 데이터셋에 피팅한다.

718

```
val labelIndexer = new StringIndexer()
                    .setInputCol("label")
                    .setOutputCol("indexedLabel")
                    .fit(data)
```

5단계: 범주형 features를 식별한다. 다음 코드는 범주형 features를 식별하고 인덱싱한다.

```
val featureIndexer = new VectorIndexer()
                        .setInputCol("features")
                        .setOutputCol("indexedFeatures")
                        .setMaxCategories(4)
                        .fit(data)
```

이 경우 피처 개수가 4개를 초과하면 연속된 것으로 처리될 것이다.

6단계: 트레이닝 셋과 테스트 셋을 준비한다. 데이터를 트레이닝 셋과 테스트 셋으로 나눈다(25%는 테스트용이다).

```
val Array(trainingData, testData) = data.randomSplit
                            (Array(0.75, 0.25), 12345L)
```

7단계: 다음처럼 결정 트리 모델을 트레이닝한다.

```
val dt = new DecisionTreeClassifier()
            .setLabelCol("indexedLabel")
            .setFeaturesCol("indexedFeatures")
```

8단계: 다음처럼 인덱스된 레이블을 원래 레이블로 다시 변환한다.

```
val labelConverter = new IndexToString()
                    .setInputCol("prediction")
                    .setOutputCol("predictedLabel")
                    .setLabels(labelIndexer.labels)
```

9단계: 결정 트리 파이프라인을 생성한다. 인덱서, 레이블 트랜스포머, 트리를 함께 체이닝해 결정 트리 파이프라인을 생성한다.

```
val pipeline = new Pipeline().setStages(Array(labelIndexer,
              featureIndexer, dt, labelConverter))
```

10단계: 인덱서를 실행한다. 트랜스포머를 사용해 모델을 트레이닝하고 인덱서를 실행한다.

```
val model = pipeline.fit(trainingData)
```

11단계: 테스트 셋의 예측을 계산한다. 모델 트랜스포머를 사용해 예측을 계산하고, 마지막으로 다음처럼 각 레이블에 대한 예측을 표시한다.

```
val predictions = model.transform(testData)
predictions.show()
```

```
+-----+----------------+------------+----------------+--------------------+--------------------+----------+-------------+
|label|        features|indexedLabel|  indexedFeatures|       rawPrediction|         probability|prediction|predictedLabel|
+-----+----------------+------------+----------------+--------------------+--------------------+----------+-------------+
|  1.0|(17,[0,1,2,3,4,5,...|        12.0|(17,[0,1,2,3,4,5,...|[0.0,0.0,0.0,0.0,0.0,...|[0.0,0.0,0.0,0.0,0.0,...|       9.0|          3.0|
|  1.0|(17,[0,1,2,3,4,5,...|        12.0|(17,[0,1,2,3,4,5,...|[0.0,0.0,0.0,0.0,0.0,...|[0.0,0.0,0.0,0.0,0.0,...|       9.0|          3.0|
|  1.0|(17,[0,1,2,3,4,5,...|        12.0|(17,[0,1,2,3,4,5,...|[0.0,0.0,0.0,0.0,0.0,...|[0.0,0.0,0.0,0.0,0.0,...|       9.0|          3.0|
|  1.0|(17,[0,1,2,3,4,5,...|        12.0|(17,[0,1,2,3,4,5,...|[0.0,0.0,0.0,0.0,0.0,...|[0.0,0.0,0.0,0.0,0.0,...|       9.0|          3.0|
|  1.0|(17,[0,1,2,3,4,5,...|        12.0|(17,[0,1,2,3,4,5,...|[0.0,0.0,0.0,0.0,0.0,...|[0.0,0.0,0.0,0.0,0.0,...|       9.0|          3.0|
|  1.0|(17,[0,1,2,3,4,5,...|        12.0|(17,[0,1,2,3,4,5,...|[0.0,0.0,0.0,0.0,0.0,...|[0.0,0.0,0.0,0.0,0.0,...|       9.0|          3.0|
|  2.0|(17,[0,1,2,3,4,5,...|        11.0|(17,[0,1,2,3,4,5,...|[0.0,0.0,0.0,0.0,0.0,...|[0.0,0.0,0.0,0.0,0.0,...|       9.0|          3.0|
|  2.0|(17,[0,1,2,3,4,5,...|        11.0|(17,[0,1,2,3,4,5,...|[0.0,0.0,0.0,0.0,0.0,...|[0.0,0.0,0.0,0.0,0.0,...|       9.0|          3.0|
|  2.0|(17,[0,1,2,3,4,5,...|        11.0|(17,[0,1,2,3,4,5,...|[0.0,0.0,0.0,0.0,0.0,...|[0.0,0.0,0.0,0.0,0.0,...|       9.0|          3.0|
|  3.0|(17,[0,1,2,3,4,5,...|         9.0|(17,[0,1,2,3,4,5,...|[0.0,0.0,0.0,0.0,0.0,...|[0.0,0.0,0.0,0.0,0.0,...|       9.0|          3.0|
|  3.0|(17,[0,1,2,3,4,5,...|         9.0|(17,[0,1,2,3,4,5,...|[0.0,0.0,0.0,0.0,0.0,...|[0.0,0.0,0.0,0.0,0.0,...|       9.0|          3.0|
|  3.0|(17,[0,1,2,3,4,5,...|         9.0|(17,[0,1,2,3,4,5,...|[0.0,0.0,0.0,0.0,0.0,...|[0.0,0.0,0.0,0.0,0.0,...|       9.0|          3.0|
|  3.0|(17,[0,1,2,3,4,5,...|         9.0|(17,[0,1,2,3,4,5,...|[0.0,0.0,0.0,0.0,0.0,...|[0.0,0.0,0.0,0.0,0.0,...|       9.0|          3.0|
|  3.0|(17,[0,1,2,3,4,5,...|         9.0|(17,[0,1,2,3,4,5,...|[0.0,0.0,0.0,0.0,0.0,...|[0.0,0.0,0.0,0.0,0.0,...|       9.0|          3.0|
|  3.0|(17,[0,1,2,3,4,5,...|         9.0|(17,[0,1,2,3,4,5,...|[0.0,0.0,0.0,0.0,0.0,...|[0.0,0.0,0.0,0.0,0.0,...|       9.0|          3.0|
|  3.0|(17,[0,1,2,3,4,5,...|         9.0|(17,[0,1,2,3,4,5,...|[0.0,0.0,0.0,0.0,0.0,...|[0.0,0.0,0.0,0.0,0.0,...|       9.0|          3.0|
|  3.0|(17,[0,1,2,3,4,5,...|         9.0|(17,[0,1,2,3,4,5,...|[0.0,0.0,0.0,0.0,0.0,...|[0.0,0.0,0.0,0.0,0.0,...|       9.0|          3.0|
|  3.0|(17,[0,1,2,3,4,5,...|         9.0|(17,[0,1,2,3,4,5,...|[0.0,0.0,0.0,0.0,0.0,...|[0.0,0.0,0.0,0.0,0.0,...|       9.0|          3.0|
|  3.0|(17,[0,1,2,3,4,5,...|         9.0|(17,[0,1,2,3,4,5,...|[0.0,0.0,0.0,0.0,0.0,...|[0.0,0.0,0.0,0.0,0.0,...|       9.0|          3.0|
|  3.0|(17,[0,1,2,3,4,5,...|         9.0|(17,[0,1,2,3,4,5,...|[0.0,0.0,0.0,0.0,0.0,...|[0.0,0.0,0.0,0.0,0.0,...|       9.0|          3.0|
+-----+----------------+------------+----------------+--------------------+--------------------+----------+-------------+
only showing top 20 rows
```

그림 9 각 레이블(즉, 각 문자)에 대한 예측

이 그림에서 알 수 있듯이 일부 레이블은 정확하게 예측됐으며, 그중 일부는 잘못 예측됐다. 그러나 가중치가 있는 정확도, 정밀도, 재현율, f1 측정을 알고 있지만 먼저 모델을 평가해야 한다.

12단계: 모델을 평가한다. 예측과 실제 레이블을 선택해 정확도, 정밀도, 재현율, f1 측정과 같은 테스트 오차와 분류 성능 메트릭을 다음처럼 계산한다.

```
val evaluator = new MulticlassClassificationEvaluator()
              .setLabelCol("label")
              .setPredictionCol("prediction")
val evaluator1 = evaluator.setMetricName("accuracy")
val evaluator2 = evaluator.setMetricName("weightedPrecision")
val evaluator3 = evaluator.setMetricName("weightedRecall")
val evaluator4 = evaluator.setMetricName("f1")
```

13단계: 성능 메트릭을 계산한다. 다음처럼 분류 정확도, 정밀도, 재현율, f1 측정, 테스트 데이터의 오차를 계산한다.

```
val accuracy = evaluator1.evaluate(predictions)
val precision = evaluator2.evaluate(predictions)
```

```
val recall = evaluator3.evaluate(predictions)
val f1 = evaluator4.evaluate(predictions)
```

14단계: 성능 메트릭을 출력한다.

```
println("Accuracy = " + accuracy)
println("Precision = " + precision)
println("Recall = " + recall)
println("F1 = " + f1)
println(s"Test Error = ${1 - accuracy}")
```

다음처럼 값을 관찰해야 한다.

```
Accuracy = 0.994277821625888
Precision = 0.9904583933020722
Recall = 0.994277821625888
F1 = 0.9919966504321712
Test Error = 0.005722178374112041
```

이제 성능이 훌륭하다. 그렇지 않은가? 그러나 하이퍼파라미터 튜닝을 수행하면 분류 정확도를 높일 수 있다. 교차 검증과 트레이닝 셋 분리를 통해 적절한 알고리즘(즉 분류자 또는 회귀 분석자)을 선택하면 예측 정확도를 향상시킬 수 있는 기회가 더 많다.

15단계: 결정 트리 노드를 출력한다.

```
val treeModel = model.stages(2).asInstanceOf
                    [DecisionTreeClassificationModel]
println("Learned classification tree model:\n" + treeModel
    .toDebugString)
```

마지막으로 다음 그림처럼 결정 트리에 일부 노드를 출력한다.

```
Learned classification tree model:
DecisionTreeClassificationModel (uid=dtc_fbc6a27aa70b) of depth 5 with 19 nodes
  If (feature 16 <= 7.0)
   If (feature 16 <= 6.0)
    If (feature 16 <= 5.0)
     If (feature 16 <= 4.0)
      If (feature 16 <= 3.0)
       Predict: 9.0
      Else (feature 16 > 3.0)
       Predict: 7.0
     Else (feature 16 > 4.0)
      Predict: 5.0
    Else (feature 16 > 5.0)
     Predict: 3.0
   Else (feature 16 > 6.0)
    Predict: 1.0
  Else (feature 16 > 7.0)
   If (feature 16 <= 8.0)
    Predict: 0.0
   Else (feature 16 > 8.0)
    If (feature 16 <= 9.0)
     Predict: 2.0
    Else (feature 16 > 9.0)
     If (feature 16 <= 10.0)
      Predict: 4.0
     Else (feature 16 > 10.0)
      If (feature 16 <= 11.0)
       Predict: 6.0
      Else (feature 16 > 11.0)
       Predict: 8.0
```

그림 10 모델 구축 중에 생성된 일부 결정 트리 노드

▌ 요약

13장에서는 머신 러닝의 일부 고급 알고리즘을 다뤘고, 다른 종류의 분류 모델, 즉 다차원 분류 알고리즘을 구축하기 위해 간단하지만 강력한 베이지안 추론의 사용 방법을 살펴봤다. 그리고 나이브 베이즈 알고리즘을 이론적이고 기술적인 관점에서 광범위하게 다뤘다. 마지막 단계에서 결정 트리와 나이브 베이즈 알고리즘 사이의 비교 분석을 다뤘고, 일부 가이드를 제공했다.

14장에서는 비지도 관찰 데이터셋에 속하는 클러스터 레코드를 머신 러닝에서 활용하는 방법을 더 자세히 살펴본다.

14

스파크 MLlib으로
데이터 클러스터링

"당신이 소유한 은하계로 은하계를 더 크게 만들려 한다면 그것은 은하계가 아니라 은하계
클러스터가 될 것이다. 이보다 작게 하려고 한다면 은하계를 날려 버리는 것 같다."

- 제레미아 오스트라이커(Jeremiah P. Ostriker)

14장에서는 머신 러닝에 대해 자세히 살펴보고 비지도 관찰 데이터셋에 대해 특정
그룹이나 클래스에 속한 레코드를 클러스터링하는 방법을 알아본다.

14장에서 다루는 내용은 다음과 같다.

- 비지도 학습
- 클러스터링 기술
- 계층적 클러스터링^{HC, hierarchical clustering}
- 중심 기반 클러스터링^{CC, centroid-based clustering}

- 분포 기반 클러스터링^{DC, distribution-based clustering}
- 클러스터 개수 결정
- 클러스터링 알고리즘 간의 비교 분석
- 컴퓨팅 클러스터에서 잡 제출

▌ 비지도 학습

이 절에서는 적절한 예를 사용해 비지도 머신 러닝 기술을 간략히 소개한다. 실용적인 예를 통해 비지도 머신 러닝을 다룬다. 하드 드라이브의 복잡하고 방대한 폴더에 불법 복제되지 않은 완전히 합법적인 mp3 파일이 많이 있다고 가정하자. 이제 비슷한 음악을 자동으로 그룹핑하고 컨트리, 랩, 록 등과 같이 좋아하는 장르 단위로 구성하는 데 도움이 되는 예측 모델을 생성할 수 있다면 어떨까? 그룹에 항목을 할당해 mp3를 각각의 재생 목록에 자동으로 추가해보자.

이전의 여러 정에서는 제대로 레이블을 적용한 데이터를 트레이닝 데이터셋으로 사용하는 것으로 가정했다. 불행하게도 현실 세계에서 데이터를 수집할 때 항상 엄청난 데이터를 갖고 있지 않다. 예를 들어 많은 양의 음악을 재미있는 재생 목록으로 분류하고 싶다고 가정하자. 자신만의 메타데이터에 직접 접근할 수 없다면 어떻게 노래를 그룹핑할 수 있는가? 사용할 수 있는 접근 방법은 다양한 머신 러닝 기술을 혼합한 것이지만 종종 클러스터링은 문제 해결에 핵심이 된다.

즉, 비지도 머신 러닝 문제에서는 올바른 트레이닝 데이터셋 클래스를 사용할 수 없고 알 수도 없다. 따라서 클래스는 그림 1처럼 구조화된 데이터셋이나 구조화되지 않은 데이터셋으로부터 추론돼야 한다. 이는 본질적으로 알고리즘 타입의 목표가 일부 구조화된 방식으로 데이터를 전처리하는 것을 의미한다. 즉, 비지도 학습 알고리즘의 주요 목적은 레이블이 없는 입력 데이터에서 알려지지 않거나 숨겨진 패턴을 탐색하는 것이다. 그러나 비지도 학습은 숨겨진 패턴을 찾는 방향으로 데이터의 주요 피처를 설명하는 다른 기술도 이해한다. 해당 문제를 극복하기 위해 클러스터링 기술은 비지도 방식으로 특정 유사성 측정에 따라 레이블이 없는 데이터 포인트를 그룹핑하기 위해서 광범위하게 사용된다.

 비지도 알고리즘의 동작 원리에 대한 깊은 이론 지식을 얻고 싶다면 다음 세 권의 책을 참고한다. Bousquet, O., von Luxburg, U., Raetsch, G.의 『Advanced Lectures on Machine Learning. Springer-Verlag』(eds, 2004), ISBN 978-3540231226. Duda, Richard O., Hart, Peter E., Stork, David G.의 『Unsupervised Learning and Clustering. Pattern classification (2nd Ed.)』(Wiley, 2001), ISBN 0-471-05669-3. Jordan, Michael I., Bishop, Christopher M.의 『Neural Networks. In Allen B. Tucker Computer Science Handbook, Second Edition (Section VII: Intelligent Systems)』(2004). Boca Raton의 『FL: Chapman and Hall/CRC Press LLC』, ISBN 1-58488-360-X.

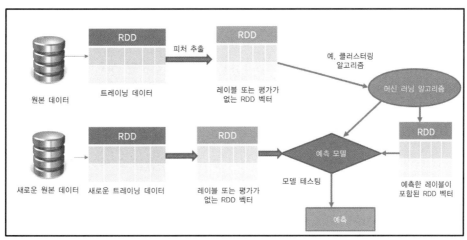

그림 1 스파크를 이용한 비지도 학습

비지도 학습 예

클러스터링 태스크에서 비슷한 피처들끼리 클러스터로 묶인다. 원을 사용해 표시된 입력 예 간의 유사성을 분석하는 알고리즘을 통해 관련 기능을 범주로 그룹핑한다. 클러스터링은 고객 그룹핑과 같은 결과 그룹핑, 의심스러운 패턴에 대한 이상 탐지, 테스트에서 유용한 패턴에 대한 텍스트 분류, 친한 그룹에 대한 소셜 네트워크 분석, 관련 컴퓨터를 하나로 묶을 때의 데이터 센터 컴퓨팅 클러스터, 은하계 형성에 대한 천문학 데이터 분석, 비슷한 특성을 기반으로 이웃을 식별하는 부동산 데이터 분석을 포함하지만, 딱 이 정도로 한정돼 있지는 않다. 마지막 사용 사례를 보여주기 위해 스파크 MLlib 기반 솔루션을 소개할 것이다.

█ 클러스터링 기술

이 절에서는 클러스터링 기술, 문제, 적합한 예에 대해 설명한다. 계층적 클러스터링, 중심 기반 클러스터링, 분포 기반 클러스터링에 대한 간략한 개요도 설명한다.

비지도 학습과 클러스터링

클러스터링 분석은 데이터 샘플이나 데이터 포인트를 분할한 후 일치하는 같은 클래스나 클러스터에 저장하는 것을 의미한다. 따라서 클러스터링에 대한 간단한 정의는 객체가 어떤 방법을 사용해 비슷한 멤버를 그룹핑하는 객체를 구성하는 프로세스로 생각할 수 있다.

따라서 특정 클러스터^{cluster}는 서로 비슷한 객체 집합이고, 다른 클러스터의 객체와는 다르다. 그림 2에서 볼 수 있듯이 객체 집합이 제공되면 클러스터링 알고리즘은 해당 객체를 유사성에 따라 그룹에 저장한다. k-평균^{k-means}과 같은 클러스터링 알고리즘은 데이터 엘리먼트 그룹의 중심을 찾는다. 그러나 클러스터링을 정확히 하고 효과적으

728

로 생성하기 위해 알고리즘은 클러스터의 중심으로부터 각 지점 사이의 거리를 계산한다. 결국 클러스터링의 목적은 레이블이 없는 데이터셋에서 고유한 그룹핑을 결정하는 것이다.

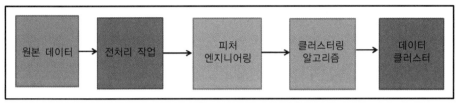

그림 2 원본 데이터 클러스터링

스파크는 k-평균, 가우스 혼합^{Gaussian mixture}, PIC^{power iteration clustering}, LDA^{latent dirichlet allocation}, 이분법 k-평균^{bisecting k-means}, 스트리밍 k-평균^{Streaming k-means} 같은 많은 클러스터링 알고리즘을 지원한다. LDA는 텍스트 마이닝에서 일반적으로 사용되는 문서 분류와 클러스터링에 사용된다. PIC는 에지 속성으로, 쌍으로 표시된 유사점으로 구성된 그래프의 수직 클러스터링에 사용된다. 그러나 14장의 목적을 명확하고 집중적으로 유지하기 위해 k-평균, 이분법 k-평균, 가우스 혼합 알고리즘으로 제한한다.

계층적 클러스터링

계층적 클러스터링 기술은 주변의 사람들보다 멀리 있는 사람들과 더 관련이 있는 대상이나 특성에 대한 근본적인 아이디어를 기반으로 한다. 이분법 k-평균은 여러 데이터 객체를 데이터 객체와 대응하는 거리에 기반으로 클러스터를 형성하게 연결하는 계층적 클러스터링 알고리즘의 예다.

계층적 클러스터링 기술에서 클러스터는 클러스터의 일부를 연결하기 위해 필요한 최대 거리로 간단하게 설명될 수 있다. 그 결과로 서로 다른 클러스터는 서로 다른 거리로 형성될 것이다. 여러 클러스터를 덴드로그램^{dendrogram}(덴드로그램은 단계마다 관측 값에 대한 클러스터링을 통해 형성된 그룹과 해당 그룹 사이의 유사성 수준을 표현한다

- 옮긴이)을 사용해 표현할 수 있다. 흥미롭게도 일반적인 이름 계층적 클러스터링은
덴드로그램의 개념에서 발전한다.

중심 기반 클러스터링

중심 기반$^{centroid-based}$ 클러스터링 기술에서 클러스터는 중심 벡터로 표시된다. 그러나
벡터 자체가 반드시 데이터 포인트의 구성원일 필요는 없다. 해당 타입을 학습시킬
경우 모델을 학습시키기 전에 사용 가능한 여러 클러스터를 제공해야 한다. k-평균은
중심 기반 클러스터링 타입 중 매우 유명한 예다. 클러스터 개수를 k라는 고정 정수로
설정한다면 k-평균 알고리즘은 최적화 문제로서 공식 정의를 제공한다. 최적화 문제
는 별도의 문제로서 k 클러스터 무게 중심을 찾고 가장 가까운 클러스터 무게 중심에
데이터 객체를 할당하면 해결된다. 간단히 말해 중심 기반 클러스터링 기술은 클러스
터에서 거리의 제곱을 최소화하는 것이 목적인 최적화 문제다.

분포 기반 클러스터링

분포 기반$^{Distribution-based}$ 클러스터링 알고리즘은 통계 분포 모델 기반의 알고리즘으로
서 동일한 분포를 갖는 관련 데이터 객체를 클러스터링할 수 있는 편리한 방법을 제공
한다. 분포 기반 알고리즘의 이론적 토대는 매우 견고하지만 대부분 오버피팅으로
인해 어려움을 겪는다. 그러나 해당 한계는 모델의 복잡성에 제약을 가함으로써 극복
될 수 있다.

▌ 중심 기반 클러스터링(CC)

이 절에서는 중심 기반 클러스터링 기술을 설명하고 해당 기술의 계산 문제를 다룬다.
중심 기반 클러스터링을 잘 이해할 수 있게 스파크 MLlib에서 k-평균을 사용하는 예
를 소개한다.

중심 기반 클러스터링 알고리즘 문제

이전에 살펴본 것처럼 k-평균과 같은 중심 기반의 클러스터링 알고리즘에서 클러스터 개수 k에 대한 최적 값을 설정하는 것은 최적화 문제다. 해당 문제는 높은 알고리즘 복잡성을 특징으로 하는 NP-난해[hard](비결정적 다항 시간 난해)로 설명할 수 있으므로 일반적인 접근 방법은 근삿값을 구하는 것이다. 따라서 해당 최적화 문제를 해결하면 추가 부담이 가해지고 결과적으로 중요한 단점이 생긴다. 또한 k-평균 알고리즘은 각 클러스터가 대략 비슷한 크기를 갖기를 기대한다. 즉, 더 좋은 클러스터링 성능을 얻으려면 각 클러스터의 데이터 포인트가 일정해야 한다.

k-평균 알고리즘의 또 다른 주요 단점은 해당 알고리즘이 클러스터 중심을 최적화하려고 시도하지만 클러스터 경계를 최적화하지 않으려 하고 클러스터 사이의 경계를 부적절하게 정해지는 경향이 있다는 점이다. 그러나 때때로 시각적으로 검사할 수 있다는 장점을 가질 수 있다. 이는 종종 초평면이나 다차원 데이터에 대한 데이터에는 사용할 수 없다. 그럼에도 불구하고 k의 최적 값을 찾는 방법은 14장의 뒷부분에서 설명한다.

k-평균 알고리즘의 동작 방식

k개의 클러스터로 분할될 필요가 있는 n개의 데이터 포인트 xi, $i=1...n$이 있다고 가정하자. 이제 목표는 각 데이터 엘리먼트에 클러스터를 할당하는 것이다. 그다음 k-평균 알고리즘은 데이터 포인트에서 클러스터까지의 거리를 최소화하는 클러스터의 위치 μi, $i=1...k$를 찾는 것을 목표로 한다. 수학적으로 k-평균 알고리즘은 최적화 문제인 다음 방정식을 풀어서 목표를 달성할 것이다.

$$\arg\min_{\mathbf{c}} \sum_{i=1}^{k} \sum_{\mathbf{x} \in c_i} d(\mathbf{x}, \mu_i) = \arg\min_{\mathbf{c}} \sum_{i=1}^{k} \sum_{\mathbf{x} \in c_i} \|\mathbf{x} - \mu_i\|_2^2$$

이 방정식에서 c_i는 클러스터 i에 할당된 데이터 포인트 셋이고, $d(\mathrm{x}, \mu i) = \|\mathrm{x} - \mu i\|_2^2$는

계산될 유클리드 거리다(왜 거리 측정을 사용해야하는지 간단히 설명할 것이다). 따라서 k-평균을 이용한 전체적인 클러스터링 연산은 사소한 것이 아니라 NP-난해 최적화 문제라는 것을 이해할 수 있다. 즉, 이는 k-평균 알고리즘이 전체 최솟값을 찾으려 할 뿐 아니라 다른 해결 방법을 종종 선택할 수 있음을 의미한다.

이제 k-평균 모델에 데이터를 입력하기 전에 알고리즘을 공식화하는 방법을 살펴보자. 우선 잠정 클러스터의 개수를 결정해야 한다. 그다음 일반적으로 다음 단계를 수행해야 한다.

1. 클러스터의 중심을 초기화한다.	$\mu_i = $ 특정 값, $\,i = 1, \dots, k$
2. 가장 가까운 클러스터에 각 데이터 포인트를 표시한다.	$\mathbf{c}_i = \{ j : d(\mathbf{x}_j, \mu_i) \leq d(\mathbf{x}_j, \mu_l), l \neq i, j = 1, \dots, n \}$
3. 각 클러스터의 위치를 해당 클러스터에 속한 모든 데이터 포인트의 평균으로 설정한다.	$\mu_i = \frac{1}{|c_i|} \sum_{j \in c_i} \mathbf{x}_j, \forall i$
4. 수렴될 때까지 2-3단계를 반복한다.	

여기에 $|c|$는 c의 엘리먼트 개수다.

k-평균 알고리즘을 사용하는 클러스터링은 모든 좌표를 중심으로 초기화하는 것으로 시작한다. 알고리즘이 모두 적용되면 각 포인트는 거리 메트릭(일반적으로 유클리드 거리Euclidean distance 알고리즘)을 기반으로 가장 가까운 중심으로 할당된다.

여러 거리 측정 알고리즘을 고려할 때 유클리드 거리 알고리즘은 k-평균 알고리즘에서 거리를 계산하는 데 가장 적합할 것이다. 알고리즘이 반복되면서 중심점은 모든 점의 중심으로 업데이트된다. 이는 중심점이 최소한으로 변경될 때까지 반복된다. 간단히 말해 k-평균 알고리즘은 반복 알고리즘이며, 다음과 같은 두 단계로 동작한다.

- **클러스터 할당 단계:** k-평균은 k개의 중심점 중에 가장 가까운 것으로 표시되는 클러스터에 할당된 데이터셋에서 m개의 각 데이터 점을 조사한다. 각 점에

대해서 각 중심에 대한 거리를 계산하고 가장 먼 거리를 선택한다.

- **업데이트 단계:** 각 클러스터에 대해 새로운 중심점은 클러스터에서 모든 점의 평균으로 계산된다. 앞 단계에서 클러스터에 할당된 포인트 셋을 갖고 있다. 이제 각 셋에 대해 클러스터의 새로운 중심을 선언한다는 의미를 계산한다.

 거리 계산: 거리를 계산하는 다른 방법도 있다. 예를 들면 다음과 같다.

체비셰프 거리(Chebyshev distance) 알고리즘은 가장 눈에 띄는 면적만 고려해 거리를 측정하는 데 사용할 수 있다. 해밍 거리(Hamming distance) 알고리즘은 두 문자열 간의 차이를 식별할 수 있다. 반면에 거리 메트릭을 작게 하기 위해 마하란노비스 거리(Mahalanobis distance) 알고리즘은 공분산 행렬을 정규화하는 데 사용될 수 있다. 맨해튼 거리(Manhattan distance) 알고리즘은 축 정렬 방향만 고려해 거리를 측정하는 데 사용된다. 민코프스키 거리(Minkowski distance) 알고리즘은 유클리드 거리, 맨해튼 거리, 체비셰프 거리를 만들기 위해 사용된다. 하버사인 거리(Haversine distance) 알고리즘은 특정 위치에서 구면의 두 점, 즉 경도와 위도 사이의 큰 원거리를 측정하는 데 사용된다.

스파크 MLlib의 k-평균을 사용한 클러스터링 예제

클러스터링 예를 자세히 보여주기 위해 스파크 MLlib를 사용한 비지도 머신 러닝 기술을 사용한 http://course1.winona.edu/bdeppa/Stat%20425/Datasets.html에서 Saratoga NY Homes 데이터셋을 다운로드한다. 해당 데이터셋에는 뉴욕시 외곽에 위치한 주택의 일부 피처가 포함돼 있다. 예를 들어 가격, 부지 크기, 해안가, 연식, 토지 값, 새로운 구조물, 중심 공기, 연료 타입, 난방 타입, 하수도 타입, 거실 공간, 대학 비율, 침실, 벽난로, 욕실, 객실 수를 포함한다. 그러나 다음 표에는 일부 피처만 표시됐다.

표 1 Saratoga NY Homes 데이터셋의 샘플 데이터

가격	부지 크기	해안가	연식	지대	방 개수
132,500	0.09	0	42	5,000	5
181,115	0.92	0	0	22,300	6
109,000	0.19	0	133	7,300	8
155,000	0.41	0	13	18,700	5
86,060	0.11	0	0	15,000	3
120,000	0.68	0	31	14,000	8
153,000	0.4	0	33	23,300	8
170,000	1.21	0	23	146,000	9
90,000	0.83	0	36	222,000	8
122,900	1.94	0	4	212,000	6
325,000	2.29	0	123	126,000	12

해당 클러스터링 기술의 목표는 같은 지역에 위치한 주택에서 이웃을 찾기 위해 도시에서 각 집의 피처를 기반으로 탐색 분석을 보여주는 것이다. 피처 추출을 수행하기 전에 Saratoga NY Homes 데이터셋을 로드하고 파싱해야 한다. 또한 1단계에서는 패키지와 관련 의존성 라이브러리를 로드하고 RDD로 데이터셋을 읽은 후 모델 트레이닝, 예측, 로컬 파싱한 데이터 수집, 클러스터링 비교를 포함한다.

1단계: 임포트 패키지는 다음과 같다.

```
package chapter14
import org.apache.spark.{SparkConf, SparkContext}
import org.apache.spark.mllib.clustering.{KMeans, KMeansModel}
import org.apache.spark.mllib.linalg.Vectors
import org.apache.spark._
import org.apache.spark.rdd.RDD
```

```
import org.apache.spark.sql.functions._
import org.apache.spark.sql.types._
import org.apache.spark.sql._
import org.apache.spark.sql.SQLContext
```

2단계: 스파크 세션을 생성한다. 이제 진입점에서 애플리케이션 이름과 마스터 URL을 이용해 스파크를 설정한다. 단순화하기 위해 컴퓨터의 모든 코어는 독립형으로 실행한다.

```
val spark = SparkSession
            .builder
            .master("local[*]")
            .appName("KMeans")
            .getOrCreate()
```

3단계: 데이터셋을 로드하고 파싱한다. 다음과 같이 데이터셋에서 RDD를 읽고 파싱하고 생성한다.

```
// 데이터셋을 파싱한다.
val start = System.currentTimeMillis()
val dataPath = "data/Saratoga_NY_Homes.txt"
//val dataPath = args(0)
val landDF = parseRDD(spark.sparkContext.textFile(dataPath))
                      .map(parseLand).toDF().cache()
landDF.show()
```

이 코드가 동작할 수 있도록 다음 패키지를 임포트한다.

```
import spark.sqlContext.implicits._
```

다음과 같은 결과를 얻을 것이다.

```
+--------+-------+----------+-----+---------+-----------+----------+--------+--------+---------+----------+----------+--------+----------+---------+-----+
|   Price|LotSize|Waterfront|  Age|LandValue|NewConstruct|CentralAir|FuelType|HeatType|SewerType|LivingArea|PctCollege|Bedrooms|Fireplaces|Bathrooms|rooms|
+--------+-------+----------+-----+---------+-----------+----------+--------+--------+---------+----------+----------+--------+----------+---------+-----+
|132500.0|   0.09|       0.0| 42.0|  50000.0|        0.0|       0.0|     3.0|     4.0|      2.0|     906.0|      35.0|     2.0|       1.0|      1.0|  5.0|
|181115.0|   0.92|       0.0|  0.0|  22300.0|        0.0|       0.0|     2.0|     3.0|      2.0|    1953.0|      51.0|     3.0|       0.0|      2.5|  6.0|
|109000.0|   0.19|       0.0|133.0|   7300.0|        0.0|       0.0|     2.0|     3.0|      3.0|    1944.0|      51.0|     4.0|       1.0|      1.0|  8.0|
|155000.0|   0.41|       0.0| 13.0|  18700.0|        0.0|       0.0|     2.0|     2.0|      2.0|    1944.0|      51.0|     3.0|       1.0|      1.5|  5.0|
| 86060.0|   0.11|       0.0|  0.0|  15000.0|        1.0|       1.0|     2.0|     2.0|      3.0|     840.0|      51.0|     2.0|       0.0|      1.0|  3.0|
|120000.0|   0.68|       0.0| 31.0|  14000.0|        0.0|       0.0|     2.0|     2.0|      2.0|    1152.0|      22.0|     4.0|       1.0|      1.0|  8.0|
|153000.0|    0.4|       0.0| 33.0|  23300.0|        0.0|       0.0|     4.0|     3.0|      2.0|    2752.0|      51.0|     4.0|       1.0|      1.5|  8.0|
|170000.0|   1.21|       0.0| 23.0|  14600.0|        0.0|       0.0|     4.0|     2.0|      2.0|    1662.0|      35.0|     4.0|       1.0|      1.5|  9.0|
| 90000.0|   0.83|       0.0| 36.0|  22200.0|        0.0|       0.0|     3.0|     4.0|      2.0|    1632.0|      51.0|     3.0|       0.0|      1.5|  8.0|
|122900.0|   1.94|       0.0|  4.0| 212200.0|        0.0|       0.0|     2.0|     2.0|      1.0|    1416.0|      44.0|     3.0|       0.0|      1.5|  6.0|
|325000.0|   2.29|       0.0|123.0|  12600.0|        0.0|       0.0|     4.0|     2.0|      2.0|    2894.0|      51.0|     7.0|       0.0|      1.0| 12.0|
|120000.0|   0.92|       0.0|  1.0|  22300.0|        0.0|       0.0|     2.0|     2.0|      2.0|    1624.0|      51.0|     3.0|       0.0|      2.0|  6.0|
| 85860.0|   8.97|       0.0| 13.0|   4000.0|        0.0|       0.0|     3.0|     4.0|      2.0|     704.0|      41.0|     2.0|       0.0|      1.0|  4.0|
| 97000.0|   0.11|       0.0|153.0|   3100.0|        0.0|       0.0|     2.0|     3.0|      3.0|    1383.0|      57.0|     3.0|       0.0|      2.0|  5.0|
|127000.0|   0.14|       0.0|  0.0|    300.0|        0.0|       0.0|     4.0|     2.0|      2.0|    1300.0|      41.0|     3.0|       0.0|      1.5|  8.0|
| 89900.0|    0.0|       3.0| 88.0|   2500.0|        0.0|       0.0|     2.0|     3.0|      3.0|     936.0|      57.0|     3.0|       0.0|      1.0|  4.0|
|155000.0|   0.13|       0.0|  9.0|    300.0|        0.0|       0.0|     4.0|     2.0|      2.0|    1300.0|      41.0|     3.0|       0.0|      1.5|  7.0|
|253750.0|    2.0|       0.0|  0.0|  49800.0|        0.0|       1.0|     2.0|     2.0|      1.0|    2816.0|      71.0|     4.0|       1.0|      2.5| 12.0|
| 60000.0|   0.21|       0.0| 82.0|   8500.0|        0.0|       0.0|     4.0|     3.0|      2.0|     924.0|      35.0|     2.0|       0.0|      1.0|  6.0|
| 87500.0|   0.88|       0.0| 17.0|  19400.0|        0.0|       0.0|     4.0|     2.0|      2.0|    1092.0|      35.0|     3.0|       0.0|      1.0|  6.0|
+--------+-------+----------+-----+---------+-----------+----------+--------+--------+---------+----------+----------+--------+----------+---------+-----+
only showing top 20 rows
```

그림 3 Saratoga NY Homes 데이터셋의 일부분

다음 코드는 Double 배열에서 Land 클래스를 생성하기 위해 사용되는 parseLand 메소드다.

```
// Double 배열에서 Land 클래스를 생성할 수 있는 함수
def parseLand(line: Array[Double]): Land = {
  Land(line(0), line(1), line(2), line(3), line(4), line(5),
        line(6), line(7), line(8), line(9), line(10),
        line(11), line(12), line(13), line(14), line(15)
  )
}
```

모든 피처를 Double로 읽는 Land 케이스 클래스는 다음과 같다.

```
case class Land(
    Price: Double, LotSize: Double, Waterfront: Double, Age: Double,
    LandValue: Double, NewConstruct: Double, CentralAir: Double,
    FuelType: Double, HeatType: Double, SewerType: Double,
    LivingArea: Double, PctCollege: Double, Bedrooms: Double,
    Fireplaces: Double, Bathrooms: Double, rooms: Double
)
```

736

이미 알고 있듯이 k-평균 모델을 트레이닝하려면 모든 데이터 포인트와 피처는 숫자여야 한다. 따라서 다음과 같이 모든 데이터 포인트를 Double로 변환해야 한다.

```
// String 타입의 RDD를 Double 타입의 RDD로 변환할 수 있는 메소드
def parseRDD(rdd: RDD[String]): RDD[Array[Double]] = {
    rdd.map(_.split(",")).map(_.map(_.toDouble))
}
```

4단계: 트레이닝 셋을 준비한다. 먼저 데이터 프레임(즉 landDF)을 Double 타입의 RDD로 변환하고, 다음과 같이 클러스터 번호를 연결하는 새로운 데이터 프레임을 생성할 수 있는 데이터를 캐시한다.

```
val rowsRDD = landDF.rdd.map(r => (
    r.getDouble(0), r.getDouble(1), r.getDouble(2),
    r.getDouble(3), r.getDouble(4), r.getDouble(5),
    r.getDouble(6), r.getDouble(7), r.getDouble(8),
    r.getDouble(9), r.getDouble(10), r.getDouble(11),
    r.getDouble(12), r.getDouble(13), r.getDouble(14),
    r.getDouble(15))
)
rowsRDD.cache()
```

이제 이전 Double 타입의 RDD를 다음처럼 고밀도 벡터의 RDD로 변환해야 한다.

```
// ID를 가진 모델에서 예측을 얻어 다른 정보로 다시 연결할 수 있다.
val predictions = rowsRDD.map{r => (
    r._1, model.predict(Vectors.dense(
        r._2, r._3, r._4, r._5, r._6, r._7, r._8, r._9,
        r._10, r._11, r._12, r._13, r._14, r._15, r._16
    )
))}
```

5단계: k-평균 모델을 트레이닝한다. 다음과 같이 5개의 클러스터, 20번의 반복, 10번의 실행을 지정해 모델을 트레이닝한다.

```
val numClusters = 5
val numIterations = 20
val run = 10
val model = KMeans.train(landRDD, numClusters, numIterations, run,
                         KMeans.K_MEANS_PARALLEL)
```

> 바마니(Bahmani)가 작성한 "Scalable k-Means++" 논문(VLDB 2012)에서 스파크 기반 k-평균의 구현은 k-평균 알고리즘을 사용해 클러스터 중심 셋을 초기화함으로써 동작하기 시작한다. 이는 k-평균++의 변형으로, 랜덤한 중심에서 시작해 서로 다른 클러스터 중심을 찾은 후 현재 클러스터 셋에 대한 제곱 거리에 비례하는 확률로 더 많은 중심을 선택하는 단계를 수행함으로써 서로 다른 클러스터 중심을 구성할 수 있다. 그리고 최적의 클러스터링에 대한 증명 가능한 근사치를 결과로 얻는다. 원본 논문은 http://theory.stanford.edu/~sergei/papers/vldb12-kmpar.pdf에서 다운로드할 수 있다.

6단계: 모델 오차율을 평가한다. 표준 k-평균 알고리즘은 각 셋의 점 사이 거리를 제곱한 합, 즉 WSSSE의 목적인 유클리드 거리를 제곱을 최소화하는 것을 목표로 한다. k-평균 알고리즘은 각 셋(즉, 클러스터 중심)의 포인트 사이 거리의 제곱 합을 최소화하는 것을 목표로 한다. 그러나 각 셋의 점 사이 거리의 제곱 합을 최소화한다면 각 클러스터는 자체 클러스터 중심인 모델로 종료될 것이다. 이 경우 측정값은 0이 된다.

따라서 파라미터를 지정해서 모델을 트레이닝하면 오차 제곱 합^{WSSSE, Within Set Sum of Squared Errors}을 사용해 결과를 계산할 수 있다. 기술적으로 이것은 다음과 같이 계산할 수 있는 각 k 클러스터에서 각 관찰 거리의 합과 같다.

```
// 비용(WCSS)을 계산해 클러스터링을 계산한다.
val WCSS = model.computeCost(landRDD)
println("Within-Cluster Sum of Squares = " + WCSS)
```

이 모델 트레이닝 셋은 WCSS의 값을 계산한다.

Within-Cluster Sum of Squares = 1.455560123603583E12

7단계: 클러스터의 중심을 계산하고 출력한다. 먼저 ID를 가진 모델에서 예측을 한 후 각 하우스와 관련된 다른 정보로 다시 연결할 수 있다. 4단계에서 준비한 RDD 로우를 사용한다.

```
// ID를 사용해 모델에서 예측을 얻어 다른 정보와 다시 연결할 수 있다.
val predictions = rowsRDD.map{r => (
    r._1, model.predict(Vectors.dense(
        r._2, r._3, r._4, r._5, r._6, r._7, r._8, r._9, r._10,
        r._11, r._12, r._13, r._14, r._15, r._16
    )
))}
```

그러나 가격에 대한 예측이 필요할 때 제공해야 한다. 해당 작업은 다음과 같이 수행할 것이다.

```
val predictions = rowsRDD.map{r => (
    r._1, model.predict(Vectors.dense(
        r._1, r._2, r._3, r._4, r._5, r._6, r._7, r._8, r._9, r._10,
        r._11, r._12, r._13, r._14, r._15, r._16
    )
))}
```

더 좋은 가시성과 탐색 분석을 위해 RDD를 다음과 같은 데이터 프레임으로 변환한다.

```
import spark.sqlContext.implicits._
val predCluster = predictions.toDF("Price", "CLUSTER")
predCluster.show()
```

결과는 다음 그림처럼 같을 것이다.

```
+--------+-------+
|   Price|CLUSTER|
+--------+-------+
|132500.0|      4|
|181115.0|      3|
|109000.0|      0|
|155000.0|      0|
| 86060.0|      0|
|120000.0|      0|
|153000.0|      3|
|170000.0|      0|
| 90000.0|      3|
|122900.0|      0|
|325000.0|      0|
|120000.0|      3|
| 85860.0|      0|
| 97000.0|      0|
|127000.0|      0|
| 89900.0|      0|
|155000.0|      0|
|253750.0|      4|
| 60000.0|      0|
| 87500.0|      0|
+--------+-------+
only showing top 20 rows
```

그림 4 예측된 클러스터의 일부분

데이터셋에는 구별 가능한 ID가 없기 때문에 Price 필드를 사용해 연결했다. 이 그림에서 특정 가격의 주택이 어느 클러스터에 존재하는지 알 수 있다. 이제 가시성을 높이기 위해 예상 데이터 프레임에 원본 데이터 프레임을 결합해 각 주택의 개별 클러스터 번호를 알아보자.

```
val newDF = landDF.join(predCluster, "Price")
```

```
newDF.show( )
```

다음 결과를 살펴보자.

```
+--------+-------+---------+----+---------+------------+----------+--------+--------+--------+----------+----------+--------+----------+---------+-----+-------+
|   Price|LotSize|Waterfront| Age|LandValue|NewConstruct|CentralAir|FuelType|HeatType|SewerType|LivingArea|PctCollege|Bedrooms|Fireplaces|Bathrooms|rooms|CLUSTER|
+--------+-------+---------+----+---------+------------+----------+--------+--------+--------+----------+----------+--------+----------+---------+-----+-------+
|132500.0|   0.21|      0.0|77.0|   3500.0|         0.0|       0.0|     2.0|     2.0|     3.0|    1379.0|      36.0|     3.0|       0.0|      1.0|  7.0|      4|
|132500.0|   0.37|      0.0|19.0|  13000.0|         0.0|       0.0|     3.0|     4.0|     3.0|    1988.0|      63.0|     2.0|       0.0|      1.0|  5.0|      4|
|132500.0|   0.37|      0.0|19.0|  13000.0|         0.0|       0.0|     3.0|     4.0|     3.0|    1988.0|      65.0|     2.0|       0.0|      1.0|  4.0|      4|
|132500.0|   0.09|      0.0|42.0|  50000.0|         0.0|       0.0|     3.0|     4.0|     2.0|     906.0|      35.0|     2.0|       1.0|      1.0|  5.0|      4|
|253750.0|    2.0|      0.0| 0.0|  49800.0|         0.0|       1.0|     2.0|     2.0|     1.0|    2816.0|      71.0|     4.0|       1.0|      2.5| 12.0|      4|
|290000.0|   0.66|      0.0|15.0|  31200.0|         0.0|       1.0|     2.0|     2.0|     2.0|    2305.0|      51.0|     4.0|       1.0|      2.5| 11.0|      4|
|290000.0|   0.46|      0.0|22.0|  48000.0|         0.0|       1.0|     2.0|     2.0|     3.0|    2030.0|      64.0|     4.0|       1.0|      2.5| 10.0|      4|
|290000.0|   0.61|      0.0|34.0|  32300.0|         0.0|       0.0|     2.0|     3.0|     3.0|    2728.0|      64.0|     4.0|       1.0|      2.5| 10.0|      4|
|290000.0|   0.12|      0.0| 3.0| 108300.0|         0.0|       1.0|     2.0|     2.0|     3.0|    1620.0|      57.0|     3.0|       1.0|      2.5|  7.0|      4|
|290000.0|    1.0|      1.0|33.0|  21700.0|         0.0|       0.0|     4.0|     2.0|     2.0|     944.0|      27.0|     1.0|       1.0|      1.0|  4.0|      4|
|290000.0|   0.15|      0.0|13.0|    400.0|         0.0|       1.0|     2.0|     2.0|     3.0|    1758.0|      47.0|     2.0|       1.0|      2.5|  6.0|      4|
|290000.0|   0.51|      0.0| 7.0|  39100.0|         0.0|       0.0|     2.0|     2.0|     3.0|    2362.0|      64.0|     4.0|       1.0|      2.5|  8.0|      4|
|290000.0|   0.71|      1.0|73.0|  61000.0|         0.0|       0.0|     4.0|     2.0|     2.0|    1838.0|      71.0|     4.0|       0.0|      2.0|  8.0|      4|
|205980.0|   0.14|      0.0| 1.0|  45200.0|         1.0|       1.0|     2.0|     2.0|     3.0|    1983.0|      64.0|     3.0|       1.0|      2.5|  5.0|      4|
|275000.0|   0.54|      0.0|19.0|  30200.0|         0.0|       0.0|     2.0|     3.0|     3.0|    2175.0|      64.0|     4.0|       1.0|      2.5| 10.0|      4|
|275000.0|   0.47|      0.0|35.0|  27800.0|         0.0|       0.0|     2.0|     3.0|     3.0|    2588.0|      64.0|     4.0|       1.0|      2.5| 10.0|      4|
|275000.0|   0.37|      0.0|14.0|  31200.0|         0.0|       1.0|     2.0|     2.0|     2.0|    2011.0|      40.0|     4.0|       1.0|      2.5|  8.0|      4|
|275000.0|   0.61|      0.0|21.0|  16100.0|         0.0|       1.0|     2.0|     2.0|     2.0|    2486.0|      62.0|     4.0|       1.0|      2.5| 11.0|      4|
|275000.0|   0.46|      0.0| 7.0|  18400.0|         0.0|       1.0|     2.0|     2.0|     3.0|    1865.0|      57.0|     3.0|       0.0|      2.5|  8.0|      4|
|275000.0|   0.03|      0.0|16.0|  27000.0|         0.0|       1.0|     2.0|     2.0|     3.0|    1812.0|      57.0|     2.0|       1.0|      2.5|  7.0|      4|
+--------+-------+---------+----+---------+------------+----------+--------+--------+--------+----------+----------+--------+----------+---------+-----+-------+
only showing top 20 rows
```

그림 5 각 주택마다 예측된 클러스터의 일부분

분석을 위해 RStudio에서 출력을 덤프하고 그림 6에 표시된 클러스터를 생성했다.
R 스크립트는 https://github.com/rezacsedu/ScalaAndSparkForBigDataAnalytics 깃
허브 저장소에서 다운로드할 수 있다. 또는 따로 스크립트를 작성해 시각화를 수행할
수도 있다.

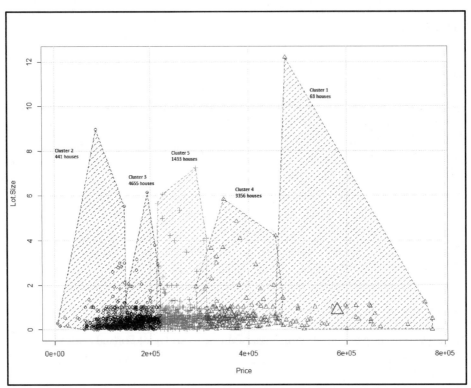

그림 6 이웃 클러스터

이제 더 광범위하게 분석과 가시성을 높이기 위해 각 클러스터에 대한 관련 통계를 관찰할 수 있다. 예를 들어 그림 8과 그림 9에서 각각 클러스터 3과 4에 관련된 통계를 출력했다.

```
newDF.filter("CLUSTER = 0").show()
newDF.filter("CLUSTER = 1").show()
newDF.filter("CLUSTER = 2").show()
newDF.filter("CLUSTER = 3").show()
newDF.filter("CLUSTER = 4").show()
```

이제 다음과 같이 각 클러스터 설명에 대한 통계를 얻는다.

```
newDF.filter("CLUSTER = 0").describe().show()
newDF.filter("CLUSTER = 1").describe().show()
newDF.filter("CLUSTER = 2").describe().show()
newDF.filter("CLUSTER = 3").describe().show()
newDF.filter("CLUSTER = 4").describe().show()
```

먼저 다음 그림처럼 클러스터 3의 통계를 관찰한다.

```
+-------+-----------------+------------------+--------------------+--------+
|summary|            Price|           LotSize|          Waterfront| CLUSTER|
+-------+-----------------+------------------+--------------------+--------+
|  count|             4655|              4655|                4655|    4655|
|   mean|162537.34135338347|0.4691321160042959| 0.003007518796992|     0.0|
| stddev| 51449.17174680274|0.62642128790059081|0.05476420278337016|     0.0|
|    min|          10300.0|               0.0|                 0.0|       0|
|    max|         600000.0|              8.97|                 1.0|       0|
+-------+-----------------+------------------+--------------------+--------+
```

그림 7 클러스터 3의 통계

이제 다음 그림에서 클러스터 4의 관련 통계를 살펴보자.

```
+-------+-----------------+------------------+--------------------+--------+
|summary|            Price|           LotSize|          Waterfront| CLUSTER|
+-------+-----------------+------------------+--------------------+--------+
|  count|             3356|              3356|                3356|    3356|
|   mean| 208313.6853396901|0.5529678188319437|0.0065554231227565197|     0.0|
| stddev| 55025.18531388466|0.6481204374941402| 0.08071177527503304|     0.0|
|    min|           5000.0|              0.01|                 0.0|       0|
|    max|         600000.0|              7.24|                 1.0|       0|
+-------+-----------------+------------------+--------------------+--------+
```

그림 8 클러스터 4의 통계

원본 화면은 너무 커서 이 페이지에 들어갈 수 없기 때문에 원본 이미지를 수정해서 주택의 다른 변수가 포함된 칼럼을 제거했다.

k-평균 알고리즘의 랜덤 특성으로 인해 반복이 성공할 때마다 다른 결과를 얻을 수 있다. 그러나 시드를 다음과 같이 설정해 해당 알고리즘의 랜덤 특성을 제어할 수 있다.

```
val numClusters = 5
val numIterations = 20
val seed = 12345
val model = KMeans.train(landRDD, numClusters, numIterations, seed)
```

8단계: 스파크 세션을 중지한다. 마지막으로 다음과 같이 stop 메소드를 사용해 스파크 세션을 중지한다.

```
spark.stop()
```

이전의 예에서 아주 작은 피처 셋을 다뤘다. 상식과 시각 검사를 통해 같은 결론을 도출할 수 있다. k-평균 알고리즘을 사용하는 위의 예에서 해당 알고리즘에 대한 몇 가지 제한 사항이 있음을 알 수 있다. 예를 들어 k 값을 예측하기란 정말 어렵고, 전체 클러스터에서는 k 값이 제대로 동작하지 않는다. 또한 초기 파티션이 다르기 때문에 최종 클러스터가 달라질 수 있으며, 마지막으로 다양한 크기와 밀도의 클러스터에서는 제대로 동작하지 않을 수 있다.

 이런 한계를 극복하기 위해 마르코프 체인 몬테카를로(MCMC, Markov Chain Monte Carlo, https://en.wikipedia.org/wiki/Markov_chain_Monte_Carlo를 참조하긴 바란다)와 관련된 강력한 알고리즘을 사용하길 바란다. 또한 Tribble, Seth D.의 『Markov chain Monte Carlo algorithms using completely uniformly distributed driving sequences』(Diss. Stanford University, 2007) 책을 잘 살펴보길 바란다.

▌계층적 클러스터링(HC)

이 절에서는 계층적 클러스터링^{HC, hierarchical clustering} 기술과 계층적 클러스터링 기술을 계산할 때 발생하는 문제를 다룬다. 스파크 MLlib에서 계층적 클러스터링의 이분법

744

k-평균 알고리즘을 사용하는 예를 통해 계층적 클러스터링을 더 잘 이해할 수 있을 것이다.

계층적 클러스터링 알고리즘의 개요와 도전

계층적 클러스터링 기술은 거리를 계산하는 방식으로 중심 기반 클러스터링 기술과는 계산 방식이 다르다. 계층적 클러스터링 기술은 클러스터 계층 구조를 구축하는 데 가장 널리 사용되는 클러스터링 분석 기술 중 하나다. 클러스터는 일반적으로 여러 객체로 구성되기 때문에 거리를 계산할 다른 후보도 있다. 따라서 거리 함수의 일반적인 선택을 제외하고, 사용될 연결 기준을 결정해야 한다. 즉, 계층적 클러스터링에는 두 가지 타입의 전략이 있다.

- **상향식 접근법:** 각 관찰이 자체 클러스터에서 시작된다. 그다음 클러스터 쌍이 함께 병합되고 계층 구조가 위로 이동한다.
- **하향식 접근법:** 하나의 클러스터에서 모든 관측이 시작되고 분할은 재귀적으로 수행되며, 점점 아래 계층으로 이동한다.

해당 상향식 접근 방식이나 하향식 접근 방식은 최소 객체 거리를 감안하는 단일 연결 클러스터링SLINK, single-linkage clustering, 최대 거리를 고려한 전체 연결 클러스터링CLINK, complete linkage clustering, 산술 평균을 포함한 가중치가 없는 쌍 그룹을 고려한 단일 연결 클러스터링UPGMA, unweighted pair group method with arithmetic mean 기술을 기반으로 한다. UPGMA는 평균 연결 클러스터링average-linkage clustering이라고도 한다. 기술적으로 각 방법은 데이터 셋에서 고유 파티션을 생성하지 않는다(즉 서로 다른 클러스터다).

 세 개의 접근 방법에 대한 비교 분석은 https://nlp.stanford.edu/IR-book/completelink. html에서 확인할 수 있다.

그러나 사용자는 더 좋은 클러스터 예측과 할당을 위해 계층 구조에서 적절한 클러스터를 선택해야 한다. 이분법 k-평균과 같은 클래스의 알고리즘은 k-평균 알고리즘보다 계산 속도가 빠르지만, 해당 알고리즘에는 다음과 같은 세 개의 단점이 있다.

- 첫째, 이전 알고리즘들은 노이즈나 누락된 값을 포함하는 특이값이나 데이터셋에 대해 매우 강력하지 않다. 단점으로는 추가 클러스터를 부과하거나 다른 클러스터를 병합시키는 원인이 된다는 점이다. 이 문제를 일반적으로 연쇄현상chaining phenomenon, 특히 단일 연결 클러스터링single linkage clustering이라 한다.
- 둘째, 알고리즘 분석 관점에서 응집 클러스터링과 분열 클러스터링은 복잡하며 큰 데이터셋의 경우 너무 느리다.
- 셋째, SLINK과 CLINK는 클러스터 분석의 이론적 토대로서 데이터 마이닝 작업에서 널리 사용됐지만 요즘은 쓸모없는 것으로 여기고 있다.

스파크 MLlib를 이용한 이분법 k-평균

이분법bisecting k-평균은 보통 일반 k-평균보다 훨씬 빠르지만 일반적으로 다른 클러스터링을 생성한다. 이분법 k-평균 알고리즘은 Steinbach, Karypis, Kumar가 작성한 "A comparison of document clustering techniques"(http://glaros.dtc.umn.edu/gkhome/node/157)를 스파크 MLlib에 맞게 수정한 문서를 기반으로 한다.

이분법 k-평균은 모든 데이터 포인트를 포함하는 단일 클러스터에서 시작되는 일종의 분열적 알고리즘이다. 반복적으로 최하위에 있는 모든 나눌 수 있는 클러스터를 찾아내고, k의 잎 클러스터가 전체 또는 나눌 수 없는 잎 클러스터가 될 때까지 k-평균을 사용해 각각을 나눈다. 그다음 동일 레벨의 클러스터를 그룹핑해 병렬 처리를 향상시킨다. 즉, 이분법 k-평균은 일반 k-평균 알고리즘보다 빠르다.

최하위 레벨에서 분할 가능한 모든 클러스터를 이등분하면 k 리프leaf 클러스터 이상을 결과로 얻고 큰 클러스터는 항상 우선순위가 높아진다.

스파크 MLlib 구현에서는 다음과 같은 파라미터가 사용된다.

- **K:** 원하는 리프 클러스터 개수다. 그러나 계산 중에 분할할 수 있는 리프 클러스터가 없으면 실제 개수는 더 작아질 수 있다. 기본 값은 4다.
- **MaxIterations:** 클러스터를 분할하는 k-평균 최대 반복 개수다. 기본 값은 20이다.
- **MinDivisibleClusterSize:** 최소 포인트 개수다. 기본 값은 1로 설정된다.
- **Seed:** 랜덤 클러스터링을 허용하지 않고 각 반복에서 거의 비슷한 결과를 제공하려는 랜덤 시드다. 그러나 12345와 같은 긴 시드 값을 사용하는 것을 추천한다.

스파크 MLlib를 사용한 이웃의 이분법 k-평균 클러스터링

앞 절에서는 비슷한 주택을 클러스터링해서 이웃을 결정하는 방법을 살펴봤다. 이분법 k-평균도 다음과 같이 다른 트레이닝 파라미터를 사용하는 모델 학습을 제외하고는 일반 k-평균과 비슷하다.

```
// 이분법 k-평균을 사용해 데이터를 두 개의 클래스로 클러스터링한다.
val bkm = new BisectingKMeans()
                    .setK(5) // 비슷한 주택을 클러스터링한 개수
                    .setMaxIterations(20)// 최대 반복 개수
                    .setSeed(12345) // 랜덤을 허용하지 않기 위해 시드를 설정한다.
val model = bkm.run(landRDD)
```

이전 예를 참조하고 트레이닝 데이터를 얻기 위해 이 단계를 다시 사용한다. 이제 WCSS를 다음과 같이 계산해 클러스터링을 계산한다.

```
// WSSSE를 계산하고 클러스터링을 계산한다.
val WCSSSE = model.computeCost(landRDD)
```

```
println("Within-Cluster Sum of Squares = " + WCSSSE) // 작을수록 좋다.
```

다음 결과를 확인한다.

```
Within-Cluster Sum of Squares = 2.096980212594632E11
```

이제 더 많이 분석하기 위해 앞 절의 5단계를 참조하길 바란다.

▌ 분포 기반 클러스터링(DC)

이 절에서는 분포 기반 클러스터링 기술과 계산상의 도전을 다룬다. 분포 기반 클러스터링을 잘 이해하기 위해 스파크 MLlib와 함께 가우스 혼합 모델$^{\text{GMM, Gaussian mixture model}}$을 사용하는 예를 소개한다.

분포 기반 클러스터링 알고리즘의 도전

가우스 혼합 모델과 같은 분포 기반 클러스터링 알고리즘은 기대 최대화 알고리즘이다. 오버피팅 문제를 피하기 위해 가우스 혼합 모델은 고정된 수의 가우스 분포로 데이터셋을 모델링한다. 분포는 랜덤으로 초기화되며, 관련 파라미터는 모델을 학습 데이터셋에 더 잘 맞게 반복하면서 최적화된다. 이는 가우스 혼합 모델의 가장 강력한 기능이며, 모델이 지역 최적으로 수렴되게 돕는다. 그러나 분포 기반 클러스터링 알고리즘을 여러 번 실행하면 결과가 달라질 수 있다.

즉, 가우스 모델 혼합은 이분법 k-평균 알고리즘과 소프트^{soft} 클러스터링과 달리 하드^{hard} 클러스터링에 최적화돼 있으며, 특정 타입을 얻으려면 객체가 종종 가우스 분포로 할당된다. 가우스 혼합 모델의 또 다른 장점은 필요한 모든 상관관계와 데이터 포인트와 속성 간의 의존성을 얻음으로써 클러스터의 복잡한 모델을 생성한다는 점이다.

가우스 혼합 모델의 단점으로는 데이터의 포맷과 형태에 대해 몇 가지 가정을 갖고 있어서 사용자에게 추가 부담을 준다는 점이다. 좀 더 구체적으로 말하면 다음과 같은 두 가지 기준이 충족되지 않으면 성능이 크게 저하된다.

- 가우스 아닌 데이터셋: 가우스 혼합 모델 알고리즘에서 데이터셋은 계속 생성되는 분포인 가우스를 기반으로 하고 있다고 가정한다. 그러나 실제 많은 데이터셋은 낮은 클러스터링 성능을 제공하는 가정을 만족시키지 못한다.
- 클러스터의 크기가 균일하지 않으면 작은 클러스터는 큰 클러스터에 지배될 가능성이 높다.

가우스 혼합 모델의 동작 방식

가우스 혼합 모델을 사용하는 것은 소프트 클러스터링의 보편적인 기술이다(소프트 클러스터링$^{soft\ clustering}$은 하나의 데이터가 다수의 클러스터에 할당하는 것을 말한다. 참고로 하드 클러스터링$^{hard\ clustering}$은 하나의 데이터가 정확히 하나의 클러스터에 할당하는 것을 말한다 – 옮긴이). 가우스 혼합 모델은 모든 데이터 포인트를 가우스 분포의 유한 혼합 분포$^{finite\ mixture}$로 모델링하려 한다. 즉, 클러스터 관련 통계를 계산할 때 데이터 포인트가 클러스터에 속할 확률이 함께 계산돼 전체 분포를 표현하게 된다. 따라서 모든 포인트는 자신의 확률을 갖는 k개의 가우스 하위 분포 중 하나에서 파생된다. 즉, 가우스 혼합 모델 기능을 다음과 같은 3단계 의사 코드로 설명할 수 있다.

1. **목적 함수:** 기댓값 최대화$^{EM,\ expectation\text{-}maximization}$를 프레임워크로 사용해 로그 가능성을 계산하고 최대화한다.
2. **EM 알고리즘**
   - **E단계:** 소속된 포인트의 사후 확률을 계산한다. 예, 더 가까운 데이터 포인트

- **M단계:** 파라미터를 최적화한다.
3. **과제:** E단계에서 소프트 할당^{soft assignment}을 수행한다.

기술적으로 통계 모델이 주어지면 해당 모델의 파라미터(즉 데이터셋에 적용될 때)는 최대 가능도 추정^{MLE, maximum-likelihood estimation}을 사용해 추정한다. 반면 EM 알고리즘은 최대 가능도^{maximum likelihood}를 찾는 반복적인 과정이다.

 가우스 혼합 모델은 비지도 알고리즘이기 때문에 가우스 혼합 모델은 유추한 변수에 의존한다. EM 반복은 기댓값(E)와 최대화(M) 단계를 수행하기 위해 회전한다.

스파크 MLlib 구현은 기대 최대화 알고리즘을 사용해 주어진 데이터 엘리먼트 셋에서 최대 가능도 모델을 유도한다. 현재 구현은 다음 파라미터를 사용한다.

- K는 데이터 포인트를 클러스터링하기 위한 희망 클러스터 개수다.
- ConvergenceTol은 로그와 같이 수렴을 달성했다고 생각할 수 있는 최대 가능성 변화다.
- MaxIterations는 수렴 지점에 도달하지 않고 수행할 수 있는 최대 반복 횟수다.
- InitialModel은 EM 알고리즘을 시작할 선택적 시작점이다. 해당 파라미터를 생략하면 랜덤 시작점이 데이터로 구성된다.

스파크 MLlib으로 가우스 혼합 모델을 사용한 클러스터링 예

앞 절에서 이웃을 결정하기 위해 비슷한 주택을 클러스터링하는 방법을 살펴봤다. GMM을 사용하면 다음과 같이 다양한 트레이닝 파라미터를 받는 모델 트레이닝 외에 이웃을 찾기 위해 주택을 클러스터링하는 것도 가능하다.

```
val K = 5
val maxIteration = 20
```

```
val model = new GaussianMixture( )
        .setK(K) // 원하는 클러스터 개수
        .setMaxIterations(maxIteration) //최대 횟수
        .setConvergenceTol(0.05) // 수렴 허용 오차
        .setSeed(12345) // 랜덤을 허용하지 않게 시드를 설정한다.
        .run(landRDD)      // 트레이닝 셋을 사용한 모델을 피팅한다.
```

이전 예를 참조하고 이전 단계의 트레이닝 데이터를 재사용할 것이다. 이제 모델의 성능을 평가하기 위해 가우스 혼합 모델은 WCSS와 같은 성능 메트릭을 비용 함수로 제공하지 않는다. 그러나 가우스 혼합 모델은 뮤, 시그마, 가중치와 같은 성능 메트릭을 제공한다. 해당 파라미터는 서로 다른 클러스터(이 경우에는 5개의 클러스터) 사이의 최대 확률을 나타낸다. 이는 다음과 같은 코드로 확인할 수 있다.

```
// 최댓값 가능도 모델의 결과 파라미터
for (i <- 0 until model.K) {
   println("Cluster " + i)
   println("Weight=%f\nMU=%s\nSigma=\n%s\n" format(model.weights(i),
      model.gaussians(i).mu, model.gaussians(i).sigma))
}
```

다음과 같은 결과를 얻을 것이다.

Cluster 1:

Weight=0.062914

MU=[0.7808989073647417,0.027594804693120447,43.592594389644596,46431.34374059474,0.15006962027130458,0.297615
6919639882,2.89886101554574,2.399612004870814,7,2.4470830298894057,1887.577268849958,52.2947838682471,3.261785551
442653,0.5617365219634057,1.884482686574011,7.445246170818636]

Sigma=

1.3102878656532657   -0.008781556531403927 ... (15 total)

-0.008781556531403927 0.026833331447068984 ...

-7.778315613332572   -0.22791269559972674 ...

-1994.3759086646505   953.5473866305449   ...

-0.047375946352474545 -0.004141141861757399...

0.037134027030446944   -8.540323116658249E-4...

0.18951000788031888   0.006470217824087922 ...

0.09271897737610613   0.0036900139379503023...

-0.18856936310448533 0.002380060277798572 ...

68.41825719674146   -4.1514710237897745   ...

0.03436783576161607   -0.1939395215895821   ...

-0.013693506665595243 -0.020101496691984813...

0.07766511419505753   -7.837804459298127E-4...

0.05849863330847962   -4.91629596665423E-4 ...

0.21074653933320067   -0.03620197853953523 ...

그림 9 클러스터 1

752

Cluster 2:

Weight=0.062916

MU=[0.7808963058537262,0.027594300109707637,43.59271302953474,46430.948520786165,0.1500671062662067,0.297611147
4897629,2.898874780088942,2.3996095379912377,2.4470782768357395,1887.5686676601638,52.29480896675908,3.2617797
716636363,0.5617320485051086,1.8844738211391,7.445223617464369]

Sigma=

1.310268484362083	-0.008781324169799203	... (15 total)
-0.008781324169799203	0.026832854711163028	...
-7.778307903368862	-0.22791180189966537	...
-1994.312293144824	953.5408564069132	...
-0.047374773188269	-0.004140996766905095	...
0.03713394906123063	-8.538912936897718E-4	...
0.18950712664774483	0.006469719690237634	...
0.09271774632030978	0.003690014536237195	...
-0.18856667725951917	0.002380147914518987	...
68.41855307532745	-4.151157768413957	...
0.03435556638123301	-0.19393666789368957	...
-0.013692860075417968	-0.020100969638081837	...
0.07766539257767785	-7.836426721759263E-4	...
0.058499301884249254	-4.913759714689525E-4	...
0.21074627737377502	-0.03620069422593031	...

그림 10 클러스터 2

Cluster 3:

Weight=0.062915

MU=[0.7808981865995427,0.0275946834783o766,43.59262858361646,46431.26749714549,0.1500691630940002,0.2976147750

6046585,2.8988635085309786,2.399611526771179,2.4470822675213055,1887.5755390299287,52.294789589124775,3.26178447

04782777,0.5617355795036949,1.8844808976383316,7.445241787598352]

Sigma=

1.310283325188202   −0.008781498067640526 ... (15 total)

−0.008781498067640526 0.026833216922o3967   ...

−7.778318179295566   −0.2279126380278217   ...

−1994.3651943924194   953.5453019313146   ...

−0.04737570401219658   −0.004141111055433465...

0.037134001244643104   −8.540032585036882E−4...

0.18950953750130048   0.006470120609376332 ...

0.09271869144891273   0.0036900109219803134...

−0.18856885182984973   0.002380070860293689 ...

68.41831257137832   −4.1514050538828   ...

0.03436459261474013   −0.19393882754318761 ...

−0.013693380064977525   −0.020101378563885663...

0.07766520283662945   −7.837509961456534E−4...

0.05849877693251591   −4.915780719425822E−4...

0.21074640369183104   −0.03620169856259542 ...

그림 11 클러스터 3

```
Cluster 4:

Weight=0.062914

MU=[0.7808992393728132,0.027594857592962586,43.592578423292814,46431.373286351896,0.1500697901951163,0.29761605
64124643,2.898860089904809,2.3996121902034595,2.4470832872542676,1887.5779548277749,52.29478143593403,3.2617859
602083223,0.5617369056497247,1.8844833973712003,7.445247871566899]

Sigma=
1.3102898209522704    -0.008781582527563107  ... (15 total)

-0.008781582527563107 0.026833381427386702  ...

-7.778313620309155    -0.2279126919235134  ...

-1994.3796587358433   953.5483992884145    ...

-0.04737604387775983   -0.004141154489440008...

0.037134040114905426   -8.540440057795036E-4...

0.18951016842223162   0.006470255770598361  ...

0.0927190997773798    0.003690015897543276  ...

-0.18856955926488908  0.0023800577384774702...

68.41823645079883     -4.151497911732236    ...

0.03436931403004916   -0.1939398262567097  ...

-0.013693555188677108 -0.02010154650684 0207...

0.07766507105646259   -7.837925362348146E-4...

0.05849857421583572   -4.916501535027908E-4...

0.21074661417458015   -0.036202094871478796...
```

그림 12 클러스터 4

Cluster 5:

Weight=0.748341

MU=[0.4058231162813968,0.0023199464802859684,22.644237040865264,30564.074445916867,0.012172001781884387,0.3909
70832200064,2.27538815618734,2.570878771841545,2.778403168061976,1710.3840312560203,56.668355015374146,3.118440132
412651,0.6153426261265736,1.9054511351698555,6.905949369774216]

Sigma=

0.17589935013824443   1.318739954100798E-4   ... (15 totals)

1.318739954100798E-4   0.0023145643286145772 ...

0.1927311852469183   0.029438024228507845 ...

1108.2263125353527   116.97771555806634   ...

7.447161249472683E-4   -2.8238392691917215E-5...

-0.007840809295101704 -2.8837901025969534E-4...

0.023475650829693853   0.0019903868910481287 ...

-0.007865077010407383 -8.710340648340969E-5 ...

-0.06405665959152722   -5.685489003490323E-4 ...

54.81575059498132   0.06205695119789516   ...

0.08164968346291952   -0.02645130673658966 ...

0.07800513455809353   -0.001357416457442531 ...

0.023165924984143067   -1.9025716915325663E-4...

0.03441444210703747   -8.997788887508309E-5 ...

0.17565249306476233   -0.0017924278494132312...

그림 13 클러스터 5

결과를 보면 클러스터 1~4의 가중치는 서로 비슷하지만 이를 클러스터 5의 가중치와
비교하면 현저히 다르다.

▌ 클러스터 개수 결정

k-평균 알고리즘과 같은 클러스터링 알고리즘의 장점은 무제한의 피처로 데이터를
클러스터링할 수 있다는 점이다. 원본 데이터가 있고 해당 데이터의 패턴을 알고 싶을
때 사용하는 훌륭한 툴이다. 그러나 실험을 수행하기 전에 클러스터 개수를 결정하는

것은 성공적이지 않을 수 있지만, 때로는 오버피팅이나 언더피팅 문제가 발생할 수 있다. 반면 세 개의 알고리즘(즉 k-평균, 이분법 k-평균, 가우스 혼합)에 대한 공통점은 미리 클러스터의 개수가 결정돼야 하며, 파라미터로 알고리즘으로 제공해야 한다는 점이다. 따라서 비공식적으로 클러스터 개수를 결정하는 것은 해결해야 할 별도의 최적화 문제다.

이 절에서는 엘보우^{Elbow} 메소드 기반의 휴리스틱 접근법을 사용한다. k=2 클러스터부터 시작해 k를 증가시켜 비용 함수인 WCSS 값을 관찰함으로써 동일한 데이터셋에 대해 k-평균 알고리즘을 실행했다. 어느 시점에서 비용 함수의 큰 하락을 관찰할 수 있지만, k의 값이 증가할수록 개선은 미미하다. 클러스터 분석 문헌에서 추천한 것처럼 WCSS의 마지막 큰 하락 이후에 최적의 k를 선택할 수 있다.

다음 파라미터를 분석함으로써 k-평균의 성능을 확인할 수 있다.

- **betweenness**: 클러스터 간의 유사성$^{intracluster\ similarity}$이라고도 불리는 제곱의 합계다.
- **withiness**: 클러스터 내 유사성$^{intercluster\ similarity}$이라고도 불리는 사각형의 합계다.
- **totwithinss**: 전체 클러스터 간의 유사성$^{total\ intracluster\ similarity}$이라고도 불리는 모든 클러스터의 모든 Withiness의 합계다.

견고하고 정확한 클러스터링 모델은 더 낮은 withiness 값과 더 높은 betweenness 값을 가질 것이다. 그러나 해당 값은 모델 구축 전에 선택되는 클러스터 개수, 즉 K에 따라 달라진다.

이제 클러스터 개수를 결정하기 위해 엘보우 메소드를 활용하는 방법을 알아본다. 다음과 같이 모든 피처를 기반으로 가정 데이터에 적용된 k-평균 알고리즘에 대한 클러스터 개수에 따라 비용 함수 WCSS를 계산했다. 따라서 k = 5일 때 큰 하락이 발생한다는 것을 알 수 있다. 따라서 그림 10과 같이 클러스터 개수를 5로 선택했다.

기본적으로 마지막 큰 하락 이후의 클러스터 개수다.

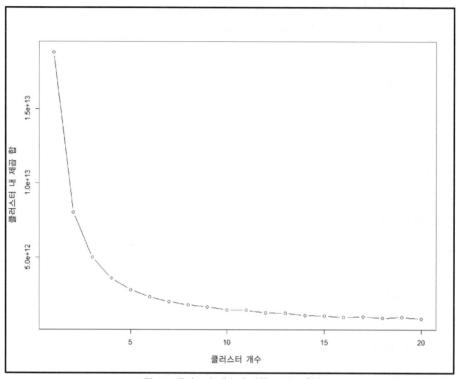

그림 14 클러스터 개수에 따른 WCSS 함수

▌ 클러스터링 알고리즘 간의 비교 분석

가우스 혼합^{Gaussian mixture}은 최적화 알고리즘의 예인 기댓값 최소화에서 주로 사용된다. 이분법 k-평균은 k-평균보다 빠르며, 약간 다른 클러스터링 결과를 생성한다. 이 절에서는 세 개의 알고리즘을 비교할 것이다. 모델 구축 시간과 각 알고리즘에 대한 비용을 비교해 성능 비교를 보여준다. 다음 코드에서 볼 수 있듯이 WCSS의 관점에서 비용을 계산할 수 있다. k-평균과 이분법 알고리즘에 대한 WCSS를 계산하기 위해 다음 코드를 사용할 수 있다.

758

```
val WCSS = model.computeCost(landRDD) // landRDD는 트레이닝 셋이다.
println("Within-Cluster Sum of Squares = " + WCSS) // // 작을수록 좋다.
```

14장에서 사용한 데이터셋의 경우 다음과 같은 WCSS 값을 얻는다.

Within-Cluster Sum of Squares of Bisecting K-means = 2.096980212594632E11
Within-Cluster Sum of Squares of K-means = 1.455560123603583E12

이는 k-평균이 계산 비용면에서 약간 더 나은 성능을 보임을 의미한다. 불행히도 가우스 혼합 모델 알고리즘에는 WCSS와 같은 측정 항목이 없다. 이제 세 개의 알고리즘의 모델 구축 시간을 살펴보자. 모델 트레이닝을 시작하기 전에 시스템 시계를 시작하고, 다음과 같이 트레이닝이 끝난 후에는 시스템 시계를 즉시 중지할 수 있다(k-평균의 경우).

```
val start = System.currentTimeMillis()
val numClusters = 5
val numIterations = 20
val seed = 12345
val runs = 50
val model = KMeans.train(landRDD, numClusters, numIterations, seed)
val end = System.currentTimeMillis()
println("Model building and prediction time: "+ {end - start} + "ms")
```

14장에서 사용한 트레이닝 셋의 경우 다음과 같은 모델 구축 시간 값을 얻었다.

Model building and prediction time for Bisecting K-means: 2680ms
Model building and prediction time for Gaussian Mixture: 2193ms
Model building and prediction time for K-means: 3741ms

다른 연구 논문에서는 이분법 k-평균 알고리즘이 데이터 포인트를 클러스터에 잘 할 당할 수 있다는 연구 결과가 있다. 또한 이분법 k-평균은 k-평균에 비해 전역 최솟값으로 잘 수렴된다. 한편 k-평균은 국소 최솟값으로 빠질 가능성이 있다. 따라서 이분법 k-평균 알고리즘을 사용하면 k-평균을 사용하면서 고통 받을 수 있는 국소 최솟값에 빠지지 않도록 한다.

컴퓨터의 하드웨어 구성과 데이터셋의 랜덤 환경에 따라 이전 파라미터의 여러 값을 살펴볼 수 있다.

 이론적인 관점이 궁금하다면 더 자세히 분석할 수 있다. 관심 있는 독자는 https://spark.apache.org/docs/latest/mllib-clustering.html의 스파크 MLlib 기반 클러스터링 기술을 참조해 더 많은 정보를 얻기를 바란다.

클러스터 분석을 위한 스파크 잡 제출

14장에서 소개한 예는 더 큰 규모의 데이터셋을 다른 용도로 사용될 수 있도록 확장할 수 있다. 필요한 모든 의존 라이브러리가 포함된 세 개의 모든 클러스터링 알고리즘을 패키징하고 클러스터에 스파크 잡을 제출할 수 있다. 이제 Saratoga NY Homes 데이터셋을 k-평균 클러스터링의 스파크 잡에 제출하려면 다음 코드를 사용한다(예, 다른 클래스의 비슷한 구문을 사용한다).

```
# 애플리케이션을 8코어, 독립 실행형 모드로 실행한다.
SPARK_HOME/bin/spark-submit \
--class chapter14.KMeansDemo \
--master local[8] \
KMeansDemo-0.1-SNAPSHOT-jar-with-dependencies.jar \
Saratoga_NY_Homes.txt
```

```
# YARN 클러스터에서 실행한다.
export HADOOP_CONF_DIR=XXX
SPARK_HOME/bin/spark-submit \
--class chapter14.KMeansDemo \
--master yarn \
--deploy-mode cluster \  # 클라이언트를 클러스터 모드로 실행한다.
--executor-memory 20G \
--num-executors 50 \
KMeansDemo-0.1-SNAPSHOT-jar-with-dependencies.jar \
Saratoga_NY_Homes.txt

# supervise 플래그를 포함해 클러스터 배포 모드의 메소스(Mesos) 클러스터에서 실행한다.
SPARK_HOME/bin/spark-submit \
--class chapter14.KMeansDemo \
--master mesos://207.184.161.138:7077 \ # IP 주소를 사용한다.
--deploy-mode cluster \
--supervise \
--executor-memory 20G \
--total-executor-cores 100 \
KMeansDemo-0.1-SNAPSHOT-jar-with-dependencies.jar \
Saratoga_NY_Homes.txt
```

▌ 요약

14장에서는 머신 러닝에 대해 자세히 다뤘고, 비지도 관찰 데이터셋에 속한 레코드를
클러스터링하기 위해 머신 러닝을 활용하는 방법을 살펴봤다. 그리고 13장을 살펴보
며 이해한 내용을 기반으로 일부 예를 통해 새로운 문제에도 적용 가능한 데이터에
지도 및 비지도 기술을 신속하고 강력하게 적용할 수 있는 필요하고 실용적인 지식을
살펴봤다.

지금까지 스파크 관점에서 여러 예를 소개했다. k-평균, 이분법 k-평균 알고리즘,

가우스 혼합 알고리즘의 경우 알고리즘이 여러 번 실행될 때 동일한 클러스터를 생성한다는 것을 보장하지 않는다. 예를 들어 k-평균 알고리즘을 동일한 파라미터로 여러 번 실행하면 각 실행마다 약간 다른 결과가 생성된다는 것을 알 수 있었다.

k-평균과 가우스 혼합의 성능 비교는 "Clustering performance comparison using K-means and expectation maximization algorithms"(https://pdfs.semanticscholar.org/b8b7/44106e3f057cb5ee34bd26a9724f30afd885.pdf)를 참조한다.

스파크 MLlib은 k-평균, 이분법 k-평균, 가우스 혼합 외에 PIC, LDA, 스트리밍 k-평균과 같은 세 개의 클러스터링 알고리즘의 구현을 제공한다. 한 가지 분명한 것은 클러스터링 분석을 미세하게 튜닝하려면 종종 비정상 데이터이라고 불리는 원치 않는 데이터 객체를 제거해야 한다는 점이다. 그러나 거리 기반 클러스터링을 사용하면 제거해야 할 데이터 포인트를 식별하기가 정말 어렵다. 따라서 유클리드 대신 다른 거리 메트릭을 사용할 수 있다. 그럼에도 불구하고 다음 링크는 시작하기에 좋은 자료가 될 것이다.

1. https://mapr.com/ebooks/spark/08-unsupervised-anomaly-detection-apache-spark.html
2. https://github.com/keiraqz/anomaly-detection
3. http://www.dcc.fc.up.pt/~ltorgo/Papers/ODCM.pdf

15장에서는 더 좋은 성능으로 개선할 수 있는 스파크 애플리케이션 튜닝에 대해 자세히 살펴본다. 그리고 스파크 애플리케이션의 성능을 최적화할 수 있는 일부 모범 사례를 소개한다.

15

스파크 ML을 이용한
텍스트 분석

"프로그램은 사람들이 읽을 수 있게 작성돼야 하고 부수적으로 컴퓨터가 실행할 수 있어야
한다."

- 해롤드 아벨슨(Harold Abelson)

15장에서는 스파크 ML을 사용해 멋진 텍스트 분석에 대해 다룬다. 텍스트 분석은
머신 러닝의 넓은 영역이며, 감정 분석, 채팅 봇, 이메일 스팸 탐지, 자연어 처리와
같은 많은 사용 사례에서 유용하게 사용할 수 있다. 10,000개의 샘플 트위터 데이터셋
을 사용해 텍스트 분류의 사용 사례에 초점을 맞춰 스파크에서 텍스트 분석을 사용하
는 방법을 살펴본다.

15장에서 다루는 내용은 다음과 같다.

- 텍스트 분석 이해

- 트랜스포머transformer와 에스티메이터estimator
- 토큰나이저tokenizer
- StopWordsRemover
- NGram
- TF-IDF
- Word2Vec
- CountVectorizer
- LDA를 사용한 토픽 모델링
- 텍스트 분류 구현

▌ 텍스트 분석 이해

앞의 몇 장에서는 머신 러닝의 세계와 스파크의 머신 러닝 기능을 살펴봤다. 이전에 설명한 것처럼 머신 러닝은 다음과 같은 단계에서 설명하는 워크플로우를 제공한다.

1. 데이터를 로드하거나 수집한다.
2. 데이터를 정리한다.
3. 데이터에서 피처를 추출한다.
4. 피처를 기반으로 원하는 출력을 생성하기 위해 데이터 모델을 트레이닝한다.
5. 데이터를 기반으로 나온 출력을 평가하거나 예측한다.

일반적인 파이프라인 뷰는 다음 다이어그램과 같다.

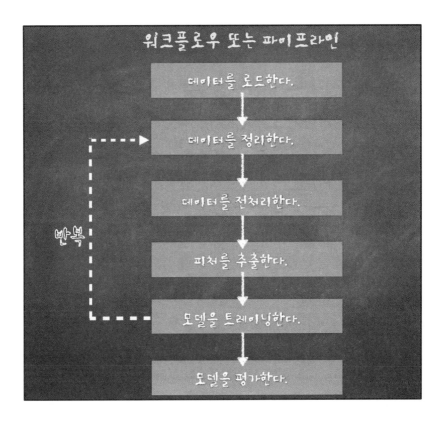

따라서 모델을 트레이닝하고 이후에 배치되기 전에 가능한 여러 데이터 변환 단계가 존재할 수 있다. 또한 피처 및 모델 특성을 개선해야 한다. 새로운 작업 흐름의 일부로 작업 시퀀스 전체를 반복하는 완전히 다른 알고리즘을 탐색할 수도 있다.

여러 단계의 변환을 사용해 단계별 파이프라인을 생성할 수 있고, 이를 위해 도메인 특화 언어[DSL, Domain Specific Language]를 사용해 노드의 DAG[Directed Acyclic Graph]를 생성하는 노드(데이터 변환 단계)를 정의한다. 따라서 ML 파이프라인은 파이프라인 모델을 입력 데이터셋에 맞출 수 있는 일련의 트랜스포머와 에스티메이터다. 파이프라인의 각 단계는 다음과 같이 나열된 파이프라인 스테이지[Pipeline stage]라 한다.

- 에스티메이터[Estimator]
- 모델[Model]

- 파이프라인^{Pipeline}
- 트랜스포머^{Transformer}
- 프리딕터^{Predictor}

텍스트 라인을 살펴보면 문장, 구절, 단어, 명사, 동사, 문장 부호 등을 볼 수 있다. 문장을 조합할 때 의미와 목적이 있다. 인간은 문장, 단어, 속어, 주석, 문맥을 매우 잘 이해하고 있다. 수년간의 연습과 읽기/쓰기, 적절한 문법, 구두점, 느낌표 등을 잘 배우기 때문이다. 그렇다면 이런 종류의 기능을 복제하려면 어떻게 컴퓨터 프로그램을 작성해야 할까?

텍스트 분석

텍스트 분석은 여러 텍스트의 의미를 얻는 방법이다. 다양한 기법과 알고리즘을 사용해 텍스트 데이터를 처리하고 분석함으로써 데이터에서 패턴과 토픽을 확인할 수 있다. 이 모든 목표는 문맥상의 의미와 관계를 유도하기 위해 구조화되지 않은 텍스트를 이해하는 것이다.

텍스트 분석은 다음과 같이 몇 가지 광범위한 범주의 기술을 사용한다.

감정 분석

페이스북, 트위터, 기타 소셜 미디어에서 사람들의 정치적 의견을 분석하는 것은 감정 분석의 좋은 예다. 마찬가지로 옐프^{Yelp}에서 음식점 리뷰를 분석하는 것도 감정 분석의 또 다른 좋은 예다.

OpenNLP 및 Stanford NLP 같은 **자연어 처리**^{NLP, Natural Language Processing} 프레임워크와 라이브러리는 일반적으로 감정 분석을 구현하기 위해 사용된다.

토픽 모델링

토픽 모델링은 문서 모음에서 토픽이나 토픽을 감지하는 데 유용한 기술이다. 이는 비지도 알고리즘으로 문서 셋에서 테마를 찾을 수 있다. 예를 들어 뉴스 기사에서 다루는 토픽을 찾아내는 것이다. 또 다른 예는 특허 출원에서 아이디어를 탐지하는 것이다.

잠재 디클레어 할당^{LDA, Latent Dirichlet Allocation}은 비지도 알고리즘을 사용하는 대중적인 클러스터링 모델이고 잠재 의미 분석^{LSA, latent Semantic Analysis}은 동시에 발생하는 데이터에 대한 확률 모델을 사용한다.

TF-IDF

TF-IDF^{Term Frequency - Inverse Document Frequency}는 문서에 얼마나 자주 단어가 나타나는지와 문서 집합 전체의 상대적인 빈도를 측정한다. 해당 정보는 분류자와 예측 모델을 구축하는 데 사용할 수 있다. 해당 예는 스팸 분류, 채팅 대화 등이다.

개체명 인식(NER)

개체명 인식^{NER, Named Entity Recognition}은 문장에서 단어와 명사의 사용을 탐지해 사람, 조직, 위치 등에 대한 정보를 추출한다. 단어를 기본 요소로 취급하는 것이 아니라 문서의 실제 내용에 대한 중요한 문맥 정보를 제공한다.

Stanford NLP와 OpenNLP에는 개체명 인식 알고리즘 구현이 있다.

이벤트 추출

이벤트 추출은 탐지된 엔티티 주변의 관계를 설정하는 개체명 인식을 확장한다. 이벤트 추출은 두 엔티티 간의 관계를 추론하는 데 사용할 수 있다. 따라서 문서 내용을 이해하기 위한 의미 이해^{semantic understanding}라는 추가 계층이 있다.

트랜스포머와 에스티메이터

트랜스포머transformer는 변환 로직(함수)을 입력 데이터셋에 적용해 출력 데이터셋을 생성해 하나의 데이터셋을 다른 데이터셋으로 변환하는 함수 객체다. 트랜스포머에는 표준 트랜스포머standard transformer와 에스티메이터 트랜스포머estimator transformer라는 두 가지 타입이 있다.

표준 트랜스포머

표준 트랜스포머는 변환 함수를 입력 데이터에 명시적으로 적용해 입력 데이터셋을 출력 데이터셋으로 변환한다. 입력 칼럼을 읽고 출력 칼럼을 생성하는 것 외에 입력 데이터에 대한 의존성이 없다.

해당 트랜스포머는 다음과 같이 호출된다.

```
outputDF = transfomer.transform(inputDF)
```

표준 트랜스포머의 예는 다음과 같다. 자세한 내용은 다음 절에서 설명한다.

- **Tokenizer:** 구분자인 공백을 사용해 문장을 단어로 나눈다.
- **RegexTokenizer:** 정규식을 사용해 문장을 단어로 나눈다.
- **StopWordsRemover:** 단어 리스트에서 자주 사용되는 불용어를 제거한다.
- **Binarizer:** 문자열을 이진수 0/1로 변환한다.
- **NGram:** 문장에서 N개의 단어 구문을 생성한다.
- **HashingTF:** 단어의 인덱스를 생성하기 위해 해싱 테이블을 사용해 단어 빈도 카운트를 만든다.
- **SQLTransformer:** SQL문으로 정의된 트랜스포메이션을 구현한다.
- **VectorAssembler:** 주어진 칼럼 리스트를 단일 벡터 칼럼으로 결합한다.

표준 트랜스포머의 다이어그램은 다음과 같다. 입력 데이터셋의 입력 칼럼이 출력 데이터셋을 생성하는 출력 칼럼으로 변환된다.

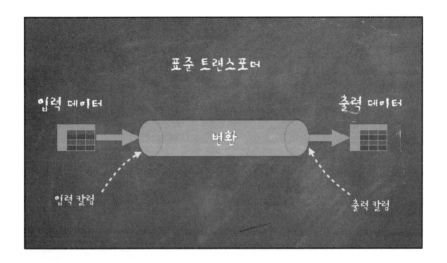

에스티메이터 트랜스포머

에스티메이터 트랜스포머estimator transformer는 먼저 입력 데이터셋을 기반으로 트랜스포머를 생성해 입력 데이터셋을 출력 데이터셋으로 변환한다. 그다음 트랜스포머는 입력 데이터를 처리하고 입력 칼럼을 읽은 후 출력 데이터셋에 출력 칼럼을 생성한다.

에스티메이터 트랜스포머는 다음과 같이 호출된다.

```
transformer = estimator.fit(inputDF)
outputDF = transformer.transform(inputDF)
```

에스티메이터 트랜스포머의 예는 다음과 같다.

- IDF
- LDA

- Word2Vec

에스티메이터 트랜스포머 다이어그램은 입력 데이터셋의 입력 칼럼이 출력 데이터셋을 생성하는 출력 칼럼으로 변환되는 과정을 다음과 같이 보여준다.

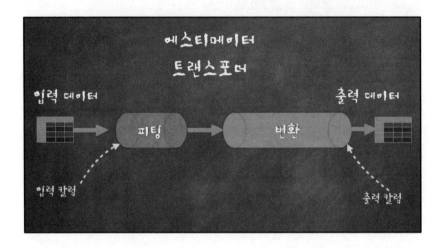

다음 여러 절에서 다음 화면처럼 텍스트 라인(문장)으로 구성되는 간단한 예인 데이터셋을 사용해 텍스트 분석을 자세히 살펴보자.

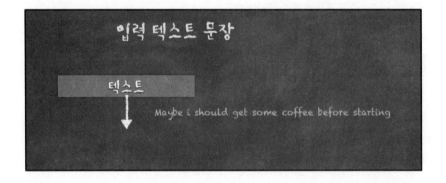

다음 코드는 텍스트 데이터를 입력 데이터셋으로 로드하기 위해 사용된다.

다음처럼 일련의 ID와 텍스트를 사용해 lines라는 문장 시퀀스를 초기화한다.

```
val lines = Seq(
| (1, "Hello there, how do you like the book so far?"),
| (2, "I am new to Machine Learning"),
| (3, "Maybe i should get some coffee before starting"),
| (4, "Coffee is best when you drink it hot"),
| (5, "Book stores have coffee too so i should go to a book store")
| )
lines: Seq[(Int, String)] = List((1,Hello there, how do you like the book so
far?), (2,I am new to Machine Learning), (3,Maybe i should get some coffee before
starting), (4,Coffee is best when you drink it hot), (5,Book stores have coffee
too so i should go to a book store))
```

그리고 createDataFrame 함수를 호출해 이전에 살펴본 문장의 시퀀스에서 데이터
프레임을 생성한다.

```
scala> val sentenceDF = spark.createDataFrame(lines).toDF("id", "sentence")
sentenceDF: org.apache.spark.sql.DataFrame = [id: int, sentence: string]
```

이제 새로 생성된 데이터셋을 볼 수 있다. 해당 데이터셋에는 두 개의 칼럼 ID와 문장
이 포함된 문장 데이터 프레임이 표시된다.

```
scala> sentenceDF.show(false)
|id|sentence |
|1 |Hello there, how do you like the book so far? |
|2 |I am new to Machine Learning |
|3 |Maybe i should get some coffee before starting |
|4 |Coffee is best when you drink it hot |
|5 |Book stores have coffee too so i should go to a book store|
```

토큰나이저

토큰나이저^{tokenizer}는 입력 문자열을 소문자로 변환하고 문자열을 공백과 함께 개별 토큰으로 나눈다. 주어진 문장은 기본 공백 구분자를 사용하거나 사용자 정의 정규 표현식 기반의 토큰나이저를 사용해 단어로 분할된다. 두 경우 모두 입력 칼럼은 출력 칼럼으로 변환된다. 특히 입력 칼럼은 일반적으로 문자열이고, 출력 칼럼은 단어 시퀀스다.

토큰나이저는 Tokenizer와 RegexTokenize라는 두 개의 패키지를 임포트해서 사용할 수 있다.

```
import org.apache.spark.ml.feature.Tokenizer
import org.apache.spark.ml.feature.RegexTokenizer
```

먼저 입력 칼럼과 출력 칼럼을 지정하는 Tokenizer를 초기화해야 한다.

```
scala> val tokenizer = new
Tokenizer().setInputCol("sentence").setOutputCol("words")
tokenizer: org.apache.spark.ml.feature.Tokenizer = tok_942c8332b9d8
```

다음으로 입력 데이터셋에 대해 transform 함수를 호출하면 출력 데이터셋이 생성된다.

```
scala> val wordsDF = tokenizer.transform(sentenceDF)
wordsDF: org.apache.spark.sql.DataFrame = [id: int, sentence: string ... 1
more field]
```

다음은 일련의 단어가 포함된 입력 칼럼 ID, 문장, 출력 칼럼 단어를 보여주는 출력 데이터셋이다.

772

```
scala> wordsDF.show(false)
|id|sentence |words |
|1 |Hello there, how do you like the book so far? |[hello, there,, how, do, you,
like, the, book, so, far?] |
|2 |I am new to Machine Learning |[i, am, new, to, machine, learning] |
|3 |Maybe i should get some coffee before starting |[maybe, i, should, get, some,
coffee, before, starting] |
|4 |Coffee is best when you drink it hot |[coffee, is, best, when, you, drink,
it, hot] |
|5 |Book stores have coffee too so i should go to a book store|[book, stores,
have, coffee, too, so, i, should, go, to, a, book, store]|
```

반면에 Tokenizer를 기반으로 하는 정규 표현식을 설정하려면 Tokenizer 대신
RegexTokenizer를 사용해야 한다. 이를 위해 RegexTokenizer를 사용할 정규식 패턴
과 함께 입력 칼럼과 출력 칼럼을 지정해 초기화해야 한다.

```
scala> val regexTokenizer = new
RegexTokenizer().setInputCol("sentence").setOutputCol("regexWords").
setPattern("\\W")
regexTokenizer: org.apache.spark.ml.feature.RegexTokenizer =
regexTok_15045df8ce41
```

다음으로 입력 데이터셋에 대해 transform 함수를 호출하면 출력 데이터셋이 생성
된다.

```
scala> val regexWordsDF = regexTokenizer.transform(sentenceDF)
regexWordsDF: org.apache.spark.sql.DataFrame = [id: int, sentence: string ...
1 more field]
```

다음은 일련의 단어를 포함하는 입력 칼럼 ID, 문장, 출력 칼럼 regexWordsDF를 보여
주는 출력 데이터셋이다.

```
scala> regexWordsDF.show(false)
|id|sentence |regexWords |
|1 |Hello there, how do you like the book so far? |[hello, there, how, do, you,
like, the, book, so, far] |
|2 |I am new to Machine Learning |[i, am, new, to, machine, learning] |
|3 |Maybe i should get some coffee before starting |[maybe, i, should, get, some,
coffee, before, starting] |
|4 |Coffee is best when you drink it hot |[coffee, is, best, when, you, drink,
it, hot] |
|5 |Book stores have coffee too so i should go to a book store|[book, stores,
have, coffee, too, so, i, should, go, to, a, book, store]|
```

토큰나이저의 다이어그램은 다음과 같다. 여기서 공백 구분자를 사용해 입력 텍스트
의 문장을 단어로 분리된다.

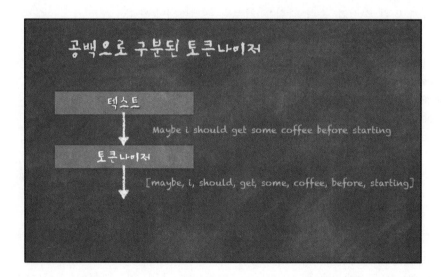

StopWordsRemover

StopWordsRemover는 정의된 모든 불용어를 제거한 후 단어에 대한 `String` 배열을 얻고 `String` 배열을 리턴하는 트랜스포머다. 영어에서 아주 많이 사용되는 불용어의 예로 I, you, my, and, or 등을 들 수 있다. 사용 사례의 목적에 맞게 불용어 셋을 재정의하거나 확장할 수 있다. 정리 프로세스가 없으면 다음 알고리즘이 일반적인 단어로 인해 편향이 발생할 수 있다.

StopWordsRemover를 호출하려면 다음 패키지를 임포트해야 한다.

```
import org.apache.spark.ml.feature.StopWordsRemover
```

먼저 입력 칼럼과 출력 칼럼을 지정하고 StopWordsRemover를 초기화해야 한다. 여기서 Tokenizer에 의해 생성된 단어 칼럼을 선택하고 불용어 제거 후 필터링된 단어에 대한 출력 칼럼을 생성한다.

```
scala> val remover = new
StopWordsRemover().setInputCol("words").setOutputCol("filteredWords")
remover: org.apache.spark.ml.feature.StopWordsRemover =
stopWords_48d2cecd3011
```

다음으로 입력 데이터셋에 대해 `transform` 함수를 호출하면 출력 데이터셋이 생성된다.

```
scala> val noStopWordsDF = remover.transform(wordsDF)
noStopWordsDF: org.apache.spark.sql.DataFrame = [id: int, sentence: string
... 2 more fields]
```

다음은 입력 칼럼 ID, 문장 및 단어 칼럼이 포함된 필터링된 단어 출력 칼럼을 보여주는 출력 데이터셋이다.

```
scala> noStopWordsDF.show(false)
|id|sentence |words |filteredWords |
|1 |Hello there, how do you like the book so far? |[hello, there,, how, do, you,
like, the, book, so, far?] |[hello, there,, like, book, far?] |
|2 |I am new to Machine Learning |[i, am, new, to, machine, learning] |[new,
machine, learning] |
|3 |Maybe i should get some coffee before starting |[maybe, i, should, get, some,
coffee, before, starting] |[maybe, get, coffee, starting] |
|4 |Coffee is best when you drink it hot |[coffee, is, best, when, you, drink,
it, hot] |[coffee, best, drink, hot] |
|5 |Book stores have coffee too so i should go to a book store|[book, stores,
have, coffee, too, so, i, should, go, to, a, book, store]|[book, stores, coffee,
go, book, store]|
```

다음은 문장과 필터링된 단어를 보여주는 출력 데이터셋으로 필터링된 단어의 순서를 포함한다.

```
scala> noStopWordsDF.select("sentence", "filteredWords").show(5,false)
|sentence |filteredWords |
|Hello there, how do you like the book so far? |[hello, there,, like, book,
far?] |
|I am new to Machine Learning |[new, machine, learning] |
|Maybe i should get some coffee before starting |[maybe, get, coffee,
starting] |
|Coffee is best when you drink it hot |[coffee, best, drink, hot] |
|Book stores have coffee too so i should go to a book store|[book, stores,
coffee, go, book, store]|
```

StopWordsRemover의 다이어그램은 I, should, some, before와 같은 불용어를 제거하게 필터링된 단어를 보여준다.

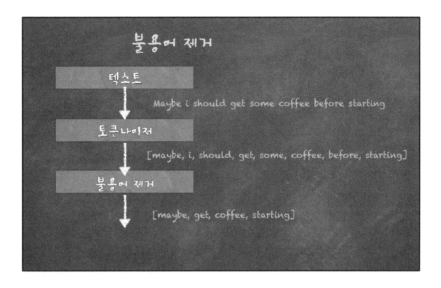

불용어는 기본적으로 설정돼 있지만 다음 코드처럼 쉽게 무시하거나 수정할 수 있다. 여기서는 hello가 불용어로 설정돼 있어서 필터링된 단어에서 hello를 제거한다.

```scala
scala> val noHello = Array("hello") ++ remover.getStopWords
noHello: Array[String] = Array(hello, i, me, my, myself, we, our, ours,
ourselves, you, your, yours, yourself, yourselves, he, him, his, himself, she,
her, hers, herself, it, its, itself, they, them, their, theirs, themselves,
what, which, who, whom, this, that, these, those, am, is, are, was, were ...
scala>
```

```scala
// 불용어 리스트를 사용해 새로운 트랜스포머를 생성한다.
scala> val removerCustom = new
StopWordsRemover().setInputCol("words").setOutputCol("filteredWords").set
StopWords(noHello)
removerCustom: org.apache.spark.ml.feature.StopWordsRemover =
stopWords_908b488ac87f
```

```scala
// 변환 함수를 호출한다.
scala> val noStopWordsDFCustom = removerCustom.transform(wordsDF)
```

```
noStopWordsDFCustom: org.apache.spark.sql.DataFrame = [id: int, sentence:
string ... 2 more fields]
```

// 문장과 필터링된 단어를 보여주는 출력 데이터셋이다. 더 이상 hello를 보여주지 않는다.
```
scala> noStopWordsDFCustom.select("sentence",
"filteredWords").show(5,false)
+------------------------------------------------------------+-------------
------------------------+
|sentence |filteredWords |
+------------------------------------------------------------+-------------
------------------------+
|Hello there, how do you like the book so far? |[there,, like, book, far?] |
|I am new to Machine Learning |[new, machine, learning] |
|Maybe i should get some coffee before starting |[maybe, get, coffee, starting]
|
|Coffee is best when you drink it hot |[coffee, best, drink, hot] |
|Book stores have coffee too so i should go to a book store|[book, stores,
coffee, go, book, store]|
+------------------------------------------------------------+-------------
------------------------+
```

NGram

NGram은 일련의 단어로 생성된 단어 조합이다. N은 시퀀스의 단어 수를 나타낸다.
예를 들어 2-gram은 두 단어로, 3-gram은 세 단어다. setN 함수는 N의 값을 지정하는
데 사용된다.

NGram을 생성하려면 다음 패키지를 임포트해야 한다.

```
import org.apache.spark.ml.feature.NGram
```

먼저 입력 칼럼과 출력 칼럼을 지정하는 NGram 생성자를 초기화한다. 여기서 StopWordsRemover에 의해 생성된 필터링된 단어 칼럼을 선택하고 불용어를 제거한 후 필터링된 단어에 대한 출력 칼럼을 생성한다.

```scala
scala> val ngram = new
NGram().setN(2).setInputCol("filteredWords").setOutputCol("ngrams")
ngram: org.apache.spark.ml.feature.NGram = ngram_e7a3d3ab6115
```

다음으로 입력 데이터셋에 대해 transform 함수를 호출하면 출력 데이터셋이 생성 된다.

```scala
scala> val nGramDF = ngram.transform(noStopWordsDF)
nGramDF: org.apache.spark.sql.DataFrame = [id: int, sentence: string ... 3 more fields]
```

다음은 입력 칼럼인 id, sentence, 출력 칼럼인 ngrams를 보여주는 출력 데이터셋으로 n-gram 시퀀스를 포함한다.

```scala
scala> nGramDF.show(false)
|id|sentence |words |filteredWords |ngrams |
|1 |Hello there, how do you like the book so far? |[hello, there,, how, do, you, like, the, book, so, far?] |[hello, there,, like, book, far?] |[hello there,, there, like, like book, book far?] |
|2 |I am new to Machine Learning |[i, am, new, to, machine, learning] |[new, machine, learning] |[new machine, machine learning] |
|3 |Maybe i should get some coffee before starting |[maybe, i, should, get, some, coffee, before, starting] |[maybe, get, coffee, starting] |[maybe get, get coffee, coffee starting] |
|4 |Coffee is best when you drink it hot |[coffee, is, best, when, you, drink, it, hot] |[coffee, best, drink, hot] |[coffee best, best drink, drink hot] |
|5 |Book stores have coffee too so i should go to a book store|[book, stores,
```

have, coffee, too, so, i, should, go, to, a, book, store]|[book, stores, coffee, go, book, store]|[book stores, stores coffee, coffee go, go book, book store]|

다음은 문장과 2-gram을 보여주는 출력 데이터셋이다.

```scala
scala> nGramDF.select("sentence", "ngrams").show(5,false)
|sentence |ngrams |
|Hello there, how do you like the book so far? |[hello there,, there, like, like book, book far?] |
|I am new to Machine Learning |[new machine, machine learning] |
|Maybe i should get some coffee before starting |[maybe get, get coffee, coffee starting] |
|Coffee is best when you drink it hot |[coffee best, best drink, drink hot] |
|Book stores have coffee too so i should go to a book store|[book stores, stores coffee, coffee go, go book, book store]|
```

NGram의 다이어그램은 다음과 같다. 토큰으로 분리하고 불용어를 제거한 후 문장에서 생성된 2-gram을 보여준다.

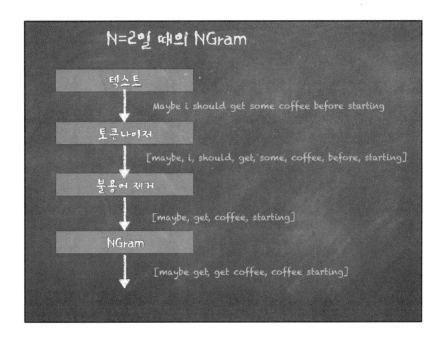

TF-IDF

TF-IDF는 단어 빈도^{Term Frequency}-역문서 빈도^{Inverse Document Frequency}를 나타내며, 문서 모음에서 단어가 문서에 얼마나 중요한지를 측정한다. 정보 검색에서 광범위하게 사용되며, 문서에서 단어의 가중치를 반영한다. TF-IDF 값은 단어의 빈도라 하는 단어의 출현 횟수에 비례해 증가하며, 단어 빈도와 역문서 빈도라는 두 가지 핵심 요소로 구성된다.

TF는 단어 빈도^{term frequency}의 약자로서 문서에서 단어의 빈도다.

단어 t에 대해서 tf는 문서 d에서 단어 t가 발생하는 횟수를 측정한다. tf는 해싱 함수를 적용해 단어가 인덱스로 매핑되는 해싱을 사용해 스파크에서 구현된다.

IDF는 역문서의 빈도로서 단어가 문서에 나타나는 경향에 대한 정보를 나타낸다. IDF
는 다음 단어를 포함하는 문서의 로그^{log}로 커지는 역함수다.

$$IDF = 문서 / 단어가 포함된 문서 전체$$

TF와 IDF를 얻으면 TF와 IDF를 곱해 TF-IDF 값을 계산할 수 있다.

$$TF\text{-}IDF = TF * IDF$$

이제 스파크 ML에서 HashingTF 트랜스포머를 사용해 TF를 생성하는 방법을 살펴
본다.

HashingTF

HashingTF는 트랜스포머며, 단어 집합을 받아 각 단어에 대한 인덱스를 생성하기 위
해 해싱 함수를 사용해 단어 집합을 각 단어로 해싱하고 고정 길이의 벡터로 변환한
다. 그리고 해싱 테이블의 인덱스를 사용해 단어 빈도를 생성한다.

 스파크에서 HashingTF는 MurmurHash3 알고리즘을 사용해 단어를 해싱한다.

HashingTF를 사용하려면 다음 패키지를 임포트해야 한다.

```
import org.apache.spark.ml.feature.HashingTF
```

먼저 입력 칼럼과 출력 칼럼을 지정하는 HashingTF를 초기화한다. StopWordsRemover
트랜스포머가 생성한 필터링된 단어 칼럼을 선택하고 출력 칼럼 rawFeaturesDF를
생성한다. 피처의 개수를 100으로 설정한다.

```
scala> val hashingTF = new
HashingTF().setInputCol("filteredWords").setOutputCol("rawFeatures").setN
umFeatures(100)
hashingTF: org.apache.spark.ml.feature.HashingTF = hashingTF_b05954cb9375
```

다음으로 입력 데이터셋에 transform() 함수를 호출하면 출력 데이터셋이 생성된다.

```
scala> val rawFeaturesDF = hashingTF.transform(noStopWordsDF)
rawFeaturesDF: org.apache.spark.sql.DataFrame = [id: int, sentence: string
... 3 more fields]
```

다음은 입력 칼럼으로 id, sentence, 출력 칼럼 rawFeatures를 보여주는 출력 데이터 셋으로, 벡터로 표시된 피처를 포함한다.

```
scala> rawFeaturesDF.show(false)
|id |sentence |words |filteredWords |rawFeatures |
|1 |Hello there, how do you like the book so far? |[hello, there,, how, do, you,
like, the, book, so, far?] |[hello, there,, like, book, far?]
|(100,[30,48,70,93],[2.0,1.0,1.0,1.0]) |
|2 |I am new to Machine Learning |[i, am, new, to, machine, learning] |[new,
machine, learning] |(100,[25,52,72],[1.0,1.0,1.0]) |
|3 |Maybe i should get some coffee before starting |[maybe, i, should, get, some,
coffee, before, starting] |[maybe, get, coffee, starting]
|(100,[16,51,59,99],[1.0,1.0,1.0,1.0]) |
|4 |Coffee is best when you drink it hot |[coffee, is, best, when, you, drink,
it, hot] |[coffee, best, drink, hot] |(100,[31,51,63,72],[1.0,1.0,1.0,1.0]) |
|5 |Book stores have coffee too so i should go to a book store|[book, stores,
have, coffee, too, so, i, should, go, to, a, book, store]|[book, stores, coffee,
go, book, store]|(100,[43,48,51,77,93],[1.0,1.0,1.0,1.0,2.0])|
```

이 출력을 잘 살펴보자. filteredWords와 rawFeatures 칼럼만 보면 다음 내용을 알 수 있다.

1. [hello, there, like, book, far]라는 단어 배열은 원본 피처 벡터 (100, [30,48,70,93], [2.0,1.0,1.0,1.0])으로 변환된다.

2. (book, stores, coffee, go, book, store)라는 단어 배열은 원본 피처 벡터 (100, [43,48,51,77,93], [1.0,1.0,1.0,1.0,2.0])으로 변환된다.

그렇다면 해당 벡터는 무엇을 나타내는가? 기본 로직은 각 단어가 정수로 해싱되고 단어 배열에서 발생 횟수를 계산한다는 것이다.

스파크는 내부적으로 `mutable.HashMap.empty[Int, Double]`에 대해 `hashMap`을 사용한다. 각 단어의 해싱 값을 `Integer` 키로, 발생 횟수를 `Double` 값으로 저장한다. `Double` 값은 IDF와 함께 사용할 수 있게 사용된다(다음 절에서 다룬다). `hashMap`을 사용하면 [book, stores, coffee, go, book, store] 배열은 [hashFunc(book), hashFunc(stores), hashFunc(coffee), hashFunc(go), hashFunc(book)]과 같이 볼 수 있고 [43, 48, 51, 77, 93]이 된다. 그리고 발생 횟수도 계산하면 book-2, coffee-1, go-1, store-1, stores-1이 된다.

이 정보를 결합해 벡터 (numFeatures, hashValues, Frequencies)를 생성할 수 있다. 이 경우 (100, [43,48,51,77,93], [1.0,1.0,1.0,1.0,2.0])이 될 것이다.

IDF

IDF[Inverse Document Frequency]는 에스티메이터며, 데이터셋에 피팅해 입력 피처로 스케일링해 피처를 생성한다. 따라서 IDF는 HashingTF 트랜스포머의 출력을 작업한다.

IDF를 호출하려면 다음 패키지를 임포트해야 한다.

```
import org.apache.spark.ml.feature.IDF
```

먼저 입력 칼럼과 출력 칼럼을 지정하는 IDF를 초기화해야 한다. 여기서 HashingTF에 의해 생성된 rawFeatures 칼럼을 선택하고 출력 칼럼 피처를 생성한다.

```scala
scala> val idf = new
IDF().setInputCol("rawFeatures").setOutputCol("features")
idf: org.apache.spark.ml.feature.IDF = idf_d8f9ab7e398e
```

다음으로 입력 데이터셋에 fit 함수를 호출하면 출력 트랜스포머가 생성된다.

```scala
scala> val idfModel = idf.fit(rawFeaturesDF)
idfModel: org.apache.spark.ml.feature.IDFModel = idf_d8f9ab7e398e
```

그리고 입력 데이터셋에서 transform 함수를 호출하면 출력 데이터셋이 생성된다.

```scala
scala> val featuresDF = idfModel.transform(rawFeaturesDF)
featuresDF: org.apache.spark.sql.DataFrame = [id: int, sentence: string ... 4
more fields]
```

다음은 이전 트랜스포메이션에서 HashingTF에 의해 생성된 스케일된 피처의 벡터를 포함하는 입력 칼럼 ID과 출력 칼럼 피처를 보여주는 출력 데이터셋이다.

```scala
scala> featuresDF.select("id", "features").show(5, false)
|id|features |
|1
|(20,[8,10,13],[0.6931471805599453,3.295836866004329,0.6931471805599453]) |
|2 |(20,[5,12],[1.0986122886681098,1.3862943611198906]) |
|3
|(20,[11,16,19],[0.4054651081081644,1.0986122886681098,2.1972245773362196])
|
|4
|(20,[3,11,12],[0.6931471805599453,0.8109302162163288,0.6931471805599453])
```

```
|
|5
|(20,[3,8,11,13,17],[0.6931471805599453,0.6931471805599453,0.405465108108
1644,1.3862943611198906,1.0986122886681098])|
```

다음은 이 트랜스포메이션에서 HashingTF에 의해 생성된 스케일된 피처의 벡터를 포함하는 입력 칼럼 ID, sentence, rawFeatures, 출력 칼럼 피처를 보여주는 출력 데이터셋이다.

```
scala> featuresDF.show(false)
|id|sentence |words |filteredWords |rawFeatures |features |
|1 |Hello there, how do you like the book so far? |[hello, there,, how, do, you,
like, the, book, so, far?] |[hello, there,, like, book, far?]
|(20,[8,10,13],[1.0,3.0,1.0])
|(20,[8,10,13],[0.6931471805599453,3.295836866004329,0.6931471805599453]) |
|2 |I am new to Machine Learning |[i, am, new, to, machine, learning] |[new,
machine, learning] |(20,[5,12],[1.0,2.0])
|(20,[5,12],[1.0986122886681098,1.3862943611198906]) |
|3 |Maybe i should get some coffee before starting |[maybe, i, should, get, some,
coffee, before, starting] |[maybe, get, coffee, starting]
|(20,[11,16,19],[1.0,1.0,2.0])
|(20,[11,16,19],[0.4054651081081644,1.0986122886681098,2.1972245773362196])
|
|4 |Coffee is best when you drink it hot |[coffee, is, best, when, you, drink,
it, hot] |[coffee, best, drink, hot] |(20,[3,11,12],[1.0,2.0,1.0])
|(20,[3,11,12],[0.6931471805599453,0.8109302162163288,0.6931471805599453])
|
|5 |Book stores have coffee too so i should go to a book store|[book, stores,
have, coffee, too, so, i, should, go, to, a, book, store]|[book, stores, coffee,
go, book,
store]|(20,[3,8,11,13,17],[1.0,1.0,1.0,2.0,1.0])|(20,[3,8,11,13,17],[0.69
31471805599453,0.6931471805599453,0.4054651081081644,1.3862943611198906,1
.0986122886681098])|
```

다음 그림은 TF-IDF 피처의 생성을 보여준다.

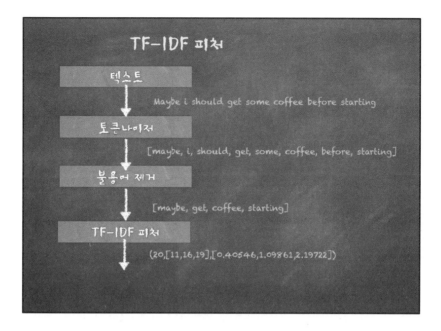

▌ Word2Vec

Word2Vec은 세련된 신경망 스타일의 자연 언어 처리 툴이며, 스킵 그램^{skip-grams}이라는 기술을 사용해 단어의 문장을 내장 벡터 표현으로 변환한다. 동물에 관한 문장 집합을 보며 Word2Vec이 어떻게 사용되는지 예를 들어보자.

- A dog was barking
- Some cows were grazing the grass
- Dogs usually bark randomly
- The cow likes grass

숨겨진 계층을 사용하는 신경망(많은 비지도 학습 애플리케이션에서 사용되는 머신 러닝 알고리즘)을 사용해 dog과 barking이 관련돼 있음을 충분히 알 수 있고, cow와 grass 가 서로 가까이에 있는 것처럼 보인다. 이는 확률로 측정된다. Word2vec의 출력은 Double 피처의 벡터다.

Word2vec를 호출하려면 패키지를 임포트해야 한다.

```
import org.apache.spark.ml.feature.Word2Vec
```

먼저 입력 칼럼과 출력 칼럼을 지정하는 Word2vec 트랜스포머를 초기화해야 한다. 여기서는 Tokenizer가 생성한 단어 칼럼을 선택하고 크기가 3인 단어 벡터에 대한 출력 칼럼을 생성한다.

```
scala> val word2Vec = new
Word2Vec().setInputCol("words").setOutputCol("wordvector").setVectorSize(3)
.setMinCount(0)
word2Vec: org.apache.spark.ml.feature.Word2Vec = w2v_fe9d488fdb69
```

다음에 입력 데이터셋에 fit 함수를 호출하면 출력 트랜스포머가 생성된다.

```
scala> val word2VecModel = word2Vec.fit(noStopWordsDF)
word2VecModel: org.apache.spark.ml.feature.Word2VecModel = w2v_fe9d488fdb69
```

또한 입력 데이터셋에 transform 함수를 호출하면 출력 데이터셋이 생성된다.

```
scala> val word2VecDF = word2VecModel.transform(noStopWordsDF)
word2VecDF: org.apache.spark.sql.DataFrame = [id: int, sentence: string ... 3
more fields]
```

다음은 입력 칼럼 ID, sentence, 출력 칼럼 wordvector를 보여주는 출력 데이터셋이다.

```
scala> word2VecDF.show(false)
|id|sentence |words |filteredWords |wordvector |
|1 |Hello there, how do you like the book so far? |[hello, there,, how, do, you, like, the, book, so, far?] |[hello, there,, like, book, far?]
|[0.006875938177108765,-0.00819675214588642,0.0040686681866645815]|
|2 |I am new to Machine Learning |[i, am, new, to, machine, learning] |[new, machine, learning]
|[0.026012470324834187,0.023195965060343344,-0.10863214979569116] |
|3 |Maybe i should get some coffee before starting |[maybe, i, should, get, some, coffee, before, starting] |[maybe, get, coffee, starting]
|[-0.004304863978177309,-0.004591284319758415,0.02117823390290141]|
|4 |Coffee is best when you drink it hot |[coffee, is, best, when, you, drink, it, hot] |[coffee, best, drink, hot]
|[0.054064739029854536,-0.003801364451646805,0.06522738828789443] |
|5 |Book stores have coffee too so i should go to a book store|[book, stores, have, coffee, too, so, i, should, go, to, a, book, store]|[book, stores, coffee, go, book,
store]|[-0.05887459063281615,-0.07891856770341595,0.07510609552264214] |
```

Word2Vec 피처 다이어그램은 벡터로 변환되는 단어를 보여준다.

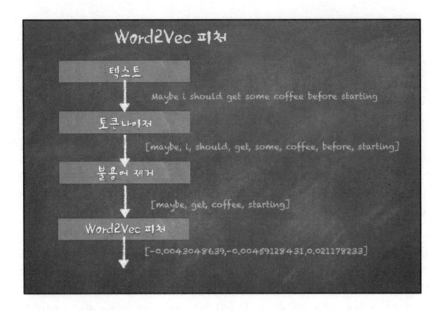

▌ CountVectorizer

CountVectorizer는 텍스트 문서 집합을 본질적으로 어휘에 대해서 문서의 희소 표현을 생성하는 토큰 카운트 벡터로 변환하는 데 사용된다. 최종 결과는 피처의 벡터이며, 다른 알고리즘으로 전달될 수 있다. 나중에 LDA 알고리즘에서 CountVectorizer의 출력을 사용해 토픽 탐지를 수행하는 방법을 살펴보겠다.

CountVectorizer를 호출하기 위해 다음 패키지를 임포트해야 한다.

```
import org.apache.spark.ml.feature.CountVectorizer
```

먼저 입력 칼럼과 출력 칼럼을 지정하는 CountVectorizer 트랜스포머를 초기화해야 한다. 여기서는 StopWordRemover에 의해 생성된 filteredWords 칼럼을 선택하고 출력 칼럼 피처를 생성한다.

```
scala> val countVectorizer = new
CountVectorizer().setInputCol("filteredWords").setOutputCol("features")
countVectorizer: org.apache.spark.ml.feature.CountVectorizer =
cntVec_555716178088
```

다음에 입력 데이터셋에 fit 함수를 호출하면 출력 트랜스포머가 생성된다.

```
scala> val countVectorizerModel = countVectorizer.fit(noStopWordsDF)
countVectorizerModel: org.apache.spark.ml.feature.CountVectorizerModel =
cntVec_555716178088
```

또한 입력 데이터셋에 transform 함수를 호출하면 출력 데이터셋이 생성된다.

```
scala> val countVectorizerDF = countVectorizerModel.transform(noStopWordsDF)
countVectorizerDF: org.apache.spark.sql.DataFrame = [id: int, sentence:
string ... 3 more fields]
```

다음은 입력 칼럼 ID, sentence, 출력 칼럼 features를 보여주는 출력 데이터셋이다.

```
scala> countVectorizerDF.show(false)
|id |sentence |words |filteredWords |features |
|1 |Hello there, how do you like the book so far? |[hello, there,, how, do, you,
like, the, book, so, far?] |[hello, there,, like, book, far?]
|(18,[1,4,5,13,15],[1.0,1.0,1.0,1.0,1.0])|
|2 |I am new to Machine Learning |[i, am, new, to, machine, learning] |[new,
machine, learning] |(18,[6,7,16],[1.0,1.0,1.0]) |
|3 |Maybe i should get some coffee before starting |[maybe, i, should, get, some,
coffee, before, starting] |[maybe, get, coffee, starting]
|(18,[0,8,9,14],[1.0,1.0,1.0,1.0]) |
|4 |Coffee is best when you drink it hot |[coffee, is, best, when, you, drink,
it, hot] |[coffee, best, drink, hot] |(18,[0,3,10,12],[1.0,1.0,1.0,1.0]) |
|5 |Book stores have coffee too so i should go to a book store|[book, stores,
```

have, coffee, too, so, i, should, go, to, a, book, store]|[book, stores, coffee, go, book, store]|(18,[0,1,2,11,17],[1.0,2.0,1.0,1.0,1.0])|

다음 CountVectorizer의 그림은 StopWordsRemover 트랜스포메이션에서 생성된 피처를 보여준다.

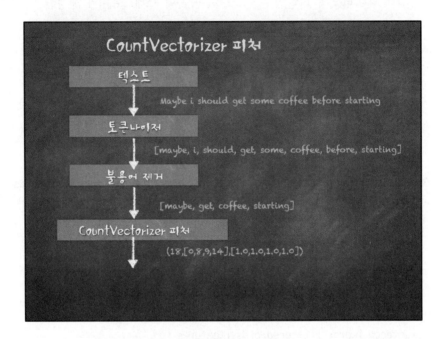

▌ LDA를 사용한 토픽 모델링

LDA는 텍스트 문서 집합에서 토픽을 유추하는 토픽 모델이다. LDA는 다음과 같은 비지도 클러스터링 알고리즘으로 생각할 수 있다.

- 토픽은 클러스터 무게 중심에 해당하며, 문서는 데이터셋의 로우에 해당한다.
- 토픽과 문서는 모두 피처 공간에 존재하며, 피처 벡터는 단어 수의 벡터다.

- LDA는 전통적인 거리를 사용해 클러스터링을 계산하는 대신 텍스트 문서가 생성되는 방식에 대한 통계 모델 기반의 함수를 사용한다.

LDA를 호출하려면 패키지를 임포트해야 한다.

```
import org.apache.spark.ml.clustering.LDA
```

1단계: 먼저 10개의 토픽 설정과 10개의 반복 클러스터링을 설정하는 LDA 모델을 초기화해야 한다.

```
scala> val lda = new LDA().setK(10).setMaxIter(10)
lda: org.apache.spark.ml.clustering.LDA = lda_18f248b08480
```

2단계: 다음으로 입력 데이터셋에 대해 fit 함수를 호출하면 출력 변환기가 생성된다.

```
scala> val ldaModel = lda.fit(countVectorizerDF)
ldaModel: org.apache.spark.ml.clustering.LDAModel = lda_18f248b08480
```

3단계: 추론된 토픽에서 지정된 문서의 하한을 계산하는 logLikelihood를 추출한다.

```
scala> val ll = ldaModel.logLikelihood(countVectorizerDF)
ll: Double = -275.3298948279124
```

4단계: 추론된 토픽으로 주어진 지정된 문서의 난이도에 대한 상한을 계산하는 logPerplexity를 추출한다.

```
scala> val lp = ldaModel.logPerplexity(countVectorizerDF)
lp: Double = 12.512670220189033
```

5단계: 이제 LDA에 의해 생성된 토픽을 얻기 위해 describeTopics를 사용할 수 있다.

```scala
scala> val topics = ldaModel.describeTopics(10)
topics: org.apache.spark.sql.DataFrame = [topic: int, termIndices: array<int>
... 1 more field]
```

6단계: 다음은 LDA 모델에 의해 계산된 topic, termIndices, termWeights를 보여주는 출력 데이터셋이다.

```scala
scala> topics.show(10, false)
|topic|termIndices         |termWeights |
|0    |[2, 5, 7, 12, 17, 9, 13, 16, 4, 11] |[0.06403877783050851,
0.0638177222807826, 0.06296749987731722, 0.06129482302538905,
0.05906095287220612, 0.0583855194291998, 0.05794181263149175,
0.057342702589298085, 0.05638654243412251, 0.05601913313272188] |
|1    |[15, 5, 13, 8, 1, 6, 9, 16, 2, 14] |[0.06889315890755099,
0.06415969116685549, 0.058990466579892136, 0.05840283223031986,
0.05676844625413551, 0.0566842803396241, 0.05633554021408156,
0.05580861561950114, 0.055116582320533423, 0.05471754535803045] |
|2    |[17, 14, 1, 5, 12, 2, 4, 8, 11, 16] |[0.062230542516700517,
0.06207673834677118, 0.06089143673912089, 0.060721809302399316,
0.06020894045877178, 0.05953822260375286, 0.05897033457363252,
0.057504989644756616, 0.05586725037894327, 0.05562088924566989] |
|3    |[15, 2, 11, 16, 1, 7, 17, 8, 10, 3] |[0.06995373276880751,
0.06249041124300946, 0.061960612781077645, 0.05879695651399876,
0.05816564815895558, 0.05798721645705949, 0.05724374708387087,
0.056034215734402475, 0.05474217418082123, 0.05443850583761207] |
|4    |[16, 9, 5, 7, 1, 12, 14, 10, 13, 4] |[0.06739359010780331,
0.06716438619386095, 0.06391509491709904, 0.062049068666162915,
0.06050715515506004, 0.05925113958472128, 0.057946856127790804,
0.05594837087703049, 0.055000929117413805, 0.053537418286233956]|
|5    |[5, 15, 6, 17, 7, 8, 16, 11, 10, 2] |[0.061611492476326836,
```

```
      0.06131944264846151, 0.06092975441932787, 0.059812552365763404,
      0.05959889552537741, 0.05929123338151455, 0.05899808901872648,
      0.05892061664356089, 0.05706951425713708, 0.05636134431063274] |
  |6 |[15, 0, 4, 14, 2, 10, 13, 7, 6, 8] |[0.06669864676186414,
      0.0613859230159798, 0.05902091745149218, 0.058507882633921676,
      0.058373998449322555, 0.05740944364508325, 0.057039150886628136,
      0.057021822698594314, 0.05677330199892444, 0.056741558062814376]|
  |7 |[12, 9, 8, 15, 16, 4, 7, 13, 17, 10]|[0.06770789917351365,
      0.06320078344027158, 0.06225712567900613, 0.058773135159638154,
      0.05832535181576588, 0.057727684814461444, 0.056683575112703555,
      0.05651178333610803, 0.056202395617563274, 0.05538103218174723]|
  |8 |[14, 11, 10, 7, 12, 9, 13, 16, 5, 1]|[0.06757347958335463,
      0.06362319365053591, 0.063359294927315, 0.06319462709331332,
      0.05969320243218982, 0.058380063437908046, 0.057412693576813126,
      0.056710451222381435, 0.056254581639201336, 0.054737785085167814] |
  |9 |[3, 16, 5, 7, 0, 2, 10, 15, 1, 13] |[0.06603941595604573,
      0.06312775362528278, 0.06248795574460503, 0.06240547032037694,
      0.0613859713404773, 0.06017781222489122, 0.05945655694365531,
      0.05910351349013983, 0.05751269894725456, 0.05605239791764803] |
```

LDA의 다이어그램은 TF-IDF의 피처에서 생성된 토픽을 보여준다.

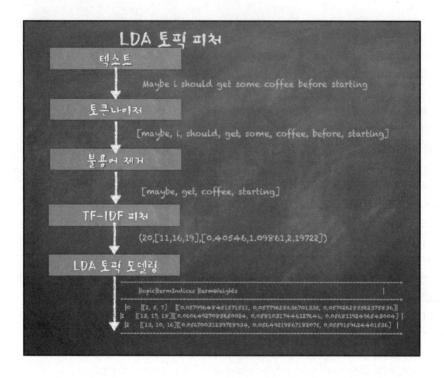

█ 텍스트 분류 구현

텍스트 분류는 머신 러닝 분야에서 가장 널리 사용되는 패러다임 중 하나이며, 스팸 탐지와 이메일 분류 같은 사용 사례에서 유용하고, 다른 머신 러닝 알고리즘과 마찬가지로 워크플로우는 트랜스포머와 알고리즘으로 구성된다. 텍스트 처리 분야에서는 불용어 제거, 형태소 분석, 토큰 생성, nGram 추출, TF-IDF 피처 가중치 부여와 같은 전처리 단계를 적용한다. 일단 원하는 처리가 완료되면 문서를 두 개 이상의 클래스로 분류하도록 모델을 트레이닝한다.

이진[binary] 분류는 스팸/스팸이 아닌지, 주어진 신용카드 거래가 사기인지 아닌지 여부와 같은 두 개의 출력 클래스를 입력하는 분류다. 다중 클래스[multiclass] 분류는 고온, 저온, 빙결, 비가 옴 등과 같은 여러 출력 클래스를 생성할 수 있다. 이외 다중 레이블

_{multilabel} 분류는 속도, 안전, 연료 효율성과 같은 여러 라벨을 생성할 수 있으며, 자동차 기능에 대한 설명에서 생성할 수 있다.

텍스트 분류를 진행하기 위해 10k개의 트윗의 샘플 데이터셋을 사용하고 해당 데이터 셋에 대해 이전 기술을 사용한다. 그다음 텍스트 라인을 단어로 토큰화하고 불용어를 제거한 다음 CountVectorizer를 사용해 단어(피처)의 벡터를 생성한다.

그다음 데이터를 트레이닝 셋(80%)과 테스트 셋(20%)으로 분리하고 로지스틱 회귀 모델로 트레이닝한다. 마지막으로 테스트 데이터를 어떻게 평가하고 수행하는지 살펴볼 것이다.

워크플로우의단계는 다음 다이어그램과 같다.

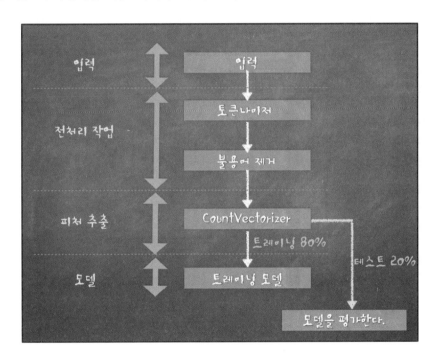

1단계: 레이블과 ID가 포함된 10k개의 트윗이 포함된 입력 텍스트 데이터를 로드 한다.

```
scala> val inputText = sc.textFile("Sentiment_Analysis_Dataset10k.csv")
inputText: org.apache.spark.rdd.RDD[String] =
Sentiment_Analysis_Dataset10k.csv MapPartitionsRDD[1722] at textFile at
<console>:77
```

2단계: 입력 라인을 데이터 프레임으로 변환한다.

```
scala> val sentenceDF = inputText.map(x => (x.split(",")(0), x.split(",")(1),
x.split(",")(2))).toDF("id", "label", "sentence")
sentenceDF: org.apache.spark.sql.DataFrame = [id: string, label: string ... 1
more field]
```

3단계: 공백 구분자가 있는 Tokenizer를 사용해 데이터를 단어로 변환한다.

```
scala> import org.apache.spark.ml.feature.Tokenizer
import org.apache.spark.ml.feature.Tokenizer

scala> val tokenizer = new
Tokenizer().setInputCol("sentence").setOutputCol("words")
tokenizer: org.apache.spark.ml.feature.Tokenizer = tok_ebd4c89f166e

scala> val wordsDF = tokenizer.transform(sentenceDF)
wordsDF: org.apache.spark.sql.DataFrame = [id: string, label: string ... 2 more
fields]

scala> wordsDF.show(5, true)
| id|label| sentence| words|
| 1| 0|is so sad for my ...|[is, so, sad, for...|
| 2| 0|I missed the New ...|[i, missed, the, ...|
| 3| 1| omg its already ...|[, omg, its, alre...|
| 4| 0| .. Omgaga. Im s...|[, , .., omgaga.,...|
| 5| 0|i think mi bf is ...|[i, think, mi, bf...|
```

4단계: 불용어를 제거하고 필터링된 단어로 새로운 데이터 프레임을 생성한다.

```
scala> import org.apache.spark.ml.feature.StopWordsRemover
import org.apache.spark.ml.feature.StopWordsRemover

scala> val remover = new
StopWordsRemover().setInputCol("words").setOutputCol("filteredWords")
remover: org.apache.spark.ml.feature.StopWordsRemover =
stopWords_d8dd48c9cdd0

scala> val noStopWordsDF = remover.transform(wordsDF)
noStopWordsDF: org.apache.spark.sql.DataFrame = [id: string, label: string
... 3 more fields]

scala> noStopWordsDF.show(5, true)
| id|label| sentence| words| filteredWords|
| 1| 0|is so sad for my ...|[is, so, sad, for...|[sad, apl, friend...|
| 2| 0|I missed the New ...|[i, missed, the, ...|[missed, new, moo...|
| 3| 1| omg its already ...|[, omg, its, alre...|[, omg, already, ...|
| 4| 0| .. Omgaga. Im s...|[, , .., omgaga.,...|[, , .., omgaga.,...|
| 5| 0|i think mi bf is ...|[i, think, mi, bf...|[think, mi, bf, c...|
```

5단계: 필터링된 단어로 피처 벡터를 생성한다.

```
scala> import org.apache.spark.ml.feature.CountVectorizer
import org.apache.spark.ml.feature.CountVectorizer

scala> val countVectorizer = new
CountVectorizer().setInputCol("filteredWords").setOutputCol("features")
countVectorizer: org.apache.spark.ml.feature.CountVectorizer =
cntVec_fdf1512dfcbd

scala> val countVectorizerModel = countVectorizer.fit(noStopWordsDF)
countVectorizerModel: org.apache.spark.ml.feature.CountVectorizerModel =
cntVec_fdf1512dfcbd
```

```
scala> val countVectorizerDF = countVectorizerModel.transform(noStopWordsDF)
countVectorizerDF: org.apache.spark.sql.DataFrame = [id: string, label:
string ... 4 more fields]
```

```
scala> countVectorizerDF.show(5,true)
| id|label| sentence| words| filteredWords| features|
| 1| 0|is so sad for my ...|[is, so, sad, for...|[sad, apl,
friend...|(23481,[35,9315,2...|
| 2| 0|I missed the New ...|[i, missed, the, ...|[missed, new,
moo...|(23481,[23,175,97...|
| 3| 1| omg its already ...|[, omg, its, alre...|[, omg, already,
...|(23481,[0,143,686...|
| 4| 0| .. Omgaga. Im s...|[, , .., omgaga.,...|[, , ..,
omgaga.,...|(23481,[0,4,13,27...|
| 5| 0|i think mi bf is ...|[i, think, mi, bf...|[think, mi, bf,
c...|(23481,[0,33,731,...|
```

6단계: 레이블과 피처만 사용해 inputData 데이터 프레임을 생성한다.

```
scala> val inputData=countVectorizerDF.select("label",
"features").withColumn("label", col("label").cast("double"))
inputData: org.apache.spark.sql.DataFrame = [label: double, features: vector]
```

7단계: 데이터를 랜덤으로 80%의 트레이닝 데이터셋과 20%의 테스트 데이터셋으로
나눈다.

```
scala> val Array(trainingData, testData) = inputData.randomSplit(Array(0.8,
0.2))
trainingData: org.apache.spark.sql.Dataset[org.apache.spark.sql.Row] =
[label: double, features: vector]
testData: org.apache.spark.sql.Dataset[org.apache.spark.sql.Row] = [label:
double, features: vector]
```

8단계: 로지스틱 회귀 모델을 생성한다.

```scala
scala> import org.apache.spark.ml.classification.LogisticRegression
import org.apache.spark.ml.classification.LogisticRegression

scala> val lr = new LogisticRegression()
lr: org.apache.spark.ml.classification.LogisticRegression =
logreg_a56accef5728
```

9단계: trainingData를 피팅해 로지스틱 피팅 모델을 생성한다.

```scala
scala> var lrModel = lr.fit(trainingData)
lrModel: org.apache.spark.ml.classification.LogisticRegressionModel =
logreg_a56accef5728

scala> lrModel.coefficients
res160: org.apache.spark.ml.linalg.Vector =
[7.499178040193577,8.794520490564185,4.837543313917086,-5.995818019393418
,1.1754740390468577,3.2104594489397584,1.7840290776286476,-1.839192337533
1787,1.3427471762591,6.9630323099971087,-6.92725055841986,-10.781468845891
563,3.9752.836891070557657,3.8758544006087523,-11.760894935576934,-6.2529
88307540...

scala> lrModel.intercept
res161: Double = -5.397920610780994
```

10단계: 모델 요약, 특히 areaUnderROC를 확인한다. 좋은 모델이라면 0.90을 초과해야 한다.

```scala
scala> import
org.apache.spark.ml.classification.BinaryLogisticRegressionSummary
import org.apache.spark.ml.classification.BinaryLogisticRegressionSummary

scala> val summary = lrModel.summary
```

```
summary:
org.apache.spark.ml.classification.LogisticRegressionTrainingSummary =
org.apache.spark.ml.classification.BinaryLogisticRegressionTrainingSummar
y@1dce712c
```

scala> val bSummary = summary.asInstanceOf[BinaryLogisticRegressionSummary]
```
bSummary:
org.apache.spark.ml.classification.BinaryLogisticRegressionSummary =
org.apache.spark.ml.classification.BinaryLogisticRegressionTrainingSummar
y@1dce712c
```

scala> bSummary.areaUnderROC
```
res166: Double = 0.9999231930196596
```

scala> bSummary.roc
```
res167: org.apache.spark.sql.DataFrame = [FPR: double, TPR: double]
```

scala> bSummary.pr.show()
```
| recall|precision|
| 0.0| 1.0|
| 0.2306543172990738| 1.0|
| 0.2596354944726621| 1.0|
| 0.2832387212429041| 1.0|
|0.30504929787869733| 1.0|
| 0.3304451747833881| 1.0|
|0.35255452644158947| 1.0|
| 0.3740663280549746| 1.0|
| 0.3952793546459516| 1.0|
```

11단계: 트레이닝 모델을 사용해 트레이닝 데이터셋과 테스트 데이터셋 모두를 변환
한다.

scala> val training = lrModel.transform(trainingData)
```
training: org.apache.spark.sql.DataFrame = [label: double, features: vector
... 3 more fields]
```

```
scala> val test = lrModel.transform(testData)
test: org.apache.spark.sql.DataFrame = [label: double, features: vector ... 3
more fields]
```

12단계: 트레이닝 데이터셋과 테스트 데이터셋에서 일치하는 레이블과 예측 칼럼이 있는 레코드 개수를 계산한다. 올바른 모델이라면 서로 일치해야 한다. 그렇지 않으면 불일치할 것이다.

```
scala> training.filter("label == prediction").count
res162: Long = 8029

scala> training.filter("label != prediction").count
res163: Long = 19

scala> test.filter("label == prediction").count
res164: Long = 1334

scala> test.filter("label != prediction").count
res165: Long = 617
```

다음과 같이 결과를 표에 넣을 수 있다.

데이터셋	총계	레이블 == 예측	레이블 != 예측
트레이닝	8048	8029(99.76%)	19(0.24%)
테스트	1951	1334(68.35%)	617(31.65%)

트레이닝 데이터는 훌륭하게 일치하지만, 테스트 데이터는 68.35%만 일치했다. 따라서 모델 파라미터를 탐색해 개선할 여지가 있음을 알 수 있다.

로지스틱 회귀는 입력과 랜덤 노이즈의 선형 조합을 사용해 이항 결과를 예측할 수 있는 쉬운 방법이다. 따라서 로지스틱 회귀 모델은 여러 파라미터를 사용해 조정할 수 있다(전체 파라미터 셋과 여러 로지스틱 회귀 모델을 조정하는 방법은 15장의 범위를 벗어난다).

모델을 튜닝하기 위해 사용할 수 있는 일부 파라미터는 다음과 같다.

- 모델 하이퍼파라미터에는 다음 파라미터를 포함한다.
    - **elasticNetParam**: L1과 L2 정규화를 혼합하는 방법을 지정한다.
    - **regParam**: 모델에서 전달되기 전에 입력을 정규화하는 방법을 결정한다.
- 트레이닝 파라미터에는 다음 파라미터를 포함한다.
    - **maxIter**: 중지하기 전의 전체 반복 횟수다.
    - **weightCol**: 특정 로우를 다른 로우보다 많이 중요하게 여기는 가중치 칼럼의 이름이다.
- 예측 파라미터에는 다음 파라미터를 포함한다.
    - **threshold**: 이진 예측의 확률 임계값이다. 이는 주어진 클래스가 예측될 최소 확률을 결정한다.

이제 간단한 분류 모델을 구축할 수 있는 방법을 살펴봤다. 따라서 새로운 트윗은 트레이닝 셋을 기반으로 레이블을 지정할 수 있다. 로지스틱 회귀는 사용할 수 있는 모델 중 하나 일뿐이다.

로지스틱 회귀 대신 사용할 수 있는 다른 모델은 다음과 같다.

- 결정 트리^{Decision tree}
- 랜덤 포레스트^{Random Forest}
- Gradient Boosted Tree
- 다층 퍼셉트론^{Multilayer Perceptron}

▌ 요약

15장에서는 텍스트 분류에 초점을 두어 스파크 ML을 사용한 텍스트 분석 세계를 소개했다. 트랜스포머와 에스티메이터를 다뤘다. 그리고 토큰나이저를 사용해 문장을 단어로 나누는 방법, 불용어를 제거하는 방법, nGram을 생성하는 방법을 살펴봤다. TF-IDF 기반 피처를 생성할 수 있는 HashingTF와 IDF를 구현하는 방법도 살펴봤다. 또한 Word2Vec에서 단어 시퀀스를 벡터로 변환하는 방법을 다뤘다.

그리고 원본 텍스트를 잘 알지 못해도 문서에서 토픽을 생성할 수 있는 인기 기술인 LDA를 살펴봤다. 마지막으로 이진 분류를 수행하기 위해 트랜스포머, 에스티메이터, 로지스틱 회귀 모델을 사용해 10k개의 트위터 데이터셋을 기반으로 텍스트 분류를 구현했다.

16장에서는 성능을 더욱 향상시킬 수 있는 스파크 애플리케이션 튜닝에 대해 깊이 살펴본다.

16

스파크 튜닝

"하프 연주자는 본인 삶의 90%를 하프를 조율하는 데 사용하고, 본인 삶의 10%를 음정이
맞지 않는 연주를 하는 데 보낸다."

– 이고르 스트라빈스키(Igor Stravinsky)

16장에서 스파크 내부를 깊이 살펴본다. 스파크를 사용할 때 스칼라 컬렉션을 사용하
는 것 같지만 실제로 스파크는 분산 시스템에서 실행된다. 따라서 약간의 주의가 필요
하다.

16장에서 다루는 내용은 다음과 같다.

- 스파크 잡 모니터링
- 스파크 설정
- 스파크 앱 개발 시 일반적인 실수

- 최적화 기술

▌ 스파크 잡 모니터링

스파크는 컴퓨팅 노드(드라이버나 익스큐터)에서 실행 중이거나 완료된 모든 잡을 모니터링하는 웹 UI를 제공한다. 이 절에서는 스파크 웹 UI를 사용해 적절한 예제로 스파크 잡을 모니터링하는 방법을 간단히 설명한다. 잡[job] 진행 상황(제출된 잡, 큐잉 중인 잡, 실행 중인 잡을 포함)을 모니터링하는 방법을 살펴본다. 스파크 웹 UI의 모든 탭에 대해 간략하게 설명한다. 마지막으로 튜닝을 잘하기 위해 스파크의 로깅 절차에 대해 설명한다.

스파크 웹 인터페이스

스파크 웹 UI(스파크 UI라고도 한다)는 파이어폭스나 구글 크롬과 같은 웹 브라우저에서 스파크 애플리케이션 실행을 모니터링할 수 있는 웹 인터페이스다. 독립형 모드의 웹 UI에서 SparkContext가 시작되면 애플리케이션에 대한 유용한 정보를 보여주기 위해 4040 포트에서 시작된다. 스파크 웹 UI는 애플리케이션 실행 여부에 따라 다양한 방식으로 사용될 수 있다.

또한 애플리케이션은 EventLoggingListener를 사용해 모든 이벤트를 저장하고 애플리케이션 실행을 마친 후에는 웹 UI를 사용할 수 있다. 그러나 EventLoggingListener는 단독으로 동작할 수 없고 스파크 이력 서버를 통합해야 한다. 이 두 가지 기능을 결합하면 다음과 같은 기능을 수행할 수 있다.

- 스케줄러 스테이지와 잡 목록
- RDD 크기 요약
- 메모리 사용량

- 환경 정보
- 실행 중인 익스큐터에 대한 정보

웹 브라우저에서 http://<드라이버-노드>:4040 UI에 접근할 수 있다. 예를 들어 독립형 모드로 실행된 스파크 잡은 http://localhost:4040에서 접근할 수 있다.

 여러 SparkContext가 동일한 장비에서 실행하고 있다면 4040, 4041, 4042 등으로 시작하는 연속적인 포트로 바인딩된다. 기본적으로 해당 정보는 스파크 애플리케이션이 동작 중일 때만 사용할 수 있다. 즉, 스파크 잡이 실행을 완료하면 바인딩이 더 이상 유효하지 않거나 접근할 수 없다.

잡이 실행되는 동안 스파크 UI에서 스테이지stage를 관찰할 수 있다. 그러나 잡 실행이 완료된 후 웹 UI를 보고 싶다면 스파크 잡을 제출하기 전에 spark.eventLog.enabled를 true로 설정한다. 이는 스파크가 로컬 파일 시스템이나 HDFS와 같은 저장소에 이미 저장돼 있는 모든 이벤트를 UI에 표시하게 한다.

15장에서 클러스터에 스파크 잡을 제출하는 방법을 살펴봤다. 다음처럼 k-평균 클러스터링을 제출하는 커맨드 중 하나를 다시 사용한다.

```
# 독립형 모드에서 8 코어로 애플리케이션을 실행한다.
SPARK_HOME/bin/spark-submit \
   --class chapter14.KMeansDemo \
   --master local[8] \
   KMeansDemo-0.1-SNAPSHOT-jar-with-dependencies.jar \
   Saratoga_NY_Homes.txt
```

이 커맨드로 잡을 제출하면 실행이 완료된 잡의 상태를 볼 수 없기 때문에 변경 사항을 영구 적용하려면 다음 두 가지 옵션을 사용한다.

```
spark.eventLog.enabled=true
spark.eventLog.dir=file:///home/username/log"
```

이 두 설정 변수를 설정해 스파크 드라이버의 file:///home/username/log에 이벤트 로그를 저장하게 설정하도록 요청했다.

요약하면 다음 변경 사항처럼 제출할 커맨드는 다음과 같다.

```
# 독립형 모드에서 8 코어로 애플리케이션을 실행한다
SPARK_HOME/bin/spark-submit \
   --conf "spark.eventLog.enabled=true" \
   --conf "spark.eventLog.dir=file:///tmp/test" \
   --class chapter14.KMeansDemo \
   --master local[8] \
   KMeansDemo-0.1-SNAPSHOT-jar-with-dependencies.jar \
   Saratoga_NY_Homes.txt
```

그림 1 스파크 웹 UI

이 화면에서 볼 수 있는 것처럼 스파크 웹 UI는 다음과 같은 탭을 제공한다.

- 잡
- 스테이지

810

- 저장소
- 환경
- 익스큐터
- SQL

예를 들어 스트리밍 잡을 실행하는 동안 필요에 따라 느리게 생성될 수 있어서 모든 기능을 한 번에 볼 수 없을 수도 있다.

잡

SparkContext의 Jobs 탭에는 스파크 애플리케이션의 모든 스파크 잡 상태가 표시된다. http://localhost:4040(독립형 모드의 경우)에서 웹 브라우저를 사용해 스파크 UI의 Jobs 탭에 접근하면 다음 내용을 확인할 수 있다.

- **User:** 스파크 잡을 제출한 액티브 사용자를 표시한다.
- **Total Uptime:** 잡의 총 가동 시간을 표시힌다.
- **Scheduling Mode:** 대부분의 경우 선입선출FIFO, first-in-first-out
- **Active Jobs:** 실행 중인 잡 개수를 표시한다.
- **Completed Jobs:** 완료된 잡 개수를 표시한다.
- **Event Timeline:** 실행이 완료된 잡의 타임라인을 표시한다.

내부적으로 Jobs 탭은 jobs 접두어를 포함하는 사용자 정의 스파크 UI 탭인 **JobsTab** 클래스로 표현된다. Jobs 탭은 **JobProgressListener**를 사용해 스파크 잡에 대한 통계에 접근할 수 있는 페이지로 해당 정보를 표시한다. 다음 화면을 살펴보자.

그림 2 스파크 웹 UI의 Jobs 탭

Jobs 탭에서 Active Jobs 옵션을 확장하면 다음처럼 특정 잡의 실행 계획, 상태, 완료된 스테이지 개수, 잡 ID를 DAG 시각화로 볼 수 있다.

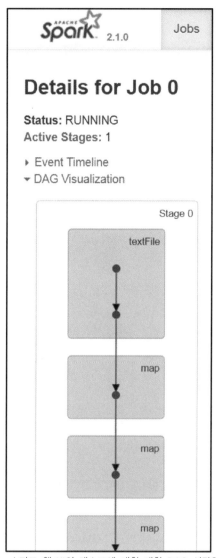

그림 3 스파크 웹 UI의 태스크에 대한 대한 DAG 시각화(요약)

사용자가 스파크 콘솔에 코드를 입력하면(예, 스파크 셸 또는 스파크 제출을 이용) 스파크 코어는 연산자 그래프를 생성한다. 해당 그래프는 특정 노드에서 사용자가 RDD(변경 불가능한 객체)에 액션(예: reduce, collect, count, first, take, countByKey, saveAsTextFile) 또는 트랜스포메이션(예: map, flatMap, filter, mapPartitions, sample, union, intersection, distinct)를 실행할 때 기본적으로 무슨 일이 발생하는지 알려준다.

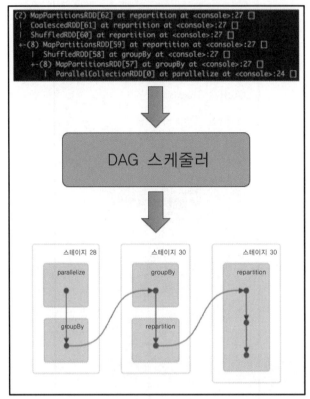

그림 4 RAG 계보를 스테이지 DAG로 변환하는 DAG 스케줄러

트랜스포메이션이나 액션을 실행할 때 DAG^{Directed Acyclic Graph} 정보는 데이터 탄력성을 유지하기 위해 마지막 트랜스포메이션과 액션(그림 4와 그림 5를 참조)까지 노드를 복구하는 데 사용된다. 마지막으로 그래프가 DAG 스케줄러에 제출된다.

스파크는 RDD에서 DAG를 어떻게 계산하고 태스크를 차례대로 어떻게 실행하는가?

하이레벨에서 RDD에 액션이 호출되면 스파크에서 DAG를 생성하고 DAG 스케줄러에 제출한다. DAG 스케줄러는 연산자를 태스크 스테이지로 나눈다. 스테이지는 입력 데이터의 파티션을 기반인 태스크로 구성된다. DAG 스케줄러는 연산자와 함께 파이프라이닝한다. 예를 들어 많은 **map** 연산자는 하나의 스테이지로 스케줄링될 수 있다. DAG 스케줄러의 최종 결과는 일련의 스테이지다. 스테이지는 잡 스케줄러로 전달된다. 잡 스케줄러는 클러스터 관리자(스파크 독립형/얀(YARN)/메소스(Mesos), 쿠버네티스(Kubernetes))를 통해 잡을 시작한다. 잡 스케줄러는 스테이지의 의존성에 대해 알지 못한다. 워커는 해당 스테이지에서 잡을 실행한다.

그다음 DAG 스케줄러는 스테이지 출력이 구체화된 RDD를 추적한다. 그리고 잡을 실행할 수 있는 최소 스케줄을 찾고 관련 연산자를 잡 스테이지로 나눈다. 입력 데이터의 파티션에 기반을 두고 스테이지는 여러 태스크로 구성된다. 그리고 연산자는 DAG 스케줄러와 함께 파이프라이닝된다. 실제 예로 하나 이상의 **map** 연산자나 **reduce** 연산자가 단일 스테이지로 스케줄될 수 있다.

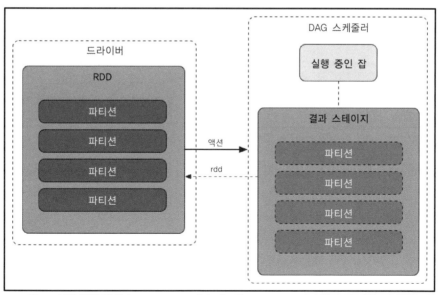

그림 5 실행 중인 액션이 `DAGScheduler`에서 새로운 `ResultStage`와 실행 중인 잡을 생성한다.

DAG 스케줄러의 두 가지 기본 개념은 잡과 스테이지다. 따라서 내부 레지스트리와 카운터를 통해 추적해야 한다. 기술적으로 말하면 DAG 스케줄러는 **SparkContext** 초기화의 일부로 드라이버에서 독점적으로 작동한다(잡 스케줄러와 스케줄러 백엔드가 준비된 직후다). DAG 스케줄러는 스파크 실행의 세 가지 주요 잡을 담당한다. DAG 스케줄러는 DAG 실행, 즉 스테이지의 DAG를 계산한다. 그리고 DAG 스케줄러는 각 태스크를 실행시키기 위해 기본 노드를 결정하고 분실될 출력 파일 때문에 발생할 수 있는 오류를 처리한다.

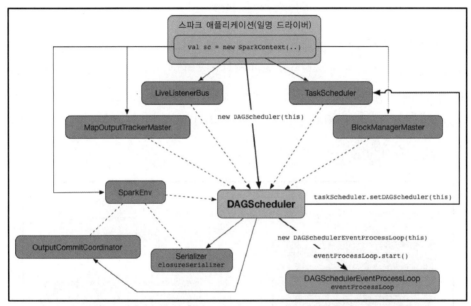

그림 6 다른 서비스와 함께 SparkContext에 의해 생성된 DAGScheduler

DAG 스케줄러의 마지막 결과는 일련의 스테이지다. 따라서 대부분의 통계와 잡 상태 는 시각화(예, 실행 계획, 상태, 완료한 스테이지 개수, 특정 잡의 잡 ID)를 통해 볼 수 있다.

스테이지

스파크 UI의 Stages 탭은 스파크 애플리케이션의 모든 잡의 모든 스테이지에 대한 현재 상태를 표시한다. 또한 스테이지와 풀[pool] 세부 정보에 대한 두 개의 옵션 페이지, 태스크와 통계를 포함한다. 해당 정보는 애플리케이션이 공정한 스케줄링 관리 모드로 동작할 때만 사용할 수 있다. http://localhost:4040/stages의 Stages 탭에 접근할 수 있어야 한다. 제출된 잡이 없으면 탭에는 제목만 표시된다. Stages 탭은 스파크 애플리케이션의 스테이지를 보여준다. Stages 탭에서 다음 스테이지를 볼 수 있다.

- Active Stages
- Pending Stages
- Completed Stages

예를 들어 스파크 잡을 로컬에서 제출하면 다음 상태를 볼 수 있다.

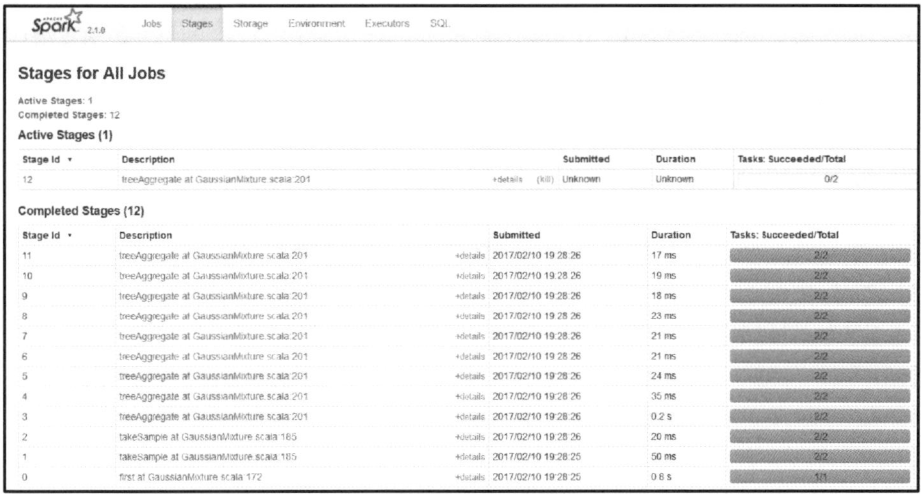

그림 7 스파크 웹 UI의 모든 잡 스테이지

그림 7의 경우 실행 중인 스테이지[Active Stages]는 단 하나만 있다. 그러나 17장에서 AWS EC2 클러스터에 스파크 잡을 제출할 때는 다른 스테이지를 관찰할 수 있다.

완료된 잡의 요약을 더 자세히 보려면 Description 칼럼에 포함된 링크를 클릭하고 실행 시간과 관련된 통계를 메트릭으로 찾아야 한다. 다음 그림에서 볼 수 있는 것처럼 측정 기준의 최소, 중간, 25번째 백분위 수, 75번째 백분위 수, 최댓값을 볼 수 있다.

Summary Metrics for 2 Completed Tasks			
Metric	Min	25th percentile	Median
Duration	0.2 s	0.2 s	0.2 s
GC Time	0 ms	0 ms	0 ms
Input Size / Records	27.6 KB / 1	27.6 KB / 1	28.6 KB / 1

▼ Aggregated Metrics by Executor

Executor ID ▲	Address	Task Time	Total Tasks	Failed Tasks	Killed Tasks
driver	10.2.17.13:53512	0.5 s	2	0	0

Tasks (2)

Index ▲	ID	Attempt	Status	Locality Level	Executor ID / Host	Launch Time
0	4	0	SUCCESS	PROCESS_LOCAL	driver / localhost	2017/02/04 12:57:01
1	5	0	SUCCESS	PROCESS_LOCAL	driver / localhost	2017/02/04 12:57:01

그림 8 스파크 웹 UI에서 완료된 잡 요약

데모 목적으로 두 가지 잡만 실행하고 제출했다. 이 책을 쓰는 동안에는 그림 8과 같지만 현재는 다를 수 있다. 익스큐터에 대한 다른 통계도 볼 수 있다. 이 경우에는 독립형 모드로 8 코어와 32GB RAM을 사용해 잡을 제출했다. 이 외에도 ID, 관련 포트 번호가 있는 IP 주소, 태스크 완료 시간, 잡 개수(실패한 잡의 개수, 강제 종료된 태스크의 개수, 다음 잡의 개수) 같은 익스큐터와 관련된 정보, 레코드당 데이터셋이 표시된다.

이미지의 다른 섹션에는 해당 2개의 태스크와 관련된 다른 정보를 보여준다. 예를 들어 인덱스, ID, 시도, 상태, 지역성 레벨, 호스트 정보, 실행 시간, 기간, GC^{Garbage Collection} 시간 등을 포함한다.

저장소

Storage 탭에는 각 RDD, 데이터 프레임, 데이터셋의 크기와 메모리 사용량이 표시된다. RDD, 데이터 프레임, 데이터셋의 저장소 관련 정보를 볼 수 있어야 한다. 다음

818

그림에서는 RDD 이름, 저장소 레벨, 캐싱 파티션 수, 캐싱 데이터의 비율, 주 메모리의 RDD 크기와 같은 저장소 메타데이터를 보여준다.

그림 9 디스크의 RDD가 차지하는 공간을 보여주는 Storage 탭

주 메모리에 RDD를 캐싱할 수 없으면 대신 디스크 공간이 사용된다. 자세한 내용은 16장의 뒷부분에서 설명한다.

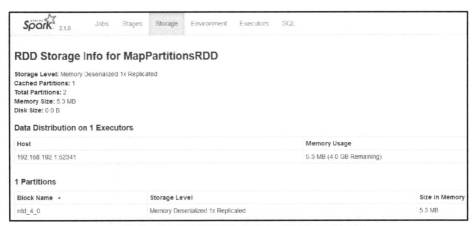

그림 10 디스크의 RDD에서 사용되는 데이터 배포와 저장

환경

Environment 탭은 현재 장비(즉 드라이버)에 설정돼 있는 환경 변수를 표시한다. 좀 더 구체적으로 자바 홈^{Java Home}, 자바 버전, 스칼라 버전 같은 런타임 정보는 Runtime

Information 아래에 표시된다. 스파크 애플리케이션 ID, 애플리케이션 이름, 드라이버 호스트 정보, 드라이버 포트, 익스큐터 ID, 마스터 URL, 스케줄 모드 같은 스파크 프로 퍼티를 살펴볼 수 있다. 또한 AWT 툴킷 버전, 파일 인코딩 타입(예, UTF-8), 파일 인코 딩 패키지 정보(예, sun.io)와 같은 기타 시스템 관련 등록 정보, 잡 등록 정보를 System Properties에서 볼 수 있다.

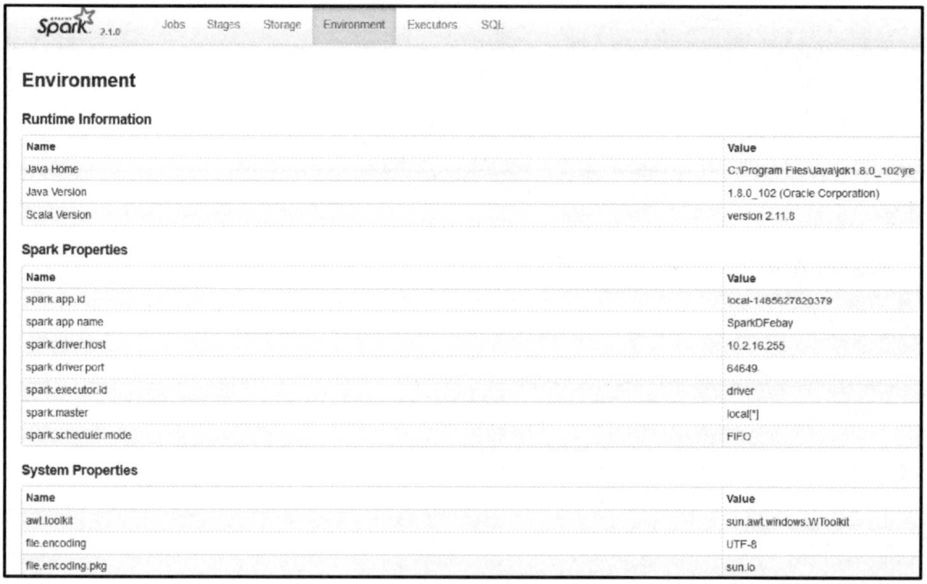

그림 11 스파크 웹 UI의 Environment 탭

익스큐터

Executors 탭은 ExecutorsListener를 사용해 스파크 애플리케이션의 익스큐터에 대 한 정보를 수집한다. 익스큐터는 태스크 실행을 담당하는 분산 에이전트다. 익스큐터 는 여러 방식으로 초기화된다. 예를 들어 첫 번째로 스파크 독립형과 얀 모드에서 CoarseGrainedExecutorBackend가 RegisteredExecutor 메시지를 받으면 익스큐터 를 초기화할 수 있다. 두 번째 경우는 스파크 잡이 메소스에 제출된 경우다. 메소스의 MesosExecutorBackend가 등록된다. 세 번째 경우는 스파크 잡을 로컬에서 실행하는

경우다. 즉 LocalEndpoint가 생성된다. 익스큐터는 일반적으로 익스큐터의 정적 할당이라 하는 스파크 애플리케이션의 전체 수명동안 실행되지만, 동적 할당을 선택할 수도 있다. 익스큐터는 컴퓨팅 노드 또는 클러스터의 모든 익스큐터를 배타적으로 관리한다. 익스큐터는 실행 중인 태스크에 대한 하트비트[heartbeat]와 부분 메트릭 정보를 드라이버의 HeartbeatReceiver RPC 엔드 포인트에 주기적으로 전달하고 해당 결과를 드라이버에 보낸다. 또한 익스큐터는 블록 관리자를 통해 사용자 프로그램이 캐싱한 RDD에 대한 인메모리 저장소를 제공한다. 이 부분에 대한 더 명확한 아이디어는 다음 그림을 참조한다.

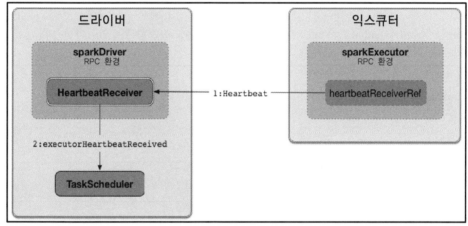

그림 12 HeartbeatReceiver의 Heartbeat 메시지 처리기를 담당하는 익스큐터를 실행하는 스파크 드라이버

익스큐터가 시작되면 익스큐터는 먼저 드라이버와 함께 등록하고 다음 그림처럼 태스크를 실행하기 위해 태스크와 직접 통신한다.

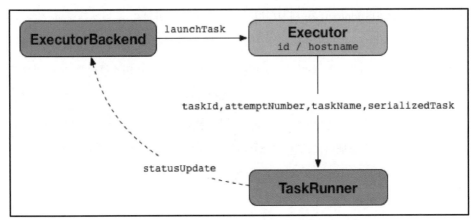

그림 13 TaskRunners를 사용해 익스큐터에서 잡 시작

http://localhost:4040/executors에서 Executors 탭에 접근할 수 있어야 한다.

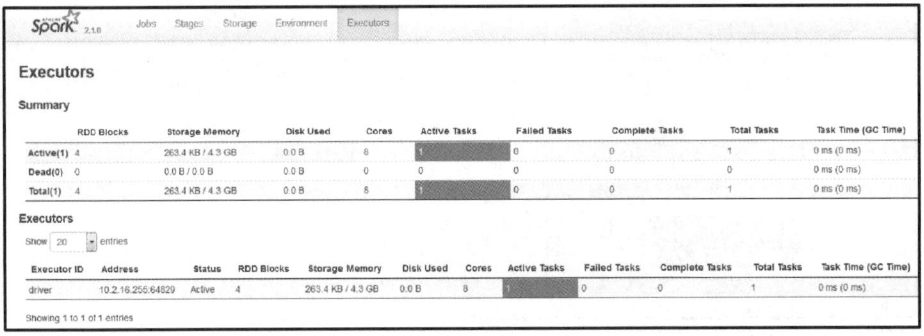

그림 14 스파크 웹 UI의 Executor 탭

이 그림을 살펴보면 익스큐터 ID, 주소, 상태, RDD 블록, 저장소 메모리, 사용된 디스크, 코어, 실행 중인 잡, 실패한 잡, 완료 잡, 총 잡, 잡 시간(GC 시간), 입력, 셔플 읽기, 셔플 쓰기, 스레드 덤프를 볼 수 있다.

SQL

스파크 UI의 SQL 탭에는 연산자마다 모든 누산기 값을 표시한다. http://localhost:4040/SQL/으로 SQL 탭에 접근할 수 있다. 기본적으로 모든 SQL 쿼리 실행과 기본 정보를 표시한다. 그러나 SQL 탭에서는 쿼리를 선택한 후에만 SQL 쿼리 실행의 세부 정보가 표시된다.

SQL에 대한 자세한 설명은 16장의 범위를 벗어난다. SQL 쿼리를 제출하고 결과 출력을 보는 방법에 대해 더 자세히 알고 싶다면 http://spark.apache.org/docs/latest/sql-programming-guide.html#sql을 참조한다.

웹 UI를 사용한 스파크 애플리케이션 시각화

스파크 잡을 실행할 수 있게 제출하면 애플리케이션에 대한 유용한 정보를 표시하는 웹 애플리케이션 UI가 시작된다. 이벤트 타임라인은 애플리케이션 이벤트의 상대적인 순서와 인터리빙interleaving을 표시한다. 타임라인 화면은 세 개의 레벨, 즉 모든 잡, 특정한 잡 내부, 한 스테이지 내부를 볼 수 있다. 또한 타임라인은 익스큐터 할당allocation과 할당 취소deallocation을 보여준다.

그림 15 스파크 웹 UI에서 DAG로 실행되는 스파크 잡

실행 중인 스파크 잡 완료 확인

실행 중인 스파크 잡과 완료된 스파크 잡에 접근해서 관찰하려면 웹 브라우저에서 http://spark_driver_host:4040을 연다. `spark_driver_host`를 IP 주소나 호스트 이름으로 바꿔야 한다.

여러 SparkContext가 동일한 호스트에서 실행 중인 경우 4040, 4041, 4042 등으로 시작하는 연속 포트에 바인딩된다. 기본적으로 해당 정보는 스파크 애플리케이션의 지속 기간 동안만 사용할 수 있다. 즉, 스파크 잡의 실행이 완료되면 바인딩은 더 이상 유효하지 않거나 접근할 수 없다.

이제 실행 중인 잡에 접근하고 싶다면 Active Jobs 링크를 클릭해 해당 잡의 관련 정보를 볼 수 있다. 반면 완료된 잡의 상태에 접근하려면 Completed Jobs를 클릭하면 앞 절에서 설명한 대로 정보가 DAG 스타일로 표시된다.

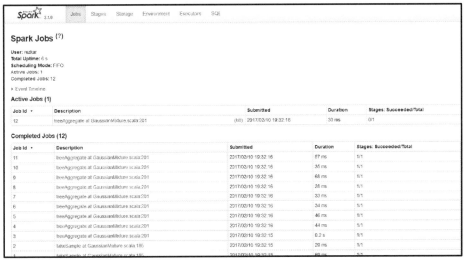

그림 16 실행 중인 스파크 잡과 완료된 스파크 잡을 관찰

Active Jobs 또는 Completed Jobs 아래의 잡에 대한 Description 링크를 클릭하면 해당 잡을 수행할 수 있다.

로그를 이용한 스파크 애플리케이션 디버깅

실행 중인 모든 스파크 애플리케이션에 대한 정보는 사용 중인 클러스터 관리자에 따라 다르다. 스파크 애플리케이션을 디버깅하는 동안 다음 지침을 따라야 한다.

- **독립형**Standalone: http://master:18080에서 스파크 마스터 UI로 이동한다. 마스터와 각 워커는 클러스터와 관련 잡 통계를 보여준다. 또한 각 잡에 대한 자세한 로그 출력은 각 워커의 잡 디렉토리에 저장된다. 스파크에서 log4j를 사용해 수동으로 로깅을 실행하는 방법을 다룰 것이다.

- **얀**[YARN]: 클러스터 관리자가 얀이고 클라우데라[Cloudera](또는 다른 YARN 기반 플랫
  폼)에서 스파크 잡을 실행한다고 가정하면 Cloudera Manager Admin Console
  의 얀 애플리케이션 페이지로 이동한다. 이제 얀에서 실행되는 스파크 애플리
  케이션을 디버깅하려면 Node Manager 역할 로그를 살펴본다. 이를 수행하려
  면 로그 이벤트 뷰어를 열고 이벤트 스트림을 필터링해 시간 윈도우와 로그
  레벨을 선택하고 Node Manager 소스를 표시한다. 커맨드를 통해 로그에 접
  근할 수도 있다. 커맨드의 형식은 다음과 같다.

```
yarn logs -applicationId <애플리케이션 ID> [옵션]
```

예를 들면 다음처럼 사용할 수 있다.

```
yarn logs -applicationId application_561453090098_0005
yarn logs -applicationId application_561453090070_0005 userid
```

사용자 ID는 다르다. 그러나 이것은 yarn-site.xml에서 `yarn.log-aggregation-enable`이 `true`이고 애플리케이션이 이미 실행을 완료한 경우에만 해당된다.

스파크에서 log4j로 로깅

스파크 자체는 log4j를 사용한다. 백엔드에서 발생하는 모든 연산은 이미 기본 저장소
로 설정된 스파크 셸 콘솔로 기록된다. 스파크는 log4j 템플릿을 프로퍼티 파일로 제
공하며, 로깅 파일을 확장하고 수정할 수 있다. SPARK_HOME/conf 디렉토리로 이동
하면 log4j.properties.template 파일을 볼 수 있다. log4j.properties.template 파일은
스파크 로깅의 출발점으로 사용할 수 있다.

이제 스파크 잡을 실행할 때 잡 자체의 로깅을 설정하자. 자체 로깅 파일을 생성한
후 파일 이름을 log4j.properties로 변경하고 동일 디렉토리(즉 프로젝트 트리)에 저장한

다. log4j.properties 파일의 일부 파일 내용은 다음과 같다.

```
# Set everything to be logged to the console
log4j.rootCategory=INFO, console
log4j.appender.console=org.apache.log4j.ConsoleAppender
log4j.appender.console.target=System.err
log4j.appender.console.layout=org.apache.log4j.PatternLayout
log4j.appender.console.layout.ConversionPattern=%d{yy/MM/dd HH:mm:ss} %p %c{1}: %m%n

# Set the default spark-shell log level to WARN. When running the spark-shell, the
# log level for this class is used to overwrite the root logger's log level, so that
# the user can have different defaults for the shell and regular Spark apps.
log4j.logger.org.apache.spark.repl.Main=WARN

# Settings to quiet third party logs that are too verbose
log4j.logger.org.spark_project.jetty=WARN
log4j.logger.org.spark_project.jetty.util.component.AbstractLifeCycle=ERROR
log4j.logger.org.apache.spark.repl.SparkIMain$exprTyper=INFO
log4j.logger.org.apache.spark.repl.SparkILoop$SparkILoopInterpreter=INFO
log4j.logger.org.apache.parquet=ERROR
log4j.logger.parquet=ERROR

# SPARK-9183: Settings to avoid annoying messages when looking up nonexistent UDFs in SparkSQL with Hive support
log4j.logger.org.apache.hadoop.hive.metastore.RetryingHMSHandler=FATAL
log4j.logger.org.apache.hadoop.hive.ql.exec.FunctionRegistry=ERROR
```

그림 17 log4j.properties 파일의 일부 내용

기본적으로 모든 로깅은 콘솔과 파일로 출력된다. 그러나 모든 로그를 시스템 파일에 저장하지 않게 하려면 다음처럼 log4j.properties 파일에 프로퍼티 정보를 설정할 수 있다.

```
log4j.logger.spark.storage=INFO, RollingAppender
log4j.additivity.spark.storage=false
log4j.logger.spark.scheduler=INFO, RollingAppender
log4j.additivity.spark.scheduler=false
log4j.logger.spark.CacheTracker=INFO, RollingAppender
log4j.additivity.spark.CacheTracker=false
log4j.logger.spark.CacheTrackerActor=INFO, RollingAppender
log4j.additivity.spark.CacheTrackerActor=false
log4j.logger.spark.MapOutputTrackerActor=INFO, RollingAppender
log4j.additivity.spark.MapOutputTrackerActor=false
log4j.logger.spark.MapOutputTracker=INFO, RollingAppender
log4j.additivty.spark.MapOutputTracker=false
```

기본적으로 스파크가 생성하는 모든 로그를 숨겨 셸에서 로그를 처리하지 않게 할 수 있다. 파일 시스템으로 로깅하도록 리디렉션할 수 있다. 반면 스파크 자체 로그를 셸과 별도의 파일에 저장해 스파크의 로그와 섞이지 않게 할 수 있다.

그리고 스파크 잡이 시작될 때 스파크가 log4j.properties 파일을 선택하게 언급된 위치에 배치하면 된다.

이제 자체 로깅 시스템의 생성 방법을 살펴보자. 다음 코드를 보고 무슨 일이 일어나는지 살펴보자.

```
import org.apache.spark.{SparkConf, SparkContext}
import org.apache.log4j.LogManager
import org.apache.log4j.Level
import org.apache.log4j.Logger

object MyLog {
    def main(args: Array[String]):Unit= {
        // 로그 레벨을 WARN으로 설정한다.
        val log = LogManager.getRootLogger
        log.setLevel(Level.WARN)

        // SparkContext를 생성한다.
        val conf = new SparkConf().setAppName("My App").setMaster("local[*]")
        val sc = new SparkContext(conf)

        // 계산을 시작하고 로깅 정보를 출력한다.
        log.warn("Started")
        val data = sc.parallelize(1 to 100000)
        log.warn("Finished")
    }
}
```

이 코드에는 동작 코드가 없고 경고 메시지만 로깅으로 출력한다. 먼저 경고 메시지를 출력한 다음 1에서 100,000까지의 숫자를 병렬 처리해서 RDD를 생성한다. RDD 잡이 완료되면 다른 경고 로그를 출력한다. 그러나 이 코드에서 아직 눈치 채지 못한 문제가 있다.

org.apache.log4j.Logger 클래스의 단점 중 하나는 직렬화를 지원하지 않는다는 점이다(자세한 내용은 '최적화 기법' 절을 참조한다). 이는 스파크 API의 일부분에서 연산을 수행하는 동안 클로저^{closure} 내부에서 사용할 수 없음을 의미한다. 예를 들어 다음 코드를 실행하면 Task not serializable이라는 예외가 발생한다.

```scala
object MyLog {
    def main(args: Array[String]):Unit= {
        // 로그 레벨을 WARN으로 설정한다.
        val log = LogManager.getRootLogger
        log.setLevel(Level.WARN)
        // SparkContext를 생성한다.
        val conf = new SparkConf().setAppName("My App").setMaster("local[*]")
        val sc = new SparkContext(conf)
        // 계신을 시직하고 로깅 정보를 출력한다.
        log.warn("Started")
        val i = 0
        val data = sc.parallelize(i to 100000)
        data.foreach(i => log.info("My number"+ i))
        log.warn("Finished")
    }
}
```

이 문제를 해결하는 것은 쉽다. extends Serializable을 사용하는 스칼라 오브젝트를 선언하면 코드는 다음과 같다.

```scala
class MyMapper(n: Int) extends Serializable {
    @transient lazy val log = org.apache.log4j.LogManager.getLogger("myLogger")
    def MyMapperDosomething(rdd: RDD[Int]): RDD[String] =
        rdd.map{ i =>
```

```
        log.warn("mapping: " + i)
        (i + n).toString
    }
 }
```

이 코드에서 발생한 문제는 로거logger를 닫지 않기 때문에 모든 파티션에 클로저를 깔끔하게 배포할 수 없다는 점이다. 따라서 **MyMapper** 타입의 전체 인스턴스가 모든 파티션에 배포된다. 해당 스파크 잡이 완료되면 각 파티션은 새로운 로거를 생성하고 로깅을 하기 위해 로거를 사용한다.

다음 코드는 문제를 해결할 수 있는 완전한 코드다.

```
package com.example.Personal
import org.apache.log4j.{Level, LogManager, PropertyConfigurator}
import org.apache.spark._
import org.apache.spark.rdd.RDD

class MyMapper(n: Int) extends Serializable {
    @transient lazy val log = org.apache.log4j.LogManager.getLogger("myLogger")
    def MyMapperDosomething(rdd: RDD[Int]): RDD[String] =
        rdd.map{ i =>
            log.warn("Serialization of: " + i)
            (i + n).toString
    }
}

object MyMapper{
    def apply(n: Int): MyMapper = new MyMapper(n)
}

object MyLog {
    def main(args: Array[String]) {
        val log = LogManager.getRootLogger
        log.setLevel(Level.WARN)
```

```
        val conf = new SparkConf( ).setAppName( "My App" ).setMaster( "local[*]" )
        val sc = new SparkContext( conf )
        log.warn( "Started" )
        val data = sc.parallelize( 1 to 100000 )
        val mapper = MyMapper( 1 )
        val other = mapper.MyMapperDosomething( data )
        other.collect( )
        log.warn( "Finished" )
    }
}
```

결과는 다음과 같다.

```
17/04/29 15:33:43 WARN root: Started
 .
 .
17/04/29 15:31:51 WARN myLogger: mapping: 1
17/04/29 15:31:51 WARN myLogger: mapping: 49992
17/04/29 15:31:51 WARN myLogger: mapping: 49999
17/04/29 15:31:51 WARN myLogger: mapping: 50000
 .
 .
17/04/29 15:31:51 WARN root: Finished
```

다음 절에서 스파크의 내장 로깅에 대해 다룬다.

▌ 스파크 설정

스파크 잡을 설정할 수 있는 여러 방법이 있다. 이 절에서는 스파크 설정 방법에 대해
설명한다. 스파크 2.x 릴리스에서는 시스템을 설정할 수 있는 세 부분이 있다.

- 스파크 프로퍼티
- 환경 변수
- 로깅

스파크 프로퍼티

앞에서 설명한 것처럼 스파크 프로퍼티는 대부분의 애플리케이션 관련 파라미터를 제어하며, 스파크의 SparkConf 객체를 사용해 설정할 수 있다. 또는 이러한 파라미터는 자바 시스템 프로퍼티를 통해 설정할 수 있다. SparkConf를 사용하면 다음처럼 몇 가지 일반적인 프로퍼티를 설정할 수 있다.

```
setAppName()     // 애플리케이션 이름
setMaster()      // 마스터 URL
setSparkHome()   // 워커 노드에 스파크이 설치된 위치를 설정한다.
setExecutorEnv() // 익스큐터를 실행할 때 사용할 수 있는 하나 이상의 환경 변수를 설정한다.
setJars()        // 클러스터에 배포할 JAR 파일을 설정한다.
setAll()         // 여러 파라미터를 함께 설정한다.
```

장비에서 사용 가능한 코어를 사용할 수 있게 애플리케이션을 설정할 수 있다. 예를 들어 다음처럼 두 개의 스레드로 애플리케이션을 초기화할 수 있다. local[2]는 최소한의 병렬을 의미하는 2개의 스레드를 의미하고, local[*]은 시스템의 사용 가능한 모든 코어를 사용하라는 의미를 가진다. 그리고 spark-submit 스크립트를 사용해 스파크 잡을 제출할 때 다음처럼 익스큐터 개수를 지정할 수 있다.

```
val conf = new SparkConf()
        .setMaster("local[2]")
        .setAppName("SampleApp")
val sc = new SparkContext(conf)
```

필요에 따라 스파크 프로퍼티를 동적으로 로드해야 하는 특별한 경우가 있다. spark-submit 스크립트를 통해 스파크 잡을 제출할 때 동적으로 로딩할 수 있다. 더 구체적으로 말하면 SparkConf의 특정 설정을 하드 코딩하지 않아도 된다.

 스파크 우선순위

스파크는 제출된 잡에 대한 우선순위를 가진다. config 파일의 설정이 우선순위가 가장 낮다. 실제 코드의 설정은 config 파일의 설정보다 더 높은 우선순위를 가지며, spark-submit 스크립트를 통해 CLI에서 사용하는 설정은 더 높은 우선순위를 갖는다.

예를 들어 여러 마스터, 여러 익스큐터, 다양한 메모리로 애플리케이션을 실행하고 싶다면 다음처럼 빈 설정 객체를 간단히 생성할 수 있다.

```
val sc = new SparkContext(new SparkConf())
```

그리고 런타임에서 스파크 잡 설정을 다음처럼 수행할 수 있다.

```
SPARK_HOME/bin/spark-submit
    --name "SmapleApp" \
    --class chapter14.KMeansDemo \
    --master mesos://207.184.161.138:7077 \ # IP 주소를 입력한다.
    --conf spark.eventLog.enabled=false
    --conf "spark.executor.extraJavaOptions=-XX:+PrintGCDetails" \
    --deploy-mode cluster \
    --supervise \
    --executor-memory 20G \
    myApp.jar
```

또한 SPARK_HOME/bin/spark-submit은 SPARK_HOME/conf/spark-defaults.conf의 설정을 읽는다. 각 설정은 키와 공백으로 구분된 값으로 구성돼 있다. 예를 들면 다음과 같다.

```
spark.master spark://5.6.7.8:7077
spark.executor.memory  4g
spark.eventLog.enabled true
spark.serializer org.apache.spark.serializer.KryoSerializer
```

프로퍼티 파일에서 플래그로 지정된 값은 애플리케이션에 전달되고 **SparkConf**를 통해 지정된 값과 병합된다. 마지막으로 이전에 설명한 것처럼 http://<driver>:4040의 애플리케이션 웹 UI는 Environment 탭에 있는 모든 스파크 프로퍼티를 보여준다.

환경 변수

환경 변수를 사용하면 컴퓨팅 노드나 시스템 설정을 지정할 수 있다. 예를 들어 IP 주소는 각 컴퓨팅 노드의 conf/spark-env.sh 스크립트를 통해 설정할 수 있다. 다음 표에는 설정할 필요가 있는 환경 변수의 이름과 기능이 나열돼 있다.

표 1 환경 변수와 환경 변수의 의미

환경 변수	의미
SPARK_MASTER_HOST	마스터에 특정 호스트 이름 또는 IP 주소를 바인딩한다(예: 특정 공개 호스트).
SPARK_MASTER_PORT	마스터의 포트를 지정한다(예, 7077).
SPARK_MASTER_WEBUI_PORT	마스터 웹 UI의 포트를 지정한다(예, 8080).
SPARK_MASTER_OPTS	"-Dx = y" 형식으로 마스터에만 적용되는 설정 프로퍼티다(기본 값: 없음).
SPARK_LOCAL_DIRS	디스크에 저장된 맵 출력 파일과 RDD를 포함해 스파크에서 사용할 수 있는 공간으로 사용하는 위치. 해당 위치는 시스템의 빠른 로컬 디스크에 존재해야 한다. 또한 쉼표 단위로 구분된 다른 디스크에 여러 디렉토리 리스트일 수도 있다.

(이어짐)

환경 변수	의미
SPARK_WORKER_CORES	장비에서 스파크 애플리케이션이 사용할 코어 전체 개수다(기본 값: 사용 가능한 모든 코어 개수).
SPARK_WORKER_MEMORY	스파크 애플리케이션이 장비에서 사용할 수 있는 총 메모리 크기다(예, 1000M, 2G(기본 값: 전체 메모리에서 1GB를 뺀 메모리 크기)). 각 애플리케이션의 개별 메모리 설정은 spark.executor.memory 속성을 사용한다.
SPARK_WORKER_PORT	특정 포트의 스파크 워커를 실행한다(기본 값: 랜덤).
SPARK_WORKER_WEBUI_PORT	워커 웹 UI 포트다(기본 값: 8081).
SPARK_WORKER_DIR	애플리케이션을 실행하기 위해 로그와 사용 가능한 공간을 포함한 디렉토리다(기본 값: SPARK_HOME/work).
SPARK_WORKER_OPTS	"-Dx = y" 형식으로 워커에만 적용되는 설정 프로퍼티다(기본 값: 없음).
SPARK_DAEMON_MEMORY	스파크 마스터와 워커 데몬에 할당할 메모리다(기본 값: 1G).
SPARK_DAEMON_JAVA_OPTS	"-Dx = y" 형식으로 스파크 마스터와 워커 데몬에 적용되는 JVM 옵션이다(기본 값, 없음).
SPARK_PUBLIC_DNS	스파크 마스터와 워커의 퍼블릭 DNS 이름이다.

로깅

마지막으로 로깅은 앞 절에서 설명한 것처럼 스파크 애플리케이션 트리의 log4j. properties 파일을 사용해 설정할 수 있다. 스파크는 log4j를 로깅에 사용한다. log4j가 지원하는 로깅 레벨은 다음과 같다.

표 2 스파크의 log4j 로그 레벨

로그 레벨	용도
OFF	로깅을 전혀 사용하지 않는다.
FATAL	적은 데이터로 치명적인 에러를 출력한다.
ERROR	일반적인 에러만 출력한다.
WARN	필수는 아니지만 고치면 좋을만한 내용을 경고로 출력한다.
INFO	스파크 잡에 필요한 정보를 출력한다.
DEBUG	디버깅할 때 모든 로그를 출력한다.
TRACE	많은 데이터로 아주 적은 상세 에러를 출력한다.
ALL	모든 데이터가 포함된 구체적인 메시지를 출력한다.

conf/log4j.properties에서 스파크 셸의 기본 로깅을 설정할 수 있다. 독립형 스파크 애플리케이션이나 스파크 셸 세션에서 conf/log4j.properties.template을 출발점으로 사용한다. 앞 절에서 다룬 이클립스와 같은 IDE 기반 환경에서 작업할 때는 log4j. properties 파일을 프로젝트 디렉토리 아래에 두는 것이 좋다. 그러나 로깅을 완전히 비활성화하려면 다음 내용을 log4j.properties로 설정하고 저장해야 한다. `log4j. logger.org` 플래그를 `OFF`로 설정하면 된다.

```
log4j.logger.org=OFF
```

다음 절에서 스파크 잡을 개발 및 제출할 때 개발자나 프로그래머가 저지르는 일반적인 실수에 대해 알아본다.

■ 스파크 애플리케이션을 개발할 때 저지르는 일반적인 실수

스파크 애플리케이션을 개발할 때 자주 발생하는 일반적인 실수는 애플리케이션 실
패, 많은 요인, 집계 실수, 액션이나 트랜스포메이션, 주요 스레드에서 발생하는 예외,
물론 OOM^{Out of Memory}으로 인해 느려지는 잡이다.

애플리케이션 실패

일반적으로 하나 이상의 스테이지가 실패하면 애플리케이션 실패가 발생한다. 16장의
초반부에서 설명한 것처럼 스파크 잡은 여러 스테이지로 구성된다. 스테이지는 독립
적으로 실행되지 않는다. 예를 들어 처리 스테이지는 관련 입력 읽기 스테이지 이전에
는 수행될 수 없다. 따라서 스테이지 1이 성공적으로 실행됐지만 스테이지 2가 실행되
지 않으면 전체 애플리케이션은 결국 실패한다. 이것은 다음처럼 표시될 수 있다.

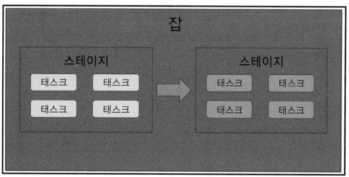

그림 18 일반적인 스파크 잡의 두 가지 스테이지

예를 들어 다음과 같은 세 개의 RDD 잡이 스테이지로 있다고 가정한다. 그림 19,
그림 20, 그림 21과 같이 시각화할 수 있다.

```
val rdd1 = sc.textFile("hdfs://data/data.csv")
                    .map(someMethod)
                    .filter(filterMethod)
```

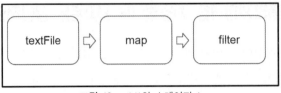

그림 19 rdd1의 스테이지 1

```
val rdd2 = sc.hadoopFile("hdfs://data/data2.csv")
                  .groupByKey()
                  .map(secondMapMethod)
```

개념적으로 그림 20에서 살펴볼 수 있는 것처럼 먼저 hadoopFile 메소드를 사용해
데이터를 파싱하고, groupByKey 메소드를 사용해 그룹핑한 후 마지막으로 map을 적
용한다.

그림 20 rdd2의 스테이지 2

```
val rdd3 = rdd1.join(rdd2).map(thirdMapMethod)
```

이 코드는 그림 21과 같이 개념적으로 표현 가능하다. 먼저 데이터를 파싱하고 join을
수행한 다음, 마지막에 map을 적용한다.

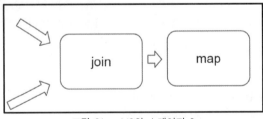

그림 21 rdd3의 스테이지 3

이제 다음처럼 집계 함수(예 collect 메소드)를 수행할 수 있다.

```
rdd3.collect ()
```

이제 세 개의 스테이지로 구성된 스파크 잡을 개발했다. 개념적으로 이것은 다음처럼 나타낼 수 있다.

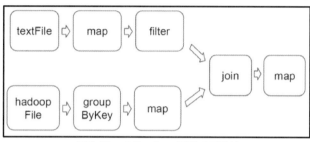

그림 22 rdd3.collect 잡의 스테이지

이제 스테이지 중 하나가 실패하면 결국 잡이 실패한다. 결과적으로 최종 rdd3.collect 문은 스테이지 실패에 대한 예외를 던진다. 또한 다음과 같은 4개의 요소에 문제가 있을 수 있다.

- 집계 연산의 실수
- 주요 스레드의 예외
- OOP
- spark-submit 스크립트를 사용해 잡을 제출하는 동안 클래스를 찾을 수 없다.
- 스파크 코어 라이브러리의 일부 API/메소드에 대한 오해

첫 번째 문제를 해결하려면 map, flatMap 같은 집계 연산을 수행할 때 실수가 있었는지 확인하는 것이 좋다. 두 번째 문제를 해결하려면 자바나 스칼라로 애플리케이션을 개발할 때 main 메소드에 문제가 없는지 확인한다. 때로는 코드에 문법 에러가 표시되지 않지만 애플리케이션에 대해 작은 테스트 케이스[test case]를 개발해야 한다. main

메소드에서 발생하는 가장 일반적인 예외는 다음과 같다.

- java.lang.noclassdeffounderror

- java.lang.nullpointerexception

- java.lang.arrayindexoutofboundsexception

- java.lang.stackoverflowerror

- java.lang.classnotfoundexception

- java.util.inputmismatchexception

스파크 애플리케이션을 주의 깊게 코딩하면 해당 예외를 피할 수 있다. 또는 이클립스 (또는 다른 IDE)의 코드 디버깅 기능을 광범위하게 사용해 예외를 피하기 위해 의미론적 에러를 제거한다. 세 번째 문제, 즉 OOM은 매우 일반적인 문제다. 스파크에는 독립형 모드에 사용할 수 있는 조건, 즉 충분한 디스크 공간이 있는 최소 8GB의 주요 메모리가 필요하다. 반면 전체 클러스터 컴퓨팅 기능을 사용하려면 메모리 요구 사항은 종종 높다.

 스파크 잡을 실행하려면 모든 의존성 라이브러리를 포함하는 JAR 파일을 준비해야 한다. 많은 실무 개발자가 구글의 구아바(Guava) 라이브러리를 사용할 것이다. 구아바 라이브러리는 대부분의 배포판에 포함돼 있지만 이전 버전과의 하위 호환성은 보장하지 않는다. 즉, 구아바 라이브러리를 명시적으로 의존성을 설정하더라도 스파크 잡에서 구아바 클래스를 찾지 못하는 경우가 있다. 이는 두 버전의 구아바 라이브러리 중 하나는 다른 버전보다 우선순위가 높으며, 해당 버전의 구아바에 필수 클래스가 포함되지 않았기 때문에 발생한다. 해당 문제를 해결하기 위해 종종 쉐이드(shade)를 사용하길 바란다.

IntelliJ, Vim, 이클립스, 메모장 등을 사용해 코딩하는 경우 -Xmx 파라미터를 충분히 큰 값으로 자바 힙 공간을 설정하는지 확인한다. 클러스터 모드로 동작하는 경우 spark-submit 스크립트를 사용해 스파크 잡을 제출할 때 익스큐터 메모리를 지정해야 한다. CSV 파일을 파싱하고 랜덤 포레스트 분류자를 사용해 일부 예측 분석을 수행한다고 가정하면 다음처럼 적절한 크기의 메모리(예, 20GB)를 지정해야 할 수도 있다.

```
--executor-memory 20G
```

OOM 에러가 발생한다면 메모리를 32GB 이상으로 늘릴 수 있다. 랜덤 포레스트의 경우 계산 집약적이기 때문에 더 많은 메모리가 필요하다. 데이터를 파싱하는 동안 비슷한 문제가 발생할 수 있다. 특정 OOM 에러로 인해 특정 스테이지에서는 실패할 수 있다. 따라서 OOM 에러를 잘 알고 있어야 한다.

class not found exception 에러의 경우 결과 JAR 파일에 기본 클래스가 포함됐는지 확인한다. 클러스터 노드에서 스파크 잡을 실행하려면 JAR 파일과 모든 의존성 라이브러리를 함께 준비해야 한다. 17장에서 JAR 준비 가이드를 차례대로 제공한다.

마지막으로 스파크 코어 라이브러리에 대한 오해는 예를 제시할 수 있다. 예를 들어 wholeTextFiles 메소드를 사용해 여러 파일에서 RDD나 데이터 프레임으로 읽어오려 할 때 스파크는 병렬로 실행되지 않는다. 얀 기반의 클러스터 모드에서는 때때로 메모리가 부족할 수 있다.

필자는 비슷한 문제를 경험했다. 먼저 S3 저장소에서 여섯 개의 파일을 HDFS에 복사했고 다음처럼 RDD를 생성하려 했다.

```
sc.wholeTextFiles("/mnt/temp") // 데이터 파일의 위치는 /mnt/temp/다.
```

그리고 UDF를 사용해 해당 파일에서 한 라인씩 읽으려 했다. 필자의 컴퓨팅 노드를 살펴보면 파일당 하나의 익스큐터만 실행된다는 것을 알았다. 그러나 얀에서 메모리가 부족하다는 에러 메시지가 나타났다. 왜 그럴까? 이유는 다음과 같다.

- wholeTextFiles의 목표는 처리될 하나의 파일에 대해 하나의 익스큐터만 갖게 하는 것이다.

- 예를 들어 gz 파일을 사용하는 경우 하나의 파일마다 하나의 익스큐터만 갖게 한다.

느린 잡 또는 응답 없음

경우에 따라 SparkContext가 독립형 마스터에 연결할 수 없다면 드라이버는 다음과 같은 에러를 표시할 수 있다.

```
02/05/17 12:44:45 ERROR AppClient$ClientActor: All masters are unresponsive!
Giving up.
02/05/17 12:45:31 ERROR SparkDeploySchedulerBackend: Application has been
killed. Reason: All masters are unresponsive! Giving up.
02/05/17 12:45:35 ERROR TaskSchedulerImpl: Exiting due to error from cluster
scheduler: Spark cluster looks down
```

다른 시간에 드라이버가 독립형 마스터에 연결할 수 있지만, 독립형 마스터는 드라이버와 다시 통신할 수 없다. 그리고 드라이버가 마스터의 로그 디렉토리에 연결할 수 없다고 보고하더라도 커넥션을 여러 번 시도한다.

또한 스파크 잡의 느린 성능과 진행 속도는 드라이버 프로그램의 느린 잡 계산으로 발생할 수 있다. 앞에서 설명한 것처럼 셔플, 맵, 조인, 집계 잡이 포함될 수 있으므로 특정 스테이지에서는 평소보다 시간이 오래 걸릴 수 있다. 컴퓨터에 디스크 저장소나 주요 메모리가 부족한 경우에도 해당 문제가 발생할 수 있다. 예를 들어 마스터 노드가 응답하지 않거나 컴퓨팅 노드에서 일정 기간 동안 응답이 없는 경우 스파크 잡은 특정 스테이지에서 중단되고 정체 상태에 있다고 생각할 수 있다.

```
/11/20 17:20:58 INFO TaskSchedulerImpl: Removed TaskSet 1.0, whose tasks have all completed, from pool
/11/20 17:20:58 INFO TaskSchedulerImpl: Removed TaskSet 2.0, whose tasks have all completed, from pool
/11/20 17:20:58 INFO DAGScheduler: Failed to run collect at ReceiverTracker.scala:270
/11/20 17:20:58 INFO TaskSchedulerImpl: Cancelling stage 1
Exception in thread "Thread-53" org.apache.spark.SparkException: Job aborted due to stage failure: All masters are unresponsive!
Giving up.
        at org.apache.spark.scheduler.DAGScheduler.org$apache$spark$scheduler$DAGScheduler$$failJobAndIndependentStages
(DAGScheduler.scala:1033)
        at org.apache.spark.scheduler.DAGScheduler$$anonfun$abortStage$1.apply(DAGScheduler.scala:1017)
        at org.apache.spark.scheduler.DAGScheduler$$anonfun$abortStage$1.apply(DAGScheduler.scala:1015)
        at scala.collection.mutable.ResizableArray$class.foreach(ResizableArray.scala:59)
        at scala.collection.mutable.ArrayBuffer.foreach(ArrayBuffer.scala:47)
        at org.apache.spark.scheduler.DAGScheduler.abortStage(DAGScheduler.scala:1015)
        at org.apache.spark.scheduler.DAGScheduler$$anonfun$handleTaskSetFailed$1.apply(DAGScheduler.scala:633)
        at org.apache.spark.scheduler.DAGScheduler$$anonfun$handleTaskSetFailed$1.apply(DAGScheduler.scala:633)
        at scala.Option.foreach(Option.scala:236)
        at org.apache.spark.scheduler.DAGScheduler.handleTaskSetFailed(DAGScheduler.scala:633)
        at org.apache.spark.scheduler.DAGSchedulerEventProcessActor$$anonfun$receive$2.applyOrElse(DAGScheduler.scala:1207)
        at akka.actor.ActorCell.receiveMessage(ActorCell.scala:498)
        at akka.actor.ActorCell.invoke(ActorCell.scala:456)
        at akka.dispatch.Mailbox.processMailbox(Mailbox.scala:237)
        at akka.dispatch.Mailbox.run(Mailbox.scala:219)
        at akka.dispatch.ForkJoinExecutorConfigurator$AkkaForkJoinTask.exec(AbstractDispatcher.scala:386)
        at scala.concurrent.forkjoin.ForkJoinTask.doExec(ForkJoinTask.java:260)
        at scala.concurrent.forkjoin.ForkJoinPool$WorkQueue.runTask(ForkJoinPool.java:1339)
        at scala.concurrent.forkjoin.ForkJoinPool.runWorker(ForkJoinPool.java:1979)
        at scala.concurrent.forkjoin.ForkJoinWorkerThread.run(ForkJoinWorkerThread.java:107)
/11/20 17:20:58 INFO DAGScheduler: Failed to run take at DStream.scala:593
/11/20 17:20:58 INFO TaskSchedulerImpl: Cancelling stage 2
/11/20 17:20:58 INFO JobScheduler: Starting job streaming job 1416484202000 ms.0 from job set of time 1416484202000 ms
/11/20 17:20:58 INFO SparkContext: Starting job: take at DStream.scala:593
/11/20 17:20:58 ERROR JobScheduler: Error running job streaming job 1416484200000 ms.0
org.apache.spark.SparkException: Job aborted due to stage failure: All masters are unresponsive! Giving up.
        at org.apache.spark.scheduler.DAGScheduler.org$apache$spark$scheduler$DAGScheduler$$failJobAndIndependentStages
(DAGScheduler.scala:1033)
        at org.apache.spark.scheduler.DAGScheduler$$anonfun$abortStage$1.apply(DAGScheduler.scala:1017)
        at org.apache.spark.scheduler.DAGScheduler$$anonfun$abortStage$1.apply(DAGScheduler.scala:1015)
        at scala.collection.mutable.ResizableArray$class.foreach(ResizableArray.scala:59)
        at scala.collection.mutable.ArrayBuffer.foreach(ArrayBuffer.scala:47)
        at org.apache.spark.scheduler.DAGScheduler.abortStage(DAGScheduler.scala:1015)
```

그림 23 익스큐터와 드라이버에 응답을 주지 않는 경우에 대한 로그 예

아마도 해결 방식은 다음과 같을 것이다.

1. 워커와 드라이버가 스파크 마스터 웹 UI/로그에 나열된 정확한 주소로 스파크 마스터에 연결되도록 올바르게 설정돼 있는지 확인한다. 그리고 스파크 셸을 시작할 때 스파크 클러스터의 마스터 URL을 명시적으로 제공한다.

   ```
   $ bin/spark-shell --master spark://master-ip:7077
   ```

2. SPARK_LOCAL_IP를 드라이버, 마스터, 워커 프로세스의 클러스터 주소로 설정한다.

종종 하드웨어 실패로 인해 문제가 발생할 수 있다. 예를 들어 컴퓨팅 노드의 파일 시스템이 예기치 않게 닫힌 경우, 즉 I/O 예외가 발생하면 스파크 잡도 결국 실패한다. 스파크 잡으로 결과 RDD 또는 로컬 파일 시스템 또는 HDFS에 데이터를 저장할 수 없기 때문에 문제가 발생할 것이다. 또한 이는 스테이지 장애로 인해 DAG 잡을 수행할 수 없음을 의미한다.

때때로 I/O 예외는 디스크 에러 또는 기타 하드웨어 에러로 인해 발생한다. 해당 에러는 종종 다음과 같은 로그로 표시된다.

Job Scheduling Information	Diagnostic Info
NA	Job initialization failed: java.io.IOException: Filesystem closed at org.apache.hadoop.hdfs.DFSClient.checkOpen(DFSClient.java:241) at org.apache.hadoop.hdfs.DFSClient.access$800(DFSClient.java:74) at org.apache.hadoop.hdfs.DFSClient$DFSOutputStream.closeInterna(DFSClient.java:3667) at org.apache.hadoop.hdfs.DFSClient$DFSOutputStream.close(DFSClient.java:3626) at org.apache.hadoop.fs.FSDataOutputStream$PositionCache.close(FSDataOutputStream.java:61) at org.apache.hadoop.fs.FSDataOutputStream.close(FSDataOutputStream.java:86) at org.apache.hadoop.security.Credentials.writeTokenStorageFile(Credentials.java:171) at org.apache.hadoop.mapred.JobInProgress.generateAndStoreTokers(JobInProgress.java:3528) at org.apache.hadoop.mapred.JobInProgress.initTasks(JobInProgress.java:696) at org.apache.hadoop.mapred.JobTracker.initJob(JobTracker.java:4207) at org.apache.hadoop.mapred.FairScheduler$JobInitializer$InitJob.run(FairScheduler.java:291) at java.util.concurrent.ThreadPoolExecutor$Worker.runTask(ThreadPoolExecutor.java:886) at java.util.concurrent.ThreadPoolExecutor$Worker.run(ThreadPoolExecutor.java:908) at java.lang.Thread.run(Thread.java:662)

그림 24 파일 시스템이 닫힌 예

그럼에도 불구하고 자바 GC로 인해 다소 바빠지거나 수행할 수 없을 때 잡 컴퓨팅 성능이 저하될 수 있다. 예를 들어 다음 그림은 태스크 0의 경우 GC를 완료할 때까지 10시간이 걸렸음을 보여준다. 필자가 2014년 스파크를 처음 접했을 때 해당 GC 문제를 만났고, 당시에 GC 타입의 문제를 통제하지 못했다. 따라서 JVM에 사용 가능한 메모리를 넉넉히 잡고 잡을 다시 제출해야 한다.

Task Index	Task ID	Status	Locality Level	Executor	Launch Time	Duration	GC Time
1	0	SUCCESS	NODE_LOCAL		2014/06/13 13:14:16	12.82 h	9.59 h
2	1	SUCCESS	NODE_LOCAL		2014/06/13 13:14:16	12.00 h	8.97 h
3	2	SUCCESS	NODE_LOCAL		2014/06/13 13:14:16	12.39 h	9.16 h
0	3	SUCCESS	NODE_LOCAL		2014/06/13 13:14:16	12.09 h	8.88 h
6	4	SUCCESS	NODE_LOCAL		2014/06/13 13:14:16	11.65 h	8.54 h
4	5	SUCCESS	NODE_LOCAL		2014/06/13 13:14:16	11.68 h	8.62 h
7	6	SUCCESS	NODE_LOCAL		2014/06/13 13:14:16	12.19 h	9.12 h
12	7	SUCCESS	NODE_LOCAL		2014/06/13 13:14:16	11.62 h	8.50 h
8	8	SUCCESS	NODE_LOCAL		2014/06/13 13:14:16	12.57 h	9.40 h
9	9	SUCCESS	NODE_LOCAL		2014/06/13 13:14:16	12.02 h	8.98 h
5	10	SUCCESS	NODE_LOCAL		2014/06/13 13:14:16	12.24 h	9.04 h
11	11	SUCCESS	NODE_LOCAL		2014/06/13 13:14:16	11.11 h	8.15 h
10	12	SUCCESS	NODE_LOCAL		2014/06/13 13:14:16	11.84 h	8.68 h
13	13	SUCCESS	NODE_LOCAL		2014/06/13 13:14:16	11.85 h	8.74 h
18	14	SUCCESS	NODE_LOCAL		2014/06/13 13:14:16	12.26 h	9.17 h

그림 25 GC가 중간에 멈추는 예

네 번째 요소는 느린 응답이다. 잡의 느린 성능은 데이터 직렬화 부족 때문일 수 있다. 관련 내용은 다음 절에서 다룬다. 다섯 번째 요소는 코드에서 메모리 릭memory leak일 수 있으며, 메모리 릭으로 인해 애플리케이션이 파일이나 로직 장치를 열어 더 많은 메모리를 소비하게 만드는 경향이 있다. 따라서 메모리 릭이 발생할 만한 코드가 없는지 확인한다. 예를 들어 sc.stop 함수 또는 spark.stop 함수를 호출해 스파크 애플리케이션을 종료하는 것이 좋다. 즉, 하나의 SparkContext를 계속 연 상태에서 활성화돼 있는지 확인하는 것이 좋다. 그렇지 않으면 원하지 않는 예외나 문제가 발생할 수 있다. 여섯 번째 문제는 너무 많은 파일을 자주 열면 셔플이나 병합 스테이지에서 FileNotFoundException이 발생하는 경우가 있다.

▎ 최적화 기술

더 좋은 최적화 기술을 적용할 수 있는 스파크 애플리케이션 튜닝에 대한 여러 관점이 있다. 이 절에서는 메모리를 잘 관리하고 메인 메모리를 튜닝하며, 데이터 직렬화를 적용함으로써 스파크 애플리케이션 최적화 방법을 설명한다. 스파크 애플리케이션을 개발하는 동안 스칼라 코드의 데이터 구조를 튜닝해 성능을 최적화할 수도 있다. 반면 직렬화된 RDD 저장소를 사용해 저장소를 잘 유지할 수 있다.

가장 중요한 관점 중 하나는 가비지 컬렉션garbage collection이며, 자바나 스칼라를 사용해 스파크 애플리케이션을 작성한다면 튜닝할 요인이 된다. 최적화된 성능을 위해 스파크 애플리케이션을 튜닝할 수 있는 방법을 살펴보자. 분산 환경과 클러스터 기반 시스템의 경우 병렬 처리 레벨과 데이터 지역성을 보장해야 한다. 또한 브로드캐스팅 변수를 사용해 성능을 더욱 향상시킬 수 있다.

데이터 직렬화

직렬화는 모든 분산 컴퓨팅 환경에서 성능 향상과 최적화에 중요한 튜닝 요소다. 스파크도 예외는 아니지만 스파크 잡은 종종 데이터와 컴퓨팅이 광범위하다. 따라서 데이터 객체 포맷이 올바르지 않으면 먼저 직렬화된 데이터 객체로 변환해야 한다. 변환 작업은 많은 양의 메모리가 필요하다. 따라서 전체 처리와 계산 속도로 인해 전체 프로세스 시간이 크게 떨어진다.

결과적으로 컴퓨팅 노드에서 느린 응답이 자주 발생한다. 이는 때때로 컴퓨팅 자원을 100% 활용하지 못한다는 것을 의미한다. 스파크는 편의성과 성능 사이의 균형을 유지하려고 한다. 또한 데이터 직렬화가 성능 개선에 대한 스파크 튜닝의 첫 단계가 돼야 함을 의미한다.

스파크는 데이터 직렬화에 대한 두 개의 옵션, 즉 자바 직렬화 라이브러리와 Kryo 직렬화 라이브러리를 제공한다.

- **자바 직렬화:** 스파크는 자바의 `ObjectOutputStream` 프레임워크를 사용해 객체를 직렬화한다. `java.io.Serializable`을 구현한 클래스를 생성해 직렬화를 처리한다. 자바 직렬화는 매우 유연하지만 종종 매우 느리며, 대용량 데이

터 객체 직렬화에 적합하지 않다.

- **Kryo 직렬화**: Kryo 라이브러리를 사용해 데이터 객체를 더욱 빠르게 직렬화할 수 있다. 자바 직렬화와 비교해 Kryo 직렬화는 자바 직렬화보다 10배 빠르고 압축한다. 그러나 모든 직렬화 가능 타입을 지원하는 것은 아니기 때문에 클래스를 등록해야 한다.

SparkConf로 스파크 잡을 초기화하고 conf.set(spark.serializer, org.apache.spark.serializer.KryoSerializer)를 호출해 Kryo를 사용할 수 있다. Kryo를 사용자 정의 클래스로 등록하려면 다음처럼 registerKryoClasses 메소드를 사용한다.

```
val conf = new SparkConf()
            .setMaster("local[*]")
            .setAppName("MyApp")
conf.registerKryoClasses(Array(classOf[MyOwnClass1], classOf[MyOwnClass2]))
val sc = new SparkContext(conf)
```

객체가 크다면 spark.kryoserializer.buffer 설정을 늘려야 할 수도 있다. 해당 설정 값은 직렬화할 수 있는 최대 객체를 생성할 정도로 커야 한다. 마지막으로 사용자 정의 클래스를 등록하지 않아도 Kryo는 여전히 동작한다. 그러나 각 객체의 클래스 전체 이름을 저장해야 하기 때문에 낭비가 될 것이다.

예를 들어 '스파크 잡 모니터링' 절의 마지막 절인 '로깅' 절에서 로깅과 컴퓨팅은 Kryo 직렬화를 사용해 최적화할 수 있다. 처음에는 MyMapper 클래스를 다음처럼 일반 클래스로 만든다(즉, 직렬화돼 있지 않다).

```
class MyMapper(n: Int) { // 직렬화돼 있지 않다.
 @transient lazy val log = org.apache.log4j.LogManager.getLogger("myLogger")
 def MyMapperDosomething(rdd: RDD[Int]): RDD[String] = rdd.map { i =>
     log.warn("mapping: " + i)
     (i + n).toString
```

```
        }
    }
```

이제 MyMapper 클래스를 Kryo 직렬화 클래스로 등록한 다음 Kryo 직렬화를 다음처럼
설정해보자.

```
conf.registerKryoClasses(Array(classOf[MyMapper]))
// MyMapper 클래스를 Kryo 직렬화 클래스로 등록한다.
conf.set("spark.serializer", "org.apache.spark.serializer.KryoSerializer")
// Kyro 직렬화로 설정한다.
```

필요한 모든 작업이 완료됐다. 이 예의 전체 소스코드는 다음과 같다. 이전 예제와
비교해서 출력은 동일하게 최적화됐다.

```
package chapter16

import org.apache.spark._
import org.apache.spark.rdd.RDD

class MyMapper(n: Int) { // 직렬화돼 있지 않다.
    @transient lazy val log = org.apache.log4j.LogManager.getLogger("myLogger")
    def MyMapperDosomething(rdd: RDD[Int]): RDD[String] = rdd.map { i =>
            log.warn("mapping: " + i)
            (i + n).toString
    }
}

// 컴패니언 오브젝트
object MyMapper {
    def apply(n: Int): MyMapper = new MyMapper(n)
}

// Main 객체
```

```
object KyroRegistrationDemo {
    def main(args: Array[String]) {
        val log = LogManager.getRootLogger
        log.setLevel(Level.WARN)
        val conf = new SparkConf()
        .setAppName("My App")
        .setMaster("local[*]")
        conf.registerKryoClasses(Array(classOf[MyMapper2]))
        // MyMapper 클래스를 Kryo 직렬화 클래스로 등록한다.
        conf.set("spark.serializer",
                "org.apache.spark.serializer.KryoSerializer") // Kyro 직렬화로
                                                              // 설정한다.

        val sc = new SparkContext(conf)
        log.warn("Started")
        val data = sc.parallelize(1 to 100000)
        val mapper = MyMapper(1)
        val other = mapper.MyMapperDosomething(data)
        other.collect()
        log.warn("Finished")
    }
}
```

결과는 다음과 같다.

```
17/04/29 15:33:43 WARN root: Started
.
.
17/04/29 15:31:51 WARN myLogger: mapping: 1
17/04/29 15:31:51 WARN myLogger: mapping: 49992
17/04/29 15:31:51 WARN myLogger: mapping: 49999
17/04/29 15:31:51 WARN myLogger: mapping: 50000
.
.
17/04/29 15:31:51 WARN root: Finished
```

잘 진행했다. 이제 메모리를 튜닝하는 방법을 간단히 살펴보자. 다음 절에서 주요 메모리를 효율적으로 사용할 수 있는 고급 전략을 살펴본다.

메모리 튜닝

이 절에서는 스파크 잡을 실행하는 동안 효율적인 메모리 사용을 수행할 수 있게 사용자가 사용할 수 있는 고급 전략을 설명한다. 즉, 객체의 메모리 사용량을 계산하는 방법을 보여준다. 데이터 구조를 최적화하거나 Kryo 또는 자바 시리얼라이저를 사용해 직렬화된 포맷으로 데이터 객체를 변환하는 고급 방법을 제안한다. 마지막으로 스파크의 자바 힙 크기, 캐싱 크기, 자바 가비지 컬렉션 튜닝 방법을 살펴본다.

메모리 사용을 튜닝할 때 다음과 같은 세 가지 고려 사항이 있다.

- **객체가 사용하는 메모리 크기**: 메모리에 맞게 전체 데이터셋을 생성할 수도 있다.
- **해당 객체에 접근하는 비용**
- **가비지 컬렉션의 오버헤드**: 객체 관점에서 높은 변화를 갖는 경우

자바 객체는 접근하기에 충분히 빠르지만 원시 필드의 실제(원시) 데이터보다 2~5배 더 많은 공간을 차지한다. 예를 들어 각 개별 자바 객체에는 객체 헤더를 갖고 있는데, 16바이트를 포함한다. 예를 들어 자바 문자열의 경우 원시 문자열 대비 추가로 거의 40바이트가 추가된다. 또한 Set, List, Queue, ArrayList, Vector, LinkedList, PriorityQueue, HashSet, LinkedHashSet, TreeSet 등과 같은 자바 컬렉션 클래스도 사용된다. 반면에 연결 데이터 구조(예, LinkedList)는 너무 복잡해서 데이터 구조의 각 항목에 대한 래퍼 객체가 있기 때문에 너무 많은 공간을 차지한다. 마지막으로 원시 타입의 컬렉션은 java.lang.Double과 java.lang.Integer 같은 박스형 객체이기 때문에 메모리에 저장한다.

메모리 사용량과 메모리 관리

스파크 애플리케이션과 기본 컴퓨팅 노드의 메모리 사용은 실행 메모리와 저장소 메모리로 분류할 수 있다. 실행 메모리는 병합, 셔플, 조인, 정렬, 집계를 계산할 때 사용된다. 반면 저장소 메모리는 클러스터를 통해 내부 데이터를 캐싱하고 전파하는 데 사용된다. 간단히 말해 네트워크를 통한 대량의 I/O 때문이다.

 기술적으로 스파크는 네트워크 데이터를 로컬에 캐싱한다. 스파크를 반복적으로 또는 대화식으로 작업할 때 캐싱이나 퍼시스턴스(persistence)는 스파크의 최적화 기술이다. 해당 두 가지 방법은 중간 스테이지 결과를 저장하는 데 도움이 되기 때문에 후속 스테이지에서 재사용할 수 있다. 그리고 중간 결과(RDD)는 메모리(기본 값) 또는 디스크와 같은 견고한 저장소에 보관하거나 복제할 수 있다. 또한 RDD는 캐싱 연산을 사용해 캐싱될 수 있다. persist 연산을 사용해 저장할 수도 있다. 캐싱과 persist 연산의 차이는 완전히 구문론적이다. cache 연산은 persist 연산과 동일하다 (MEMORY_ONLY). 따라서 캐싱은 단지 기본 저장 영역 레벨 MEMORY_ONLY로 유지된다.

스파크 웹 UI의 Storage 탭 아래에 이전의 그림 10과 같이 RDD, 데이터 프레임, 데이터셋 객체가 사용하는 메모리/저장소를 관찰해야 한다. 스파크에서 메모리를 튜닝할 수 있는 두 개의 관련 설정이 있지만, 사용자는 다시 튜닝할 필요가 없다. 설정 파일의 기본 값이 요구 사항과 잡 부하를 견디기에 충분하기 때문이다.

spark.memory.fraction은 JVM 힙 공간의 일부(300MB)로 통합 영역의 크기이고, 기본 값 0.6(60%)이다. 나머지 공간(40%)은 사용자 데이터 구조, 스파크의 내부 메타데이터, 내부 메타데이터로 예약돼 있다. 비정상적으로 큰 레코드의 경우 OOM 에러를 방지하기 위해 예약돼 있다. 반면 spark.memory.storageFraction은 R 저장 공간의 크기를 통합 영역의 일부로 표현한다(기본 값: 0.5). 해당 파라미터의 기본 값은 자바 힙 공간의 50%, 즉 300MB다.

 메모리 사용과 저장에 대한 더 자세한 설명은 15장을 참조한다.

이제 선택할 수 있는 저장소 레벨은 무엇인가? 해당 질문에 대답하기 위해 스파크 저장소 레벨은 메모리 사용량과 CPU 효율성 간의 서로 다른 장단점을 제공한다. RDD가 기본 저장 장치 레벨(MEMORY_ONLY)에 잘 맞으면 스파크 드라이버나 마스터는 함께 사용한다. MEMORY_ONLY는 가장 메모리 효율적인 옵션으로 RDD 잡이 가능한 한 빨리 실행되게 한다. MEMORY_ONLY는 가장 메모리 효율적인 옵션이다. 또한 RDD의 수많은 연산을 최대한 빨리 수행할 수 있다.

RDD가 주요 메모리에 맞지 않으면, 즉 MEMORY_ONLY가 동작하지 않으면 MEMORY_ONLY_SER를 사용해야 한다. UDF(데이터셋 처리를 위해 정의한 사용자 정의 함수)가 너무 비싸지 않으면 RDD를 디스크에 저장하지 않는 것이 좋다. 이는 UDF가 실행 스테이지에서 많은 양의 데이터를 필터링하는 경우에도 적용된다. 다른 경우 디스크에서 데이터 객체를 읽으려 할 때 파티션 재구성, 즉 리파티션이 빠를 수도 있다. 마지막으로 신속한 장애 복구를 원한다면 복제된 저장소 레벨을 사용한다.

스파크 2.x에서 사용할 수 있는 저장소 레벨은 다음과 같다(이름에서 _2는 2개의 복제본을 나타낸다).

- **DISK_ONLY:** 디스크 기반 연산에서 RDD를 처리한다.
- **DISK_ONLY_2:** 2개의 복제본에 대해 디스크 기반 연산에서 RDD를 처리한다.
- **MEMORY_ONLY:** 메모리 기반의 캐싱 연산에서 RDD를 처리하는 기본 값이다.
- **MEMORY_ONLY_2:** 메모리 기반의 캐싱 연산에서 2개의 복제본이 있는 RDD를 처리하는 기본 값이다.
- **MEMORY_ONLY_SER:** RDD가 주요 메모리에 맞지 않으면, 즉 MEMORY_ONLY가 동작하지 못할 때 데이터 객체를 주어진 직렬화 포맷으로 저장할 때 특히 유용하다.
- **MEMORY_ONLY_SER_2:** RDD가 주요 메모리에 맞지 않으면, 즉 MEMORY_ONLY가 2개의 복제본으로 동작하지 못할 때 데이터 객체를 주어진 직렬화 포맷으로 저장할 때 특히 유용하다.

852

- **MEMORY_AND_DISK:** 메모리와 디스크(일명 결합^{combined}) 기반의 RDD 퍼시스턴스를 의미한다.

- **MEMORY_AND_DISK_2:** 2개의 복제본을 사용해 메모리와 디스크(일명 결합) 기반의 RDD 퍼시스턴스를 의미한다.

- **MEMORY_AND_DISK_SER:** MEMORY_AND_DISK가 동작하지 않으면 사용할 수 있다.

- **MEMORY_AND_DISK_SER_2:** MEMORY_AND_DISK가 2개의 복제본에서 동작하지 않으면 사용할 수 있다.

- **OFF_HEAP:** 자바 힙 공간에 저장하는 것을 허용하지 않는다.

> ⓘ cache 연산은 persist 연산과 동일하다(MEMORY_ONLY). 캐싱은 기본 저장 영역 레벨, 즉 MEMORY_ONLY로만 유지된다. 자세한 정보는 https://jaceklaskowski.gitbooks.io/mastering-apache-spark/content/spark-rdd-StorageLevel.html에서 확인할 수 있다.

데이터 구조 튜닝

추가 메모리 사용을 줄이는 첫 번째 방법은 추가 데이터를 포함하는 자바 데이터 구조의 일부 기능을 쓰지 않는 것이다. 예를 들어 포인터 기반 데이터 구조와 래퍼 객체는 중요한 오버헤드에 기여한다. 더 나은 데이터 구조를 가진 소스코드를 튜닝하기 위해 몇 가지를 제안한다.

첫째, 객체 배열과 기본 타입을 더 많이 사용하도록 데이터 구조를 설계한다. 따라서 Set, List, Queue, ArrayList, Vector, LinkedList, PriorityQueue, HashSet, LinkedHashSet, TreeSet 같은 표준 자바나 스칼라 컬렉션 클래스를 더 자주 사용하는 것이 좋다.

둘째, 가능하면 작은 객체와 포인터가 많은 중첩 구조를 사용하지 않는다. 그러면 소스코드가 더욱 최적화되고 간결해진다.

셋째, 가능하면 키에 문자열을 사용하는 대신 숫자 ID를 사용하거나 enum 객체를 사용하는 것을 고려한다. 이미 설명한 것처럼 단일 자바 문자열 객체가 40바이트를 추가적으로 생성하기 때문에 해당 방식을 권장한다. 마지막으로 주요 메모리(즉 RAM)가 32GB 미만인 경우 JVM 플래그 -XX:+UseCompressedOops를 설정해 포인터를 8바이트 대신 4바이트로 생성한다.

 이전에 설명한 내용은 PARK_HOME/conf/spark-env.sh.template SPARK_HOME/conf/spark-env.sh.template에서 설정할 수 있다. 해당 파일 이름을 spark-env.sh로 바꾸고 바로 값을 설정한다.

직렬화된 RDD 저장소

앞에서 설명한 것처럼 여러 타입의 메모리 튜닝에도 불구하고 객체가 너무 커서 주요 메모리나 디스크에 효율적으로 저장할 수 없다면 메모리 사용을 줄이는 더 간단하고 나은 방법은 직렬화된 형식으로 저장하는 것이다.

 MEMORY_ONLY_SER와 같은 RDD 퍼시스턴스 API의 직렬화된 저장소 레벨을 사용해 직렬화를 수행할 수 있다. 자세한 내용은 메모리 관리를 설명한 이전의 절을 참조하고 사용 가능한 옵션을 살펴보길 바란다.

MEMORY_ONLY_SER를 지정한다면 스파크는 각 RDD 파티션을 하나의 큰 바이트 배열로 저장한다. 그러나 MEMORY_ONLY_SER의 유일한 단점은 데이터 접근 시간을 늦출 수 있다는 것이다. 이는 합리적이고 명백하다. 다시 말하면 각 객체가 재사용 중에 상황을 보며 역직렬화를 수행해야 하기 때문에 피할 방법이 없다.

854

앞에 설명한 것처럼 자바 직렬화 대신 Kryo 직렬화를 사용해 데이터 접근 속도를 조금 높이는 것이 좋다.

가비지 컬렉션 튜닝

자바나 스칼라 프로그램에서 RDD를 순차적으로 또는 랜덤으로 한 번 읽고 여러 연산을 실행하는 것은 큰 문제가 아니지만, 드라이버에 저장된 RDD에 대규모의 데이터 객체를 갖고 있다면 JVM^Java Virtual Machine GC로 인해 문제가 발생할 수 있고 복잡할 수 있다. JVM이 새로운 객체를 위한 공간을 생성하기 위해 오래된 객체 중 사용하지 않는 객체와 필요 없는 객체를 제거해야 할 때 JVM은 이를 식별하고 결국 메모리에서 제거할 것이다.

그러나 GC는 처리 시간과 저장 관점에서 비용이 많이 드는 연산이다. GC 비용이 주요 메모리에 저장된 자바 객체의 수에 비례하는지 궁금할 것이다. 따라서 데이터 구조를 튜닝하는 것을 강력 권장한다. 또한 메모리에 저장된 객체 수를 줄이는 것이 좋다.

GC 튜닝의 첫 번째 단계는 장비에서 JVM 가비지 컬렉션이 발생하는 빈도에 대한 관련 통계를 수집하는 것이다. 두 번째로는 장비나 컴퓨팅 노드에서 JVM이 GC에 소비한 시간을 통계를 얻는다. GC 시간을 얻기 위해 이클립스의 JVM 시작 파라미터에서 자바 옵션에 -verbose:gc -XX:+PrintGCDetails -XX:+PrintGCTimeStamps를 추가하고 GC 로그 파일의 이름과 위치를 다음처럼 지정해 얻을 수 있다.

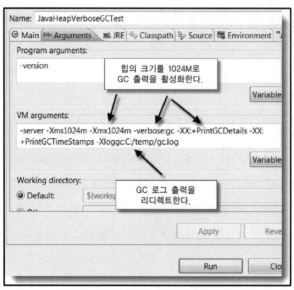

그림 26 이클립스의 GC 로그 활성화 설정

또는 다음과 같이 spark-submit 스크립트를 사용해 스파크 잡을 제출하는 동안 verbose:gc를 지정할 수 있다.

```
--conf "spark.executor.extraJavaOptions=-verbose:gc -XX:-PrintGCDetails
-XX:+PrintGCTimeStamps"
```

간단히 요약하면 스파크에 GC 옵션을 지정할 때 익스큐터나 드라이버에서 GC 옵션을 지정할 위치를 결정해야 한다. 잡을 제출할 때 --driver-java-options -XX:+PrintFlagsFinal -verbose:gc 등을 지정한다. 익스큐터의 경우 --conf spark.executor.extraJavaOptions=-XX:+PrintFlagsFinal -verbose:gc 등을 지정한다. 이제 스파크 잡 실행 중에 GC가 발생할 때마다 워커 노드에 출력된 로그와 메시지를 /var/log/logs(또는 /var/log/spark)에서 볼 수 있다. 해당 접근 방식의 단점은 해당 로그가 드라이버 노드에 없지만 클러스터의 워커 노드에 있다는 점이다.

병렬화 레벨

SparkContext.text 파일에 대한 선택 파라미터를 사용해 실행할 맵 태스크의 개수를 제어할 수 있지만, 스파크는 크기를 기반으로 각 파일을 동일하게 나눠 자동으로 맵 태스크의 개수를 설정할 수 있다. 이 외에도 groupByKey와 reduceByKey 같은 분산 reduce 연산의 경우 스파크는 가장 큰 상위 RDD의 파티션 개수를 사용한다. 그러나 때로는 컴퓨팅 클러스터 노드의 전체 컴퓨팅 자원을 활용하지 않는 실수를 저지른다. 따라서 스파크 잡에 대한 병렬 처리 레벨을 명시적으로 설정하고 지정하지 않으면 전체 컴퓨팅 자원을 완전히 사용할 수 없다. 따라서 병렬 처리 레벨을 두 번째 파라미터로 설정해야 한다.

TIP 병렬 옵션에 대한 자세한 내용은 https://spark.apache.org/docs/latest/api/scala/index.html#org.apache.spark.rdd.PairRDDFunctions를 참조한다.

또는 spark.default.parallelism 설정 프로퍼티의 기본 값을 변경해 스파크 잡을 병렬로 수행할 수 있다. 상위 RDD가 없는 병렬 처리 연산의 경우 병렬 처리 레벨은 클러스터 관리자, 즉 독립형, 메소스, 얀에 종속적이다. 로컬 모드의 경우 병렬 처리 레벨을 로컬 시스템의 코어 개수와 동일하게 설정한다. 메소스나 얀의 경우 세밀 fine-grained 모드를 8로 설정한다. 그 외는 모든 익스큐터 노드의 코어 전체 개수 또는 두 개 중 큰 개수를 선택한다. 일반적으로 클러스터의 CPU 코어당 2~3개의 태스크를 선택하길 권장한다.

브로드캐스팅

브로드캐스팅 변수를 사용하면 드라이버에서 종속 태스크와 자체 복사본을 전송하지 않고 각 드라이버에 캐싱된 인스턴스나 클래스 변수의 읽기 전용 복사본을 유지할 수 있다. 그러나 여러 스테이지의 태스크가 역직렬화 형식으로 동일 데이터를 필요할 때에만 브로드캐스팅 변수를 명시적으로 생성하는 것이 유용하다.

스파크 애플리케이션을 개발할 때 SparkContext의 브로드캐스팅 옵션을 사용하면 직렬화된 각 잡의 크기를 크게 줄일 수 있다. 또한 클러스터의 스파크 잡을 초기화하는 데 드는 비용을 줄일 수 있다. 스파크 잡에서 드라이버의 큰 객체를 사용하는 특정 잡이 있다면 브로드캐스팅 변수로 설정하는 것이 좋다.

스파크 애플리케이션에서 브로드캐스팅 변수를 사용하려면 SparkContext.broadcast를 사용해 브로드캐스팅 변수를 초기화할 수 있다. Broadcast 클래스의 value 메소드를 사용해 다음처럼 공유 값에 접근할 수 있다.

```
val m = 5
val bv = sc.broadcast(m)
```

출력은 다음과 같다.

```
bv: org.apache.spark.broadcast.Broadcast[Int] = Broadcast(0)
bv.value()
```

출력은 다음과 같다.

```
res0: Int = 1
```

858

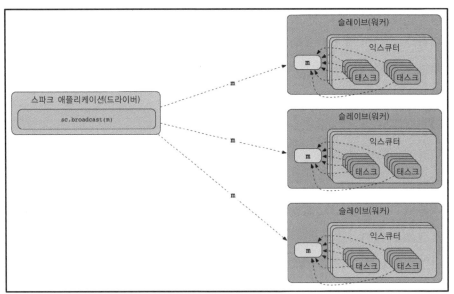

그림 27 드라이버에서 익스큐터로 특정 값이 브로드캐스팅 전달

스파크의 Broadcast 기능은 SparkContext를 사용해 브로드캐스팅 값을 생성한다. 그다음 BroadcastManager와 ContextCleaner를 사용해 다음 그림과 같이 라이프사이클을 제어한다.

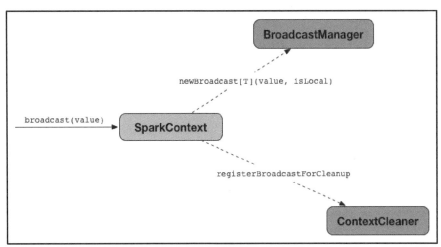

그림 28 SparkContext는 BroadcastManager와 ContextCleaner를 사용해 변수/값을 브로드캐스팅한다.

드라이버의 스파크 애플리케이션은 드라이버에서 각 잡의 직렬화된 크기를 자동으로 출력한다. 따라서 잡을 병렬로 수행할 때 태스크가 너무 크다면 태스크에 대한 실행 여부를 결정할 필요가 있다. 태스크가 20KB보다 크다면 최적화할 필요가 있다.

데이터 지역성

데이터 지역성은 데이터가 처리할 코드와 얼마나 가까운지를 의미한다. 기술적으로 데이터 지역성은 로컬 모드나 클러스터 모드에서 실행되는 스파크 잡의 성능에 별다른 영향을 미치지 않는다. 결과적으로 처리할 데이터와 코드가 함께 묶여 있으면 계산 속도가 훨씬 빨라진다. 일반적으로 코드 크기가 데이터 크기보다 훨씬 작기 때문에 드라이버에서 익스큐터로 직렬화된 코드를 보내는 것이 훨씬 빠르다.

스파크 애플리케이션 개발과 잡 실행에 대한 지역성 레벨이 여럿 있다. 가까운 순서에서 먼 순서로 레벨은 처리해야 하는 데이터의 현재 위치에 따라 다르다.

표 2 데이터 지역성과 스파크

데이터 지역성	의미	특이 사항
PROCESS_LOCAL	동일 위치의 데이터와 코드	최고의 지역성이 될 가능성이 높다.
NODE_LOCAL	데이터와 코드가 동일한 노드에 있다(예, HDFS에 저장된 데이터).	데이터가 프로세스와 네트워크를 통해 전파돼야 하기에 PROCESS_LOCAL보다 조금 느리다.
NO_PREF	데이터는 여러 곳에서 동일하게 접근된다.	지역성 선호도가 없다.
RACK_LOCAL	데이터는 네트워크를 통해 동일한 서버 랙에 존재한다.	대규모 데이터 처리에 적합하다.
ANY	데이터는 네트워크의 다른 곳에 있고 동일한 랙에 위치하지 않는다.	사용할 수 있는 다른 옵션이 없으면 권장되지 않는다.

스파크는 모든 태스크를 최상의 지역성 레벨로 스케줄할 수 있게 개발됐지만 스파크는 이를 보장하지 않으며 항상 가능케 하지도 않는다. 결과적으로 스파크는 컴퓨팅 노드의 상황을 기반으로 사용할 수 있는 컴퓨팅 자원이 너무 많으면 지역성 레벨을 낮춘다. 또한 최상의 데이터 지역성을 원한다면 다음과 같은 두 가지를 선택할 수 있다.

- 동일 서버나 동일 노드의 데이터에서 태스크를 시작하려면 사용 중인 CPU가 여유가 있을 때까지 기다려야 한다.
- 데이터를 옮겨야 할 상황이 오면 즉시 새로운 노드를 시작한다.

▌ 요약

16장에서는 스파크의 성능을 향상시킬 수 있는 스파크의 고급 주제를 다뤘다. 그리고 스파크 잡을 튜닝할 수 있는 기본 기술을 설명했다. 또한 스파크 웹 UI에 접근해 잡을 모니터링하는 방법을 설명했다. 스파크 설정 파라미터의 설정 방법도 설명했다. 또한 스파크 사용자가 실수할 수 있는 내용을 다뤘고 해결 방법을 제안했다. 마지막으로 스파크 애플리케이션을 튜닝할 때 도움이 되는 최적화 기술에 대해 설명했다.

17장에서는 스파크 애플리케이션을 테스트하는 방법과 가장 일반적인 문제를 해결하기 위해 디버깅하는 방법을 살펴본다.

17

클러스터에 스파크 배포

"달이 은색 조각처럼 보인다. 금박의 꿀벌들처럼 별들이 달 주위로 모여 든다."
— 오스카 와일드(Oscar Wilde)

앞의 장들에서는 다양한 스파크 API를 사용해 실제 애플리케이션을 개발하는 방법을 살펴봤다. 그러나 17장에서는 기본 아키텍처를 기반으로 하는 클러스터 모드의 스파크 동작 방식을 소개한다. 마지막으로 클러스터에 전체 스파크 애플리케이션을 배포하는 방법을 살펴본다.

17장에서 다루는 내용은 다음과 같다.

- 클러스터의 스파크 아키텍처
- 스파크 생태계와 클러스터 관리

- 클러스터에 스파크 배포
- 독립형 클러스터에 스파크 배포
- 메소스 클러스터에 스파크 배포
- 얀 클러스터에 스파크 배포
- 쿠버네티스 클러스터에 스파크 배포
- 클라우드 기반에 배포
- AWS에 스파크 배포

▎ 클러스터의 스파크 아키텍처

지난 몇 년 동안 하둡 기반 맵리듀스 프레임워크가 많이 사용되고 있다. 그러나 I/O, 알고리즘 복잡성, 낮은 지연 시간을 가진 스트리밍 태스크, 디스크 기반 연산과 관련해 여러 문제를 여전히 갖고 있다. 하둡은 효율적인 빅데이터 컴퓨팅 엔진으로서 저장할 수 있는 **하둡 분산 파일 시스템**^{HDFS, Hadoop Distributed File System}을 제공하지만 하둡 기반 맵리듀스^{MapReduce} 프레임워크를 사용해 대기 시간이 긴 배치 모델이나 정적 데이터를 계산할 수 있다. 스파크의 주요 빅데이터 패러다임은 인메모리^{inmemory} 컴퓨팅과 캐싱 추상화다. 따라서 스파크는 빅데이터 처리에 이상적이며, 컴퓨팅 노드는 동일한 입력 데이터에 접근함으로써 여러 연산을 수행할 수 있다.

스파크의 RDD^{Resilient Distributed Dataset} 모델은 맵리듀스 패러다임이 할 수 있는 모든 것을 할 수 있다. 또한 다룰 데이터의 규모가 커도 데이터셋을 반복적으로 계산할 수 있다. 하둡의 유무에 관계없이 머신 러닝, 범용 데이터 처리, 그래프 분석, SQL^{Structured Query Language} 알고리즘을 훨씬 빠르게 실행할 수 있다. 따라서 스파크 생태계를 되살리는 것이 대두되고 있다.

지금까지 스파크의 아름다움과 특징을 대해 충분히 살펴봤다. 이 시점에서 스파크 생태계와 스파크의 동작 방식을 알아보자.

간단히 살펴본 스파크 생태계

더 고급스럽고 추가적인 데이터 처리 기능을 제공하기 위해 스파크 잡은 하둡 기반(즉, 얀) 클러스터나 메소스 기반 클러스터 위에서 실행될 수 있다. 반면 스칼라의 핵심 API를 사용해 스칼라는 자바, 스칼라, 파이썬, R 같은 여러 프로그래밍 언어를 사용해 스파크 애플리케이션을 개발할 수 있다. 스파크는 스파크 생태계의 일부인 여러 라이브러리를 제공한다. 그래프 처리, 대규모의 구조화된 SQL, 머신 러닝[ML] 영역과 같은 추가 기능을 제공한다. 스파크 생태계는 다음과 같은 컴포넌트로 구성된다.

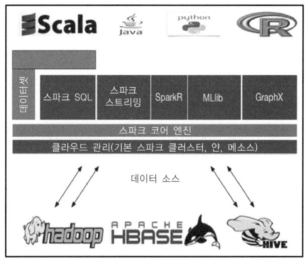

그림 1 스파크 생태계(스파크 2.3.2 기준)

스파크의 핵심 엔진은 스칼라로 작성됐지만 R, 자바, 파이썬, 스칼라와 같은 스파크 애플리케이션을 개발할 수 있게 다양한 언어를 지원한다. 스파크 코어 엔진의 주요 컴포넌트/API는 다음과 같다.

1. **스파크 SQL**[SparkSQL]: SQL 쿼리를 스파크 프로그램과 매끄럽게 사용해 스파크 프로그램에서 구조화된 데이터를 쿼리할 수 있다.

2. **스파크 스트리밍**^{Spark Streaming}: 스파크를 카프카^{Kafka}, 플링크^{Flink}, 트위터^{Twitter} 같은 다른 스트리밍 데이터 소스와 매끄럽게 통합하는 대규모 스트리밍 애플리케이션을 개발할 수 있다.

3. **스파크 MLlib과 스파크 ML**: RDD와 데이터셋/데이터 프레임 기반의 머신 러닝과 파이프라인을 생성할 수 있다.

4. **GraphX**: 그래프 데이터 객체를 완벽하게 연결하기 위해 대규모 그래프를 계산하고 처리할 수 있다.

5. **SparkR**: 스파크 R은 기본적인 통계 계산과 머신 러닝을 수행할 수 있다.

이미 살펴본 것처럼 스파크 API를 완벽하게 결합해 대규모 머신 러닝과 데이터 분석 애플리케이션을 개발할 수 있다. 또한 스파크 잡은 하둡 얀^{YARN}, 메소스, 독립형 또는 클라우드에서 HDFS, 카산드라^{Cassandra}, HBase, 아마존^{Amazon} S3, RDBMS 같은 데이터 저장소와 소스에 접근함으로써 클러스터 관리자를 통해 제출되고 실행될 수 있다. 그러나 스파크의 모든 기능을 사용하려면 스파크 애플리케이션을 컴퓨팅 클러스터에 배포해야 한다.

클러스터 설계

스파크는 분산 및 병렬 처리 시스템이며, 인메모리 컴퓨팅 기능도 제공한다. 해당 타입의 컴퓨팅 패러다임은 관련된 저장소 시스템이 필요해서 빅데이터 클러스터에 애플리케이션을 배포할 수 있다. 이를 위해 HDFS, S3, HBase, 하이브^{Hive}와 같은 분산 저장소 시스템을 사용해야 한다. 데이터를 이동하려면 스쿱^{Sqoop}, 키네시스^{Kinesis}, 트위터^{Twitter}, 플룸^{Flume}, 카프카^{Kafka}와 같은 기술이 필요하다.

실제로 작은 하둡 클러스터를 쉽게 구성할 수 있다. 단일 마스터와 여러 워커 노드만 있으면 된다. 하둡 클러스터에서 마스터 노드는 일반적으로 네임 노드^{Name Node}, 데이터 노드^{Data Node}, 잡 트래커^{Job Tracker}, 태스크 트래커^{Task Tracker}로 구성된다. 반면 워커 노드는

866

데이터 노드와 태스크 트래커로 동작하게 설정할 수 있다.

보안상의 이유로 대부분의 빅데이터 클러스터는 네트워크 방화벽 뒤에 설치되기 때문에 방화벽으로 인해 생기는 복잡성을 컴퓨팅 노드가 극복하거나 최소한으로 줄일 수 있다. 그렇게 하지 않으면 컴퓨팅 노드는 네트워크 외부, 엑스트라넷extranet에서 접근할 수 없다. 다음 그림은 스파크에서 일반적으로 사용되는 단순화된 빅데이터 클러스터를 보여준다.

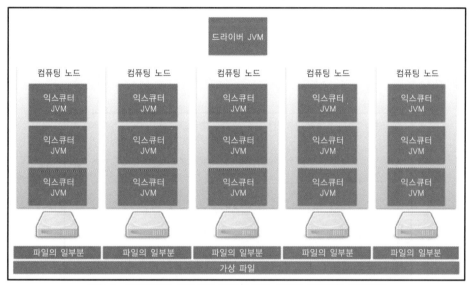

그림 2 빅데이터를 처리하기 위한 JVM을 사용한 일반적인 아키텍처

이 그림은 5개의 컴퓨팅 노드로 구성된 클러스터를 보여준다. 해당 클러스터에서는 각 노드에 전용 익스큐터 JVM(CPU 코어당 하나)과 클러스터 외부에 있는 스파크 드라이버 JVM이 있다. 디스크는 **JBOD**Just a bunch of disks 방식을 사용해 노드에 직접 연결된다. 매우 큰 파일은 여러 디스크로 파티셔닝되며, HDFS와 같은 가상 파일 시스템은 해당 청크를 하나의 큰 가상 파일로 사용할 수 있다. 다음의 단순화된 컴포넌트 모델은 클러스터 외부에 있는 드라이버 JVM을 보여준다. 클러스터 관리자는 클러스터에서 실행 중인 모든 프로세스의 자원 할당을 추적하기 때문에 드라이버 JVM는 워커

노드에서 태스크를 스케줄하는 권한을 얻으려고 클러스터 관리자(그림 4 참조)와 대화한다.

스칼라 또는 자바를 사용해 스파크 애플리케이션을 개발했다면 태스크는 JVM 기반 프로세스라는 것을 의미한다. JVM 기반 프로세스의 경우 다음 두 파라미터를 지정해 자바 힙 공간을 간단히 설정할 수 있다.

- **-Xmx** : 자바 힙 공간의 상한 값을 지정한다.
- **-Xms** : 자바 힙 공간의 하한 값을 지정한다.

스파크 잡을 제출하면 스파크 잡에 힙 메모리가 할당돼야 한다. 다음 그림은 통찰력을 제공한다.

그림 3 JVM 메모리 관리

이 그림에서 보여준 것처럼 스파크는 512MB의 JVM 힙 공간으로 스파크 잡을 시작한다. 그러나 스파크 잡을 중단 없이 처리하면서 OOM^Out of Memory 에러가 발생하지 않게 하려면 스파크에서 컴퓨팅 노드를 힙(즉 ~461MB)의 최대 90%만 사용하도록 설정해야 한다. `spark.storage.safetyFraction` 파라미터를 제어함으로써 힙의 크기를 증가시키거나 감소시킬 수 있다. 더 구체적으로 설명하면 JVM의 메모리는 저장소로 자바 힙의 60%, 실행을 위한 힙(셔플이라고도 알려짐)으로 자바 힙의 20%, 기타 저장을 위한 나머지 20%로 구성돼 있다.

그리고 스파크는 인메모리와 디스크 기반 컴퓨팅을 모두 사용할 수 있는 클러스터 컴퓨팅 툴이며, 사용자는 메모리에 일부 데이터를 저장할 수 있다. 실제로 스파크는 주요 메모리를 LRU 캐시로만 사용한다. 중단 없는 캐싱 메커니즘의 경우 애플리케이션의 특정 데이터 처리를 위해 약간의 메모리가 있어야 한다. 비공식적으로 애플리케이션이 사용할 수 있는 메모리는 `spark.memory.fraction`으로 제어되는 자바 힙 공간의 약 60%다.

따라서 스파크 애플리케이션에서 메모리에 캐싱할 수 있는 애플리케이션 특정 데이터 크기를 살펴보거나 계산하고 싶다면 모든 익스큐터의 모든 힙 크기를 합산하고 해당 크기에 safetyFraction과 memoryFraction을 곱한다. 실제로 전체 힙 크기(276.48MB)의 54%를 사용하면 스파크 컴퓨팅 노드를 사용할 수 있다. 이제 셔플 메모리는 다음처럼 계산된다.

셔플 메모리(shuffle memory)= 힙 크기(heap size) * spark.shuffle.safetyFraction * spark.shuffle.memoryFraction

---

spark.shuffle.safetyFraction과 spark.shuffle.memoryFraction의 기본 값은 각각 80%와 20%다. 따라서 실질적으로 셔플 공간은 JVM 힙의 최대 $0.8 \times 0.2 = 16\%$를 사용할 수 있다. 마지막으로 언롤^unroll 메모리는 언롤 프로세스에서 사용할 수 있는 컴퓨팅 노드의 주요 메모리양이다. 언롤 메모리의 계산은 다음과 같다.

```
언롤 메모리(unroll memory) = spark.storage.unrollFraction *
spark.storage.memoryFraction * spark.storage.safetyFraction
```

언롤 메모리의 크기는 힙의 약 11%($0.2 \times 0.6 \times 0.9 = 10.8 \sim 11\%$), 즉 자바 힙 공간의
56.32MB이다.

 자세한 내용은 http://spark.apache.org/docs/latest/configuration.html에서 확인
할 수 있다.

나중에 살펴보겠지만 다양한 클러스터 관리자가 있다. 클러스터 관리자 중 일부는
스파크 익스큐터와 병행으로 다른 하둡의 부하나 하둡 기반이 아닌 애플리케이션을
관리할 수도 있다. 익스큐터와 드라이버는 항상 양방향 통신을 하기 때문에 가까이에
있어야 한다.

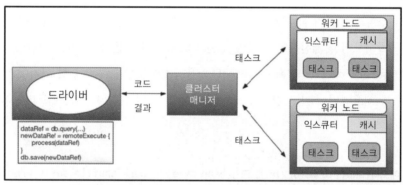

그림 4 클러스터 아키텍처의 스파크 드라이버, 마스터, 워커

스파크는 드라이버(즉 드라이버 프로그램), 마스터 및 워커 아키텍처(즉 호스트, 슬레이브
또는 컴퓨팅 노드)를 사용한다. 드라이버 프로그램(또는 장비)은 마스터 노드라 하는 단
일 코더네이터coordinator와 통신한다. 마스터 노드는 실제로 여러 익스큐터가 클러스터
에서 병렬로 실행되는 모든 워커(즉 슬레이브 또는 컴퓨팅 노드)를 관리한다. 마스터는

870

또한 큰 메모리, 스토리지, OS, 기본 컴퓨팅 자원을 갖는 컴퓨팅 노드이기도 하다. 개념적으로 해당 아키텍처는 그림 4에 나와 있다. 자세한 내용은 이 절의 후반부에서 설명한다.

실제 클러스터 모드에서 클러스터 관리자(즉 자원 관리자)는 클러스터에서 컴퓨팅 노드의 모든 자원을 관리한다. 일반적으로 방화벽은 클러스터에 보안을 추가할 수 있지만 복잡성은 증가된다. 시스템 컴포넌트끼리 서로 통신할 수 있게 시스템 컴포넌트 사이의 포트를 열어야 한다. 예를 들어 주키퍼는 구성을 위해 많은 컴포넌트에서 사용된다. 구독 메시징 시스템인 아파치 카프카는 주키퍼^{Zookeeper}를 사용해 토픽, 그룹, 컨슈머^{consumer}, 프로듀서^{producer}를 구성한다. 따라서 방화벽을 통과할 수 있는 주키퍼의 클라이언트 포트가 열려 있어야 한다.

마지막으로 클러스터 노드에 대한 시스템 할당을 고려해야 한다. 예를 들어 스파크에서 플룸^{Flume}이나 카프카^{Kafka}를 사용해 인메모리 채널을 사용할 수 있다. 스파크에서 메모리를 많이 사용하기 위해 다른 아파치 컴포넌트와 경쟁시킬 필요가 없다. 데이터 흐름과 메모리 사용량에 따라 스파크, 하둡, 주키퍼, 플룸, 다른 툴을 별개의 클러스터 노드에 설치해야 할 수 있다. 게다가 예를 들어 얀, 메소스, 도커와 같은 자원 관리자를 사용해 경쟁 문제를 해결할 수도 있다. 표준 하둡 환경에서는 얀이 존재한다.

워커로 동작하는 컴퓨팅 노드나 스파크 마스터에는 방화벽 내부의 노드를 처리하는 클러스터보다 많은 자원이 필요하다. 많은 하둡 생태계 컴포넌트가 클러스터에 배포되면 모든 컴포넌트는 마스터 서버의 메모리를 추가로 필요로 한다. 워커 노드의 자원 사용을 모니터링하고, 필요하면 자원이나 애플리케이션 위치를 조정해야 한다. 예를 들어 얀이 조정 작업을 수행한다.

이 절에서는 스파크, 하둡, 기타 툴의 관점에서 빅데이터 클러스터를 간단하게 설명했다. 그러나 빅데이터 클러스터 내에 스파크 클러스터 자체를 구성하는 방법은 무엇일까? 예를 들어 많은 타입의 스파크 클러스터 관리자를 가질 수 있다. 다음 절에서는 스파크 클러스터 관리를 살펴보고 스파크 클러스터 관리자의 각 타입을 설명한다.

클러스터 관리

스파크 컨텍스트는 스파크 설정 객체(즉 SparkConf)와 스파크 URL을 통해 정의될 수 있다. 첫째, 스파크 컨텍스트의 목적은 스파크 잡이 실행될 스파크 클러스터 관리자를 연결하는 것이다. 그다음 클러스터나 자원 관리자는 애플리케이션의 컴퓨팅 노드에서 필요한 자원을 할당한다. 클러스터 관리자의 두 번째 작업은 스파크 잡이 실행될 수 있도록 클러스터 워커 노드 전체에 익스큐터를 할당하는 것이다. 셋째, 자원 관리자는 드라이버 프로그램(즉 애플리케이션 JAR 파일, R 코드, 파이썬 스크립트)을 컴퓨팅 노드에 복사한다. 마지막으로 자원 관리자는 컴퓨팅 태스크를 컴퓨팅 노드에 할당한다.

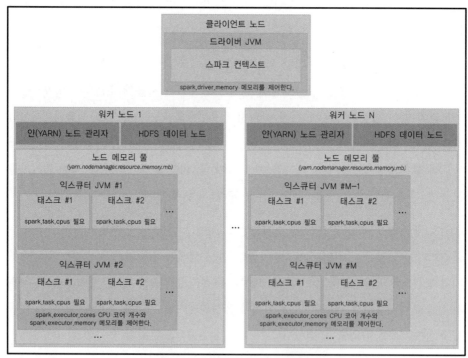

그림 5 얀(YARN)을 사용한 자원 관리

다음 절에서 현재 스파크 버전(즉, 이 책을 작성할 때의 스파크 2.3.2)에서 사용 가능한 아파치 스파크 클러스터 관리자 옵션을 설명한다. 자원 관리자(즉 클러스터 관리자)의 자원 관리 방법을 알기 원한다면 얀의 기본 컴퓨팅 자원 관리 방법을 소개한다. 그러나 자원 관리 방법은 다른 클러스터 관리자(예, 메소스)도 동일하다.

 자세한 내용은 http://spark.apache.org/docs/latest/cluster-overview.html#cluster-manager-types를 참조한다.

가상 클러스터 모드(즉 스파크 로컬)

이미 알고 있듯이 스파크 잡을 로컬^{local} 모드에서 실행할 수 있다. 로컬 모드를 때때로 가상 클러스터^{pseudocluster} 실행 모드라고 한다. 또한 해당 모드는 분산되지 않고 단일 JVM 기반 배포 모드로서 스파크는 드라이버 프로그램, 익스큐터, LocalSchedulerBackend, 마스터와 같은 모든 실행 컴포넌트를 단일 JVM에 배포한다. 로컬 모드는 드라이버 자체가 익스큐터로 사용되는 유일한 모드다. 다음 그림은 스파크 잡 제출과 관련된 로컬 모드의 하이레벨 아키텍처를 보여준다.

너무 놀라운가? 아니다. 이미 병렬 처리를 해봤기 때문에 추측할 수 있을 것이다. 기본 병렬 처리는 마스터 URL에 지정한 스레드(즉 코어)로 동작하게 돼 있다. 마스터 URL의 local[4]는 4코어/스레드이고 local[*]는 사용 가능한 모든 스레드를 사용하겠다는 의미를 갖는다. 17장의 후반부에서 관련 주제에 대해 다룬다.

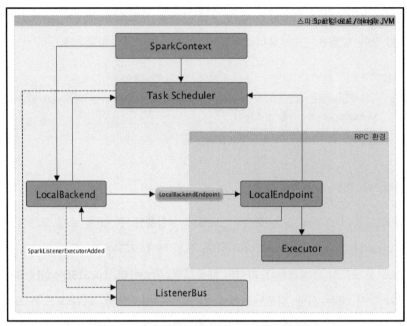

그림 6 스파크 잡의 로컬 모드의 하이레벨 아키텍처

(출처: https://jaceklaskowski.gitbooks.io/mastering-apache-spark/content/spark-local.html)

독립형

스파크 설정 URL을 로컬로 지정하면 애플리케이션을 로컬에서 실행할 수 있다. 해당 URL에 `local[n]`으로 지정해 스파크에서 n개의 스레드를 사용해 애플리케이션을 로컬로 실행할 수 있다. 로컬 모드에서 일종의 병렬 처리 시나리오를 테스트할 수 있지만 단일 장비에 모든 로그 파일을 유지할 수 있기 때문에 로컬 모드는 유용한 개발 및 테스트 옵션이다. 독립형 모드는 스파크에서 제공되는 기본 클러스터 관리자를 사용한다. 스파크 마스터 URL은 다음과 같다.

```
spark://<호스트-이름>:7077
```

URL의 <호스트-이름>은 스파크 마스터가 실행 중인 호스트의 이름이다. 기본 값인 7077을 포트로 지정했는데, 다른 번호로 설정할 수 있다. 간단한 클러스터 관리자는 현재 FIFO^{first in first out} 스케줄링만 지원한다. 각 애플리케이션에 대한 자원 설정 옵션을 설정해 애플리케이션 동시 스케줄링을 허용하게 설정할 수 있다. 예를 들어 spark. core.max는 애플리케이션 간에 프로세서 코어를 공유하는 데 사용된다. 17장의 후반부에서 더 자세히 다룬다.

아파치 얀

얀^{YARN} 클러스터에 스파크 마스터 값을 설정했다면 애플리케이션은 클러스터에 제출된 다음 종료될 수 있다. 클러스터는 자원을 할당하고 태스크 실행을 담당한다. 그러나 애플리케이션 마스터가 얀 클라이언트로 제출하면 애플리케이션은 처리하는 라이프사이클 동안 동작 중인^{alive} 상태로 유지하고 얀에 자원을 요청한다. 하둡 얀과 통합할 때 더 큰 규모로 적용할 수 있다. 17장의 후반부에서는 최소한의 자원을 필요로 하는 스파크 잡을 시작하기 위해 단일 노드의 얀 클러스터를 설정할 수 있는 단계별 가이드라인을 제공한다.

아파치 메소스

아파치 메소스^{Apache Mesos}는 클러스터에서 자원 공유를 위한 오픈소스 시스템이다. 아파치 메소스를 통해 여러 프레임워크가 자원을 관리하고 스케줄링함으로써 클러스터를 공유할 수 있다. 하둡, 스파크, 카프카, 스톰^{Storm} 등과 같은 여러 시스템을 허용하는 리눅스 컨테이너를 사용해 격리^{isolation}를 제공하는 클러스터 매니저다. 메소스는 주키퍼를 설정 관리로 사용하는 마스터-슬레이브 기반 시스템이다. 마스터 슬레이브 기반으로 스파크 잡을 수천 개의 노드로 확장할 수 있다. 단일 마스터 노드의 메소스 클러스터의 경우 스파크 마스터 URL은 다음과 같은 형식을 갖는다.

```
mesos://<호스트-이름>:5050
```

메소스를 사용해 스파크 잡 제출한 결과는 다음 그림에서 시각적으로 볼 수 있다.

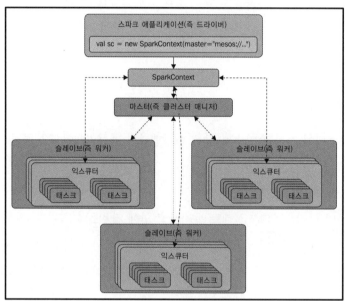

그림 7 실행 중인 메소스(이미지 출처: https://jaceklaskowski.gitbooks.io/
mastering-apache-spark/content/spark-architecture.html)

<호스트-이름>은 메소스 마스터 서버의 호스트 이름이고 포트는 메소스 마스터 기본
포트인 5050으로 정의된다(포트를 다른 번호로 설정할 수 있다). 대규모 고가용성 메소스
클러스터에 여러 개의 메소스 마스터 서버가 있는 경우 스파크 마스터 URL은 다음과
같다.

```
mesos://zk://<호스트-이름>:2181
```

따라서 주키퍼가 메소스 마스터 서버를 선택한다. <호스트-이름>은 주키퍼 쿼럼의 호
스트 이름이다. 또한 주키퍼의 기본 포트는 2181이다.

클러스터 기반 배포

클라우드 컴퓨팅 패러다임에는 서로 다른 세 개의 추상화 레벨이 있다.

- IaaS[Infrastructure as a Service]
- PaaS[Platform as a Service]
- SaaS[Software as a Service]

IaaS는 비어 있는 가상 머신을 이용해 SaaS로 실행할 소프트웨어를 컴퓨팅 인프라로 제공한다. IaaS는 오픈 스택[OpenStack]이고, SaaS는 오픈 스택 위에서 동작하는 스파크와 동일하다고 볼 수 있다.

 오픈 스택의 장점은 개방형 표준이며 오픈소스를 기반으로 여러 클라우드 공급자 간에 사용할 수 있다는 점이다. 또한 로컬 데이터 센터에서 오픈 스택을 사용할 수 있고 로컬, 전용, 공용 클라우드 데이터 센터 간에 작업 부하를 투명하고 동적으로 이동시킬 수 있다.

반대로 PaaS는 서비스로 제공되기 때문에 스파크 설치와 운영에 대한 부담을 덜어준다. 즉, OS가 동작하는 것처럼 레이어로 생각할 수 있다.

 때로는 스파크 애플리케이션을 도커(docker)로 만들어 클라우드 플랫폼에 독립적으로 배포할 수도 있다. 그러나 도커가 IaaS인지, 아니면 PaaS인지에 대해 계속 논의되고 있다. 그러나 도커는 경량의 사전 설치된 가상 머신의 한 형태일 뿐이므로 IaaS에 대해 자세히 설명한다.

마지막으로 SaaS는 클라우드 컴퓨팅 패러다임에 의해 제공되고 관리되는 애플리케이션 계층이다. 솔직히 말하면 처음 두 레이어, 즉 IaaS 및 PaaS를 살펴보거나 걱정할 필요가 없다.

구글 클라우드^{Google Cloud}, 아마존 AWS^{Amazon AWS}, 디지털 오션^{Digital Ocean}, 마이크로소프트 애저^{Microsoft Azure}는 해당 세 개의 계층을 서비스로 제공하는 클라우드 컴퓨팅 서비스의 좋은 예다. 17장의 후반부에서 아마존 AWS를 사용해 스파크 클러스터를 아마존 클라우드에 배포하는 예를 보여준다.

▌ 클러스터에 스파크 애플리케이션 배포

이 절에서는 컴퓨팅 클러스터에 스파크 잡을 배포하는 방법을 다룬다. 독립형, 얀, 메소스, 즉 세 개의 배포 모드로 스파크 클러스터를 배포하는 방법을 살펴본다. 다음 그림은 클러스터 개념을 설명하는 데 필요한 용어를 요약한 것이다.

그림 8 클러스터 개념을 설명하기 위해 필요한 용어
(출처: http://spark.apache.org/docs/latest/cluster-overview.html#glossary)

단어	의미
애플리케이션(application)	사용자는 스파크를 기반으로 빌드된다. 클러스터의 드라이버 프로그램과 익스큐터로 구성된다.
애플리케이션(application) jar	사용자의 스파크 애플리케이션이 포함된 jar이다. 경우에 따라 사용자는 애플리케이션이 포함된 '우버(uber) jar'를 관련 의존성 라이브러리와 함께 생성하고 싶을 것이다. 사용자의 jar에는 하둡이나 스파크 라이브러리를 포함하지 않아야만 런타임에 추가된다.
드라이버 프로그램(driver program)	애플리케이션의 main 함수를 실행하고 SparkContext를 생성하는 프로세스다.
클러스터 관리자(cluster manager)	클러스터에서 자원을 얻을 수 있는 외부 서비스다(예, 독립형 관리자, 메소스, 얀).
배포 모드(deploy mode)	드라이버 프로세스가 실행되는 위치를 구별한다. '클러스터(cluster)' 모드에서는 프레임워크가 클러스터 내부의 드라이버를 실행한다. '클라이언트(client)' 모드에서 제출자는 드라이버를 클러스터 외부로 실행한다.

(이어짐)

단어	의미
작업자 노드(worker node)	클러스터에서 애플리케이션 코드를 실행할 수 있는 모든 노드다.
익스큐터(executor)	작업을 실행하고 데이터를 메모리나 디스크 저장소에 보관하는 작업자 노드의 애플리케이션에 대해 시작되는 프로세스다. 각 애플리케이션에는 고유한 실행 프로그램이 있다.
태스크(task)	한 익스큐터로 보낼 수 있는 작업 단위다.
작업(job)	스파크 액션(예, save, collect)에 대한 응답으로 발생할 여러 태스크로 구성된 병렬 계산이다. 드라이버의 로그에서 잡이 사용되는 것을 볼 수 있을 것이다.
스테이지(stage)	각 잡은 서로를 의존하는 스테이지라 불리는 작은 태스크 집합으로 나뉜다(맵리듀스(MapReduce)의 맵과 리듀스 스테이지와 유사하다). 드라이버의 로그에서 스테이지가 사용되는 것을 볼 수 있을 것이다.

그러나 클러스터 개념을 자세히 살펴보기 전에 스파크 잡을 제출하는 방법을 알아야 한다.

스파크 잡 제출

스파크 애플리케이션을 jar 파일(스칼라 또는 자바로 작성) 또는 파이썬 파일로 묶으면 스파크 배포판의 bin 디렉토리(즉 $SPARK_HOME/bin)에 있는 **spark-submit** 스크립트를 사용해 해당 jar 파일을 제출할 수 있다. 스파크 웹 사이트(http://spark.apache.org/docs/latest/submitting-applications.html)에 제공된 API 문서에 따르면 **spark-submit** 스크립트는 다음과 같은 일을 처리한다.

- 스파크로 JAVA_HOME, SCALA_HOME의 클래스 패스를 설정한다.
- 잡을 실행하는 데 필요한 모든 의존성 라이브러리를 설정한다.
- 다른 클러스터 관리자를 관리한다.
- 마지막으로 스파크에서 지원하는 모델을 배포한다.

간단히 말해 스파크 잡 제출 구문은 다음과 같다.

```
$ spark-submit [옵션] <app-jar | python-file> [앱 파라미터]
```

여기서 [옵션]은 다음이 될 수 있다.

```
--conf <설정-파라미터> --class <주요-클래스> --master <마스터-URL> --deploy-mode
<배포-모드> ... # 기타 옵션
```

- <주요-클래스>는 주요 클래스의 이름이다. <주요-클래스>는 실제 스파크 애플리케이션의 진입점이다.
- --conf는 사용된 모든 스파크 파라미터와 설정 프로퍼티를 나타낸다. 설정 프로퍼티의 형식은 키=값(key=value) 형식이다.
- <마스터-URL>은 독립형 클러스터의 마스터와 연결할 수 있는 클러스터의 마스터 URL을 지정한다(예, spark://HOST_NAME:PORT). 기본적으로 병렬 처리가 없는 하나의 워커 스레드만 사용할 수 있다. local[k]는 스파크 잡을 로컬에서 k개의 워커 스레드로 실행하기 위해 사용될 수 있다. k는 장비의 코어 개수다. 마지막으로 스파크 잡을 로컬에서 실행할 수 있게 마스터를 local[*]로 지정하면 spark-submit 스크립트는 장비의 모든 워커 스레드(논리적인 코어)를 사용할 수 있는 권한을 부여받는다. 마지막으로 사용 가능한 메소스 클러스터에 연결하기 위해 마스터를 mesos://IP_ADDRESS:PORT로 지정할 수 있다. 게다가 yarn를 사용해 얀 기반의 클러스터에서 스파크 잡을 실행하게 지정할 수 있다.

마스터 URL의 다른 옵션에 대해서는 다음 그림을 참조한다.

880

그림 9 스파크에서 지원하는 마스터 URL에 대한 세부 정보

마스터 URL	의미
local	로컬에서 하나의 워커 스레드로 스파크를 실행한다(병렬 처리를 전혀 하지 않는다).
local[K]	로컬에서 K개의 워커 스레드로 스파크를 실행한다(이상적으로는 K 값을 컴퓨터의 코어 개수로 설정한다).
local[*]	로컬에서 장비의 논리 코어 개수만큼 많은 워커 스레드로 스파크를 실행한다.
spark://HOST:PORT	지정된 스파크 독립형 클러스터 마스터에 연결한다. 마스터 포트는 마스터가 사용하게 설정된 포트 중 하나여야 하며 기본 값은 7077이다.
mesos://HOST:PORT	주어진 메소스 클러스터에 연결한다. 메소스 포트는 사용하게 설정된 포트 중 하나여야 하며, 기본 값은 5050이다. 또는 주키퍼를 사용하는 메소스 클러스터의 경우 mesos://zk://...를 사용한다. --deploy-mode 클러스터를 사용해 잡을 제출하려면 MOSOSClusterDispatcher에 연결할 수 있게 HOST:PORT를 설정해야 한다.
yarn	--deploy-mode의 값에 따라 클라이언트나 클러스터 모드의 얀 클러스터에 연결한다. HADOOP_CONF_DIR 또는 YARN_CONF_DIR 변수를 기반으로 클러스터 위치를 찾을 수 있다.

- **<deploy-mode>**: 드라이버를 워커 노드(클러스터) 또는 외부 클라이언트로 배포하려 할 때 <deploy-mode>를 지정해야 한다. 4개의 모드, 즉 로컬, 독립형, 얀, 메소스를 지원한다.

- **<app-jar>**: 의존성을 갖고 빌드한 JAR 파일이다. 잡을 제출할 때 JAR 파일을 전달한다.

- **<python-file>**: 파이썬을 사용해 작성된 애플리케이션의 주요 소스코드다. 잡을 제출할 때 .py 파일을 전달한다.

- **[app-arguments]**: 애플리케이션 개발자가 지정한 입력 또는 출력 파라미터일 수 있다.

spark-submit 스크립트를 사용해 스파크 잡을 제출할 때 --jars 옵션을 사용해 스파크 애플리케이션의 주요 jar(기타 관련 jars도 포함할 수 있다)을 지정할 수 있다. 그리고 모든 jars는 클러스터로 전송된다. --jars 뒤의 URL은 쉼표로 구분돼야 한다.

그러나 URL을 사용해 jar를 지정하면 --jars 뒤에 쉼표를 사용해 jar를 구분하는 것이 좋다. 스파크는 jar에 대한 다양한 전략을 허용할 수 있는 다음 URL 스키마를 사용한다.

- file: 절대 경로와 file:/를 지정한다.
- hdfs:, http:, https:, ftp: jar, 기타 파일은 지정한 URL/URI에서 다운한다.
- local: local:/로 시작하는 URI를 사용해 각 컴퓨팅 노드의 로컬 jar 파일을 지정할 수 있다.

의존 라이브러리 jar, R 코드, 파이썬 스크립트 또는 기타 관련 데이터 파일을 컴퓨팅 노드의 각 SparkContext의 작업 디렉토리에 복사해야 한다는 점에 유의해야 한다. 이로 인해 상당한 오버헤드가 발생하고 상당히 많은 양의 디스크 공간이 필요하다. 시간이 지나면서 디스크 사용량이 증가한다. 따라서 일정 기간 동안 사용하지 않은 데이터 객체니 관련 코드 파일을 정리해야 한다. 그러나 이는 얀에서 아주 쉽다. 얀은 주기적으로 정리 태스크를 처리하고 자동으로 처리할 수 있다. 예를 들어 스파크 독립형 모드에서는 스파크 잡을 제출할 때 spark.worker.cleanup.appDataTtl 속성을 사용해 자동 정리를 설정할 수 있다.

스파크 잡을 제출(spark-submit 스크립트 사용)할 때 기본 스파크 설정 값을 프로퍼티 파일로 스파크 애플리케이션에 전달하고 로드될 수 있게 설계됐다. 마스터 노드는 spark-default.conf라는 설정 파일에서 지정된 옵션을 읽는다. 정확한 경로는 스파크 배포 디렉토리의 SPARK_HOME/conf/spark-defaults.conf이다. 그러나 커맨드라인에서 모든 파라미터를 지정하면 해당 파라미터는 높은 우선순위를 가진다.

스파크 잡을 로컬(독립형) 모드로 실행

13장에 있는 스파크 애플리케이션 예의 경우에는 로컬 모드로 실행했다. 해당 예를 여러 목적을 달성할 수 있게 더 큰 데이터셋으로 확장할 수 있다. 세 개의 클러스터링 알고리즘에 필요한 모든 의존성 라이브러리를 함께 패키지로 묶어 클러스터에 스파크 잡을 제출할 수 있다. 패키지 생성 방법과 스칼라 클래스로부터 jar 파일 생성 방법을 모르면 SBT 또는 메이븐을 사용해 모든 의존성 라이브러리와 함께 애플리케이션을 묶을 수 있다.

http://spark.apache.org/docs/latest/submitting-applications.html#advanced-dependency-management의 스파크 설명서에 따르면 SBT와 메이븐 모두 스파크 애플리케이션을 하나의 jar로 패키징할 수 있는 어셈블리^{assembly} 플러그인이 있다. 애플리케이션이 이미 모든 의존성 라이브러리와 함께 제공되는 경우 다음 코드를 사용해 k-평균 클러스터링의 스파크 잡(예, 다른 클래스에서 유사한 구문 사용한다)을 Saratoga NY Homes 데이터셋에 제출한다. 다음 커맨드를 실행하면 로컬에서 스파크 잡을 제출하고 8개의 코어로 해당 스파크 잡을 실행할 수 있다.

```
$ SPARK_HOME/bin/spark-submit
   --class chapter14.KMeansDemo
   --master local[8]
   KMeans-0.0.1-SNAPSHOT-jar-with-dependencies.jar
   Saratoga_NY_Homes.txt
```

이 코드의 chapter14.KMeansDemo는 스칼라로 작성된 주요 클래스 파일이다. local[8]은 8개의 코어를 사용함을 의미하는 마스터 URL이다. KMeansDemo-0.1-SNAPSHOT-jar-with-dependencies.jar는 방금 메이븐으로 생성한 애플리케이션 jar 파일이다. Saratoga_NY_Homes.txt는 Saratoga NY Homes 데이터셋의 입력 텍스트 파일이다. 애플리케이션이 성공적으로 실행되면 다음 그림(출력의 일부분)처럼 출력을 포함하는 메시지가 나타난다.

```
17/02/14 12:31:02 INFO Executor: Finished task 0.0 in stage 0.0 (TID 0). 3343 bytes result sent to driver
17/02/14 12:31:02 INFO TaskSetManager: Finished task 0.0 in stage 0.0 (TID 0) in 215 ms on localhost (executor driver) (1/1)
17/02/14 12:31:02 INFO TaskSchedulerImpl: Removed TaskSet 0.0, whose tasks have all completed, from pool
17/02/14 12:31:02 INFO DAGScheduler: ResultStage 0 (show at KMeansDemo.scala:56) finished in 0.225 s
17/02/14 12:31:02 INFO DAGScheduler: Job 0 finished: show at KMeansDemo.scala:56, took 0.322031 s
17/02/14 12:31:02 INFO CodeGenerator: Code generated in 19.812394 ms
+--------+-------+----------+-----+---------+------------+----------+--------+--------+--------+----------+----------+--------+---------+---------+-----+
|   Price|LotSize|Waterfront|  Age|LandValue|NewConstruct|CentralAir|FuelType|HeatType|SewerType|LivingArea|PctCollege|Bedrooms|Fireplaces|Bathrooms|rooms|
+--------+-------+----------+-----+---------+------------+----------+--------+--------+--------+----------+----------+--------+---------+---------+-----+
|132500.0|   0.09|       0.0| 42.0|  50000.0|         0.0|       0.0|     3.0|     4.0|     2.0|     906.0|      35.0|     2.0|      1.0|      1.0|  5.0|
|181115.0|   0.92|       0.0|  0.0|  22300.0|         0.0|       0.0|     2.0|     3.0|     2.0|    1953.0|      51.0|     3.0|      0.0|      2.5|  6.0|
|109000.0|   0.19|       0.0|133.0|   7300.0|         0.0|       0.0|     2.0|     3.0|     3.0|    1944.0|      51.0|     4.0|      1.0|      1.0|  8.0|
|155000.0|   0.41|       0.0| 13.0|  18700.0|         0.0|       0.0|     2.0|     2.0|     2.0|    1944.0|      51.0|     3.0|      1.0|      1.5|  5.0|
| 86060.0|   0.11|       0.0|  0.0|  15000.0|         1.0|       1.0|     2.0|     2.0|     3.0|     840.0|      51.0|     2.0|      0.0|      1.0|  3.0|
|120000.0|   0.68|       0.0| 31.0|  14000.0|         0.0|       0.0|     2.0|     2.0|     2.0|    1152.0|      22.0|     4.0|      1.0|      1.0|  8.0|
|153000.0|    0.4|       0.0| 33.0|  23300.0|         0.0|       0.0|     4.0|     3.0|     2.0|    2752.0|      51.0|     4.0|      1.0|      1.5|  8.0|
|170000.0|   1.21|       0.0| 23.0|  14600.0|         0.0|       0.0|     4.0|     2.0|     2.0|    1662.0|      35.0|     4.0|      1.0|      1.5|  9.0|
| 90000.0|   0.83|       0.0| 36.0|  22200.0|         0.0|       0.0|     3.0|     4.0|     2.0|    1632.0|      51.0|     3.0|      0.0|      1.5|  8.0|
|122900.0|   1.94|       0.0|  4.0|  21200.0|         0.0|       0.0|     2.0|     2.0|     1.0|    1416.0|      44.0|     3.0|      0.0|      1.5|  6.0|
|325000.0|   2.29|       0.0|123.0|  12600.0|         0.0|       0.0|     4.0|     2.0|     2.0|    2894.0|      51.0|     7.0|      0.0|      1.0| 12.0|
|120000.0|   0.92|       0.0|  1.0|  22300.0|         0.0|       0.0|     2.0|     2.0|     2.0|    1624.0|      51.0|     3.0|      0.0|      2.0|  6.0|
| 85860.0|   8.97|       0.0| 13.0|   4800.0|         0.0|       0.0|     3.0|     4.0|     2.0|     704.0|      41.0|     2.0|      0.0|      1.0|  4.0|
| 97000.0|   0.11|       0.0|153.0|   3100.0|         0.0|       0.0|     2.0|     3.0|     3.0|    1383.0|      57.0|     3.0|      0.0|      2.0|  5.0|
|127000.0|   0.14|       0.0|  9.0|    300.0|         0.0|       0.0|     4.0|     2.0|     2.0|    1300.0|      41.0|     3.0|      0.0|      1.5|  8.0|
| 89900.0|    0.0|       0.0| 88.0|   2500.0|         0.0|       0.0|     2.0|     3.0|     3.0|     936.0|      57.0|     3.0|      0.0|      1.0|  4.0|
|155000.0|   0.13|       0.0|  9.0|    300.0|         0.0|       0.0|     4.0|     2.0|     2.0|    1300.0|      41.0|     3.0|      0.0|      1.5|  7.0|
|253750.0|    2.0|       0.0|  0.0|  49000.0|         0.0|       1.0|     2.0|     2.0|     1.0|    2816.0|      71.0|     4.0|      1.0|      2.5| 12.0|
| 60000.0|   0.21|       0.0| 82.0|   8500.0|         0.0|       0.0|     4.0|     3.0|     2.0|     924.0|      35.0|     2.0|      0.0|      1.0|  6.0|
| 87500.0|   0.88|       0.0| 17.0|  19400.0|         0.0|       0.0|     4.0|     2.0|     2.0|    1092.0|      35.0|     3.0|      0.0|      1.0|  6.0|
+--------+-------+----------+-----+---------+------------+----------+--------+--------+--------+----------+----------+--------+---------+---------+-----+
only showing top 20 rows

17/02/14 12:31:02 INFO ContextCleaner: Cleaned accumulator 3
17/02/14 12:31:03 INFO BlockManagerInfo: Removed broadcast_1_piece0 on 10.2.16.255:53581 in memory (size: 9.4 KB, free: 4.0 GB)
17/02/14 12:31:03 INFO SparkContext: Starting job: takeSample at KMeans.scala:353
17/02/14 12:31:03 INFO DAGScheduler: Got job 1 (takeSample at KMeans.scala:353) with 2 output partitions
17/02/14 12:31:03 INFO DAGScheduler: Final stage: ResultStage 1 (takeSample at KMeans.scala:353)
17/02/14 12:31:03 INFO DAGScheduler: Parents of final stage: List()
```

그림 10 스파크 잡의 터미널 출력[로컬 모드]

이제 독립형 모드에서 클러스터 설정을 살펴보자. 독립형 모드를 설치하려면 클러스터의 각 노드에 미리 빌드한 스파크 버전과 관련 툴을 설치해야 한다. 또는 http://spark.apache.org/docs/latest/building-spark.html의 가이드라인에 따라 직접 빌드하고 사용할 수 있다.

환경을 독립형 모드로 설정하려면 클러스터의 각 노드에 원하는 미리 빌드한 스파크 버전을 제공해야 한다. 또는 http://spark.apache.org/docs/latest/building-spark.html의 가이드라인에 따라 직접 빌드하고 사용할 수 있다. 이제 독립형 클러스터를 수동으로 시작하는 방법을 살펴볼 것이다. 다음 커맨드를 실행해 독립형 마스터를 시작할 수 있다.

```
$ SPARK_HOME/sbin/start-master.sh
```

스파크가 시작되면 터미널에서 다음 로그를 살펴본다.

```
Starting org.apache.spark.deploy.master.Master, logging to
```

```
<SPARK_HOME>/logs/spark-asif-org.apache.spark.deploy.master.Master-1-
ubuntu.out
```

기본적으로 http://localhost:8080에서 스파크 웹 UI에 접근할 수 있어야 한다. 다음 그림처럼 다음 UI를 살펴본다.

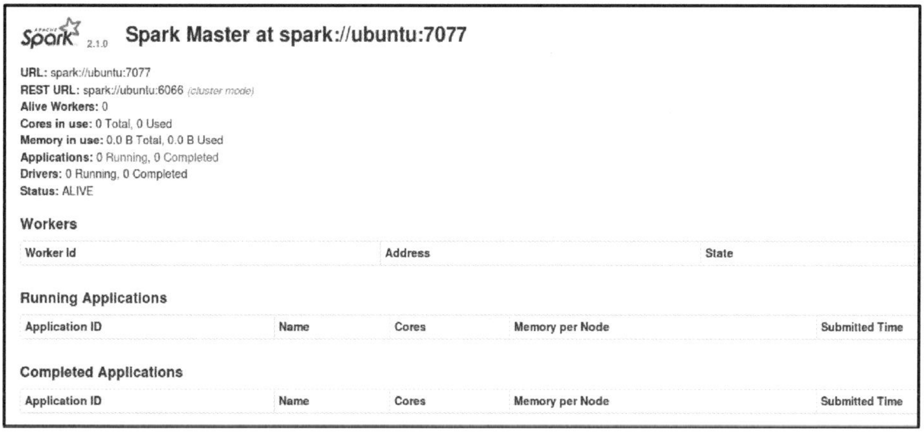

그림 11 독립형 스파크 마스터

다음 파라미터를 편집해 포트 번호를 변경할 수 있다.

```
SPARK_MASTER_WEBUI_PORT=8080
```

SPARK_HOME/sbin/start-master.sh에서 포트 번호를 변경한 후 다음 커맨드를 적용한다.

```
$ sudo chmod +x SPARK_HOME/sbin/start-master.sh.
```

그리고 이 변경을 적용하기 위해 스파크 마스터를 다시 시작할 수 있다. 그러나 SPARK_HOME/sbin/start-slave.sh에서도 비슷하게 변경해야 한다.

여기에서 볼 수 있듯이 마스터 노드와 연관된 동작 중인 워커가 없다. 이제 슬레이브 노드(즉 워커 노드 또는 컴퓨팅 노드)를 작성하려면 다음 커맨드를 사용해 워커를 생성하고 해당 워커를 마스터에 연결한다.

```
$ SPARK_HOME/sbin/start-slave.sh <마스터-스파크-URL>
```

이 커맨드의 실행이 성공적으로 완료되면 터미널에서 다음 로그를 관찰해야 한다.

```
Starting org.apache.spark.deploy.worker.Worker, logging to
<SPARK_HOME>//logs/spark-asif-org.apache.spark.deploy.worker.Worker-1-
ubuntu.out
```

워커 노드 중 하나를 시작하면 http://localhost:8081의 스파크 웹 UI에서 상태를 볼 수 있다. 그러나 다른 워커 노드를 시작하면 연속된 포트(즉, 8082, 8083 등)로 상태에 접근할 수 있다. 또한 다음 그림처럼 거기에 나열된 새 노드와 해당 CPU 개수와 메모리가 표시돼야 한다.

그림 12 워커를 독립형으로 실행

이제 http://localhost:8080을 새로 고침하면 다음 그림처럼 마스터 노드와 연결된 하나의 워커 노드가 추가된 것을 볼 수 있다.

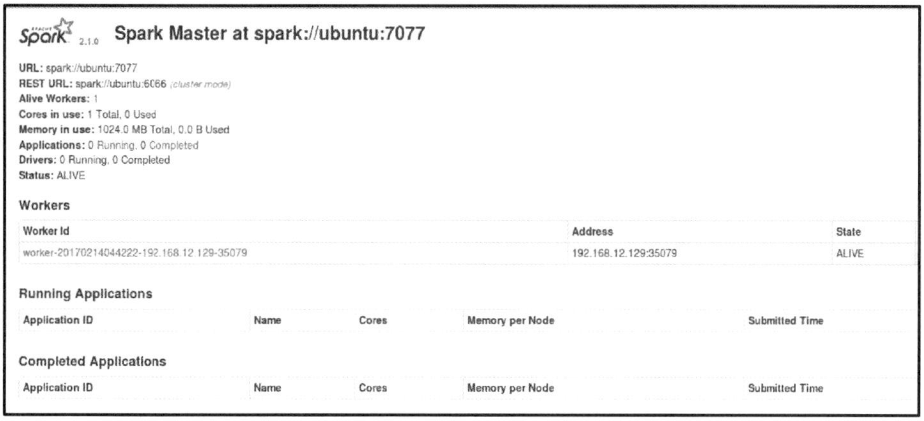

그림 13 이제 독립형으로 실행해 스파크 마스터는 하나의 워커 노드를 갖는다

마지막으로 다음 그림처럼 마스터 노드와 워커 노드에 전달될 수 있는 모든 설정 옵션이 있다.

그림 14 마스터 노드와 워커 노드에 전달할 수 있는 설정 옵션

(출처 : http://spark.apache.org/docs/latest/spark-standalone.html#starting-a-cluster-manually)

파라미터	의미
-h HOST, --host HOST	리스닝할 호스트 이름
-i HOST, --ip HOST	리스닝할 호스트 이름(더 이상 사용되지 않는다. -h 또는 --host를 사용한다)
-p PORT, --port PORT	리스닝할 서비스의 포트(기본 값: 마스터는 7077, 워커는 랜덤이다)
--webui-port PORT	웹 UI 포트(기본 값: 마스터는 8080, 워커는 8081이다)
-c CORES, --cores CORES	스파크 애플리케이션이 컴퓨터에서 사용할 수 있는 전체 CPU 코어(기본 값: 모두 사용 가능하다). 워커에서만 사용할 수 있다.
-m MEM, --memory MEM	스파크 애플리케이션이 1000M 또는 2G와 같은 형식으로 시스템에서 사용할 수 있게 허용하는 전체 메모리 크기(기본 값: 시스템의 전체 RAM에서 1GB 뺀 값). 워커에서만 사용할 수 있다.

(이어짐)

파라미터	의미
-d DIR, --work-dir DIR	임시 공간과 잡 출력 로그에 사용할 디렉토리(기본 값: SPARK_HOME/work)이다. 워커에서만 사용할 수 있다.
--properties-file FILE	로드할 스파크의 사용자 정의 프로퍼티 경로(기본 값: conf/spark-defaults.conf)

이제 마스터 노드 중 하나와 하나의 워커 노드가 읽고 활성화된다. 마지막으로 다음 커맨드를 사용해 로컬 모드가 아닌 독립형 모드로 스파크 태스크를 제출할 수 있다.

```
$ SPARK_HOME/bin/spark-submit
--class "chapter14.KMeansDemo"
--master spark://ubuntu:7077
KMeans-0.0.1-SNAPSHOT-jar-with-dependencies.jar
Saratoga_NY_Homes.txt
```

잡이 시작되면 마스터 스파크 웹 UI는 http://localhost:80810로 접근할 수 있고, 워커 스파크 웹 UI는 http://localhost:8081로 접근할 수 있다. 14장에서 다뤘던 잡의 진행 상태를 볼 수 있다.

이 절을 요약하면 클러스터를 시작하거나 중지하는 다음 셀 스크립트의 사용법을 보여주는 다음 이미지(즉 그림 15)와 같다.

- sbin/start-master.sh - 스크립트가 실행되는 장비에서 마스터 인스턴스를 시작한다.
- sbin/start-slaves.sh - conf/slaves 파일에 지정된 각 장비에서 슬레이브 인스턴스를 시작한다.
- sbin/start-slave.sh - 스크립트가 실행되는 장비에서 슬레이브 인스턴스를 시작한다.
- sbin/start-all.sh - 마스터와 이전에 설명한 대로 여러 슬레이브를 시작한다.
- sbin/stop-master.sh - sbin/start-master.sh 스크립트를 통해 시작된 마스터를 중지한다.
- sbin/stop-slaves.sh - conf/slaves 파일에 지정된 장비에서 모든 슬레이브를 중지한다.
- sbin/stop-all.sh - 이전에 설명한 대로 모든 마스터와 슬레이브를 중지한다.

그림 15 클러스터를 시작 또는 중지하는 셀 스크립트의 사용법

하둡 얀

이미 설명한 것처럼 아파치 하둡 얀은 다음 그림처럼 주요 컴포넌트, 즉 스케줄러와 애플리케이션 관리자를 포함한다.

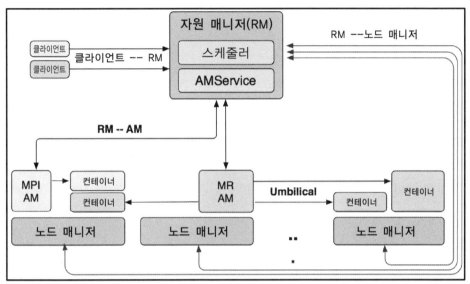

그림 16 아파치 하둡 얀의 아키텍처(파란색: 시스템 컴포넌트, 노란색과 분홍색: 두 애플리케이션이 실행 중)

이제 스케줄러와 애플리케이션 관리자를 사용해 얀 기반 클러스터에서 스파크 잡을 시작할 수 있도록 다음과 같은 두 가지 배포 모드를 설정할 수 있다.

- **클러스터**[Cluster] **모드**: 클러스터 모드에서 스파크 드라이버는 얀의 애플리케이션 관리자가 관리될 애플리케이션의 마스터 프로세스에서 동작한다. 애플리케이션이 시작되면 클라이언트가 종료되거나 연결이 끊어질 수도 있다.
- **클라이언트**[Client] **모드**: 클라이언트 모드에서 스파크 드라이버는 클라이언트 프로세스 내에서 실행된다. 그 후에 스파크 마스터는 얀(얀 자원 관리자)에서 컴퓨팅 노드에 대한 컴퓨팅 자원을 요청할 때만 사용된다.

스파크 독립형 모드와 메소스 모드에서 --master 파라미터에 마스터 URL(즉, 주소)을 지정해야 한다. 그러나 얀 모드에서는 하둡 설정 파일에 자원 관리자의 주소를 지정한다. 따라서 --master 파라미터는 yarn이다. 스파크 잡을 제출하기 전에 얀 클러스터를 설정해야 한다. 다음 절에서는 얀의 설정 방식을 단계별로 보여준다.

단일 노드 얀 클러스터 구성

이 절에서는 얀 클러스터에서 스파크 잡을 실행하기 전에 얀 클러스터 설정 방법을 설명한다. 여러 설정 단계가 있기 때문에 인내심을 유지하고 차례로 따라 하길 바란다.

1단계: 아파치 하둡 다운로드

하둡 웹 사이트(http://hadoop.apache.org/)에서 최신 배포판을 다운로드한다. 다음처럼 우분투 14.04에 최신 안정(stable) 버전인 2.7.3을 사용했다.

```
$ cd /home
$ wget
http://mirrors.ibiblio.org/apache/hadoop/common/hadoop-2.7.3/hadoop-2.7.3
.tar.gz
```

다음처럼 /opt/yarn에 패키지를 생성하고 추출한다.

```
$ mkdir -p /opt/yarn
$ cd /opt/yarn
$ tar xvzf /root/hadoop-2.7.3.tar.gz
```

2단계: JAVA_HOME 설정

자세한 내용은 1장의 '자바 설정' 절을 참조해 동일하게 적용한다.

3단계: 사용자와 그룹 생성

hadoop 그룹에 다음 yarn, hdfs, mapred 사용자 계정을 다음처럼 추가한다.

```
$ groupadd hadoop
$ useradd -g hadoop yarn
$ useradd -g hadoop hdfs
$ useradd -g hadoop mapred
```

4단계: 데이터와 로그 디렉토리 생성

하둡을 사용해 스파크 잡을 실행하려면 다양한 권한을 가진 데이터와 로그 디렉토리가 있어야 한다. 다음 커맨드를 사용할 수 있다.

```
$ mkdir -p /var/data/hadoop/hdfs/nn
$ mkdir -p /var/data/hadoop/hdfs/snn
$ mkdir -p /var/data/hadoop/hdfs/dn
$ chown hdfs:hadoop /var/data/hadoop/hdfs -R
$ mkdir -p /var/log/hadoop/yarn
$ chown yarn:hadoop /var/log/hadoop/yarn -R
```

이제 YARN이 설치된 로그 디렉토리를 생성하고 다음처럼 소유자와 그룹을 설정해야 한다.

```
$ cd /opt/yarn/hadoop-2.7.3
$ mkdir logs
$ chmod g+w logs
$ chown yarn:hadoop . -R
```

5단계: core-site.xml 설정

두 개의 프로퍼티(즉, fs.default.name과 hadoop.http.staticuser.user)는 /etc/hadoop/ core-site.xml 파일에 설정해야 한다. 다음 코드를 복사한다.

```
<configuration>
  <property>
    <name>fs.default.name</name>
    <value>hdfs://localhost:9000</value>
  </property>
  <property>
    <name>hadoop.http.staticuser.user</name>
    <value>hdfs</value>
  </property>
</configuration>
```

6단계: hdfs-site.xml 설정

/etc/hadoop/hdfs-site.xml에 다섯 개의 프로퍼티(즉, dfs.replication, dfs.namenode. name.dir, fs.checkpoint.dir, fs.checkpoint.edits.dir, dfs.datanode.data.dir)를 설정해야 한다. 다음 코드를 /etc/hadoop/hdfs-site.xml에 복사한다.

```
<configuration>
  <property>
    <name>dfs.replication</name>
    <value>1</value>
  </property>
  <property>
    <name>dfs.namenode.name.dir</name>
    <value>file:/var/data/hadoop/hdfs/nn</value>
  </property>
  <property>
    <name>fs.checkpoint.dir</name>
```

```
        <value>file:/var/data/hadoop/hdfs/snn</value>
    </property>
    <property>
        <name>fs.checkpoint.edits.dir</name>
        <value>file:/var/data/hadoop/hdfs/snn</value>
    </property>
    <property>
        <name>dfs.datanode.data.dir</name>
        <value>file:/var/data/hadoop/hdfs/dn</value>
    </property>
</configuration>
```

7단계: mapred-site.xml 설정

/etc/hadoop/mapred-site.xml 파일에 한 개의 프로퍼티(즉, mapreduce.framework.name)를 설정해야 한다. 먼저 원본 템플릿 파일을 복사한 후 다음처럼 mapred-site.xml로 변경한다.

```
$ cp mapred-site.xml.template mapred-site.xml
```

이제 다음 코드를 mapred-site.xml에 복사한다.

```
<configuration>
    <property>
        <name>mapreduce.framework.name</name>
        <value>yarn</value>
    </property>
</configuration>
```

8단계: yarn-site.xml 설정

/etc/hadoop/yarn-site.xml 파일에 두 개의 프로퍼티(즉, yarn.nodemanager.aux-services, yarn.nodemanager.aux-services.mapreduce.shuffle.class)를 설정해야 한다. 다음 코드를 복사한다.

```
<configuration>
    <property>
        <name>yarn.nodemanager.aux-services</name>
        <value>mapreduce_shuffle</value>
    </property>
    <property>
        <name>yarn.nodemanager.aux-services.mapreduce.shuffle.class</name>
        <value>org.apache.hadoop.mapred.ShuffleHandler</value>
    </property>
</configuration>
```

9단계: 자바 힙 공간 설정

하둡 기반 얀 클러스터에서 스파크 잡을 실행하려면 JVM에 충분한 힙 공간을 지정해야 한다. /etc/hadoop/hadoop-env.sh 파일을 수정해야 한다. 다음 프로퍼티를 사용한다.

```
HADOOP_HEAPSIZE="500"
HADOOP_NAMENODE_INIT_HEAPSIZE="500"
```

이제 다음처럼 mapred-env.sh 파일을 수정해야 한다.

```
HADOOP_JOB_HISTORYSERVER_HEAPSIZE=250
```

마지막으로 yarn-env.sh를 수정한다.

```
JAVA_HEAP_MAX=-Xmx500m
YARN_HEAPSIZE=500
```

10단계: HDFS 포맷

HDFS 네임 노드를 시작하고 싶다면 하둡에서는 파일 시스템의 모든 메타데이터를 추적하기 위해 데이터를 저장하거나 유지할 디렉토리를 포맷해야 한다. 포맷을 수행하면 모든 내용이 사라지고 새로운 파일 시스템이 설정된다. 그리고 /etc/hadoop/ hdfs-site.xml의 dfs.namenode.name.dir에 설정된 파라미터의 값을 사용한다. 포맷을 수행하려면 먼저 bin 디렉토리로 이동하고 다음 커맨드를 실행한다.

```
$ su - hdfs
$ cd /opt/yarn/hadoop-2.7.3/bin
$ ./hdfs namenode -format
```

이 커맨드가 성공적으로 실행됐다면 우분투 터미널에서 다음 로그를 볼 수 있다.

```
INFO common.Storage: Storage directory /var/data/hadoop/hdfs/nn has been
successfully formatted
```

11단계: HDFS 시작

10단계에서 진행한 bin 디렉토리에서 다음 커맨드를 실행한다.

```
$ cd ../sbin
$ ./hadoop-daemon.sh start namenode
```

이 커맨드를 성공적으로 실행하면 터미널에서 다음을 볼 수 있다.

```
starting namenode, logging to /opt/yarn/hadoop-2.7.3/logs/hadoop-hdfs-
namenode-limulus.out
```

보조 네임 노드(secondarynamenode)와 데이터 노드(datanode)를 시작하려면 다음 커맨드를 사용해야 한다.

```
$ ./hadoop-daemon.sh start secondarynamenode
```

이 커맨드가 성공되면 터미널에 다음 메시지가 표시된다.

```
Starting secondarynamenode, logging to /opt/yarn/hadoop-2.7.3/logs/hadoop-
hdfs-secondarynamenode-limulus.out
```

그리고 다음 커맨드를 사용해 데이터 노드를 시작한다.

```
$ ./hadoop-daemon.sh start datanode
```

이 커맨드가 성공하면 터미널에 다음 메시지가 표시된다.

```
starting datanode, logging to /opt/yarn/hadoop-2.7.3/logs/hadoop-hdfs-
datanode-limulus.out
```

이제 실행 중인 노드와 관련된 모든 서비스를 확인하려면 다음 커맨드를 사용한다.

```
$ jps
```

다음처럼 출력되는지 확인해야 한다.

```
35180 SecondaryNameNode
45915 NameNode
656335 Jps
75814 DataNode
```

12단계: 얀 시작

얀을 사용하려면 yarn 사용자로 하나의 자원 관리자(resourcemanager)와 노드 관리자(nodemanager)를 시작해야 한다.

```
$ su - yarn
$ cd /opt/yarn/hadoop-2.7.3/sbin
$ ./yarn-daemon.sh start resourcemanager
```

이 커맨드가 성공하면 터미널에 다음 메시지가 표시된다.

```
starting resourcemanager, logging to /opt/yarn/hadoop-2.7.3/logs/yarn-yarn-
resourcemanager-limulus.out
```

그리고 다음 커맨드를 실행해 노드 관리자를 시작한다.

```
$ ./yarn-daemon.sh start nodemanager
```

이 커맨드가 성공하면 터미널에 다음 메시지가 표시된다.

```
starting nodemanager, logging to /opt/yarn/hadoop-2.7.3/logs/yarn-yarn-
nodemanager-limulus.out
```

노드에서 모든 서비스가 실행 중인지 확인하려면 jsp 커맨드를 사용해야 한다. 또한 자원 관리자나 노드 관리자를 중지하려면 다음 커맨드를 사용한다.

```
$ ./yarn-daemon.sh stop nodemanager
$ ./yarn-daemon.sh stop resourcemanager
```

13단계: 웹 UI에서 검증

http://localhost:50070에 접근해 네임 노드의 상태를 볼 수 있고, http://localhost:8088에 접근해 자원 관리자의 상태를 볼 수 있다.

앞의 단계에서는 몇 개의 노드로 하둡 기반 얀 클러스터의 설정 방법을 보여준다. 그러나 몇 개의 노드부터 수천 개의 노드가 있는 초대형 클러스터에 이르는 하둡 기반 얀 클러스터를 구성하려면 https://hadoop.apache.org/docs/current/hadoop-project-dist/hadoop-common/ClusterSetup.html을 참조한다.

얀 클러스터에 스파크 잡 제출

얀 클러스터가 최소 요구 사항(솔직히 말해 작은 스파크 잡을 실행할 수 있다)으로 실행할 수 있는 준비가 됐기 때문에 얀의 클러스터 모드에서 스파크 애플리케이션을 시작하려면 다음 submit 커맨드를 사용할 수 있다.

```
$ SPARK_HOME/bin/spark-submit --classpath.to.your.Class --master yarn
--deploy-mode cluster [options] <app jar> [app options]
```

KMeansDemo를 실행하려면 다음처럼 수행한다.

```
$ SPARK_HOME/bin/spark-submit
   --class "chapter14.KMeansDemo"
   --master yarn
   --deploy-mode cluster
   --driver-memory 16g
```

```
--executor-memory 4g
--executor-cores 4
--queue the_queue
KMeans-0.0.1-SNAPSHOT-jar-with-dependencies.jar
Saratoga_NY_Homes.txt
```

이 spark-submit 커맨드는 기본 애플리케이션 마스터에서 얀 클러스터 모드를 시작한다. 그러면 KMeansDemo는 애플리케이션 마스터의 하위 스레드로 실행된다. 상태 변경과 상태 출력을 콘솔에 표시하기 위해 클라이언트는 주기적으로 애플리케이션 마스터를 폴링한다. 애플리케이션(이 경우에는 KMeansDemo)의 실행이 완료되면 클라이언트가 종료된다.

 잡을 제출하면 스파크 웹 UI나 스파크 히스토리 서버를 사용해 진행 상황을 확인할 수 있다. 또한 18장을 참조해 드라이버와 익스큐터 로그를 분석하는 방법을 알아야 한다.

클라이언트 모드에서 스파크 애플리케이션을 시작하려면 클러스터를 클라이언트로 대체해야 한다는 점을 제외하고는 앞에서 설명한 커맨드를 사용해야 한다. 스파크 셸로 작업하고 싶다면 클라이언트 모드에서 다음을 사용한다.

```
$ SPARK_HOME/bin/spark-shell --master yarn --deploy-mode client
```

얀 클러스터에서 파라미터를 활용해 잡 제출

얀 클러스터에서 파라미터를 활용해 스파크 잡을 제출하고 싶다면 추가 파라미터를 지정할 수 있다. 예를 들어 동적 자원 할당을 사용하려면 spark.dynamicAllocation. enabled 파라미터를 true로 설정한다. 또한 minExecutors, maxExecutors 및 initialExecutors도 다음처럼 지정해야 한다.

반면에 셔플 서비스를 사용하려면 spark.shuffle.service.enabled를 true로 설정한다. 마지막으로 spark.executor.instances 파라미터를 사용해 실행될 익스큐터 인스턴스의 개수를 지정할 수도 있다.

이전에 다뤘던 내용을 구체적으로 진행하기 위해 다음 제출 커맨드를 참조할 수 있다.

```
$ SPARK_HOME/bin/spark-submit
    --class "chapter14.KMeansDemo"
    --master yarn
    --deploy-mode cluster
    --driver-memory 16g
    --executor-memory 4g
    --executor-cores 4
    --queue the_queue
    --conf spark.dynamicAllocation.enabled=true
    --conf spark.shuffle.service.enabled=true
    --conf spark.dynamicAllocation.minExecutors=1
    --conf spark.dynamicAllocation.maxExecutors=4
    --conf spark.dynamicAllocation.initialExecutors=4
    --conf spark.executor.instances=4
    KMeans-0.0.1-SNAPSHOT-jar-with-dependencies.jar
    Saratoga_NY_Homes.txt
```

하지만 이전의 잡 제출 스크립트의 결과는 복잡하고 때로는 비결정적이다. 필자의 경험으로 봤을 때 코드에서 파티션 개수와 익스큐터 코어 개수를 늘리면 잡은 잘 동작하고 빨리 종료될 것이다. 그러나 익스큐터 코어 개수를 늘리면 이전 잡보다 빨리 끝날 것을 기대하지만 실제로 잡의 종료 시간이 동일하다. 두 번째로 이 코드를 두 번 실행하면 두 작업은 특정 시간(예, 60초) 이내로 종료될 것이라 기대하겠지만 실제로는 특정 시간 내로 종료되지 않을 수 있다. 종종 두 작업은 대신 특정 시간의 2배(예, 120초) 이상으로 종료되기도 한다. 이상하지 않은가? 그러나 여기에 해당 시나리오를 이해할 수 있는 설명을 제시한다.

장비에 16개의 코어와 8GB의 메모리가 있다고 가정한다. 하나의 코어에 네 개의 익스큐터를 사용한다면 어떤 일이 발생할까? 익스큐터를 사용할 때 스파크는 얀에서 자원을 예약하고, 얀은 코어 개수(앞 예의 경우는 한 개)와 필요한 메모리를 할당한다. 더 빠른 처리를 하기 위해 실제로 요청한 것보다 더 많은 메모리를 요청할 수 있다. 얀에 1GB를 요청하면 1GB만 할당하는 게 아니라 500M의 오버헤드를 포함한 1.5G가 할당된다. 그리고 드라이버의 익스큐터에 약 1024MB(즉, 1GB)의 메모리를 할당할 것이다.

때로는 스파크 잡이 필요한 메모리를 갖고 있는지 여부는 중요하지 않다. 앞 예에서 테스트 때는 50MB가 필요하지는 않지만 익스큐터당 1.5GB(오버헤드 포함)가 소요된다. 17장의 후반부에서는 AWS에서 스파크 클러스터를 구성하는 방법을 설명한다.

아파치 메소스

메소스 마스터는 일반적으로 메소스를 사용할 때 스파크 마스터를 클러스터 관리자(즉 자원 관리자)로 대체한다. 이제 드라이버 프로그램이 스파크 잡을 생성하고 관련 태스크를 스케줄하려 하면 메소스는 어느 컴퓨팅 노드가 어느 태스크를 처리하는지 결정한다. 이미 장비에 메소스를 설치했다고 가정한다.

메소스를 설치하려면 다음 링크를 참조한다.
http://blog.madhukaraphatak.com/mesos-single-node-setup-ubuntu/.
http://mesos.apache.org/getting-started/.

하드웨어 구성에 따라 다소 시간이 걸린다. 예를 들어 특정 장비(우분투 14.04 64비트, 코어 i7, 32GB RAM)의 경우 메소스를 빌드 완료하는 데 1시간이 소요됐다.

메소스 클러스터 모드에서 스파크 잡을 제출하고 계산하려면 메소스에서 접근할 수 있는 장소에 스파크 바이너리 패키지를 사용할 수 있는지 확인한다. 또한 스파크 드라이버 프로그램이 자동으로 메소스에 연결되게 설정할 수 있는지 확인한다. 두 번째 옵션은 메소스 슬레이브 노드와 동일한 위치에 스파크를 설치하는 것이다. 그다음 spark.mesos.executor.home 파라미터를 설정해 스파크 배포 위치를 지정해야 한다. 설정할 기본 위치는 SPARK_HOME이다.

메소스가 메소스 워커 노드(즉 컴퓨팅 노드)에서 스파크 잡을 처음 실행하면 스파크 바이너리 패키지가 워커 노드에서 사용할 수 있어야 한다. 이렇게 하면 스파크 메소스 익스큐터가 실행되고 있는지 확인할 수 있다.

> 스파크 바이너리 패키지를 하둡에 두어 접근할 수 있게 한다.
>
> 1. http://를 통해 URI/URL(HTTP 포함)을 사용한다.
>
> 2. hdfs://를 통해 아마존 S3를 사용한다.
>
> 3. hdfs://를 통해 HDFS를 사용한다.
>
> HADOOP_CONF_DIR 환경 변수를 설정하면 파라미터는 종종 hdfs://...로 설정된다. 그렇지 않으면 file://로 설정한다.

다음처럼 메소스의 마스터 URL을 지정할 수 있다.

- 단일 마스터 메소스 클러스터의 경우에는 mesos://host:5050이고, 주키퍼가 제어하는 다중 마스터 메소스 클러스터의 경우에는 mesos://zk://host1: 2181,host2:2181,host3:2181/mesos다.

> 자세한 내용은 http://spark.apache.org/docs/latest/running-on-mesos.html을 참조한다.

클라이언트 모드

클라이언트 모드에서 메소스 프레임워크는 스파크 잡이 클라이언트 장비에서 직접 실행되는 방식으로 동작한다. 그리고 계산된 결과(드라이버 출력driver output이라고도 한다)를 기다린다. 그러나 드라이버는 메소스와 제대로 상호작용하려면 SPARK_HOME/conf/spark-env.sh에 애플리케이션별 설정이 필요하다. 잘 동작할 수 있게 $SPARK_HOME/conf의 spark-env.sh.template 파일을 수정하고 클라이언트 모드를 사용하기 전에 spark-env.sh에서 다음 환경 변수를 설정한다.

```
$ export MESOS_NATIVE_JAVA_LIBRARY=<libmesos.so 경로>
```

해당 경로는 일반적으로 우분투의 /usr/local /lib/libmesos.so다. 반면 맥OS X에서는 libmesos.so 대신 libmesos.dylib 라이브러리를 사용한다.

```
$ export SPARK_EXECUTOR_URI=<이전에 업로드한 spark-2.3.2.tar.gz URL>
```

이제 애플리케이션을 제출하고 실행하려면 mesos://HOST:PORT를 마스터 URL로 전달해야 한다. 보통 다음처럼 스파크 애플리케이션의 SparkContext를 생성할 때 마스터 URL로 전달한다.

```
val conf = new SparkConf()
    .setMaster("mesos://HOST:5050")
    .setAppName("My app")
    .set("spark.executor.uri", "<이전에 업로드한 spark-2.3.2.tar.gz URL>")
val sc = new SparkContext(conf)
```

두 번째 옵션은 spark-submit 스크립트를 사용하고 SPARK_HOME/conf/spark-defaults.conf 파일에서 spark.executor.uri 프로퍼티를 설정하는 것이다. 셸을 실행할 때 SPARK_EXECUTOR_URI에서 spark.executor.uri 파라미터가 상속되기 때문에 시스템 프로퍼티로 중복해서 전달할 필요는 없다. 다음 커맨드를 사용해 스파크 셸에서 클라이언트 모드에 접근한다.

```
$ SPARK_HOME/bin/spark-shell --master mesos://host:5050
```

클러스터 모드

메소스를 기반으로 스파크를 실행하는 방식^{Spark on Mesos}은 클러스터 모드도 지원한다. 드라이버에서 실행한 스파크 잡(클러스터)이 시작하고 계산을 완료되면 클라이언트는 메소스 웹 UI를 통해 드라이버 결과에 접근할 수 있다. SPARK_HOME/sbin/start-mesos-dispatcher.sh 스크립트를 통해 클러스터의 MesosClusterDispatcher를 시작한 경우 클러스터 모드를 사용할 수 있다.

다시 말하면 스파크 애플리케이션에서 SparkContext를 생성할 때 메소스 마스터 URL(예, mesos://host:5050)을 전달해야 한다. 메소스를 클러스터 모드로 시작하면 호스트 장비에서 실행 중인 데몬으로 MesosClusterDispatcher가 시작된다.

스파크 잡을 좀 더 유연하고 진화된 방법으로 실행하려면 마라톤^{Marathon}을 사용할 수도 있다. 마라톤을 사용할 때 유리한 점은 마라톤으로 MesosClusterDispatcher를 실행할 수 있다는 점이다. 이렇게 실행한다면 MesosClusterDispatcher가 포그라운드에서 실행되고 있는지 확인한다.

마라톤은 오랫동안 실행할 수 있는 애플리케이션을 시작할 수 있게 설계된 메소스의 프레임워크며, 메소스피어(Mesosphere)는 전통적인 init 시스템 대신 사용될 수 있다. 고가용성, 노드 제약 조건, 애플리케이션 상태 검사, 스크립트 작성과 서비스 탐색 API, 사용하기 쉬운 웹 사용자 인터페이스 같은 클러스터 환경에서 실행 중인 애플리케이션을 단순화하는 많은 기능을 갖고 있다. 마라톤은 메소스피어 기능에 확장과 자체 복구 기능을 갖는다. 마라톤은 다른 메소스 프레임워크를 실행하는 데 사용할 수 있으며, 일반 셸에서 시작될 수 있는 모든 프로세스를 시작할 수도 있다. 마라톤은 애플리케이션이 오랫동안 동작할 수 있게 설계됐기 때문에 실행 중인 슬레이브 노드가 실패하더라도 시작된 애플리케이션이 계속 실행되게 한다. 메소스피어와 마라톤을 함께 사용하는 방법을 자세히 알고 싶다면 깃허브 페이지(https://github.com/mesosphere/marathon)를 참조한다.

더 구체적으로 클라이언트에서 spark-submit 스크립트를 사용하고 마스터 URL을 MesosClusterDispatcher(예, mesos://dispatcher:7077)의 URL로 지정해 메소스 클러스터에 스파크 잡을 다음처럼 제출할 수 있다.

```
$ SPARK_HOME /bin/spark-class
org.apache.spark.deploy.mesos.MesosClusterDispatcher
```

스파크 클러스터 웹 UI에서 드라이버 상태를 볼 수 있다. 예를 들어 다음 잡을 제출 커맨드를 사용한다.

```
$ SPARK_HOME/bin/spark-submit
--class chapter14.KMeansDemo
--master mesos://207.184.161.138:7077
--deploy-mode cluster
--supervise
--executor-memory 20G
--total-executor-cores 100
KMeans-0.0.1-SNAPSHOT-jar-with-dependencies.jar
Saratoga_NY_Homes.txt
```

스파크 드라이버가 로컬 jar를 자동으로 업로드하지 않기 때문에 spark-submit 스크립트로 전달된 jar 파일이나 파이썬 파일은 메소스 슬레이브가 도달할 수 있는 URI이어야 한다. 마지막으로 스파크는 메소스를 두 가지 모드로 실행할 수 있는데, 기본 모드인 코오스 그라인드coarse-grained와 더 이상 사용되지 않는 파인 그라인드fine-grained다. 자세한 내용은 http://spark.apache.org/docs/latest/running-on-mesos.html을 참조한다.

클러스터 모드에서 스파크 드라이버는 다른 장비에서 실행된다. 즉, 드라이버, 마스터, 컴퓨팅 노드는 다른 장비다. 따라서 SparkContext.addJar를 사용해 jar를 추가하려 해도 잡이 수행되지 않는다. 해당 문제가 발생하지 않게 launch 커맨드에서 --jars

옵션을 사용해 클라이언트의 jar 파일이 SparkContext.addJar에서도 사용할 수 있게 한다.

```
$ SPARK_HOME/bin/spark-submit --class my.main.Class
    --master yarn
    --deploy-mode cluster
    --jars my-other-jar.jar, my-other-other-jar.jar
    my-main-jar.jar
    app_arg1 app_arg2
```

쿠버네티스

쿠버네티스를 이해하려면 먼저 컨테이너[container]를 이해해야 한다. 컨테이너는 어디서나 독립적으로 실행될 수 있는 작은 운영체제로서 시스템의 나머지 부분과 격리된 프로세스다. 따라서 해당 프로세스를 지원하는 데 필요한 모든 파일을 제공하는 고유한 이미지[image]로 실행된다. 애플리케이션의 모든 의존 항목을 포함하는 이미지가 제공돼 개발, 테스트, 상용 환경에 이르기까지 쉽게 포팅할 수 있고 일관성을 유지할 수 있다. 특히 서버 구축 환경을 매번 생성할 필요 없이 컨테이너만으로 애플리케이션을 배포할 수 있다. 따라서 효율성, 신속성, 라이선스 비용 절감, 안정성, 이식성, 설정 편이, 격리 특성으로 인해 많은 개발자가 사용하고 있다.

컨테이너와 개념이 비슷한 가상화 시스템은 하이퍼바이저[Hypervisor] 기반으로서 단일 시스템에서 여러 운영체제가 동시에 실행된다. 반면 컨테이너는 동일한 운영체제 커널을 공유하고 시스템의 나머지 부분으로부터 컨테이너 애플리케이션 프로세스를 격리한다. 따라서 컨테이너가 가상화 시스템에 비해 훨씬 가볍고 빠르다.

컨테이너는 2000년에 처음 등장한 FreeBSD Jail(https://www.freebsd.org/doc/handbook/jails.html)이라는 기술로 시작됐다. 2001년 VServer 프로젝트에서 리눅스에 격리된 환경(http://linux-vserver.org/Welcome_to_Linux-VServer.org)이 구현되면서 요

즘과 비슷한 리눅스 컨테이너의 형태를 갖게 됐다. 2013년 3월, 파이썬 컨퍼런스에서 dotCloud의 창업자인 Solomon ykes가 컨테이너 기반의 오픈소스 가상화 플랫폼인 도커docker(https://www.docker.com/)를 발표했다.

도커에서 가장 중요한 개념은 컨테이너와 이미지image다. 이미지는 컨테이너 실행에 필요한 파일과 설정 값 등을 포함하고 있으며, 상태 값을 갖지 않고 변하지 않는다. 이미지는 컨테이너가 실행될 수 있는 모든 파일을 갖고 있기에 운영체제를 포함한다. 도커 이미지를 도커 허브docker hub(https://hub.docker.com/)에 등록할 수 있거나 사설 도커 저장소Docker Registry를 구축해 등록할 수 있다. 따라서 누구나 쉽게 이미지를 생성하고 배포할 수 있다. 도커에 대한 자세한 내용은 https://www.docker.com/을 참조한다.

구글은 많은 컨테이너를 효율적으로 배포(배포 자동화), 관리, 스케일링(자동 스케일링), 운영할 수 있는 오케스트레이션 툴인 쿠버네티스(https://kubernetes.io/)를 오픈소스로 발표했다. 구글은 쿠버네티스 1.0 릴리스와 함께 리눅스 재단과 파트너십을 맺고 클라우드 네이티브 컴퓨팅 재단CNCF, Cloud Native Computing Foundation을 설립했으며, 첫 번째 프로젝트로 쿠버네티스를 기부했다.

쿠버네티스는 점진적 업데이트를 지원하기 때문에 무중단 서비스를 제공한다. 따라서 자가 회복Self healing 기능을 통해 특정 컨테이너에서 장애가 발생하더라도 곧바로 복제 컨테이너를 생성할 때 서비스를 유지할 수 있다. 또한 사용 중인 클라우드 환경을 다른 클라우드 환경으로 이전하고 싶을 때 업체에 종속되지 않고 클라우드를 이전할 수 있다.

쿠버네티스는 포드Pod라는 가장 작은 배포 단위를 갖는다. 포드에 여러 개의 컨테이너를 갖고 있고 하나의 물리 서버나 가상화 서버 위에서 동작한다. 쿠버네티스는 마스터와 노드로 구성돼 있다. 마스터는 클러스터 전체를 관리하고 노드는 컨테이너가 배포되는 장비다.

스파크 2.2 버전부터 쿠버네티스 환경에 스파크 애플리케이션을 사용할 수 있게 실험적으로 추가됐다. 2.3 버전에서는 2.2 버전보다 더 안정적이고 새로운 쿠버네티스 스케줄러가 추가됐다. 자세한 내용은 https://spark.apache.org/docs/latest/running-on-kubernetes.html을 참조한다.

쿠버네티스에 스파크 애플리케이션을 실행하려면 스파크 2.3 이상이어야 하고 쿠버네티스 버전은 1.6 이상이어야 한다. 로컬 환경에서 테스트할 때는 minikube를 설치해야 한다. 하지만 맥에서는 docker 상위 버전(https://docs.docker.com/docker-for-mac/kubernetes/)을 설치하면 바로 쿠버네티스를 사용할 수 있다. 또한 사용할 쿠버네티스 클러스터 포드에 접근할 수 있어야 한다. 특히 쿠버네티스 DNS(https://kubernetes.io/docs/concepts/services-networking/dns-pod-service/)가 활성화돼 있어야 한다.

spark-submit을 실행하면 쿠버네티스 클러스터에 스파크 애플리케이션을 제출할 수 있다. 제출 과정은 다음과 같다

1. 스파크는 쿠버네티스 포드의 스파크 드라이버를 생성한다.
2. 스파크 드라이버는 쿠버네티스 포드에서 동작하는 익스큐터를 생성한 후 해당 익스큐터와 커넥션을 맺고 애플리케이션 코드를 실행한다.
3. 애플리케이션이 종료되면 익스큐터 포드는 종료돼 정리된다. 그러나 드라이버 포드는 로그를 저장하고 있고 상태를 '완료[completed]'로 설정한다. 결국 가비지 컬렉션 또는 수동으로 정리되면 삭제된다.

애플리케이션이 완료 상태에 있다면 드라이버 포드는 어떠한 계산이나 메모리 자원을 사용하지 않는다는 점을 기억하길 바란다.

드라이버와 익스큐터 포드 스케줄링은 쿠버네티스에 의해 처리된다. 드라이버와 실행자 포드는 노드 선택자[node selector]를 통해 사용 가능한 노드 중 일부에서 설정 속성을 사용해 예약할 수 있다. 향후 스파크 릴리스에는 노드/포드 선호도[affinity] 정책 같은 고급 스케줄링 힌트를 사용할 수 있을 것이다.

스파크 잡을 쿠버네티스에 제출

도커 이미지 생성

스파크 애플리케이션을 쿠버네티스에서 실행하려면 스파크 2.3 버전 이상이 필요하다. 2.3 버전을 설치하지 않았다면 https://spark.apache.org/downloads.html에서 현재 최신 버전을 선택한 후 UI 오른쪽에 위치한 Download Spark를 선택한 후 스파크 2.3.2를 다운로드한다.

이제 스파크 애플리케이션이 포함된 도커 이미지를 생성한다. 사용자는 쿠버네티스에서 애플리케이션이 동작할 수 있게 포드의 컨테이너에 배포할 이미지를 제공해야 한다. 이미지는 쿠버네티스가 지원하는 컨테이너 런타임 환경에서 실행되도록 생성된다. 스파크 바이너리에는 컨테이너 런타임 환경에서 사용하거나 개별 애플리케이션의 요구에 맞게 사용자 지정이 가능한 Dockerfile이 내장돼 있다. Dockerfile 파일은 kubernetes/dockerfiles/spark 디렉토리에서 찾을 수 있으며, 다음 셸 스크립트를 사용해 쿠버네티스 백엔드에 사용할 도커 이미지를 생성하고 게시할 수 있다.

```
$ ./bin/docker-image-tool.sh -r <도커 저장소 이름> -t <태그 이름> build
$ ./bin/docker-image-tool.sh -r <도커 저장소 이름> -t <태그 이름> push
```

이 커맨드를 실행할 때 denied: requested access to the resource is denied 에러가 발생하면 docker login를 실행해 미리 생성한 도커 허브나 사설 도커 저장소 계정과 패스워드를 등록한다. 제대로 인증하고 이 커맨드를 실행한다면 https://hub.docker.com/에 접속하면 도커 허브 계정으로 저장소가 생성됐을 것이다.

쿠버네티스의 RBAC이 실행 중이라면 다음과 같이 스파크 롤을 생성한다.

```
$ kubectl create serviceaccount spark
$ kubectl create clusterrolebinding spark-role --clusterrole=edit
--serviceaccount=default:spark --namespace=default
```

이제 쿠버네티스가 실행할 수 있는 이미지를 생성해야 한다. 프로젝트를 생성하고 다음과 같은 Dockerfile을 포함한다. 이전의 도커 이미지를 기반으로 의존성을 포함하는 스파크 애플리케이션을 도커 파일로 복사한다.

```
FROM <도커 저장소 이름>:<태그 이름>
RUN mkdir -p /opt/spark/jars
COPY target/라이브러리_이름.jar /opt/spark/jars
```

도커 이미지를 빌드하고 도커 허브나 사설 도커 저장소에 올린다. 이제 클러스터 모드에서 잡을 실행하면 된다.

클러스터 모드

쿠버네티스 환경이 이미 구축돼 있다면 kubectl cluster-info 커맨드를 실행해 쿠버네티스 마스터^{kubenetes master}의 API 주소와 포트를 확인한다. 해당 API와 주소를 사용해 스파크 잡 애플리케이션을 제출할 것이다.

```
$ kubectl cluster-info
Kubernetes master is running at https://<쿠버네티스 마스터의 API 주소>:
<https://<쿠버네티스 마스터의 API 포트 >
```

이제 스파크 잡을 제출한다. --master에 쿠버네티스를 의미하는 k8s로 시작되는 쿠버네티스 마스터의 API 주소와 포트를 설정하고, --deploy-mode는 cluster로 설정한다. --name(또는 --spark.app.name)에는 쿠버네티스에서 확인할 수 있는 앱 이름을 설정하고, --class에 실행할 클래스 이름을 설정한다. 쿠버네티스는 반드시 컨테이너 이미지가 필요하기 때문에 파라미터를 활용해야 한다. spark.kubernetes.container. image에 도커 이미지 주소와 태그 정보를 설정한다. 쿠버네티스의 RBAC을 사용했다면 spark.kubernetes.authenticate.driver.serviceAccountName을 설정한다. 마지막으로 빌드한 스파크 애플리케이션 앱 JAR 파일의 경로를 전달한다.

```
$ bin/spark-submit \
    --master k8s://https://<쿠버네티스 마스터의 API주소 >:<https://<쿠버네티스
마스터의 API포트 > \
    --deploy-mode cluster \
    --name <앱_이름> \
    --class <클래스_이름> \
    --conf spark.kubernetes.authenticate.driver.serviceAccountName=spark \
    --conf spark.executor.instances=4 \
    --conf spark.kubernetes.container.image=<도커 이미지 주소와 태그>\
    local:///opt/spark/jars/<빌드_JAR_이름>.jar
```

스파크 잡 애플리케이션의 의존 라이브러리가 HDFS나 HTTP 서버에 존재한다면 이에 맞는 원격 URI를 사용해 참조할 수 있다. 또한 의존 라이브러리는 도커 이미지에 모두 포함될 수도 있다. 이럴 때는 local://라는 URI를 사용할 수 있다. 현 최신 버전(2.3.2)에서는 클라이언트 환경의 로컬 파일 시스템의 의존 라이브러리를 사용할 수 있는 방법이 없다.

스파크 잡 애플리케이션을 제출한 후 실행 중이라면 kubectl get pods를 사용해 앱이 4개의 익스큐터에서 동작하고 있는 중인지 확인할 수 있다. 하나의 드라이버와 4개의 익스큐터가 잘 동작 중인지 확인할 수 있다.

```
$ kubectl get pods
NAME                     READY    STATUS      RESTARTS    AGE
앱_이름-UUID-driver       1/1      Running     0           32s
앱_이름-UUID-exec-1       1/1      Running     0           25s
앱_이름-UUID-exec-2       1/1      Running     0           25s
앱_이름-UUID-exec-3       1/1      Running     0           25s
앱_이름-UUID-exec-4       1/1      Running     0           25s
```

스파크 애플리케이션이 종료되면 상태는 완료Completed로 변경된다. 참고로 kubectl get pods --watch 커맨드를 실행하면 동작 흐름을 쉽게 파악할 수 있다.

AWS 배포

앞 절에서 로컬, 독립형, 배포 모드(얀, 메소스, 쿠버네티스)로 스파크 잡을 제출하는 방법을 설명했다. 이 절에서는 AWS EC2에서 실제 클러스터 모드로 스파크 애플리케이션을 실행하는 방법을 설명한다. 애플리케이션을 스파크 클러스터 모드로 실행하고 확장성을 높이기 위해 아마존의 EC2^{Elastic Compute Cloud} 서비스를 IaaS 또는 PaaS^{Platform as a Service}로 여길 것이다. EC2의 사용 비용과 관련 정보는 https://aws.amazon.com/ec2/pricing/에서 확인한다.

1단계: 키 쌍과 인증 키 설정

이미 생성된 EC2 계정이 있다고 가정한다. 첫 번째 요구 사항은 EC2 키 쌍과 AWS 접근 키를 생성하는 것이다. EC2 키 쌍은 SSH를 통해 EC2 서버나 인스턴스에 보안 연결을 할 때 필요한 개인 키다. 키를 생성하려면 http://docs.aws.amazon.com/AWSEC2/latest/UserGuide/ec2-key-pairs.html#having-ec2-create-your-key-pair 에서 AWS 콘솔을 사용해야 한다. EC2 계정의 키 쌍 생성 페이지를 보여주는 다음 그림을 참조한다.

그림 17 AWS 키 쌍을 생성하는 창

키 값을 다운받을 때 해당 파일의 이름을 aws_key_pair.pem으로 지정하고 로컬 장비에 저장한다. 그런 후 다음 커맨드를 실행해 권한을 확인한다. 보안 목적으로 해당 파일을 안전한 위치에 저장해야 한다(예, /usr/local/key).

```
$ sudo chmod 400 /usr/local/key/aws_key_pair.pem
```

이제 AWS 접근 키와 계정의 자격증명이 필요하다. spark-ec2script를 사용해 로컬 장비의 컴퓨팅 노드에 스파크 잡을 제출할 때 해당 옵션이 필요하다. 키를 생성하고 다운로드하려면 http://docs.aws.amazon.com/IAM/latest/UserGuide/id_credentials_access-keys.html#Using_CreateAccessKey에서 AWS IAM 서비스에 로그인한다.

다운로드가 완료되면(즉 /usr/local/key) 로컬 장비에 두 개의 환경 변수를 설정해야 한다. 다음 커맨드를 실행한다.

```
$ echo "export AWS_ACCESS_KEY_ID=<access_key_id>" >> ~/.bashrc
$ echo " export AWS_SECRET_ACCESS_KEY=<secret_access_key_id>" >> ~/.bashrc
$ source ~/.bashrc
```

2단계: EC2에서 스파크 클러스터 설정

스파크 1.6.3 릴리스부터 스파크 배포(즉, /SPARK_HOME/ec2) 디렉토리에는 로컬 장비의 EC2 인스턴스에서 스파크 클러스터를 실행할 수 있는 spark-ec2라는 셸 스크립트를 제공한다. 그리고 AWS를 사용해 스파크 클러스터를 시작, 관리, 종료할 수 있다. 그러나 스파크 2.x 이후에 동일 스크립트가 AMPLab으로 옮겨졌기 때문에 버그를 수정하고 스크립트 자체를 별도로 유지 관리하는 것이 더 쉬울 것이다.

해당 스크립트는 https://github.com/amplab/spark-ec2의 깃허브 저장소에서 접근해 사용할 수 있다.

AWS에서 클러스터를 시작하고 사용한다면 비용이 많이 들 것이다. 따라서 계산 작업을 완료한 후에는 항상 클러스터를 중지하거나 정리하는 것이 좋다. 그렇지 않으면 추가 비용이 발생할 것이다. AWS 가격 정책에 대한 자세한 내용은 https://aws.amazon.com/ec2/pricing/을 참조한다.

또한 Amazon EC2 인스턴스(콘솔)에 대한 IAM 인스턴스 프로필을 생성해야 한다. 자세한 내용은 http://docs.aws.amazon.com/codedeploy/latest/userguide/getting-started-create-iam-instance-profile.html을 참조한다. 간단히 하려면 스크립트를 다운로드해 스파크 홈($SPARK_HOME) 디렉토리 ec2 디렉토리 밑에 위치시킨다. 새로운 인스턴스를 실행하기 위해 다음 커맨드를 실행하면 클러스터에 스파크, HDFS, 기타 의존성 라이브러리를 설정한다.

```
$ SPARK_HOME/spark-ec2
--key-pair=<키_쌍_이름>
--identity-file=<키_쌍_파일_경로>
--instance-type=<AWS_인스턴스 타입>
--region=<리전> zone=<존>
--slaves=<슬레이브_개수>
--hadoop-major-version=<하둡_버전>
--spark-version=<스파크_버전>
--instance-profile-name=<프로필_이름>
launch <cluster-name>
```

해당 파라미터는 파라미터 이름을 통해 이해할 수 있다. 해당 파라미터에 대해 자세히 알고 싶다면 https://github.com/amplab/spark-ec2#readme를 참조한다.

914

하둡 클러스터를 이미 갖고 있다면 스파크를 다음처럼 배치한다.

하둡-얀(또는 메소스)에서 스파크 잡을 실행하는 것이 상대적으로 쉽다. 둘 중 하나를 사용하지 않으면 스파크는 독립형 모드로 실행할 수 있다. 스파크는 드라이버 프로그램을 실행한 후 스파크 익스큐터를 호출한다. 즉, 스파크 데몬을 실행할 노드(마스터/슬레이브)를 스파크에 알려줘야 한다. spark/conf 디렉토리의 slave 파일을 이용할 수 있다. 그를 위해 사용하려는 모든 장비를 해당 파일에 업데이트한다. 소스에서 스파크를 설정하거나 웹 사이트에서 바이너리를 사용할 수 있다. 모든 노드는 FQDN (Fully Qualified Domain Names)으로 항상 사용해야 하며, 각 장비는 마스터 노드에서 암호 없이 SSH에 접근할 수 있는지 확인해야 한다.

이미 인스턴스 프로파일을 생성하고 설정했다고 가정한다. 이제 EC2 클러스터를 다음처럼 실행할 준비가 됐다.

```
$ SPARK_HOME/spark-ec2
--key-pair=aws_key_pair
--identity-file=/usr/local/aws_key_pair.pem
--instance-type=m3.2xlarge
--region=eu-west-1 --zone=eu-west-1a --slaves=2
--hadoop-major-version=yarn
--spark-version=2.3.2
--instance-profile-name=rezacsedu_aws
launch ec2-spark-cluster-1
```

다음 그림은 AWS의 스파크 홈을 보여준다.

그림 18 AWS의 클러스터 홈

성공적으로 완료되면 스파크 클러스터는 EC2 계정에 두 개의 워커(슬레이브) 노드로 초기화한다. 그러나 해당 태스크는 인터넷 속도와 하드웨어 구성에 따라 대략 30분 정도 소요될 수 있다. 클러스터 설정을 성공적으로 완료하면 터미널에 스파크 클러스터의 URL이 표시된다. 클러스터가 실제로 실행 중인지 확인하려면 브라우저에서 https://<master-hostname>:8080을 확인한다. 여기서 master-hostname은 터미널에서 수신하는 URL이다. 문제가 없다면 클러스터가 동작하는 것을 알 수 있을 것이다. 그림 18의 클러스터 홈을 참조한다.

3단계: AWS 클러스터에서 스파크 잡 실행

이제 마스터 노드와 워커 노드가 활성화돼 실행 중이다. 즉, 계산을 위해 스파크 잡을 제출할 수 있다. 그러나 그 전에 ssh를 사용해 원격 노드에 로그인해야 한다. 이렇게 하려면 ssh 원격 스파크 클러스터에 다음 커맨드를 실행한다.

```
$ SPARK_HOME/spark-ec2
--key-pair=<키_쌍_이름>
```

```
--identity-file=<키_쌍_파일_경로>
--region=<리전>
--zone=<존>
login <클러스터 이름>
```

이 경우 다음과 같아야 한다.

```
$ SPARK_HOME/spark-ec2
--key-pair=my-key-pair
--identity-file=/usr/local/key/aws-key-pair.pem
--region=eu-west-1
--zone=eu-west-1
login ec2-spark-cluster-1
```

이제 애플리케이션을 복사한다. 즉, 새로운 터미널에서 jar 파일(또는 파이썬/R 스크립트)을 원격 인스턴스(여기서는 ec2-52-48-119-121.eu-west-1.compute.amazonaws.com 이다)로 다음처럼 복사한다.

```
$ scp -i /usr/local/key/aws-key-pair.pem
/usr/local/code/KMeans-0.0.1-SNAPSHOT-jar-with-dependencies.jar
ec2-user@ec2-52-18-252-59.eu-west-1.compute.amazonaws.com:/home/ec2-user/
```

그다음 커맨드를 실행해 데이터(/usr/local/data/Saratoga_NY_Homes.txt)를 동일한 원격 인스턴스에 복사해야 한다.

```
$ scp -i /usr/local/key/aws-key-pair.pem
/usr/local/data/Saratoga_NY_Homes.txt
ec2-user@ec2-52-18-252-59.eu-west-1.compute.amazonaws.com:/home/ec2-user/
```

원격 장비에서 이미 HDFS를 설정하고 코드/데이터 파일을 저장한 경우 jar와 데이터 파일을 슬레이브에 복사할 필요가 없다. 마스터는 해당 파일을 자동으로 처리할 것이다.

거의 완료됐다. 이제 마지막으로 슬레이브나 워커 노드가 계산할 스파크 잡을 다음처럼 제출해야 한다.

```
$SPARK_HOME/bin/spark-submit
--class chapter14.KMeansDemo
--master spark://ec2-52-48-119-121.eu-west-1.compute.amazonaws.com:7077
file:///home/ec2-user/KMeans-0.0.1-SNAPSHOT-jar-with-dependencies.jar
file:///home/ec2-user/Saratoga_NY_Homes.txt
```

 HDFS가 장비에 구성돼 있지 않으면 입력 파일을 file:///input.txt에 넣는다.

이미 데이터를 HDFS에 저장한 경우 다음처럼 submit 커맨드를 실행해야 한다.

```
$SPARK_HOME/bin/spark-submit
--class chapter14.KMeansDemo
--master spark://ec2-52-48-119-121.eu-west-1.compute.amazonaws.com:7077
hdfs://localhost:9000/KMeans-0.0.1-SNAPSHOT-jar-with-dependencies.jar
hdfs://localhost:9000//Saratoga_NY_Homes.txt
```

잡 계산이 성공적으로 완료되면 8080 포트에서 잡의 상태와 관련 통계를 볼 수 있다.

4단계: 스파크 클러스터에서 정지, 재시작, 종료

계산이 완료되면 추가적으로 비용이 들지 않게 클러스터를 중지하는 것이 좋다. 클러스터를 중지하려면 로컬 장비에서 다음 커맨드를 실행한다.

```
$ SPARK_HOME/ec2/spark-ec2 --region=<ec2-리전> stop <클러스터-이름>
```

이 경우 다음과 같을 것이다.

```
$ SPARK_HOME/ec2/spark-ec2 --region=eu-west-1 stop ec2-spark-cluster-1
```

나중에 클러스터를 재시작하려면 다음 커맨드를 실행한다.

```
$ SPARK_HOME/ec2/spark-ec2 -i <키-파일> --region=<ec2-리전> start <클러스터-이름>
```

이 경우 다음과 같을 것이다.

```
$ SPARK_HOME/ec2/spark-ec2 --identity-file=/usr/local/key/-key-pair.pem
--region=eu-west-1 start ec2-spark-cluster-1
```

마지막으로 AWS에서 스파크 클러스터를 종료하려면 다음 코드를 사용한다.

```
$ SPARK_HOME/ec2/spark-ec2 destroy <클러스터 이름>
```

이 경우에는 다음과 같을 것이다.

```
$ SPARK_HOME /spark-ec2 --region=eu-west-1 destroy ec2-spark-cluster-1
```

아마존의 스팟spot 인스턴스는 AWS 비용을 줄이기 위해 유용하며, 경우에 따라 전체 비용을 절감할 수 있다. 스팟 인스턴스를 사용하는 단계별 가이드라인은 http://blog. insightdatalabs.com/spark-cluster-step-by-step/에서 확인할 수 있다.

때로 1TB 크기의 원시 데이터 파일과 같은 큰 데이터셋을 이동하는 것이 어렵다.

이 경우 애플리케이션이 대규모 데이터셋을 더 확장할 수 있는 가장 빠른 방법은 아마존 S3이나 EBS 장치에서 노드의 HDFS로 로드하고 `hdfs://`를 사용해 데이터 파일 경로를 지정하는 것이다.

> 데이터 파일이나 다른 파일(데이터, jar, 스크립트 등)은 HDFS로 저장해 접근성을 높일 수 있다.
>
> 1. `http://`를 통해 URI/URL(HTTP 포함)을 사용한다.
>
> 2. `s3n://`를 통해 아마존 S3를 사용한다.
>
> 3. `hdfs://`를 통해 HDFS를 사용한다.
>
> `HADOOP_CONF_DIR` 환경 변수를 설정하면 파라미터는 종종 `hdfs://...`로 설정된다. 그렇지 않으면 `file://`로 설정한다.

▌ 요약

17장에서는 스파크 기본 아키텍처와 클러스터 모드의 스파크 동작 방법을 설명했다. 또한 클러스터에 전체 스파크 애플리케이션의 배포 방법을 살펴봤다. 스파크 애플리케이션을 로컬, 독립형, 얀, 메소스, 쿠버네티스와 같은 다양한 클러스터 모드에서 실행할 수 있는 클러스터 배포 방법을 다뤘다. 마지막으로 EC2 스크립트를 사용해 AWS에서 스파크 클러스터 구성 방법을 살펴봤다. 17장이 스파크를 잘 이해하는 데 도움이 될 것으로 믿는다. 그럼에도 페이지 제한으로 인해 많은 API와 기본 기능을 다룰 수 없었다.

문제를 발견했을 때 스파크 사용자 메일링 리스트(user@spark.apache.org)에 알려주길 바란다. 해당 문제를 질문하기 전에 독자가 해당 메일링 리스트를 구독했는지 확인하길 바란다.

18장에서는 스파크 애플리케이션을 테스팅 및 디버깅하는 방법을 살펴본다.

18

스파크 테스팅과 디버깅

"모든 사람은 디버깅이 프로그램을 처음 작성하는 것보다 두 배나 어렵다는 것을 알고 있다.
당신이 프로그램을 작성할 때만큼 똑똑하다면 어떻게 디버깅할까?"

– 브라이언 커닝핸(Brian W. Kernighan)

이상적인 세계에서 완벽한 스파크 코드를 작성하고 모든 코드가 완벽하게 실행된다면
무척 좋을 것이다. 실제로 대규모 데이터셋으로 작업하는 것은 결코 쉬운 일이 아니
며, 필연적으로 예외가 발생하는 일부 데이터 포인트가 있다.

따라서 이전에 언급한 이슈를 고려하며, 18장에서는 배포된 애플리케이션 테스팅이
얼마나 어려운지 보여주고 테스팅 이슈를 해결할 수 있는 방법을 살펴본다.

18장에서 다루는 내용은 다음과 같다.

- 분산 환경 테스팅
- 스파크 애플리케이션 테스팅
- 스파크 애플리케이션 디버깅

▌ 분산 환경 테스팅

레슬리 램포트[Leslie Lamport]는 분산 시스템이라는 용어를 다음처럼 정의했다.

> "분산 시스템은 내가 들어 본 적이 없는 장비에 장애가 발생했기 때문에 어떤 작업도 끝낼
> 수 없는 시스템 중 하나다."

연결된 장비(즉 클러스터)의 네트워크인 WWW[World Wide Web]을 통한 자원 공유는 분산 시스템의 좋은 예가 될 수 있다. 분산 환경에서는 종종 복잡하고 이질적인 이슈가 자주 발생한다. 이런 종류의 이기종 환경에서 테스트하는 것도 어려운 일이다. 이 절의 초반부에서는 분산 시스템으로 작업할 때 자주 제기되는 일부 공통 이슈를 살펴본다.

분산 환경

분산 시스템에 대한 많은 정의가 있다. 여러 정의를 보고 이전에 언급한 카테고리들을 서로 연관시킬 것이다. 쿨러리스[Coulouris]는 분산 시스템을 네트워크에 연결된 하드웨어나 소프트웨어 컴포넌트가 메시지 전달만으로 통신하고 조정하는 시스템으로 정의한다. 반면 태넌바움[Tanenbaum]은 여러 방법으로 분산 시스템에 대해 정의한다.

- 단일 장비로 시스템 사용자에게 표시되는 독립적인 장비 모음이다.
- 동기식 또는 비동기식 메시지 전달 교환을 통해 처리를 조정하는 두 개 이상의 독립적인 장비 모음으로 구성된 시스템이다.

- 분산 시스템은 통합 컴퓨팅 기능을 제공하게 설계된 소프트웨어와 네트워크로 연결된 자율 장비 모음이다.

이제 이런 정의를 기반으로 분산 시스템을 다음처럼 분류할 수 있다.

- 하드웨어와 소프트웨어만 분산된다. 로컬 분산 시스템은 LAN을 통해 연결된다.
- 사용자는 분산돼 있지만 컴퓨팅 자원과 하드웨어 자원(예, WWW)은 백엔드에서 실행된다.
- 사용자와 하드웨어/소프트웨어 모두 분산돼 있다. WAN을 통해 연결된 분산 컴퓨팅 클러스터다. 예를 들어 아마존 AWS, 마이크로소프트 애저, 구글 클라우드, 디지털 오션Digital Ocean을 사용하면서 해당 타입의 컴퓨팅 기능을 사용할 수 있다.

분산 시스템 이슈

이 절에서는 소프트웨어와 하드웨어 테스팅 중에 처리해야 할 여러 주요 이슈를 살펴보고, 기본적으로 분산 컴퓨팅 환경인 클러스터 컴퓨팅에서 스파크 잡이 원활하게 실행되도록 한다.

모든 이슈는 피할 수 없지만 적어도 개선할 수 있다. 17장에서 설명한 가이드라인과 권장 사항을 따라야 한다. 카말 실 미스라Kamal Sheel Mishra와 아닐 쿠마 트리패시Anil Kumar Tripathi)의 논문(Challenges and Problems of Distributed Software System, in International Journal of Computer Science and Information Technologies, Vol. 5 (4), 2014, 4922-4925)에 따르면 분산 환경에서 소프트웨어나 하드웨어로 작업할 때 해결해야 할 다음과 같은 이슈가 있다.

- 확장성
- 이기종 언어, 플랫폼, 아키텍처

- 자원 관리
- 보안, 개인 정보
- 투명도
- 개방 상태
- 상호운용성
- 서비스 품질
- 장애 관리
- 동기화
- 통신
- 소프트웨어 아키텍처
- 성능 분석
- 테스팅 데이터 생성
- 테스팅 컴포넌트 선택
- 테스팅 순서
- 시스템 확장성과 성능 테스팅
- 소스코드의 가용성
- 이벤트 재현
- 교착 상태와 경쟁 조건
- 내결함성 테스팅
- 분산 시스템의 스케줄링 이슈
- 분산 태스크 할당
- 분산 소프트웨어 테스팅
- 하드웨어 추상화 수준에서 모니터링과 제어 메커니즘

모든 이슈를 완전히 해결할 수는 없지만 스칼라를 사용해 분산 시스템과 관련된 일부 사항을 제어할 수 있다. 예를 들어 제어 메커니즘의 확장성, 자원 관리, 서비스 품질,

장애 관리, 동기화, 통신, 스케줄링 이슈와 분산 시스템을 테스팅할 때 분산 태스크 할당, 모니터링이 될 수 있다. 이슈 대부분을 앞의 두 개 장에서 살펴봤다. 반면 소프트웨어 아키텍처, 성능 분석, 테스팅 데이터 생성, 테스팅 컴포넌트 선택, 테스팅 순서, 시스템 확장과 성능 테스팅, 소스코드 가용성 같은 테스팅과 소프트웨어 측면의 이슈를 해결할 수 있다. 해당 이슈들은 최소한 18장에서 명시적이거나 묵시적으로 다룰 것이다.

분산 환경에서의 테스팅 도전 과제

애자일 소프트웨어를 개발할 때 테스팅과 관련된 공통적인 일부 이슈가 있고, 해당 이슈는 결국 배포하기 전에 분산 환경에서 소프트웨어를 테스팅할 때 더욱 복잡해진다. 종종 팀 구성원은 버그가 발견되면 소프트웨어 컴포넌트를 병합해야 한다. 그러나 긴급성에 따라 병합은 테스팅 단계 이전에 종종 발생한다. 때로는 많은 이해 관계자가 여러 팀에 분산돼 있다. 따라서 오해로 인해 뭔가가 발생할 수 있고 때로는 팀워크가 줄어들 수 있다.

예를 들어 클라우드 파운드리Cloud Foundry(https://www.cloudfoundry.org/)는 클라우드에서 애플리케이션의 배포와 확장성을 관리할 수 있는 오픈소스 PaaS 소프트웨어 시스템이다. 클라우드 파운드리는 기본적으로 제공되는 확장성, 안정성, 탄력성과 같은 다양한 기능을 보장하기 위해 기본 분산 시스템에 견고성, 복원성, 페일 오버failover를 보장하는 방법을 구현하고 있다.

소프트웨어 테스팅 프로세스는 오랫동안 단위 테스트, 통합 테스팅, 스모크smoke 테스팅, 수용acceptance 테스팅, 확장 테스팅, 성능 테스팅과 서비스 품질 테스팅으로 구성돼 있다. 클라우드 파운드리에서는 다음 그림처럼 분산 시스템을 테스팅하는 프로세스를 보여준다.

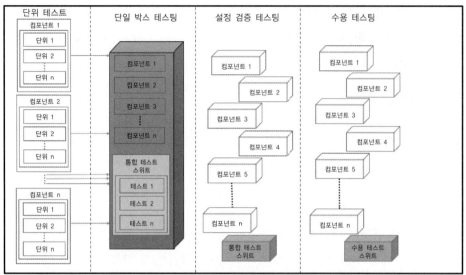

그림 1 클라우드와 같은 분산 환경에서의 소프트웨어 테스팅 예

이 그림(첫 번째 칼럼)에서 볼 수 있듯이 클라우드와 같은 분산 환경에서 테스팅하는 프로세스는 시스템의 최소 부분부터 단위 테스트를 실행하는 것으로 시작된다. 모든 단위 테스트를 성공적으로 수행한 후 통합 테스트를 실행해 상호작용하는 컴포넌트의 동작을 단일 상자(예, 가상 머신Virtual Machine 또는 베어 메탈Bare Metal)에서 실행하는 일관된 단일 소프트웨어 시스템(두 번째 칼럼)으로 확인한다.

그러나 해당 테스트는 시스템의 전체 동작을 하나로 확인할 수 있지만 분산 배포 환경에서는 시스템 유효성을 보장하지 않는다. 통합 테스트를 통과하면 다음 단계(세 번째 칼럼)는 시스템의 분산 배치를 확인하고 스모크smoke 테스트를 실행한다.

알다시피 소프트웨어의 성공적인 구성과 단위 테스트의 실행은 시스템 동작의 수용 가능성을 검증할 수 있다. 해당 검증은 수용 테스팅(네 번째 칼럼)을 실행함으로써 이뤄진다. 분산 환경에서 이전에 언급한 이슈 및 도전 과제와 연구자 및 빅데이터 엔지니어가 해결해야 할 숨겨진 다른 도전 과제를 극복하는 방법을 설명하는 것은 이 책의 범위를 벗어난다.

이제 분산 환경에서의 소프트웨어 테스팅의 실제 도전 과제가 무엇인지 알았으므로 스파크 코드 테스팅을 시작하겠다. 다음 절에서 스파크 애플리케이션 테스팅을 설명한다.

█ 스파크 애플리케이션 테스팅

스파크 코드를 테스팅할 수 있는 방법은 자바(스파크 이외의 코드를 기본 JUnit 테스트로 수행할 수 있다) 또는 스칼라(ScalaTest 테스트로 수행할 수 있다) 언어에 따라 여러 가지가 있다. 스파크를 로컬 또는 작은 테스트 클러스터에서 실행해 전체 통합 테스트를 수행할 수도 있다. 홀든 카라우^{Holden Karau}가 선택한 또 다른 멋진 선택은 스파크 테스팅 기반을 사용하는 것이다(홀든 카라우는 트랜스젠더이며, 아파치 스파크 커미터로서 스파크 관련 저서를 집필했다 - 옮긴이).

스파크 단위 테스트를 위한 네이티브 라이브러리가 아직 없다는 것을 알고 있을 것이다. 그럼에도 불구하고 다음과 같은 두 라이브러리를 사용할 수 있다.

- ScalaTest
- 스파크 테스팅 기반

그러나 스칼라로 작성된 스파크 애플리케이션을 테스트하기 전에 단위 테스트와 스칼라 메소드 테스팅에 대한 배경 지식이 있어야 한다.

스칼라 메소드 테스팅

이 절에서는 스칼라 메소드를 테스트할 수 있는 간단한 기술인 ScalaTest를 살펴본다. ScalaTest는 스칼라 사용자에게 가장 친숙한 단위 테스트 프레임워크다(자바 코드를 테스팅할 수 있고 자바 스크립트를 테스팅할 때도 사용할 수 있다). ScalaTest는 다양한 타입의 테스팅 요구 사항을 지원하게 설계됐고, 다양한 테스트 스타일을 지원한다.

ScalaTest에 대한 자세한 내용은 http://www.scalatest.org/user_guide/selecting_a_style에서 'ScalaTest User Guide'를 참조한다. ScalaTest는 다양한 스타일을 지원하지만 가장 빠른 방법 중 하나는 다음과 같은 ScalaTest의 트레이트^{trait}를 사용하고, TDD^{테스트 주도 개발} 스타일로 테스트 코드를 작성하는 것이다.

1. FunSuite
2. Assertions
3. BeforeAndAfter

이런 트레이트에 대해 자세히 알아보고 싶다면 이전 URL(http://www.scalatest.org/user_guide/selecting_a_style)을 찾아보길 바란다. 이전 URL의 문서를 쉽게 읽을 수 있을 것이다.

 TDD는 소프트웨어를 개발하는 프로그래밍 기술이며 테스팅을 통해 개발을 시작해야 한다고 명시한다. 따라서 테스트 코드의 작성 방법에는 영향을 미치지 않지만 테스트 코드를 작성할 때에 영향을 준다. ScalaTest.FunSuite, Assertions, BeforeAndAfter에서 TDD를 적용하거나 장려하는 트레이트나 테스팅 스타일은 xUnit 테스트 프레임워크와 비슷하다.

ScalaTest의 모든 트레이트에는 다음과 같은 3개의 어서션^{assertion} 있다.

- **assert:** 스칼라 프로그램에서 일반적인 어서션을 사용하기 위해 쓰인다.
- **assertResult:** 예상 값과 실제 값을 구별하기 위해 사용된다.
- **assertThrows:** 일부 코드에서 예상된 예외를 던질지 확인하기 위해 사용된다.

ScalaTest의 어서션은 Assertions 트레이트에서 정의돼 있고 추가적으로 Suite를 상속받을 수 있다. 간단히 말해 Suite 트레이트는 모든 타입의 트레이트의 슈퍼 트레이트다. http://www.scalatest.org/user_guide/using_assertions의 ScalaTest 문서에 따르면 Assertions 트레이트는 다음과 같은 기능을 제공한다.

- 조건부로 테스트를 취소한다고 가정(assume)할 수 있다.
- 무조건 테스트에서 실패(fail)시킬 수 있다.
- 무조건 테스트를 취소(cancel)시킬 수 있다.
- 무조건 테스트를 성공(succeed)시킬 수 있다.
- 코드의 일부가 예상된 예외를 던지게 보장하기 위해 예외에 대한 어서션을 할 수 있도록 인터셉트(intercept)할 수 있다.
- 코드의 일부가 컴파일되지 않도록 assertDoesNotCompile을 사용할 수 있다.
- 코드의 일부가 컴파일되도록 assertCompiles를 사용할 수 있다.
- 파싱이 아닌 타입 에러로 인해 코드가 컴파일되지 않도록 assertTypeError를 사용할 수 있다.
- 장애에 대한 자세한 정보를 추가할 수 있게 withClue를 사용할 수 있다.

이 목록 중의 일부분만 소개할 것이다. 스칼라 프로그램에서 assert를 호출하고 Boolean 표현식을 전달함으로써 어서션을 작성할 수 있다. 어서션을 사용해 간단한 단위 테스트 케이스를 작성하기만 하면 된다. Predef는 이 어서션 동작이 정의된 객체다. 모든 스칼라 소스 파일에서는 Predef의 모든 멤버를 임포트한다. 다음 소스코드는 항상 Assertion success를 출력한다.

```scala
package chapter18

object SimpleScalaTest {
  def main(args: Array[String]):Unit= {
    val a = 5
    val b = 5
    assert(a == b)
    println("Assertion success")
  }
}
```

그러나 이 소스에서 a = 2이고 b = 1라면 어서션은 실패할 것이고, 다음 결과를 얻을 것이다.

```
Exception in thread "main" java.lang.AssertionError: assertion failed
    at scala.Predef$.assert(Predef.scala:156)
    at com.chapter16.SparkTesting.SimpleScalaTest$.main(SimpleScalaTest.scala:7)
    at com.chapter16.SparkTesting.SimpleScalaTest.main(SimpleScalaTest.scala)
```

그림 2 어서션 에러의 예

true 표현식을 전달하면 assert는 정상적으로 리턴된다. 표현식이 거짓이면 어서션 에러가 발생하며 어서션이 갑자기 종료된다. AssertionError나 TestFailedException 과 달리 ScalaTest의 어서션은 테스트 케이스가 실패한 라인이나 어느 표현식인지 정확히 알려주는 정보를 제공한다. 따라서 ScalaTest의 어서션은 스칼라의 어서션보다 뛰어난 에러 메시지를 제공한다.

예를 들어 다음 소스코드에서는 5가 4와 같지 않음을 알리는 TestFailedException을 던진다.

```
package chapter18

import org.scalatest.Assertions._

object SimpleScalaTest {
  def main(args: Array[String]):Unit= {
    val a = 5
    val b = 4
    assert(a == b)
    println("Assertion success")
  }
}
```

다음 그림은 이 스칼라 테스트의 결과를 보여준다.

930

```
Exception in thread "main" org.scalatest.exceptions.TestFailedException: 2 did not equal 1
    at org.scalatest.Assertions$class.newAssertionFailedException(Assertions.scala:500)
    at org.scalatest.Assertions$.newAssertionFailedException(Assertions.scala:1538)
    at org.scalatest.Assertions$AssertionsHelper.macroAssert(Assertions.scala:466)
    at com.chapter16.SparkTesting.SimpleScalaTest$.main(SimpleScalaTest.scala:8)
    at com.chapter16.SparkTesting.SimpleScalaTest.main(SimpleScalaTest.scala)
```

그림 3 TestFailedException의 예

다음 소스코드는 사용자의 메소드 결과를 테스트하기 위해 assertResult 단위 테스트를 설명한다.

```
package chapter18

import org.scalatest.Assertions._

object AssertResult {
   def main(args: Array[String]):Unit= {
       val x = 10
       val y = 6
       assertResult(3) {
          x - y
       }
   }
}
```

이 어서션은 TestFailedException 예외를 던지고 **Expected 3 but got 4**를 출력한다 (그림 4).

```
Exception in thread "main" org.scalatest.exceptions.TestFailedException: Expected 3, but
got 4
    at org.scalatest.Assertions$class.newAssertionFailedException(Assertions.scala:495)
    at org.scalatest.Assertions$.newAssertionFailedException(Assertions.scala:1538)
    at org.scalatest.Assertions$class.assertResult(Assertions.scala:1226)
    at org.scalatest.Assertions$.assertResult(Assertions.scala:1538)
    at com.chapter16.SparkTesting.AssertResult$.main(AssertResult.scala:8)
    at com.chapter16.SparkTesting.AssertResult.main(AssertResult.scala)
```

그림 4 TestFailedException의 또 다른 예

이제 예상되는 예외를 보여주는 단위 테스트를 살펴보자.

```
package chapter18

import org.scalatest.Assertions._

object ExpectedException {
    def main(args: Array[String]):Unit= {
        val s = "Hello world!"
        try {
            s.charAt(0)
            fail()
        } catch {
            case _: IndexOutOfBoundsException => // 예상된 예외이고 계속 진행된다.
        }
    }
}
```

인덱스 외부의 배열 엘리먼트에 접근하려 하면 이전 코드는 이전 문자열 Hello world!
의 첫 번째 문자에 접근할 수 있는지 알려준다. 스칼라 프로그램이 인덱스의 값에
접근할 수 있으면 어서션이 실패한다. 또한 이는 테스트 케이스가 실패했다는 것을
의미한다. 따라서 첫 번째 인덱스에 문자 H가 포함돼 있기 때문에 이전 테스트 케이스
가 자연히 실패하고 다음과 같은 에러 메시지가 나타난다(그림 5).

```
Exception in thread "main" org.scalatest.exceptions.TestFailedException
    at org.scalatest.Assertions$class.newAssertionFailedException(Assertions.scala:493)
    at org.scalatest.Assertions$.newAssertionFailedException(Assertions.scala:1538)
    at org.scalatest.Assertions$class.fail(Assertions.scala:1313)
    at org.scalatest.Assertions$.fail(Assertions.scala:1538)
    at com.chapter16.SparkTesting.ExpectedException$.main(ExpectedException.scala:9)
    at com.chapter16.SparkTesting.ExpectedException.main(ExpectedException.scala)
```

그림 5 TestFailedException의 세 번째 예

그러나 다음처럼 인덱스의 -1 위치에 접근해보자.

```
package chapter18
```

932

```
import org.scalatest.Assertions._

object ExpectedException {
  def main(args: Array[String]):Unit= {
    val s = "Hello world!"
    try {
      s.charAt(-1)
      fail()
    } catch {
      case _: IndexOutOfBoundsException => // 예상된 예외이고 계속 진행된다.
    }
  }
}
```

이제 어서션은 true이어야 하고, 결국 테스트 케이스가 통과된다. 마지막으로 코드는 정상적으로 종료된다. 이제 코드가 컴파일되는지 여부를 확인해보자. 꽤 자주 발생할 수 있는 '사용자 에러'를 나타내는 코드의 특정 순서가 전혀 컴파일되지 않게 할 수 있다. 이 목적은 원하지 않는 결과와 행동을 허용하지 않도록 에러가 발생할 수 있는 라이브러리를 검사하는 것이다. ScalaTest의 **Assertions** 트레이트에는 다음과 같은 구문을 포함한다.

```
assertDoesNotCompile("val a: String = 1")
```

타입 에러(구문 에러는 아니다)로 인해 코드가 컴파일이 되지 않게 하려면 다음을 사용한다.

```
assertTypeError("val a: String = 1")
```

구문 에러로 인해 **TestFailedException**이 발생한다. 마지막으로 코드가 컴파일되는 것을 명시하고 싶다면 다음을 사용해 코드를 더욱 명확하게 작성할 수 있다.

```
assertCompiles("val a: Int = 1")
```

완전한 예는 다음과 같다.

```
package chapter18

import org.scalatest.Assertions._

object CompileOrNot {
  def main(args: Array[String]):Unit= {
      assertDoesNotCompile("val a: String = 1")
      println("assertDoesNotCompile True")

      assertTypeError("val a: String = 1")
      println("assertTypeError True")

      assertCompiles("val a: Int = 1")
      println("assertCompiles True")

      assertDoesNotCompile("val a: Int = 1")
      println("assertDoesNotCompile True")
  }
}
```

이 코드의 결과는 다음 그림과 같다.

```
AssertDoesNotCompile True
AssertTypeError True
AssertCompiles True
Exception in thread "main" org.scalatest.exceptions.TestFailedException: Expected a
compiler error, but got none for code: val a: Int = 1
    at com.chapter16.SparkTesting.CompileOrNot$.main(CompileOrNot.scala:15)
    at com.chapter16.SparkTesting.CompileOrNot.main(CompileOrNot.scala)
```

그림 6 여러 테스트를 함께 사용한다.

이제 페이지 제약상 스칼라 기반 단위 테스트를 마치려 한다. 그러나 또 다른 단위 테스트 케이스에 대해 알고 싶다면 http://www.scalatest.org/user_guide에서 스칼라 테스트 가이드라인을 참조할 수 있다.

단위 테스트

소프트웨어 엔지니어링에서 종종 소스코드의 개별 단위를 테스트해서 사용 여부를 결정한다. 이런 소프트웨어 테스팅 방법을 단위 테스트라 한다. 단위 테스트를 통해 소프트웨어 엔지니어나 개발자가 개발한 소스코드가 명세서를 충족하고 의도한 대로 동작하는지 확인할 수 있다.

반면 단위 테스트의 목적은 프로그램의 각 부분을 모듈로 분리하는 것이다. 그다음 모든 개별 부분이 정상적으로 동작하는지 관찰한다. 모든 소프트웨어 시스템에서 단위 테스트는 다음과 같은 몇 가지 장점이 있다.

- **문제의 조기 발견:** 개발 초기에 명세서에서 버그나 빠진 부분을 발견한다.
- **변경을 용이하게 함:** 기능이 상실되지 않은 채 리팩토링과 개선을 수행할 수 있다.
- **통합을 단순화:** 통합 테스트를 작성하기 쉽게 한다.
- **문서화:** 시스템의 실행 가능한 문서^{living documentation}로 제공한다.
- **디자인:** 프로젝트의 공식적인 디자인으로 동작할 수 있다.

스파크 애플리케이션 테스팅

스칼라에 내장된 ScalaTest 패키지를 사용해 스칼라 코드를 테스트하는 방법을 이미 살펴봤다. 그러나 이 절에서는 스칼라로 작성된 스파크 애플리케이션을 테스팅하는 방법을 살펴본다. 다음과 같은 세 가지 방법을 다룬다.

- **첫 번째 방법:** JUnit을 사용한 스파크 애플리케이션 테스팅
- **두 번째 방법:** ScalaTest 패키지를 사용한 스파크 애플리케이션 테스팅

- **세 번째 방법:** 스파크 테스트 기반을 사용한 스파크 애플리케이션 테스팅

첫 번째 방법과 두 번째 방법은 실제 코드와 함께 다룰 것이다. 그러나 세 번째 방법에 대한 자세한 설명은 별도의 절에서 진행하겠다. 이해를 쉽고 간결하게 하기 위해 유명한 단어 집계 애플리케이션을 사용해 첫 번째 방법과 두 번째 방법을 시연한다.

첫 번째 방법: 스칼라 JUnit 테스트 사용

문서나 텍스트 파일에 몇 개의 단어가 있는지를 알려주는 스칼라 애플리케이션을 다음처럼 작성했다고 가정하자.

```
package chapter18

import org.apache.spark._
import org.apache.spark.sql.SparkSession

class wordCounterTestDemo {
  val spark = SparkSession
    .builder
    .master("local[*]")
    .appName(s"OneVsRestExample")
    .getOrCreate()

  def myWordCounter(fileName: String): Long = {
    val input = spark.sparkContext.textFile(fileName)
    val counts = input.flatMap(_.split(" ")).distinct()
    val counter = counts.count()
    counter
  }
}
```

이 코드는 단순히 텍스트 파일을 파싱하고 단순히 단어를 분할한 후 flatMap 연산을 수행한다. 그리고 유일한 단어만 받는 다른 연산을 수행한다. 마지막으로 myWordCounter 메

소드는 얼마나 많은 단어가 있는지 계산하고 카운터의 값을 리턴한다.

이제 일반적인 테스트를 수행하기 전에 이전 메소드가 잘 동작하는지 확인하자. `main` 메소드를 추가하고 다음처럼 객체를 생성한다.

```scala
package chapter18

import org.apache.spark._
import org.apache.spark.sql.SparkSession

object wordCounter {
  val spark = SparkSession
      .builder
      .master("local[*]")
      .appName("Testing")
      .getOrCreate()

  val fileName = "data/words.txt";

  def myWordCounter(fileName: String): Long = {
    val input = spark.sparkContext.textFile(fileName)
    val counts = input.flatMap(_.split(" ")).distinct()
    val counter = counts.count()
    counter
  }

  def main(args: Array[String]): Unit = {
    val counter = myWordCounter(fileName)
    println("Number of words: " + counter)
  }
}
```

이 코드를 실행한 다음 출력을 살펴보자.

```
Number of words: 210.
```

잘 동작했다. 이 코드는 실제로 로컬 애플리케이션으로 동작한다. 이제 스칼라 JUnit 테스트 케이스를 사용해 이전의 테스트 케이스를 테스트해보자.

```scala
package chapter18

import org.scalatest.Assertions._
import org.junit.Test
import org.apache.spark.sql.SparkSession

class wordCountTest {
    val spark = SparkSession
        .builder
        .master("local[*]")
        .appName(s"OneVsRestExample")
        .getOrCreate()

    @Test def test() {
        val fileName = "../../data/words.txt"
        val obj = new wordCounterTestDemo()
        assert(obj.myWordCounter(fileName) == 210)
    }
    spark.stop()
}
```

이 코드를 주의 깊게 보면 test 메소드 앞에 Test 어노테이션을 사용했다. 실제 테스팅이 수행될 test 메소드 내부의 assert 메소드를 호출했다. 여기서 myWordCounter 메소드의 리턴 값이 210인지 확인했다. 이제 다음처럼 이전 코드를 스칼라 단위 테스트로 실행한다(그림 7).

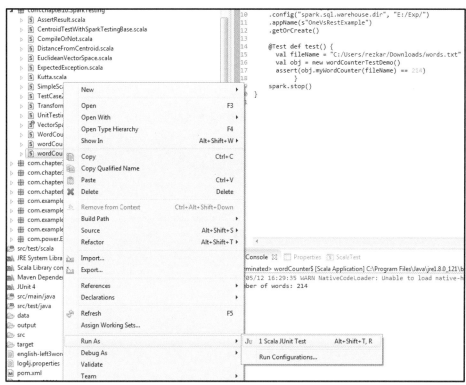

그림 7 스칼라 JUnit 테스트로 스칼라 코드를 실행하기

이제 테스트 케이스가 통과되면 그림 8의 IntelliJ IDE에서 다음을 살펴봐야 한다.

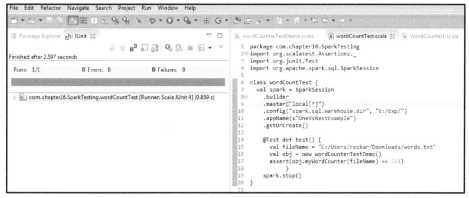

그림 8 통과된 단어 집계 테스트 케이스

예를 들어 다음과 같은 방법으로 assert를 호출할 것이다.

```
assert(obj.myWordCounter(fileName) == 210)
```

이 테스트 케이스가 실패하면 다음 출력을 살펴보자(그림 9).

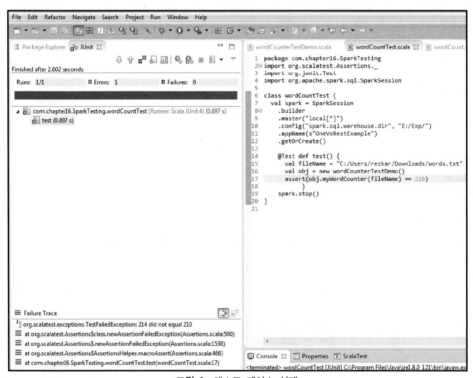

그림 9 테스트 케이스 실패

이제 이 부분을 개선할 수 있는지 두 번째 방법을 살펴보자.

두 번째 방법: FunSuite를 사용한 스칼라 코드 테스트

이제 문서의 텍스트 RDD만 리턴하는 이전 테스트 케이스를 다음처럼 재설계하자.

```
package chapter18

import org.apache.spark._
import org.apache.spark.rdd.RDD
import org.apache.spark.sql.SparkSession

class wordCountRDD {
  def prepareWordCountRDD(file: String, spark: SparkSession): RDD[(String,
      Int)] = {
    val lines = spark.sparkContext.textFile(file)
    lines.flatMap(_.split(" ")).map((_, 1)).reduceByKey(_ + _)
  }
}
```

따라서 wordCountRDD 클래스의 prepareWordCountRDD 메소드는 문자열과 정수 값으로 이뤄진 RDD를 리턴한다. 이제 prepareWordCountRDD 메소드의 기능을 테스트하려면 스칼라의 ScalaTest 패키지에서 FunSuite와 BeforeAndAfterAll을 사용해 명시적으로 테스드 클래스를 확장하는 방식을 사용하자. 해당 테스팅은 나음과 같은 방식으로 동작한다.

- 스칼라의 ScalaTest 패키지에서 FunSuite와 BeforeAndAfterAll을 사용한 테스트 클래스를 확장한다.
- 스파크 컨텍스트를 생성하는 beforeAll을 재정의한다.
- test 메소드를 사용해 테스트를 수행하고 test 메소드 내부의 assert 메소드를 사용한다.
- 스파크 컨텍스트를 중지하는 afterAll 메소드를 재정의한다.

이런 단계를 기반으로 이전 prepareWordCountRDD 메소드를 테스트할 수 있는 wordCountTest2 클래스를 살펴보자.

```scala
package chapter18

import org.scalatest.{ BeforeAndAfterAll, FunSuite }
import org.scalatest.Assertions._
import org.apache.spark.sql.SparkSession
import org.apache.spark.rdd.RDD

class wordCountTest2 extends FunSuite with BeforeAndAfterAll {
    var spark: SparkSession = null
    def tokenize(line: RDD[String]) = {
        line.map(x => x.split(' ')).collect()
    }

    override def beforeAll() {
        spark = SparkSession
            .builder
            .master("local[*]")
            .appName(s"OneVsRestExample")
            .getOrCreate()
    }

    test("Test if two RDDs are equal") {
        val input = List("To be,", "or not to be:", "that is the question-",
"William Shakespeare")
        val expected = Array(Array("To", "be,"), Array("or", "not", "to",
"be:"), Array("that", "is", "the", "question-"), Array("William",
"Shakespeare"))
        val transformed = tokenize(spark.sparkContext.parallelize(input))
        assert(transformed === expected)
    }

    test("Test for word count RDD") {
        val fileName = "data/words.txt"
        val obj = new wordCountRDD
        val result = obj.prepareWordCountRDD(fileName, spark)
        assert(result.count() === 210)
    }
```

```
    override def afterAll( ) {
        spark.stop( )
    }
}
```

첫 번째 테스트에서는 두 개의 RDD를 두 방법으로 생성한 후 두 RDD를 비교할 때 내용이 동일해야 한다고 가정한다. 먼저 첫 번째 테스트가 통과돼야 한다. 그리고 두 번째 테스트가 수행될 것이다. 이제 두 번째 테스트에서는 RDD의 단어 개수는 210이지만 잠시 동안 모르는 것으로 가정하자. RDD의 단어 개수가 210라면 테스트 케이스는 통과돼야 한다.

따라서 두 테스트가 모두 통과될 것으로 기대할 것이다. IntelliJ의 경우 테스트 스위트를 따로 수행하지 않아도 자동 실행되지만, 이클립스의 경우 다음 그림처럼 ScalaTest-File로 테스트 스위트를 실행한다.

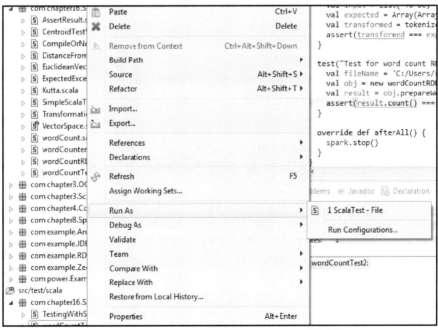

그림 10 ScalaTest-File를 테스트 스위트로 실행하기

이제 다음 출력을 살펴보자(그림 11). 출력에는 수행한 테스트 케이스 개수와 통과, 실패, 취소, 무시, 보류 중인 테스트 케이스의 개수를 보여준다. 또한 전체 테스트를 실행한 시간을 보여준다.

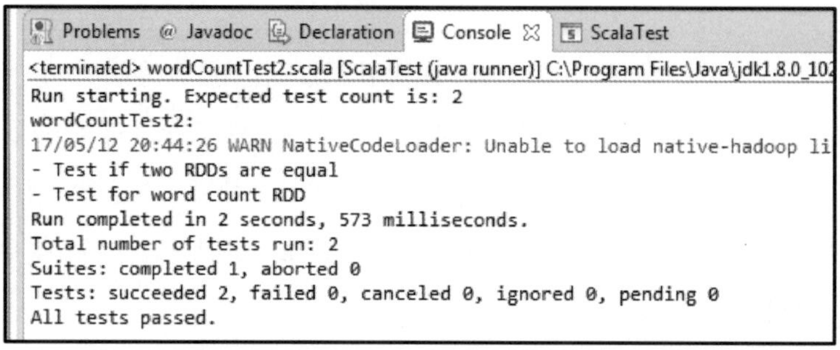

그림 11 두 테스트 스위트를 ScalaTest-file로 실행할 때의 테스트 결과

테스트 케이스가 통과됐다. 다음처럼 test 메소드를 사용해 별도의 두 테스트에서 어서션 비교 값을 변경하자.

```scala
test("Test for word count RDD") {
    val fileName = "data/words.txt"
    val obj = new wordCountRDD
    val result = obj.prepareWordCountRDD(fileName, spark)
    assert(result.count() === 210)
}

test("Test if two RDDs are equal") {
    val input = List("To be", "or not to be:", "that is the question-", "William
Shakespeare")
    val expected = Array(Array("To", "be,"), Array("or", "not", "to", "be:"),
Array("that", "is", "the", "question-"), Array("William", "Shakespeare"))
    val transformed = tokenize(spark.sparkContext.parallelize(input))
    assert(transformed === expected)
}
```

이제 테스트 케이스가 실패할 것으로 예상해야 한다. 이전 클래스를 ScalaTest-File 로 실행한다(그림 12).

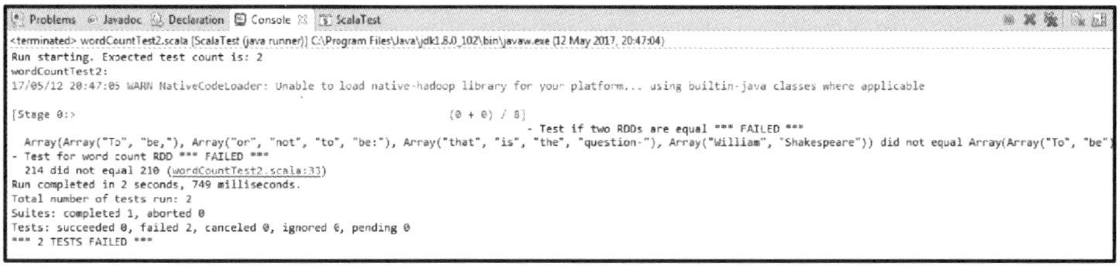

그림 12 이전 두 테스트를 ScalaTest-File로 실행했을 때의 테스트 결과

잘 진행했다. 스칼라의 FunSuite를 사용해 단위 테스트 수행 방법을 다뤘다. 그러나 이전 방법을 주의 깊게 살펴보면 몇 가지 단점이 있다. 예를 들어 SparkContext의 생성과 종료를 명시적으로 관리할 필요가 있다. 개발자나 프로그래머는 샘플 메소드 를 테스트하기 위해 많은 코드를 작성해야 한다. 모든 테스트 스위트에서 Before와 After 단계에서 코드 중복이 발생하는 경우가 있다. 그러나 공통 코드에서 공통 트레 이트를 포함할 수 있기 때문에 논쟁의 여지가 있다.

어떻게 개선할 수 있을까? 필자는 쉽고 간편하게 사용할 수 있도록 스파크 테스트 기반을 사용하는 것을 권장한다. 이제 스파크 테스트 기반으로 단위 테스팅의 수행 방법을 살펴본다.

세 번째 방법: 스파크 테스팅 기반

스파크 테스팅 기반Spark Testing Base을 통해 스파크 코드를 쉽게 테스트할 수 있다. 그렇 다면 스파크 테스팅 기반의 장점은 무엇일까? 실제로 많다. 예를 들어 해당 코드를 사용하면 코드는 상세하지 않지만 매우 간결한 코드를 사용할 수 있다. 해당 API 자체 는 ScalaTest 또는 JUnit보다 풍부하다. 스칼라, 자바, 파이썬 같은 여러 언어를 지원한 다. 내장형 RDD 비교기를 지원한다. 스트리밍 애플리케이션을 테스트할 때도 사용할 수 있다. 마지막으로 가장 중요한 장점은 로컬 모드와 클러스터 모드 테스트를 모두 지원한다는 것이다. 이는 분산 환경에서의 테스팅에서 가장 중요하다.

 깃허브 저장소는 https://github.com/holdenk/spark-testing-base에 있다.

스파크 테스팅 기반으로 단위 테스팅을 시작하기 전에 스파크 2.x 프로젝트 트리의
메이븐 pom.xml 파일에 다음 의존성 라이브러리를 포함시켜야 한다(스파크 2.3을 사용
하고 있다면 다음 의존성 라이브러리를 추가한다).

```
<dependency>
    <groupId>com.holdenkarau</groupId>
    <artifactId>spark-testing-base_2.11</artifactId>
    <version>2.3.1_0.10.0</version>
    <scope>test</scope>,
</dependency>
```

SBT의 경우 다음처럼 의존성 라이브러리를 추가할 수 있다.

```
"com.holdenkarau" %% "spark-testing-base" % "2.3.1_0.10.0" % Test
```

메이븐과 SBT에 각각 **<scope>test</scope>**, **% Test**를 추가로 지정해 test 범위로
spark-testing-base 의존성 라이브러리를 추가하는 것이 좋다. 이 외에도 메모리
요구 사항, OOM, 병렬 실행 비활성화 같은 다른 고려 사항이 있다. SBT로 테스팅할
때 기본 자바 메모리 옵션이 너무 작아 여러 테스트를 실행하지 못할 수 있다. 때로는
잡을 로컬 모드로 제출하는 경우 스파크 코드 테스팅이 더 힘들 수도 있다. 이제 실제
클러스터 모드(얀 또는 메소스)에서 얼마나 어려울지 자연스럽게 이해할 수 있다.

해당 이슈를 해결하려면 프로젝트 트리에서 build.sbt 파일의 메모리양을 늘릴 수 있
다. 메모리 파라미터를 다음처럼 추가하자.

```
javaOptions ++= Seq("-Xms512M", "-Xmx2048M", "-XX:MaxPermSize=2048M",
"-XX:+CMSClassUnloadingEnabled")
```

그러나 Surefire를 사용하고 싶다면 다음을 추가할 수 있다.

```
<argLine>-Xmx2048m -XX:MaxPermSize=2048m</argLine>
```

메이븐 기반 빌드에서 환경 변수 값을 설정할 수 있다. 해당 이슈에 대한 자세한 내용은 https://maven.apache.org/configure.html을 참조한다.

이는 스파크 테스팅 기반의 자체 테스트를 실행하는 예일 뿐이다. 따라서 더 큰 메모리 값을 설정해야 할 수도 있다. 마지막으로 다음 코드 라인을 추가해 SBT에서 병렬 실행을 비활성화했는지 확인한다.

```
parallelExecution in Test := false
```

반면 Surefire을 사용한다면 forkCount와 reuseForks가 각각 1과 true로 설정돼 있는지 확인한다. 스파크 테스팅 기반을 사용하는 예를 살펴보겠다. 다음 소스코드는 세 개의 테스트 케이스를 갖고 있다. 첫 번째 테스트 케이스는 1이 1인지 아닌지 비교하는 간단한 테스트 케이스며, 분명히 통과한다. 두 번째 테스트 케이스는 문장에서 단어 수를 계산한다. 예를 들어 Hello world! My name is Reza이며 6개의 단어가 있는지 없는지 비교한다. 마지막 테스트 케이스는 두 개의 RDD를 비교한다.

```
package chapter18

import org.scalatest.Assertions._
import org.apache.spark.rdd.RDD
import com.holdenkarau.spark.testing.SharedSparkContext
import org.scalatest.FunSuite
```

```
class TransformationTestWithSparkTestingBase extends FunSuite with
SharedSparkContext {
    def tokenize(line: RDD[String]) = {
        line.map(x => x.split(' ')).collect()
    }
    test("works, obviously!") {
        assert(1 == 1)
    }
    test("Words counting") {
        assert(sc.parallelize("Hello world My name is
            Reza".split("\\W")).map(_ + 1).count == 6)
    }

    test("Testing RDD transformations using a shared Spark Context") {
        val input = List("Testing", "RDD transformations", "using a shared",
"Spark Context")
        val expected = Array(Array("Testing"), Array("RDD",
"transformations"), Array("using", "a", "shared"), Array("Spark",
"Context"))
        val transformed = tokenize(sc.parallelize(input))
        assert(transformed === expected)
    }
}
```

이 소스코드에서 스파크 테스팅을 수행하면 여러 테스트 케이스를 실행할 수 있음을
알게 됐다. 성공적으로 실행되면 다음 출력을 살펴보자(그림 13).

그림 13 스파크 테스팅 기반의 성공한 실행, 통과된 테스트

윈도우에서 하둡 런타임 구성

이전에 IntelliJ에서 스칼라로 작성된 스파크 애플리케이션을 테스팅하는 방법을 살펴봤지만 간과해서는 안 되는 잠재적인 이슈가 더 있다. 스칼라는 윈도우에서 동작하지만 스칼라는 유닉스와 유사한 운영체제에서 실행되도록 설계됐다. 따라서 윈도우 환경에서 스파크 개발 환경을 구축하려면 추가적인 작업을 진행해야 한다.

윈도우에서 데이터 분석, 머신 러닝, 데이터 과학, 딥러닝 애플리케이션을 스파크로 작성할 때 이클립스나 IntelliJ를 사용하다 I/O 예외가 발생해 해당 스파크 애플리케이션이 성공적으로 컴파일되지 않거나 중단될 수 있다. 실제로 스파크는 윈도우에서도 하둡의 런타임 환경을 기대한다. 예를 들어 이클립스에서 처음으로 스파크 애플리케이션인 KMeansDemo.scala를 실행하면 다음과 같은 I/O 예외가 발생한다.

```
17/02/26 13:22:00 ERROR Shell: Failed to locate the winutils binary in the
hadoop binary path java.io.IOException: Could not locate executable
null\bin\winutils.exe in the Hadoop binaries.
```

기본적으로 하둡이 리눅스 환경에서 개발됐기 때문이며, 윈도우 플랫폼에서 스파크 애플리케이션을 개발하고 싶다면 스파크용 하둡 런타임을 제대로 실행할 수 있는 환경을 제공하는 브리지[bridge]가 있어야 하다. I/O 예외의 세부 내용은 다음 그림에서 볼 수 있다(그림 14).

```
17/02/26 13:22:00 ERROR Shell: Failed to locate the winutils binary in the hadoop binary path
java.io.IOException: Could not locate executable null\bin\winutils.exe in the Hadoop binaries.
        at org.apache.hadoop.util.Shell.getQualifiedBinPath(Shell.java:278)
        at org.apache.hadoop.util.Shell.getWinUtilsPath(Shell.java:300)
        at org.apache.hadoop.util.Shell.<clinit>(Shell.java:293)
        at org.apache.hadoop.util.StringUtils.<clinit>(StringUtils.java:76)
        at org.apache.hadoop.mapred.FileInputFormat.setInputPaths(FileInputFormat.java:362)
        at org.apache.spark.SparkContext$$anonfun$hadoopFile$1$$anonfun$30.apply(SparkContext.scala:1014)
        at org.apache.spark.SparkContext$$anonfun$hadoopFile$1$$anonfun$30.apply(SparkContext.scala:1014)
        at org.apache.spark.rdd.HadoopRDD$$anonfun$getJobConf$6.apply(HadoopRDD.scala:179)
        at org.apache.spark.rdd.HadoopRDD$$anonfun$getJobConf$6.apply(HadoopRDD.scala:179)
        at scala.Option.foreach(Option.scala:257)
        at org.apache.spark.rdd.HadoopRDD.getJobConf(HadoopRDD.scala:179)
        at org.apache.spark.rdd.HadoopRDD.getPartitions(HadoopRDD.scala:198)
        at org.apache.spark.rdd.RDD$$anonfun$partitions$2.apply(RDD.scala:252)
        at org.apache.spark.rdd.RDD$$anonfun$partitions$2.apply(RDD.scala:250)
        at scala.Option.getOrElse(Option.scala:121)
        at org.apache.spark.rdd.RDD.partitions(RDD.scala:250)
        at org.apache.spark.rdd.MapPartitionsRDD.getPartitions(MapPartitionsRDD.scala:35)
        at org.apache.spark.rdd.RDD$$anonfun$partitions$2.apply(RDD.scala:252)
        at org.apache.spark.rdd.RDD$$anonfun$partitions$2.apply(RDD.scala:250)
        at scala.Option.getOrElse(Option.scala:121)
        at org.apache.spark.rdd.RDD.partitions(RDD.scala:250)
        at org.apache.spark.rdd.MapPartitionsRDD.getPartitions(MapPartitionsRDD.scala:35)
        at org.apache.spark.rdd.RDD$$anonfun$partitions$2.apply(RDD.scala:252)
        at org.apache.spark.rdd.RDD$$anonfun$partitions$2.apply(RDD.scala:250)
        at scala.Option.getOrElse(Option.scala:121)
        at org.apache.spark.rdd.RDD.partitions(RDD.scala:250)
        at org.apache.spark.rdd.MapPartitionsRDD.getPartitions(MapPartitionsRDD.scala:35)
        at org.apache.spark.rdd.RDD$$anonfun$partitions$2.apply(RDD.scala:252)
        at org.apache.spark.rdd.RDD$$anonfun$partitions$2.apply(RDD.scala:250)
        at scala.Option.getOrElse(Option.scala:121)
```

그림 14 하둡 바이너리 경로에서 winutils 바이너리를 찾지 못해 I/O 예외가 발생

이제 I/O 예외를 발생하지 않게 하려면 어떻게 해야 할까? 해결 방법은 간단하다. 예외 메시지대로 winutils.exe와 같은 실행 파일이 필요하다. 이제 https://github.com/steveloughran/winutils/tree/master/hadoop-2.7.1/bin에서 winutils.exe 파일을 다운로드해 스파크 배포 디렉터리에 붙여 넣고 이클립스를 설정한다. 더 구체적으로 말하면 하둡이 포함된 스파크 배포본은 C:/Users/spark-2.3.2-bin-hadoop2.7에 있다고 가정한다. 스파크 배포본에는 bin이라는 디렉터리가 있다. 이제 해당 bin 디렉토

리에 실행 파일을 복사한다(즉, 경로는 C:/Users/spark-2.3.2-bin-hadoop2.7/bin/이다).

해결 방법의 두 번째 단계는 이클립스에서 다음 주요 클래스를 선택한 다음 Run 메뉴로 이동한다. Run 메뉴에서 Run Cofiguration 옵션으로 이동해 다음 그림과 같이 Environment 탭을 선택한다.

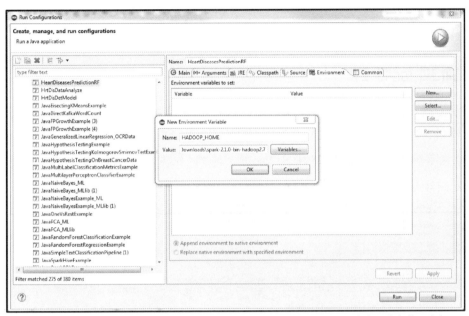

그림 15 하둡 바이너리 경로에 winutils 바이너리가 없어서 발생했던 I/O 예외를 해결하는 방법

Environment 탭을 선택하면 JVM을 사용하는 이클립스 환경 변수를 새로 생성할 수 있다. 이제 HADOOP_HOME이라는 새로운 환경 변수를 생성하고 값을 C:/Users/spark-2.3.2-bin-hadoop2.7/로 지정한다. 이제 Apply 버튼을 누르고 애플리케이션을 다시 실행하면 winutils 문제가 해결된다. 윈도우의 PySpark 스파크로 작업할 때도 winutils. exe 파일이 필요하다는 점에 유의해야 한다. PySpark 관련 내용은 19장을 참조한다.

이런 문제 해결 방법을 애플리케이션 디버깅에도 적용할 수 있다. 때로는 이런 에러가 다시 발생하더라도 스파크 애플리케이션을 제대로 실행할 수 있을 것이다. 그러나 데이터셋의 크기가 크다면 이런 메모리 에러가 발생할 가능성이 크다.

▌ 스파크 애플리케이션 디버깅

이 절에서는 로컬(이클립스나 IntelliJ의 경우), 독립형 또는 클러스터 모드(얀 또는 메소스)에서 실행 중인 스파크 애플리케이션의 디버깅 방법을 살펴본다. 그러나 스파크 애플리케이션 디버깅 방법을 살펴보기 전에 스파크 애플리케이션의 로깅에 대해 알아야 한다.

스파크의 log4j 로깅

이미 14장에서 로깅을 다뤘다. 그러나 똑같은 내용을 되풀이해서 스파크 애플리케이션 디버깅에 초점을 맞춰보자. 이전에 설명한 것처럼 스파크는 자체 로깅을 위해 log4j를 사용한다. 스파크를 올바르게 설정하면 스파크는 모든 작업을 셸 콘솔에 기록한다. log4j의 일부분을 다음 그림에서 살펴볼 수 있다.

```
# Set everything to be logged to the console
log4j.rootCategory=INFO, console
log4j.appender.console=org.apache.log4j.ConsoleAppender
log4j.appender.console.target=System.err
log4j.appender.console.layout=org.apache.log4j.PatternLayout
log4j.appender.console.layout.ConversionPattern=%d{yy/MM/dd HH:mm:ss} %p %c{1}: %m%n

# Set the default spark-shell log level to WARN. When running the spark-shell, the
# log level for this class is used to overwrite the root logger's log level, so that
# the user can have different defaults for the shell and regular Spark apps.
log4j.logger.org.apache.spark.repl.Main=WARN

# Settings to quiet third party logs that are too verbose
log4j.logger.org.spark_project.jetty=WARN
log4j.logger.org.spark_project.jetty.util.component.AbstractLifeCycle=ERROR
log4j.logger.org.apache.spark.repl.SparkIMain$exprTyper=INFO
log4j.logger.org.apache.spark.repl.SparkILoop$SparkILoopInterpreter=INFO
log4j.logger.org.apache.parquet=ERROR
log4j.logger.parquet=ERROR

# SPARK-9183: Settings to avoid annoying messages when looking up nonexistent UDFs in SparkSQL with Hive support
log4j.logger.org.apache.hadoop.hive.metastore.RetryingHMSHandler=FATAL
log4j.logger.org.apache.hadoop.hive.ql.exec.FunctionRegistry=ERROR
```

그림 16 log4j.properties 파일의 일부분

스파크 셸의 기본 로그 레벨을 WARN으로 설정한다. 스파크 셸을 실행할 때 스파크 셸 클래스의 로그 레벨은 루트 로거root logger의 로그 레벨을 덮어쓰기 때문에 사용자는 셸과 일반 스파크 애플리케이션에 대한 다른 기본 값을 가질 수 있다. 또한 익스큐터가 실행하고 드라이버가 관리하는 작업을 시작할 때 JVM 파라미터를 추가해야 한다.

이를 위해 conf/spark-defaults.conf를 수정해야 한다. 즉, 다음과 같은 옵션을 추가할 수 있다.

```
spark.executor.extraJavaOptions=-Dlog4j.configuration=file:/usr/local/
spark-2.3.2-hadoop-2.3/conf/log4j.properties
spark.driver.extraJavaOptions=-Dlog4j.configuration=file:/usr/local/spark
-2.3.2-bin-hadoop2.7/conf/log4j.properties
```

좀 더 명확하게 말하면 스파크에서 생성된 모든 로그를 숨길 필요가 있다. 그래서 파일 시스템에 로깅되도록 리디렉션할 수 있다. 반면에 스파크 로그를 셸과 별도의 파일에 저장해 스칼라 로그와 섞이지 않게 한다. 여기에서 스파크는 로그가 저장될 파일을 지정할 것이다. 이 절의 예에서는 /var/log/sparkU.log를 사용할 것이다. 애플리케이션이 시작될 때 스파크에서 log4j.properties 파일을 선택하기만 하면 된다.

```scala
package chapter18

import org.apache.log4j.LogManager
import org.apache.log4j.Level
import org.apache.spark.sql.SparkSession

object myCustomLog {
  def main(args: Array[String]): Unit = {
    val log = LogManager.getRootLogger
    // WARN 레벨을 새로운 레벨로 설정할 때까지 로그 레벨을 INFO로 설정하면 모든 로그는
    // INFO로 출력된다.
    log.setLevel(Level.INFO)
    log.info("Let's get started!")
    // 로거 레벨은 WARN으로 설정된다. 이후에 WARN 레벨 이하라면 아무것도 출력되지 않는다.
    log.setLevel(Level.WARN)
    // 스파크 세션을 생성한다.
    val spark = SparkSession
      .builder
      .master("local[*]")
```

```
        .appName("Logging")
        .getOrCreate()
    // 로그가 출력되지 않는다.
    log.info("Get prepared!")
    log.trace("Show if there is any ERROR!")
    //로그가 출력된다.
    log.warn("Started")
    spark.sparkContext.parallelize(1 to 20).foreach(println)
    log.warn("Finished")
  }
}
```

이 코드를 살펴보면 처음에 로거 레벨을 INFO로 설정했기 때문에 INFO 레벨로 출력된다. 이후에 로그 레벨을 WARN으로 설정했을 때는 로그가 출력되지 않았다. 따라서 info나 trace 등은 출력되지 않는다. 스파크 log4j가 지원하는 유효한 로그 레벨이 있다. 이 코드를 성공적으로 실행하면 다음과 같은 결과가 나타난다.

```
17/05/13 16:39:14 INFO root: Let's get started!
17/05/13 16:39:15 WARN root: Started
4
1
2
5
3
17/05/13 16:39:16 WARN root: Finished
```

conf/log4j.properties에서 스파크 셸의 기본 로그 레벨을 설정할 수도 있다. 스파크는 log4j 템플릿을 프로퍼티 파일로 제공하고 스파크에 로깅하기 위해 해당 파일을 확장하고 수정할 수 있다. SPARK_HOME/conf 디렉토리로 이동하면 log4j.properties. template 파일을 볼 수 있다. conf/log4j.properties.template을 log4j.properties라는 이름으로 변경한 후에 사용해야 한다. 스파크 애플리케이션을 개발할 때 이클립스와 같은 IDE 기반 환경에서 작업하는 동안 log4j.properties 파일을 프로젝트 디렉토리 하위에 둘 수 있다. 그리고 로그 레벨을 완전히 비활성화하려면 다음처럼 log4j. logger.org 프로퍼티를 OFF로 설정한다.

```
log4j.logger.org=OFF
```

지금까지 다룬 모든 내용은 매우 쉬웠을 것이다. 그러나 이전 코드에서 아직 눈치 채지 못한 문제가 있다. org.apache.log4j.Logger 클래스의 한 가지 단점은 직렬화를 지원하지 않는다는 점이다. 즉, 스파크 API의 일부분에서 작업을 수행할 때 클로저에서 사용할 수 없다는 것을 의미한다. 예를 들어 스파크 코드에서 다음을 수행한다고 가정하자.

```
object myCustomLogger {
    def main(args: Array[String]):Unit= {
        // 로그 레벨을 WARN으로 설정한다.
        val log = LogManager.getRootLogger
        log.setLevel(Level.WARN)
        // 스파크 컨텍스트를 생성한다.
        val conf = new SparkConf().setAppName("My App").setMaster("local[*]")
        val sc = new SparkContext(conf)
        //계산을 시작하고 로깅 정보를 출력한다.
        //log.warn("Started")
        val i = 0
        val data = sc.parallelize(i to 100000)
        data.map{number =>
            log.info("My number"+ i)
            number.toString
        }
        //log.warn("Finished")
    }
}
```

다음처럼 Task not serializable(태스크를 직렬화할 수 없다) 예외를 보게 될 것이다.

```
org.apache.spark.SparkException: Job aborted due to stage failure: Task not
serializable: java.io.NotSerializableException: ...
Exception in thread "main" org.apache.spark.SparkException: Task not
serializable
Caused by: java.io.NotSerializableException:
org.apache.log4j.spi.RootLogger
Serialization stack: object not serializable
```

우선 직렬화 이슈를 단순하게 해결할 수 있다. 단지 Serializable을 상속해 실제 작업을 수행하는 스칼라 클래스를 직렬화하는 것이다. 예를 들면 코드는 다음과 같다.

```
class MyMapper(n: Int) extends Serializable {
    @transient lazy val log = org.apache.log4j.LogManager.getLogger("myLogger")
    def logMapper(rdd: RDD[Int]): RDD[String] =
        rdd.map { i =>
    log.warn("mapping: " + i)
    (i + n).toString
    }
}
```

앞의 코드에서 Logger 클래스가 지속적이지 않다는 @transient lazy라는 어노테이션을 사용했다. 한편 MyMapper 클래스의 객체를 초기화하는 apply 메소드가 포함된 객체(즉 MyMapper)는 다음과 같다.

```
//컴패니언 오브젝트
object MyMapper {
    def apply(n: Int): MyMapper = new MyMapper(n)
}
```

마지막으로 main 메소드가 포함된 객체는 다음과 같다.

```
//주요 객체
object myCustomLogwithClosureSerializable {
    def main(args: Array[String]) {
        val log = LogManager.getRootLogger
        log.setLevel(Level.WARN)
```

```
        val spark = SparkSession
          .builder
          .master("local[*]")
          .appName("Testing")
          .getOrCreate()
        log.warn("Started")
        val data = spark.sparkContext.parallelize(1 to 100000)
        val mapper = MyMapper(1)
        val other = mapper.logMapper(data)
        other.collect()
        log.warn("Finished")
    }
}
```

이제는 해당 직렬화 이슈에 대해 더 나은 통찰력을 제공하는 또 다른 예를 살펴볼 것이다. 두 개의 정수를 곱셈하는 다음과 같은 클래스가 있다고 가정하자.

```
class MultiplicaitonOfTwoNumber {
   def multiply(a: Int, b: Int): Int = {
      val product = a * b
      product
   }
}
```

이제 map을 사용해 람다 클로저에서 곱셈을 계산할 때 MultiplicaitonOfTwoNumber 클래스를 사용하려 하면 이전에 설명한 Task Not Serializable 예외가 발생한다. 이제 foreachPartition과 람다 클로저를 다음처럼 사용할 수 있다.

```
val myRDD = spark.sparkContext.parallelize(0 to 1000)

   myRDD.foreachPartition(s => {
      val notSerializable = new MultiplicaitonOfTwoNumber
```

```
        println(notSerializable.multiply(s.next(), s.next()))
    })
```

이제 컴파일하면 원하는 결과가 리턴된다. 쉽게 main 메소드를 사용하는 코드는 다음과 같다.

```
package chapter18

import org.apache.spark.sql.SparkSession

class MultiplicaitonOfTwoNumber {
  def multiply(a: Int, b: Int): Int = {
    val product = a * b
    product
  }
}

object MakingTaskSerilazible {
  def main(args: Array[String]): Unit = {
    val spark = SparkSession
        .builder
        .master("local[*]")
        .appName("MakingTaskSerilazible")
        .getOrCreate()

    val myRDD = spark.sparkContext.parallelize(0 to 1000)
    myRDD.foreachPartition(s => {
      val notSerializable = new MultiplicaitonOfTwoNumber
      println(notSerializable.multiply(s.next(), s.next()))
    })
  }
}
```

출력은 다음과 같다.

```
0
5700
1406
156
4032
7832
2550
650
```

스파크 애플리케이션 디버깅

이 절에서는 이클립스나 IntelliJ에서 로컬 모드로 실행되는 스파크 애플리케이션을 얀이나 메소스의 독립형 또는 클러스터 모드로 디버깅하는 방법을 알아본다. 시작하기 전에 https://hortonworks.com/hadoop-tutorial/setting-spark-development-environment-scala/에서 디버깅 설명서를 읽기 바란다.

IntelliJ에서 스파크 애플리케이션 디버깅

IntelliJ에서 스파크 애플리케이션을 일반 스칼라 코드처럼 디버깅과 설정 방법을 살펴본다. KMeansDemo.scala 파일에서 마우스 오른쪽 버튼을 클릭하고 Debug "KMeansDemo"를 클릭한다.

그림 17 스파크 애플리케이션을 일반 스칼라 코드처럼 디버깅할 수 있게 IntelliJ를 설정하는 화면

KMeansDemo.scala를 디버깅하기 위해 IntelliJ(이클립스 IDE도 비슷하다)에서 46라인에 브레이크 포인트^{break point}를 지정한다. 그리고 스칼라 코드를 디버깅 모드로 실행해야 한다. IntelliJ에서 다음 시나리오를 살펴보자.

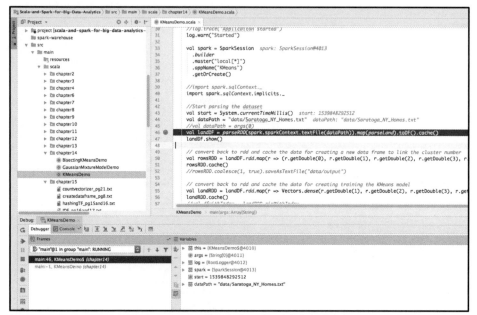

그림 18 IntelliJ에서 스파크 애플리케이션 디버깅

그다음 이클립스에서 다음 화면처럼 브레이크 포인트에서 정지된 85라인에서 스파크 애플리케이션 실행을 중지시킨다.

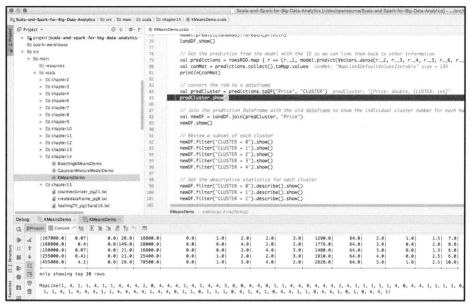

그림 19 IntelliJ(브레이크 포인트)에서 스파크 애플리케이션 디버깅하기

요약하면 46라인과 85라인 사이에 에러가 발생한다면 IntelliJ는 에러가 발생하고 에러가 발생한 위치를 표시한다. 그렇지 않으면 중단되지 않으면 정상적으로 실행된다.

로컬 모드와 독립형 모드로 동작 중인 스파크 잡을 디버깅

스파크 애플리케이션을 로컬 모드나 독립형 모드로 디버깅할 때 드라이버 프로그램을 디버깅하는 것과 익스큐터 중 하나를 디버깅하는 것은 다르다. 두 타입의 노드를 사용할 때 spark-submit에 전달된 제출할 파라미터가 다르기 때문이다. 이 절에서는 주소로 4000번 포트를 사용한다. 예를 들어 드라이버 프로그램을 디버깅하려면 spark-submit 커맨드에 다음을 추가한다.

```
--driver-java-options
-agentlib:jdwp=transport=dt_socket,server=y,suspend=y,address=4000
```

그리고 드라이버 프로그램을 제출한 노드에 연결하기 위해 원격 디버거를 설정해야한다. 이전 경우는 4000번 포트를 지정했다. 그러나 이미 4000번 포트에서 다른 애플리케이션(예, 다른 스파크 잡, 다른 애플리케이션 또는 서비스 등)이 실행 중인 경우 사용자가 포트 번호를 다른 값으로 지정해야 할 수도 있다.

반면에 익스큐터에 연결하는 것은 address 옵션을 제외하고 이전 옵션과 비슷하다. 더 구체적으로 설명하면 주소를 로컬 장비의 주소(IP 주소 또는 호스트 이름, 포트 번호)로 변경해야 한다. 그러나 항상 실제 컴퓨팅이 이뤄지는 스파크 클러스터에서 로컬 장비에 접근할 수 있는지 테스트하는 것이 좋다. 예를 들어 spark-submit 커맨드에 다음과 같이 옵션을 사용해 디버깅 환경을 활성화할 수 있다.

```
--num-executors 1 \
--executor-cores 1 \
--conf
"spark.executor.extraJavaOptions=-agentlib:jdwp=transport=dt_socket,
server=n,address=localhost:4000,suspend=n"
```

요약하면 다음 커맨드를 사용해 스파크 잡(이 경우 KMeansDemo 애플리케이션, KMeansDemo에서 처리할 파일을 커맨드에서 일부 코드를 수정해야 한다)을 제출한다.

```
$ SPARK_HOME/bin/spark-submit \
--class "chapter14.KMeansDemo" \
--master spark://ubuntu:7077 \
--num-executors 1\
--executor-cores 1 \
--conf
"spark.executor.extraJavaOptions=-agentlib:jdwp=transport=dt_socket,serve
r=n,address= host_name_to_your_computer.org:5005,suspend=n" \
--driver-java-options
-agentlib:jdwp=transport=dt_socket,server=y,suspend=y,address=4000 \
KMeans-0.0.1-SNAPSHOT-jar-with-dependencies.jar \
```

```
Saratoga_NY_Homes.txt
```

이제 로컬 디버거는 리스닝 모드로 시작하고 스파크 프로그램을 시작한다. 마지막으로 익스큐터가 디버거에 연결될 때까지 기다린다. 터미널에 다음과 같은 메시지가 표시된다.

```
Listening for transport dt_socket at address: 4000
```

중요한 부분으로 익스큐터 개수를 1로 설정해야 한다. 여러 익스큐터를 설정하면 디버거에 연결하려고 시도할 때 이상한 문제가 결국 발생할 것이다. 때때로 SPARK_ JAVA_OPTS를 설정하면 로컬 모드나 독립형 모드로 실행 중인 스파크 애플리케이션을 디버깅할 수 있다. 커맨드는 다음과 같다.

```
$ export SPARK_JAVA_OPTS=
-agentlib:jdwp=transport=dt_socket,server=y,address=4000,suspend=y,
onuncaught=n
```

그러나 스파크 1.0.0이 출시된 이후 SPARK_JAVA_OPTS는 더 이상 사용되지 않으며, spark-defaults.conf 또는 스파크 제출 또는 스파크 셸의 커맨드라인으로 대체됐다. 앞 절에서 살펴봤던 spark.driver.extraJavaOptions와 spark.executor. extraJavaOptions를 spark-defaults.conf에서 설정한다고 해서 SPARK_JAVA_OPTS를 대체할 수는 없다. 그러나 솔직히 말해서 SPARK_JAVA_OPTS는 여전히 잘 동작하며 사용할 수 있다.

SBT를 이용한 스파크 애플리케이션 디버깅

이전 설정은 주로 메이븐 프로젝트를 사용하는 이클립스 또는 IntelliJ에서 동작한다.

이미 애플리케이션의 작성을 완료했고 다음처럼 이클립스나 IntelliJ 같은 기본 IDE에서 작업하고 있다고 가정한다.

```
object DebugTestSBT {
  def main(args: Array[String]): Unit = {
    val spark = SparkSession
      .builder
      .master("local[*]")
      .appName("Logging")
      .getOrCreate()
    spark.sparkContext.setCheckpointDir("C:/Exp/")
    println("-------------Attach debugger now!--------------")
    Thread.sleep(8000)
    // 코드가 여기에 표시된다. 일시 중지하려는 라인에 브레이크 포인트를 설정한다.
  }
}
```

이제 이 잡을 로컬 클러스터(독립형)로 보내기 위해 해야 할 가장 첫 단계는 모든 의존성 라이브러리를 포함한 애플리케이션을 jar로 묶는 것이다. jar로 묶으려면 다음 커맨드를 사용한다.

```
$ sbt assembly
```

이 커맨드는 코드 클래스와 의존성 라이브러리를 함께 묶은 jar 파일을 생성할 것이다. 이제 다음 단계는 스파크 잡을 로컬 클러스터에 제출하는 것이다. 장비에 spark-submit 스크립트 파일이 있어야 한다.

```
$ export SPARK_JAVA_OPTS=
-agentlib:jdwp=transport=dt_socket,server=y,suspend=n,address=5005
```

이 커맨드는 디버거를 사용해 스파크를 시작하는 데 사용할 자바 파라미터를 익스포트export한다.

```
$ SPARK_HOME/bin/spark-submit --class Test --master local[*] --driver-memory
4G --executor-memory 4G /path/project-assembly-0.0.1.jar
```

이 커맨드에서 --class는 잡 클래스의 전체 경로를 받는다. 이 커맨드를 성공적으로 실행하면 스파크 잡은 브레이크 포인트에서 중단되지 않고 실행된다. IDE(예, IntelliJ)에서 디버깅 기능을 사용하려면 클러스터에 연결하도록 설정해야 한다. 공식 IntelliJ IDEA에 대한 자세한 내용은 http://stackoverflow.com/questions/21114066/attach-IntelliJ-idea-debugger-to-a-running-java-process 문서를 참조한다.

기본 원격 실행/디버그 설정을 생성하고 기본 포트(5005포트)를 그대로 두면 잘 동작한다. 이제 다음에 잡을 제출하고 디버거를 연결하라는 메시지를 터미널에서 본다면 IntelliJ를 실행해 실행 설정을 추가할 수 있다. 그리고 프로그램은 계속 실행될 것이고 정의한 브레이크 포인트에서 일시 중지한다. 그리고 일반 스칼라/자바 프로그램처럼 단계를 수행할 수 있다. 내부 동작 방식을 보려면 스파크 함수의 내부를 분석할 수 있을 것이다.

▌ 요약

18장에서는 스파크 애플리케이션의 테스팅과 디버깅을 살펴봤다. 테스팅과 디버깅은 분산 환경에서 더 중요할 수 있다. 또한 테스팅과 디버깅을 다룰 수 있는 여러 진보된 방식을 살펴봤다. 다시 말해 분산 환경에서 테스트하는 방법을 살펴봤다. 그리고 스파크 애플리케이션을 테스트할 때 사용할 더 나은 방법도 살펴봤다. 마지막으로 스파크 애플리케이션을 디버깅하는 고급 방법을 다뤘다.

이 책이 스파크를 잘 이해하는 데 도움이 될 것이라고 믿는다. 아쉽게도 페이지 제한으로 인해 많은 API와 기본 기능을 다룰 수 없었다. 이슈가 있다면 스파크 사용자 메일링 리스트(user@spark.apache.org)에 알려주길 바란다. 이메일을 보내기 전에 스파크 메일링 리스트를 구독했는지 확인한다.

스파크 고급 주제를 다룬 마지막 장에 이르렀다. 이제 독자 여러분들이 데이터 과학, 데이터 분석, 머신 러닝, 스칼라, 스파크가 새롭다면 수행하려는 분석 타입이 무엇인지 먼저 이해해야 한다. 예를 들어 더 구체적으로 말하면 문제가 머신 러닝 문제라면 분류, 클러스터링, 회귀, 추천, 빈번한 패턴 마이닝 중 어떤 타입의 학습 알고리즘이 가장 적합한지 추측할 수 있을 것이다.

그다음에 문제를 정의하고 공식화한 후 이전에 다뤘던 스파크의 피처 엔지니어링 개념을 기반으로 적절한 데이터를 생성하거나 다운로드해야 한다. 반면에 딥러닝 알고리즘이나 API를 사용해 이슈를 해결할 수 있다고 생각되면 다른 외부 알고리즘을 사용해 스파크와 통합해 즉시 작업해야 한다.

스파크 웹 사이트(http://spark.apache.org/)를 정기적으로 방문해 최신 업데이트를 확인하고 스파크가 제공하는 일반 API를 외부 애플리케이션 또는 툴과 통합해서 최상의 결과를 얻기를 추천한다.

19

PySpark와 SparkR

19장에서는 파이썬과 R 프로그래밍 언어를 사용해 스파크 코드를 작성할 수 있는 PySpark과 SparkR이라는 인기 있는 두 API를 다룬다. 19장의 전반부에서는 PySpark 를 사용해 스파크를 사용할 때의 여러 기술적인 측면을 설명한다. 그리고 SparkR로 넘어가 SparkR을 쉽게 사용하는 방법을 살펴본다.

19장에서 다룰 내용은 다음과 같다.

- PySpark 소개
- PySpark로 설치와 시작
- 데이터 프레임 API와 상호작용
- PySpark에서 UDF 작성
- PySpark를 이용한 데이터 분석

- SparkR 소개
- 왜 SparkR인가?
- SparkR로 설치와 시작
- 데이터 처리와 조작
- SparkR을 사용한 RDD와 데이터 프레임 작업
- SparkR을 사용한 데이터 시각화

▌ PySpark 소개

파이썬은 데이터 처리와 머신 러닝 태스크와 관련돼 흥미로운 기능이 많은 가장 보편화된 범용 프로그래밍 언어 중 하나다. 파이썬에서 스파크를 사용하기 위해 PySpark는 처음엔 스파크에서 파이썬으로 경량 프론트엔드로 개발됐고, 스파크의 분산 컴퓨팅 엔진을 사용했다. 19장에서는 PyCharm과 같은 파이썬 IDE에서 스파크를 사용하는 기술적인 측면에 대해 설명한다.

파이썬이 통계, 머신 러닝, 최적화에 초점을 맞춘 다양한 수치 라이브러리를 보유하고 있기 때문에 많은 데이터 과학자는 파이썬을 사용한다. 그러나 파이썬에서 대규모 데이터셋을 처리하는 것은 런타임 환경이 단일 스레드이기 때문에 일반적으로 느리다. 따라서 주요 메모리에 맞는 데이터만 처리할 수 있다. 그러나 해당 제약이 있더라도 PySpark는 스파크의 모든 기능을 사용할 수 있고, 스파크의 분산 컴퓨팅 엔진을 사용한다. 스파크는 파이썬과 같은 JVM 언어가 아닌 언어의 API를 제공한다.

'PySpark' 절의 목적은 PySpark를 사용해 분산 기본 알고리즘을 제공하는 것이다. PySpark는 기본 테스트와 디버깅을 할 수 있는 대화형 셸이며, 상용 환경에 사용되지 않는다는 점에 유의한다.

▎ 설치와 설정

PyCharm, Spider 등과 같은 파이썬 IDE에 PySpark를 설치하고 설정할 수 있는 많은 방법이 있다. 또는 스파크를 이미 설치했고 SPARK_HOME을 설정하더라도 PySpark를 사용할 수 있다. 그다음으로 파이썬 셸에서 PySpark를 사용할 수도 있다. 이 절에서는 독립형 잡을 실행하기 위해 PySpark를 설정하는 방법을 알아본다.

SPARK_HOME 설정

먼저 스파크 배포본을 적절한 위치(예, /home/asif/Spark)에 다운로드한다. 그후 SPARK_HOME을 다음처럼 설정한다.

```
echo "export SPARK_HOME=/home/asif/Spark" >> ~/.bashrc
```

이제 PYTHONPATH를 다음처럼 설정한다.

```
echo "export PYTHONPATH=$SPARK_HOME/python/" >> ~/.bashrc
echo "export PYTHONPATH=$SPARK_HOME/python/lib/py4j-0.10.1-src.zip" >>
~/.bashrc
```

다음 두 경로를 환경 변수 PATH에 추가해야 한다.

```
echo "export PATH=$PATH:$SPARK_HOME" >> ~/.bashrc
echo "export PATH=$PATH:$PYTHONPATH" >> ~/.bashrc
```

마지막으로 새로 수정된 PATH 변수를 사용할 수 있게 현재 터미널을 새로 고침 한다.

```
source ~/.bashrc
```

PySpark는 py4j 파이썬 패키지에 의존한다. py4j 라이브러리는 파이썬 인터프리터가 JVM에서 스파크 객체에 동적으로 접근할 수 있게 도움을 준다. py4j 패키지는 다음처럼 우분투에 설치할 수 있다.

```
$ sudo pip install py4j
```

또는 Spark($SPARK_HOME/python/lib)에 이미 포함돼 있는 기본 py4j를 사용할 수 있다.

파이썬 셸 시작

스칼라 대화식 셸처럼 파이썬에서도 대화식 셸을 사용할 수 있다. 다음처럼 스파크 루트 폴더에서 파이썬 코드를 실행할 수 있다.

```
$ cd $SPARK_HOME
$ ./bin/pyspark
```

이 커맨드가 잘 실행되면 터미널(Ubuntu)에서 다음 화면을 살펴보자.

```
asif@ubuntu:~$ cd $SPARK_HOME
asif@ubuntu:~/Spark$ ./bin/pyspark
Python 2.7.6 (default, Oct 26 2016, 20:30:19)
[GCC 4.8.4] on linux2
Type "help", "copyright", "credits" or "license" for more information.
Setting default log level to "WARN".
To adjust logging level use sc.setLogLevel(newLevel). For SparkR, use setLogLevel(newLevel).
17/04/24 09:49:02 WARN NativeCodeLoader: Unable to load native-hadoop library for your platform... usin
17/04/24 09:49:02 WARN Utils: Your hostname, ubuntu resolves to a loopback address: 127.0.1.1; using 19
17/04/24 09:49:02 WARN Utils: Set SPARK_LOCAL_IP if you need to bind to another address
17/04/24 09:49:06 WARN ObjectStore: Failed to get database global_temp, returning NoSuchObjectException
Welcome to
      ____              __
     / __/__  ___ _____/ /__
    _\ \/ _ \/ _ `/ __/  '_/
   /__ / .__/\_,_/_/ /_/\_\   version 2.1.0
      /_/

Using Python version 2.7.6 (default, Oct 26 2016 20:30:19)
SparkSession available as 'spark'.
>>>
```

그림 1 PySpark 셸 시작하기

972

이제 스파크에서 파이썬 대화형 셸을 사용할 수 있다. 파이썬 셸을 통해 실험과 개발을 충분히 진행할 수 있다. 그러나 상용 환경에서는 독립형 애플리케이션을 사용해야 한다.

이제 PySpark를 시스템 경로에서 사용할 수 있다. 파이썬 코드를 작성한 후 파이썬 커맨드를 사용해 파이썬 코드를 실행할 수 있다. 기본 설정으로 로컬 스파크 인스턴스에서 실행된다.

```
$ python <python_file.py>
```

스파크의 현재 배포본은 파이썬 2.7 이상일 때만 호환된다. 따라서 파이썬 버전을 엄격히 따라야 한다.

게다가 런타임에 설정 값을 전달하려는 경우 spark-submit 스크립트를 사용하는 것이 좋다. 파이썬 커맨드는 스칼라와 매우 비슷하다.

```
$ cd $SPARK_HOME
$ ./bin/spark-submit  --master local[*] <python_file.py>
```

런타임에 설정 값을 전달하거나 conf/spark-defaults.conf 파일에서 변경할 수 있다. 스파크 설정 파일을 변경한 후 간단한 파이썬 커맨드를 사용해 PySpark 애플리케이션을 실행할 때 변경된 내용이 반영된다.

스파크 2.2.0 릴리스 이후부터는 pip로 설치할 수 있다(자세한 내용은 https://issues. apache.org/jira/browse/SPARK-1267을 참조한다). 스파크 2.2.0 이전에 PySpark 관련 pip 설치를 지원하지 않은 이유는 https://issues.apache.org/jira/browse/SPARK-1267에서 설명돼 있다. pip 설치는 다음과 같이 간단히 진행할 수 있다.

```
$ pip install pyspark
```

파이썬 IDE에서 PySpark 설정

PyCharm과 같은 파이썬 IDE에서 PySpark를 설정하고 실행할 수도 있다. 이 절에서는 파이썬 IDE의 설정 방법을 보여준다. 학생은 대학/단과 대학/학교의 이메일 주소(https://www.jetbrains.com/student/)를 사용해 JetBrains에 등록하면 PyCharm의 무료 라이선스를 얻을 수 있다. 또한 PyCharm의 커뮤니티 에디션은 무료이므로 학생이 아니어도 누구나 사용할 수 있다.

최근 PySpark는 스파크 2.3.2 PyPI(https://pypi.python.org/pypi/pyspark/를 참조)와 함께 발표됐다. 발표될 때까지 오랜 시간이 지났다(PyPI로 배포할 수 없는 다양한 이유가 있었고, 이전 릴리스에 pip의 설치 가능 바이너리가 포함돼 있었다). 컴퓨터에서 PySpark를 사용해 쉽게 작업하고 싶다면 다음 커맨드를 실행한다.

```
$ sudo pip install pyspark # for python 2.7
$ sudo pip3 install pyspark # for python 3.3+
```

그러나 윈도우 7, 8, 10을 사용할 때는 수동으로 PySpark를 설치해야 한다. 예를 들어 PyCharm을 사용하면 다음처럼 PySpark를 설치할 수 있다.

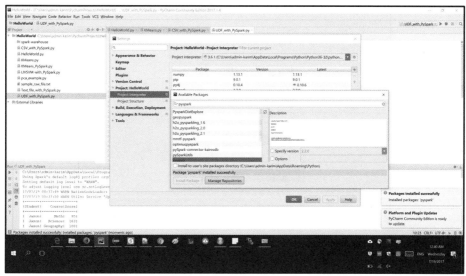

그림 2 윈도우 10에서 Pycharm IDE에 PySpark 설치하는 화면

처음에는 Project 인터프리터를 파이썬 2.7 이상으로 설정해야 한다. 그리고 다음처럼 PySpark에서 필요한 모듈을 임포트한다.

```
import os
import sys
import pyspark
```

윈도우 환경에서는 파이썬 하둡 런타임이 필요하다. winutils.exe 파일을 SPARK_HOME/bin 폴더에 저장해야 한다. 그리고 환경 변수를 다음처럼 작성한다.

파이썬 파일을 선택하고 Run ▶ Edit configuration ▶ Environment Variables를 선택하고 **HADOOP_HOME** 키에 **PYTHON_PATH** 값(예, C:\Users\admin-karim\Downloads\spark-2.3.2-bin-hadoop2.7)을 저장한다. 마지막으로 OK를 누르면 완료된다.

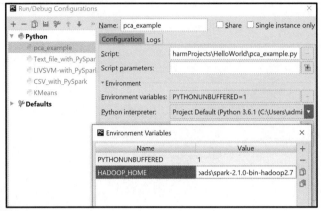

그림 3 윈도우 10에 Pycharm IDE에 하둡 런타임 환경 변수를 설정하는 화면

설정은 마무리했다. 이제 스파크 코드를 작성할 때 먼저 다음처럼 **try** 블록에 임포트 문을 위치시킨다.

```
try:
    from pyspark.ml.featureimport PCA
    from pyspark.ml.linalgimport Vectors
    from pyspark.sqlimport SparkSession
    print("Successfully imported Spark Modules")
```

그리고 **catch** 블록을 다음처럼 위치시킨다.

```
ExceptImportErroras e:
    print("Can not import Spark Modules", e)
    sys.exit(1)
```

PySpark 셸에서 스파크 패키지를 임포트하는 부분을 보여주는 다음 그림을 참조한다.

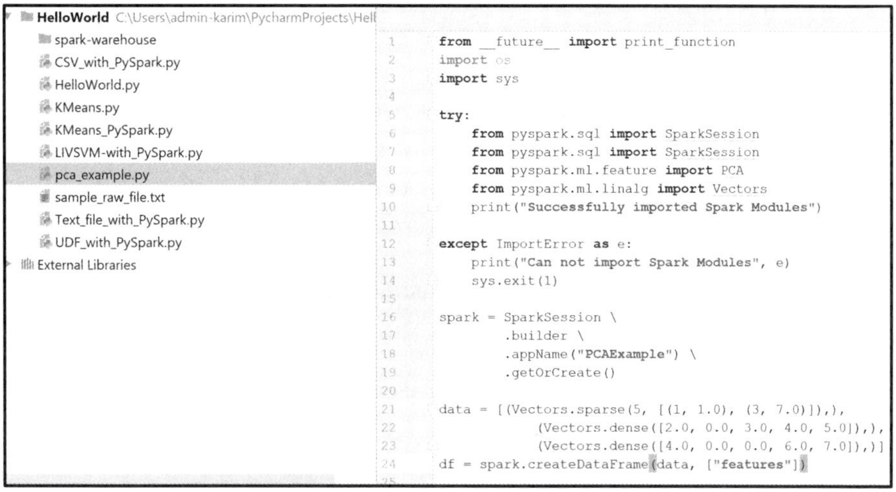

그림 4 PySpark 셸에서 스파크 패키지를 임포트하는 화면

이 코드 블록이 성공적으로 실행되면 콘솔에서 메시지를 살펴봐야 한다.

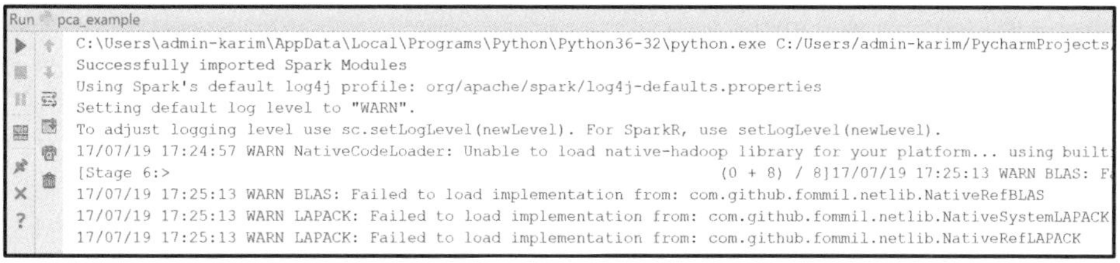

그림 5 PySpark 패키지를 성공적으로 임포트했다는 화면

PySpark 시작

더 자세히 다루기 전에 먼저 스파크 세션의 생성 방법을 살펴봐야 한다. 스파크 세션을 생성하는 방법은 다음과 같다.

```
spark = SparkSession\
        .builder\
        .appName("PCAExample")\
        .getOrCreate()
```

이제 코드 블록 아래에 실제 코드를 다음처럼 추가해야 한다.

```
data = [(Vectors.sparse(5, [(1, 1.0),(3, 7.0)]),),
        (Vectors.dense([2.0, 0.0, 3.0, 4.0, 5.0]),),
        (Vectors.dense([4.0, 0.0, 0.0, 6.0, 7.0]),)]
df = spark.createDataFrame(data, ["features"])

pca = PCA(k=3, inputCol="features", outputCol="pcaFeatures")
model = pca.fit(df)

result = model.transform(df).select("pcaFeatures")
result.show(truncate=False)
```

이 코드는 RowMatrix에서 주요 컴포넌트를 계산하고 계산 값을 사용해 벡터를 저차원 공간에 투영하는 방법을 보여준다. 명확한 그림을 보려면 PySpark에서 PCA 알고리즘을 사용하는 방법을 보여주는 다음 코드를 참조한다.

```
import os
import sys

try:
    from pyspark.sql import SparkSession
    from pyspark.ml.feature import PCA
    from pyspark.ml.linalg import Vectors
    print("Successfully imported Spark Modules")

except ImportErrorase:
print("Can not import Spark Modules", e)
sys.exit(1)

spark = SparkSession\
    .builder\
    .appName("PCAExample")\
    .getOrCreate()
```

```
data = [(Vectors.sparse(5, [(1, 1.0),(3, 7.0)]),),
    (Vectors.dense([2.0, 0.0, 3.0, 4.0, 5.0]),),
    (Vectors.dense([4.0, 0.0, 0.0, 6.0, 7.0]),)]
df = spark.createDataFrame(data, ["features"])

pca = PCA(k=3, inputCol="features", outputCol="pcaFeatures")
model = pca.fit(df)

result = model.transform(df).select("pcaFeatures")
result.show(truncate=False)

spark.stop()
```

출력은 다음과 같다.

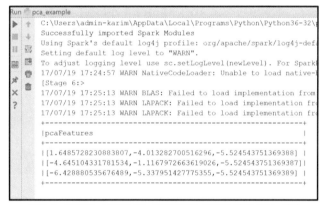

그림 6 파이썬 스크립트가 성공적으로 실행된 후의 PCA 결과

데이터 프레임과 RDD로 작업

스파크 데이터 프레임은 칼럼이라는 분산된 로우 집합으로 구성된다. 쉽게 표현하면 칼럼 헤더를 갖은 관계형 데이터베이스의 테이블로 간주될 수 있다. 그리고 PySpark 의 데이터 프레임은 파이썬의 판다스pandas와 비슷하다. 또한 RDD와의 상호적인 특징을 공유한다.

- **불변성**Immutable: RDD처럼 데이터 프레임이 생성되면 변경할 수 없다. 트랜스포메이션을 적용한 후에 반대로 데이터 프레임을 RDD로 변환할 수 있다.
- **느긋한 계산**Lazy Evaluation: 데이터 프레임의 특징은 느긋한 계산이다. 즉, 작업이 수행될 때까지 작업이 실행되지 않다.
- **분산**Distributed: RDD와 데이터 프레임은 사실상 분산돼 있다.

자바/스칼라의 데이터 프레임과 마찬가지로 PySpark의 데이터 프레임은 많은 양의 구조화된 데이터를 처리하게 설계됐고, 심지어 페타바이트의 데이터도 처리할 수 있다. 테이블 구조는 데이터 프레임의 스키마를 이해하는 데 도움이 될 뿐 아니라 SQL 쿼리에 대한 실행 계획을 최적화할 때도 도움이 된다. 또한 다양한 데이터 포맷과 소스를 제공한다.

PySpark를 사용해 여러 방법으로 RDD, 데이터셋, 데이터 프레임을 생성할 수 있다. 다음 절에서 RDD, 데이터셋, 데이터 프레임을 생성하는 예를 보여준다.

libsvm 포맷의 데이터셋 읽기

libsvm 포맷을 읽는 방법을 다음 코드에서 살펴본다.

```
# libsvm 데이터셋에서 데이터 프레임을 생성한다
myDF = spark.read.format("libsvm").load("C:/Exp//mnist.bz2")
```

MNIST 데이터셋은 https://www.csie.ntu.edu.tw/~cjlin/libsvmtools/datasets/multiclass/mnist.bz2 또는 소스 깃허브 프로젝트에서 다운로드할 수 있다. 데이터 프레임을 리턴하고 다음과 같이 show를 호출하면 내용을 볼 수 있다.

```
myDF.show()
```

출력은 다음과 같다.

980

```
+-----+--------------------+
|label|            features|
+-----+--------------------+
|  8.0|(17,[0,1,2,3,4,5,...|
| 10.0|(17,[0,1,2,3,4,5,...|
|  9.0|(17,[0,1,2,3,4,5,...|
|  8.0|(17,[0,1,2,3,4,5,...|
| 10.0|(17,[0,1,2,3,4,5,...|
|  8.0|(17,[0,1,2,3,4,5,...|
|  5.0|(17,[0,1,2,3,4,5,...|
|  6.0|(17,[0,1,2,3,4,5,...|
|  8.0|(17,[0,1,2,3,4,5,...|
|  7.0|(17,[0,1,2,3,4,5,...|
|  6.0|(17,[0,1,2,3,4,5,...|
|  8.0|(17,[0,1,2,3,4,5,...|
|  8.0|(17,[0,1,2,3,4,5,...|
|  8.0|(17,[0,1,2,3,4,5,...|
|  9.0|(17,[0,1,2,3,4,5,...|
|  4.0|(17,[0,1,2,3,4,5,...|
|  7.0|(17,[0,1,2,3,4,5,...|
|  7.0|(17,[0,1,2,3,4,5,...|
|  8.0|(17,[0,1,2,3,4,5,...|
|  8.0|(17,[0,1,2,3,4,5,...|
+-----+--------------------+
only showing top 20 rows
```

그림 7 libsvm 포맷의 필기 데이터셋의 일부

다음처럼 데이터 프레임으로 제공할 원시 데이터셋의 피처 개수와 같은 옵션을 지정할 수도 있다.

```
myDF= spark.read.format("libsvm")
            .option("numFeatures", "780")
            .load("data/Letterdata_libsvm.data")
```

이제 동일 데이터셋에서 RDD를 생성하려면 `pyspark.mllib.util`의 MLUtils API를 사용할 수 있다.

```
# libsvm 데이터 파일에서 RDD를 생성한다.
myRDD = MLUtils.loadLibSVMFile(spark.sparkContext,
"data/Letterdata_libsvm.data")
```

이제 RDD를 원하는 위치에 저장할 수 있다.

```
myRDD.saveAsTextFile("data/myRDD")
```

CSV 파일 읽기

간단한 항공편 데이터를 읽고, 파싱하고, 보는 것으로 시작할 것이다. 먼저 https://
s3-us-west-2.amazonaws.com/sparkr-data/nycflights13.csv에서 csv 포맷의 NYC
항공편 데이터셋을 다운로드한다. 이제 PySpark의 read.csv를 사용해 데이터셋을 로
드하고 파싱한다.

```
# csv 포맷의 데이터 파일에서 데이터 프레임을 생성한다
df = spark.read.format("com.databricks.spark.csv")
         .option("header", "true")
         .load("data/nycflights13.csv")
```

이는 libsvm 형식을 읽는 것과 아주 비슷하다. 이제 다음처럼 결과 데이터 프레임의
구조를 살펴볼 수 있다.

```
df.printSchema()
```

출력은 다음과 같다.

그림 8 NYC 항공편 데이터셋의 스키마

이제 다음처럼 show를 사용해 데이터셋을 살펴보자.

```
df.show( )
```

이제 다음처럼 일부 데이터를 살펴보자.

그림 9 NYC 항공편 데이터셋의 일부분

원시 텍스트 파일을 읽고 조작

textFile를 사용해 원시 텍스트 데이터 파일을 읽을 수 있다. 거래 로그가 있다고 가정하자.

```
number\tproduct_name\ttransaction_id\twebsite\tprice\tdate0\tjeans\t30160
906182001\tebay.com\t100\t12-02-20161\tcamera\t70151231120504\tamazon.com
\t450\t09-08-20172\tlaptop\t90151231120504\tebay.ie\t1500\t07--5-20163\tb
ook\t80151231120506\tpackt.com\t45\t03-12-20164\tdrone\t8876531120508\tal
ibaba.com\t120\t01-05-2017
```

이제 RDD를 읽고 생성하는 것은 다음처럼 textFile를 사용하면 매우 간단하다.

```
myRDD = spark.sparkContext.textFile("sample_raw_file.txt")
$ cd myRDD
$ cat part-00000
number\tproduct_name\ttransaction_id\twebsite\tprice\tdate
0\tjeans\t30160906182001\tebay.com\t100\t12-02-20161\tcamera\t70151231120
504\tamazon.com\t450\t09-08-2017
```

데이터를 살펴본 것처럼 구조를 읽기 쉽지 않다. 따라서 텍스트를 데이터 프레임으로 변환하면 더 나은 구조를 제공할 수 있다. 처음에는 다음처럼 헤더 정보를 수집해야 한다.

```
header = myRDD.first()
```

이제 헤더를 제외한 나머지가 올바른지 확인한다.

```
textRDD = myRDD.filter(lambda line: line != header)
newRDD = textRDD.map(lambda k: k.split("\\t"))
```

여전히 RDD를 갖고 있지만 데이터의 구조는 조금 더 좋아졌다. 그러나 해당 RDD를 데이터 프레임으로 변환하면 거래 데이터를 잘 볼 수 있을 것이다.

다음 코드에서는 `header.split`을 사용해서 칼럼의 이름을 지정해 데이터 프레임을 생성한다.

```
textDF = newRDD.toDF(header.split("\\t"))
textDF.show()
```

출력은 다음과 같다.

```
+------+------------+--------------+-----------+-----+-----------+
|number|product_name| ransaction_id|    website|price|       date|
+------+------------+--------------+-----------+-----+-----------+
|     0|       jeans|301609061820001|   ebay.com|  100|12-02-2016|
|     1|      camera|701512311205041| amazon.com|  450|09-08-2017|
|     2|      laptop|901512311205041|    ebay.ie| 1500|07--5-2016|
|     3|        book|801512311205061|   packt.com|   45|03-12-2016|
|     4|       drone| 8876531120508|alibaba.com|  120|01-05-2017|
+------+------------+--------------+-----------+-----+-----------+
```

그림 10 거래 데이터의 일부분

이제 거래 데이터 프레임을 뷰로 저장하고 SQL 쿼리를 생성할 수 있다. 데이터 프레임으로 쿼리를 실행하자.

```
textDF.createOrReplaceTempView("transactions")
spark.sql("SELECT * FROM transactions").show()
spark.sql("SELECT product_name, price FROM transactions WHERE price >=500")
.show()
spark.sql("SELECT product_name, price FROM transactions ORDER BY price
DESC").show()
```

출력은 다음과 같다.

```
+------+------------+--------------+------------+-----+----------+
|number|product_name|transaction_id|     website|price|      date|
+------+------------+--------------+------------+-----+----------+
|     1|      camera|70151231120504|  amazon.com|  450|09-08-2017|
|     3|        book|80151231120506|    packt.com|   45|03-12-2016|
|     2|      laptop|90151231120504|     ebay.ie| 1500|07--5-2016|
|     4|       drone| 8876531120508|alibaba.com|  120|01-05-2017|
|     0|       jeans|301609061820001|   ebay.com|  100|12-02-2016|
+------+------------+--------------+------------+-----+----------+


+---------+
|max_price|
+---------+
|      450|
+---------+
```

그림 11 스파크 SQL을 사용한 거래 데이터 결과 쿼리

PySpark에서 UDF 작성

스칼라와 자바처럼 PySpark에서 UDF^{User Defined Function, 사용자 정의 함수}로 작업할 수 있다. 다음 예를 살펴보자. 대학에서 과목을 수강한 일부 학생들의 점수를 기반으로 등급 분포를 보고 싶다고 가정하자.

다음처럼 두 개의 개별 배열에 저장할 수 있다.

```python
# 랜덤 리스트를 생성한다.
students = ['Jason', 'John', 'Geroge', 'David']
courses = ['Math', 'Science', 'Geography', 'History', 'IT', 'Statistics']
```

이제 과목과 학생에 대한 데이터를 저장하기 위해 빈 배열을 선언하고 나중에 해당 배열을 추가한다.

```python
rawData = []
for(student, course) in itertools.product(students, courses):
    rawData.append((student, course, random.randint(0, 200)))
```

986

이 코드가 동작하려면 파일의 시작 부분에 다음 패키지를 임포트한다.

```
import itertools
import random
```

이제 두 개의 객체를 사용해 각 학생의 점수를 변환하는 데이터 프레임을 생성한다. 먼저 명시적인 스키마를 정의해야 한다. 계획한 데이터 프레임에서 Student, Course, Score라는 세 칼럼이 있다고 가정하자.

먼저 필요한 모듈을 임포트한다.

```
from pyspark.sql.types
import StructType, StructField, IntegerType, StringType
```

이제 스키마를 다음처럼 정의할 수 있다.

```
schema = StructType([StructField("Student", StringType(), nullable=False),
                     StructField("Course", StringType(), nullable=False),
                     StructField("Score", IntegerType(), nullable=False)])
```

원시 데이터에서 RDD를 생성한다.

```
courseRDD = spark.sparkContext.parallelize(rawData)
```

이제 RDD를 데이터 프레임으로 변환해보자.

```
courseDF = spark.createDataFrame(courseRDD, schema)
coursedDF.show()
```

결과는 다음과 같다.

```
+-------+---------+-----+
|Student|   Course|Score|
+-------+---------+-----+
|  Jason|     Math|   87|
|  Jason|  Science|   32|
|  Jason|Geography|  126|
|  Jason|  History|   12|
|  Jason|       IT|   17|
|  Jason|Statistics|  37|
|   John|     Math|  143|
|   John|  Science|   54|
|   John|Geography|  146|
|   John|  History|   54|
|   John|       IT|   26|
|   John|Statistics|  171|
| Geroge|     Math|  102|
| Geroge|  Science|  146|
| Geroge|Geography|    5|
| Geroge|  History|  112|
| Geroge|       IT|  163|
| Geroge|Statistics|  175|
|  David|     Math|   27|
|  David|  Science|    4|
+-------+---------+-----+
only showing top 20 rows
```

그림 12 여러 과목에서 랜덤으로 생성된 학생의 점수 중 일부분

이제 세 개의 칼럼이 있다. 그러나 점수를 등급으로 변환해야 한다. 다음과 같은 등급 스키마가 있다고 가정하자.

- 90~100=> A
- 80~89 => B
- 60~79 => C
- 0~59 => D

이제 숫자 점수를 등급으로 변환할 수 있는 자체 UDF를 생성할 수 있다. 이는 여러 방법으로 수행할 수 있다. 다음은 UDF를 정의하는 예다.

```
# UDF를 정의한다.
def scoreToCategory(grade):
```

```
    if grade >= 90:
        return 'A'
    elif grade >= 80:
        return 'B'
    elif grade >= 60:
        return 'C'
    else:
        return 'D'
```

이제 사용자 정의 UDF를 사용할 수 있다.

```
from pyspark.sql.functions
import udf
udfScoreToCategory = udf(scoreToCategory, StringType())
```

udf의 두 번째 파라미터는 해당 udf의 리턴 타입(즉 scoreToCategory)이다. 이제 해당 UDF를 호출해 점수를 등급으로 쉽게 변환할 수 있다. 변환 예를 살펴보자.

```
courseDF.withColumn("Grade", udfScoreToCategory("Score")).show(100)
```

이 코드는 모든 항목에 대한 입력으로 점수를 받고 점수를 등급으로 변환한다. 또한 Grade라는 칼럼을 포함하는 새 데이터 프레임이 추가될 것이다.

출력은 다음과 같다.

```
+-------+----------+-----+-----+
|Student|    Course|Score|Grade|
+-------+----------+-----+-----+
|  Jason|      Math|   87|    B|
|  Jason|   Science|   32|    D|
|  Jason| Geography|  126|    A|
|  Jason|   History|   12|    D|
|  Jason|        IT|   17|    D|
|  Jason|Statistics|   37|    D|
|   John|      Math|  143|    A|
|   John|   Science|   54|    D|
|   John| Geography|  146|    A|
|   John|   History|   54|    D|
|   John|        IT|   26|    D|
|   John|Statistics|  171|    A|
| Geroge|      Math|  102|    A|
| Geroge|   Science|  146|    A|
| Geroge| Geography|    5|    D|
| Geroge|   History|  112|    A|
| Geroge|        IT|  163|    A|
| Geroge|Statistics|  175|    A|
|  David|      Math|   27|    D|
|  David|   Science|    4|    D|
|  David| Geography|    1|    D|
|  David|   History|   13|    D|
|  David|        IT|   60|    C|
|  David|Statistics|   19|    D|
+-------+----------+-----+-----+
```

그림 13 할당된 등급

이제 SQL문과 함께 UDF를 사용할 수 있다. 그러나 SQL과 UDF를 함께 사용하려면 다음처럼 해당 UDF를 등록해야 한다.

```
spark.udf.register("udfScoreToCategory", scoreToCategory, StringType())
```

이 코드는 데이터베이스에 **udfScoreToCategory** UDF를 임시 함수로 등록한다. 이제 SQL 쿼리를 실행할 수 있는 뷰를 생성해야 한다.

```
courseDF.createOrReplaceTempView("score")
```

이제 다음처럼 score 뷰에 대한 SQL 쿼리를 실행해본다.

```
spark.sql("SELECT Student, Score, udfScoreToCategory(Score) as Grade FROM
score").show()
```

출력은 다음과 같다.

```
+-------+-----+-----+
|Student|Score|Grade|
+-------+-----+-----+
|  Jason|   42|    D|
|  Jason|  153|    A|
|  Jason|  120|    A|
|  Jason|   99|    A|
|  Jason|  110|    A|
|  Jason|  150|    A|
|   John|   21|    D|
|   John|   45|    D|
|   John|    1|    D|
|   John|  138|    A|
|   John|  168|    A|
|   John|   90|    A|
| Geroge|   84|    B|
| Geroge|   84|    B|
| Geroge|  192|    A|
| Geroge|  192|    A|
| Geroge|   10|    D|
| Geroge|  132|    A|
|  David|   93|    A|
|  David|  127|    A|
+-------+-----+-----+
only showing top 20 rows
```

그림 14 학생 점수와 관련 등급에 대한 쿼리

이 예의 전체 소스코드는 다음과 같다.

```
import os
import sys
import itertools
import random

from pyspark.sql import SparkSession
from pyspark.sql.types import StructType, StructField, IntegerType,
StringType
from pyspark.sql.functions import udf
```

```python
spark = SparkSession \
        .builder \
        .appName("PCAExample") \
        .getOrCreate()

# 랜덤 RDD를 생성한다.
students = ['Jason', 'John', 'Geroge', 'David']
courses = ['Math', 'Science', 'Geography', 'History', 'IT', 'Statistics']
rawData = []
for(student, course) in itertools.product(students, courses):
    rawData.append((student, course, random.randint(0, 200)))

# 스키마 객체를 생성한다.
schema = StructType([
    StructField("Student", StringType(), nullable=False),
    StructField("Course", StringType(), nullable=False),
    StructField("Score", IntegerType(), nullable=False)
])

courseRDD = spark.sparkContext.parallelize(rawData)
courseDF = spark.createDataFrame(courseRDD, schema)
courseDF.show()

# UDF를 정의한다.
def scoreToCategory(grade):
    if grade >= 90:
        return 'A'
    elif grade >= 80:
        return 'B'
    elif grade >= 60:
        return 'C'
    else:
        return 'D'

udfScoreToCategory = udf(scoreToCategory, StringType())
courseDF.withColumn("Grade", udfScoreToCategory("Score")).show(100)
```

```
spark.udf.register("udfScoreToCategory", scoreToCategory, StringType())
courseDF.createOrReplaceTempView("score")
spark.sql("SELECT Student, Score, udfScoreToCategory(Score) as Grade FROM
        score").show()

spark.stop()
```

 UDF 사용에 대한 자세한 설명은 https://jaceklaskowski.gitbooks.io/mastering-spark-sql/content/spark-sql-udfs.html에서 확인할 수 있다.

이제 PySpark에서 분석 작업을 수행할 것이다. 다음 절에서 PySpark를 사용해 클러스터링 작업에 k-평균 알고리즘을 사용하는 예를 소개한다.

k-평균 클러스터링으로 분석

비정상적인 데이터는 정규 분포에서 특이한 데이터를 의미한다. 따라서 비정상 탐지는 네트워크 보안에서 중요한 작업이고 비정상적인 패킷이나 요청은 에러 또는 잠재적인 공격으로 표시될 수 있다.

이 예에서는 KDD-99 데이터셋(http://kdd.ics.uci.edu/databases/kddcup99/kddcup99.html에서 다운로드할 수 있다)을 사용한다. 데이터 포인트의 특정 기준을 기반으로 많은 칼럼을 필터링한다. 해당 작업은 이 예를 이해하는 데 도움을 준다. 두 번째로 비지도 학습에서 레이블 데이터를 제거할 것이다. 간단한 텍스트를 데이터셋으로 로드하고 파싱하자. 그리고 데이터셋에 몇 개의 로우가 있는지 살펴보자.

```
INPUT = "C:/Users/rezkar/Downloads/kddcup.data"
spark = SparkSession\
        .builder\
        .appName("PCAExample")\
```

```
        .getOrCreate()

kddcup_data = spark.sparkContext.textFile(INPUT)
```

이 코드는 RDD를 리턴한다. 다음처럼 count를 사용해 데이터셋의 로우 개수를 확인
한다.

```
count = kddcup_data.count()
print(count)
>>4898431
```

데이터셋에 많은 피처가 있을 뿐 아니라 상당히 크다. 데이터셋을 간단한 텍스트로
파싱했기 때문에 더 좋은 데이터셋 구조를 기대하지 않아도 된다. 따라서 다음처럼
RDD를 데이터 프레임으로 변환하는 작업을 수행한다.

```
kdd = kddcup_data.map(lambda l: l.split(","))
from pyspark.sql import SQLContext
sqlContext = SQLContext(spark)
df = sqlContext.createDataFrame(kdd)
```

그다음 데이터 프레임에서 선택한 일부 칼럼을 다음처럼 살펴본다.

```
df.select("_1", "_2", "_3", "_4", "_42").show(5)
```

결과는 다음과 같다.

```
+---+---+----+---+-------+
| _1| _2|  _3| _4|    _42|
+---+---+----+---+-------+
|  0|tcp|http| SF|normal.|
|  0|tcp|http| SF|normal.|
|  0|tcp|http| SF|normal.|
|  0|tcp|http| SF|normal.|
|  0|tcp|http| SF|normal.|
+---+---+----+---+-------+
only showing top 5 rows
```

그림 15 KKD-99 데이터셋의 일부분

KKD-99 데이터셋에는 이미 레이블이 지정돼 있다. 즉, 악의를 가진 가상의 동작 타입 레이블이 마지막 칼럼(즉 _42)인 로우에 할당됐음을 의미한다. 데이터 프레임에서 처음 다섯 로우는 정상으로 레이블을 처리한다. 이는 해당 데이터 포인트가 정상임을 의미한다. 이제 각 레이블 타입에 대한 전체 데이터셋의 레이블 수를 결정해야 할 때다.

```
#비지도 태스크의 레이블을 식별한다.
labels = kddcup_data.map(lambda line: line.strip().split(",")[-1])
from time import time
start_label_count = time()
label_counts = labels.countByValue()
label_count_time = time()-start_label_count

from collections import OrderedDict
sorted_labels = OrderedDict(sorted(label_counts.items(), key=lambda t:
        t[1], reverse=True))
for label, count in sorted_labels.items():
    print label, count
```

결과는 다음과 같다.

```
smurf. 2807886
neptune. 1072017
normal. 972781
satan. 15892
ipsweep. 12481
portsweep. 10413
nmap. 2316
back. 2203
warezclient. 1020
teardrop. 979
pod. 264
guess_passwd. 53
buffer_overflow. 30
land. 21
warezmaster. 20
imap. 12
rootkit. 10
loadmodule. 9
ftp_write. 8
multihop. 7
phf. 4
perl. 3
spy. 2
```

그림 16 KDD-99 데이터셋에서 사용 가능한 레이블(공격 타입)

23개의 고유한 레이블(데이터 객체에 대한 동작)이 있음을 알 수 있다. 대부분의 데이터 포인트는 smurf에 속한다. 이는 DoS 패킷 플러드^{packet flood}라고 하는 비정상적인 동작이다. neptune은 두 번째로 높은 비정상 행동이다. normal 이벤트는 데이터셋에서 세 번째로 많이 발생하는 이벤트 타입이다. 그러나 실제 네트워크 데이터셋에서는 레이블이 표시되지 않는다.

또한 비정상적인 트래픽이 정상적인 트래픽보다 훨씬 크기 때문에 레이블이 없는 대규모 데이터에서 비정상적인 공격이나 이상 징후를 식별하는 것은 쉽지 않을 것이다. 간결하게 마지막 칼럼(즉 레이블)을 무시하고 해당 데이터셋에 레이블이 지정되지 않았다고 생각하자. 이 경우 이상 징후 탐지를 개념화하는 유일한 방법은 k-평균 클러스터링과 같은 비지도 학습 알고리즘을 사용하는 것이다.

이제 데이터 포인트를 클러스터링하자. k-평균 클러스터링의 중요한 부분 중 하나는 모델링에 대한 숫자 값만 허용한다는 점이다. 그러나 데이터셋에는 몇 가지 범주 피처도 포함돼 있다. 이제 해당 피처가 TCP인지 아닌지에 따라 범주 피처 이진 값인 1이나

0을 할당할 수 있다. 해당 작업은 다음처럼 수행할 수 있다.

```
from numpy import array
def parse_interaction(line):
    line_split = line.split(",")
    clean_line_split = [line_split[0]]+line_split[4:-1]
    return(line_split[-1], array([float(x) for x in clean_line_split]))

parsed_data = kddcup_data.map(parse_interaction)
pd_values = parsed_data.values().cache()
```

따라서 데이터셋은 거의 준비가 됐다. 이제 k-평균 모델을 손쉽게 트레이닝할 수 있는 트레이닝 셋과 테스트 셋을 준비할 수 있다.

```
kdd_train = pd_values.sample(False, .75, 12345)
kdd_test = pd_values.sample(False, .25, 12345)
print("Training set feature count: " + str(kdd_train.count()))
print("Test set feature count: " + str(kdd_test.count()))
```

출력은 다음과 같다.

```
Training set feature count: 3674823
Test set feature count: 1225499
```

그러나 일부 범주 피처를 숫자 피처로 변환했기 때문에 표준화가 필요하다. 표준화는 최적화 작업 중에 수렴 속도를 향상시킬 수 있으며, 모델 트레이닝 중에 영향을 주기 때문에 매우 큰 차이가 있는 피처를 사용하지 않는다.

이제 피처 트랜스포머인 StandardScaler를 사용한다. StandardScaler는 단위 분산unit variance으로 크기를 조정해 피처를 표준화하는 데 도움을 준다. 그리고 트레이닝 셋 샘플의 칼럼 요약 통계를 사용해 평균을 0으로 설정한다.

```
standardizer = StandardScaler(True, True)
```

이제 StandardScaler 트랜스포머를 피팅시켜 요약 통계를 계산한다.

```
standardizer_model = standardizer.fit(kdd_train)
```

이제 문제는 k-평균을 트레이닝할 수 있는 데이터가 정규 분포를 갖지 않는다는 점이다. 따라서 트레이닝 셋의 각 피처를 단위 표준 편차로 정규화해야 한다. 해당 정규화를 수행하기 위해 이전 표준화 모델을 다음처럼 추가로 변환해야 한다.

```
data_for_cluster = standardizer_model.transform(kdd_train)
```

이제 마침내 트레이닝 셋은 k-평균 모델을 트레이닝할 준비가 됐다. 이전의 클러스터링 관련 장에서 k-평균 모델을 설명한 것처럼 클러스터링 알고리즘에서 가장 까다로운 점은 데이터 객체가 자동으로 클러스터링되도록 k의 값을 설정해 최적의 클러스터 개수를 찾는 것이다.

무차별 대입 공격brute force를 고려한 단 하나의 접근 방법은 k=2로 설정하고 최적의 결과를 얻을 때까지 시도하는 것이다. 그러나 훨씬 더 좋은 접근법은 엘보Elbow 접근법이다. 여기서 k의 값을 계속 증가시키고 클러스터링 비용으로 WSSSEWithin Set Sum of Squared Error를 계산할 수 있다. 즉, WSSSE를 최소화하는 최적의 k 값을 찾을 것이다. 급격한 감소를 보게 될 때마다 k에 대한 최적 값을 알 수 있을 것이다.

```
import numpy
our_k = numpy.arange(10, 31, 10)
metrics = []
def computeError(point):
    center = clusters.centers[clusters.predict(point)]
```

```
    denseCenter = DenseVector(numpy.ndarray.tolist(center))
    return sqrt(sum([x**2 for x in (DenseVector(point.toArray()) -
        denseCenter)]))
for k in our_k:
    clusters = KMeans.train(data_for_cluster, k, maxIterations=4,
            initializationMode="random")
    WSSSE = data_for_cluster.map(lambda point:
        computeError(point)).reduce(lambda x, y: x + y)
    results =(k, WSSSE)
    metrics.append(results)
print(metrics)
```

결과는 다음과 같다.

```
[(10, 3364364.5203123973),(20, 3047748.5040717563),(30,
2503185.5418753517)]
```

이 경우 k의 최상의 값은 30이다. 30개의 클러스터를 사용할 때 각 데이터 포인트에 대한 클러스터 할당을 확인해보자. 다음 테스트는 k가 30, 35, 40일 때 수행한다.

세 개의 k 값이 이 예에서만 사용되는 단일 실행에서는 테스트할 수 있는 최댓값은 아니다.

```
modelk30 = KMeans.train(data_for_cluster, 30, maxIterations=4,
        initializationMode="random")
cluster_membership = data_for_cluster.map(lambda x: modelk30.predict(x))
cluster_idx = cluster_membership.zipWithIndex()
cluster_idx.take(20)
print("Final centers: " + str(modelk30.clusterCenters))
```

결과는 다음과 같다.

```
Final centers: [array([  4.10612163e+00,   6.36522840e-02,   4.85948958e-02,
        -2.21319176e-03,  -1.51849176e-02,   1.59666681e-02,
        -1.37464150e-02,   4.63552710e-03,  -2.80722691e-01,
         1.01178785e-01,   7.90818282e-02,   1.62820689e-01,
         1.08778945e-01,   3.21998554e-01,  -8.41384069e-03,
         6.05393588e-02,   0.00000000e+00,   3.30078588e-02,
        -2.46237569e-02,  -1.14832651e+00,  -1.19575475e+00,
        -3.71645499e-01,  -3.67973482e-01,   8.19357206e-01,
         8.14955084e-01,  -3.26320418e-01,   4.33755203e+00,
        -1.82859395e-01,   1.79392516e-01,  -1.71925941e+00,
        -1.75521881e+00,   6.82285609e+00,   2.23215018e-01,
        -1.16133090e-01,  -3.68177485e-01,  -3.66477378e-01,
         8.07658804e-01,   8.18438116e-01]), array([ -6.69802290e-02,  -1.36283222e-03,  -1.65369293e-03,
        -2.21319176e-03,  -1.51849176e-02,  -1.64391576e-03,
        -2.65266109e-02,  -4.38631465e-03,  -4.09296131e-01,
        -2.00370428e-03,  -8.21527723e-03,  -4.60861589e-03,
        -3.04988915e-03,  -9.62851412e-03,  -8.41384069e-03,
        -2.85810713e-02,   0.00000000e+00,  -5.21653093e-04,
        -2.88684412e-02,   6.87674624e-01,   7.54010775e-01,
        -4.65800760e-01,  -4.65512939e-01,  -2.48364764e-01,
        -2.48177638e-01,   5.39551929e-01,  -2.55781037e-01,
        -2.01125081e-01,   3.42806366e-01,   6.19909484e-01,
         5.98368428e-01,  -2.82739959e-01,   8.20664819e-01,
        -1.56479158e-01,  -4.66075407e-01,  -4.65194517e-01,
        -2.50690649e-01,  -2.49676723e-01]), array([ -6.69767578e-02,  -1.86749297e-03,  -1.65012194e-03,
        -2.21319176e-03,  -1.51849176e-02,  -1.64391576e-03,
        -2.64973873e-02,  -4.38631465e-03,  -4.09177709e-01,
        -1.99486560e-03,  -8.21527723e-03,  -4.60861589e-03,
```

그림 17 각 공격 타입의 최종 클러스터 중심(요약한 내용)

이제 다음처럼 전체 클러스터링에 대한 총비용을 계산하고 출력한다.

```
print("Total Cost: " + str(modelk30.computeCost(data_for_cluster)))
```

출력은 다음과 같다.

```
Total Cost: 68313502.459
```

마지막으로 k-평균 모델의 WSSSE를 다음처럼 계산하고 출력할 수 있다.

```
WSSSE = data_for_cluster.map(lambda point: computeError
(point)).reduce(lambda x, y: x + y)
print("WSSSE: " + str(WSSSE))
```

출력은 다음과 같다.

WSSSE: 2503185.54188

결과는 약간 다를 수 있다. 이는 클러스터링 알고리즘을 처음 시작할 때 중심을 무작위로 배치하기 때문이다. 이 과정을 여러 번 반복하면 데이터 포인트가 k 값을 변경하거나 동일하게 유지하는 법을 볼 수 있다. k-평균을 구하는 전체 소스코드는 다음과 같다.

```python
import os
import sys
import numpy as np
from collections import OrderedDict

try:
    from collections import OrderedDict
    from numpy import array
    from math import sqrt
    import numpy
    import urllib
    import pyspark
    from pyspark.sql import SparkSession
    from pyspark.mllib.feature import StandardScaler
    from pyspark.mllib.clustering import KMeans, KMeansModel
    from pyspark.mllib.linalg import DenseVector
    from pyspark.mllib.linalg import SparseVector
    from collections import OrderedDict
    from time import time
    from pyspark.sql.types import *
    from pyspark.sql import DataFrame
    from pyspark.sql import SQLContext
    from pyspark.sql import Row
    print("Successfully imported Spark Modules")
```

```
except ImportError as e:
    print("Can not import Spark Modules", e)
    sys.exit(1)

spark = SparkSession\
        .builder\
        .appName("PCAExample")\
        .getOrCreate()

INPUT = "C:/Exp/kddcup.data.corrected"
kddcup_data = spark.sparkContext.textFile(INPUT)
count = kddcup_data.count()
print(count)
kddcup_data.take(5)
kdd = kddcup_data.map(lambda l: l.split(","))
sqlContext = SQLContext(spark)
df = sqlContext.createDataFrame(kdd)
df.select("_1", "_2", "_3", "_4", "_42").show(5)

# 비지도 학습의 레이블을 식별한다.
labels = kddcup_data.map(lambda line: line.strip().split(",")[-1])
start_label_count = time()
label_counts = labels.countByValue()
label_count_time = time()-start_label_count

sorted_labels = OrderedDict(sorted(label_counts.items(), key=lambda t: t[1],
        reverse=True))
for label, count in sorted_labels.items():
    print(label, count)

def parse_interaction(line):
    line_split = line.split(",")
    clean_line_split = [line_split[0]]+line_split[4:-1]
    return(line_split[-1], array([float(x) for x in clean_line_split]))

parsed_data = kddcup_data.map(parse_interaction)
pd_values = parsed_data.values().cache()
```

```
kdd_train = pd_values.sample(False, .75, 12345)
kdd_test = pd_values.sample(False, .25, 12345)
print("Training set feature count: " + str(kdd_train.count()))
print("Test set feature count: " + str(kdd_test.count()))

standardizer = StandardScaler(True, True)
standardizer_model = standardizer.fit(kdd_train)
data_for_cluster = standardizer_model.transform(kdd_train)

initializationMode="random"

our_k = numpy.arange(10, 31, 10)
metrics = []

def computeError(point):
    center = clusters.centers[clusters.predict(point)]
    denseCenter = DenseVector(numpy.ndarray.tolist(center))
    return sqrt(sum([x**2 for x in(DenseVector(point.toArray()) -
        denseCenter)]))

for k in our_k:
    clusters = KMeans.train(data_for_cluster, k, maxIterations=4,
        initializationMode="random")
    WSSSE = data_for_cluster.map(lambda point:
        computeError(point)).reduce(lambda x, y: x + y)
    results =(k, WSSSE)
    metrics.append(results)
print(metrics)

modelk30 = KMeans.train(data_for_cluster, 30, maxIterations=4,
initializationMode="random")
cluster_membership = data_for_cluster.map(lambda x: modelk30.predict(x))
cluster_idx = cluster_membership.zipWithIndex()
cluster_idx.take(20)
print("Final centers: " + str(modelk30.clusterCenters))
print("Total Cost: " + str(modelk30.computeCost(data_for_cluster)))
WSSSE = data_for_cluster.map(lambda point:
```

```
computeError(point)).reduce(lambda x, y: x + y)
print("WSSSE" + str(WSSSE))
```

 k-평균 클러스터링 분석에 대해 더 알고 싶다면 https://github.com/jadianes/
kdd-cup-99-spark를 참고하길 바란다. 또한 PySpark API에 관심 있는 독자는
http://spark.apache.org/docs/latest/api/python/의 최신 주요 문서를 참조하길
바란다.

이제 R이라 부르는 인기 있는 통계 프로그래밍으로 작업할 수 있는 스파크 API인
SparkR을 살펴본다.

▌ SparkR 소개

R은 통계 컴퓨팅, 데이터 처리, 머신 러닝 작업을 지원하는 흥미롭고 많은 기능을 갖춘
가장 널리 사용되는 통계 프로그래밍 언어 중 하나다. 그러나 R에서 대규모 데이터셋
을 처리할 때 R의 런타임이 단일 스레드이기 때문에 느리다. 따라서 장비 메모리에
맞는 데이터셋만 처리할 수 있다. AMPLab에서 해당 한계를 고려하고 R에서 스파크를
잘 사용할 수 있게 SparkR을 개발했다. SparkR은 처음에 스파크 R의 경량 프런트
엔드와 스파크의 분산 컴퓨팅 엔진을 사용해 개발됐다.

이런 방식으로 R 프로그래머는 R 셸의 대규모 데이터 분석을 할 수 있는 RStudio에서
스파크를 사용할 수 있게 됐다. 스파크 2.3.2에서 SparkR은 선택, 필터링, 집계와 같은
작업을 지원하는 분산 데이터 프레임 구현을 제공한다. 이는 dplyr과 같은 R 데이터
프레임과 다소 비슷하지만, 대규모의 데이터셋으로 확장될 수 있다.

SparkR의 사용 이유

스파크 MLlib를 사용해 분산된 머신 러닝을 지원하는 SparkR을 사용해 스파크 코드를 작성할 수 있다. 요약하면 SparkR은 다음을 포함해 스파크와 긴밀하게 통합하는 많은 장점을 얻을 수 있다.

- **다양한 데이터 소스 API 지원:** SparkR을 사용하면 하이브^{Hive} 테이블, JSON 파일, RDBMS, 파퀘이^{Parquet} 파일을 비롯한 다양한 소스에서 데이터를 읽을 수 있다.

- **데이터 프레임 최적화:** SparkR 데이터 프레임은 코드 생성, 메모리 관리 등의 측면에서 컴퓨팅 엔진에 대한 모든 최적화를 사용할 수 있다. 다음 그림에서 스파크의 최적화 엔진이 SparkR과 스칼라와 파이썬의 성능이 동일하게 한다는 것을 알 수 있다.

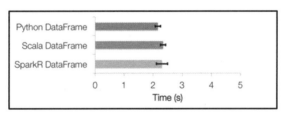

그림 18 SparkR 데이터 프레임과 스칼라/파이썬 데이터 프레임

- **확장성:** SparkR 데이터 프레임에서 실행되는 작업은 스파크 클러스터에서 사용할 수 있는 모든 코어와 장비에 자동으로 분산된다. 따라서 SparkR 데이터 프레임은 수 테라바이트의 데이터로 사용될 수 있으며, 수천 대의 장비를 갖는 클러스터에서 실행될 수 있다.

설치와 시작

SparkR을 사용하는 가장 좋은 방법은 RStudio다. R 프로그램은 R 셸을 이용한 RStudio, R 스크립트, R IDE를 사용해 Spark 클러스터에 연결할 수 있다.

방법 1: 환경 변수에 **SPARK_HOME**을 설정하고(https://stat.ethz.ch/R-manual/R-devel/library/base/html/Sys.getenv.html 참조) SparkR 패키지를 로드하고 **sparkR.session**을 다음처럼 호출한다. 코드에서 스파크 설치를 확인하고 스파크가 설치돼 있지 않으면 자동으로 스파크를 다운로드하고 캐싱한다.

```
if(nchar(Sys.getenv("SPARK_HOME")) < 1) {
    Sys.setenv(SPARK_HOME = "/home/spark")
}
library(SparkR, lib.loc = c(file.path(Sys.getenv("SPARK_HOME"), "R",
        "lib")))
```

방법 2: RStudio에서 SparkR을 수동으로 설정할 수도 있다. 수동으로 설정하려면 R 스크립트를 생성하고 RStudio에서 다음 R 코드를 실행한다.

```
SPARK_HOME = "spark-2.3.2-bin-hadoop2.7/R/lib"
HADOOP_HOME= "spark-2.3.2-bin-hadoop2.7/bin"
Sys.setenv(SPARK_MEM = "2g")
Sys.setenv(SPARK_HOME = "spark-2.3.2-bin-hadoop2.7")
.libPaths(c(file.path(Sys.getenv("SPARK_HOME"), "R", "lib"), .libPaths()))
```

이제 다음처럼 SparkR 라이브러리를 로드한다.

```
library(SparkR, lib.loc = SPARK_HOME)
```

이제 스칼라/자바/PySpark와 마찬가지로 SparkR 프로그램의 시작점은 다음처럼 **sparkR.session**을 호출해 생성될 수 있는 SparkR 세션이다.

```
sparkR.session(appName = "Hello, Spark!", master = "local[*]")
```

또한 특정 스파크 드라이버 속성을 지정할 수도 있다. 일반적으로 드라이버 JVM 프로세스가 시작되면 해당 애플리케이션 속성과 런타임 환경은 프로그래밍 방식으로 설정할 수 없다. 이런 경우에 SparkR이 처리할 수 있다. 런타임에 설정을 수행하려면 다음처럼 sparkConfig 파라미터의 다른 설정 프로퍼티를 sparkR.session에 전달한다.

```
sparkR.session(master = "local[*]", sparkConfig = list(spark.driver.memory
= "2g"))
```

또한 RStudio에서 sparkR.session을 사용해 스파크 드라이버 속성을 sparkConfig에서 설정할 수 있다.

프로퍼티 이름	프로퍼티 그룹	spark-submit의 동등한 옵션
spark.master	애플리케이션 프로퍼티	--master
spark.yarn.keytab	애플리케이션 프로퍼티	--keytab
spark.yarn.principal	애플리케이션 프로퍼티	--principal
spark.driver.memory	애플리케이션 프로퍼티	--driver-memory
spark.driver.extraClassPath	런타임 환경	--driver-class-path
spark.driver.extraJavaOptions	런타임 환경	--driver-java-options
spark.driver.extraLibraryPath	런타임 환경	--driver-library-path

그림 19 RStudio에서 sparkR.session을 사용해 sparkConfig에서 스파크 드라이버 속성을 설정할 수 있다

시작

간단한 항공편 데이터를 로드하고 파싱한 후 살펴보겠다. 먼저 https://s3-us-west-2.amazonaws.com/sparkr-data/nycflights13.csv에서 NY 항공편 데이터셋을 CSV로 다운로드한다. 이제 R의 read.csv를 사용해 데이터셋을 로드하고 파싱한다.

```
# R 데이터 프레임을 생성한다.
dataPath<- "C:/Exp/nycflights13.csv"
df<- read.csv(file = dataPath, header = T, sep =",")
```

이제 R의 **View**를 사용해 다음처럼 데이터셋의 구조를 살펴보자.

```
View(df)
```

	year	month	day	dep_time	dep_delay	arr_time	arr_delay	carrier	tailnum	flight	origin	dest	air_time	distance	hour	minute
1	2013	1	1	517	2	830	11	UA	N14228	1545	EWR	IAH	227	1400	5	17
2	2013	1	1	533	4	850	20	UA	N24211	1714	LGA	IAH	227	1416	5	33
3	2013	1	1	542	2	923	33	AA	N619AA	1141	JFK	MIA	160	1089	5	42
4	2013	1	1	544	-1	1004	-18	B6	N804JB	725	JFK	BQN	183	1576	5	44
5	2013	1	1	554	-6	812	-25	DL	N668DN	461	LGA	ATL	116	762	5	54
6	2013	1	1	554	-4	740	12	UA	N39463	1696	EWR	ORD	150	719	5	54
7	2013	1	1	555	-5	913	19	B6	N516JB	507	EWR	FLL	158	1065	5	55
8	2013	1	1	557	-3	709	-14	EV	N829AS	5708	LGA	IAD	53	229	5	57
9	2013	1	1	557	-3	838	-8	B6	N593JB	79	JFK	MCO	140	944	5	57
10	2013	1	1	558	-2	753	8	AA	N3ALAA	301	LGA	ORD	138	733	5	58
11	2013	1	1	558	-2	849	-2	B6	N793JB	49	JFK	PBI	149	1028	5	58
12	2013	1	1	558	-2	853	-3	B6	N657JB	71	JFK	TPA	158	1005	5	58
13	2013	1	1	558	-2	924	7	UA	N29129	194	JFK	LAX	345	2475	5	58
14	2013	1	1	558	-2	923	-14	UA	N53441	1124	EWR	SFO	361	2565	5	58
15	2013	1	1	559	-1	941	31	AA	N3DUAA	707	LGA	DFW	257	1389	5	59
16	2013	1	1	559	0	702	-4	B6	N708JB	1806	JFK	BOS	44	187	5	59
17	2013	1	1	559	-1	854	-8	UA	N76515	1187	EWR	LAS	337	2227	5	59
18	2013	1	1	600	0	851	-7	B6	N595JB	371	LGA	FLL	152	1076	6	0
19	2013	1	1	600	0	837	12	MQ	N542MQ	4650	LGA	ATL	134	762	6	0
20	2013	1	1	601	1	844	-6	B6	N644JB	343	EWR	PBI	147	1023	6	1

그림 20 NYC 항공편 데이터셋의 일부분

다음처럼 R 데이터 프레임에서 스파크 데이터 프레임을 생성한다.

```
## 스파크 데이터 프레임을 변환한다.
flightDF<- as.DataFrame(df)
```

데이터 프레임의 스키마 구조를 살펴보자.

```
printSchema(flightDF)
```

출력은 다음과 같다.

```
root
 |-- year: integer (nullable = true)
 |-- month: integer (nullable = true)
 |-- day: integer (nullable = true)
 |-- dep_time: string (nullable = true)
 |-- dep_delay: string (nullable = true)
 |-- arr_time: string (nullable = true)
 |-- arr_delay: string (nullable = true)
 |-- carrier: string (nullable = true)
 |-- tailnum: string (nullable = true)
 |-- flight: integer (nullable = true)
 |-- origin: string (nullable = true)
 |-- dest: string (nullable = true)
 |-- air_time: string (nullable = true)
 |-- distance: integer (nullable = true)
 |-- hour: string (nullable = true)
 |-- minute: string (nullable = true)
```

그림 21 NYC 항공편 데이터셋의 스키마

이제 데이터 프레임의 처음 10개 로우를 살펴보자.

```
showDF(flightDF, numRows = 10)
```

출력은 다음과 같다.

year	month	day	dep_time	dep_delay	arr_time	arr_delay	carrier	tailnum	flight	origin	dest	air_time	distance	hour	minute
2013	1	1	517	2	830	11	UA	N14228	1545	EWR	IAH	227	1400	5	17
2013	1	1	533	4	850	20	UA	N24211	1714	LGA	IAH	227	1416	5	33
2013	1	1	542	2	923	33	AA	N619AA	1141	JFK	MIA	160	1089	5	42
2013	1	1	544	-1	1004	-18	B6	N804JB	725	JFK	BQN	183	1576	5	44
2013	1	1	554	-6	812	-25	DL	N668DN	461	LGA	ATL	116	762	5	54
2013	1	1	554	-4	740	12	UA	N39463	1696	EWR	ORD	150	719	5	54
2013	1	1	555	-5	913	19	B6	N516JB	507	EWR	FLL	158	1065	5	55
2013	1	1	557	-3	709	-14	EV	N829AS	5708	LGA	IAD	53	229	5	57
2013	1	1	557	-3	838	-8	B6	N593JB	79	JFK	MCO	140	944	5	57
2013	1	1	558	-2	753	8	AA	N3ALAA	301	LGA	ORD	138	733	5	58

only showing top 10 rows

그림 22 NYC 항공편 데이터셋의 처음 10개 로우

따라서 동일한 구조로 볼 수 있다. 그러나 표준 R API를 사용해 CSV 파일을 로드한 이후에 확장하지 못했다. 더 빠르게 확장하려면 스칼라처럼 외부 데이터 소스 API를 사용할 수 있다.

외부 데이터 소스 API 사용

앞에서 살펴본 대로 외부 데이터 소스 API를 사용해 데이터 프레임을 생성할 수 있다.
다음 예를 살펴보면 com.databricks.spark.csv API를 사용했다.

```
flightDF<- read.df(dataPath,
header='true',
source = "com.databricks.spark.csv",
inferSchema='true')
```

데이터 프레임의 스키마 구조를 살펴보자.

```
printSchema(flightDF)
```

출력은 다음과 같다.

```
root
 |-- year: integer (nullable = true)
 |-- month: integer (nullable = true)
 |-- day: integer (nullable = true)
 |-- dep_time: string (nullable = true)
 |-- dep_delay: string (nullable = true)
 |-- arr_time: string (nullable = true)
 |-- arr_delay: string (nullable = true)
 |-- carrier: string (nullable = true)
 |-- tailnum: string (nullable = true)
 |-- flight: integer (nullable = true)
 |-- origin: string (nullable = true)
 |-- dest: string (nullable = true)
 |-- air_time: string (nullable = true)
 |-- distance: integer (nullable = true)
 |-- hour: string (nullable = true)
 |-- minute: string (nullable = true)
```

그림 23 외부 데이터 소스 API를 사용한 NYC 항공편 데이터셋의 동일한 스키마

이제 데이터 프레임의 처음 10개 로우를 살펴보자.

```
printlnshowDF(flightDF, numRows = 10)
```

결과는 다음과 같다.

```
+----+-----+---+--------+---------+--------+---------+-------+-------+------+------+----+--------+----+------+
|year|month|day|dep_time|dep_delay|arr_time|arr_delay|carrier|tailnum|flight|origin|dest|air_time|distance|hour|minute|
+----+-----+---+--------+---------+--------+---------+-------+-------+------+------+----+--------+----+------+
|2013|    1|  1|     517|        2|     830|       11|     UA| N14228|  1545|   EWR| IAH|     227|    1400|   5|    17|
|2013|    1|  1|     533|        4|     850|       20|     UA| N24211|  1714|   LGA| IAH|     227|    1416|   5|    33|
|2013|    1|  1|     542|        2|     923|       33|     AA| N619AA|  1141|   JFK| MIA|     160|    1089|   5|    42|
|2013|    1|  1|     544|       -1|    1004|      -18|     B6| N804JB|   725|   JFK| BQN|     183|    1576|   5|    44|
|2013|    1|  1|     554|       -6|     812|      -25|     DL| N668DN|   461|   LGA| ATL|     116|     762|   5|    54|
|2013|    1|  1|     554|       -4|     740|       12|     UA| N39463|  1696|   EWR| ORD|     150|     719|   5|    54|
|2013|    1|  1|     555|       -5|     913|       19|     B6| N516JB|   507|   EWR| FLL|     158|    1065|   5|    55|
|2013|    1|  1|     557|       -3|     709|      -14|     EV| N829AS|  5708|   LGA| IAD|      53|     229|   5|    57|
|2013|    1|  1|     557|       -3|     838|       -8|     B6| N593JB|    79|   JFK| MCO|     140|     944|   5|    57|
|2013|    1|  1|     558|       -2|     753|        8|     AA| N3ALAA|   301|   LGA| ORD|     138|     733|   5|    58|
+----+-----+---+--------+---------+--------+---------+-------+-------+------+------+----+--------+----+------+
only showing top 10 rows
```

그림 24 외부 데이터 소스 API를 사용한 NYC 항공편 데이터셋의 동일한 샘플 데이터

동일한 구조인지 볼 수 있다. 이제 SparkR을 사용해 데이터 조작 방식을 살펴본다.

데이터 조작

이전 flightDF 데이터 프레임의 칼럼 이름을 살펴보자.

```
columns(flightDF)
[1] "year" "month" "day" "dep_time" "dep_delay" "arr_time" "arr_delay"
"carrier" "tailnum" "flight" "origin" "dest"
[13] "air_time" "distance" "hour" "minute"
```

다음처럼 flightDF 데이터 프레임의 로우 수를 표시한다.

```
count(flightDF)
[1] 336776
```

항공편 도착지가 마이애미(MIA)인 데이터를 필터링하고 다음처럼 처음 6개의 항목을 표시한다.

```
showDF(flightDF[flightDF$dest == "MIA", ], numRows = 10)
```

출력은 다음과 같다.

```
+----+-----+---+--------+---------+--------+---------+-------+-------+------+----+----+--------+--------+----+------+
|year|month|day|dep_time|dep_delay|arr_time|arr_delay|carrier|tailnum|flight|origin|dest|air_time|distance|hour|minute|
+----+-----+---+--------+---------+--------+---------+-------+-------+------+------+----+--------+--------+----+------+
|2013|    1|  1|     542|        2|     923|       33|     AA| N619AA|  1141|   JFK| MIA|     160|    1089|   5|    42|
|2013|    1|  1|     606|       -4|     858|      -12|     AA| N633AA|  1895|   EWR| MIA|     152|    1085|   6|     6|
|2013|    1|  1|     607|        0|     858|      -17|     UA| N53442|  1077|   EWR| MIA|     157|    1085|   6|     7|
|2013|    1|  1|     623|       13|     920|        5|     AA| N3EMAA|  1837|   LGA| MIA|     153|    1096|   6|    23|
|2013|    1|  1|     655|       -5|    1002|      -18|     DL| N997DL|  2003|   LGA| MIA|     161|    1096|   6|    55|
|2013|    1|  1|     659|       -1|    1008|       -7|     AA| N3EKAA|  2279|   LGA| MIA|     159|    1096|   6|    59|
|2013|    1|  1|     753|       -2|    1056|      -14|     AA| N3HMAA|  2267|   LGA| MIA|     157|    1096|   7|    53|
|2013|    1|  1|     759|       -1|    1057|      -30|     DL| N955DL|  1843|   JFK| MIA|     158|    1089|   7|    59|
|2013|    1|  1|     826|       71|    1136|       51|     AA| N3GVAA|   443|   JFK| MIA|     160|    1089|   8|    26|
|2013|    1|  1|     856|       -4|    1222|      -10|     DL| N970DL|  2143|   LGA| MIA|     158|    1096|   8|    56|
+----+-----+---+--------+---------+--------+---------+-------+-------+------+------+----+--------+--------+----+------+
only showing top 10 rows
```

그림 25 도착지가 마이애미인 항공기편

특정 칼럼을 선택한다. 예를 들어 아이오와(Iowa)가 도착지인 모든 지연 항공편을 선택한다. 또한 출발지 공항 이름을 포함시킨다.

```
delay_destination_DF<- select(flightDF, "flight", "dep_delay", "origin",
"dest")
delay_IAH_DF<- filter(delay_destination_DF, delay_destination_DF$dest ==
"IAH") showDF(delay_IAH_DF, numRows = 10)
```

출력은 다음과 같다.

```
+------+---------+------+----+
|flight|dep_delay|origin|dest|
+------+---------+------+----+
|  1545|        2|   EWR| IAH|
|  1714|        4|   LGA| IAH|
|   496|       -4|   LGA| IAH|
|   473|       -4|   LGA| IAH|
|  1479|        0|   EWR| IAH|
|  1220|        0|   EWR| IAH|
|  1004|        2|   LGA| IAH|
|   455|       -1|   EWR| IAH|
|  1086|      134|   LGA| IAH|
|  1461|        5|   EWR| IAH|
+------+---------+------+----+
only showing top 10 rows
```

그림 26 아이오와가 도착지인 지연된 모든 항공편

데이터 프레임 연산을 사용해 데이터 프레임을 연결할 수 있다. 예를 들면 먼저 항공편을 날짜별로 그룹핑한 후 평균 일일 지연 시간을 찾는다. 마지막으로 다음처럼 결과를 특정 데이터 프레임에 저장한다.

```
install.packages(c("magrittr"))
library(magrittr)
groupBy(flightDF, flightDF$day) %>% summarize(avg(flightDF$dep_delay),
    avg(flightDF$arr_delay)) ->dailyDelayDF
```

이제 계산한 데이터 프레임을 출력한다.

```
head(dailyDelayDF)
```

출력은 다음과 같다.

```
  day avg(dep_delay) avg(arr_delay)
1  31       9.506521       3.359225
2  28      15.743213       8.183567
3  26       9.748002       3.656098
4  27      12.083969       3.331213
5  12      15.177765      11.138973
6  22      18.712073      17.404916
```

그림 27 항공편을 날짜별로 그룹핑한 다음 평균 일일 지연 시간을 찾는다.

전체 도착지 공항의 평균 도착 지연을 집계한 다른 예를 살펴보자.

```
avg_arr_delay<- collect(select(flightDF, avg(flightDF$arr_delay)))
head(avg_arr_delay)
avg(arr_delay)
1 6.895377
```

더 복잡한 집계를 수행할 수 있다. 예를 들어 다음 코드는 각 도착지 공항의 평균, 최대, 최소 지연을 집계한다. 또한 도착지 공항에 착륙하는 항공편 수를 보여준다.

```
flight_avg_arrival_delay_by_destination<- collect(agg(
   groupBy(flightDF, "dest"),
   NUM_FLIGHTS=n(flightDF$dest),
   AVG_DELAY = avg(flightDF$arr_delay),
```

```
      MAX_DELAY=max(flightDF$arr_delay),
      MIN_DELAY=min(flightDF$arr_delay)
 ))
 head(flight_avg_arrival_delay_by_destination)
```

출력은 다음과 같다.

```
   dest NUM_FLIGHTS AVG_DELAY MAX_DELAY MIN_DELAY
1  PSE         365  7.871508        NA        -1
2  MSY        3799  6.490175        NA        -1
3  BUR         371  8.175676        NA        -1
4  SNA         825 -7.868227        NA        -1
5  GRR         765 18.189560        NA        -1
6  GSO        1606 14.112601        NA        -1
```
그림 28 각 도착지 공항의 평균, 최대, 최소 지연

SparkR 데이터 프레임을 쿼리

스칼라와 동일하게 createOrReplaceTempView를 사용해 TempView로 저장하면 데이터 프레임에 SQL 쿼리를 수행할 수 있다. 그 예를 살펴보자. 우선 다음처럼 항공편 데이터 프레임(즉 flightDF)을 테이블로 저장한다.

```
# 먼저 항공편 데이터 프레임을 테이블로 등록한다.
createOrReplaceTempView(flightDF, "flight")
```

이제 모든 관련 항공편 정보와 함께 모든 항공편의 출발지와 도착지를 다음처럼 선택한다.

```
destDF<- sql("SELECT dest, origin, carrier FROM flight")
showDF(destDF, numRows=10)
```

결과는 다음과 같다.

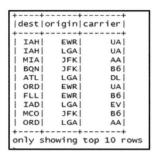

그림 29 관련 항공기 정보를 포함한 모든 항공편

이제 SQL을 더 복잡하게 만들자. 예를 들어 최소 120분 이상 지연된 모든 항공편의 목적지 공항을 찾는 SQL을 생성한다.

```
selected_flight_SQL<- sql("SELECT dest, origin, arr_delay FROM flight WHERE
    arr_delay>= 120")
showDF(selected_flight_SQL, numRows = 10)
```

이 코드는 최소 120분 이상 지연된 모든 항공편의 공항 이름을 조회하고 표시한다.

```
+----+------+---------+
|dest|origin|arr_delay|
+----+------+---------+
| CLT|   LGA|      137|
| BWI|   JFK|      851|
| BOS|   EWR|      123|
| IAH|   LGA|      145|
| RIC|   EWR|      127|
| MCO|   EWR|      125|
| MCI|   EWR|      136|
| IAD|   JFK|      123|
| DAY|   EWR|      123|
| BNA|   LGA|      138|
+----+------+---------+
only showing top 10 rows
```

그림 30 최소 120분 이상 연기된 모든 항공편의 도착지 공항

이제 좀 더 복잡한 쿼리를 생성하자. 최소 120분 이상 지연된 항공편 중 아이오와로 향하는 모든 항공편의 출발지 공항을 찾아본다. 마지막으로 도착지 지연 시간별로 정렬하고 개수를 20개로 제한한다.

```
selected_flight_SQL_complex<- sql("SELECT origin, dest, arr_delay FROM flight
    WHERE dest='IAH' AND arr_delay>= 120 ORDER BY arr_delay DESC LIMIT 20")
showDF(selected_flight_SQL_complex, numRows=20)
```

이 코드는 아이오와로 최소 120분 이상 지연된 모든 항공편의 공항 이름을 조회하고 표시한다.

```
+------+----+---------+
|origin|dest|arr_delay|
+------+----+---------+
|   JFK| IAH|      783|
|   LGA| IAH|      435|
|   LGA| IAH|      390|
|   EWR| IAH|      374|
|   EWR| IAH|      373|
|   LGA| IAH|      370|
|   LGA| IAH|      363|
|   EWR| IAH|      338|
|   LGA| IAH|      324|
|   LGA| IAH|      321|
|   LGA| IAH|      312|
|   LGA| IAH|      309|
|   EWR| IAH|      302|
|   LGA| IAH|      301|
|   EWR| IAH|      297|
|   LGA| IAH|      294|
|   EWR| IAH|      292|
|   EWR| IAH|      288|
|   EWR| IAH|      283|
|   LGA| IAH|      278|
+------+----+---------+
```

그림 31 도착지가 아이오와인 최소 120분 이상 연기된 모든 항공편의 출발지

RStudio에서 데이터를 시각화

앞 절에서는 데이터 프레임을 로드, 파싱, 조작, 쿼리하는 방법을 살펴봤다. 하지만 데이터를 시각적으로 더 좋게 표시할 수 있다면 좋을 것이다. 예를 들어 항공 회사의 경우 무엇을 표시할 수 있을까? plot으로 가장 많이 운항하는 항공사를 찾는 것이 가능한가? ggplot2를 사용하자. 먼저 ggplot2 라이브러리를 로드한다.

```
library(ggplot2)
```

이제 스파크 데이터 프레임을 갖게 됐다. ggplot2에서 스파크 SQL의 데이터 프레임 클래스를 직접 사용하려면 어떻게 해야 할까?

```
my_plot<- ggplot(data=flightDF, aes(x=factor(carrier)))
>>
ERROR: ggplot2 doesn't know how to deal with data of class SparkDataFrame.
```

ggplot2 함수는 분산 데이터 프레임(스파크 데이터 프레임)을 처리하는 방법을 모르기 때문에 분명히 동작하지 않는다. 대신 다음처럼 데이터를 로컬에서 수집한 다음 기존의 R 데이터 프레임으로 변환해야 한다.

```
flight_local_df<- collect(select(flightDF,"carrier"))
```

이제 다음처럼 str을 사용해 해당 R 데이터 프레임을 살펴보자.

```
str(flight_local_df)
```

출력은 다음과 같다.

```
'data.frame': 336776 obs. of 1 variable: $ carrier: chr "UA" "UA" "AA" "B6" ...
```

스파크 SQL 데이터 프레임에서 결과를 수집할 때처럼 R에서도 일반적인 data.frame을 얻을 수 있다. 필요에 따라 data.frame을 조작할 수 있기 때문에 매우 편리하다. 이제 다음처럼 ggplot2 객체를 생성할 준비가 됐다.

```
my_plot<- ggplot(data=flight_local_df, aes(x=factor(carrier)))
```

마지막으로 plot으로 막대 그림^{bar diagram}으로 표현한다.

```
my_plot + geom_bar( ) + xlab("Carrier")
```

출력은 다음과 같다.

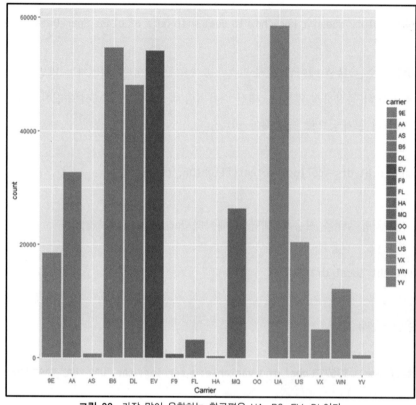

그림 32 가장 많이 운항하는 항공편은 UA, B6, EV, DL이다

이 그림에서 가장 많이 운항하는 항공편은 UA, B6, EV, DL이다. 이것은 다음 R 코드를 통해 알 수 있다.

```
carrierDF = sql("SELECT carrier, COUNT(*) as cnt FROM flight GROUP BY carrier
      ORDER BY cnt DESC")
showDF(carrierDF)
```

출력은 다음과 같다.

```
+-------+-----+
|carrier|  cnt|
+-------+-----+
|     UA|58665|
|     B6|54635|
|     EV|54173|
|     DL|48110|
|     AA|32729|
|     MQ|26397|
|     US|20536|
|     9E|18460|
|     WN|12275|
|     VX| 5162|
|     FL| 3260|
|     AS|  714|
|     F9|  685|
|     YV|  601|
|     HA|  342|
|     OO|   32|
+-------+-----+
```

그림 33 가장 많이 운항되는 항공편은 UA, B6, EV, DL이다

전체 소스코드는 다음과 같다.

```
# SparkR을 설정한다.
SPARK_HOME = "C:/Users/rezkar/Downloads/spark-2.3.2-bin-hadoop2.7/R/lib"
HADOOP_HOME= "C:/Users/rezkar/Downloads/spark-2.3.2-bin-hadoop2.7/bin"
Sys.setenv(SPARK_MEM = "2g")
Sys.setenv(SPARK_HOME =
"C:/Users/rezkar/Downloads/spark-2.3.2-bin-hadoop2.7")
.libPaths(c(file.path(Sys.getenv("SPARK_HOME"), "R", "lib"), .libPaths()))

# SparkR을 로드한다.
library(SparkR, lib.loc = SPARK_HOME)

# SparkSession을 초기화한다.
sparkR.session(appName = "Example", master = "local[*]", sparkConfig =
      list(spark.driver.memory = "8g"))
# 데이터 파일 경로를 설정한다.
dataPath<- "C:/Exp/nycflights13.csv"

# 외부데이터 소스 API를 사용해 데이터 프레임을 생성한다.
```

```
flightDF<- read.df(dataPath,
header='true',
source = "com.databricks.spark.csv",
inferSchema='true')
printSchema(flightDF)
showDF(flightDF, numRows = 10)
# 데이터 칼럼을 선택하기 위해 SQL을 사용한다.
# 먼저 항공편 스파크 데이터 프레임을 테이블로 등록한다.
createOrReplaceTempView(flightDF, "flight")
destDF<- sql("SELECT dest, origin, carrier FROM flight")
showDF(destDF, numRows=10)

# 그리고 다음처럼 조건을 이용한 SparkR SQL 함수를 사용할 수 있다.
selected_flight_SQL<- sql("SELECT dest, origin, arr_delay FROM flight WHERE
arr_delay>= 120")
showDF(selected_flight_SQL, numRows = 10)

#복잡한 쿼리: 도착지가 아이오와인 최소 120분 이상 지연되는 모든 항공편의 출발지를 찾아보자.
마지막으로 도착 지연 별로 정렬하고 도착지를 최대 20개까지 제한한다.
selected_flight_SQL_complex<- sql("SELECT origin, dest, arr_delay FROM flight
WHERE dest='IAH' AND arr_delay>= 120 ORDER BY arr_delay DESC LIMIT 20")
showDF(selected_flight_SQL_complex)

# 이제 SparkSession을 중지한다.
sparkR.session.stop()
```

요약

19장에서는 파이썬과 R을 이용해 스파크 코드 작성 방법과 관련된 여러 예를 소개했다. 파이썬과 R은 데이터 과학자 커뮤니티에서 가장 많이 사용되는 프로그래밍 언어다.

자바, 스칼라와 거의 비슷하게 PySpark, SparkR을 빅데이터 분석에 사용했다. PySpark은 PyCharm에서, SparkR은 RStudio에서 각각 인기 있는 IDE에서 PySpark과

SparkR를 설치 및 설정하는 방법을 설명했다. 또한 해당 IDE에서 데이터 프레임과 RDD를 사용하는 방법을 설명했다. 또한 PySpark와 SparkR에 스파크 SQL 쿼리를 실행하는 방법을 설명했다. 그리고 데이터셋을 시각화함으로써 분석하는 방법을 설명했다. 마지막으로 PySpark에서 UDF를 사용하는 방법과 예를 살펴봤다.

그리고 두 스파크 API, 즉 PySpark와 SparkR의 여러 측면을 다뤘지만, 다루지 못한 내용이 많다. PySpark과 SparkR API에 관심이 있다면 다음 웹 사이트를 참조하길 바란다.

- **PySpark:** http://spark.apache.org/docs/latest/api/python/
- **SparkR:** https://spark.apache.org/docs/latest/sparkr.html

A

Alluxio로 스파크의 처리 성능 높이기

"우리의 기술이 우리의 인간성을 뛰어 넘었다는 것은 분명히 확실한 사건이다."

- 알버트 아인슈타인(Albert Einstein)

부록 A에서는 스파크와 Alluxio를 함께 사용해 처리 속도를 높이는 방법을 살펴본다. Alluxio는 스파크를 비롯한 여러 플랫폼과 연동해 많은 애플리케이션의 속도를 높일 수 있는 오픈소스 분산 메모리 스토리지 시스템이다.

부록 A에서 다루는 내용은 다음과 같다.

- Alluxio의 필요성
- Alluxio 시작
- 얀과의 통합

- 스파크에서 Alluxio 사용

▌ Alluxio의 필요성

스파크와 스파크 코어, 스트리밍, GraphX, 스파크 SQL, 스파크 머신 러닝과 관련된 다양한 기능을 살펴봤다. 또한 데이터 조작과 처리와 관련된 많은 사용 사례와 연산을 살펴봤다. 모든 처리의 핵심 단계는 데이터 입력, 데이터 처리, 데이터 출력이다. 다음은 스파크 잡과 관련된 그림이다.

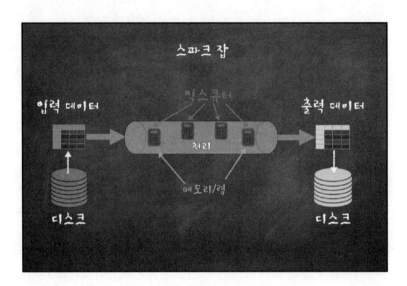

그림에서 알 수 있듯이 스파크 잡의 입력과 출력은 일반적으로 디스크를 기반으로 하는 느린 저장 방식에 의존한다. 그러나 스파크 잡의 처리는 일반적으로 메모리/램을 사용한다. 메모리가 디스크 접근보다 100배 빠르기 때문에 디스크 사용량을 줄이고 더 많은 메모리를 사용할 수 있다면 잡의 성능을 크게 향상시킬 수 있다. 모든 잡에서는 디스크를 전혀 사용하지 않게 할 수 있다. 오히려 가능한 한 메모리를 사용하려 한다.

처리 속도를 높이기 위해 익스큐터를 사용해 가능한 한 많은 데이터를 메모리에 캐싱할 수 있다. 일부 잡에서는 메모리에 데이터를 캐싱할 수 있지만, 스파크 분산 클러스터에서 실행되는 대규모 잡의 경우 GB나 TB 단위의 메모리를 사용하는 방식을 사용할 수 없다. 게다가 메모리 사용량이 많은 큰 클러스터가 있더라도 해당 환경에 많은 사용자가 있기 때문에 모든 잡에 많은 자원을 사용하는 것이 어렵다.

HDFS, S3, NFS 같은 분산 스토리지 시스템을 알고 있다. 비슷하게 분산 메모리 시스템을 갖고 있다면 분산 메모리 시스템을 모든 잡의 스토리지 시스템으로 사용해 파이프라인의 잡이나 중간 잡에 필요한 I/O를 줄일 수 있다. Alluxio는 스파크에서 사용할 수 있는 분산 인메모리 파일 시스템을 구현함으로써 모든 입력/출력 요구를 정확히 만족시킨다.

▌ Alluxio로 시작

오래 전에는 Tachyon으로 알려진 Alluxio는 데이터 접근과 브리지bridge 계산 프레임워크와 기본 스토리지 시스템을 통합할 수 있다. Alluxio의 메모리 중심 아키텍처는 기존 솔루션보다 훨씬 빠르게 데이터에 접근할 수 있다. 또한 Alluxio는 하둡과 호환되므로 기존 인프라에 완벽하게 통합된다. 스파크와 맵리듀스 프로그램과 같은 기존 데이터 분석 애플리케이션은 코드 변경 없이 Alluxio 기반 위에서 실행할 수 있다. 즉, 전환 시간이 더 좋아진 성능으로 인해 중요치 않음을 의미한다.

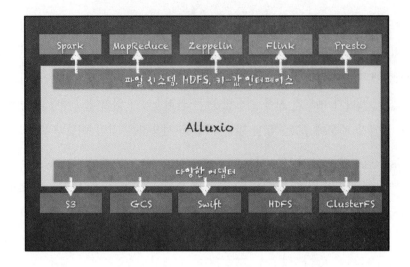

Alluxio 다운로드

http://www.alluxio.org/download 웹 사이트에서 이름과 이메일 주소를 등록해 Alluxio를 다운로드할 수 있다.

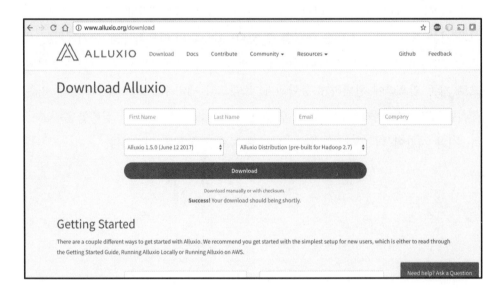

또는 http://downloads.alluxio.org/downloads/files로 이동해 최신 버전의 Alluxio를 다운로드할 수도 있다(현재 Alluxio는 1.8.1까지 릴리스됐지만, 1.5.0을 기준으로 설명한다 - 옮긴이).

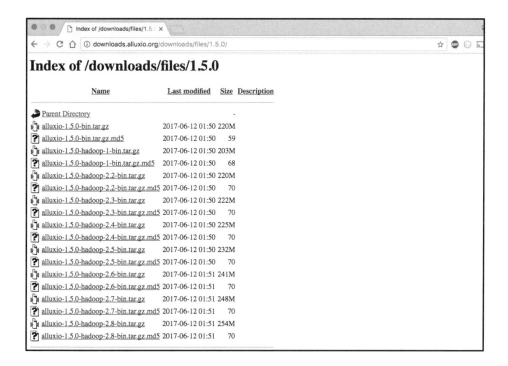

Alluxio 로컬 설치 및 실행

Alluxio 1.5.0을 로컬에 설치하고 실행한다. 다른 버전에서도 동일하게 수행할 수 있다. Alluxio 1.5.0을 다운로드한 경우 alluxio-1.5.0-hadoop2.7-bin.tar.gz와 같은 파일을 보게 될 것이다.

 Alluxio의 전제 조건은 JDK 7 이상이 설치돼야 한다는 점이다.

다운로드한 alluxio-1.5.0-hadoop2.7-bin.tar.gz 압축 파일을 푼다.

```
tar -xvzf alluxio-1.5.0-hadoop2.7-bin.tar.gz
cd alluxio-1.5.0-hadoop-2.7
```

또한 로컬에서 실행하는 경우 Alluxio가 장비에 올바르게 바인딩되려면 다음과 같은 환경 변수가 필요하다.

```
export ALLUXIO_MASTER_HOSTNAME=localhost
```

/bin/alluxio 커맨드를 사용해 Alluxio 파일 시스템을 포맷한다.

 이 단계는 Alluxio를 처음 실행할 때만 필요하고 Alluxio를 실행하면 Alluxio 파일 시스템의 이전에 저장된 모든 데이터와 메타데이터가 지워진다.

/bin/alluxio 포맷 커맨드를 실행해 파일 시스템을 포맷한다.

```
falcon:alluxio-1.5.0-hadoop-2.7 salla$ ./bin/alluxio format
Waiting for tasks to finish...
All tasks finished, please analyze the log at
/Users/salla/alluxio-1.5.0-hadoop-2.7/bin/../logs/task.log.
Formatting Alluxio Master @ falcon
```

Alluxio 파일 시스템을 로컬에서 시작한다.

```
falcon:alluxio-1.5.0-hadoop-2.7 salla$ ./bin/alluxio-start.sh local
Waiting for tasks to finish...
All tasks finished, please analyze the log at
/Users/salla/alluxio-1.5.0-hadoop-2.7/bin/../logs/task.log.
```

```
Waiting for tasks to finish...
All tasks finished, please analyze the log at
/Users/salla/alluxio-1.5.0-hadoop-2.7/bin/../logs/task.log.
Killed 0 processes on falcon
Killed 0 processes on falcon
Starting master @ falcon. Logging to
/Users/salla/alluxio-1.5.0-hadoop-2.7/logs
Formatting RamFS: ramdisk 2142792 sectors (1gb).
Started erase on disk2
Unmounting disk
Erasing
Initialized /dev/rdisk2 as a 1 GB case-insensitive HFS Plus volume
Mounting disk
Finished erase on disk2 ramdisk
Starting worker @ falcon. Logging to
/Users/salla/alluxio-1.5.0-hadoop-2.7/logs
Starting proxy @ falcon. Logging to
/Users/salla/alluxio-1.5.0-hadoop-2.7/logs
```

유사한 구문을 사용해 Alluxio를 중지할 수 있다.

 TIP ./bin/alluxio-stop.sh 로컬을 실행해 Alluxio를 중지할 수 있다.

runTests 파라미터가 추가된 Alluxio 스크립트를 실행해 Alluxio가 실행 중인지 확인한다.

```
falcon:alluxio-1.5.0-hadoop-2.7 salla$ ./bin/alluxio runTests
2017-06-11 10:31:13,997 INFO type (MetricsSystem.java:startSinksFromConfig)
- Starting sinks with config: {}.
2017-06-11 10:31:14,256 INFO type (AbstractClient.java:connect) - Alluxio
client (version 1.5.0) is trying to connect with FileSystemMasterClient master
@ localhost/127.0.0.1:19998
```

```
2017-06-11 10:31:14,280 INFO type (AbstractClient.java:connect) - Client
registered with FileSystemMasterClient master @ localhost/127.0.0.1:19998
runTest Basic CACHE_PROMOTE MUST_CACHE
2017-06-11 10:31:14,585 INFO type (AbstractClient.java:connect) - Alluxio
client (version 1.5.0) is trying to connect with BlockMasterClient master @
localhost/127.0.0.1:19998
2017-06-11 10:31:14,587 INFO type (AbstractClient.java:connect) - Client
registered with BlockMasterClient master @ localhost/127.0.0.1:19998
2017-06-11 10:31:14,633 INFO type (ThriftClientPool.java:createNewResource)
- Created a new thrift client
alluxio.thrift.BlockWorkerClientService$Client@36b4cef0
2017-06-11 10:31:14,651 INFO type (ThriftClientPool.java:createNewResource)
- Created a new thrift client
alluxio.thrift.BlockWorkerClientService$Client@4eb7f003
2017-06-11 10:31:14,779 INFO type (BasicOperations.java:writeFile) -
writeFile to file /default_tests_files/Basic_CACHE_PROMOTE_MUST_CACHE took
411 ms.
2017-06-11 10:31:14,852 INFO type (BasicOperations.java:readFile) - readFile
file /default_tests_files/Basic_CACHE_PROMOTE_MUST_CACHE took 73 ms.
Passed the test!
```

 추가 옵션 및 세부 사항은 http://www.alluxio.org/docs/master/en/Running-Alluxio-Locally.html을 참조한다.

웹 UI를 사용해 브라우저를 열고 http://localhost:19999/를 입력해 Alluxio 프로세스를 볼 수도 있다.

Overview

Overview 탭에는 클러스터의 마스터 주소, 실행 중인 잡, 버전, 가동 시간과 같은 요약 정보를 표시한다. 또한 워커 용량과 UnderFS Capacity 파일 시스템의 용량을 보여주

는 클러스터 사용 요약을 표시한다. 그리고 공간 사용 용량에는 공간 용량과 사용된
공간을 표시한다.

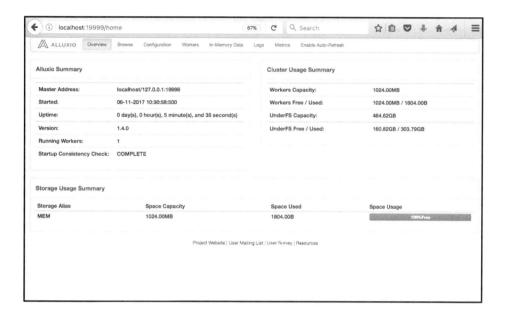

Browse

Browse 탭을 선택하면 인메모리 파일 시스템의 현재 내용을 볼 수 있다. Browse 탭은
파일 시스템 내용, 즉 파일 이름, 크기, 블록 크기, 데이터를 메모리로 읽었는지 여부,
파일에 대한 ACL과 사용 권한, 접근할 수 있는 사용자 지정, 읽기 및 쓰기와 같은
연산 수행 내용을 보여준다. Browse 탭에서 Alluxio에서 관리되는 모든 파일을 볼
수 있다.

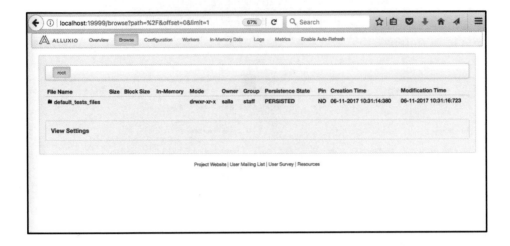

Configuration

Configuration 탭에서는 사용된 모든 설정 파라미터를 표시한다. 가장 중요한 파라미터는 사용된 설정 디렉토리, CPU 자원, 마스터와 워커에 대한 메모리 자원 할당과 관련된 변수다. 또한 파일 시스템 이름, 경로, JDK 설정 등을 볼 수 있다. Alluxio를 사용자 정의하기 위해 모든 파라미터를 재정의할 수 있다. 여기서 변경 사항을 적용하려면 클러스터를 다시 시작해야 한다.

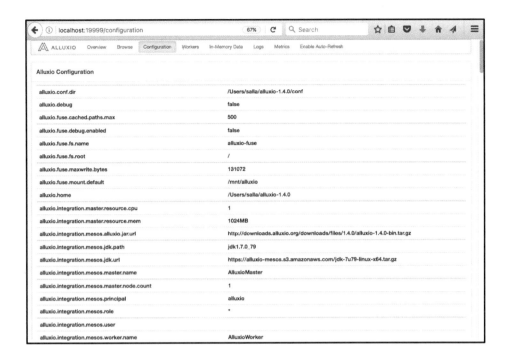

Workers

Workers 탭에서는 Alluxio 클러스터에 있는 워커를 보여준다. 로컬 설정의 경우 로컬 장비가 표시되지만 많은 워커를 포함하는 일반적인 클러스터에서는 노드의 상태, 워커 용량, 사용된 공간, 모든 워커 노드의 동작 여부를 보여주는 수신된 마지막 하트비트heartbeat, 클러스터 연산에 참여하고 있는지 여부를 보여준다.

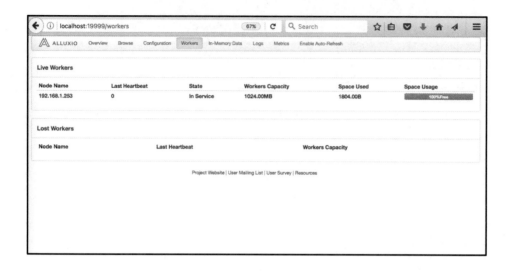

In-Memory Data

In-Memory Data 탭은 Alluxio 파일 시스템에서 메모리의 현재 데이터를 표시한다. 그리고 클러스터 메모리의 내용을 보여준다. 메모리의 각 데이터셋을 표시하는 일반적인 정보에는 사용 권한, 소유권, 생성 시간과 수정 시간을 포함한다.

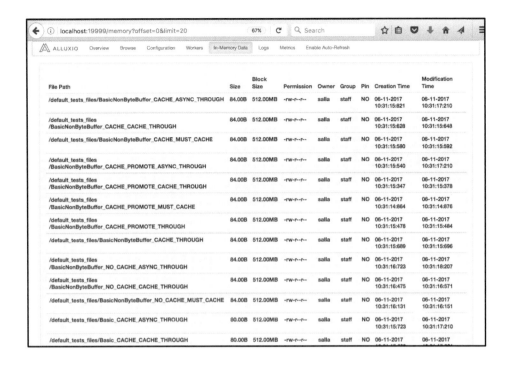

Logs

Logs 탭에서는 디버깅과 모니터링 목적의 다양한 로그 파일을 볼 수 있다. 마스터 노드에는 master.log 로그 파일, 워커 노드에는 worker.log, task.log, proxy.log 로그 파일과 사용자 로그가 표시된다. 각 로그 파일은 나눠져 있기 때문에 문제를 진단하거나 클러스터의 상태를 모니터링하는 데 매우 유용하다.

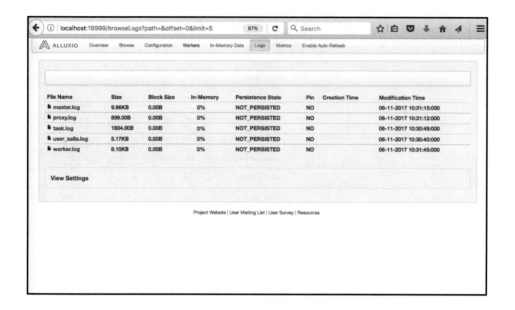

Metrics

Metrics 탭은 Alluxio 파일 시스템의 현재 상태를 모니터링하기에 유용한 메트릭을 표시한다. Metrics 탭의 주요 정보는 마스터 노드의 용량과 파일 시스템 용량을 포함한다. 또한 생성된 파일과 삭제된 파일/디렉토리의 논리적 연산과 같은 다양한 연산 개수를 표시한다. 다른 섹션에서는 CreateFile, DeleteFile, GetFileBlockInfo 연산을 모니터링하는 데 사용할 수 있는 RPC 호출을 보여준다.

현재 기능

이미 살펴본 것처럼 Alluxio는 고속 인메모리 파일 시스템을 지원하기 위해 많은 기능을 제공함으로써 스파크나 기타 여러 컴퓨팅 시스템의 성능을 크게 높여준다. 현재 Alluxio 릴리스에는 많은 기능이 있고, 주요 기능은 다음 목록과 같다.

- 유연한 파일 API는 하둡 호환 파일 시스템을 제공하므로 하둡 맵리듀스와 스파크에서 Alluxio를 사용할 수 있다.
- 플러그 기능을 통해 스토리지 체크 포인트 인메모리 데이터를 일반 저장 시스템에 저장할 수 있다. 아마존 S3, 구글 클라우드 스토리지$^{Google Cloud Storage}$, 오픈스택 스위프트$^{OpenStack Swift}$, HDFS 등을 지원한다.
- 계층 스토리지는 메모리뿐 아니라 SSD와 HDD도 관리할 수 있고 더 큰 데이터셋을 Alluxio에 저장할 수 있다.

- 통합 네임스페이스는 마운트^{mount} 기능을 통해 여러 스토리지 시스템에서 효율적으로 데이터를 관리할 수 있다. 또한 이름을 투명하게 지정하면 Alluxio로 생성한 객체 객체를 기본 저장소 시스템에 유지할 때 해당 객체의 파일 이름과 디렉토리 계층 구조가 그대로 보존된다.
- 계보^{lineage}를 사용하면 내결함성을 손상시키지 않으면서 높은 쓰기 성능을 달성할 수 있다. 스파크의 DAG처럼 출력이 손실된 출력을 복구해서 잡을 재실행할 수 있다.
- 웹 UI와 커맨드라인을 사용해 파일 시스템을 쉽게 탐색할 수 있다. 관리자는 디버그 모드에서 각 파일의 자세한 정보(위치와 체크 포인트 경로를 포함한다)를 볼 수 있다. 또한 사용자는 ./bin/alluxio fs를 사용해 Alluxio와 상호작용할 수 있다. 예를 들어 데이터를 파일 시스템 안팎으로 복사할 수 있다.

 최신 기능과 최신 정보는 http://www.alluxio.org/를 참조한다.

로컬에서 Alluxio를 시작할 수 있다. 다음에 얀 같은 클러스터 관리자와 통합하는 방법을 살펴본다.

▍ 얀과 통합

얀^{YARN}은 가장 많이 사용되는 클러스터 관리자 중 하나이며, 메소스가 그다음으로 많이 사용되는 클러스터 관리자다. 5장을 다시 상기하면 얀은 하둡 클러스터의 자원을 관리할 수 있고 클러스터 자원을 공유하기 위해 수백 개의 애플리케이션을 허용한다. 예를 들어 얀과 스파크를 통합해 실시간 신용카드 거래를 처리하기 위해 오랫동안 실행되는 스파크 잡을 실행할 수 있다.

그러나 Alluxio를 얀 애플리케이션으로 실행하는 것은 좋지 않다. 오히려 Alluxio를 얀과 별도로 독립형 클러스터로 실행해야 하다. Alluxio는 모든 얀 노드가 로컬 Alluxio 워커에 접근할 수 있게 얀과 함께 실행돼야 한다. 얀과 Alluxio가 공존하려면 Alluxio가 사용하는 자원을 YARN에 알려야 한다. 예를 들어 얀은 Alluxio에서 사용할 메모리와 CPU 정보를 알아야 하다.

Alluxio 워커 메모리

Alluxio의 워커는 JVM 프로세스와 RAM 디스크를 사용할 수 있게 약간의 메모리를 필요로 한다. 버퍼링과 메타데이터에만 메모리를 사용하기 때문에 JVM 메모리는 일반적으로 1GB 정도가 적합하다.

RAM 디스크 메모리는 `alluxio.worker.memory.size`를 설정해 설정할 수 있다.

> SSD 또는 HDD와 같은 비메모리 계층에 저장될 데이터는 메모리 크기 계산에 포함되지 않는다.

Alluxio 마스터 메모리

Alluxio 마스터는 Alluxio의 모든 파일에 대한 메타데이터를 저장하기 때문에 대규모 클러스터 배포의 경우 최소 1GB, 최대 32GB여야 하다.

CPU vcore

Alluxio의 각 워커는 최소한 하나의 vcore를 갖고 있어야 하고, Alluxio 마스터는 상용 환경에 배포 시 최소 1개, 최대 4개의 vcore를 사용할 수 있다.

각 노드에서 Alluxio에 예약할 자원을 얀에 알리기 위해 yarn-site.xml의 얀 설정 파라미터를 변경한다.

yarn.nodemanager.resource.memory-mb를 변경해 Alluxio 워커의 메모리를 예약한다.

 노드에서 Alluxio에 할당할 메모리 크기를 결정한 후 해당 메모리 크기에서 yarn.nodemanager.resource.memory-mb를 뺀 값으로 변경한다.

Alluxio 워커에 CPU vcore를 예약하려면 yarn.nodemanager.resource.cpu-vcores를 변경한다.

 노드에서 Alluxio에 할당할 메모리 크기를 결정한 후 해당 메모리 크기에서 yarn.nodemanager.resource.cpu-vcores를 뺀 값으로 변경한다.

얀 설정을 변경한 후 변경 사항을 적용하기 위해 얀을 재시작한다.

▌ 스파크에서 Alluxio 사용

Alluxio를 스파크와 함께 사용하려면 몇 가지 의존성 라이브러리가 필요하다. 해당 의존성 라이브러리를 이용해 스파크는 Alluxio 파일 시스템에 연결할 수 있고, 데이터를 읽고 쓸 수 있다. 일단 스파크에서 Alluxio를 사용하려면 대부분의 스파크 코드는 거의 동일하고 코드에서 읽고 쓰는 부분만 Alluxio 파일 시스템을 나타내는 alluxio://로 변경하면 된다. 그러나 Alluxio 클러스터가 설정되면 스파크 잡(익스큐터)은 Alluxio 메타데이터를 얻기 위해 Alluxio 마스터에 연결한다. 그리고 실제 데이터를 읽고 쓰기 위해 Alluxio 워커에게 연결한다.

다음은 스파크 잡에서 사용되는 Alluxio 클러스터 그림이다.

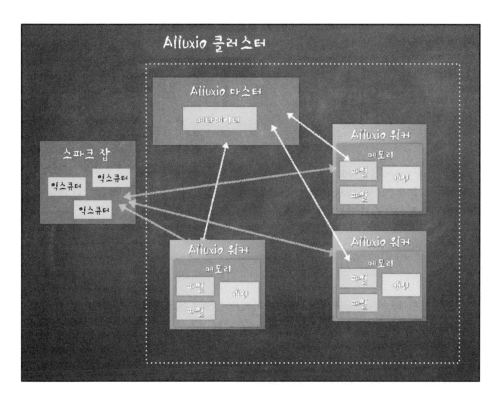

다음은 Alluxio를 포함한 스파크 셸을 시작해 코드를 실행한다.

1단계: 스파크 디렉토리로 현재 디렉토리를 변경한다.

```
cd spark-2.2.0-bin-hadoop2.7
```

2단계: Alluxio 의존성 라이브러리 파일을 스파크 디렉토리로 복사한다.

```
cp ../alluxio-1.5.0-hadoop-2.7/core/common/target/alluxio-core-
common-1.5.0.jar .
cp ../alluxio-1.5.0-hadoop-2.7/core/client/hdfs/target/alluxio-core-
client-hdfs-1.5.0.jar .
cp ../alluxio-1.5.0-hadoop-2.7/core/client/fs/target/alluxio-core-client-
```

```
fs-1.5.0.jar .
cp ../alluxio-1.5.0-hadoop-2.7/core/protobuf/target/alluxio-core-
protobuf-1.5.0.jar .
```

3단계: Alluxio 의존성 라이브러리를 포함해 스파크 셸을 시작한다.

```
./bin/spark-shell --master local[2] --jars alluxio-core-
common-1.5.0.jar,alluxio-core-client-fs-1.5.0.jar,alluxio-core-client-
hdfs-1.5.0.jar,alluxio-otobuf-1.5.0.jar
```

4단계: 샘플 데이터셋을 Alluxio 파일 시스템으로 복사한다.

```
$ ./bin/alluxio fs copyFromLocal ../spark-2.3.2-bin-
hadoop2.7/Sentiment_Analysis_Dataset10k.csv
/Sentiment_Analysis_Dataset10k.csv
Copied ../spark-2.3.2-bin-hadoop2.7/Sentiment_Analysis_Dataset10k.csv to
/Sentiment_Analysis_Dataset10k.csv
```

Browse 탭을 사용해 Alluxio에서 파일을 확인할 수 있다. 801.29KB 크기의 Sentiment_
Analysis_Dataset10k.csv 파일이다.

4단계: 파일에 접근한다(Alluxio 의존성 라이브러리가 있을 수도 있고 없을 수도 있다).

먼저 스파크 셸에서 Alluxio 파일 시스템을 설정한다.

```scala
scala> sc.hadoopConfiguration.set("fs.alluxio.impl",
"alluxio.hadoop.FileSystem")
```

Alluxio에서 텍스트 파일을 읽는다.

```scala
scala> val alluxioFile =
sc.textFile("alluxio://localhost:19998/Sentiment_Analysis_Dataset10k.csv")
alluxioFile: org.apache.spark.rdd.RDD[String] =
alluxio://localhost:19998/Sentiment_Analysis_Dataset10k.csv
MapPartitionsRDD[39] at textFile at <console>:24

scala> alluxioFile.count
res24: Long = 9999
```

로컬 파일 시스템에서 동일한 텍스트 파일을 읽는다.

```scala
scala> val localFile = sc.textFile("Sentiment_Analysis_Dataset10k.csv")
localFile: org.apache.spark.rdd.RDD[String] =
Sentiment_Analysis_Dataset10k.csv MapPartitionsRDD[41] at textFile at
<console>:24

scala> localFile.count
res23: Long = 9999
```

Alluxio가 많은 양의 데이터를 읽을 수 있으므로 Alluxio와 통합하면 데이터를 캐싱하지 않아도 우수한 성능을 제공할 수 있다. 그리고 스파크 클러스터를 사용하는 모든 사용자가 대규모 데이터셋을 캐싱해야 하는 필요성을 제거하는 등 여러 장점이 있다.

▌ 요약

20장에서는 Alluxio의 인메모리 파일 시스템 기능을 사용해 스파크 애플리케이션을 높이는 방법을 살펴봤다. 스파크 클러스터를 사용하는 모든 사용자가 대규모 데이터 셋을 캐싱하지 않아도 되는 등 여러 가지 장점이 있다.

21장에서는 웹 기반 노트북인 아파치 제플린Apache Zeppelin을 사용한 대화식 데이터 분석 방법을 살펴본다.

아파치 제플린에서
대화형 데이터 분석

데이터 과학 관점에서 시각적인 대화형 데이터 분석이 중요하다. 아파치 제플린^{Apache} ^{Zeppline}은 스파크, 스칼라, 파이썬, JDBC, 플링크^{Flink}, 하이브^{Hive}, 앵귤러^{Angular}, Livy, Alluxio, PostgreSQL, 이그나이트^{Ignite}, 렌즈^{Lens}, 카산드라^{Cassandra}, Kylin, 일래스틱서치 ^{Elasticsearch}, JDBC, HBase, BigQuery, Pig, 마크다운^{Markdown}, 셸^{Shell} 등과 같은 다중 백엔 드와 인터프리터를 포함한 대화형 및 대규모 데이터 분석을 수행할 수 있는 웹 기반 노트북^{notebook}이다. ,

대규모 데이터셋을 확장하고 신속하게 처리할 수 있는 스파크의 능력은 의심할 여지 가 없다. 그러나 스파크에는 단 한 가지가 빠져 있는데, 실시간이나 시각적인 대화형 기능이 없다. 부록 B에서는 제플린을 백엔드에서 인터프리터로 스파크를 대규모 데이 터 분석에 사용하는 방법을 알아본다.

부록 B에서 다루는 내용은 다음과 같다.

- 아파치 제플린 소개
- 설치와 시작
- 데이터 처리
- 데이터 분석
- 데이터 시각화
- 데이터 공동 작업

▌ 아파치 제플린 소개

제플린은 대화형 방식으로 데이터 분석을 수행할 수 있게 해주는 웹 기반 노트북이다. 제플린을 사용하면 SQL, 스칼라 등으로 데이터 중심, 대화형, 공유 작업 문서를 만들 수 있다. 제플린 인터프리터 개념을 사용해 모든 언어/데이터 처리 백엔드를 제플린에 연결할 수 있다. 현재 제플린은 스파크, 파이썬, JDBC, 마크다운Markdown, 셸과 같은 많은 인터프리터를 지원한다. 제플린은 데이터 과학자, 엔지니어, 실무자가 데이터 탐색, 시각화, 공유, 공동 작업 기능을 사용할 수 있게 도와주는 아파치 소프트웨어 재단Apache Software Foundation의 새로운 기술이다.

설치와 시작

스칼라가 아닌 다른 인터프리터를 사용하는 것은 이 책의 목표가 아니다. 제플린에서 스파크를 사용할 때 스칼라를 사용해 모든 코드를 작성한다. 따라서 이 절에서는 스파크 인터프리터만 포함된 바이너리 패키지를 사용해 제플린을 설정하는 방법을 보여준다. 제플린은 공식적으로 다음 환경에서 지원되며 테스트됐다.

요구 사항	값/버전	다른 요구 사항
오라클 JDK	1.7 이상	`JAVA_HOME`을 설정한다.
운영체제	맥OS 10.X+ 우분투 14.X+ 센트OS 6.X+ 윈도우 7 프로 SP1+	–

설치와 설정

앞의 표에서 설명한 것처럼 제플린에서 스파크 코드를 실행하려면 자바가 있어야 한다. 따라서 자바를 설치하지 않았다면 언급된 플랫폼에 자바를 설치하고 설정한다. 또는 1장을 참조해 장비에서 자바를 설정하는 방법을 참고하기 바란다.

제플린의 최신 릴리스는 https://zeppelin.apache.org/download.html에서 다운로드 할 수 있다. 각 릴리스에는 다음과 같은 세 가지 옵션이 있다.

1. **모든 인터프리터가 포함된 바이너리 패키지:** 제플린은 많은 인터프리터를 지원한다. 예를 들어 현재 제플린에서는 스파크, JDBC, Pig, Beam, Scio, 빅쿼리BigQuery, 파이썬, Livy, HDFS, Alluxio, Hbase, Scalding, 일래스틱서치Elasticsearch, 앵귤러Angular, 마크다운Markdown, 셸Shell, 플링크Flink, 하이브Hive, 타조Tajo, 카산드라Cassandra, Geode, Ignite, Kylin, 피닉스Phoenix, PostgreSQL를 지원한다.

2. **스파크 인터프리터가 포함된 바이너리 패키지:** 보통 스파크 인터프리터만 포함한다. 또한 인터프리터 `net-install` 스크립트도 포함돼 있다.

3. **소스:** 깃허브 저장소의 최신 변경 사항이 모두 포함된 제플린을 구축할 수도 있다.

   제플린을 설치하고 설정하는 방법을 보여주기 위해 미러 사이트(http://www.apache.org/dyn/closer.cgi/zeppelin/zeppelin-0.7.1/zeppelin-0.7.1-bin-netinst)

에서 바이너리 패키지를 다운로드한다.

다운로드가 끝나면 장비의 적절한 경로에 압축 파일을 푼다. 압축을 푼 경로가 /home/Zeppelin/이라고 가정한다.

소스 빌드

깃허브GitHub 레포지토리의 최신 변경 사항으로 제플린을 구축할 수도 있다. 소스 빌드를 진행하려면 먼저 다음 툴을 설치해야 한다.

- git: 버전은 상관없음
- maven: 3.1.x 이상
- jdk: 1.7 이상
- npm: 최신 버전
- libfontconfig: 최신 버전

깃git과 메이븐maven을 아직 설치하지 않았다면 https://zeppelin.apache.org/docs/0.7.1/install/build.html#build-requirements에서 빌드 요구 사항을 확인한다. 그러나 페이지 제한으로 인해 모든 단계를 자세히 다루지 않는다. 소스 빌드에 대해 관심이 있는 독자는 https://zeppelin.apache.org/docs/0.7.1/install/build.html#building-from-source에서 자세한 내용을 살펴보길 바란다.

제플린 데몬 실행과 중지

모든 유닉스 계열 플랫폼(예: 우분투, 맥OS 등)에서 다음 커맨드를 사용한다.

```
$ bin/zeppelin-daemon.sh start
```

이 커맨드가 성공적으로 실행되면 터미널에서 다음 로그를 볼 수 있다.

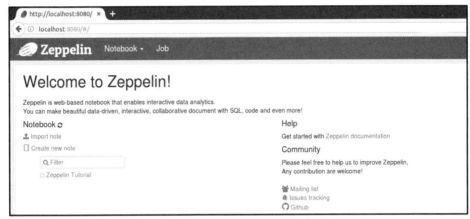

그림 1 우분투 터미널에서 제플린을 시작하기

윈도우 사용자인 경우 다음 커맨드를 사용한다.

```
$ bin\zeppelin.cmd
```

제플린이 성공적으로 시작된 후 웹 브라우저에서 http://localhost:8080으로 접속하면 제플린이 실행 중임을 알 수 있다. 브라우저에서 다음과 같은 화면을 볼 수 있다.

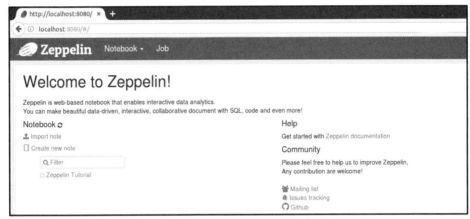

그림 2 http://localhost:8080으로 접속 가능한 제플린

제플린을 성공적으로 설치했다. 이제 선호하는 인터프리터를 설정한 후 제플린으로 이동해 데이터 분석을 시작할 것이다.

커맨드라인에서 제플린을 중지하려면 다음 커맨드를 실행한다.

```
$ bin/zeppelin-daemon.sh stop
```

노트북 생성

http://localhost:8080/에 접속하면 제플린에 익숙해지는 데 도움이 되는 다양한 옵션과 메뉴를 탐색할 수 있다. 제플린과 사용자 친화적 UI에 대한 자세한 내용은 https://zeppelin.apache.org/docs/0.7.1/quickstart/explorezeppelinui.html에서 확인할 수 있다(사용 가능한 버전을 기반으로 최신의 퀵 스타트 설명서도 참조할 수 있다).

이제 샘플 노트북을 생성해보자. 다음 그림과 같이 Create new note 옵션을 클릭해 새로운 노트를 생성할 수 있다.

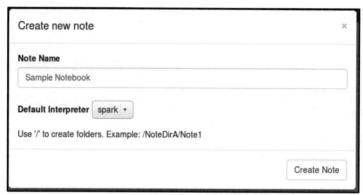

그림 3 샘플 제플린 노트북 생성하기

이 그림처럼 스파크를 기본 인터프리터로 선택한다. 드롭다운 리스트에 제플린용 스파크 전용 바이너리 패키지를 다운로드했기 때문에 스파크만 볼 수 있다.

인터프리터 설정

모든 인터프리터는 인터프리터 그룹에 속한다. 인터프리터 그룹은 시작/중단 인터프리터 단위다. 기본적으로 모든 인터프리터는 단일 그룹에 속하지만 해당 그룹에는 더 많은 인터프리터를 포함할 수 있다. 예를 들어 스파크 인터프리터 그룹에는 스파크 지원, pySpark, 스파크 SQL, 의존성 라이브러리 로더[loader]가 포함된다. 제플린에서 SQL문을 실행하려면 % 기호를 사용해 인터프리터 타입을 지정해야 한다. 예를 들어

SQL을 사용하려면 %sql을 사용해야 한다. 마크 다운의 경우에는 %md 등을 사용한다. 자세한 내용은 다음 그림을 참조한다.

spark %spark , %pyspark , %sql , %dep

Properties

name	value
args	
master	local[*]
spark.app.name	Zeppelin
spark.cores.max	
spark.executor.memory	512m
spark.home	
spark.yarn.jar	
zeppelin.dep.localrepo	local-repo
zeppelin.pyspark.python	python
zeppelin.spark.concurrentSQL	false
zeppelin.spark.maxResult	1000
zeppelin.spark.useHiveContext	true

그림 4 제플린에서 스파크를 사용할 수 있게 설정한 인터프리터 프로퍼티

일단 노트북을 생성하면 코드 섹션에서 스파크 코드를 직접 작성할 수 있다. 연구용으로 공개돼 있는 Bank Direct Marketing 부서의 S. Moro, R. Laureano, P. Cortez이 데이터 마이닝용 은행 데이터셋 URL(https://archive.ics.uci.edu/ml/machine-learning-databases/00222/bank.zip) 또는 소스 깃허브 프로젝트에서 다운로드한다. 해당 데이터셋은 CRISP-DM 방법론을 적용한 것으로, 은행 고객에 대한 나이, 직업, 혼인 여부,

최종 학력, 파산자 여부, 은행 잔고, 주택, 은행 대출 여부 등의 데이터가 포함된 CSV 포맷의 파일이다. 데이터셋의 샘플은 다음과 같다.

	age	job	marital	education	default	balance	housing	loan	contact	day	month	duration	campaign	pdays	previous	poutcome	y
1	58	management	married	tertiary	no	2143	yes	no	unknown	5	may	261	1	-1	0	unknown	no
2	44	technician	single	secondary	no	29	yes	no	unknown	5	may	151	1	-1	0	unknown	no
3	33	entrepreneur	married	secondary	no	2	yes	yes	unknown	5	may	76	1	-1	0	unknown	no
4	47	blue-collar	married	unknown	no	1506	yes	no	unknown	5	may	92	1	-1	0	unknown	no
5	33	unknown	single	unknown	no	1	no	no	unknown	5	may	198	1	-1	0	unknown	no
6	35	management	married	tertiary	no	231	yes	no	unknown	5	may	139	1	-1	0	unknown	no
7	28	management	single	tertiary	no	447	yes	yes	unknown	5	may	217	1	-1	0	unknown	no
8	42	entrepreneur	divorced	tertiary	yes	2	yes	no	unknown	5	may	380	1	-1	0	unknown	no
9	58	retired	married	primary	no	121	yes	no	unknown	5	may	50	1	-1	0	unknown	no
10	43	technician	single	secondary	no	593	yes	no	unknown	5	may	55	1	-1	0	unknown	no
11	41	admin.	divorced	secondary	no	270	yes	no	unknown	5	may	222	1	-1	0	unknown	no
12	29	admin.	single	secondary	no	390	yes	no	unknown	5	may	137	1	-1	0	unknown	no
13	53	technician	married	secondary	no	6	yes	no	unknown	5	may	517	1	-1	0	unknown	no
14	58	technician	married	unknown	no	71	yes	no	unknown	5	may	71	1	-1	0	unknown	no
15	57	services	married	secondary	no	162	yes	no	unknown	5	may	174	1	-1	0	unknown	no
16	51	retired	married	primary	no	229	yes	no	unknown	5	may	353	1	-1	0	unknown	no
17	45	admin.	single	unknown	no	13	yes	no	unknown	5	may	98	1	-1	0	unknown	no
18	57	blue-collar	married	primary	no	52	yes	no	unknown	5	may	38	1	-1	0	unknown	no

그림 5 은행 데이터셋 샘플

이제 제플린 노트북으로 데이터를 읽다.

```
val bankText = sc.textFile("/home/asif/bank/bank-full.csv")
```

이 코드 라인을 실행하려면 새로운 패러그래프paragraph를 생성하는데, 해당 패러그래프를 데이터 수집data ingestion 패러그래프라 한다.

그림 6 데이터 수집 패러그래프

이 그림을 주의해서 살펴보면 코드는 잘 동작했다. 스파크 컨텍스트는 sc로 정의돼 있기에 스파크 컨텍스트를 정의할 필요가 없었다. 암묵적으로 스칼라를 정의할 필요도 없다. 나중에 해당 예를 살펴볼 것이다.

데이터 처리와 시각화

이제 해당 데이터셋에서 특정 필드를 선택하는 방법을 알려주는 케이스 클래스를 생성한다.

```
case class Bank(age:Int, job:String, marital : String, education : String,
balance : Integer)
```

각 라인을 분리해 헤더에서 제거하고(age로 시작) 다음처럼 Bank 케이스 클래스에 매핑한다.

```
val bank = bankText.map(s=>s.split(";")).filter(s =>
(s.size)>5).filter(s=>s(0)!="\"age\"").map(
  s=>Bank(s(0).toInt,
  s(1).replaceAll("\"", ""),
  s(2).replaceAll("\"", ""),
  s(3).replaceAll("\"", ""),
  s(5).replaceAll("\"", "").toInt
  )
)
```

마지막으로 데이터 프레임으로 변환하고 임시 테이블을 생성한다.

```
bank.toDF().createOrReplaceTempView("bank")
```

다음 화면은 에러가 표시되지 않았고 모든 코드가 성공적으로 실행됐음을 보여준다.

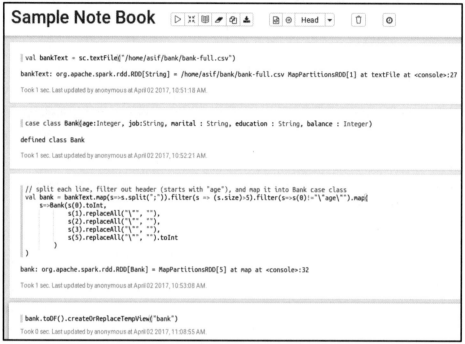

그림 7 데이터 프로세스 패러그래프(data process paragraph)

패러그래프의 투명성을 보려면 코드가 각 패러그래프에서 실행된 후에 다음처럼 녹색으로 표시된 상태(이미지의 오른쪽 상단 모서리에 있다)를 볼 수 있다.

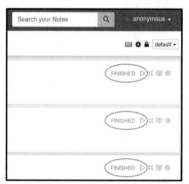

그림 8 각 패러그래프에서 스파크 코드가 성공적으로 실행된 스크릿샷

이제 다음 SQL 커맨드를 사용해 데이터를 읽는다.

```
%sql select age, count(1) from bank where age >= 45 group by age order by age
```

이 코드 라인은 나이가 45세 이상(즉, 나이 분포)인 모든 고객의 이름을 선택하는 순수한 SQL문이다. 마지막으로 고객에서 동일한 나이대의 인원을 계산한다.

이 SQL문으로 임시 뷰(bank)가 어떻게 동작하는지 살펴보자.

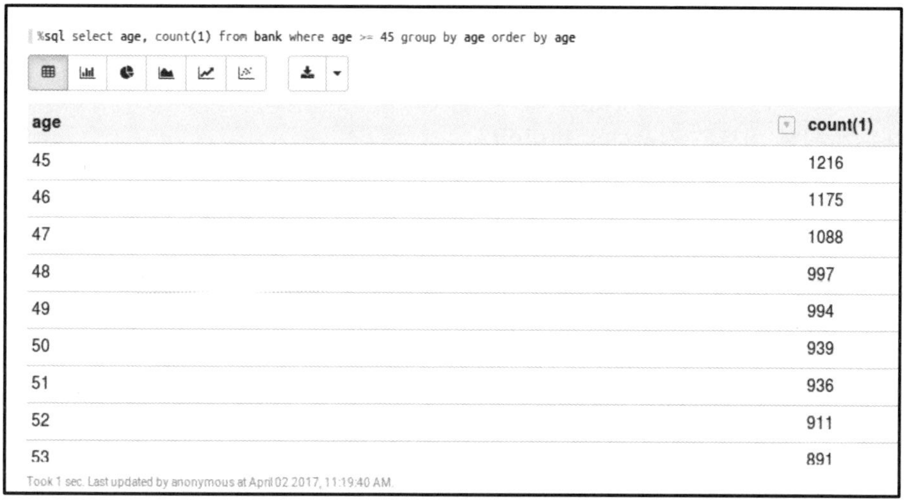

age	count(1)
45	1216
46	1175
47	1088
48	997
49	994
50	939
51	936
52	911
53	891

Took 1 sec. Last updated by anonymous at April 02 2017, 11:19:40 AM.

그림 9 모든 고객의 나이 분포대에 따른 인원을 계산하는 SQL 쿼리[표 형식]

이제 결과 섹션의 테이블 아이콘 근처에 있는 탭에서 막대그래프, 원형 차트, 막대 차트 등과 같은 그래프 옵션을 선택할 수 있다. 예를 들어 막대그래프를 사용하면 age >= 45 조건에 맞는 결과를 볼 수 있다.

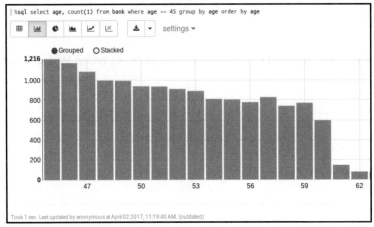

그림 10 모든 고객의 나이 분포대에 따른 인원을 계산하는 SQL 쿼리[막대그래프]

다음은 원형 차트를 사용하는 방법이다.

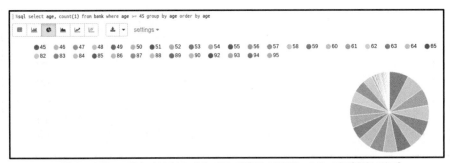

그림 11 모든 고객의 나이 분포대에 따른 인원을 계산하는 SQL 쿼리[원형 차트]

이제 제플린을 사용함으로써 복잡한 데이터 분석 문제를 해결할 준비가 됐다.

▌제플린을 이용한 복잡한 데이터 분석

이 절에서는 제플린을 사용해 복잡한 분석을 수행하는 방법을 살펴본다. 처음에는 문제를 공식화한 후 사용할 데이터셋을 탐색한다. 마지막으로 시각적인 분석 및 머신 러닝 기술을 적용한다.

문제 정의

이 절에서는 원본 텍스트를 스팸이나 햄으로 분류할 수 있는 스팸 분류자를 구축한다. 또한 모델 평가 방법을 소개한다. 데이터 프레임 API를 집중적으로 사용하는 방법을 살펴본다. 결국 스팸 분류자 모델은 스팸과 햄 메시지를 구별할 수 있다. 다음 이미지는 두 개의 메시지(각각 스팸과 햄)에 대한 개념을 보여준다.

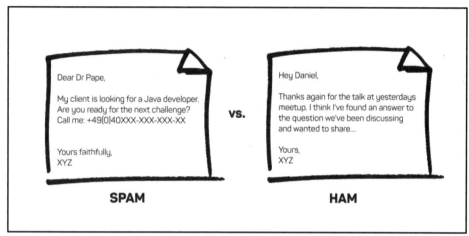

그림 12 스팸과 햄 예

이런 종류의 문제에 대한 분류자를 구축하고 평가하기 위해 일부 기본 머신 러닝 기술을 강화했다. 특히 로지스틱 회귀 알고리즘은 해당 문제를 해결하기 위해 사용된다.

데이터셋 설명과 탐색

연구용 스팸 데이터셋 URL(https://archive.ics.uci.edu/ml/datasets/SMS+Spam+Collection)에서 다운로드한 스팸 데이터셋(https://archive.ics.uci.edu/ml/machine-learning-databases/00228/smsspamcollection.zip) 또는 소스 깃허브 프로젝트에서 SMSSpamCollection 파일을 사용한다. 해당 파일은 햄이나 스팸을 손으로 분류한 5,564개의 SMS로 구성된다. 이 SMS 중 13.4%만 스팸이다. 즉, 데이터셋은 편향됐고 스팸의 일부 예만 제공된

다. 모델을 트레이닝하면서 편향이 발생할 수 있기에 다음 사항을 명심해야 한다.

그림 13 SMS 데이터셋의 일부 내용

그렇다면 SMS 데이터는 어떻게 생겼을까? 보다시피 소셜 미디어 텍스트는 실제로 속어, 철자가 틀린 단어, 누락된 공백, u, urs, yrs 등과 같은 약자, 그리고 종종 문법 규칙 위반을 포함해 지저분하다. 때로는 메시지에 사소한 단어까지 포함된다. 따라서 이런 이슈도 잘 처리해야 한다. 다음 단계에서는 분석을 잘 해석하려는 중에 발생할 수 있는 이슈를 설명한다.

1단계: 제플린에 필요한 패키지와 API를 임포트한다. 제플린에서 데이터셋을 수집하기 전에 필요한 패키지와 API를 임포트하는 첫 번째 패러그래프를 생성한다.

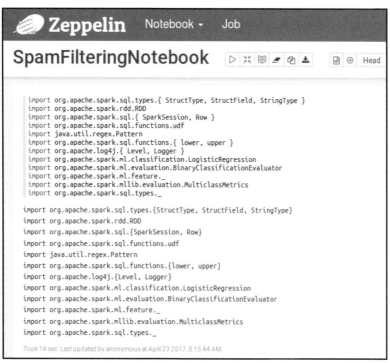

```
import org.apache.spark.sql.types.{ StructType, StructField, StringType }
import org.apache.spark.rdd.RDD
import org.apache.spark.sql.{ SparkSession, Row }
import org.apache.spark.sql.functions.udf
import java.util.regex.Pattern
import org.apache.spark.sql.functions.{ lower, upper }
import org.apache.log4j.{ Level, Logger }
import org.apache.spark.ml.classification.LogisticRegression
import org.apache.spark.ml.evaluation.BinaryClassificationEvaluator
import org.apache.spark.ml.feature._
import org.apache.spark.mllib.evaluation.MulticlassMetrics
import org.apache.spark.sql.types._

import org.apache.spark.sql.types.{StructType, StructField, StringType}

import org.apache.spark.rdd.RDD

import org.apache.spark.sql.{SparkSession, Row}

import org.apache.spark.sql.functions.udf

import java.util.regex.Pattern

import org.apache.spark.sql.functions.{lower, upper}

import org.apache.log4j.{Level, Logger}

import org.apache.spark.ml.classification.LogisticRegression

import org.apache.spark.ml.evaluation.BinaryClassificationEvaluator

import org.apache.spark.ml.feature._

import org.apache.spark.mllib.evaluation.MulticlassMetrics

import org.apache.spark.sql.types._
```

Took 14 sec. Last updated by anonymous at April 23 2017, 8:15:44 AM.

그림 14 패키지/API를 임포트하는 패러그래프

2단계: 데이터셋을 읽고 파싱한다. Databricks(즉 com.databricks.spark.csv) CSV 파싱 라이브러리를 사용해 데이터를 데이터 프레임으로 읽는다.

```
    val data = spark.read.format("com.databricks.spark.csv")
                    .option("inferSchema", "false")
                    .option("delimiter", "\t").
                    schema(customSchema).load("/home/asif/data/SMSSpamCollection")
    data.show()

data: org.apache.spark.sql.DataFrame = [Label: string, SmsText: string]
+-----+--------------------+
|Label|             SmsText|
+-----+--------------------+
|  ham|Go until jurong p...|
|  ham|Ok lar... Joking ...|
| spam|Free entry in 2 a...|
|  ham|U dun say so earl...|
|  ham|Nah I don't think...|
| spam|FreeMsg Hey there...|
|  ham|Even my brother i...|
|  ham|As per your reque...|
| spam|WINNER!! As a val...|
| spam|Had your mobile 1...|
|  ham|I'm gonna be home...|
| spam|SIX chances to wi...|
| spam|URGENT! You have ...|
```
Took 3 sec. Last updated by anonymous at April 23 2017, 8:16:03 AM.

그림 15 데이터 수집/읽기 패러그래프

3단계: StringIndexer를 사용해 숫자 레이블을 생성한다. 원래 데이터 프레임의 레이블은 카테고리이기 때문에 해당 레이블을 다시 변환해서 머신 러닝 모델에서 적용하고 사용한다.

```
    // string indexer
    val indexer = new StringIndexer()
      .setInputCol("RawLabel")
      .setOutputCol("label")
    val indexed = indexer.fit(data).transform(data)
    indexed.show()

indexer: org.apache.spark.ml.feature.StringIndexer = strIdx_b5f32ee61ef9
indexed: org.apache.spark.sql.DataFrame = [RawLabel: string, SmsText: string ... 1 more field]
+--------+--------------------+-----+
|RawLabel|             SmsText|label|
+--------+--------------------+-----+
|     ham|Go until jurong p...|  0.0|
|     ham|Ok lar... Joking ...|  0.0|
|    spam|Free entry in 2 a...|  1.0|
|     ham|U dun say so earl...|  0.0|
|     ham|Nah I don't think...|  0.0|
|    spam|FreeMsg Hey there...|  1.0|
|     ham|Even my brother i...|  0.0|
|     ham|As per your reque...|  0.0|
|    spam|WINNER!! As a val...|  1.0|
|    spam|Had your mobile 1...|  1.0|
|     ham|I'm gonna be home...|  0.0|
|    spam|SIX chances to wi...|  1.0|
```
Took 0 sec. Last updated by anonymous at April 23 2017, 9:55:22 AM.

그림 16 StringIndexer 패러그래프, 해당 패러그래프 출력으로 원시 레이블,
원본 텍스트, 관련 레이블이 표시된다.

4단계: RegexTokenizer를 사용해 단어 모음을 생성한다. RegexTokenizer를 사용해 원치 않는 단어를 제거하고 단어 모음을 생성한다.

```
val regexTokenizer = new RegexTokenizer()
  .setInputCol("SmsText")
  .setOutputCol("words")
  .setPattern("\\d")
  .setPattern("\\W+")
  .setGaps(true)

val countTokens = udf { (words: Seq[String]) => words.length }
val regexTokenized = regexTokenizer.transform(indexed)
regexTokenized.show()

regexTokenizer: org.apache.spark.ml.feature.RegexTokenizer = regexTok_720a32bf1429
countTokens: org.apache.spark.sql.expressions.UserDefinedFunction = UserDefinedFunction(<function1>,IntegerType,Some(List(ArrayType(StringType,true))))
regexTokenized: org.apache.spark.sql.DataFrame = [RawLabel: string, SmsText: string ... 2 more fields]
+--------+--------------------+-----+--------------------+
|RawLabel|             SmsText|label|               words|
+--------+--------------------+-----+--------------------+
|     ham|Go until jurong p...|  0.0|[go, until, juron...|
|     ham|Ok lar... Joking ...|  0.0|[ok, lar, joking,...|
|    spam|Free entry in 2 a...|  1.0|[free, entry, in,...|
|     ham|U dun say so earl...|  0.0|[u, dun, say, so,...|
|     ham|Nah I don't think...|  0.0|[nah, i, don, t, ...|
|    spam|FreeMsg Hey there...|  1.0|[freemsg, hey, th...|
|     ham|Even my brother i...|  0.0|[even, my, brothe...|
|     ham|As per your reque...|  0.0|[as, per, your, r...|
|    spam|WINNER!! As a val...|  1.0|[winner, as, a, v...|
|    spam|Had your mobile 1...|  1.0|[had, your, mobil...|
|     ham|I'm gonna be home...|  0.0|[i, m, gonna, be,...|
|    spam|SIX chances to wi...|  1.0|[six, chances, to...|
```

Took 1 sec. Last updated by anonymous at April 23 2017, 10:01:13 AM.

그림 17 RegexTokenizer 패러그래프. 해당 패러그래프 출력으로 원시 레이블, 원본 텍스트, 관련 레이블, 토큰이 표시된다.

5단계: 정지 단어를 제거하고 필터링된 데이터 프레임을 생성한다. 시각적으로 분석하게 정지 단어를 제거하고 필터링된 데이터 프레임을 생성한다. 마지막으로 데이터 프레임을 보여준다.

```
    val remover = new StopWordsRemover()
      .setInputCol("words")
      .setOutputCol("filtered")

    val tokenDF = remover.transform(regexTokenized)
    tokenDF.show()

remover: org.apache.spark.ml.feature.StopWordsRemover = stopWords_33fe2c039849
tokenDF: org.apache.spark.sql.DataFrame = [RawLabel: string, SmsText: string ... 3 more fields]
+--------+--------------------+-----+--------------------+--------------------+
|RawLabel|             SmsText|label|               words|            filtered|
+--------+--------------------+-----+--------------------+--------------------+
|     ham|Go until jurong p...|  0.0|[go, until, juron...|[go, jurong, poin...|
|     ham|Ok lar... Joking ...|  0.0|[ok, lar, joking,...|[ok, lar, joking,...|
|    spam|Free entry in 2 a...|  1.0|[free, entry, in,...|[free, entry, 2, ...|
|     ham|U dun say so earl...|  0.0|[u, dun, say, so,...|[u, dun, say, ear...|
|     ham|Nah I don't think...|  0.0|[nah, i, don, t, ...|[nah, think, goes...|
|    spam|FreeMsg Hey there...|  1.0|[freemsg, hey, th...|[freemsg, hey, da...|
|     ham|Even my brother i...|  0.0|[even, my, brothe...|[even, brother, l...|
|     ham|As per your reque...|  0.0|[as, per, your, r...|[per, request, me...|
|    spam|WINNER!! As a val...|  1.0|[winner, as, a, v...|[winner, valued, ...|
|    spam|Had your mobile 1...|  1.0|[had, your, mobil...|[mobile, 11, mont...|
|     ham|I'm gonna be home...|  0.0|[i, m, gonna, be,...|[gonna, home, soo...|
|    spam|SIX chances to wi...|  1.0|[six, chances, to...|[six, chances, wi...|
```
Took 1 sec. Last updated by anonymous at April 23 2017, 10:24:41 AM.

그림 18 StopWordsRemover 패러그래프, 해당 패러그래프 출력으로 정지 단어 없는 원시 레이블, 원본 텍스트, 관련 레이블, 토큰, 필터링된 토큰이 표시된다.

6단계: 스팸 메시지/단어와 빈도를 찾는다. 각 스팸 메시지/단어 빈도와 스팸 단어만 포함한 데이터 프레임을 생성하고, 데이터셋의 메시지 컨텍스트를 이해한다. 제플린에 하나의 패러그래프를 생성할 수 있다.

```
    val spamTokensWithFrequenciesDF = tokenDF
      .filter($"label" === 1.0)
      .select($"filtered")
      .flatMap(row => row.getAs[Seq[String]](0))
      .filter(word => (word.length() > 1))
      .toDF("Tokens")
      .groupBy($"Tokens")
      .agg(count("*").as("Frequency"))
      .orderBy($"Frequency".desc)

    spamTokensWithFrequenciesDF.createOrReplaceTempView("spamTokensWithFrequenciesDF")
    spamTokensWithFrequenciesDF.show()

spamTokensWithFrequenciesDF: org.apache.spark.sql.Dataset[org.apache.spark.sql.Row] = [Tokens: string, Frequency: bigint]
+------+---------+
|Tokens|Frequency|
+------+---------+
|  call|      355|
|  free|      224|
|   txt|      163|
|    ur|      144|
|mobile|      127|
|  text|      125|
|  stop|      123|
| claim|      113|
| reply|      104|
|   www|       98|
| prize|       93|
|   get|       86|
|  cash|       76|
```

Took 1 sec. Last updated by anonymous at April 23 2017, 10:24:58 AM.

그림 19 빈도 패러그래프를 포함하는 스팸 토큰

이제 SQL 쿼리를 사용해 해당 결과를 그래프로 보자. 다음 쿼리는 100개 이상의 빈도를 갖는 모든 토큰을 얻는다. 그다음 빈도가 높은 순서대로 토큰을 정렬한다. 마지막으로 레코드 개수를 제한하기 위해 동적 변수를 설정한다. 첫 번째 결과 화면은 단순한 형태의 원시 표다.

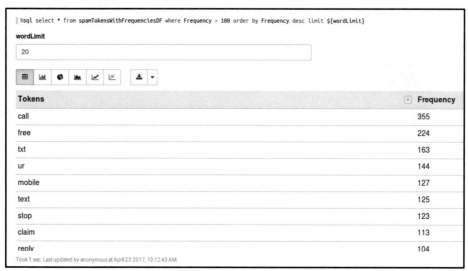

그림 20 빈도 시각화 패러그래프를 포함하는 스팸 토큰[표 형식]

그다음 시각적인 통찰력을 제공하는 막대 다이어그램을 사용한다. 스팸 메시지에서 가장 자주 나오는 단어는 call과 free이고, 각각의 빈도는 355와 224이다.

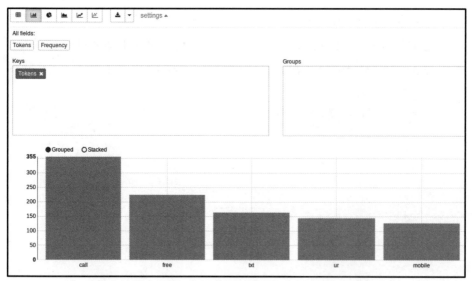

그림 21 빈도 시각화 패러그래프를 포함하는 스팸 토큰[막대그래프]

마지막으로 원형 차트를 사용해 훨씬 좋고 넓은 시각 정보를 얻을 수 있다. 특별히 칼럼 범위를 지정한다면 더욱 좋은 시각 정보를 얻을 수 있다.

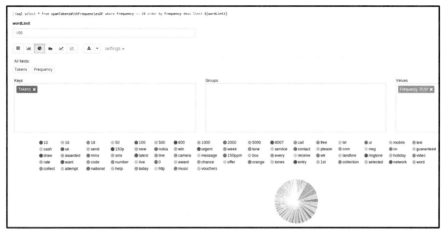

그림 22 빈도 시각화 패러그래프를 포함하는 스팸 토큰[원형 차트]

7단계: 단어 빈도에 HashingTF를 사용한다. HashingTF를 사용해 다음처럼 필터링된 각 토큰의 단어 빈도를 생성하다.

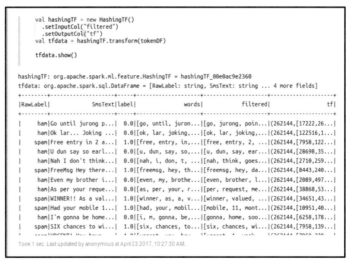

그림 23 HashingTF 패러그래프, 해당 패러그래프 출력에는 원시 레이블, 원본 텍스트, 관련 레이블, 토큰, 필터링된 토큰, 각 로우의 해당 단어-빈도를 보여준다.

8단계: TF-IDF^{Term frequency-inverse document frequency}**의 IDF를 사용한다.** TF-IDF는 코퍼스 문서에 단어의 중요도를 반영하기 위해 텍스트 마이닝에서 사용되는 피처 벡터화 방법이다.

```
    val idf = new IDF().setInputCol("tf").setOutputCol("idf")
    val idfModel = idf.fit(tfdata)
    val idfdata = idfModel.transform(tfdata)
    idfdata.show()

idf: org.apache.spark.ml.feature.IDF = idf_32395389c640
idfModel: org.apache.spark.ml.feature.IDFModel = idf_32395389c640
idfdata: org.apache.spark.sql.DataFrame = [RawLabel: string, SmsText: string ... 5 more fields]
+--------+----------------+-----+----------------+----------------+----------------+----------------+
|RawLabel|         SmsText|label|           words|        filtered|              tf|             idf|
+--------+----------------+-----+----------------+----------------+----------------+----------------+
|     ham|Go until jurong p...| 0.0|[go, until, juron...|[go, jurong, poin...|(262144,[17222,26...|(262144,[17222,26...|
|     ham|Ok lar... Joking ...| 0.0|[ok, lar, joking,...|[ok, lar, joking,...|(262144,[122516,1...|(262144,[122516,1...|
|    spam|Free entry in 2 a...| 1.0|[free, entry, in,...|[free, entry, 2, ...|(262144,[7958,122...|(262144,[7958,122...|
|     ham|U dun say so earl...| 0.0|[u, dun, say, so,...|[u, dun, say, ear...|(262144,[28698,35...|(262144,[28698,35...|
|     ham|Nah I don't think...| 0.0|[nah, i, don, t, ...|[nah, think, goes...|(262144,[2710,259...|(262144,[2710,259...|
|    spam|FreeMsg Hey there...| 1.0|[freemsg, hey, th...|[freemsg, hey, da...|(262144,[8443,240...|(262144,[8443,240...|
|     ham|Even my brother i...| 0.0|[even, my, brothe...|[even, brother, l...|(262144,[2089,497...|(262144,[2089,497...|
|     ham|As per your reque...| 0.0|[as, per, your, r...|[per, request, me...|(262144,[38868,53...|(262144,[38868,53...|
|    spam|WINNER!! As a val...| 1.0|[winner, as, a, v...|[winner, valued, ...|(262144,[34651,43...|(262144,[34651,43...|
|    spam|Had your mobile 1...| 1.0|[had, your, mobil...|[mobile, 11, mont...|(262144,[10951,40...|(262144,[10951,40...|
|     ham|I'm gonna be home...| 0.0|[i, m, gonna, be,...|[gonna, home, soo...|(262144,[6258,178...|(262144,[6258,178...|

Took 2 sec. Last updated by anonymous at April 23 2017, 10:32:02 AM.
```

그림 24 IDF 패러그래프. 해당 패러그래프의 출력에는 원시 레이블, 원본 텍스트, 관련 레이블, 토큰, 필터링된 토큰, 단어 빈도, 각 로우의 관련 IDF가 표시된다

단어 모음: 문장에서 특정 단어가 나타날 때마다 문서 모음의 특정 단어에 1 값을 할당한다. 문장을 카테고리로 분류할 때 the, and와 같은 단어가가 동일한 빈도를 갖는다면 단어 모음 방식은 아마도 이상적이지 않을 수 있다. 즉, 텍스트가 스팸인지 여부를 파악하는 데 있어 비아그라(viagra) 및 판매(sale)와 같은 단어는 중요도가 높아야 한다.

TF-IDF: TF-IDF는 Text Frequency – Inverse Document Frequency의 약자다. TF-IDF는 본질적으로 각 단어에 대한 텍스트 빈도와 인버스 문서 빈도의 곱이다. TF-IDF는 일반적으로 NLP나 텍스트 분석에서 단어 모음 방법으로 사용된다.

TF-IDF 사용하기: 단어 빈도를 살펴보자. 여기에서 개별 항목, 즉 단어의 빈도를 고려하자. 단어의 빈도(TF)를 계산하는 목적은 각 항목에서 중요한 단어를 찾는 것이다. 그러나 and와 같은 단어는 모든 항목으로 매우 자주 나타날 수 있다. 해당 단어의 중요도를 낮추기 위해 이전 TF에 전체 문서 빈도의 역수를 곱하면 중요한 단어를 찾을 수 있다. 그러나 단어 모음(코퍼스)이 상당히 클 수 있어서 역문서 빈도의 로그를 얻는 것은 일반적이다. 요약하면 TF-IDF의 높은 값이 문서가 무엇에 대한 내용인지

결정하는 데 매우 중요한 단어를 나타낼 수 있다고 상상할 수 있다. TF–IDF 벡터를 생성한다는 것은 모든 텍스트를 메모리에 읽고 모델을 트레이닝하기 전에 각 단어의 빈도를 계산해야 한다는 것을 의미한다.

9단계: 스파크 ML 파이프라인의 원시 피처를 생성하기 위해 VectorAssembler를 사용한다. 이전 단계에서 살펴본 것처럼 현재 필터링된 토큰, 레이블, TF, IDF만 갖고 있다. 그러나 ML 모델에 적용할 수 있는 관련 피처는 없다. 따라서 이전 데이터 프레임의 프로퍼티를 기반으로 피처를 생성하기 위해 다음처럼 스파크 VectorAssembler API를 사용한다.

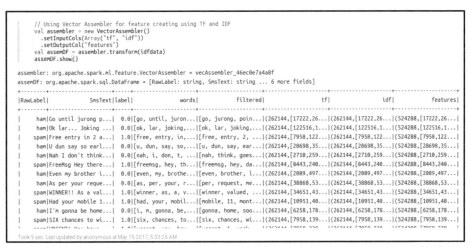

그림 25 피처를 생성하기 위해 VectorAssembler를 사용해 보여주는 VectorAssembler 패러그래프

10단계: 트레이닝 셋과 테스트 셋을 준비한다. 이제 트레이닝 셋과 테스트 셋을 준비해야 한다. 11단계에서 로지스틱 회귀 모델을 트레이닝하기 위해 트레이닝 셋을 사용할 것이며, 12단계에서 모델을 평가하기 위해 테스트 셋을 사용한다. 여기에서 75%는 트레이닝용으로, 25%는 테스트용으로 생성한다. 이에 맞게 조정할 수 있다.

```
//Preparing the DataFrame to traing the ML model takes only two columns such as label and features
val mlDF = assemDF.select("label", "features")
// split
val Array(trainingData, testData) = mlDF.randomSplit(Array(0.75, 0.25), 12345L)

mlDF: org.apache.spark.sql.DataFrame = [label: double, features: vector]
trainingData: org.apache.spark.sql.Dataset[org.apache.spark.sql.Row] = [label: double, features: vector]
testData: org.apache.spark.sql.Dataset[org.apache.spark.sql.Row] = [label: double, features: vector]

Took 1 sec. Last updated by anonymous at April 23 2017, 10:42:30 AM.
```

그림 26 트레이닝 셋과 테스트 셋을 준비하는 패러그래프

11단계: 이진 로지스틱 회귀 모델을 트레이닝한다. 문제 자체는 이진 분류 문제이기 때문에 다음처럼 이진 로지스틱 회귀 분류자를 사용할 수 있다.

```
val lr = new LogisticRegression()
          .setLabelCol("label")
          .setFeaturesCol("features")
          .setRegParam(0.0001)
          .setElasticNetParam(0.0001)
          .setMaxIter(200)
val lrModel = lr.fit(trainingData)

lr: org.apache.spark.ml.classification.LogisticRegression = logreg_1b639fbdf316
lrModel: org.apache.spark.ml.classification.LogisticRegressionModel = logreg_1b639fbdf316

Took 2 min 48 sec. Last updated by anonymous at April 23 2017, 10:47:06 AM.
```

그림 27 필요한 레이블, 피처, 회귀 파라미터, Elastic Net 파라미터, 최대 반복을 포함하는 로지스틱 회귀 분류자를 트레이닝하는 방법을 보여주는 로지스틱 회귀 패러그래프

여기서 더 좋은 결과를 얻기 위해 200번의 트레이닝을 반복했다. 트레이닝을 많이 반복하기 위해 회귀 변수와 Elastic Net 파라미터(예, 0.0001)를 매우 낮게 설정했다.

12단계: 모델을 평가한다. 테스트 셋에 대한 원시 예측을 계산한다. 그런 후 다음처럼 이진 분류자 평가자를 사용해 원시 예측에 대한 인스턴스를 생성한다.

```
// predict
    val predict = lrModel.transform(testData)
    predict.show(100)
    // evaluate
    val evaluator = new BinaryClassificationEvaluator()
        .setRawPredictionCol("prediction")

predict: org.apache.spark.sql.DataFrame = [label: double, features: vector ... 3 more fields]
+-----+--------------------+--------------------+--------------------+----------+
|label|            features|       rawPrediction|         probability|prediction|
+-----+--------------------+--------------------+--------------------+----------+
|  0.0|      (262144,[],[])|[9.84946747585520...|[0.99994722749543...|       0.0|
|  0.0|(262144,[1,1232,2...|[10.0013808403117...|[0.99995466477240...|       0.0|
|  0.0|(262144,[10,9079,...|[9.77597275852494...|[0.99994320314235...|       0.0|
|  0.0|(262144,[14,571,9...|[13.9225090128931...|[0.99999910147374...|       0.0|
|  0.0|(262144,[14,666,2...|[10.6197536390013...|[0.99997557193953...|       0.0|
|  0.0|(262144,[14,991,1...|[12.9168072978865...|[0.99999754359032...|       0.0|
|  0.0|(262144,[14,13957...|[10.5912073602959...|[0.99997486457861...|       0.0|
|  0.0|(262144,[14,17222...|[10.7305769262044...|[0.99997813446252...|       0.0|
|  0.0|(262144,[14,17827...|[9.00173417121605...|[0.99987681919956...|       0.0|
|  0.0|(262144,[14,22808...|[10.5448958386448...|[0.99997367317471...|       0.0|
|  0.0|(262144,[14,22860...|[12.2738422086206...|[0.99999532764289...|       0.0|
|  0.0|(262144,[14,27005...|[11.1856777347446...|[0.99998612874169...|       0.0|
|  0.0|(262144,[14,34140...|[10.3019763119368...|[0.99996643443534...|       0.0|
```

Took 3 sec. Last updated by anonymous at April 23 2017, 10:51:52 AM.

그림 28 모델 평가자 패러그래프

이제 다음처럼 테스트 셋에 대한 모델의 정확도를 계산한다.

```
    val accuracy = evaluator.evaluate(predict)
    println("Accuracy = " + accuracy*100 + "%")

accuracy: Double = 0.9044943820224719
Accuracy = 90.4494382022472%
```

Took 3 sec. Last updated by anonymous at April 23 2017, 10:54:12 AM.

그림 29 정확도 계산 패러그래프

정확도 계산 패러그래프는 상당히 인상적이다. 그러나 예를 들어 교차 검증을 사용해 모델 튜닝을 수행했다면 더 높은 정확도를 얻을 수 있었다. 마지막으로 더 높은 수준의 통찰력을 얻기 위해 혼동 행렬을 계산한다.

```
      // compute confusion matrix
    val predictionsAndLabels = predict.select("prediction", "label")
      .map(row => (row.getDouble(0), row.getDouble(1)))

    val metrics = new MulticlassMetrics(predictionsAndLabels.rdd)
    println("\nConfusion matrix:")
    println(metrics.confusionMatrix)

predictionsAndLabels: org.apache.spark.sql.Dataset[(Double, Double)] = [_1: double, _2: double]
metrics: org.apache.spark.mllib.evaluation.MulticlassMetrics = org.apache.spark.mllib.evaluation.MulticlassMetrics@25e34d8c
Confusion matrix:
1247.0  0.0
34.0    144.0

Took 4 sec. Last updated by anonymous at April 23 2017, 11:04:59 AM.
```

그림 30 혼동 패러그래프에서 각 클래스 별로 세분화한 후 요약해 정확 및 부정확 예측 개수를 보여준다.

▌ 공동 작업 데이터와 결과

제플린은 노트북 패러그래프 결과를 퍼블리싱하는 기능을 제공한다. 퍼블리싱 기능을
사용하면 자신의 웹 사이트에 제플린 노트 패러그래프 결과를 표시할 수 있다. 웹 페이
지에서 `<iframe>` 태그만 사용한다. 아주 간단하다. 제플린 노트북의 링크를 공유하고
싶다면 패러그래프 결과를 퍼블리싱하는 첫 번째 단계는 패러그래프 링크를 복사하는
것이다. 제플린 노트북에서 패러그래프를 실행한 후 오른쪽에 위치한 톱니바퀴 버튼을
클릭한다. 그런 후 다음 그림과 같이 메뉴에서 Link this paragraph를 클릭한다.

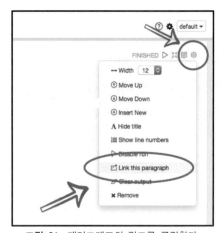

그림 31 패러그래프의 링크를 클릭한다.

그다음 제공하는 링크를 복사한다.

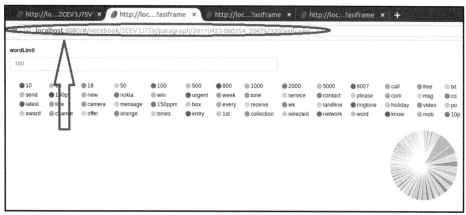

그림 32 공동 작업자와 패러그래프를 공유할 수 있는 링크를 얻는다.

복사한 패러그래프를 퍼블리싱하고 싶다면 웹 사이트에서 <iframe> 태그를 다음처럼 사용할 수 있나.

```
<iframe src="http://<ip-주소>:<포트>
/#/notebook/2B3QSZTKR/paragraph/...?asIframe" height="" width="" ></iframe>
```

이제 웹 사이트에서 아름다운 시각적인 효과를 보여줄 수 있다. 해당 시각적 효과는 제플린을 이용한 데이터 분석의 마지막 단계다. 제플린에 대해 더 많은 정보와 최신 정보를 얻고 싶다면 아파치 제플린 공식 웹 사이트(https://zeppelin.apache.org/)를 방문하길 바란다. 또한 제플린 사용자 메일링 리스트(users-subscribe@zeppelin.apache.org)를 구독할 수도 있다.

▌요약

아파치 제플린은 대화형 방식으로 데이터를 분석할 수 있는 웹 기반 노트북이다. 제플린을 사용해 SQL, 스칼라 등의 데이터 주도 대화형 및 협업 문서를 생성할 수 있다. 제플린 최신 버전에 더 많은 기능이 추가되고 있어서 매일 인기가 높아지고 있다. 그러나 책의 페이지 제한이 있기 때문에 제플린에 집중할 수 있도록 스파크만 사용하는 예를 보여줬다. 하지만 파이썬으로 스파크 코드를 작성할 수 있고 손쉽게 노트를 테스트할 수 있다.

부록 B에서는 제플린에서 인터프리터를 사용해 백엔드에서 스파크로 대규모 데이터 분석하는 방법을 설명했다. 그리고 제플린을 설치하고 시작하는 방법을 살펴봤다. 그다음 데이터를 수집하고 파싱하며, 나은 시각적은 효과를 얻기 위해 분석하는 방법을 살펴봤다. 또한 통찰력을 더욱 얻기 위해 시각화하는 방법을 살펴봤다. 마지막으로 제플린 노트북을 공동 작업자와 공유하는 방법을 살펴봤다.

| 찾아보기 |

ㅇ

ㅈ

ㅊ

ㅋ

에이콘출판의 기틀을 마련하신 故 정완재 선생님 (1935-2004)

빅데이터 분석을 위한 스칼라와 스파크

대용량 빅데이터 분석과 머신 러닝까지 활용하는

발 행 | 2019년 1월 2일

지은이 | 레자울 카림 · 스리다 알라
옮긴이 | 김 용 환

펴낸이 | 권 성 준
편집장 | 황 영 주
편 집 | 조 유 나
디자인 | 박 주 란

에이콘출판주식회사
서울특별시 양천구 국회대로 287 (목동)
전화 02-2653-7600, 팩스 02-2653-0433
www.acornpub.co.kr / editor@acornpub.co.kr

한국어판 © 에이콘출판주식회사, 2019, Printed in Korea.
ISBN 979-11-6175-240-2
ISBN 978-89-6077-210-6 (세트)
http://www.acornpub.co.kr/book/scala-spark-big-data

이 도서의 국립중앙도서관 출판시도서목록(CIP)은 서지정보유통지원시스템 홈페이지(http://seoji.nl.go.kr)와
국가자료공동목록시스템(http://www.nl.go.kr/kolisnet)에서 이용하실 수 있습니다.(CIP제어번호: CIP2018040817)

책값은 뒤표지에 있습니다.